教育部人文社会科学重点研究基地基金资助项目
厦门大学宏观经济研究丛书
XIAMEN DAXUE HONGGUAN JINGJI YANJIU CONGSHU

中国宏观经济分析与预测（2023年）

——制造业转型升级与经济增长韧性

Analysis and Forecasting for China's Macro-economy in 2023

中国季度宏观经济模型
（CQMM）课题组 著

中国财经出版传媒集团

经济科学出版社
Economic Science Press
北京

本书作者：龚　敏　陈贵富　周颖刚　王燕武
卢盛荣　余长林　黄寿峰　郑挺国
孙传旺　邓　明　卢宝梅　莫长炜
韩颖杰　廖谋华　孟祥旭　毛茂城
韩　静　叶仕奇　何迎港　魏晓楠
巩　璐

开篇心语

——写在“厦门大学宏观经济研究丛书”出版之际

● 李文溥 ●

“厦门大学宏观经济研究丛书”是体现教育部人文社会科学重点研究基地——厦门大学宏观经济研究中心研究成果的系列丛书。因此，说丛书，还要先谈厦门大学宏观经济研究中心。

众所周知，长期以来——而且至今仍然——我国宏观经济理论与政策的研究中心在北京，其中道理不言自明。可是，教育部却将其唯一一个命名为宏观经济研究的重点基地布点于地处天涯海角，置身政治经济旋涡之外的厦门大学①，似乎有一点不合情理。

当然，这首先是申请者的意愿。厦门大学经济学院五系一所：经济系、财政系、金融系、统计系、国际经济与贸易系、经济研究所，内含四个国家级重点学科：财政学、统计学、金融学和政治经济学。这些系所及其重点学科研究的重点领域是政府经济管理实践及相关的经济学理论。在此基础上，申请建立一个研究政府宏观经济管理实践与理论的研究中心，就其本身而言，是一个合理的选择。尽管正如识者所言：政府的宏观经济管理与规范意义上的宏观经济学还有些差别，但是，在既有基础之上，通过组建这个中心，集中一支队伍，研究宏观经济理论及其在中国的政策实践，带动一个有85年悠久历史的学院向适应中国特色社会主义市场经济需要的现代经济学教育和研究体系转轨，却是申请者的决心和期望。因此，尽管知道还有差距，需要付出的努力很多，仍然义无反顾地作出了这一选择。

现在需要谈另一个方面。对于教育部而言，将宏观经济研究中心设立在哪所大学，显然有着诸多选择的可能，然而，最终选择了看似未必具有地利人和的厦门大学。此刻，愚钝的我只能找出两点理由。

1. 申请者的虔诚之心感动了上帝。自古就有民心即天心之说，作为自始参

① 根据教育部人文社会科学重点研究基地的设立规则，尽管在全国各大学设立了百余家文科重点研究基地，但是任何一个重点研究基地的名称都是唯一的。

与这个中心的组建和教育部人文社科重点研究基地申报工作的我认为：厦门大学宏观经济研究中心的申报过程及结果可以作为此说的例证之一。

2. 审时度势，反弹琵琶。显然，在北京等政治经济中心设立宏观经济研究中心，可谓顺风顺水，研究者得以享受诸多便利，研究中心成功的概率自然也大，但是，在中国目前的政府主导型市场经济体制下，身处政治经济中心的研究机构不免受磁场中心的引力影响，也是不争的事实。在这种情况下，外地的研究机构或许因此在人所习见的劣势中显出了一点另类优势。网络时代，各种研究所需要的资讯在通都大邑和偏远小城大体都能同样获得，信息差距不断缩小，因此，尽管劣势还存在，要弥补，还要付出艰苦的努力，但是，在非政治经济中心，研究宏观经济理论与实践的条件还是基本具备了。而且，远离磁力场，从学术逻辑角度阐发其观点的欲望可能更强，有可能因此形成不同的见解。这对于中国的宏观经济理论发展以及政策实践而言，未始不是一件好事——这大概是教育部下此决心的依据之一吧。

说了这么多，还都是假说和愿望，到底实绩如何呢？一句老话：实践检验。我们的计划是：这套丛书分文集、专著、研究报告三类出版，以期能够比较全面地反映研究中心的学术活动及其成果。其中，文集与学术活动相联系，主要反映研究中心近期在宏观经济理论与应用方面的探索；专著是研究中心课题研究成果的系统体现；研究报告是在研究中心为社会经济重要决策提供咨询研究的成果中，选择部分兼具出版价值的刊行。我们的设想得到经济科学出版社的大力支持，其慨然提供了舞台，使构想转化为现实，在此先行谢过。

但是，我们最关注的还是真正的“上帝”——读者。众位读者既是看官又是判官。我们希望你们能关心这套丛书，并给予严格的指正。希望在你们的关心和帮助之下，厦门大学宏观经济研究中心能不负期望，为中国的宏观经济理论的形成与发展，为改善中国特色社会主义市场经济下的宏观经济政策调控略尽绵薄之力。

市场经济是买方市场，酒香不怕巷子深是过去时代的事了。如今的图书市场也是供大于求。开篇伊始，倾吐心语，以期引起注意，虽系未能免俗之举，也是人之常情流露。书有序，大体本意如此。然吾何能，敢为丛书作序！然而，要吸引读者，仅有心愿还是不成的，关键还要做好文章。至于文章是否精彩，就敬请列位指点了。

2006 年 6 月写于厦门大学白城

前　言*

2022年，在外部环境严峻和国内超预期的疫情冲击下，中国货币和财政政策联手强劲发力，托底制造业投资、加快基础设施投资的增长，国民经济顶住压力持续发展，全年国内生产总值（GDP）实现增长3.0%。居民消费价格（CPI）温和上涨2.0%，扣除食品和能源价格后的核心CPI上涨0.9%；工业生产者价格（PPI）涨幅回落至4.1%。扣除价格因素后，全国居民人均可支配收入实际增长2.9%，与经济增长基本同步。

从需求的三个方面看，固定资产投资平稳增长是经济稳定增长的主要动力。全年固定资产投资（不含农户）比上年增长5.1%；社会消费品零售总额名义增速下降0.2%；出口总额（人民币计）实现增长10.5%，进口总额（人民币计）增长4.3%，进出口相抵，贸易顺差增加58630亿元。固定资产投资的平稳增长得益于一系列托底制造业投资、加快基础设施投资的政策措施。全年制造业投资实现增长9.1%，基础设施建设投资增长9.4%。相比之下，房地产投资持续低迷，全年房地产投资收缩8.4%。值得注意的是，制造业投资稳定增长的同时，多项结构性货币政策和结构性减税降费政策也在持续推动制造业投资结构的转型升级：全年高技术产业投资增长18.9%，其中高技术制造业投资增长22.2%。然而，工业领域上下游企业利润增速分化严重，已显著抑制中下

* 本书是教育部人文社会科学重点研究基地——厦门大学宏观经济研究中心“中国季度宏观经济模型”（China Quarterly Macroeconomic Model，CQMM）课题组系列研究成果之一。本项研究得到教育部重点研究基地重大项目（22JJD790048、22JJD790050、22JJD790051）、国家社会科学基金重大项目（19ZDA060、21&ZD109）、国家社会科学基金项目（13BJY169、20BJY231）、国家自然科学基金重点项目（72033008）、国家自然科学基金项目（71988101、71973110、71973111、72173108、72373125）、全国统计科学研究项目重点项目（2022LZ37）、福建省自然科学基金（2018J01117）、福建省社科规划重大项目（FJ2020MJDZ049）和2023年度中央高校基本科研业务费项目（20720231049）的资助。

游、特别是面向国内市场的中小制造业企业的投资增长，进而将抑制雇佣需求的增长。

进入2023年，伴随着疫情防控较快平稳转段以及疫情影响的消退，供给端企业复工复产、复商复市的进程逐步加快；需求端，接触型聚集型消费需求的释放，有望拉动需求的恢复性增长。但是，经济增长的下行风险依然严峻。第一，外部市场的不确定性越来越高。过去一年，随着高通胀侵蚀发达国家居民购买力、发达经济体货币紧缩等因素叠加，加大了中国出口（特别是制造业中间投资品出口）的下行压力。第二，尽管工业生产恢复加快，但利润增长的下行压力依然较大。尽管PPI的紧缩一定程度上释放了中下游企业的成本压力，但是，终端市场需求尚未完全恢复，将持续压制企业利润增长。第三，地方财政收入增长的下行压力越来越大。在工业利润收缩、工业税收收入减速的同时，房地产市场的低迷已开始抑制地方政府土地出让收入的增长，进而成为抑制基础设施投资增长的主要压力。第四，房地产市场的低迷可能在短期难以扭转。除过去几年限购政策的影响外，房地产市场供给端（除一线城市外）存在的供给过剩状况、需求端收入增长预期趋弱以及居民负债率高企所导致的需求减退等问题值得高度重视。长期来看，人口老龄化以及城镇化率难以进一步快速提高等，都将抑制对住房的需求。第五，居民收入增长和就业保障预期可能更趋谨慎。过去三年，疫情冲击给低收入组别的收入增长和就业稳定带来较大的冲击。随着疫情防控政策的调整，短期内不同收入组别的收入增长和就业保障预期可能分化。中低收入组别的消费支出预期可能更趋谨慎。这在很大程度上会抑制消费需求的增长。

总体而言，2023年，外部经济环境更趋严峻，国内需求不足仍较突出，经济回升基础尚不牢固。尽管如此，推动中国经济增长的新动力也正在形成并巩固：高新技术产业投资的快速增长正在加快推进制造业结构的转型升级。其中，新动能行业的利润已开始实现较快增长。这表明，自2017年以来，创新驱动制造业发展的战略已在切实推进高端制造业和高端服务业的发展，加快带动制造业的转型升级。过去一年，多项结构性货币政策工具和更大力度的结构性减税降费政策，提高了政策精度，在有效托底制造业投资的同时，持续推进制造业结构的转型升级。预计2023年，宏观政策应保持持续性和精准性，在继续落实金融为实体经济服务、推动企业综合融资成本稳中有降的同时，确保结构性货币政策和结构性减税降费政策在高端制造、数字经济、绿色经济等领域继续发力，以夯实制造业转型升级的基础。

加快制造业转型升级是加快建设现代化产业体系的根本。现阶段，中国制造业投资中民间投资占比超过八成。过去几年，外部市场不确定、人民币升值以及国内工资上涨等因素制约了出口导向型制造业民间投资的增长。2023 年，PPI 受外部经济动荡的影响将转为收缩，一定程度上将减轻中下游制造业企业（特别是面向国内市场的中小民营企业）的上游成本压力。在此基础上，宏观政策应重视民营经济，有效稳定制造业民间投资，进而稳定制造业投资。

基于上述考虑，本书围绕“中国制造业转型升级与经济增长韧性”这一主题，对现阶段中国经济存在的主要问题展开研究。

篇章结构方面，本书共包括三篇十五章内容。

第一篇是“回顾篇”，包含第一章、第二章的内容。主要是回顾和总结 2022 年中国宏观经济的运行情况以及对 2023 年前三季度中国宏观经济运行情况的展望。

第二篇是“研究与分析篇”，包含第三章至第十二章共十章内容。其中，第三章“中国式现代化下的新型举国体制——演进、内涵与优化”提出，新型举国体制是实现中国式现代化的重要支撑，认为新型举国体制构建和形成于“站起来”阶段，改革和发展于“富起来”阶段，创新和拓展于“强起来”阶段；它以中国共产党的领导为政治基石，以中国特色社会主义市场经济体制为经济根基，以科技创新实现国家安全和经济高质量发展为发展模式，“以人民为中心”作为核心价值取向，以坚持对外开放为鲜明特征；在不断健全发展新型举国体制的过程中，要对其适用边界、相关负责机构、可持续性以及政府市场关系不断加以优化和完善。

第四章和第五章从货币政策的角度分析当前经济运行存在的问题。第四章“房地产投资、地方债和‘中国货币之谜’”，通过构建一个有中国特色的一般均衡模型，内生化房地产投资和地方政府债务这两个具有杠杆放大效应的货币需求及货币供应的驱动因素，实证分析了改革开放以来，中国 M2/GDP 长期上升却没有出现严重通货膨胀、货币流通速度长期下降的现象。提出，根据“十四五”经济高质量发展规划，实现货币供应量基本匹配名义 GDP 增速，“中国货币之谜”将被破解。第五章“房地产信用扩张、信用货币创造和货币供给”，从多角度系统论证房地产信用扩张是中国货币供给的重要内生性原因及其形成机制。房价持续上升是房地产信用扩张的前提基础；房地产信用扩张会遵循信用货币创造的原理大量增加货币供给，反过来助长房价加快上涨。因此，应坚定落实“房住不炒”，加紧建立房地产调控长效机制，竭力保持房价在较低幅度上长期增长，全力拓延房价持续平稳上升的周期。

第六章和第七章重点分析政府行为、财政政策对企业行为及效率的影响。第六章“政府诚信与企业创新质量——数字经济时代营商环境影响创新的经验证据”，基于负面信息关键词的百度搜索指数构建政府诚信水平指标，并以2011～2016年中国A股上市工业企业为样本，对政府诚信之于企业创新质量的作用大小及其传递机制进行实证检验。结果表明：（1）政府诚信水平越低，所在地区上市工业企业的创新质量越低；（2）政府诚信对企业创新质量的作用存在显著的企业异质性，不同规模、不同所有制形式、不同技术和资产专用水平以及不同区域的企业受政府诚信的影响程度不一；（3）在作用机制上，政府诚信主要是通过影响企业创新投入、创新形式以及创新成本来对企业创新质量产生作用效应的。此外，本书还发现，互联网发达程度会放大政府诚信对企业创新质量的作用。提出，在数字经济时代，地方政府要更加注重政府诚信建设，提升治理水平，打造亲清营商环境，以促进当地企业创新动力和提升创新质量，最终实现经济高质量发展。

第七章“企业生产率优势与所得税实际税率——基于企业市场势力视角的研究”，通过在一个具有企业异质性和内生价格加成率的一般均衡模型中引入税收政策，并将消费者的效用函数设定为线性形式，发现税率上升时，与高生产率企业相比，低生产率企业只能扣除其生产成本的较小部分，因此，低生产率企业的实际税率会更高。进一步地，实证研究结果表明，生产率更高的企业，其价格加成率也越高；而价格加成率越高的企业，其所得税实际税率更低。因此，企业所得税实际税率的差异可能不仅仅来自征税机构的征税强度和企业的避税行为，还可能来自企业的异质性能力。

第八章和第九章集中探讨有关贸易政策的问题。第八章“贸易政策不确定性对中国制造业企业生产率的影响研究”，使用1998～2007年中国工业企业数据库样本与美国进口关税数据，基于中国2002年获得美国永久正常贸易关系（PNTR）地位这一事件，运用连续型双重差分法，研究了贸易政策不确定性对中国制造业企业生产率的影响效应，并进一步探索了其影响机制。同时，采用2010～2020年中国A股制造业上市公司数据，对TPU的影响效应做进一步的检验。研究发现：（1）贸易政策不确定性的下降对中国制造业企业生产率的提升具有显著的促进作用，在经过双重差分有效性以及稳健性检验后，上述结论仍然成立。(2) 企业异质性分析表明，贸易政策不确定性的下降对制造业企业生产率的促进效应会因行业竞争程度、企业所有制及出口行为而不同。(3) 机制检验发现，贸易政策不确定性的下降可能通过提振市场需求、增强制造业企业新产品研发以及促进企业出口等影响渠道而促进制造业企业生产率的提升。

第九章“‘一带一路’倡议如何促进中国企业技术创新”，将“一带一路”倡议视为准自然实验，以2010~2020年沪深A股上市公司为样本，使用双重差分方法实证检验了“一带一路”倡议对参与“一带一路”建设企业技术创新的影响、异质性及作用机制。基准回归结果表明，“一带一路”倡议显著促进了参与企业的技术创新，尤其显著促进了参与企业的合作创新。一系列稳健性检验和安慰剂检验结果均表明基准回归结果是稳健的。异质性分析结果表明，“一带一路”倡议对发明专利和实用新型专利，对东部地区企业、国有企业、大规模企业、资本密集型企业的影响更显著。作用机制检验结果显示，“一带一路”倡议通过提高参与企业信贷可获得性和研发投入强度、促进国际人才流入、改善供应链环境进而促进了参与企业技术创新。此外，“一带一路”倡议不仅促进了参与企业技术创新数量的增加，而且促进了参与企业技术创新质量的提升。

第十章和第十一章着重分析能源政策相关的问题。第十章“‘双碳’背景下中国碳账户建设的模式、经验与发展方向”提出，碳账户作为界定个人、企业等各方社会主体碳足迹、碳排放权边界以及减碳贡献的记录账户，可为落实每个参与主体的减碳责任提供动态监测工具，也可为碳市场的有效运行提供相配套的微观基础。然而，现阶段中国碳账户建设尚处于起步阶段，仅个别试点地区启动了企业和个人碳账户建设，且各地核算标准存在较大差异，激励机制与场景应用的构建也处于初级阶段。对比国外碳账户应用的主要模式及改进方向，中国碳账户尚未融入以碳定价为核心的减排政策框架，还未充分运用现有数据库与计费系统，场景应用在多跨协同与区域公平性问题上发展也相对缓慢。在科学有序推进“双碳”目标实现的背景下，中国一方面应充分整合现有数据库与计费系统，推进碳账户系统融入全国碳市场，积极推行金融机构参与碳账户建设的资金激励方式，加快推动中小企业构建碳账户；另一方面还需从保障碳账户信息安全、公平合理设计赏罚机制以及防止其他污染物溢出等方面加快制度与法律法规建设。

第十一章“全球能源市场联动与国家动态通胀风险”，首先根据全球29个国家的MSCI能源指数数据提取了全球能源市场风险联动指数（GECI），接着将GECI纳入分位数回归模型中以描述国家通货膨胀的条件预测分布特征。结果表明，GECI对短期、中期和长期通胀分布的预测作用主要体现在通胀的高分位点上，而且对于不同国家存在明显的异质性作用。此外，研究发现全球重大危机事件冲击下的国家动态通胀条件预测分布呈现明显的偏态，通胀尾部风险在危机事件期间出现显著变化。样本外预测结果验证了GECI对于预判国家通货膨胀分布变化的有效性和前瞻性。

第十二章“从缩小‘数字鸿沟’到收获‘数字红利’——中国城市数字经济的空间差异和收敛性研究”，基于区域—城市群—城市的不同空间视角，从理论分析和实证分析两个方面，探讨中国数字经济发展中“数字鸿沟”和“数字红利”问题。采用熵值法的组合赋权法测度2011～2019年中国城市数字经济发展水平，采用Dagum基尼系数及其分解探索数字经济的空间差异及其来源，利用变异系数和空间面板模型检验数字经济的收敛性。研究发现：（1）中国城市数字经济逐渐由高速增长阶段转向高质量发展阶段；（2）四大区域和九大城市群数字经济空间差异缩小，表明“数字鸿沟”缩小，显示出显著的“数字红利”，其总差异主要来源于区域间（城市群间）差异；（3）四大区域和九大城市群数字经济发展均存在σ收敛、β收敛和俱乐部收敛特征；（4）中国城市数字经济空间差异演进路径出现分化，同样显现“数字红利”却表现出不同阶段特征。通过分析不同空间尺度的数字经济空间差异，明确了城市数字经济发展的收敛及其影响机制，研究结论为中国城市数字经济的时空格局演进提供了依据，对促进数字经济区域协调和可持续发展具有政策启示，以期未来进一步缩小“数字鸿沟”，创造“数字红利”，从数字化角度推动经济可持续发展。

第三篇是“预测与政策模拟篇”，包括第十三章至第十五章共三章内容。第十三章是中国季度宏观经济模型（CQMM）课题组2023年春季预测报告的主体部分；第十四章是2023年秋季预测报告的主体部分。这两次报告的第一部分都是对上一次预测报告以来的中国宏观经济形势及宏观经济政策调控进行回顾与分析。由于本书另行撰写了2022年的宏观经济运行与宏观经济政策调控情况分析，并作为第一章的内容，因此，第十三章、第十四章仅包含了两次报告的预测、政策模拟、政策分析与政策建议部分。

第十五章收录了厦门大学宏观经济研究中心与新华社《经济参考报》分别于2023年2月和8月联合开展的“中国宏观经济形势与政策”问卷调查的结果及其分析。

目录

Contents

第一篇

回顾篇

2023年，外部经济环境更趋严峻，国内需求不足仍较突出，经济回升基础尚不牢固。高新技术产业投资的快速增长正在加快推进制造业结构的转型升级。其中，新动能行业的利润已开始实现较快增长。过去一年，多项结构性货币政策工具和更大力度的结构性减税降费政策，提高了政策精度，在有效托底制造业投资的同时，持续推进制造业结构的转型升级。

第一章 2022年中国宏观经济运行回顾*

第一节 概述

2022年，中国国内生产总值（GDP）121万亿元，实际同比增速3.0%，较上年大幅下滑5.1个百分点，未能实现年增速5.5%的预定目标。在2022年2月下旬爆发的俄乌冲突以及第二、第四季度新冠疫情两次大范围扩散等意外事件冲击下，各季度GDP增速波动明显。其中，第一季度同比增长4.8%，第二季度增长0.4%，第三季度增长3.9%，第四季度增长2.9%。而分产业看，2022年，第一产业增加值8.8万亿元，同比增长4.1%，增速较上年下滑3.0个百分点；第二产业增加值48.3万亿元，增长3.8%，增速较上年下滑4.4个百分点；第三产业增加值63.9万亿元，增长2.3%，增速较上年下滑5.9个百分点（见图1-1）。第三产业受到的冲击最大。

总体上，2022年中国宏观经济运行呈现出以下特点：（1）工业持续回落，高技术制造业和现代服务业增势良好；（2）就业形势相对严峻，CPI温和上涨，PPI涨幅回落；（3）基础设施建设投资和制造业投资强劲，房地产投资低迷；（4）消费品零售明显下滑，居民收入增速与GDP增速

---

* 本章是厦门大学宏观经济研究中心“中国季度宏观经济模型”课题组2023年春季预测报告部分。

基本同步；（5）外贸稳定增长，商品出口额涨跌互现；（6）社融总量持续扩张，实体融资意愿偏弱；（7）政府收支表现疲弱，民生支出仍是政策重点。

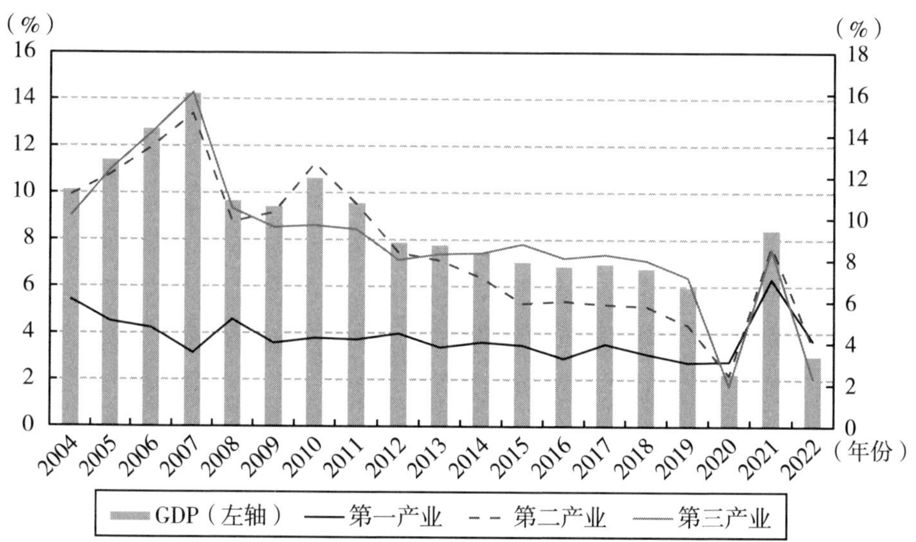

图 1-1　2004～2022 年 GDP 和三次产业同比增速

资料来源：CEIC 数据库，CQMM 课题组计算。

第二节　宏观经济运行基本情况分析

一、工业持续回落，高技术制造业和现代服务业增势良好

2022 年，全国规模以上工业增加值同比增长 3.6%，增速较上年减少 6.0 个百分点。其中，采矿业增加值增长 7.3%，增速较上年提高 2.0 个百分点，主要是受俄乌冲突后全球能源价格的显著上涨所致；制造业增加值增长 3.0%，增速较上年大幅回落 6.0 个百分点；电力、热力、燃气及水生产和供应业增加值增长 5.0%，增速较上年大幅回落 6.4 个百分点（见图 1-2）。

高技术制造业和装备制造业保持较快增长，新动能持续增强。2022 年，高技术制造业和装备制造业增加值分别同比增长 7.4% 和 5.6%，增速分别比规模以上工业高出 3.8 个和 2.0 个百分点（见图 1-3）。分产品看，新能源汽车、移动通信基站设备、工业控制计算机及系列产量分别同比增长 97.5%、16.3%、15.0%，反映出战略性新兴行业中的一些领域正在快速成长。①

① 国务院新闻办公室：《国务院新闻办就 2022 年国民经济运行情况举行发布会》，新闻办网站，2023 年 1 月 17 日。

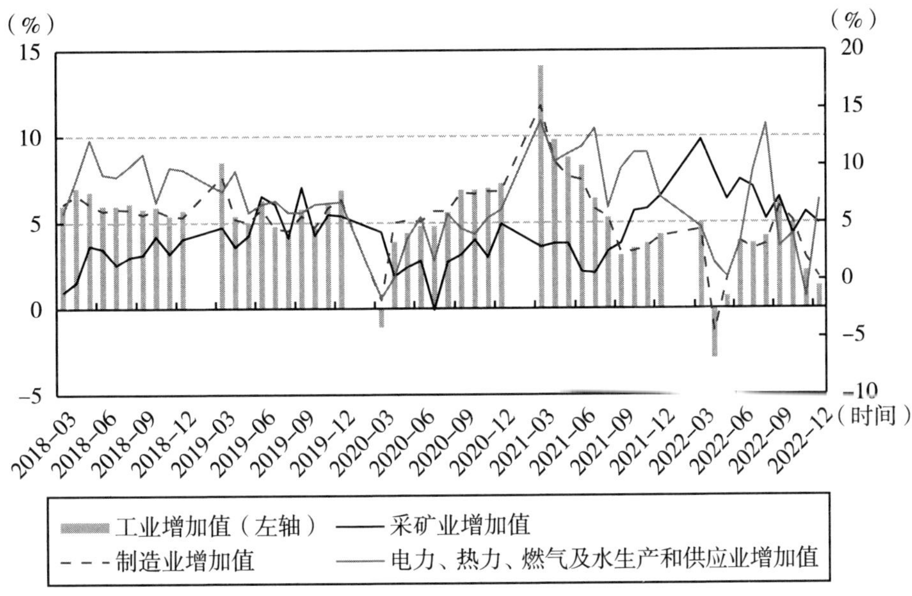

图 1－2　2018～2022 年工业及其三大门类增加值月度同比增速

资料来源：CEIC 数据库，CQMM 课题组计算。

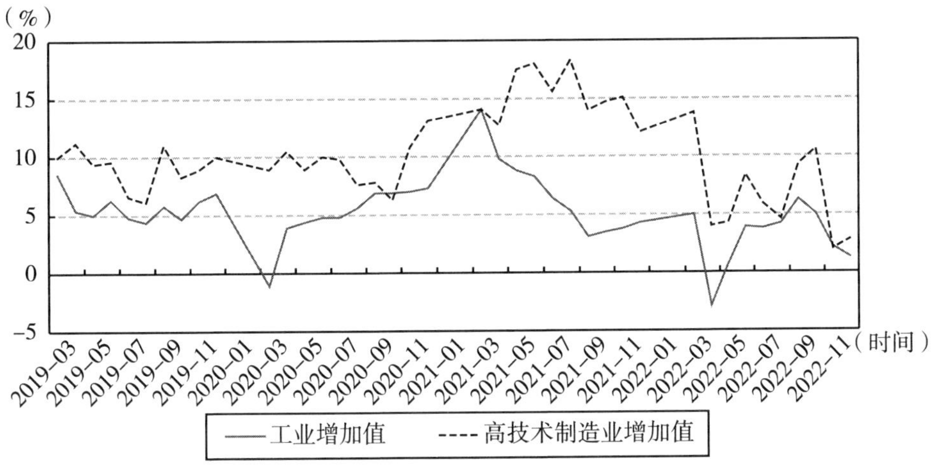

图 1－3　2019～2022 年高技术制造业和工业增加值增速

资料来源：CEIC 数据库，CQMM 课题组计算。

传统服务业表现疲弱。2022 年，批发和零售业增加值 11.45 万亿元，同比增长 0.9%；交通运输、仓储和邮政业增加值 4.97 万亿元，下降 0.8%；住宿和餐饮业增加值 1.79 万亿元，下降 2.3%；金融业增加值 9.68 万亿元，增长 5.6%；房地产业增加值 7.38 万亿元，下降 5.1%。现代服务业增势良好，信息传输、软件和信息技术服务业增加值 4.79 万亿元，增长 9.1%；租赁和商务服务业增加值 3.92 亿元，增长 3.4%。①

2022 年，全国规模以上工业企业实现利润总额 8.40 万亿元，实际同比下降 4.0%，增速较上年大幅下滑 30.3 个百分点。其中，采矿业实现利润总额 1.56 万亿元，同比增长 48.6%；制造业实现利润总额 6.42 万亿元，同比下降 13.4%；电力、热力、燃气及水生产和供应业实现利润总额 0.43 万亿元，同比增长 41.8%。

分企业类型看，在规模以上工业企业中，国有控股企业实现利润总额 2.38 万亿元，同比增长 3.0%；私营企业、股份制企业分别实现利润总额 6.16 万亿元和 2.66 万亿元，同比下降 2.7% 和 7.2%；外商及港澳台投资企业实现利润总额 2.00 万亿元，同比下降 9.5%。②

二、就业形势相对严峻，CPI 温和上涨，PPI 涨幅回落

2022 年，全国城镇新增就业 1206 万人。全年全国城镇调查失业率平均值为 5.6%，比上年增加 0.5 个百分点。31 个大城市城镇调查失业率平均值为 6.0%，比上年增加 0.8 个百分点（见图 1-4）。

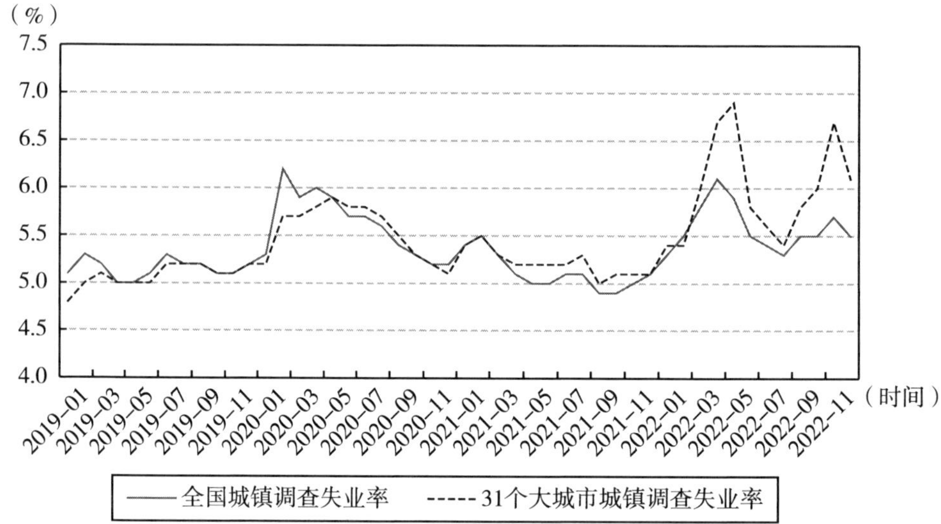

图 1-4　2019~2022 年全国城镇调查失业率和 31 个大城市城镇调查失业率

资料来源：CEIC 数据库，CQMM 课题组计算。

① 国家统计局：《中华人民共和国 2022 年国民经济和社会发展统计公报》，国家统计局网站，2023 年 2 月 28 日。

② 国家统计局：《2022 年全国规模以上工业企业利润下降 4.0%》，国家统计局网站，2023 年 1 月 31 日。

2022年，消费价格温和增长，居民消费价格指数（CPI）上涨2.0%。分月度看，非食品CPI上半年稳中有升，下半年略有回落；食品CPI上半年迅速上涨，下半年明显回落，其走势和猪肉价格的涨落密切相关（见图1-5）。

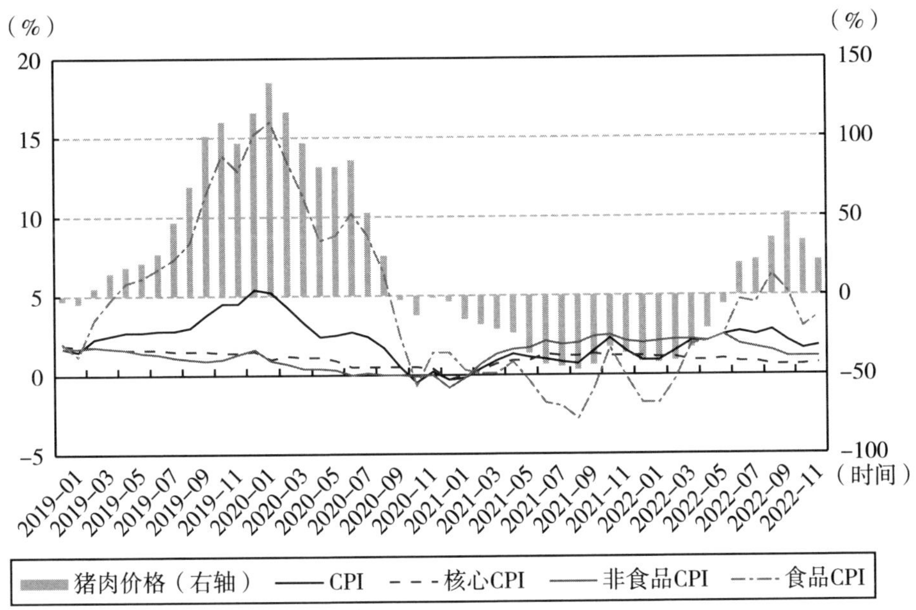

图1-5　2019~2022年CPI、食品和非食品CPI同比涨幅

资料来源：CEIC数据库，CQMM课题组计算。

2022年，工业生产者出厂价格指数（PPI）同比上涨4.1%，涨幅较上年回落4.0个百分点。其中，生产资料PPI增长4.9%，生活资料PPI增长1.5%。分月度看，PPI涨幅自2021年10月达到峰值11.9%后持续回落，至2022年11月同比下降1.3%，12月降幅收窄至-0.7%。总体看来，基数效应是PPI涨幅大体延续下行趋势的主要原因。此外，PPI生产资料PPI的走势与总体PPI的走势基本一致，生活资料PPI的走势则与之反差较大，其涨幅基本稳定在0.8%~1.8%的区间内（见图1-6）。

三、基建和制造业投资增长较快，房地产投资低迷

2022年，全国固定资产投资（不含农户）57.21万亿元，同比增长5.1%，增速较上年提高0.2个百分点；民间投资同比增长0.9%，增速较上年下滑6.1个百分点（见图1-7）。全年国内疫情的不断反复，给民营经济的正常运作带来诸多困扰和压力。

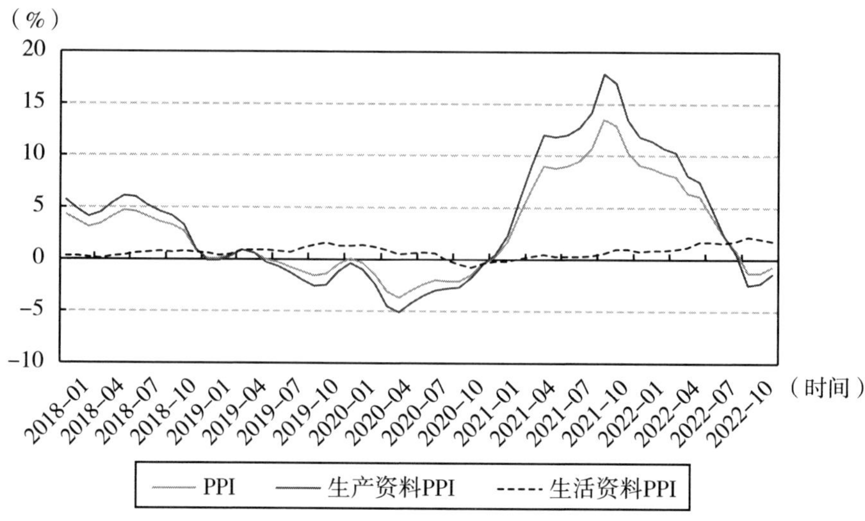

图 1-6　2018～2022 年 PPI 月度同比涨幅

资料来源：CEIC 数据库，CQMM 课题组计算。

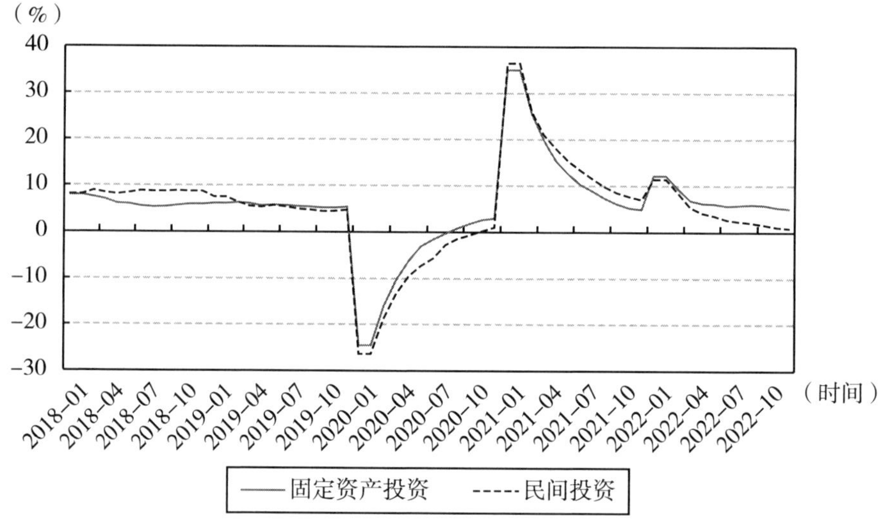

图 1-7　2018～2022 年固定资产投资和民间固定资产投资累计月度同比增速

资料来源：CEIC 数据库，CQMM 课题组计算。

分行业看，在房地产投资低迷背景下，制造业投资较快增长及基础设施建设投资（以下简称“基建投资”）的逆周期托底，成为支撑固定资产投资较为平稳增长的主力军。2022 年，制造业投资同比增长 9.1%，增速较上年下降 4.4 个百分点，仍保持较为强劲的增长势头（见图1－8）。制造业投资的较高增速，一方面得益于良好的出口态势，另一方面则是源于2021年以来工业企业利润增速维持在高位水平（见图1－9）。

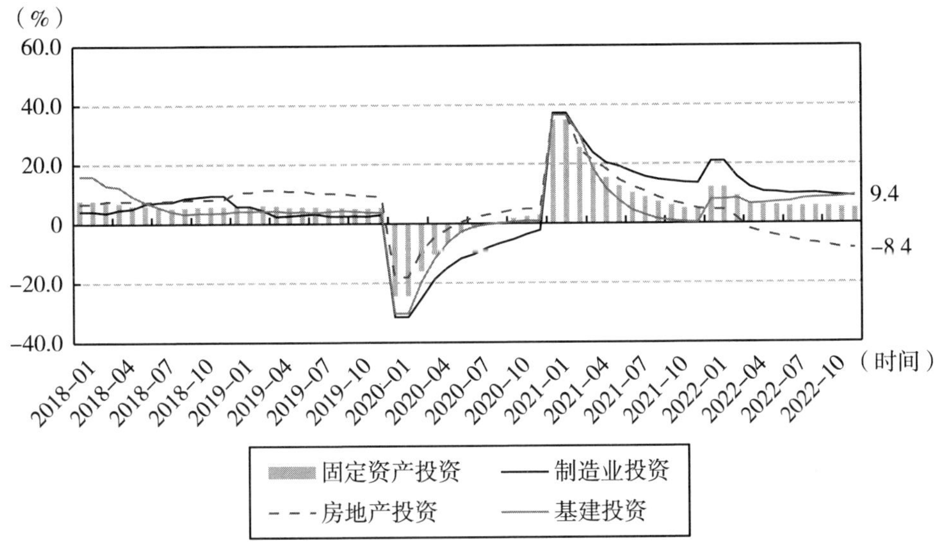

图1－8　2018～2022年制造业、基础设施和房地产开发投资累计同比增速

资料来源：CEIC数据库，CQMM课题组计算。

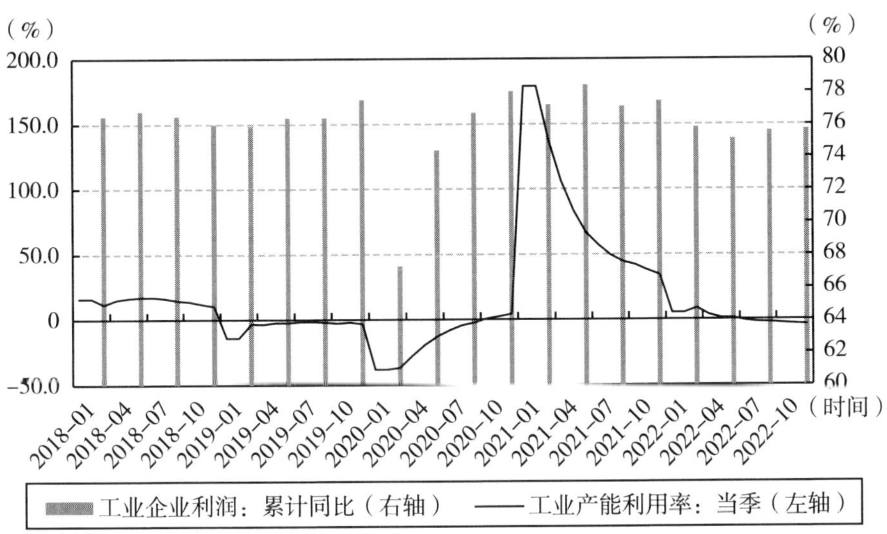

图1－9　2018～2022年工业企业利润增速和工业产能利用率

资料来源：CEIC数据库，CQMM课题组计算。

2022 年，基建投资同比增长 9.4%，增速较上年大幅增加 9.0 个百分点（见图 1－8）。其中，电力、热力、燃气及水生产和供应业，水利管理业，水利环境业，公共设施管理业的投资增速均超过 10%，分别同比增长 19.3%、13.6%、10.3%、10.1%。基建投资的强劲表现，源于托底经济增长的政策要求。地方专项债的扩容和前置发行，以及一系列政府性金融工具的灵活运用，使得基建投资在 2022 年的稳增长中扮演着十分重要的角色。

2022 年，房地产开发投资同比下降 8.4%，较上年大幅回落 13.4 个百分点（见图 1－8）。全国商品房销售面积 13.58 亿平方米，同比下降 24.3%；商品房销售额 13.33 万亿元，同比下降 26.7%。房地产投资在行业严格监管政策和信用政策整体偏紧的双重影响下，从 2021 年下半年起开始呈现明显的下行趋势，2022 年在疫情冲击、预期转弱等因素的加持下进一步下滑。2022 年 11 月起，鉴于房地产在国民经济中仍居于支柱产业的地位，有关方面已经采取了从供给面覆盖到消费面的诸多措施，尤其是在信贷、债权融资、股权融资等方面对房地产企业予以资金面上的支持。不过，新措施能否以及能在多长时间内见效，仍需进一步的观察。

四、消费品零售下滑，居民收入增速和 GDP 增速基本同步

消费品零售增长乏力。2022 年，社会消费品零售总额 43.97 万亿元，同比下降 0.2%（见图 1－10），其中，实物商品网上零售额 11.96 万亿元，实际同比增长 6.2%，占社会消费品零售总额的比重为 27.2%。按经营地统计，城镇消费品零售额 38.04 万元，同比下降 0.3%；农村消费品零售额 5.93 万亿元，与上年基本持平。按消费类型统计，商品零售额 39.58 万亿元，同比增长 0.5%；餐饮收入额 4.39 万亿元，同比下降 6.3%。①

全年限额以上单位商品零售额中，粮油、食品类零售额同比增长 8.7%，饮料类增长 5.3%，烟酒类增长 2.3%，服装、鞋帽、针纺织品类下降 6.5%，化妆品类下降 4.5%，金银珠宝类下降 1.1%，日用品类下降 0.7%，家用电器和音像器材类下降 3.9%，中西药品类增长 12.4%，文化办公用品类增长 4.4%，家具制品类下降 7.5%，通信器材类下降 3.4%，石油及制品类增长 9.7%，汽车类增长 0.7%，建筑及装潢材料类下降 6.2%。

2022 年，全国居民人均可支配收入 3.69 万元，实际同比增长 2.9%，与经济增速基本同步。城镇居民人均可支配收入 4.93 万元，实际同比增长 1.9%；

① 国务院新闻办公室：《国务院新闻办就 2022 年国民经济运行情况举行发布会》，新闻办网站，2023 年 1 月 17 日。

农村居民人均可支配收入2.01万元，实际同比增长4.2%。分季度看，居民可支配收入增速逐步放缓（见图1-11）。

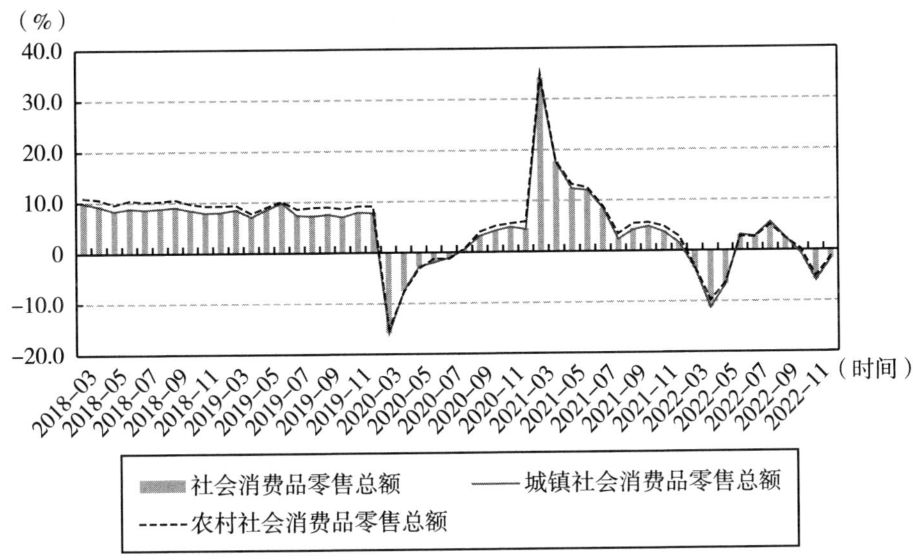

图1-10　2018~2022年社会消费品零售总额月度同比增速

资料来源：CEIC数据库，CQMM课题组计算。

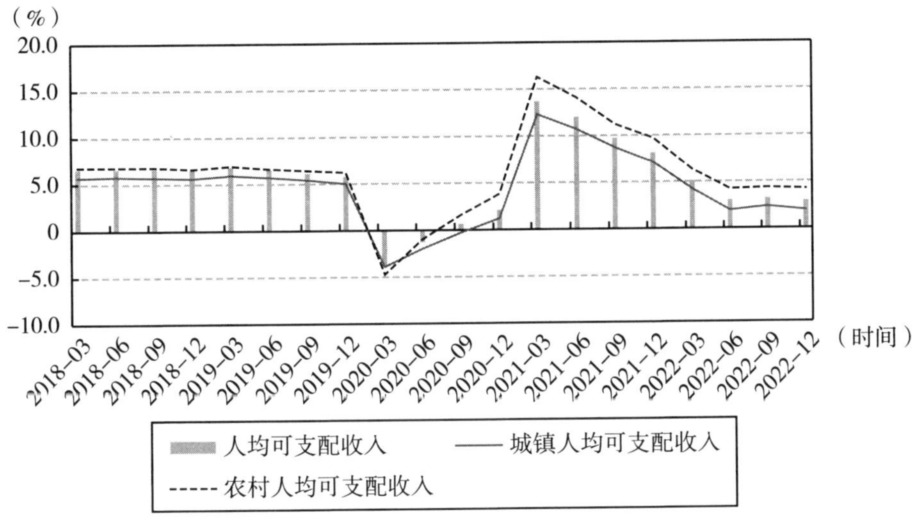

图1-11　2018~2022年居民实际可支配收入累计季度同比增速

资料来源：CEIC数据库，CQMM课题组计算。

五、外贸稳定增长，商品出口额涨跌互现

2022年外贸实现稳定增长，全年货物进出口总额6.31万亿美元，同比增长4.4%。其中，出口总额3.59万亿美元，同比上涨7.0%；进口总额2.72万亿美元，同比增长1.1%；贸易顺差8.78万亿美元，同比增长29.7%（见图1-12）。尽管面临全球经贸下行的巨大压力，但外贸依然展现出强劲韧性，对经济相对平稳运行提供了显著的支撑作用。

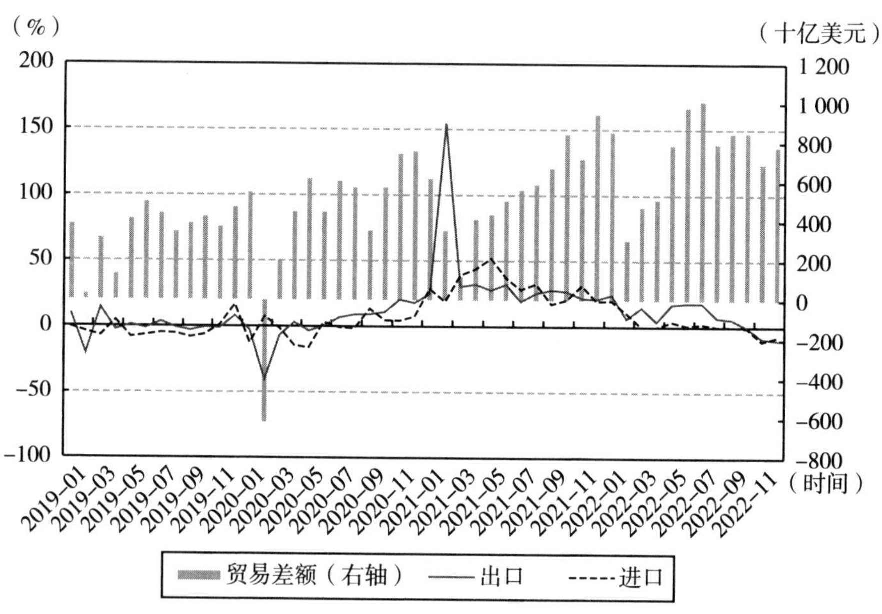

图1-12　2019~2022年进出口累计同比增速与贸易差额

资料来源：CEIC数据库，CQMM课题组计算。

从出口商品看，2022年机电产品出口金额略增，同比上涨3.6%；高技术产品出口金额略减，同比下降2.8%；劳动密集型产品有不同程度的增长。塑料制品、箱包及类似容器、纺织纱线织物及其制品、服装及衣着附件、鞋靴、玩具出口金额分别同比增长9.3%、28.2%、2.0%、3.2%、20.4%和5.6%；上游商品方面，成品油出口金额大幅增长，同比增速高达48.7%。总体而言，大多数出口商品金额增速的回落，与外需转弱以及国内新冠疫情有着密切的关系。

从贸易国别看，中国和东盟、欧盟、美国的进出口贸易总额分别为9 792.8亿美元、8 470.4亿美元和7 592.2亿美元，分列贸易伙伴的前三位，三者合计占全部进出口总额的40.9%。其中，对美国出口额5 815.6亿美元，同比增长

0.9%；从美国进口额 1 776.5 亿美元，同比下降 1.0%；贸易顺差 4 039.1 亿美元，贡献了总贸易顺差的 46.2%。这表明，中美之间仍然存在十分紧密的经贸关系，在两国博弈日趋激烈的背景下，经贸关系成为中美关系的压舱石。

六、社融总量略有扩张，实体融资意愿偏弱

社会融资总量略有扩张。2022 年，新增社会融资 32.01 万亿元，较上年多增 0.67 万亿元。从变动趋势上看，社会融资余额增速自 9 月后加速下行。其中，信贷增速基本稳定，特别是中长期贷款增速稳中有升，但政府债和企业债增速明显回落。从趋势上看，社会融资余额上半年增速趋于上行，6 月达到 10.8% 的年内峰值，第三季度稳定在 10.6% 左右，第四季度明显降速，从 9 月的 10.6% 下行至 12 月的 9.6%（见图 1－13）。从结构上看，政府债余额增速从 7 月的峰值 19.4% 降至 12 月的 13.4%，企业债余额增速从 5 月的峰值 10.7% 降至 12 月的 3.6%，成为主要下行力量（见图 1－14）。人民币贷款增速全年维持在 11.0% ± 0.3% 的区间内，其中，中长期贷款增速在 9 月前持续低位，9 月后企稳回升；而短期贷款增速在 9 月前趋于上行，9 月之后逐渐回落（见图 1－15）。

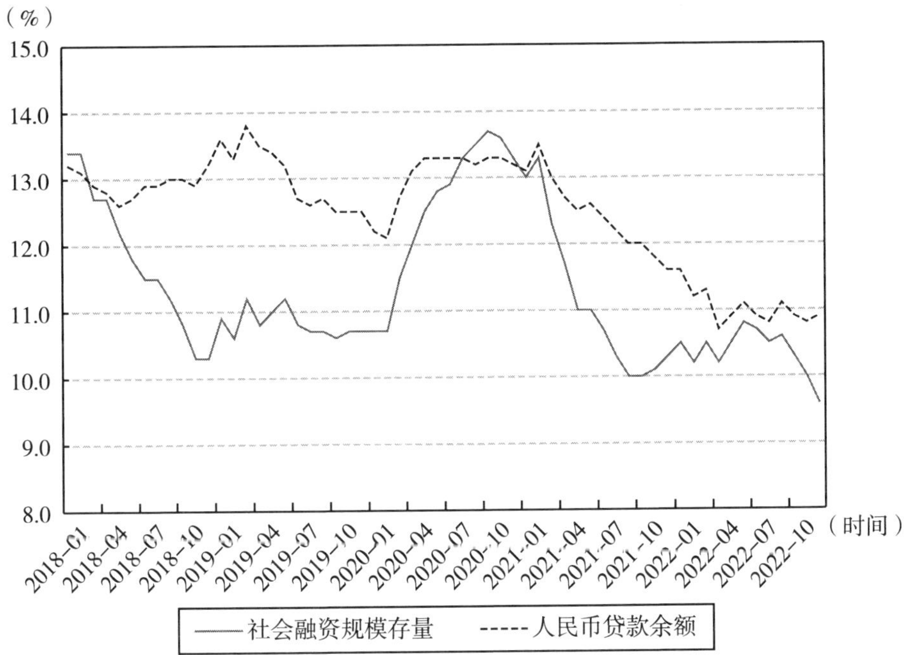

图 1－13　2018～2022 年社会融资规模存量与人民币贷款余额同比增速

资料来源：CEIC 数据库，CQMM 课题组计算。

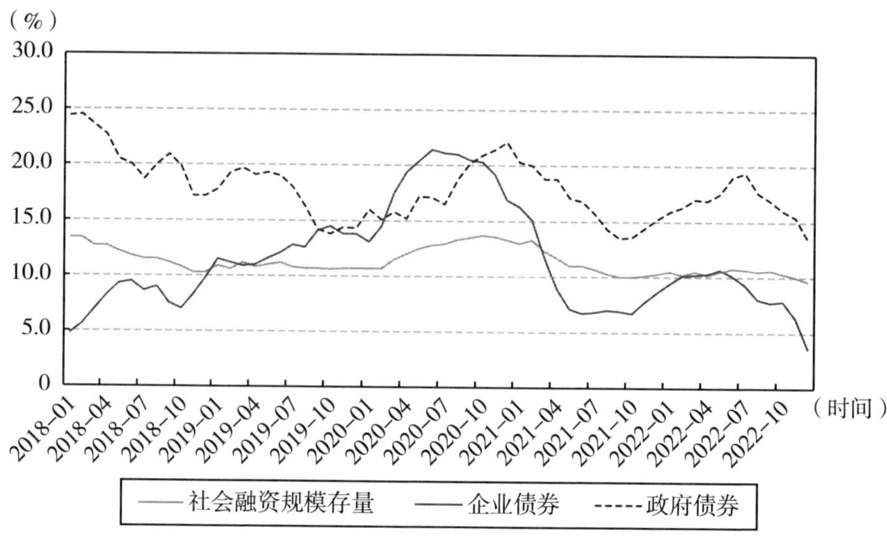

图 1－14　2018～2022 年社会融资规模存量、企业债券与政府债券余额同比增速

资料来源：CEIC 数据库，CQMM 课题组计算。

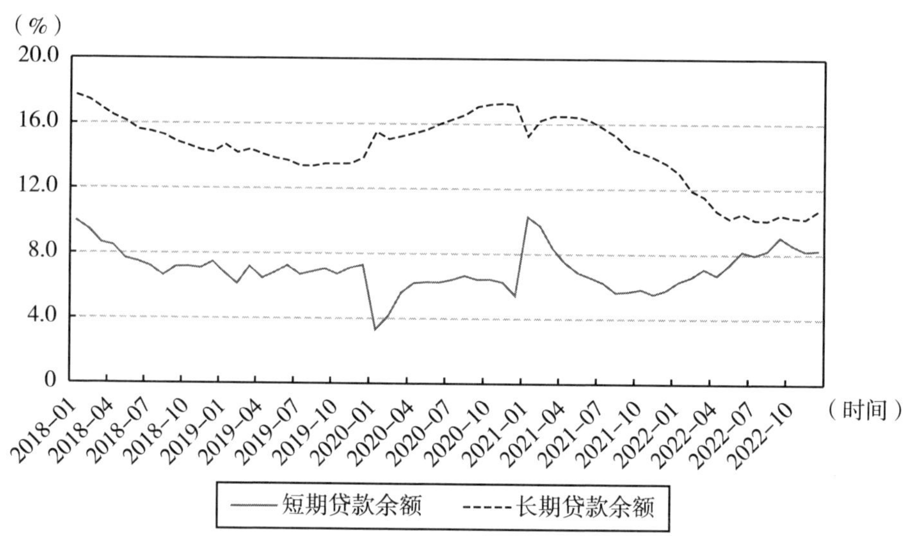

图 1－15　2018～2022 年短期贷款和中长期贷款余额同比增速

资料来源：CEIC 数据库，CQMM 课题组计算。

从融资结构看，2022 年企业债券融资明显收缩，股票融资稳中有升，政府债券融资和人民币贷款相对稳定。2022 年人民币贷款占新增社会融资规模的

65.3%，相比2020年的57.5%和2021年的63.6%都有上升。政府债券融资占比在2020年、2021年、2022年分别为23.9%、22.4%、22.3%，基本稳定。企业债券融资占比在2020年、2021年、2022年分别为12.8%、10.5%、6.4%，下降幅度较大。股票融资占比从2018～2019年的1.5%左右上升至2020年的2.6%，2021年和2022年分别进一步上升至3.9%和3.7%。其他融资占比从2018年的－4.6%逐渐回归正贡献，但波动仍然较大，2019～2022年占比分别为1.5%、3.2%、－0.4%、2.3%（见图1－16）。

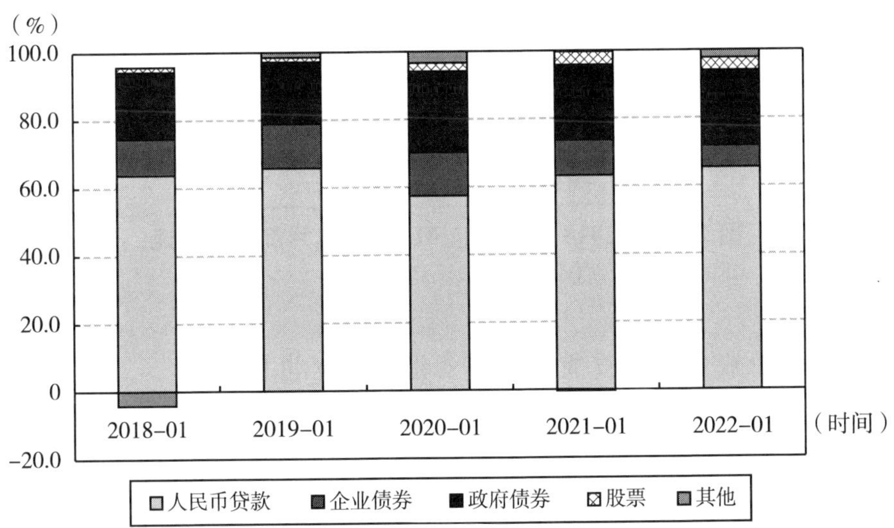

图1－16　2018～2022年各类融资规模在当年新增社会融资总量中的占比

资料来源：CEIC数据库，CQMM课题组计算。

追根溯源，房地产企业债务控制是本轮信贷增速下行的起点，也是本轮利率下行的起点，而疫情冲击则进一步强化了下行趋势。2020年8月“三条红线”出台后，当年末房贷集中管理，引发贷款余额与企业债余额增速快速下降，利率趋于下行。2021年下半年个别房企发生债务违约风险，同时叠加疫情冲击，房地产销售急剧下降。多重冲击叠加导致负向循环持续强化，并波及民营企业整体融资和房地产上下游行业，企业债融资显著收缩。

货币供应量方面，2022年8月以来，狭义货币（M1）同比增速加速回落，广义货币（M2）增速高位波动，与A股表现高度负相关的M2－M1仍在上行（见图1－17）。这表明，微观主体对于经济发展的前景仍然谨慎，大量资金沉淀为储蓄，而没有转化为消费、购房和投资。因此，改善社会心理预期，提振经济社会发展信心，将是2023年中国促进经济全面回暖的关键所在。

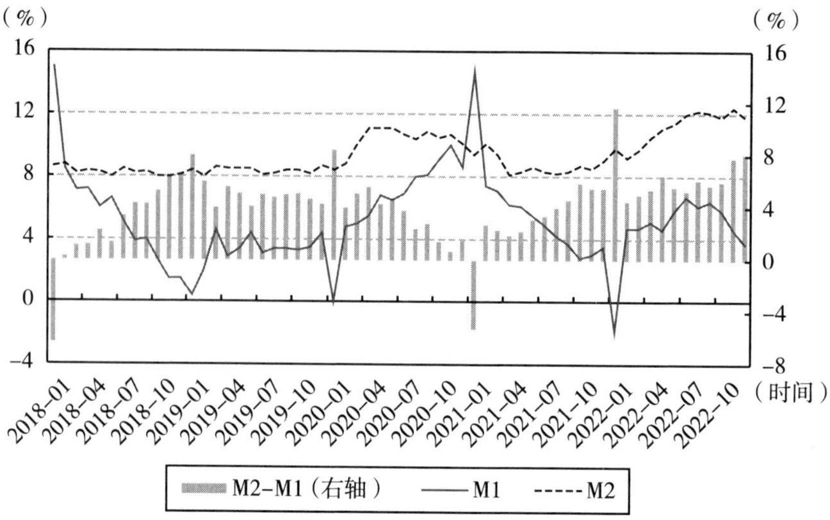

图 1－17　2018～2022 年 M1 和 M2 月度同比增速

资料来源：CEIC 数据库，CQMM 课题组计算。

七、政府收支表现疲弱，民生支出仍是支出重点

2022 年，全国一般公共预算收入 20.27 万亿元，同比增长 0.6%，低于年初制定的 3.8% 的目标增速，仅完成年初预算目标的 96.9%。税收收入表现较弱，全国税收收入 16.66 万亿元，同比下降 3.5%；非税收入表现亮眼，全国非税收入 3.71 万元，同比增长 24.4%（见图 1－18）。

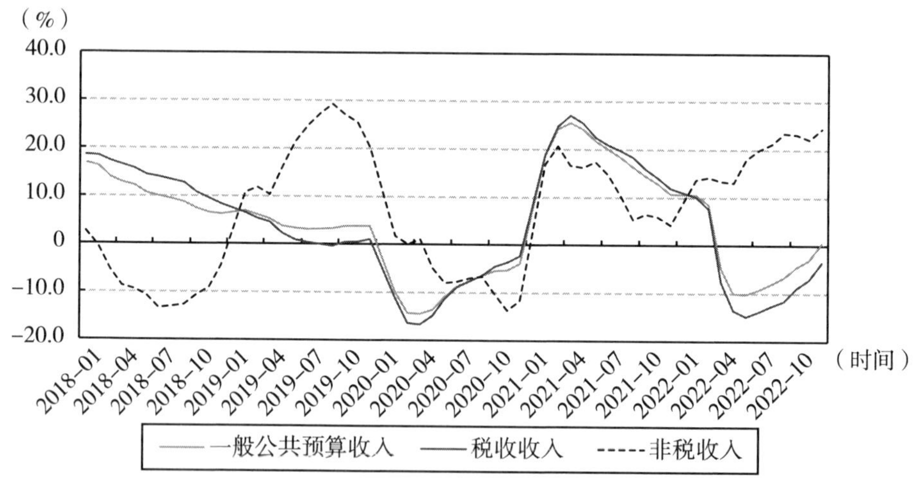

图 1－18　2018～2022 年一般公共预算收入累计同比增速

资料来源：CEIC 数据库，CQMM 课题组计算。

从主要税种来看，增值税和房地产相关税收降速最为明显。在减税降费及留抵退税政策下，国内增值税收入下降明显。2022 年，国内增值税收入约为 4.87 万亿元，同比下降 23.3%；而受房地产市场持续低迷的影响，房地产相关税收出现持续负增长。2022 年，房地产相关税收收入约为 1.76 万亿元，下滑 7.6%；消费税则表现亮眼，2022 年国内消费税约为 1.67 万亿元，增长 20.3%；受疫情冲击下经济压力增大的影响，企业所得税和个人所得税收入增速较上年有明显下滑。2022 年，企业所得税约为 4.37 万亿元，增长 3.9%，增速较上年下滑 11.5 个百分点；个人所得税收入约为 1.49 万亿元，增长 6.6%，增速较上年下滑 14.4 个百分点。①

2022 年，全国一般公共预算支出 26.06 万亿元，同比增长 6.1%，低于年初预算增速 8.4% 的目标（见图 1－19）。从支出结构看，2022 年，教育支出、社会保障和就业支出、卫生健康支出等民生领域重点支出分别增长 5.1%、5.5%、2.2%，分别占一般公共预算支出的 15.1%、14.0%、8.6%。相形之下，基建型支出总体疲软，城乡社区事务支出下降 0.31%、农林水事务支出下降 4.9%、交通运输支出下降 4.3%，分别占一般预算支出的 7.4%、8.6%、4.6%。债务利息支出占一般预算支出的 4.4%，较上年增加 0.2 个百分点。在政府债务存量逐年加大的背景下，债务利息支出相应呈现出逐年上升的态势。

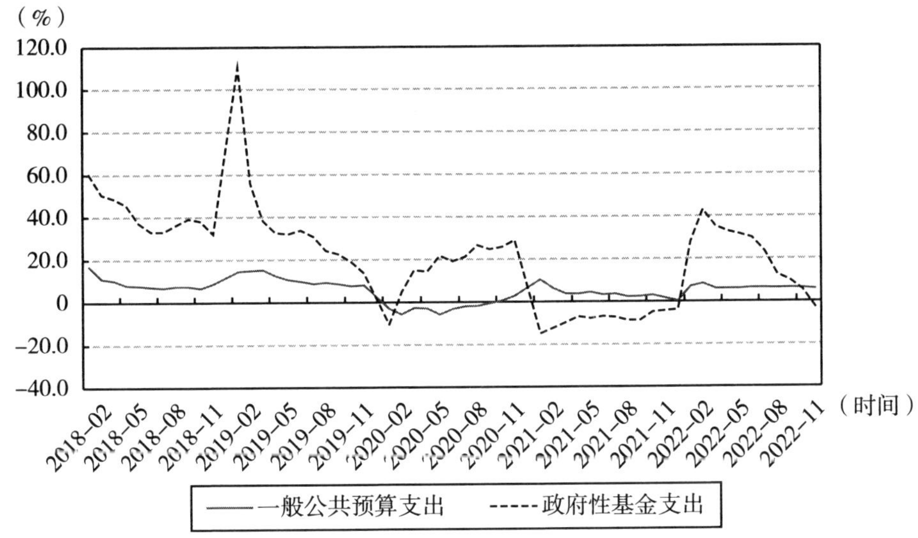

图 1－19　2018～2022 年财政支出累计同比增速

资料来源：CEIC 数据库，CQMM 课题组计算。

① CEIC 数据库。

2022 年，政府性基金收入全年表现疲弱，全国政府性基金预算收入 7.79 万亿元，同比下降 20.6%；其中，地方政府性基金预算本级收入 7.38 万亿元，下降21.6%；国有土地使用权出让收入 6.69 万亿元，下降 23.3%（见图 1－20）。房地产市场的低迷，导致土地出让收入大幅下滑，是地方政府性基金收入增速显著回落的主要原因。

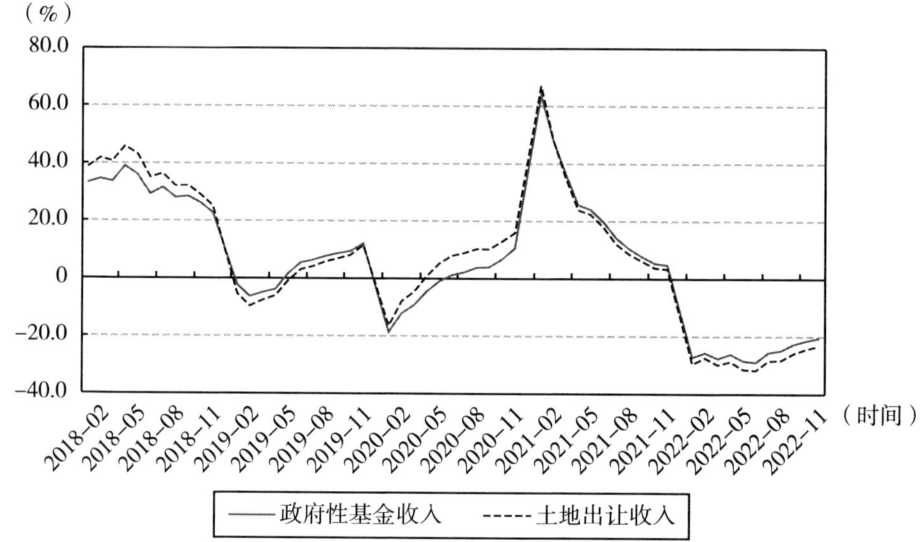

图 1－20 2018～2022 年政府性基金收入累计同比增速

资料来源：CEIC 数据库，CQMM 课题组计算。

2022 年，政府性基金支出全年表现同样较弱，全国政府性基金支出 11.06 万亿元，同比下降 2.5%（见图 1－19），其中，地方政府性基金支出 10.50 万亿元，下降 4.7%；国有土地使用权出让收入相关支出 6.37 万亿元，下降 17.8%。①

① CEIC 数据库。

第二章 2023年前三季度中国宏观经济运行回顾*

第一节 概述

2023年前三季度，中国国内生产总值（GDP）91.3万亿元，实际同比增长5.2%。其中，第一季度同比增长4.5%，第二季度提高到6.3%，第三季度则回落至4.9%。从环比增速看，经季节调整之后的第二季度环比增速由第一季度的2.3%下降为0.5%，第三季度回升至1.3%，呈现出与同比增速相反的变化趋势（见图2-1）。

从经济增长动力看，前三个季度，最终消费对GDP增长累计贡献率稳步提升，由第一季度的66.6%增长到第三季度的83.2%，较去年同期大幅增加41.3个百分点，成为支撑经济增长的最主要贡献要素。资本形成总额对GDP增长累计贡献率则出现逐季下降，由第一季度的34.7%减少到第三季度的29.8%，下降4.9个百分点，但仍比去年同期提高9.4个百分点。相比而言，货物和服务净流出对GDP增长贡献出现大幅滑坡，不仅出现逐季下降，而且数值为负值，由第一季度的-1.3%下降至第三季度的-13.0%，较去年同期大幅减少50.7个百分点。因此，相对于内需问题，截至目前，外需不振引发的货物和服务净流出对经济增长贡

* 本章是厦门大学宏观经济研究中心“中国季度宏观经济模型”课题组2023年春季预测报告部分。

献大幅下降是抑制中国经济增长反弹复苏的主要因素。

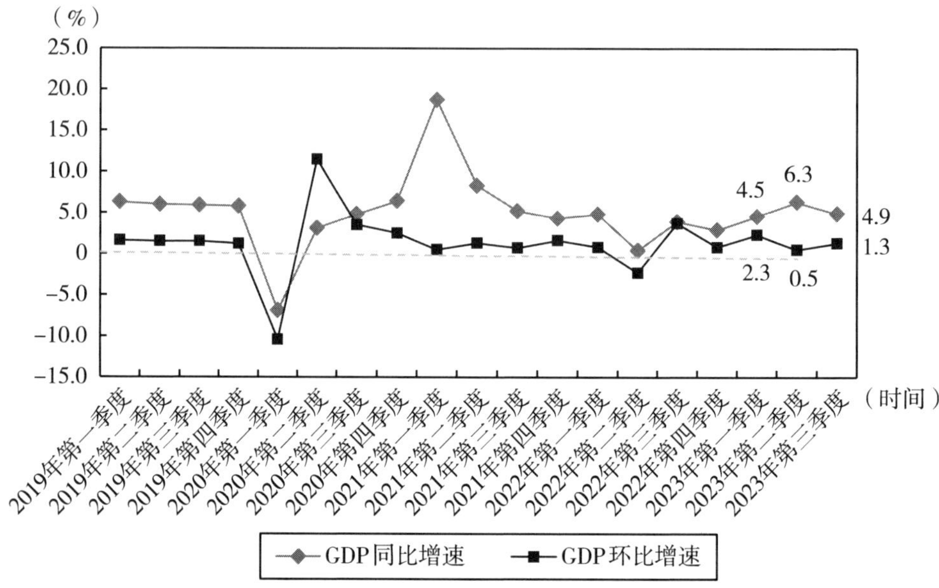

图 2-1　2019~2023 年 GDP 季度同比及环比增速

资料来源：CEIC 数据库，CQMM 课题组计算。

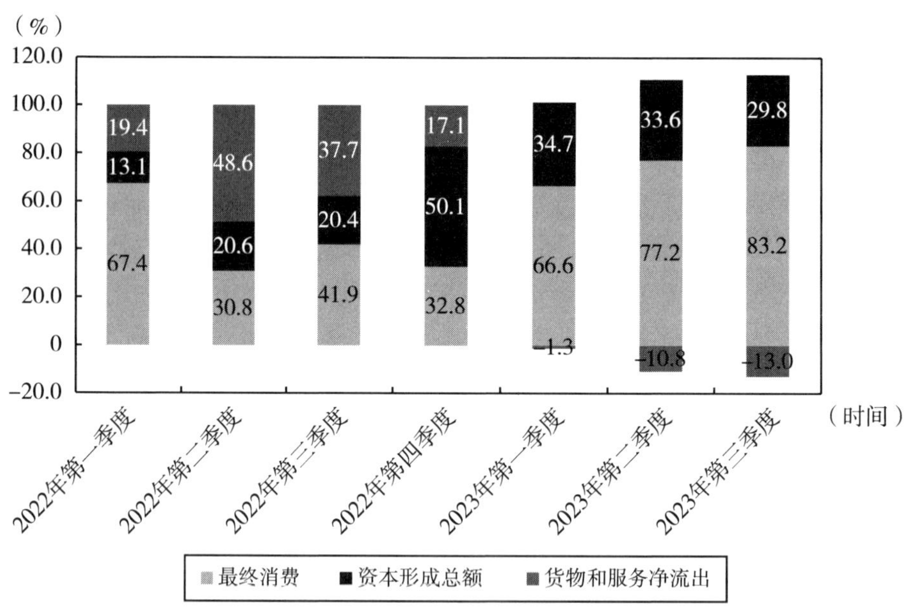

图 2-2　2022~2023 年 GDP 三大需求贡献率变化

资料来源：CEIC 数据库，CQMM 课题组计算。

第二节　宏观经济运行基本情况分析

一、第三产业增速“先升后降”，工业增速回暖向好

2023 年前三季度，第一产业增加值约为 5.64 万亿元，累计同比增长 4.0%，较上年同期下跌 0.2 个百分点，较第一季度、上半年均提高 0.3 个百分点；第二产业增加值约为 35.36 万亿元，累计同比增长 4.4%，较上年同期提高 0.5 个百分点，较第一季度和上半年分别提高 1.1 个和 0.1 个百分点；第三产业增加值 50.30 万亿元，累计同比增长 6.0%，较上年同期大幅提高 3.7 个百分点，较第一季度增加 0.6 个百分点，但较上半年下降 0.4 个百分点（见图 2 -3）。因此，分产业看，受上年同期低基数影响，第三产业增加值较快增长成为今年中国经济增长的主要推动力，第二产业和第一产业增加值增长则相对缓慢。不过，分季度看，第三产业增加值增速在减弱，而第一产业和第二产业增加值增速则在缓慢回升。

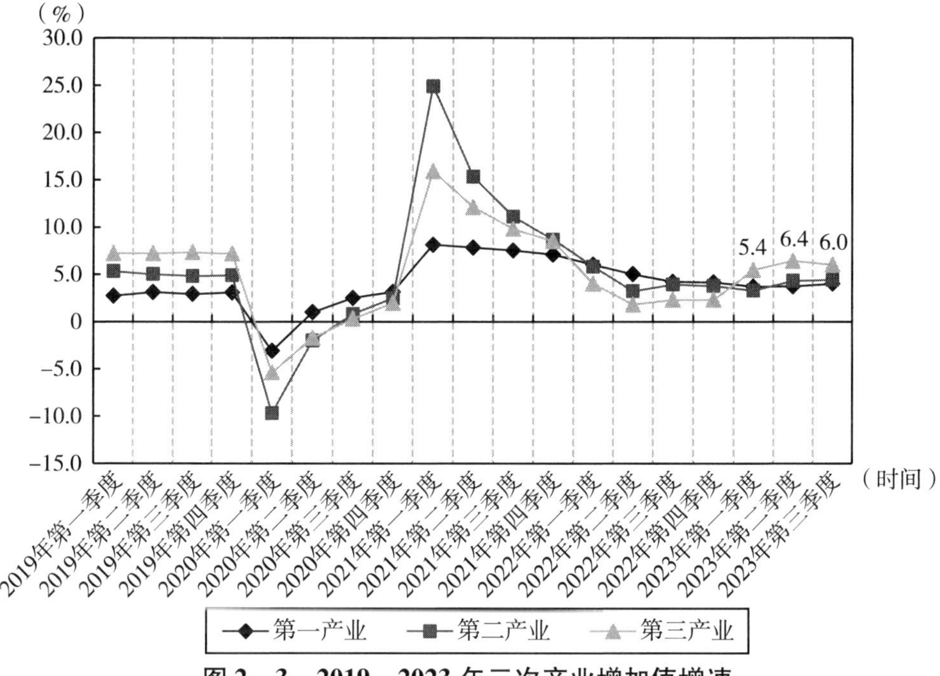

图 2 -3　2019 ~2023 年三次产业增加值增速

资料来源：CEIC 数据库，CQMM 课题组计算。

分行业看（见表 2 -1），2023 年前三季度，房地产业增加值累计同比增速为 -0.9%，降幅较上年同期缩窄 3.5 个百分点，出现一定程度的止跌。但分季

度看，增速逐季下降，并且由正转负，情况不容乐观。与之类似，第三产业的其他两大行业——批发和零售业、金融业前三季度增加值增速均较上年同期有较大幅度提升，涨幅分别为4.9个和1.5个百分点，但前三季度较上半年而言，则出现不同幅度下降，增速分别减少0.5个和0.3个百分点。此外，增速较快的信息传输、软件和信息技术服务业，以及住宿和餐饮业的前三季度增速同样较上半年出现小幅下降，分别减少0.8个和1.1个百分点。得益于旅游活动快速反弹增长，唯有交通运输、仓储和邮政业增加值增速出现逐季加快趋势，显示出强有力的复苏势头。而在第二产业方面，工业、制造业增加值增速尽管还比较低，但在趋势变化上看却是在逐季加快，回暖趋势逐渐确定；建筑业增加值则受房地产业再度下行影响，增速变化反复，由上半年累计增长7.7%跌至前三个季度累计增长7.2%，减少0.5个百分点。

表2-1　2019~2023年部分行业增加值累计同比增速变化　单位:%

时间	工业	制造业	建筑业	房地产业	交通运输、仓储和邮政业	批发和零售业	住宿和餐饮业	金融业	信息传输软件和信息技术服务业	租赁和商务服务业
2019年第一季度	5.2	5.3	5.8	2.2	6.8	5.7	5.2	6.5	24.3	8.5
2019年第二季度	4.9	4.9	5.1	2.2	6.7	5.8	5.4	6.8	23.7	8.0
2019年第三季度	4.7	4.5	5.4	2.8	6.8	5.7	5.5	6.7	22.8	8.2
2019年第四季度	4.8	4.6	5.2	2.6	6.5	5.6	5.5	6.6	21.7	8.7
2020年第一季度	-8.5	-10.1	-18.2	-7.6	-13.6	-17.5	-39.5	4.9	14.6	-6.7
2020年第二季度	-1.9	-2.3	-2.7	-2.4	-5.2	-7.7	-30.8	5.4	15.9	-6.0
2020年第三季度	0.7	0.6	1.2	-0.1	-1.8	-3.8	-23.0	5.9	17.3	-5.4
2020年第四季度	2.4	2.5	2.7	1.3	0.8	-0.9	-16.8	5.9	18.3	-2.5

续表

时间	工业	制造业	建筑业	房地产业	交通运输、仓储和邮政业	批发和零售业	住宿和餐饮业	金融业	信息传输软件和信息技术服务业	租赁和商务服务业
2021 年第一季度	25.2	28.4	21.7	19.5	36.1	26.3	45.1	4.6	21.4	13.1
2021 年第二季度	16.7	18.5	7.5	11.9	24.3	16.7	30.2	4.0	20.6	11.9
2021 年第三季度	12.7	14.0	3.2	6.6	18.5	13.2	20.4	3.7	19.4	11.5
2021 年第四季度	10.4	11.3	1.1	3.5	15.1	11.0	15.6	4.0	17.4	11.2
2022 年第一季度	6.4	6.1	1.4	-2.0	2.1	3.9	-0.3	5.1	10.8	5.1
2022 年第二季度	3.3	2.8	2.8	-4.6	-0.8	0.9	-2.8	5.5	9.2	0.9
2022 年第三季度	3.7	3.2	4.8	-4.4	0.3	1.2	-0.7	5.5	8.8	2.5
2022 年第四季度	3.4	2.9	5.5	-5.1	-0.8	0.9	-2.3	5.6	9.1	3.4
2023 年第一季度	2.9	2.8	6.7	1.3	4.8	5.5	13.6	6.9	11.2	6.0
2023 年第二季度	3.7	3.9	7.7	0.0	6.9	6.6	15.5	7.3	12.9	10.1
2023 年第三季度	3.9	4.1	7.2	-0.9	7.5	6.1	14.4	7.0	12.1	9.5

资料来源：根据 CEIC 数据库数据整理而得。

二、投资和出口持续减速，消费增长乏力，总需求有待提升

从三大需求指标看，投资和出口基本延续 2021 年以来的增速下降趋势。其

中，投资方面，固定资产投资累计同比增速由第一季度的5.1%逐月减少到第三季度的3.1%，较上年同期降低2.8个百分点；以美元计价的出口累计同比增速由正转负，从第一季度的0.5%下降至第三季度的-5.7%，较上年同期大幅下降18.2个百分点。而与这二者相比，受2022年较低基数影响，2023年消费增速整体上明显加快。2023年前三季度，以实物消费为主的社会消费品零售总额累计同比增速为6.8%，较上年同期大幅提高6.1个百分点。不过，自5月之后，该指标已经出现连续4个月下调，从9.3%一路下降至6.8%，持续增长压力较大（见图2-4）。因此，从总需求层面看，无论是外需还是内需，都表现出增长下行的颓势，有待改善提升。

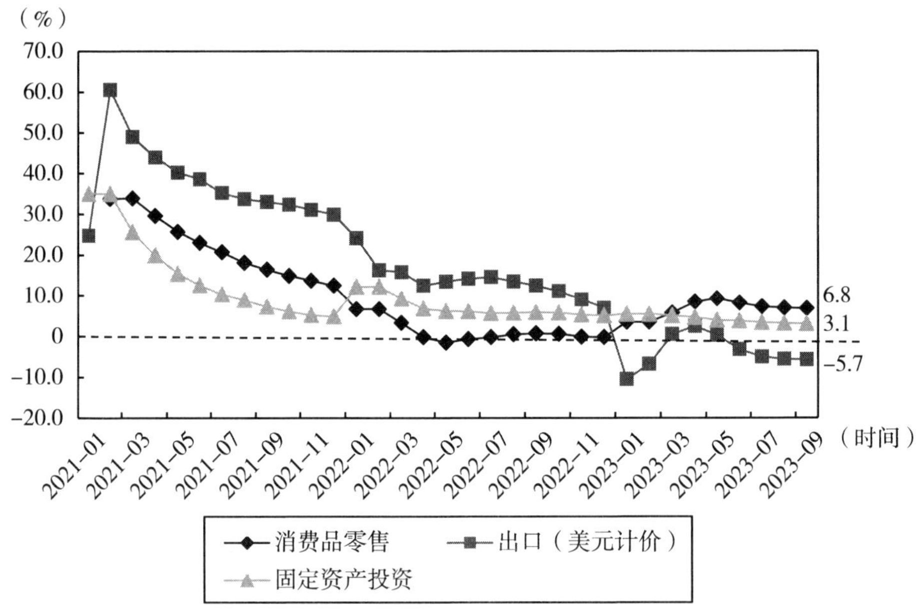

图2-4　2021~2023年三大需求指标累计同比增速变化

资料来源：CEIC数据库，CQMM课题组计算。

三、居民收入增长稳定，企业利润降幅缩窄，税收收入结构突出

从国民收入分配三大主体看，居民可支配收入增速略高于同期GDP增速，保持同步态势；由于去年的高基数和今年需求订单大幅下降，规模以上工业企业利润增速降幅较大；而受2022年第二季度开始的增值税留抵退税优惠政策影响，税收收入在第二季度之后同比增速加速上涨，远超同期经济增速。2023年前三季度，居民人均可支配收入累计同比增速为5.9%，高出上半年0.1个百分点，

较上年同期增加 2.7 个百分点，也比同期 GDP 增速多 0.4 个百分点；2023 年上半年，规模以上工业企业利润总额累计增速为 -16.8%，较上年同期大幅降低 17.8 个百分点，但较第一季度回升 4.6 个百分点；到 8 月份，增速降幅缩窄到 -11.7%，呈现逐月减少态势；税收收入增速则由第一季度的 -1.4% 跃升到上半年的 16.5%；到 9 月份，回落为 11.9%，但仍远高于同期 GDP 增速（见图 2-5）。

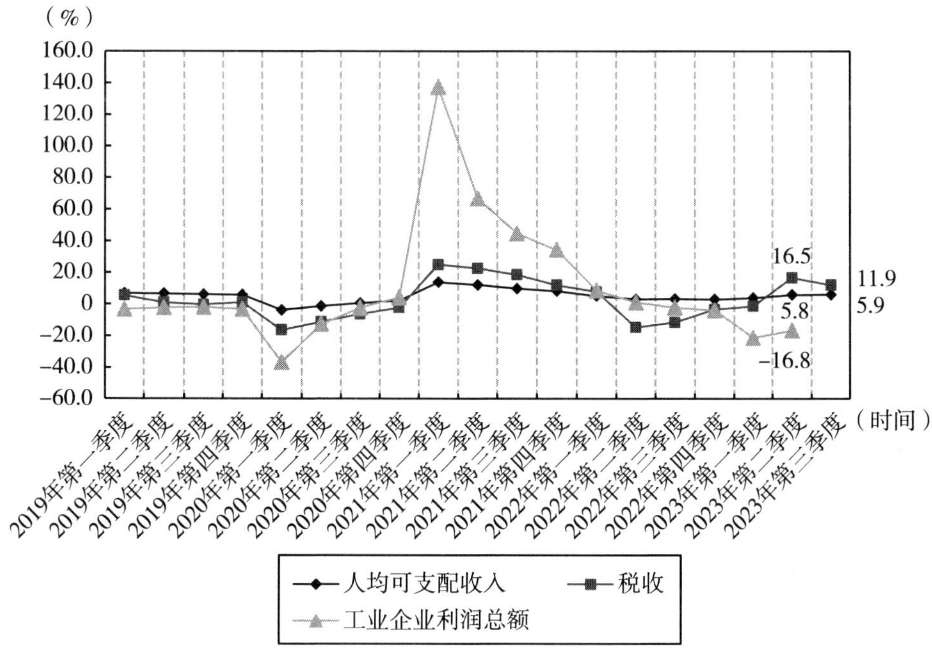

图 2-5　2019～2023 年三大收入指标累计同比增速变化

资料来源：CEIC 数据库，CQMM 课题组计算。

进一步分析，城乡居民收入方面，2023 年前三季度，城镇居民人均可支配收入累计同比增速为 4.7%，与上半年持平，低于同期 GDP 增速 0.8 个百分点。农村居民人均可支配收入累计同比增速为 7.3%，较上半年小幅增加 0.1 个百分点，高出同期 GDP 增速 1.8 个百分点（见图 2-6）。农村居民收入依旧保持着快于城镇居民收入的增长态势。但不论是城镇居民还是农村居民，居民可支配收入增速在第三季度均面临增长减速问题，收入持续增长的压力较大。

税收收入方面，2023 年前三季度，除增值税大幅增长 60.3% 外，其余与生产、消费、利润、进出口相关的主要税种收入均呈现负增长状态（见表 2-2）。

其中，降幅最大的是关税，累计同比增速为 -12.1%，较上年同期下降 9.1 个百分点；其次是印花税，累计同比增速为 -11.2%，较上年同期下降 9.1 个百分点；企业所得税位居第三，累计同比增速为 -7.4%，较上年同期下降 9.5 个百分点；进口环节税和消费税累计同比增速分别为 -7.3% 和 -4.9%，较上年同期分别下降 18.6 个和 12.2 个百分点；个人所得税小幅下降，累计同比增速为 -0.4%，较上年同期减少 8.9 个百分点。上述六大税种收入合计约为 7.66 万亿元，较上年同期下降 5100 亿元；约为增值税收入的 1.43 倍，上年同期为 2.44 倍；占税收收入比重约为 55.0%，较上年同期大幅减少 10.7 个百分点。此外，车辆购置税和契税在上年增速大幅负增长的基础上，今年也仅小幅增长 5.0% 和 2.2%。不过，从月度趋势变化看，关税、消费税和进口环节税收入增速下降幅度在持续收缩；企业所得税收入增速尽管由正转负，但其部分是由于对中小微企业所得税普惠性减免造成的，并非完全是因企业利润下降导致的增长萎缩。并且，9 月份降幅也出现缩窄。

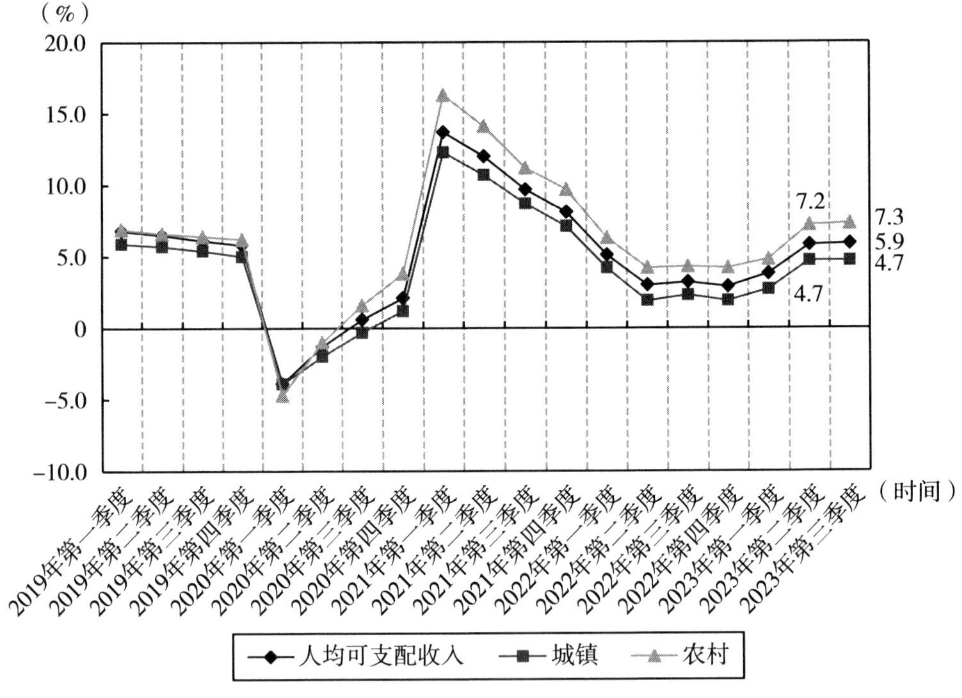

图 2-6　2019~2023 年城乡居民可支配收入累计同比增速变化

资料来源：CEIC 数据库，CQMM 课题组计算。

表2－2　主要税种收入累计同比增速变化　单位：%

时间	税收	关税	企业所得税	增值税	消费税	进口环节税	个人所得税	车辆购置税	契税	印花税
2022－02	10.1	14.0	5.4	6.1	18.7	33.5	46.8	－14.3	－25.8	13.3
2022－03	7.7	6.4	9.8	3.6	15.8	24.2	16.5	－20.4	－22.4	20.6
2022－04	－7.6	0.4	5.4	－28.9	15.5	17.8	11.4	－28.3	－27.4	19.3
2022－05	－13.6	－1.9	4.0	－43.4	10.3	16.8	8.3	－28.9	－28.1	13.7
2022－06	－14.8	－3.3	3.2	－45.7	9.8	14.9	8.7	－30.7	－28.0	11.3
2022－07	－13.8	－3.4	2.6	－42.3	9.1	13.3	8.9	－31.3	－28.3	11.1
2022－08	－12.6	－2.9	2.5	－37.6	8.7	12.4	8.9	－30.5	－28.7	4.1
2022－09	－11.6	－3.0	2.1	－33.4	7.3	11.3	9.1	－30.9	－27.1	－2.1
2022－10	－8.9	－2.5	3.5	－29.1	13.2	11.3	8.5	－31.3	－25.4	2.3
2022－11	－7.1	－0.4	3.8	－26.2	18.0	13.4	8.0	－32.2	－23.8	4.8
2022－12	－3.5	1.9	3.9	－23.3	20.3	15.4	6.6	－31.9	－22.0	7.7
2023－02	－3.4	－27.0	11.4	6.3	－18.4	－21.6	－4.0	－32.8	－4.0	－31.3
2023－03	－1.4	－19.9	9.3	12.2	－22.2	－14.4	－4.4	－23.3	2.1	－32.5
2023－04	12.9	－16.9	3.7	58.0	－17.9	－12.0	－2.4	－13.6	6.3	－14.2
2023－05	17.0	－14.4	－1.9	93.5	－16.1	－10.7	－1.5	－7.6	8.8	－14.6
2023－06	16.5	－13.6	－5.4	96.0	－13.4	－9.5	－0.6	－3.6	5.1	－14.6
2023－07	14.5	－13.2	－7.4	84.2	－10.6	－8.9	－0.6	－0.3	4.2	－8.3
2023－08	12.9	－12.7	－7.6	70.7	－9.0	－8.3	－0.1	2.3	3.7	－8.9
2023－09	11.9	－12.1	－7.4	60.3	－4.9	－7.3	－0.4	5.0	2.2	－11.2

注：进口环节税包括进口产品增值税和消费税。

资料来源：根据CEIC数据库数据整理而得。

四、房地产投资持续负增长，基建投资减速，民间投资信心不足

2023年前三季度，国内投资需求不足是宏观经济运行存在的主要问题。分行业看，房地产业投资增速持续出现负增长且降幅逐渐扩大，从第一季度的累计同比增速－5.1%下跌至上半年的－6.7%和前三个季度的－7.8%（见图2－7）。自2021年以来，在监管政策趋严及信用政策趋紧的双重影响下，房地产业投资

增速出现明显下降趋势。到2022年4月，房地产业投资累计同比增速开始出现负增长（-1.9%）。尽管2022年12月之后，决策部门出台了一系列刺激房产消费、激励房地产投资的政策措施，但随着房地产市场供求关系的重大转变，房地产业问题逐渐从生产端为主转向消费端为主，居民购买住房预期发生明显变化，新增住房贷款大幅萎缩，房地产销售压力加大，资金回流速度锐减，造成房地产开发企业资金到位增速大幅下降，拖累房地产投资增长步伐。如图2-8所示，相较于2016~2021年每年近4.0万亿元的新增居民住房贷款规模，2022年居民新增住房贷款规模仅约为0.48万亿元。2023年上半年，新增居民住房贷款规模更是“不升反降”，负增长0.20万亿元。与之对应的是，2023年房地产企业开发资金到位增速在2022年大幅下滑的基础上，再度出现较大幅度下降，并呈现逐季滑落态势，由第一季度的-9.0%下跌至上半年的-9.8%和前三季度的-13.5%。

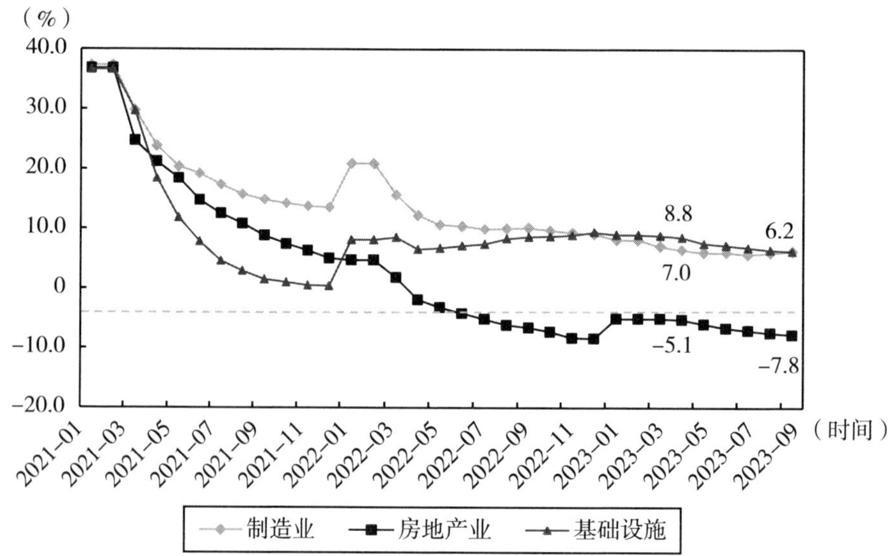

图2-7 2021~2023年制造业、基础设施和房地产业投资累计同比增速变化

资料来源：CEIC数据库，CQMM课题组计算。

制造业投资方面，2023年前三季度，制造业投资累计同比增长6.2%，较上年同期下降3.9个百分点，较第一季度减少0.8个百分点，但较上半年小幅提高0.2个百分点（见图2-7）。制造业投资增速回升与工业企业利润降幅缩窄、8~9月财政支出增速小幅加快有关。但是，随着上游原材料价格回升（PPI降幅变小）、以实物消费为主的社会消费品零售总额减速，制造业投资增速持续回升的趋势不明朗，仍需宽信贷政策环境的保障和强有力的投资信心引导。

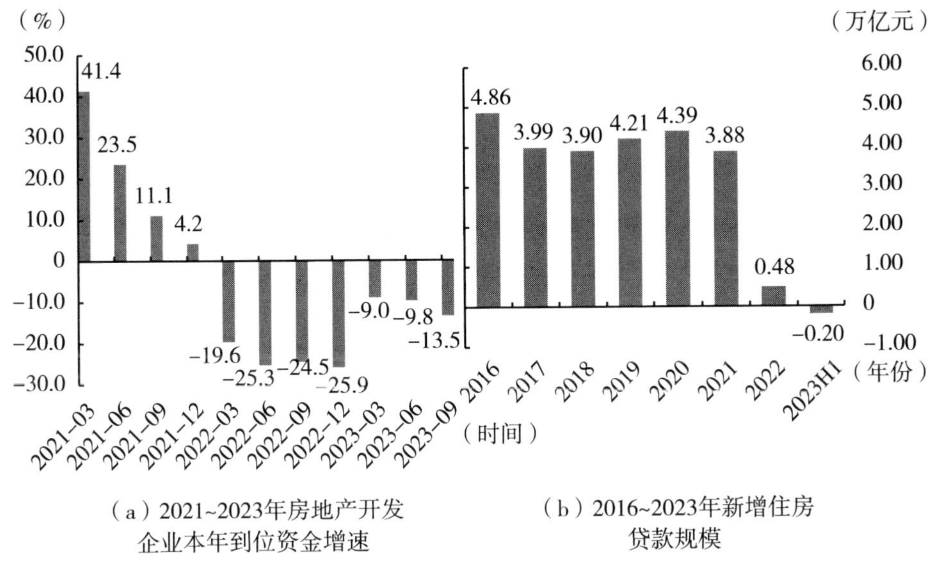

（a）2021~2023年房地产开发企业本年到位资金增速

（b）2016~2023年新增住房贷款规模

图 2-8　房地产开发企业本年到位资金增速及新增住房贷款变化

注：房地产开发企业本年到位资金是指房地产开发企业报告期内实际用于房地产开发的各种货币资金及来源渠道，细分为国内贷款、利用外资、自筹资金、定金及预收款、个人按揭贷款和其他资金。该指标是累计数据。2023H1 表示 2023 年上半年。

资料来源：CEIC 数据库，CQMM 课题组计算。

基础设施建设投资方面，2023 年前三季度，基础设施建设投资累计同比增长 6.2%，较上年同期下降 2.4 个百分点，较第一季度和上半年分别下降 2.6 个和 1.0 个百分点，已经连续 10 个月增速下行（见图 2-7）。基建投资增速的持续下滑意味着，囿于地方政府融资平台的高还本付息压力以及政府性基金收入的大幅萎缩，自 2022 年底以来，积极的逆周期调控政策并没有真正落地实施，因而也无从发挥其应有的政策效力。

民间投资方面，2023 年前三季度，民间固定资产投资累计同比增速为 -0.6%，较 2022 年同期减少 2.6 个百分点，较第一季度和上半年分别下降 1.2 个和 0.4 个百分点。受此影响，自 2022 年起，民间投资增速与同期固定资产投资增速之间的差距逐渐拉大（见图 2-9）。民间投资占固定资产投资的比重由 2021 年、2022 年的 56.5%、54.2%，下降至 51.5%。提振民间投资信心，扭转民间投资增速下行趋势，必须成为当前中国宏观调控政策的着力重点，也是科学评估宏观政策效力的准则要件。

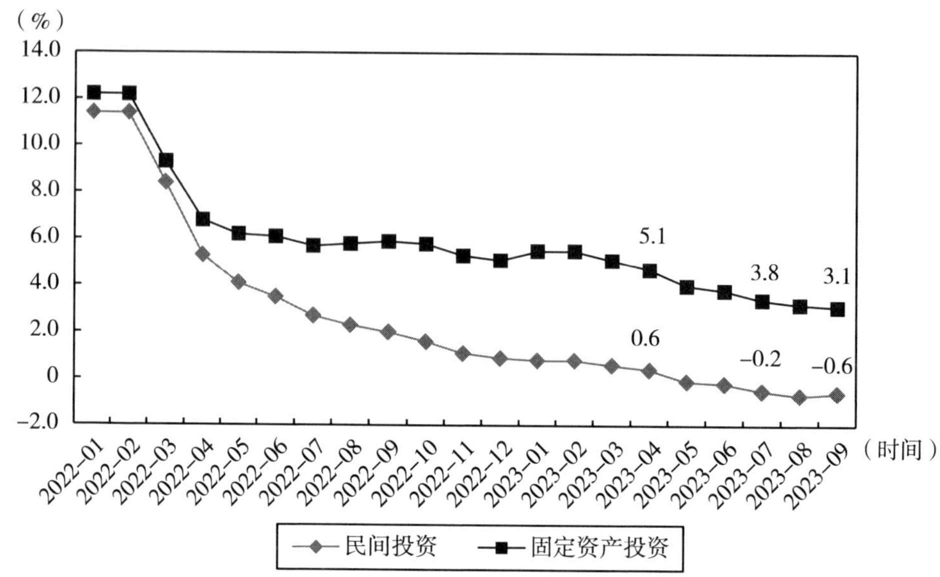

图2-9　2022~2023年固定资产投资和民间固定资产投资增速变化

资料来源：CEIC数据库，CQMM课题组计算。

五、实物商品消费增长分化，餐饮消费反弹明显

2023年前三季度，社会消费品零售总额累计同比增长6.8%，较上年同期大幅提升6.1个百分点。其中，餐饮业零售总额累计同比增速达到18.7%，较上年同期大幅上涨23.3个百分点；限额以上企业商品零售总额累计同比增速为5.5%，较上年同期增长4.2个百分点，但低于同期社会消费品零售总额增长速度，也低于2019年同期2.5个百分点。可见，今年以来，餐饮消费快速反弹是社会消费品零售总额增速回升的关键因素，而实物商品消费总额增长则仍未能恢复正常增长状况。进一步地，分月度看，在5月餐饮零售总额、社会消费品零售总额和商品零售总额累计同比分别大增22.6%、9.3%和7.9%后，开始持续回落；到9月，餐饮零售总额累计同比增速较5月下降3.9个百分点，社会消费品零售总额和商品零售总额增速则分别下降2.5个和2.4个百分点（见图2-10）。这表明，尽管消费是今年截至目前中国经济的主要增长来源，但消费持续增长的基础并不牢固，面临较大下行压力。

从主要类别商品零售总额增速看（见表2-3），2023年前三季度，汽车类、食品饮料烟酒类和石油及制品类商品零售总额累计同比增速分别为4.6%、5.8%和6.5%，均小于同期社会消费品零售总额累计增速。并且，与上年同期

相比，食品饮料烟酒类商品、石油及制品类商品零售总额增速甚至还分别下降2.2个和7.5个百分点。这二者的零售总额约占到限额以上企业消费品零售总额的29.1%。而服装鞋帽、针纺织品类商品零售总额累计同比增速约为10.6%，高于社会消费品零售总额增速，较2022年同期大涨14.6个百分点。不过，考虑到2022年服装鞋帽、针纺织品类商品零售总额增速长期为负，与餐饮业的情况类似，今年该类商品零售总额的快速增长很大一部分可能是由去年的翘尾因素导致的，其增长的持续性还有待观察。

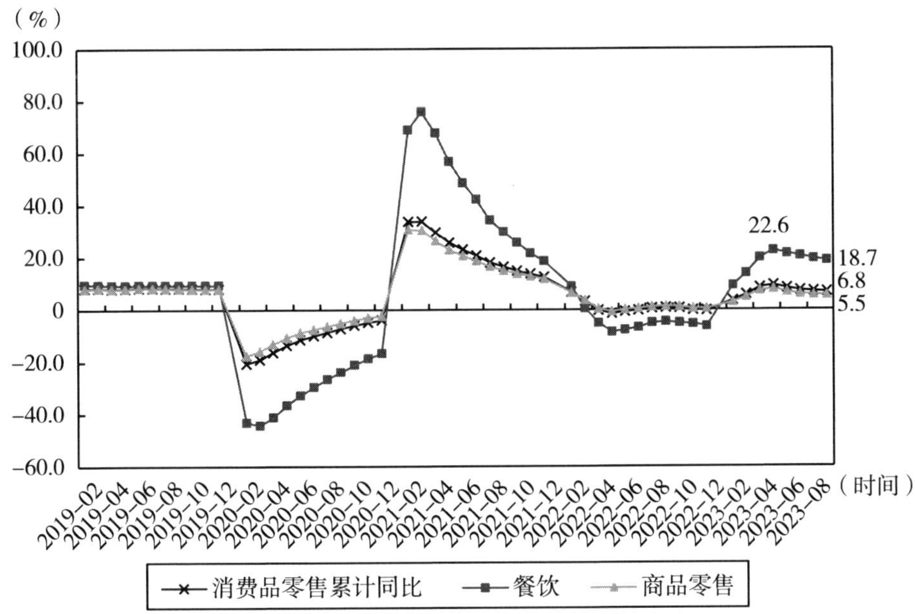

图2-10　2019~2023年限额以上企业商品零售及餐饮累计同比增速变化

资料来源：CEIC数据库，CQMM课题组计算。

表2-3　2022~2023年主要限额以上商品零售及餐饮累计同比增速变化

单位：%

时间	消费品零售累计同比	商品零售限额以上企业	汽车类	食品、饮料、烟酒类	石油及制品类	服装鞋帽、针纺织品类	餐饮
2022-02	6.7	9.1	3.9	9.5	25.6	4.8	8.9
2022-03	3.3	5.7	-0.3	10.1	19.7	-0.9	0.5
2022-04	-0.2	1.0	-8.4	9.3	15.7	-6.0	-5.1
2022-05	-1.5	-0.3	-9.9	9.4	14.1	-8.1	-8.5

续表

时间	消费品零售累计同比	商品零售限额以上企业	汽车类	食品、饮料、烟酒类	石油及制品类	服装鞋帽、针纺织品类	餐饮
2022－06	－0.7	1.4	－5.7	9.1	14.2	－6.5	－7.7
2022－07	－0.2	2.3	－3.6	8.7	14.2	－5.6	－6.8
2022－08	0.5	3.1	－1.3	8.5	14.5	－4.4	－5.0
2022－09	0.7	3.5	0.4	8.0	14.0	－4.0	－4.6
2022－10	0.6	3.1	0.8	7.8	12.5	－4.4	－5.0
2022－11	－0.1	2.1	0.3	7.2	11.0	－5.8	－5.4
2022－12	－0.2	1.9	0.7	7.0	9.7	－6.5	－6.3
2023－02	3.5	1.5	－9.4	8.0	10.9	5.4	9.2
2023－03	5.8	3.9	－2.3	6.7	10.3	9.0	13.9
2023－04	8.5	6.7	5.4	5.9	11.0	13.4	19.8
2023－05	9.3	7.5	8.9	4.9	9.6	14.1	22.6
2023－06	8.2	6.3	6.8	5.1	7.5	12.8	21.4
2023－07	7.3	5.3	5.5	5.2	6.2	11.4	20.5
2023－08	7.0	5.0	4.9	5.1	6.2	10.6	19.4
2023－09	6.8	4.9	4.6	5.8	6.5	10.6	18.7

注：截至2023年9月，汽车类，食品、饮料、烟酒类，石油及制品类，服装鞋帽、针纺织品类4项商品零售总额占限额以上企业消费品零售总额的比重分别为26.6%、15.6%、13.5%、7.7%。餐饮占限额以上企业消费品零售总额的比重为7.5%。这5种商品和服务零售总额合计约占到限额以上企业消费品零售总额的71.1%，超过七成。

资料来源：根据CEIC数据库数据整理而得。

此外，分月度看，占限额以上企业消费品零售总额最大比重（约为26.6%）的汽车类商品零售总额增速自5月起就出现持续下降势头。石油及制品类，服装鞋帽、针纺织品类商品零售总额增速变化类似。考虑到这三类商品占全部限额以上商品零售总额的比重较大（47.8%，接近一半），容易判断，汽车类、石油及制品类，以及服装鞋帽、针纺织品类商品零售总额增速逐月下降是造成限额以上企业商品零售总额增速持续回落的主要原因。

六、人民币贬值趋势暂缓，进出口增速双降，贸易结构持续优化

2023年9月，即期美元加权平均汇率跌至7.2976，较1月贬值7.5%；即期

欧元加权平均汇率跌至7.8015，较1月贬值6.9%。对美元、欧元汇率的大幅贬值，使得人民币一篮子名义汇率和实际有效汇率指数大幅降低。9月二者分别下降至99.55和92.12。不过，随着央行加大人民币兑美元汇率逆周期调节因子对冲力度，从7月开始，人民币即期美元加权平均汇率连续两个月回落，币值开始企稳。人民币汇率指数和实际有效汇率指数也随之上行，暂时抑制住下行势头（见图2－11）。

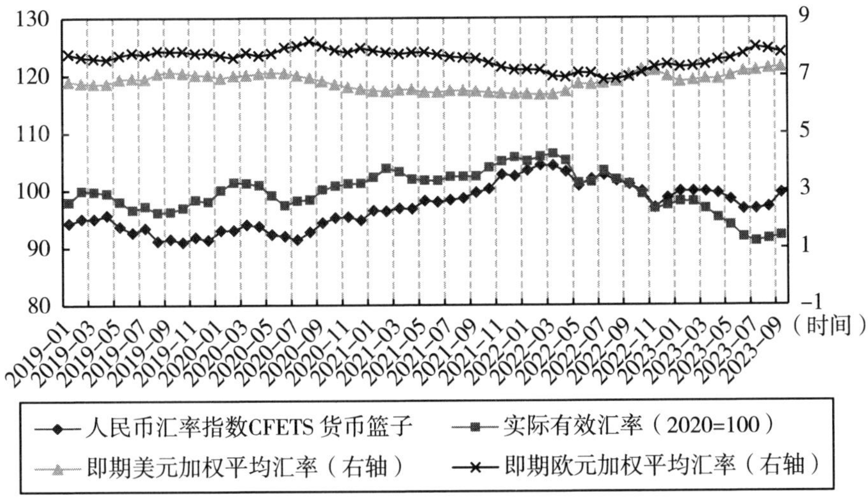

图2－11　2019～2023年人民币汇率指数及对欧元美元汇率变化

资料来源：CEIC 数据库，CQMM 课题组计算。

尽管人民币汇率出现快速贬值，但2023年以来出口增速却并没有因此而持续提升。2023年前三季度，货物进出口总值约为30.8万亿元，同比微降0.2%。其中，出口总额约为17.6万亿元，同比增长0.6%，较上年同期下降13.2个百分点；进口总额约为13.2万亿元，同比下降1.2%，较上年同期下降6.4个百分点；贸易顺差达到4.4万亿元，创下历史新高，较上年同期多增2 702亿元（见图2－12）。货物进出口增速双降，叠加贸易顺差扩张，意味着货物对外贸易出现“衰退式”顺差。在外需收缩的背景下，内需不振引发进口更快的下降，贸易顺差可持续性面临挑战。

贸易结构继续优化。尽管出口增速大幅下滑，但一般贸易出口占出口总额比重由2022年9月的64.7%提高到2023年9月的65.9%，出口贸易方式继续向好。此外，私营企业出口占出口总额比重也由2022年9月的59.1%增长到今年同期的61.6%（见图2－13），较2019年同期更是大幅增加12.4个百分点。相较于其他所有制形式的企业，私营企业越发成为出口的主体。

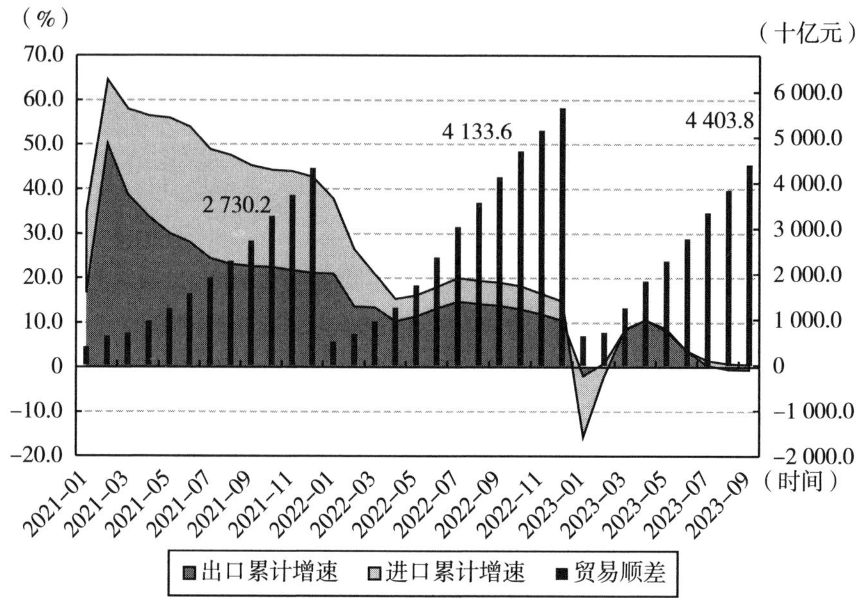

图 2－12　2021～2023 年进出口累计同比增速与贸易差额变化

资料来源：CEIC 数据库，CQMM 课题组计算。

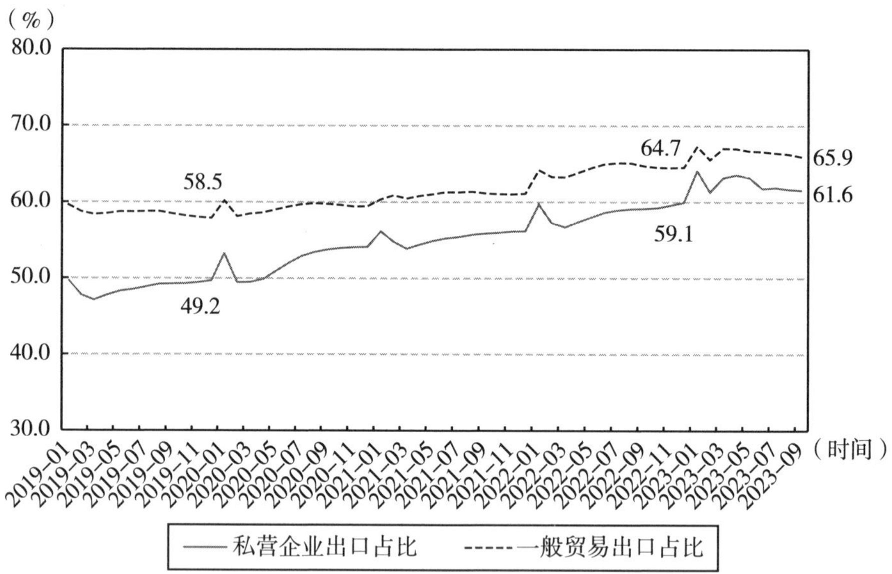

图 2－13　2019～2023 年一般贸易出口及私营企业出口占比变化

资料来源：CEIC 数据库，CQMM 课题组计算。

从贸易国别看，2023 年前三季度，中国对美国、欧盟、东盟和日本的货物出口总额累计同比增速分别为 -16.0%、-10.4%、-4.7% 和 -8.4%，较上年同期分别下降 24.9 个、27.2 个、25.8 个和 15.0 个百分点。对外货物出口的四大区域市场均出现出口增速的大幅度滑坡。受此影响，中国对欧盟和美国出口货物值占总出口值比重分别由去年 9 月的 16.1% 和 16.8%，减少至 15.3% 和 15.0%，分别下降 0.8 个和 1.8 个百分点；对日本的出口占比从 4.9% 降至 4.7%；对东盟的出口占比由 15.7% 轻微提升至 15.8%。货物出口同比增长最快的是中国对俄罗斯的出口总额。截至 2023 年 9 月，中国对俄罗斯的出口总额累计同比增速达到 56.2%，较上年同期大幅提升 45.8 个百分点，远高于其他主要国家或地区（见图 2－14）。不过，中国对俄罗斯出口货物值占出口总额的比重仅为 3.2%，并不足以影响出口增长大局。此外，自 2 月起，中国对新加坡货物出口增速也在快速下降，由 2 月累计增长 82.1% 迅猛下跌至 9 月累计增长 5.9%。考虑到运往新加坡的货物出口多为中转贸易，这表明，先出口到新加坡，再转向世界其他地区的对外出口渠道也出现较大阻滞。因此，整体而言，中国货物对外出口增速下跌指向的市场是全方位的，并不限于某些区域。换言之，本轮中国出口减速可能更多是疫情补贴政策退潮之后全球性消费需求萎缩的后果，而非主要是中美贸易摩擦持续、对外政治经济环境恶化造成的。

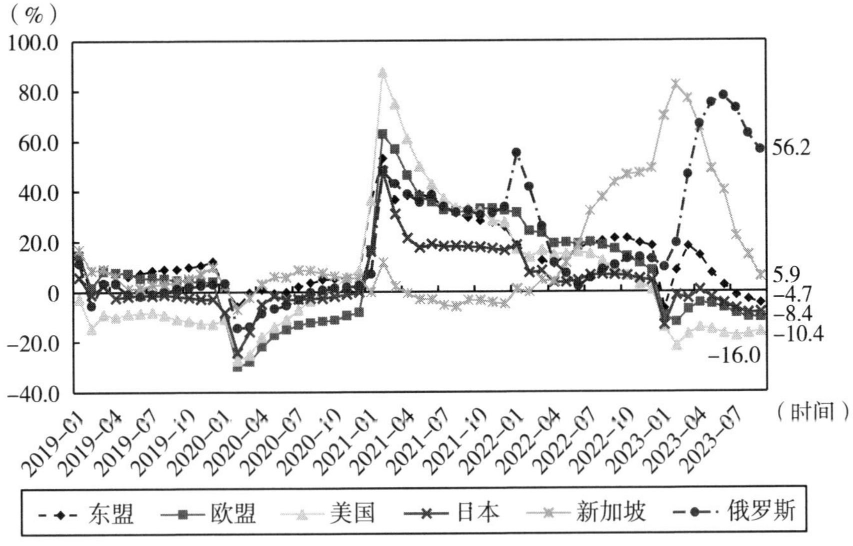

图 2－14　2019～2023 年分地区或国别出口累计同比增速变化

资料来源：CEIC 数据库，CQMM 课题组计算。

七、物价指数低位徘徊，CPI 与 PPI 增速差距缩窄

2023 年 9 月，居民消费价格（CPI）当月同比增速为 0%，较上年同期下降 2.8 个百分点。此前，7 月甚至出现 -0.3% 的负增长。与之对应，工业生产者出厂价格指数（PPI）在 2022 年 10 月之后持续出现负增长，最低值为 2023 年 5 月下滑至 -5.4%，随后开始稳步反弹，9 月降幅缩窄至 -2.5%（见图 2-15）。一般而言，CPI 反映消费活跃程度，PPI 反映生产活跃程度。自 2000 年之后，PPI 为负且 CPI 高于 PPI 的阶段大致上演过五次，分别为 2001 年 4 月至 2002 年 10 月、2008 年 10 月至 2009 年 11 月、2012 年 3 月至 2016 年 8 月、2019 年 7 月至 2020 年 12 月以及 2022 年 10 月至今，持续时间分别为 19 个月、14 个月、54 个月、18 个月和 12 个月。PPI 最低增速出现在 2009 年 7 月，约为 -8.2%。可以看到，每一轮的 PPI 大幅下行似乎都是由外部需求不振引发产能过剩造成的，但其根本上却是因为国内消费需求长期无法形成自主的内循环依托，使得一旦外部需求出现危机，国内生产领域必然出现产能过剩，进而对工业品价格形成负向冲击。

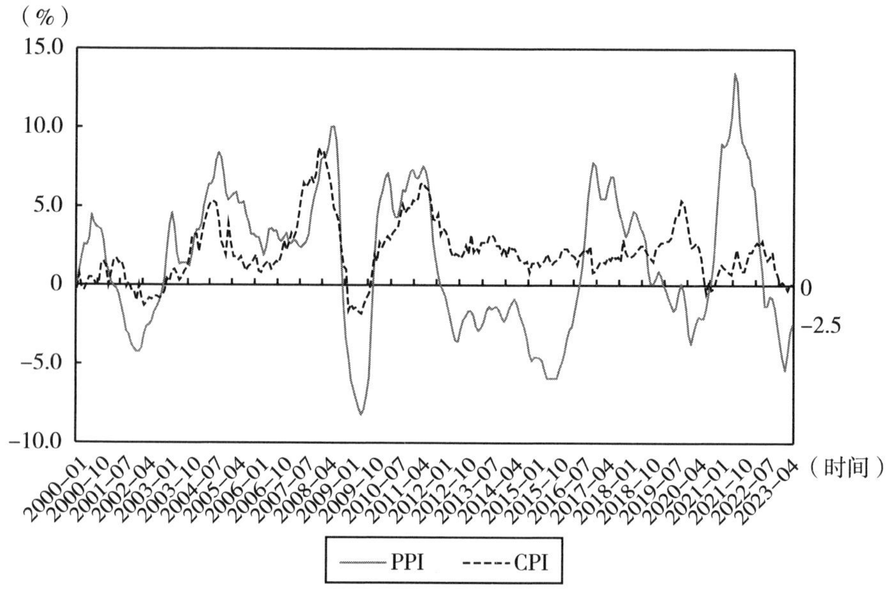

图 2-15　2000～2023 年居民消费价格指数和工业生产者出厂价格指数增长变化

资料来源：CEIC 数据库，CQMM 课题组计算。

分类别看，2023 年前三季度，居民八大类消费品中，其他用品和服务价格累计上涨 3.2%，是价格上浮幅度最大的消费类别；教育文化和娱乐、医疗保

健、衣着类消费品价格分别累计上涨1.9%、1.1%、0.9%，与上年同期增速基本相当；消费权重最大的食品类价格累计上涨0.9%，生活用品及服务类消费价格累计上涨0.2%，二者分别较上年同期下降1.1个、0.9个百分点。其中，猪肉价格累计增速为-6.8%，较去年同期降幅缩窄11.2个百分点；交通和通信类消费品价格累计增速则出现负增长，为-2.4%，较去年同期大幅减少8.3个百分点。居住类消费品价格同样出现负增长，累计增速为-0.1%，较上年同期下降1.1个百分点（见图2-16）。可见，交通和通信类、居住类以及食品类消费品中的猪肉价格下降是造成居民消费价格低迷增长的主导因素。考虑到2022年交通和通信类消费价格上涨幅度较高，今年交通和通信类消费品价格下降很大一部分是由于去年高价格基数所导致的。预计明年交通和通信类消费品价格下行将逐渐得以缓解，出现明显回升趋势。

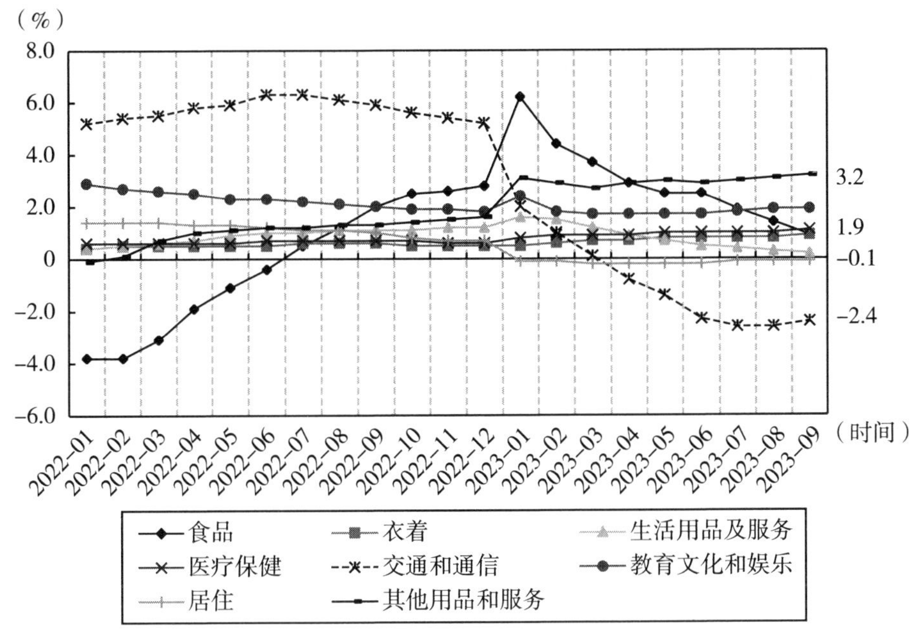

图2-16　2022~2023年八大类居民消费价格指数累计同比增速变化

资料来源：CEIC数据库，CQMM课题组计算。

八、就业总体状况良好，年轻人失业形势严峻

截至2023年8月，中国城镇累计新增就业人数924万人，完成全年预期目标的77.0%，较2022年同期新增就业人数多出26万人，略低于2021年同期新增就业人数（见图2-17）。

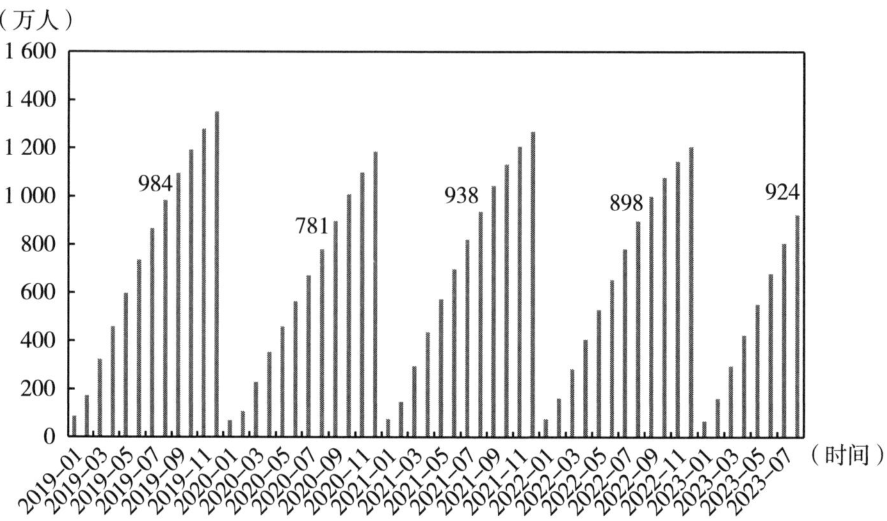

图 2－17　2019～2023 年中国城镇累计新增就业人数变化

资料来源：CEIC 数据库，CQMM 课题组计算。

失业率方面，2023 年 9 月，城镇调查失业率下降到 5.0%，回到 2019 年初水平。其中，31 个大城市城镇调查失业率下降为 5.2%，也基本回落到 2019 年、2021 年平均水平。但分年龄段看，不同年龄劳动力失业率出现显著差异。2023 年 6 月，一方面，16～24 岁劳动力调查失业率达到 21.3%，为有统计数据以来最高，青年人失业形势相对严峻；但另一方面，25～59 岁劳动力调查失业率则减少至 4.1%，同样创下有统计数据以来新低（见图 2－18）。由于年纪较大的劳动力往往已经有过就业经验而 16～24 岁之间的年轻人大多数是初入职场，这意味着，在经济复苏前景不确定背景下，企业用工需求趋于谨慎，越发倾向于对已有工作经验人员的招聘。同时，相对于青年人，年纪较大的劳动力更加不敢轻易变换工作，离职率较低，进而失业率也相对较低。不过，值得注意的是，在分析年轻人失业率高企现象时，我们有必要明晰当前中国青年人失业的主导类型，搞清楚究竟是因为结构性失业和摩擦性失业等自然失业率上升引发的，抑或是因为周期性失业造成的。[①] 不同失业类型主导的青年人失业原因，其应对措施是迥异的。

---

① 结构性失业是指寻求就业的劳动者因技能等人力资本与市场上的需求不相适应时产生的失业类型，通常在产业结构变化剧烈而劳动者技能与之不相适应时升高。摩擦性失业是指劳动者在求职过程中，因未能与市场对劳动力的需求相衔接导致的失业类型，通常与劳动力缺乏流动性、信息不充分以及市场机制不健全有关。这两种类型的失业是与宏观经济波动无关的失业常态，所以又统称为自然失业。周期性失业是与宏观经济周期相关的失业类型，通常在通货紧缩和经济下行时期，周期性失业率升高。

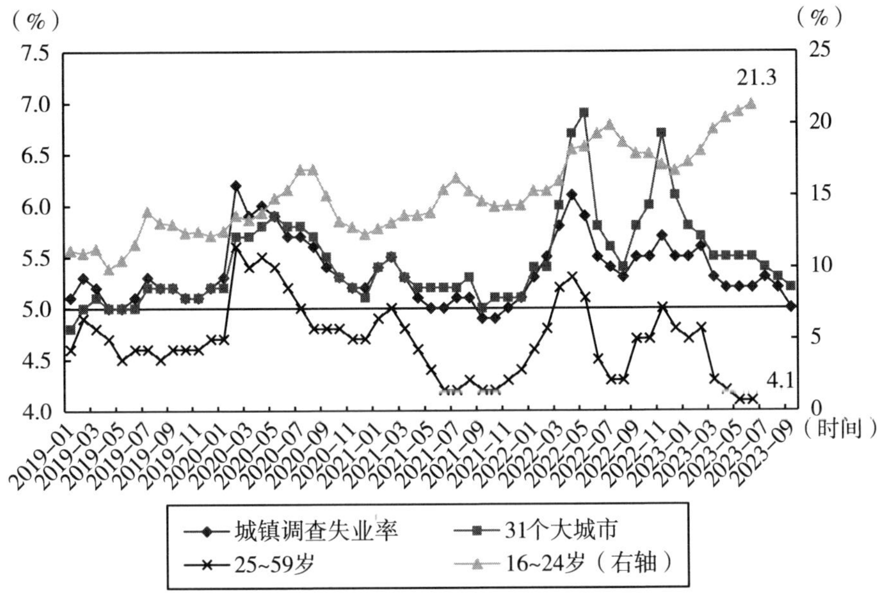

图 2－18　2019～2023 年中国城镇调查失业率变化

资料来源：CEIC 数据库，CQMM 课题组计算。

九、M2 与 M1 剪刀差扩大，企业贷款结构有所改善

货币供应量方面，狭义货币（M1）同比增速由 1 月的 6.7% 降低至 9 月的 2.1%，减少 4.6 个百分点，广义货币（M2）同比增速由 1 月的 12.6% 下降至 9 月的 10.3%，减少 2.3 个百分点，基本接近 2020 年平均水平，反映出货币政策宽松取向在逐渐转变（见图 2－19）。由于 M1 增速下降得更快，M2 与 M1 之间剪刀差再次放大，存款进一步定期化。在投资和消费需求整体趋降的背景下，这意味着，实体经济投资和消费意愿减弱，市场对经济前景预期悲观，经济活力较弱，更多的钱流入金融投资市场，经济下行风险变大。

社会融资规模方面，2023 年前三季度新增社会融资 29.33 万亿元，较上年同期多增 1.52 万亿元。其中，新增人民币贷款（社会融资口径）19.52 万亿元，同比多增 1.63 万亿元，主要体现为非金融企业贷款及中长期贷款同比大幅多增；企业债券净融资 1.63 万亿元，同比大幅减少 6 127 亿元；政府债券净融资 5.96 万亿元，同比小幅增加 463 亿元；股票融资 6 743 亿元，同比大幅下降 1 996 亿元。可见，新增信贷是前三季度新增社会融资的主要来源，而企业债券净融资和股票融资则是社会融资规模扩张最主要的制约因素。此外，非标融资规模触底反弹。其中，新增委托贷款继续大幅下降，较上年同期减少 2 242 亿元；新增信托贷款和新

增银行承兑汇票双双由负转正，分别增加 5 451 亿元和 3 310 亿元（见图 2 -20）。

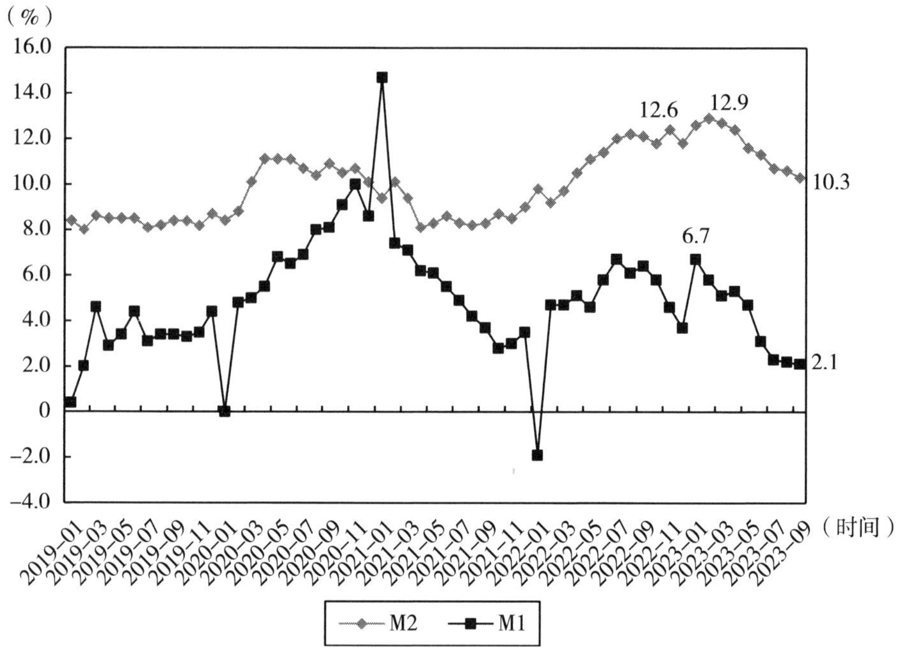

图 2 -19　2019 ~ 2023 年 M1 和 M2 同比增速变化

资料来源：CEIC 数据库，CQMM 课题组计算。

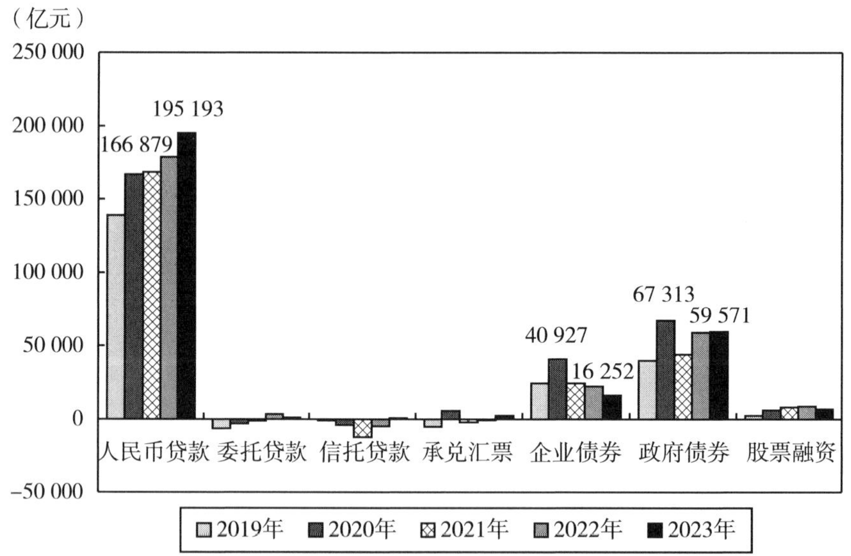

图 2 -20　2019 年至 2023 年前三季度新增社会融资及其结构

资料来源：CEIC 数据库，CQMM 课题组计算。

从人民币贷款结构看，2023 年前三季度新增人民币贷款（信贷口径）19.75 万亿元，较上年同期多增 1.67 万亿元。其中，新增居民户贷款 3.85 万亿元，同比多增 4 400 亿元。新增居民户贷款比重由年初的 5.2% 提高到 19.5%，基本与去年平均水平相当，但仍大幅低于 2019 ~ 2021 年的同期水平（见图 2 – 21）。并且，从期限上看，新增居民户贷款主要是短期贷款，中长期居民贷款反而较上年同期减少 2 200 亿元；新增企业贷款 15.68 万亿元，同比多增 1.20 万亿元。特别是企业中长期贷款 11.88 万亿元，同比多增 3.23 万亿元，贡献了全部的新增企业贷款增量；票据融资减少 3 355 亿元，同比少增 2.84 万亿元。受此影响，人民币中长期贷款占贷款比重由 2022 年 9 月的 60.7% 大幅提高到 70.8%，增加 10.1 个百分点（见图 2 – 21）。企业中长期贷款大幅多增和票据融资大幅少增，表明企业贷款结构进一步改善优化，在一系列稳增长政策落地实施带动下的实体融资需求终于出现一定程度的好转。

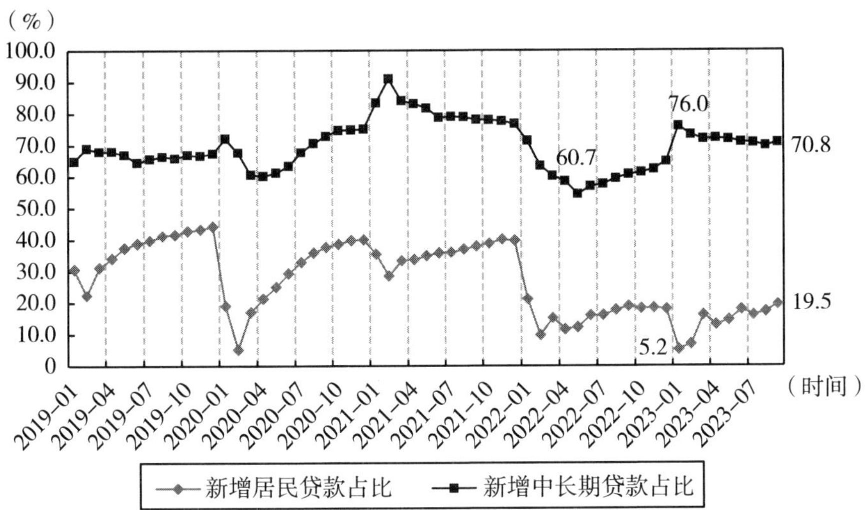

图 2 – 21　2019 ~ 2023 年累计新增人民币贷款主要构成变化

资料来源：CEIC 数据库，CQMM 课题组计算。

十、土地出让收入持续下滑，财政支出减速

随着房地产市场持续下行，在上年大幅下降基础上，今年国有土地使用权出让收入延续着快速下滑趋势。2023 年前三季度，土地出让收入累计 3.09 万亿元，同比下降 19.8%，较 2022 年同期减少 7 632 亿元，也大幅低于 2021 年、2020 年同期水平（见图 2 – 22）。受此影响，政府性基金预算收入降至 3.87 万亿

元，较上年同期下降15.7%。

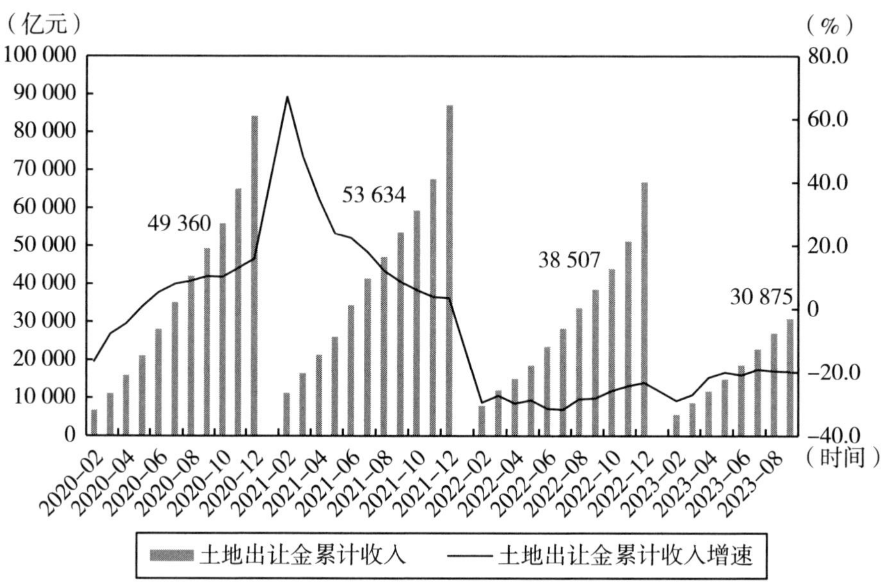

图2-22　2020～2023年累计土地出让收入及同比增速变化

资料来源：CEIC数据库，CQMM课题组计算。

一般公共预算方面，2023年前三季度，全国一般公共预算收入累计为16.67万亿元，同比增长8.9%；一般公共预算支出累计为19.79万亿元，同比增长3.9%，收支差额达到3.12万亿元。从增长趋势上看，自3月起，一般公共预算支出累计增速出现逐月下降趋势，由6.8%下降至7月的3.3%。8月、9月，在稳增长政策加码加持下，一般公共预算支出累计增速分别回升到3.8%、3.9%（见图2-23）。这可能是9月一些经济指标回转向好的重要原因所在。

从支出结构看，2023年前三季度，教育支出、社会保障和就业支出等“三保”重点支出占预算支出的比重，分别较2022年同期增加0.05个和0.61个百分点。而在基建型支出方面，城乡社区事务支出同比增速为-0.9%，占预算支出的比重由上年同期的7.54%减少为7.19%，下降0.35个百分点；农林水事务支出同比增速为3.9%，与同期一般预算支出增速持平，占比也基本与上年同期持平；交通运输支出同比增速为-2.5%，占比由4.67%下滑到4.38%，减少0.29个百分点（见图2-24）。财政支出更偏民生保障，基建投资支出“不升反降”，逆周期调整作用不明显。

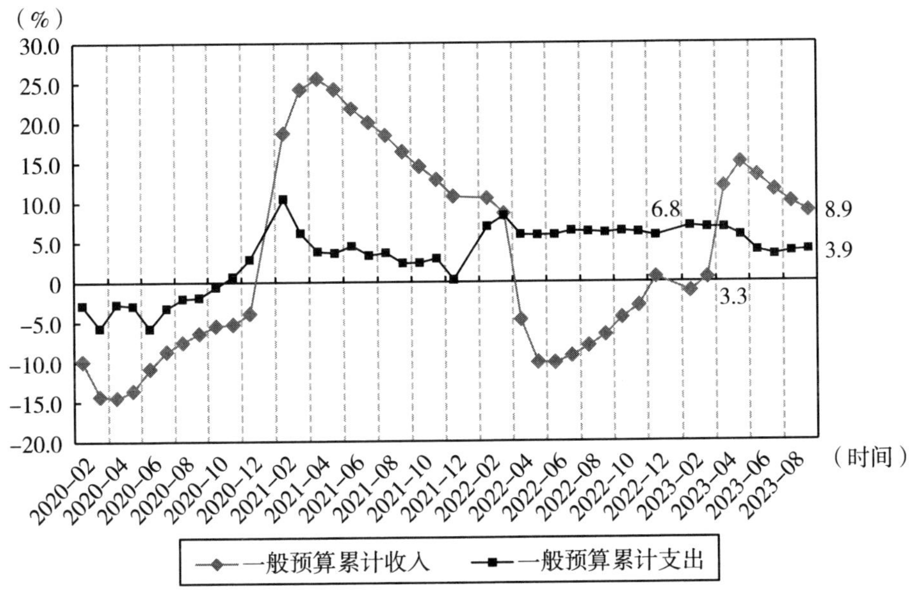

图 2-23　2020～2023 年一般公共预算收支累计同比增速变化

资料来源：CEIC 数据库，CQMM 课题组计算。

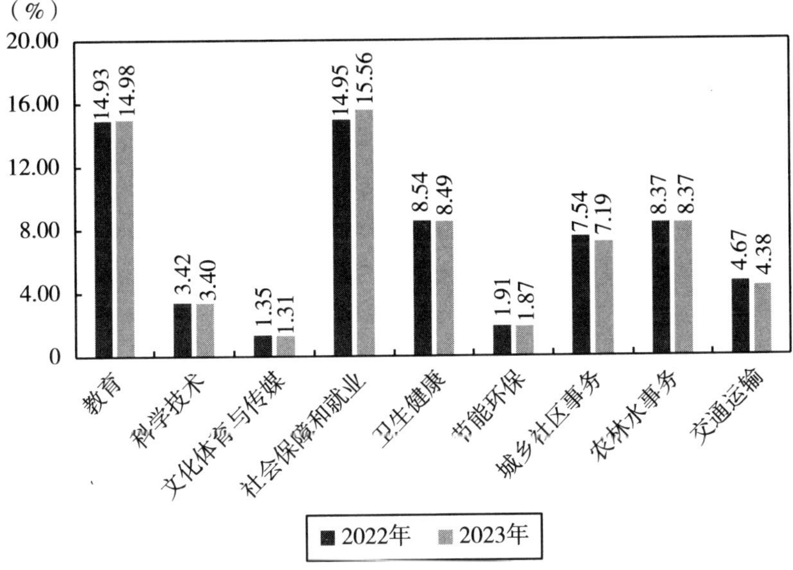

图 2-24　2022 年和 2023 年前三季度部分一般预算支出结构变化

资料来源：CEIC 数据库，CQMM 课题组计算。

综上所述，2023 年前三季度，中国宏观经济运行“有喜有忧”。“喜”的是经济总体增速回升至 5.2%。考虑到 2022 年 12 月经济增长基数较低，2023 年大概率能够完成年初政府工作报告制定的 5.0% 增长目标。同时，一些重要的经济指标，如制造业投资、规模以上工业企业利润、财政收支、城镇新增就业人数、物价指数等，趋势向好，经济复苏基础更为扎实、牢固。但“忧”的是，服务业增速放缓，总需求动力依旧不足，房地产投资、基建投资增速还在持续下降，出口增速回升势头不太明显，实物商品消费增长速度连续回调，增长表现分化。特别是反映宏观经济政策取向的指标，无论是广义货币供应量增速，抑或是财政支出增速，均出现减速放缓情况。

展望 2023 年第四季度以及 2024 年经济增长前景，决策部门仍需坚定经济稳增长、稳就业的宏观政策取向，延续政策利好和宽松环境，更加灵活机动地运用货币政策和财政政策工具，对房地产投资、基建投资、出口等薄弱环节，加大政策落地实施力度，强化方向指引，提振企业投资信心。同时，更为精准科学地制定 2024 年经济增长目标，以目标引导市场预期，凝聚共识，通过深化扩大内需战略与供给侧结构性改革的有机融合，以改革促发展，带动有效需求扩张，弥补供给短板，更快速度地实现经济高质量发展。

第二篇

研究与分析篇

推动传统制造业转型升级，是主动适应和引领新一轮科技革命和产业变革的战略选择，是提高产业链供应链韧性和安全水平的重要举措，是推进新型工业化、加快制造强国建设的必然要求，关系现代化产业体系建设全局。加快传统制造业转型升级，需要坚持市场主导、政府引导，进一步加大宏观政策支持力度，营造良好发展环境。

第三章 中国式现代化下的新型举国体制

——演进、内涵与优化*

党的二十大报告明确指出，以中国式现代化全面推进中华民族伟大复兴。当今世界正经历百年未有之大变局，国际政治经济格局加速改变，面临的不确定性和不稳定性明显增加，大国竞争日趋激烈。与此同时，新一轮科技革命深刻改变着科学发现和关键核心技术创新的传统模式，我国发展面临着新的机遇和新的挑战。在此国际局势下，要实现中国式现代化，需要依托“集中力量办大事”的中国特色社会主义制度优势，充分发挥政府集中决策和市场有效配置资源机制的作用，通过科技创新手段抢占国际竞争市场，加快形成“双循环”新发展格局。

实现中国式现代化，离不开新型举国体制的重要支撑作用。随着中国特色社会主义进入新时代，习近平多次强调发挥新型举国体制优势，健全关键核心技术攻关新型举国体制。党的十九届四中全会提出“构建社会主义市场经济条件下关键核心技术攻关新型举国体制”；党的二十大报告第一次将“实施科教兴国战略，强化现代化建设人才支撑”独立成章，体现了“科教兴国”在全面建设社会主义现代化国家、全面推进中华民族伟大复兴过程中的重要作用。党的二十大报告强调，“完善党中央对科技工作统一领导的体制，健全新型举国体制，强化国家战略科技力量”。习近平

---

* 本章作者：黄寿峰。原文发表于《人民论坛·学术前沿》2023 年第 1 期。

关于新型举国体制的一系列重要论述，为新时代新征程健全新型举国体制指明了方向。健全新型举国体制，事关国家核心科技竞争水平，对推动经济高质量发展、保障国家安全具有重大意义。

第一节　新型举国体制的演进历程

从历史的角度来看，新型举国体制根植于中国式现代化发展的历史进程。在中国共产党百年历史中，中国式现代化是中华民族从站起来、富起来到强起来的现代化理论探索和实践飞跃过程。无论是社会主义革命和建设时期（1949～1978 年），还是改革开放和社会主义现代化建设时期（1978～2012 年），抑或是党的十八大以来中国特色社会主义新时代（2012 年以来），中国共产党始终团结带领全国各族人民，充分发挥举国体制的制度优势，以中国式现代化全面推进中华民族伟大复兴。

一、构建和形成于社会主义革命和建设时期（1949～1978 年）

新中国的成立宣告中国人民从此站起来了。从中华民族“站起来”到改革开放前的这一时期，是我国举国体制形成和构建的重要阶段。举国体制奠基于中国人民“站起来”进行工业化建设期间，充分体现在中国共产党带领人民群众推进工业化进程的实践中。新中国成立初期，我国百废待兴，工业基础薄弱，工业化起点低，还面临着被以美国为首的资本主义国家包围封锁的困境。在国际国内多重因素的作用下，我国充分借鉴苏联工业建设的经验和技术，引进苏联的工业模式和管理体制，形成了以发展重工业和国防工业为主的工业化模式。这一过程构建起了集中统一领导、注重战略规划、广泛社会动员的举国体制制度框架，并注重加强顶层设计和战略规划，以政治动员与国家调配为主要资源配置形式（吴飞和王涛，2022）。

首先，集中统一领导。推进中国工业化的进程离不开中国共产党的坚强领导，需要充分发挥政府强有力的宏观调控。在中国共产党的领导下，中国政府从全局性设想和总体规划上对工业发展方向进行战略部署，利用强大的规划和组织能力，高效地引导经济和社会发展。例如，为确保工业化能顺利实施，党中央集中统一领导国家经济和社会发展。1952 年，中央人民政府决定成立国家计划委员会，负责研究国民经济和社会发展的战略目标和方针政策，组织制订经济计划，指导国家投资资金的规模、来源与投资，协调经济社会发展中的各方面问题。

其次，注重战略规划。党中央从国家战略层面确定工业化的重要性和战略方向，制定了以“一五”计划为代表的五年计划、“两弹一星”等战略决策来引导推动工业的基础建设。例如，“一五”计划实施期间，我国集中全国力量建设了由苏联援助设计的156个建设项目、694个限额以上大中型建设项目，工业总产值的年平均增长率达到18%，超过计划规定的15.3%。[①] 之后，我国通过优先发展重工业的战略规划，有计划地安排工农业的发展比例，在不到30年的时间里，实现了从落后的农业国家向工业国家转变的历史性跨越。

最后，广泛社会动员。从“集中优势兵力打歼灭战”到“建立最广泛的抗日民族统一战线”，再到“调动一切积极因素”，是以毛泽东同志为主要代表的中国共产党人为实现社会主义和建设社会主义制定的策略方针，并最终激发了广大中国人民建设社会主义工业化的热情，使得党中央能够集中原料、物资和人力，保障各次五年计划的顺利实施。

二、改革和发展于改革开放和社会主义建设时期（1978～2012年）

改革开放以前，十年内乱给社会主义建设和人民生活带来了严重破坏，国民经济遭受巨大损失。人民的生活十分贫乏，社会生产落后，中国的经济和科学发展濒临崩溃边缘。党的十一届三中全会顺利召开，将党和国家的工作重点转移到经济建设上来，拉开了社会主义现代化建设的帷幕。举国体制也在社会主义现代化建设期间得到改革和发展，一方面延续了社会主义革命和建设期间党的领导和顶层设计，另一方面依靠市场机制有效配置资源和政府集中力量办大事两种力量，为现代化建设提供充足的物质保障、人员配置和科技支撑，实现了中华民族从“站起来”到“富起来”的伟大飞跃。

改革开放和社会主义现代化建设新时期的举国体制呈现以下三个方面的特征。

其一，关注点逐步聚焦于关系国计民生的经济领域。举国体制的目标任务转向探索中国建设社会主义的正确道路，解决人民日益增长的物质文化需要同落后的社会生产之间的矛盾，解放和发展社会生产力，提高国家综合实力和国际影响力。

其二，实现手段由行政计划命令逐渐向计划市场型转变。举国体制从完全由行政指令调控的集中配置，转变为以政府为主、市场配置为辅，综合发挥政府和市场作用的配置方式，同时增强市场在资源配置中的作用。

其三，应用领域呈现不断扩展的趋势。举国体制继适用于大型工业基础项目

---

① 《第一个五年计划简介》，http://hprc.cssn.cn/wxzl/wxysl/wnjj/diiyigewnjh/200907/t20090728_3954114.html，2009年7月28日。

建设和大型国防科技攻关等领域后，在“863计划”以及载人航天、探月工程、载人深潜、超级计算机、高速铁路等领域实现重大突破；同时拓展到了更多社会领域建设，如社会管理体制建设、抗击自然灾害、抵御病毒传播、举办国际盛会、化解全球性金融风险等。

三、创新和拓展于中国特色社会主义新时代（2012年以来）

党的十八大以来，中国共产党团结带领中国人民从“富起来”到“强起来”，中国特色社会主义进入了新时代。当前，以科技技术创新为主的国际竞争日趋激烈，国际科技竞争的背后隐含着霸权国与崛起国之间围绕科技霸权与发展权的较量，崛起国亟待提升以科技为核心的综合实力来维护自身正当发展权利，因此只有独立自主地攻克关键核心技术才能在这场竞争中赢得发展权和主动权（温军和张森，2022）。党的十九届五中全会强调健全社会主义市场经济条件下新型举国体制，打好关键核心技术攻坚战。这意味着举国体制也进入了创新的阶段。当前中国在一些重要的核心技术领域仍存在短板，阻碍了中国的产业发展和国际竞争，因此，构建以关键核心技术攻关为主要任务的新型举国体制迫在眉睫。

新型举国体制的创新体现在以下几个方面。

其一，新的目标任务。新型举国体制更加关注关键核心技术攻关，短期目标是补齐“卡脖子”技术短板，加快部署应急科技攻关体系，也就是要及时攻克被他国封锁的技术，实现自主可控，以保障我国相关产业链的安全性与稳定性。长期目标则是科学统筹、全面部署关键核心技术攻关项目，拓展自主可控的科技领域，掌握一批撒手锏、颠覆性、非对称技术，形成科技竞争上的比较优势。

其二，新的资源配置方式。新型举国体制更加注重市场化，体现在将竞争机制引入新型举国体制科技创新的协同攻关中。新的竞争机制明确科技攻关的核心目标，汇集各方市场主体参与重大科技攻关，提高资源配置的效率，完善激励机制，创新科学管理体制，提升科技创新能力。

其三，新的拓展领域。新型举国体制进一步将“集中力量办大事”的制度优势延伸至打赢脱贫攻坚战、全面建成小康社会、有效应对新冠疫情等诸多领域。在这一阶段，举国体制更加具有纲领性质和完整的体系结构，根据形势变化和信息反馈灵活调整重点，强调对市场开放，注重市场主体的参与。

第二节　新型举国体制的内涵特征

党的二十大报告提出了中国式现代化的本质要求，即坚持中国共产党领导，坚持中国特色社会主义，实现高质量发展，发展全过程人民民主，丰富人民精神世界，实现全体人民共同富裕，促进人与自然和谐共生，推动构建人类命运共同体，创造人类文明新形态。作为推进中国式现代化的重要支撑，我国新型举国体制不仅继承了传统举国体制的优点，而且充分体现了时代特点（黄寿峰，2020），在中国式现代化发展的进程中形成了丰富的内涵特征。

一、以中国共产党的领导为政治基石

新型举国体制是以党的全面领导为基石，在社会主义现代化建设实践中逐步建立和发展起来的。从政治逻辑上看，新型举国体制成功的关键在于坚持党的全面领导，坚持民主集中制原则，坚持规划治理的制度优势，坚持以人民利益为中心（王立峰，2020）。党的统一领导具有强大的集中决策能力和资源动员能力，通过高效且有序的组织协作总揽全局、协调各方，将技术突破、科技创新的任务贯彻到党和国家的发展战略之中，形成“全国一盘棋”的组织保障。

党的十八大以来，随着中国特色社会主义进入新时代，我国社会主要矛盾已经转化为人民日益增长的美好生活需要和不平衡不充分的发展之间的矛盾。以习近平同志为核心的党中央领导集中全国力量，紧紧围绕完善和发展中国特色社会主义制度、推进国家治理体系和治理能力现代化的总目标，统筹推进“五位一体”，协调推进“四个全面”战略布局，使得政府间的分工清晰；以积极的金融支撑和稳定的金融政策来促进有效的市场配置，使得微观主体活跃、宏观调控有度，我国经济实力实现历史性跃升。例如，面对新冠疫情这一新中国成立以来我国遭遇的传播速度最快、感染范围最广、防控难度最大的重大突发公共卫生事件，以习近平同志为核心的党中央全面动员、全面部署，坚持全国一盘棋，运用新型举国体制（黄寿峰，2020），坚持人民至上、生命至上，统筹疫情防控与经济社会发展，极大地保障了人民群众的身体、生命安全，同时兼顾了经济社会发展。

二、以中国特色社会主义市场经济体制为经济根基

中国式现代化是与我国国情相适应的具有中国特色的现代化，是坚持走中国特色社会主义道路的现代化。这就意味着我国的新型举国体制必须在中国特色社会主义市场经济条件下进行创新发展，保持与我国以公有制为主体、多种所有制经济共同发展的基本经济制度的发展方向一致，这也是新型举国体制区别于传统举国体制的一大特征内涵。习近平多次强调，要发挥市场经济条件下新型举国体制优势，集中力量、协同攻关，为攀登战略制高点、提高我国综合竞争力、保障国家安全提供支撑。其中，“集中力量”强调在社会主义市场经济条件下，充分

发挥市场在资源配置中的决定性作用，以新型举国体制的具体目标领域为导向，高效集聚包括精神力量和物质资源在内的有限资源。“协同攻关”则强调多元主体相互协同，形成政府协调、市场生产、社会参与的格局，最大程度激发各方主体的积极性和创造性，以高效地实现具体目标（韩保江和李志斌，2022）。

改革开放以前，我国尚处于工业化初期阶段，实行高度集中的计划经济体制，当时的举国体制主要以计划经济的行政指令的方式进行资源配置，以保证国家发展战略的实施，取得了诸如“两弹一星”“石油大会战”等重大历史性突破。然而，随着经济的发展，市场的作用变得越来越重要。1992 年党的十四大确立了我国建立社会主义市场经济体制的改革目标，将社会主义和市场经济进行有机结合。正是在以公有制为主体、多种所有制经济共同发展的经济制度下，新型举国体制才能够综合发挥有为政府和有效市场的作用，弥补传统举国体制更注重技术本身，而忽略市场与经济效益的弱激励和低效率的短板，促进资源向涉及国计民生的大事集中配置。此外，与以往传统举国体制单一化的参与主体不同，新型举国体制吸引了多元化的市场主体，企业、个体工商户、社会团体、社会服务机构、科研院所等多方主体形成协同配合的参与格局，为社会主义建设提供了强大的物质保障、人员保障和科技支撑。

三、以科技创新维护国家安全、支撑经济高质量发展为发展模式

中国式现代化是一条创新探索之路，科技创新是现代化的内生动力，也是各国现代化的共同特征。新一轮科技革命和产业革命体现为国与国之间的科技实力和创新能力竞争，因此掌握关键核心技术是我国在大国竞争中赢得比较优势和维护国家安全与经济高质量发展的重要支撑，也是我国建成社会主义现代化强国的战略保障。近年来，我国面临着关键技术“卡脖子”“技术封锁”等问题。相对于一般技术而言，“卡脖子”技术具有高度的战略性、垄断性、复杂性特征，涉及复杂的知识结构和基础理论研究，一旦被垄断，会严重威胁中国的产业链安全。

与此同时，国际上出现“技术保护主义”“技术脱钩”等与市场经济原则和经济全球化大势相悖的逆流，一些西方国家一再以维护国家安全为借口，采取各种手段打压遏制中国尖端科技企业。因此，实现高水平科技自立自强具有重大战略意义，为国家发展的独立性、自主性、安全性提供有力的安全保障。党的二十大报告强调加快实现高水平科技自立自强，提出要在 2035 年实现跻身创新型国家前列的战略目标。我国科技现代化道路任重而道远，必须在中国共产党的领导下，充分发挥社会主义“集中力量办大事”的制度优势，以政府为主导，激发市场主体的动力，建立自主可控的国家创新体系，进一步释放科技创新活力，逐

步完善关键核心技术攻关新型举国体制。

四、"以人民为中心"是新型举国体制的核心价值取向

现代化的本质是人的现代化，中国式现代化的首要特质是人口规模巨大的现代化（曹睿卓和董贵成，2021）。基于人口规模巨大的客观事实考虑新型举国体制的价值取向，意味着要始终把人置于核心地位，始终把满足人民对美好生活的期待作为发展的出发点和落脚点。人民群众和新型举国体制之间的关系是相辅相成的。一方面，新型举国体制之所以能发挥"集中力量办大事"的优越性，离不开人民群众的拥护和支持，离不开群众路线和群众根基。火星探测、嫦娥探月等国防科技工程，脱贫攻坚、乡村振兴等民生工程，抵御自然灾害、抗击疫情传播等应急工程的成功，无一不是依靠广大人民的团结协作。另一方面，发展依靠人民的重要前提是发展为了人民，发展成果由人民共享。党的百年奋斗重大成就和历史经验告诉我们，坚持以人民为主体是尊重历史规律的必然选择。因此，举国体制的最终目标是举国受益，国家利益与人民利益是高度统一的。

此外，中国式现代化是全体人民共同富裕的现代化，共同富裕也是构建新型举国体制的重要特征。中国特色社会主义进入新时代以来，以习近平同志为核心的党中央坚持"以人民为中心"的执政理念，把逐步实现全体人民共同富裕摆在更加重要的位置上，举全国之力实施有效措施，为人民提供更好更公平的教育、更坚实的社会保障、更健全的医疗卫生服务，让发展成果更多更公平地惠及全体人民。通过不断推动城乡有机融合，缩小地区间发展差距，改善城乡居民间收入差距，努力解决贫富差距的问题，持续推进共同富裕。

五、以坚持对外开放为新型举国体制的鲜明特征

当今世界正经历百年未有之大变局，国际环境正发生着剧烈而深刻的变革，单边主义、贸易保护主义和霸权主义不断抬头，国际形势愈加错综复杂。党的二十大报告指出，必须完整、准确、全面贯彻新发展理念，坚持社会主义市场经济改革方向，坚持高水平对外开放，加快构建以国内大循环为主体、国内国际双循环相互促进的新发展格局。因此，与中国式现代化发展相适应的新型举国体制也应该是面向全球化、高水平对外开放的。

具体而言，新型举国体制不能只封闭于国内，而应立足国内、面向全球；不应只闭门造车，而应以自主创新为基础，融合开放创新；不能仅限于国内市场，而是以国内市场为主体，国内国际市场相互融合、相互协同。在这种新型举国体制的指引下，我国实行了更加积极主动的开放战略。"一带一路"倡议、自由贸易试验区建设、高标准自由贸易区网络、空间站建设无不体现着新型举国体制的

全球化视野。

第三节　新型举国体制的优化建议

一、明确新型举国体制的适用边界

对于新型举国体制，一种观点认为其是社会主义优越性的体现，是社会主义“集中力量办大事”的优势；另一种截然不同的观点则认为新型举国体制是计划经济的产物。之所以会出现这两种有差异性的观点，一个很重要的原因是新型举国体制的适用边界并不明确。

在中国特色社会主义市场经济体制中，一方面要发挥社会主义的独特优势，在新型举国体制中就是要发挥“集中力量办大事”的独特优势；另一方面又要充分利用市场经济的规律和特点，有效配置资源。因此，应该明确哪些领域适合新型举国体制，哪些领域不宜适用新型举国体制。在《关于健全社会主义市场经济条件下关键核心技术攻关新型举国体制的意见》中明确指出：瞄准事关我国产业、经济和国家安全的若干重点领域及重大任务，明确主攻方向和核心技术突破口，重点研发具有先发优势的关键技术和引领未来发展的基础前沿技术。因此，新型举国体制应该主要适用于事关我国产业、经济“急、难、险”重大挑战问题及涉及国家安全问题的领域（叶青和李清均，2021），这在现实经济社会发展中，突出表现为解决关键核心技术的“卡脖子”问题。对于其他一些经济社会发展的常规领域，不宜“用手榴弹炸跳蚤”，动辄就适用新型举国体制。谨防行政越界导致资源扭曲，进而干涉市场发挥作用，造成资源低效运行，影响实际效益。当然，在实际的经济生活中，不管是否适用新型举国体制，政府都应该尽可能发挥组织作用，加强对产学研合作的引导，做有组织的科研，促进以企业为主体，包括高校和研发机构及科研中介机构在内的诸多组织等研发联盟的组建（曾宪奎，2020）。

二、建立专门牵头负责适用于新型举国体制项目的相关机构

新型举国体制是突破国家重大技术短板、推进重大项目工程、实现关键核心技术顺利攻关的最大法宝（黄寿峰，2020）。过去我们主要通过工程、项目、计划牵头，适用新型举国体制。例如，新时期的“嫦娥探月工程”等，就是适用新型举国体制的典范。习近平在会见探月工程嫦娥四号任务参研参试人员代表时指出，这次嫦娥四号任务，坚持自主创新、协同创新、开放创新，实现人类航天器首次在月球背面巡视探测，率先在月背刻上了中国足迹，是探索建立新型举国

体制的又一生动实践。

今后进一步高效推进新型举国体制，如何更好地集中调度相关资源，如何更好地利用市场机制配置相关资源是关键。由此，建议成立一个专门的机构，牵头负责适用新型举国体制项目的甄别、分类、资源调配、市场调度、项目推进等，更好地圈定新型举国体制的适用范围，更有效地协同政府与市场的关系，更高效地推动相关项目的攻关和协同。

三、保障新型举国体制的与时俱进和可持续性

习近平在中国科学院第十七次院士大会、中国工程院第十二次院士大会上指出，我国社会主义制度能够集中力量办大事是我们成就事业的重要法宝。因此，新型举国体制作为中国特色社会主义成就事业的重要法宝，不仅过去需要、现在需要，未来也必须坚持，这就要求新型举国体制不断与时俱进、不断增强生命力和创造力、不断承担新时代的新任务新使命。

为此，一方面我们应该将新型举国体制与我国的经济社会发展紧密结合起来，与我国的五年规划和中长期规划结合起来，坚持国家战略目标导向，瞄准事关我国产业、经济和国家安全的若干重点领域及重大任务，将规划中适用新型举国体制的安排不断推向前进，使新型举国体制成为推进中国式现代化的战略支撑，进而为中华民族伟大复兴提供强大助力。

另一方面，在立法层面将新型举国体制确定下来，从而保障新型举国体制的可持续性。中央全面深化改革委员会第二十七次会议指出，健全关键核心技术攻关新型举国体制，要把政府、市场、社会有机结合起来，科学统筹、集中力量、优化机制、协同攻关。因此，在相关立法层面，需综合考虑政府、市场和社会的各自定位，综合考量相关制度完善、体制机制创新、协同政策激励、统筹措施保障等，使新型举国体制关键时刻用得上、危急时刻用得好（叶青和李清均，2021），为推进中国式现代化发挥关键性作用。

四、正确处理新型举国体制中政府与市场的关系

新型举国体制不仅需要有为政府，也要求有效市场。有效市场和有为政府有机结合，这是新型举国体制中最重要的“新型”表现（黄寿峰，2020）。《关于健全社会主义市场经济条件下关键核心技术攻关新型举国体制的意见》指出，要推动有效市场和有为政府更好结合，强化企业技术创新主体地位，加快转变政府科技管理职能，营造良好创新生态，激发创新主体活力。党的二十大报告也指出，充分发挥市场在资源配置中的决定性作用，更好发挥政府作用。可见，正确处理政府与市场的关系是健全新型举国体制的关键。这就要求我们理顺政府与市

场之间的关系，厘清新型举国体制中政府与市场的边界。

其一，对于政府而言，就是要在新型举国体制中扮演好作为规划者、组织者、协调者、供给者和维护者的角色，推进新型举国体制行稳致远。作为规划者，正如中央全面深化改革委员会第二十七次会议所指出的，政府要加强战略谋划和系统布局，坚持国家战略目标导向，瞄准事关我国产业、经济和国家安全的若干重点领域及重大任务，明确主攻方向和核心技术突破口，重点研发具有先发优势的关键技术和引领未来发展的基础前沿技术。

作为组织者，政府要做好战略领域重大创新活动和基础研究的组织工作。政府要构建协同攻关的组织运行机制，在涉及公共服务、国防安全等公共产品领域或者一些市场创新主体参与度不高的领域，政府应及时“补位”，通过有组织的科研活动，推进相关重大创新活动的积极开展（雷小苗，2021）。基础研究是实现重大领域攻关的基础，各级政府应该重点支持市场难以发挥作用的基础研究、通用技术、社会公益等领域的公共创新行为（曹睿卓和董贵成，2021），通过各种手段引导和鼓励多元主体共同参与，形成高校、科研机构的创新联盟，通过国家重点实验室、国家科学中心、创新中心等方式强化基础研究（雷小苗，2021；杨思莹，2020）。

作为协调者、供给者和维护者，在新型举国体制推进过程中，政府应制定和利用各种产业政策、法律法规、财政金融手段，凝聚协同攻关所必需的各种人力、财力、物力，调动和激发各参与主体的积极性和创造力，强化跨领域跨学科协同攻关，形成关键核心技术攻关强大合力。与此同时，要进一步简政放权、转变管理职能，营造良好的创新环境，强化企业技术创新主体地位，为各相关创新主体从事创新活动保驾护航，维护公平竞争和打击垄断行为，保护知识产权、协调利益分配纠纷，在减少政府直接干预市场的同时，维护市场的公平、竞争、繁荣和活力。

其二，对于市场而言，就是要充分发挥市场在新型举国体制资源配置中的决定性作用。正如恩格斯所言：“社会一旦有技术上的需要，这种需要就会比十所大学更能把科学推向前进。”① 简单而言，就是将政府职能之外的事情都交给市场，让市场充分发挥作用。政府要做的就是给有效市场保驾护航，“不缺位”“不错位”“不越位”。对此，党的二十大报告指明了方向，要求“深化简政放权、放管结合、优化服务改革。构建全国统一大市场，深化要素市场化改革，建设高标准市场体系。完善产权保护、市场准入、公平竞争、社会信用等市场经济基础制度，优化营商环境”。由此，真正使市场在资源配置中起决定性作用，并

---

① 《马克思恩格斯文集（第十卷）》，人民出版社2009年版，第668页。

最终形成在新型举国体制中，有为政府这只“看得见的手”和有效市场这只“看不见的手”相互协调、相互促进的发展格局。

参考文献

［1］曹睿卓、董贵成：《新型举国体制：概念、内涵与实现机制》，载于《科学社会主义》2021 年第 4 期。

［2］韩保江、李志斌：《中国式现代化：特征、挑战与路径》，载于《管理世界》2022 年第 11 期。

［3］黄寿峰：《准确把握新型举国体制的六个本质特征》，载于《国家治理》2020 年第 2 期。

［4］雷小苗：《社会主义市场经济条件下科技创新的新型举国体制研究》，载于《经济学家》2021 年第 12 期。

［5］王立峰：《新型举国体制的政治逻辑阐释与治理效能提升》，载于《国家治理》2020 年第 42 期。

［6］温军、张森：《科技自立自强：逻辑缘起、内涵解构与实现进路》，载于《上海经济研究》2022 年第 8 期。

［7］吴飞、王涛：《新型举国体制：理论逻辑、历史源流与崭新特点》，载于《经济学家》2022 年第 11 期。

［8］杨思莹：《政府推动关键核心技术创新：理论基础与实践方案》，载于《经济学家》2020 第 9 期。

［9］叶青、李清均：《新型举国体制进路：经验证据、机理分析、路径优化》，载于《经济纵横》2021 年第 3 期。

［10］曾宪奎：《我国构建关键核心技术攻关新型举国体制研究》，载于《湖北社会科学》2020 年第 3 期。

第四章 房地产投资、地方债和“中国货币之谜”*

第一节　引言

改革开放以来，中国 M2/GDP 长期上升却没有严重的通货膨胀（少数年份除外），或者货币流通速度长期下降现象，被麦金农（1997）称为“中国货币之谜”，又被称为“货币流通速度之谜”。这引起了学者们的持续关注（易纲，1995，2020；赵留彦和王一鸣，2005；黄桂田和何石君，2011；陈彦斌等，2015；杜浩然和黄桂田，2016）。如何认识和理解这个问题，有着重大的理论意义和实践意义（陈彦斌等，2015）。只是现有文献从理论和经验上都无法对这个现象给出令人满意的解释（汪洋，2007）。

如图 4 - 1 所示，M2/GDP 在 2003 ~ 2008 年短暂下降后，继续呈上升态势，而且无法用外汇占款来解释。① 2008 ~ 2019 年，中国名义 GDP 增长 2. 10 倍，同期 M2 增长 3. 18 倍，M2/GDP 增加了 35. 01%，年均增速为 2. 92%。相应地，货币流通速度（名义 GDP/M2）由 0. 67 下降到 0. 50，年均降幅为

* 本章作者：周颖刚、韩颖杰、廖谋华。原文发表于《计量经济学报》2023 年第 4 期。

① 外汇储备占 M2 的百分比从 2000 年开始上升后，2008 年达到高点，然后开始下降，因此无法解释 2008 ~ 2019 年间 M2/GDP 的上升。

2.69%。[①] 显然，相比2000～2008年的年均降幅为1.28%，2008年以后货币流通速度的降幅正在加大。因此，物价水平（CPI）涨幅仍然较低，2008～2019年12年间累计上涨28.14%，年均涨幅为2.28%，“中国货币之谜”更加显著。

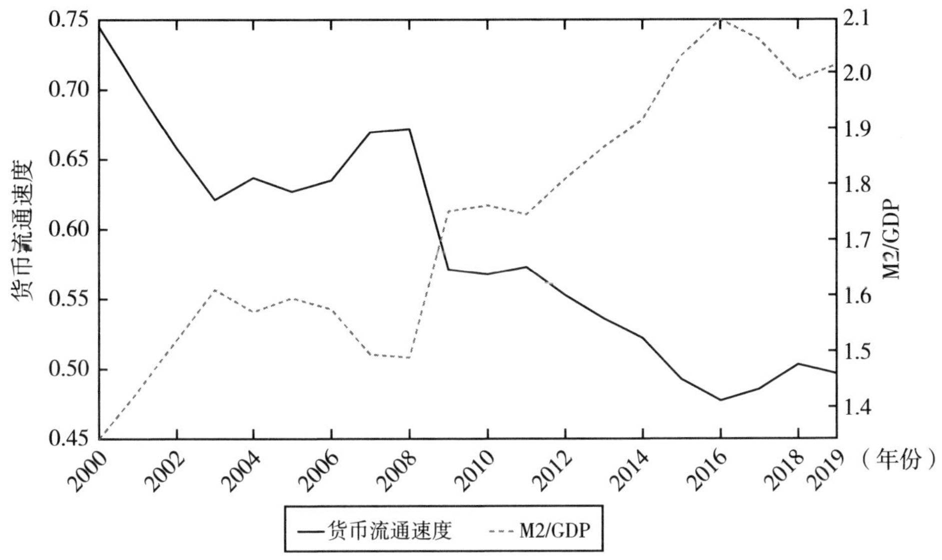

图4－1 2000～2019年货币流通速度与M2/GDP

资料来源：国家统计局（2000～2019年）。

现有文献研究“中国货币之谜”或者“货币流通速度之谜”有两个相关视角。第一个视角是直接说明货币交易需求（M2/GDP）上升或者货币流通速度下降的原因（王曦，2001；赵留彦和王一鸣，2005；耿中元和曾令华，2007；黄桂田和何石君，2011）。这个视角的困难在于：经济货币化（易纲，1995）、城市化（赵留彦和王一鸣，2005）等因素能够解释M2/GDP的上升，却无法解释为何中国的M2/GDP比西方发达国家高；此外，货币流通速度的主要决定因素，如信用制度、支付习惯等，通常比较稳定。同时，即使上述因素发生了变化，也需要一个框架来量化影响。第二个视角是找到那些和GDP生产、交易过程无关的非交易性货币需求，即“消失的货币”。例如，考虑虚拟经济的伍超明（2004），强调金融资产的李健（2007），分析房地产投资和地方债的陈彦斌等（2015）。这个视角的困难在于，需要找到一个合适的方法和标准来衡量没有参加GDP生产和交易过程的货币需求的规模，并证明此类货币需求的收入弹性大

① 相对地，2016年末，美国的M2/GDP为0.7左右，和我国相比有较大差距，而世界范围内M2/GDP的平均值也不过1左右。

于 1，进而在数量上估计出不同货币需求对 M2/GDP 上升或者货币流通速度下降的影响。本章将从第二个视角入手研究这个问题，并且提供了一个量化框架。

根据我国的经济特征和 30 多种实际数据，并拓展阿奇和洛佩斯 - 萨利多（Arce and López - Salido，2011）研究房地产投资的模型结构，[①] 本章建立和校准了一个包括货币发行、房地产投资、土地市场垄断、地方政府借债行为、城乡人口流动、净出口等重要中国特征要素的一般均衡模型，来分析 2008 ~ 2019 年中国货币流通速度下降的原因。校准后的模型，成功地拟合了中国 2008 ~ 2019 年的名义 GDP、城市化率、房地产业占比、城市土地出让收益、城市居民人均住房面积、城市地租、政府收入规模、商业银行净利润等变量的动态趋势，从而具有现实解释力。根据模型的结论，2008 ~ 2019 年，CPI 低速增长，房价上升速度远高于 CPI，与现实数据相一致，可以解释这 12 年 M2/GDP 上升的 42.27% 和货币流通速度下降的 49.70%。进一步分解房地产投资、政府隐性债务和外汇占款对货币流通速度下降的贡献，本章发现，房地产投资因素贡献了 79.49%，而政府债务和外汇占款分别贡献了 14.57% 和 5.94%。

本章的主要贡献是提供了一个分析框架，可以量化房地产投资、地方政府债务等因素（包括外生的外汇占款）对 M2/GDP 上升和货币流通速度下降的重要影响，特别是它们对货币需求的杠杆放大效应（从而收入弹性大于 1）。由于货币发行是内生的，本章同时解释了现有文献少有研究的货币供应量高速增长或者货币超发的机制。[②] 另外，本章也提供了一个新方法来估计地方政府债务规模。例如，根据本章估计，截至 2019 年末，地方政府隐性债务余额为 30.53 万亿元。

根据本章的分析，房地产投资和地方政府债务行为带来 M2/GDP 上升和货币流通速度下降的直观解释如下：一方面，当居民将收入用于房地产投资时，就减少了居民在可借贷资金市场的供给，即储蓄；另一方面，随着城市化和收入增加，城市居民每增加 1 单位货币用于购买住房，可以通过按揭贷款购买数倍价值的住房。在城市化过程中，新增城市居民按揭贷款带来的杠杆效应，可以显著增加货币需求，从而带来 M2/GDP 上升。同样地，地方政府以城市土地出让收益作为抵押品取得贷款进行基础设施投资时，[③] 也存在类似的杠杆放大效应：由房价上涨带来的地价上涨，不仅增加了地方政府土地出让收益，也增加了城市土地价值，从而使得地方政府可以获得的贷款成倍增加，因而显著增加货币需求，带

---

① 阿奇和洛佩斯 - 萨利多（2011）以仅为转售目的而持有房屋的投资行为作为房地产泡沫的概念。他们发现具有较宽松抵押品限制的经济体不太容易出现泡沫，但在面临信贷危机冲击时更为脆弱。

② 货币超发指货币供应量增长率大于（经济增长率 + 通货膨胀率）。

③ 郑思齐等（2014）、张莉等（2018）强调了土地作为基础设施建设融资担保和偿债来源的作用。

来 M2/GDP 的上升。两者结合起来，会拉高可借贷资金市场利率。然而，当中央银行执行固定名义利率的货币政策时，为了平抑市场利率，央行货币投放增加，这就形成了货币超发。由于货币供应量的上升是内生的，它匹配了货币需求的上升，物价水平因而不会出现明显上升。最后，由于货币数量上升快于名义 GDP 上升，M2/GDP 变大，货币流通速度自然就下降了。

另外，“反事实”分析表明，相比维持低名义利率的货币政策，如果中央银行调整货币政策基调，实现“十四五”规划要求的“保持货币供应量和社会融资规模增速同名义经济增速基本匹配”，即 M2/GDP 保持在一个稳定的水平上，那么实际 GDP 会有所下降，但房价和地方政府债务的增速会明显下降，而居民效用会有所上升。因此，上述“十四五”规划要求有助于实现经济的高质量发展，“中国货币之谜”也将被破解。

第二节　文献综述

研究“中国货币之谜”有两个视角。第一个视角是直接说明货币交易需求上升的原因，可以称为货币交易需求视角。首先，作为经济货币化理论（易纲，1995）的某种具体化，赵留彦和王一鸣（2005）验证了非农产业的货币边际需求倾向远大于农业部门，因此，非农产业比重上升会使整个社会货币需求增长速度高于收入增长速度，进而表现为货币流通速度下降。通过考虑企业资产、土地、房地产和其他一些生产要素的货币化带来的货币需求上升，张文（2008）发现，货币供应有一定的被动性，在货币供应量适应货币需求的情况下，并不会出现严重的通货膨胀。其次，许多文献从中国的经济体制、金融体制和政府管制出发，论证了 M2/GDP 上升的原因。例如，王曦（2001）认为，非国有经济的发展、价格自由化进程、利率制度安排的特殊性、证券市场的产生和发展是造成中国货币需求持续扩张和货币流通速度持续下降的原因。张杰（2006）强调，政府对银行体系的控制和居民对银行体系的高度依赖是导致中国 M2/GDP 高的原因。耿中元和曾令华（2007）发现，制度冲击对中国货币流通速度和产出具有显著的正向效应。黄桂田和何石君（2011）认为，利率和汇率管制降低了持币成本，直接增加了货币需求，其导致的投资和对外经济结构扭曲则间接地增加了货币需求。杜浩然和黄桂田（2016）指出金融创新和资本市场发展等因素会增加货币需求。除赵留彦和王一鸣（2005）外，上述文献没有证明货币需求的收入弹性大于 1。

第二个视角是寻找交易需求以外的货币需求，如投资（投机）需求等，可以称为货币的投资需求视角。例如，伍超明（2004）强调了经济虚拟化（各类金融市场）、李健（2007）强调了金融资产对货币需求的影响，徐长生和马克

(2015）则全面考虑了居民资产性货币需求，杜浩然和黄桂田（2016）进一步强调了金融创新对资本市场的影响。不过，汪洋（2007）指出，金融资产的交易，只是M2所有权的转换，不会实际增加M2，因此，这类文献仍然需要证明金融资产的增长速度快于名义GDP。另外，杜子芳（2005）认为，体制扭曲和金融体制效率低等原因使得中国货币的总沉淀率过高，由此造成有效货币供应量不足和货币流通速度下降。

从第二个视角出发进行分析并和本章最接近的是陈彦斌等（2015）的研究。他们构建了一个含有房地产部门和地方政府债务的一般均衡模型，以研究中国货币数量论失效的形成机理，以及货币数量论有效性恢复后对宏观经济的影响。和本章类似，他们也强调了房地产投资和地方债对货币流通速度下降的重要影响，并且通过货币预付（cash in advance，CIA）假设引入货币。但是，由于他们将货币增长率视为外生的，限制了模型解释力。与他们不同，本章内生化了货币供应、政府债务、房价上涨幅度等关键变量，特别强调了房地产投资和地方债对货币需求的杠杆放大效应（货币需求收入弹性大于1），因此，大大提高了对M2/GDP上升和货币流通速度下降的解释力。

汪洋（2007）认为，研究“中国货币之谜”的好的理论解释需要满足三个条件：（1）解释中国M2/GDP高的原因，这方面，上述文献都有一定解释力；（2）在纵向上，解释中国M2/GDP持续上升的原因，同时证明货币需求的收入弹性大于1；（3）在横向上，说明为什么中国M2/GDP比发达国家高。现有文献大多无法同时满足条件（2）和条件（3）。例如，经济货币化理论（易纲，1995；张文，2008）、经济结构变迁理论（赵留彦和王一鸣，2005）、经济虚拟化理论（伍超明，2004）、金融资产化理论（李健，2007）、金融创新理论（杜浩然和黄桂田，2016）满足条件（2），但不满足条件（3）；体制因素、政府管制理论和金融资产单一化理论（王曦，2001；张杰，2006；耿中元和曾令华，2007；黄桂田和何石君，2011）满足条件（3），但不满足条件（2）；考虑房地产投资和地方债的理论（陈彦斌等，2015；本章）则满足条件（3），但不完全满足条件（2），因为两者是2000年后的新现象。

其他发展中国家也有M2/GDP上升或者货币流通速度下降的现象。普拉丹和苏布拉马尼安（Pradhan and Subramanian，2003）发现，对于货币流通速度而言，印度20世纪90年代以来的金融自由化与放松管制的改革产生了正反两方面的影响。在发展的第一阶段，经济运行的特点是货币化程度日益加深，现金和活期存款越来越多地被用于结算交易，取代了原先的“以货易货”。因此，相对于收入，货币需求增长得更快，而货币流通速度呈下降趋势。翁尼斯等（Onnis et al.，2015）考查了1981～2005年43个发展中国家的数据，发现影子经济占比越高，货币需求越高，因此货币流通速度越低。

现有文献也对欧美发达国家货币流通速度下降现象提供了理论分析和实证检验（Jung，2017）。例如，在考查了1869～2013年美国的长期货币流通速度和1980～2010年102个国家的货币流通速度之后，安东尼奥和雷多斯劳（Antonio and Radoslaw，2019）发现，农业部门发展是推动货币流通速度长期下降的关键因素。巴奇等（Basci et al.，2020）发现消费者在消费边际倾向的异质性和财富分配的持续恶化是美国货币流通速度下降的主要原因。卡马雷罗等（Camarero et al.，2021）认为欧元区货币流通速度下降主要是由于持久收入的增加、经济周期波动的不确定性和欧元国家间的异质性等三个因素带来的。

本章也涉及货币政策与资产价格泡沫的文献。例如，阿斯里扬等（Asriyan et al.，2016）提出了货币、信贷和泡沫的模型，并用它来研究货币政策在管理资产泡沫中的作用。在这个模型中，泡沫突然爆发，产生信贷、投资和产出的波动。当泡沫破裂时，经济可能会陷入流动性陷阱。埃基达（Ikeda，2017）发现，宽松的货币政策导致资产价格出现泡沫问题，进而缓解了企业的借贷约束，降低了借贷的影子成本，并促使边际成本下降，从而使得通货膨胀保持了温和的状态。加利（Gali，2021）建立了新凯恩斯主义模型的扩展形式，研究了可能出现泡沫均衡的条件以及其对货币政策设计的影响，发现反对泡沫的货币政策可能会破坏稳定。

第三节 理论模型

本章模型以阿奇和洛佩斯－萨利多（2011）所构建的房地产泡沫模型为基础，引入了中央银行货币发行、地方政府、隐性债务、土地市场、城乡人口流动、银行信贷等。同时，本章使用货币预付（CIA）假设将货币引入模型中。

一、环境假设

1. 模型环境

每个居民可以生存三期，且每期有L_t单位年轻居民出生。居民效用来自可贸易产品和不可贸易的住房消费两部分。年轻居民可以选择在农村地区生活和工作，并拥有免费住房。考虑到非户籍人口买房是房地产投资的重要组成部分，本章假设农村居民可以进城购买住房进行房地产投资。[①] 年轻居民也可以选择在城

① 这个假设只是为了在模型中引入房地产投资行为，并不意味着农村居民可以获得高额的房地产投资收益，事实上，根据模型均衡解，农民投资收益等于银行存款利率。

市定居，并购买（租赁）住房。但是，居民一生中无法再次改变居住地。每个居民在年轻时期和中年时期提供 1 单位同质劳动，而在年老时期则不提供劳动。

农业部门、城市工业部门和房地产部门的初始生产力为 $A_{f,0}$、$A_{u,0}$ 和 $A_{h,0}$，并且各自以一个固定速度增长。初始资本存量、基础设施存量分别为 K_0、F_0，城市中总土地数量固定为 N。所有和房地产市场相关的经济活动，无论是建房、买房，都要使用货币进行交易。这样就引进了货币预付（CIA）约束。另外，住房是耐用品，每期折旧率为 δ_H。

2. 居民

首先，一个 t 期出生的居民，如果选择在农村定居，其效用函数为：

$$U_t^f = \ln(c_{y,t}^f) + \beta[\ln(c_{m,t+1}^f) + \theta\ln(\bar{h})] + \beta^2\ln(c_{o,t+2}^f), \quad 0<\beta<1, \theta>0 \tag{4.1}$$

其中，$c_{y,t}^f$、$c_{m,t+1}^f$、$c_{o,t+2}^f$ 分别表示农村居民在年轻时期（y）、中年时期（m）和老年时期（o）的产品消费数量，$\bar{h}$ 表示中年时期住房消费数量（免费），β 表示折现因子，θ 表示居民住房消费偏好。其约束条件如下：

$$p_t c_{y,t}^f + m_{y,t}^f - d_t^f \leqslant w_t^f \tag{4.2}$$

$$m_{y,t}^f \geqslant p_{h,t} h_{y,t+1}^f \tag{4.3}$$

$$p_{t+1} c_{y,t+1}^f + a_{t+1}^f + m_{m,t+1}^f \leqslant w_{t+1}^f + (m_{y,t}^f - p_{h,t} h_{y,t+1}^f) - d_t^f R_{t+1}^s \tag{4.4}$$

$$m_{o,t+2}^f \leqslant p_{h,t+1} h_{o,t+1}^{f,h}(1-\delta_H) + m_{m,t+1}^f \tag{4.5}$$

$$p_{t+2} c_{o,t+2,}^f \leqslant a_{t+1}^f R_{t+2}^s + m_{o,t+2}^f \tag{4.6}$$

$$d_t^f \leqslant 0 \tag{4.7}$$

其中，w_t^f 表示 t 期农村工资，R_{t+1}^s 表示存款利率，$p_{h,t}$ 表示房价，p_t 表示产品价格，$m_{y,t}^f$、$m_{m,t}^f$、$m_{o,t}^f$ 分别表示农村居民在各期持有的货币，d_t^f 表示年轻时期的贷款，a_{t+1}^f 表示中年时期的储蓄。式（4.1）表示农村居民在年轻时的工资和贷款用于当期消费和积累货币；式（4.2）表示其在年轻时期持有足够的货币用于购房；式（4.3）表示他在中年时期的工资收入，加上其在年轻时购房后剩余的货币，在归还贷款本息后，用于中年消费、储蓄和积累的货币；式（4.4）表示中年时期卖房所得货币以及累积货币之和为该居民在老年时期持有的货币；式（4.5）表示他在老年时期拥有的储蓄（含利息）和持有的货币，可用于其在老年的消费；式（4.6）表示他在年轻时期只能存款，不能贷款。

其次，一个 t 期出生的居民，如果选择在城市定居，其效用函数为：

$$U_t^u = \ln(c_{y,t}) + \beta[\ln(c_{m,t+1}) + \theta\ln(h_{y,t+1})] + \beta^2\ln(c_{o,t+2}) \tag{4.8}$$

其中，$c_{y,t}$、$c_{m,t+1}$、$c_{o,t+2}$表示城市居民在三个时期的产品消费数量，$h_{y,t+1}$表示城市居民在年轻时期购买、中年时期消费的住房。此外，城市居民满足以下约束条件：

$$p_t c_{y,t} + m_{y,t} - d_t \leqslant w_t \tag{4.9}$$

$$m_{y,t} \geqslant p_{h,t} h_{y,t+1} \tag{4.10}$$

$$p_{t+1} c_{m,t+1} + a_{t+1} + m_{m,t+1} \leqslant w_{t+1} + (m_{y,t} - p_{h,t} h_{y,t+1}) - d_t R_{t+1}^s \tag{4.11}$$

$$m_{o,t+2} \leqslant p_{h,t} h_{y,t+1} (1 - \delta_H) + m_{m,t+1} \tag{4.12}$$

$$p_{t+2} c_{o,t+2} \leqslant a_{t+1} R_{t+2}^s + m_{o,t+2} \tag{4.13}$$

$$d_t \leqslant (1 - \varphi) m_{y,t} \tag{4.14}$$

其中，w_t 表示 t 期的城市工资，$m_{y,t}$、$m_{m,t+1}$、$m_{o,t+2}$分别表示城市居民在三个时期持有的货币，d_t 表示年轻时期的贷款，a_{t+1}表示中年时期的储蓄，φ 表示购房首付比例，$h_{y,t+1}$表示购买的住房数量。上述城市居民约束条件的含义与农村居民基本相同，不同的是最后一个约束条件［式（4.14）］，它表示城市居民面临信贷约束，即购房首付比例为 φ。显然，均衡时，$m_{y,t} = p_{h,t} h_{y,t+1}$并且 $m_{m,t+1} = 0$。

3. 生产部门

首先，农业部门生产函数为：

$$Y_{f,t} = (A_{f,t} L_{f,t})^{\lambda} N_{f,t}^{1-\lambda}, \quad 0 < \lambda < 1 \tag{4.15}$$

其中，$A_{f,t}$表示农业部门生产力，$L_{f,t}$和 $N_{f,t}$分别表示劳动力和土地。

其次，工业部门生产函数为：

$$Y_{u,t} = \Theta\left(\frac{F_t}{A_{u,t} L_{u,t}}\right)(A_{u,t} L_{u,t})^{\alpha} K_{u,t}^{1-\alpha}, \quad 0 < \alpha < 1 \tag{4.16}$$

其中，$A_{u,t}$表示城市工业部门生产力水平，$L_{u,t}$和 $K_{u,t}$分别表示劳动力和资本，F_t 表示基础设施存量。函数 $\Theta(\cdot)$表示基础设施可以提高工业部门生产力，但随着城市生产力水平和劳动力数量的增加，基础设施效率降低。本章假设资本折旧率为 δ_K，基础设施折旧率为 δ_F。

假设 $\Theta(\cdot)$满足：

$$\Theta(0) = 0, \ \Theta'(\cdot) > 0, \ \Theta''(\cdot) < 0 \tag{4.17}$$

特别地，在数值分析部分，假设 $\Theta(\cdot)$函数为：

$$\Theta(F_t) = \left(\frac{F_t}{A_{u,t} L_{u,t}}\right)^{\nu}, \ 0 < \nu < 1 \tag{4.18}$$

最后，房地产部门生产函数为：

$$Y_{h,t}=(A_{h,t}N_{h,t})^{\mu}K_{h,t}^{1-\mu},\ 0<\mu<1 \tag{4.19}$$

其中，$A_{h,t}$表示房地产部门的生产力水平，$N_{h,t}$和$K_{h,t}$分别表示土地和资本。同时，由于新房出售发生在生产要素取得报酬之前，房地产企业需要从商业银行借入建设住房所需的全部资金，雇用生产要素和缴税，并在下一期还本付息。

4. 净出口

由于工农业产品是可贸易商品，存在进出口。为简化起见，本章假设净出口价值为总产出（GDP）固定比例。

5. 中央银行

首先，本章给定一个外生初始货币量M_0；其次，中央银行发行货币$M_{c,t}$给外汇管理局以购买厂商持有的外汇NCO_t；最后，假设中央银行通过某一固定存款利率$r_t^0=R_t^s-1$来调整货币供应量。也就是说，本章考虑这样一种货币政策，先由中央银行固定存款利率r_t^0，然后中央银行通过满足商业银行信贷需求以出清可借贷资金市场。因此，总货币供应量M_t由$M_{c,t}$和中央银行向商业银行发放的贷款两部分组成，且满足：

$$M_{c,t}=\sum_{j\leqslant t}NCO_j \tag{4.20}$$

$$M_{R,t}=M_{R,t-1}+\Delta M_{R,t} \tag{4.21}$$

其中，$M_{R,t}$表示中央银行向商业银行发放的贷款数量，$\Delta M_{R,t}$表示新增贷款。因此，

$$M_t=M_{c,t}+M_{R,t} \tag{4.22}$$

6. 商业银行

本章假设所有存款均存入由中央政府控制的垄断性商业银行，存款利率由中央银行决定。商业银行可以向购买住房的居民发放按揭贷款，也可以向工业企业、房地产企业和地方政府提供贷款。住房按揭贷款利率等同于存款利率，而其他贷款利率等于市场利率。而且，只要地方政府能够及时支付利息，就可以获得贷款。因此，商业银行利润为：

$$\begin{aligned}profit_t=&(R_t^b-1)\left[p_t(K_{h,t-1}+K_{u,t-1})+p_{h,t-1}Y_{h,t-1}+\sum_{j\leqslant t-1}I_{F_j}\right]\\&+(R_t^s-1)(L_{y,t-1}^u d_{t-1}+L_{y,t-1}^f d_{t-1}^f)\\&-(R_t^s-1)(L_{m,t-1}^u a_{t-1}+L_{m,t-1}^f a_{t-1}^f+p_tK_{N,t-1}+M_{R,t-1})\end{aligned} \tag{4.23}$$

其中，R_t^b表示t期实际市场利率，I_{F_t}表示给地方政府的贷款，因此，$\sum_{j\leqslant t-1}I_{F_j}$表示地方政府贷款余额。所以，商业银行向城市企业、地方政府、城市居民收取相关利息后，扣除银行支付给城乡居民的储蓄利息和中央银行发行货币的利息，即为

利润。

在2008年底“四万亿”政策实施后很长一段时间里，商业银行可以向地方政府提供贷款，这种贷款构成了地方政府隐性债务的主要来源（Ambrose et al.，2015）。但是，银行要求地方政府将全部城市土地净收益作为抵押，即

$$I_{F_t} + \sum_{j \leq t-1} I_{F_j} \leq (N - N_{f,t}) r_{h,t} \omega, \quad 0 < \omega < 1 \tag{4.24}$$

其中，$(N - N_{f,t})$表示全部城市土地，$r_{h,t}$表示城市地租，ω是用以计算净收益的系数。因此，式（4.24）表示地方政府贷款余额不能超过全部城市土地净收益。理论上，如果地方政府无法及时支付利息，银行可以接管土地并在市场上出售。

另外，为了方便起见，本章假设，中央银行通过发行货币所得利息和商业银行利润被用于不影响企业生产力和居民效用的经济活动。

7. 地方政府

考虑到地方官员任期，本章假设地方政府的目标是最大化代表性年轻居民的终身效用。其收入来源包括：占工业和住房部门产出固定比例的税收（即增值税，税率外生给定为τ，假设农村没有税收）、农业地租[①]、国有资本利息、城市土地出让收益和新增土地抵押贷款；支出包括：占社会总产出固定比例（ρ）的基本支出、购买旧房支出、贷款余额利息支出，以及基础设施投资支出。[②] 最后，假设地方政府保持静态（广义）收支平衡。

地方政府需要决定土地在城乡间的配置，同时决定购买并拆除超过某一房龄的旧房，以置换出土地用于建设新房。从上述两种渠道取得土地，地方政府都需要支付成本。地方政府如果征用农业用地，按照《中华人民共和国土地管理法》规定，其支付的成本是每单位土地产出的若干倍。因此，地方政府征用一单位农业用地的边际成本为：

$$\psi (x - 1) \frac{Y_{f,t}}{N_{f,t}} \tag{4.25}$$

其中，$x-1$表示被征用的农业用地在城市中使用的年数（即为该土地上新建住房的最长使用年限），$\psi \in (0, 1)$，用来衡量原有土地使用者的讨价还价能力。同时，为了简化分析，本章假设地方政府向中央政府上缴征用农业用地的补偿金。

---

① 这一假设起到的作用是维持了农业用地的数量，相当于实现我国现行的18亿亩耕地红线。

② 陈彦斌等（2018）结合现有文献指出，我国的负债主体主要是僵尸企业与地方政府，它们均可以通过“借新还旧”来滚动债务。因此，他们强调，降低负债主体对“借新还旧”的依赖是去杠杆的重要一环。为简化对“借新还旧”行为的处理，我们假设地方政府不需要偿还债务本金。

类似地，为了拆除旧房，地方政府需要按照市场价格购买附着在土地上的住房。假设地方政府为获得最后一单位土地需要拆除的住房房龄为 x 年，它在 $(t-x)$ 年前附着的新房数量为 FAR_{t-x}（即当时新建住房容积率），经过 $x-1$ 年折旧，住房数量变为 $FAR_{t-x}(1-\delta_H)^{x-1}$。则地方政府获得城市土地的边际成本为：

$$p_{h,t}FAR_{t-x}(1-\delta_H)^{x-1} \tag{4.26}$$

二、模型求解思路和稳态条件

本章求解思路是，在满足居民、厂商和商业银行最优决策的条件下，寻找最大化地方政府目标的土地政策、债务政策和公共品政策，并且保证政府的收支平衡和所有市场的出清。

由于无法求得政府优化问题的一阶条件，在稳态条件下，本章通过数值方法在下述约束条件下最大化政府目标函数：两类居民效用最大化、三类厂商利润最大化的一阶条件，城乡居民效用相等条件，城市新建住房用地的成本无差异条件，政府（广义）收支平衡条件，基础设施存量条件，劳动力、可借贷资金、资本品、土地、住房、货币及产品市场出清条件。

本章应满足的稳态（非平衡增长路径）条件如下：（1）人口增长速度 n，农业、工业和房地产部门的技术进步速度 g_f、g_u 和 g_h 外生；（2）农业用地、城市用地数量不变，城市新建住房用地全部来源于拆迁；（3）城市人口数量以一个固定（内生）速度增长，增长率为 n_u；（4）工业部门人均有效资本不变，人均有效基础设施不变，房地产部门地均有效资本不变；（5）产品价格水平上升速度 π_c 和房价上涨速度 π_h 保持不变。因此，各类居民工资水平和消费水平等变量都以固定速度增长。

第四节　模型校准

为了分析“货币流通速度之谜”，本章需要根据实际经济数据来校准模型。本章目标是，校准后的模型能够尽可能全面地刻画初始年份（2008 年）及 2008～2019 年的经济特征。但是，在校准过程中，不能使用（或者匹配）货币量、产品价格、住房价格和地方债务等需要解释变量的现实数据。这样，校准后的模型才能用来解释这些变量的变化。下面介绍校准模型的方法和具体步骤，首先是参数校准。

一、参数校准

参考宋等（Song et al.，2011）的做法，本章用三种方法来确定模型参数。

首先，对于现有文献已有校准值且不依赖于模型细节的参数，直接引用。其次，对于能够与统计数据直接匹配的参数，根据统计数据直接计算它们的取值（见表4－1）。其中，基本财政支出是指财政支出中基础设施投资以外的支出。最后，对于那些既无文献可资引用，也无法直接观察到其对应变量的参数，我们通过匹配相应的宏观经济变量来确定它们的取值（见表4－2）。例如，有关居民效用函数和预算约束的参数方面，本章通过匹配 2008 年的城市化水平来确定 $\bar{h}$，通过匹配 2008～2019 年的房价收入比均值来确定 φ。在涉及农业、工业和住房部门生产函数的参数方面，本章通过匹配 2008 年农村居民可支配收入占 GDP 的比重来确定农业技术初始水平 A_f，通过匹配 2008 年名义 GDP 来得到工业部门技术初始水平 A_u，通过匹配 2008 年城市新增住房平均容积率来确定住房部门初始技术水平 A_h，通过匹配城镇居民人均工资实际增幅来确定工业部门技术进步速度 g_u，通过匹配农村居民人均工资实际增幅来确定农业部门技术进步速度 g_f，通过匹配每年新建住房面积增幅来确定房地产部门技术进步速度 g_h，通过匹配税收收入占 GDP 比重来确定一般性税收税率 τ。当农业部门劳动收入份额 λ 较高时，农民工资收入更高，城乡工资收入差距更小，因此，我们通过匹配城乡收入差距来得到 λ。另外，本章通过匹配劳动收入份额占 GDP 的比重来确定工业部门劳动收入份额 α。至于征地补偿系数 ψ，通过匹配 2008 年土地出让收益的名义数值来得到它。这些变量的匹配情况见表4－2，① 这些参数的最后取值则参见表4－3。

表4－1　　　　　　　　模型参数校准值（1）

参数	含义	校准值	文献或数据来源
β	跨期贴现因子	0.93	宋等（2011）[a]
$\frac{\theta}{1+\beta(1+\theta)+\beta^2}$	居民住房消费支出占比	45.98%	方等（Fang et al.，2015）[b]
δ_K	资本品折旧率	0.10	宋等（2011）
δ_F	基础设施折旧率	0.10	张军和章元（2003）
δ_H	住房折旧率	0.02	《建筑结构可靠性设计统一标准》
μ	住房部门土地收入份额	0.68	李春华和王业强（2016）

① 参数 g_u、g_h 有显然的经济含义，本章直接在表4－3中给出它们的数值。

续表

参数	含义	校准值	文献或数据来源
ϑ	基础设施产出弹性	0.11	金戈（2016）[c]
ρ	基本财政支出占GDP比重	0.23	国家统计局（2008～2019年）[d]
n	人口自然增长率	0.5%	国家统计局（2008～2019年）
ω	城市土地出让净收益率	0.27	《中国国土资源统计年鉴》（2008～2019年）
R_s	存款利率	1.033	建设银行（2008～2019年）[e]
M_0	初始广义货币数量	4034	国家统计局（2007年）
NCO	年均新增外汇占款	103.72	国家统计局（2008～2019年，单位：100亿元）[f]
NE	净出口占GDP比重	0.036	国家统计局（2008～2019年）
L_0	社会总劳动力数量		根据2008年的就业人口和可供利用的土地资源进行单位化处理

注：a. 宋等（2011）使用的是两期的OLG模型，取值0.997，用来校准50%的储蓄率；这里使用的是三期的OLG模型，相应的取值就是0.93。

b. 根据方等（2015）的估计，家庭购房支出中首付部分和按揭贷款部分分别约等于3年和5年的家庭可支配收入。在计算时，他们使用6%的贷款利率，并且假设按揭年数为30年。本章采用他们的做法，使用房贷计算器算出年均还款总额约占家庭可支配收入的35.97%，并将首付部分线性分摊至每一年（即占家庭可支配收入的10%），两者合计为45.97%。方等（2015）估算的结果为46.66%，但他们假设已还款部分仍须支付利息。

c. 由于金戈（2016）使用支出法计算投资和资本存量，他估计的劳动收入份额严重偏低。这大大降低了他估计的基础设施产出弹性的可信度。因此，我们需要更好的模型才能评估他对基础设施产出弹性估计值的可信度。

d. 我们根据金戈（2016）提供的口径计算基本财政支出，即从财政支出中扣除用于基础设施投资的“电力、燃气及水的生产和供应业”“交通运输、仓储和邮政业”“信息传输、计算机服务与软件业”“水利、环境和公共设施管理业”。

e. 2008～2019年，中国建设银行的一年期存款利率（名义）平均约为3%，考虑到理财产品、各商业银行存款利率自由上浮等因素，本章的取值在3%的基础上提高了10%。

f. 已经根据2008～2019年美元的平均汇率换算成人民币。

表 4-2 用于校准参数的变量匹配情况

用于匹配的变量	模型取值	实际数值	真实值数据来源
初始城市化水平	45.18%	47%	国家统计局（2008 年）
平均房价收入比	7.50[a]	7.72	国家统计局（2008～2019 年）
农民初始可支配收入占 GDP 比重	13.13%	10.43%	国家统计局（2008 年）
农村居民工资收入平均增幅	7.12%	7.28%	国家统计局（2008～2019 年）
初始名义 GDP	2 832.83	3 192.45	国家统计局（2008 年，单位：100 亿元）
新建住房平均容积率	2.39	2.33	布吕克纳等（Brueckner et al.，2016）
税收收入占 GDP 比重（平均）	16.55%	17.66%	国家统计局（2008～2019 年）
初始城乡工资收入差距	3.21	3.30	国家统计局（2008 年）
劳动（工资）收入份额	0.49	0.48	刘亚琳等（2018）
初始土地出让收益	127.71	102.60	国土资源部（2008 年，单位：100 亿元）

注：a. 模型中的人均住房面积 $=\frac{H_t}{L_{y,t}^u}$，即本章将农村年轻居民购买的住房也算入了城市年轻居民的住房面积之中。另外，本章用城市年轻居民的工资收入来指代“房价收入比”中的“收入”。

表 4-3 模型参数校准值（2）

模型参数		含义	校准值
居民效用函数	$\bar{h}$	农村居民的免费住房数量	6.60
	φ	首付比例	0.10
农业、工业和住房部门的生产函数	A_f	农业部门初始技术水平	2.20
	λ	农业部门劳动收入份额	0.53
	g_f	农业部门平均技术进步速度	0.12
	A_u	工业部门初始技术水平	5.92
	α	工业部门劳动收入份额	0.71
	g_u	工业部门平均技术进步速度	0.065
	A_h	住房部门初始技术水平	0.98
	g_h	房地产部门平均技术进步速度	0.04
政府部门	τ	一般性税收税率	0.22
	ψ	征地补偿系数	0.20

由表4－2可见，根据本章模型得到的“农民可支配收入占GDP比重”和“土地出让收益”两个指标的模型取值和实际数值的差距较大。对此，解释如下：模型假设城乡之间人口的年龄结构相同，而农村社会调查显示，“农村老龄化情况严重，劳动力内部老化严重”（张永丽和金虎玲，2013）。因此，现实数据中农村劳动力的生产力要远低于模型，这就会使得通过模型计算得到的农村居民边际生产力，进而收入水平高于实际值。至于“土地出让收益”，2008～2019年，房价的平均涨幅为9.10%，而2008年的房价涨幅为－1.9%，这自然会造成2008年的土地出让收益远低于之后的年份。而其他变量的模型估计值都较好地匹配了真实值，误差控制在12%以内。

二、模型的有效性检验

为了确保经过校准的模型能够刻画中国当前的经济现状，本章对校准后的模型进行了有效性检验。对于在校准参数过程中没有匹配真实值的一些变量，本章分析它们的模型取值和实际数据的匹配程度。由于模型中考虑了人口增长和技术进步，本章应该从动态角度展开有效性检验。具体结果见图4－2至图4－9。

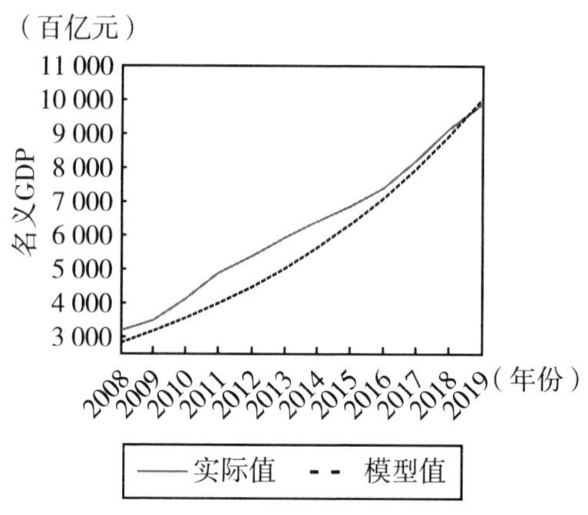

图4－2　名义GDP的变动趋势

资料来源：国家统计局（2008～2019年）。

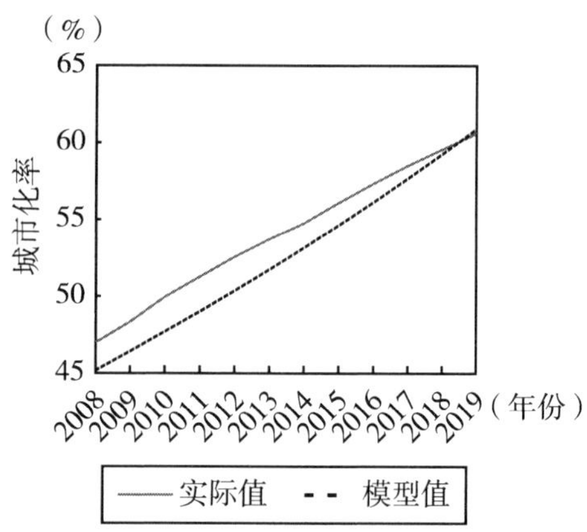

图4－3　城市化率的变动趋势

资料来源：国家统计局（2008～2019年）。

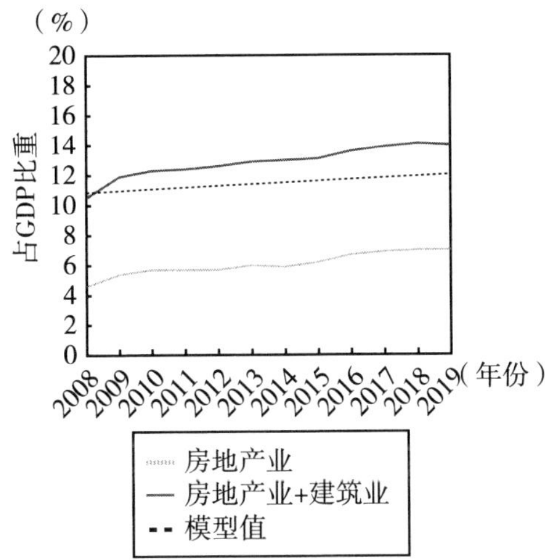

图 4－4　房地产业占 GDP 比重的变动趋势

注：国民经济核算中的“房地产业增加值”是指房地产业开发经营、管理及经纪活动的增加值，以及居民自有住房的虚拟折旧，但不包括房地产的建设活动。对于这一指标，可以将它作为房地产部门增加值的下限。另外，国民经济核算还有“建筑业增加值”这一指标。但是，建筑业增加值并非全部由房地产部门创造，还包括诸如道路、桥梁等公共设施。因此，可以把“房地产业增加值”和“建筑业增加值”的加总作为房地产部门增加值的上限。根据本章模型得到的估计值介于两者之间。

资料来源：国家统计局（2008～2019 年）。

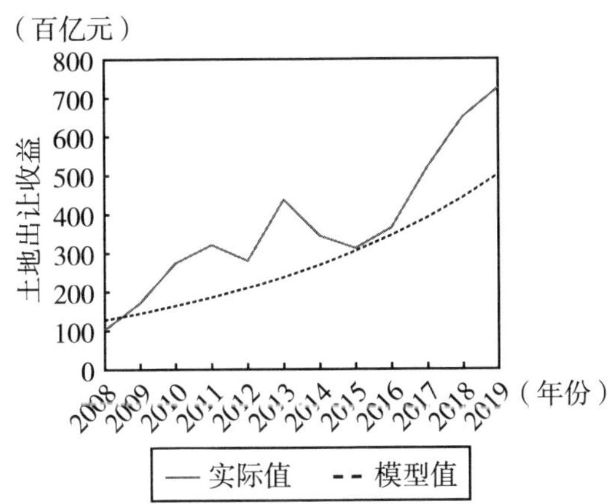

图 4－5　城市土地出让收益的变动趋势

资料来源：《中国国土资源统计年鉴》（2008～2019 年）。

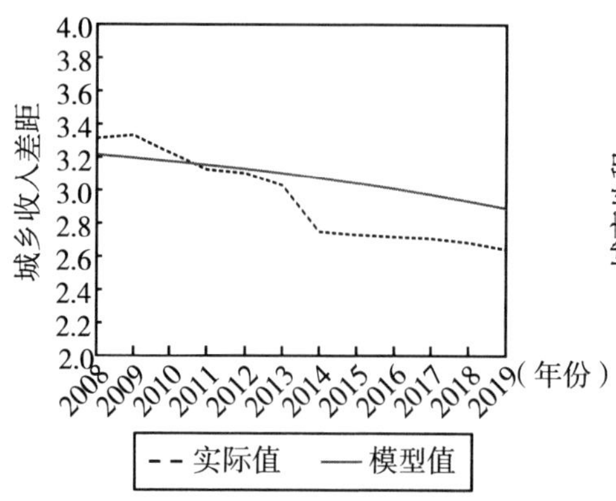

图 4－6　城乡收入差距的变动趋势

注：需要说明的是，从 2013 年起，国家统计局开展了城乡一体化住户收支与生活状况调查，2013 年及以后城乡收入差距数据来源于此项调查，与 2013 年前的分城镇和农村住户调查的调查范围、调查方法、指标口径有所不同。

资料来源：国家统计局（2008～2019 年）。

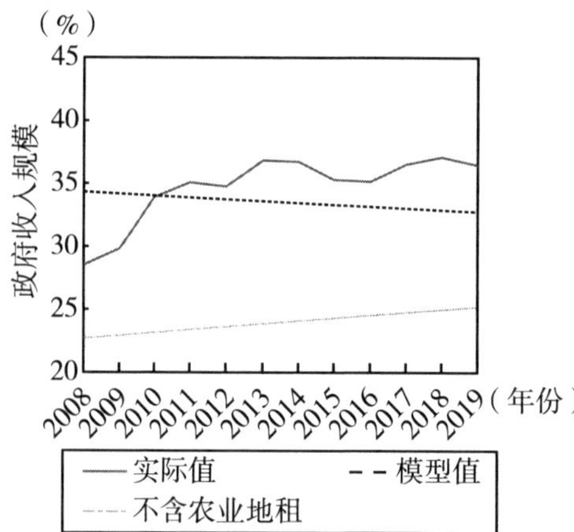

图 4－8　政府收入规模的变动趋势

注：对于政府的收入规模有不同的定义，本章的统计口径参考了国务院发展研究中心“国家治理体系与治理能力”基础领域课题组的调研报告—《比较视角下的中国政府规模：财政收入》。

资料来源：国家统计局（2008～2019 年）。

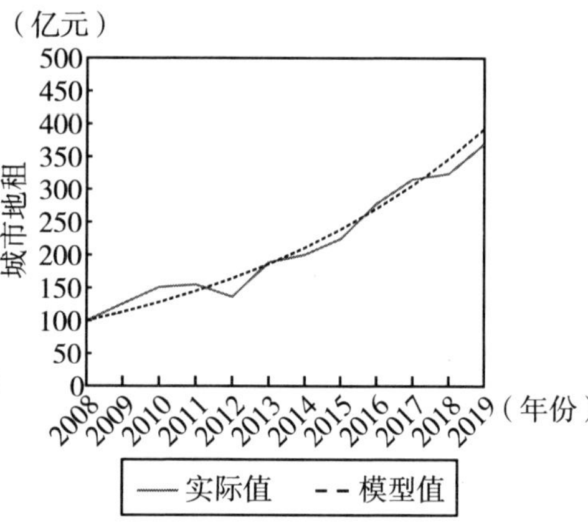

图 4－7　城市地租的变动趋势

注：（1）城市地租 $=\dfrac{\text{城市土地出让成交价款}}{\text{出让面积}}$，其中的城市土地出让成交价款即土地出让收益。

（2）对初始年份（2008 年）城市地租做了单位化处理。

资料来源：《中国国土资源统计年鉴》（2008～2019 年）。

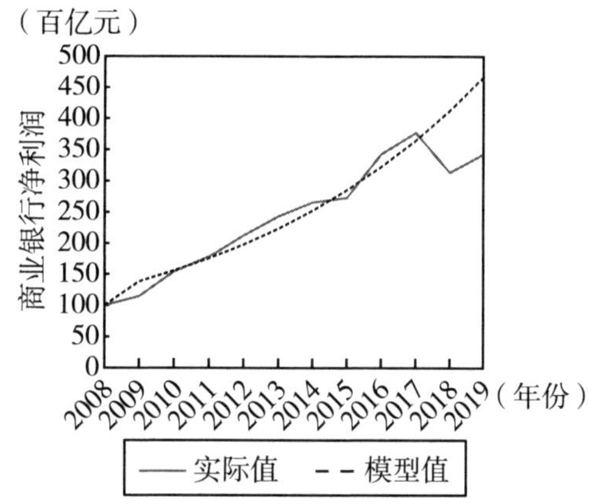

图 4－9　商业银行净利润的变动趋势

注：对初始年份（2008 年）商业银行净利润做了单位化处理。

资料来源：《中国金融年鉴》（2008～2019 年）。

由图4－2至图4－9可见，在时间趋势上，本章模型很好地拟合了中国2008～2019年名义GDP、城市化率、房地产业占比、城市土地出让收益、城市居民人均住房面积、城市地租、政府收入规模①、商业银行净利润等变量的变动趋势。在数值上，模型估计值与实际值的标准误（单位化）介于0.03～0.26之间。② 进一步地，由于这些指标存在周期性波动，而本章模型没有考虑周期性问题，为了排除周期性因素的影响，本章比较终止年份（2019年）模型估计值与实际值的标准误（单位化），发现它们介于0.01～0.36之间。因此，模型结果和本章现实状况在数值上也是可比的。这些结果检验了校准后的模型在刻画我国宏观经济现实方面的有效性。

第五节　主要结论与“反事实”检验

一、主要结论

根据模型结果，本章发现，房价上升速度（约8.89%）远高于每年的通货膨胀率（约3.04%）。由图4－10和图4－11可见，这一发现和中国现实经济是一致的。模型房地产价格指数变化率和中国这12年（2008～2019年，下同）住宅商品房平均销售价格的增长率很接近，模型的房价指数累计上升了155.11%，而实际房价累计上升了159.71%。同时，模型中产品价格水平累计上升了38.96%，而中国价格指数（CPI）累计上升了28.14%，GDP平减指数累计上升了35.47%，模型和现实数据也拟合得较好。上述结果进一步验证了模型的有效性。

由图4－12至图4－14可见，本章模型部分解释了中国12年间的M2/GDP上升和货币流通速度下降的现象。事实上，12年里，我国M2供应量累计增加了318.06%，M2/GDP增加了35.01%，货币流通速度下降了25.93%。相应地，模型中的货币供应量累计增加了306.76%，M2/GDP上升了14.80%，货币流通速度下降了12.89%。本章模型解释了M2/GDP上升的42.27%和货币流通速度下降的49.70%。进一步分解三个因素——房地产投资、政府隐性债务和外汇占款对货币流通速度下降的贡献，③ 可以发现，房地产投资因素贡献了79.49%，

---

① 模型中的政府收入包括农业地租，由于城市化，农业部门占GDP的比重逐年下降，因此，模型中的政府收入规模也有逐年下降的趋势（幅度很小），这与实际数据在趋势上有所不一致。如图4－8所示，如果我们不把农业地租计算在内，则模型中的政府收入规模占GDP的比重便呈逐年上升的趋势。

② 因为数据问题，本章无法计算“房地产产出占比”的标准误。另外，本章对“城市地租”和“商业银行净利润”等两个指标的初始年份（2008年）做了单位化处理，因此，在计算标准误的时候，剔除了初始年份的数据。

③ 分解的方法是分别计算这三个因素在新增货币供应量中的比重，以此作为权重。

而政府债务和外汇占款分别贡献了14.57%和5.94%。如果扣除外汇占款对货币流通速度下降的影响，房地产投资和政府债务解释了货币流通速度下降的44.54%。对于不能解释的货币流通速度下降部分，本章认为，货币流通速度下降在我国是一个长期趋势，这是多种因素共同作用的结果，而模型只考虑了其中的三个因素——房地产投资、政府债务和外汇占款。事实上，2000~2008年中国货币流通速度年均降幅为1.28%。如果本章假设，导致这几年货币流通速度下降的因素及其幅度在2008年以后保持不变，则在考虑了房地产投资、政府隐性债务和外汇占款这三个因素以后，本章模型可以解释货币流通速度加速下降的94.08%。

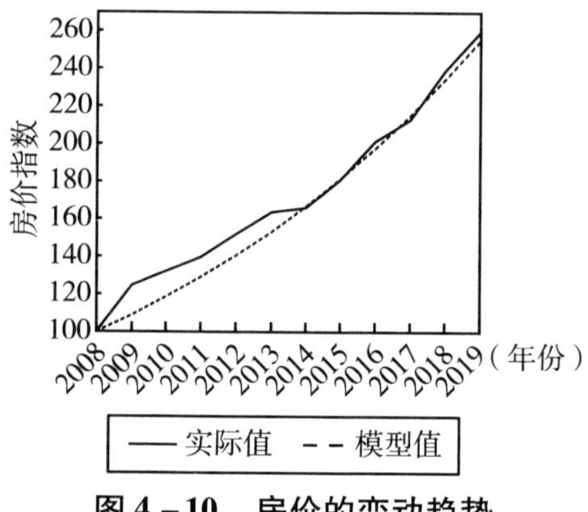

图4-10　房价的变动趋势

资料来源：国家统计局（2008~2019年）。

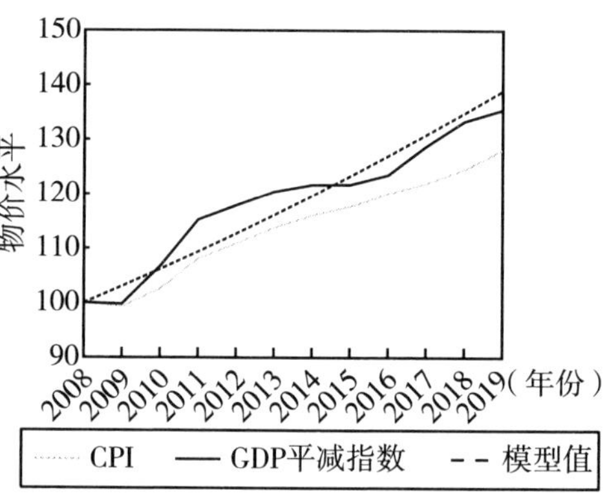

图4-11　物价水平的变动趋势

资料来源：国家统计局（2008~2019年）。

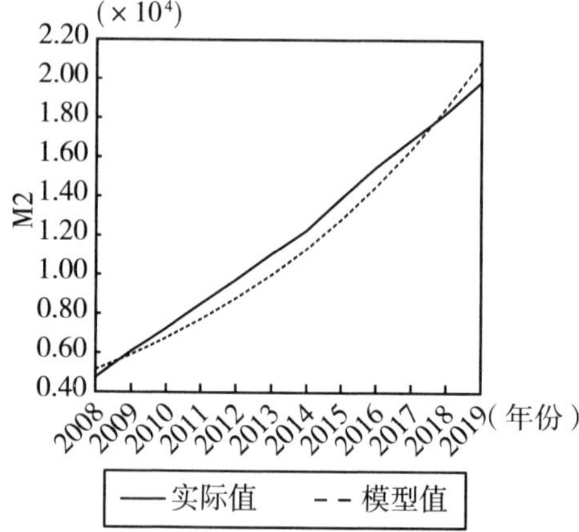

图4-12　M2供应量的变动趋势

资料来源：国家统计局（2008~2019年）。

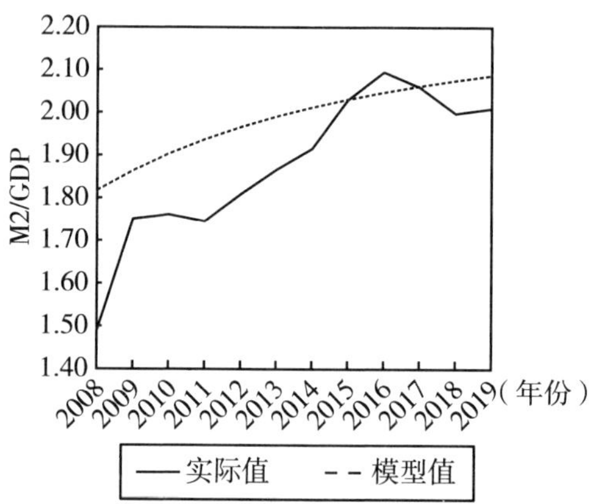

图4-13　M2/GDP的变动趋势

资料来源：国家统计局（2008~2019年）。

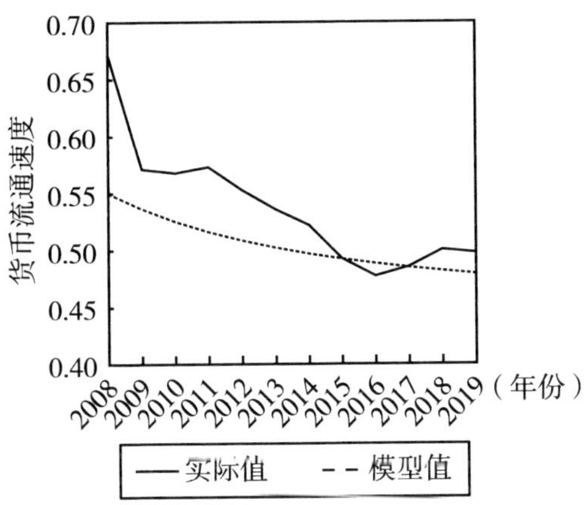

图4－14　货币流通速度的变动趋势

资料来源：国家统计局（2008～2019年）。

2008年以后，由于“四万亿”政策的实施和地方政府融资平台的建立（Ambrose et al.，2015；Bai et al.，2016；Chen et al.，2020），地方政府隐性债务规模不断扩大（见图4－15）。根据本章估计，12年间，地方政府隐性债务余额从7.77万亿元增加到了30.53万亿元，隐性债务规模占GDP比重则从27.44%上升到了30.41%。其中，2017年隐性债务余额为23.80万亿元，占GDP比重为29.90%。相对于本章结论，一个可供比较的研究结果是中国人民银行发布的《中国金融稳定报告（2018）》。该报告指出，截至2017年末，全国地方政府显性债务余额为16.47万亿元。进一步地，根据人民银行对X省的调研，该报告显示：以X省为例，截至2017年末，该省地方政府隐性债务余额较显性债务高出80%。如果本章假设，央行所调研省份的债务情况在全国具有代表性，则全国地方政府隐形债务余额为显性债务余额的1.8倍，即为29.65亿元，

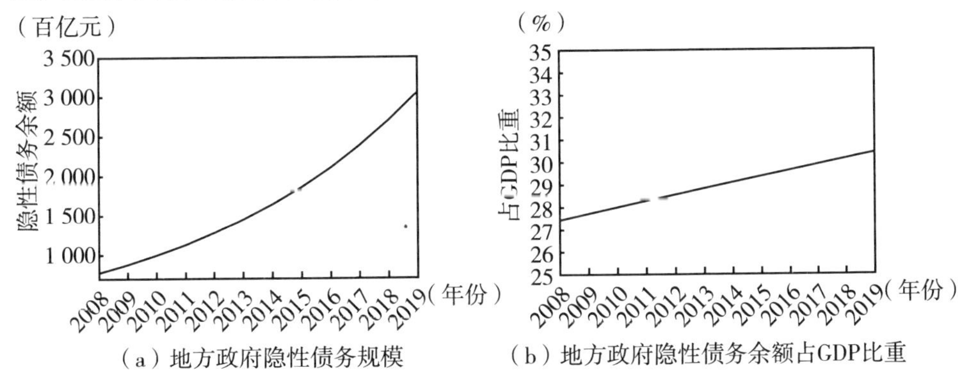

图4－15　地方政府隐性债务规模的变动趋势

占 2017 年 GDP 比重为 36.12%。这与本章结果基本一致，也间接地证明了本章结果的合理性。

二、“反事实”检验

本章认为，中央银行长期实施低名义存款利率的货币政策，使得货币供应被动适应房地产投资和地方政府债务的增长，成为 M2/GDP 上升的辅助驱动因素。如下“反事实”检验清楚表明了这一点。给定上述模型参数，本章考虑如下“反事实”假设：中央银行从 2008 年开始实施“十四五”规划要求的“保持货币供应量和社会融资规模增速同名义经济增速基本匹配”的货币政策，即中央银行保持货币供应量增长率与名义 GDP 相同。因此，M2/GDP 和货币流通速度保持在 2008 年的水平。在确定了 M2 增长率后，货币市场均衡条件决定了存款利率。图 4-16 对比了两种不同货币政策的运行结果，图中实线为固定名义存款利率的货币政策，虚线为固定 M2/GDP 的货币政策。

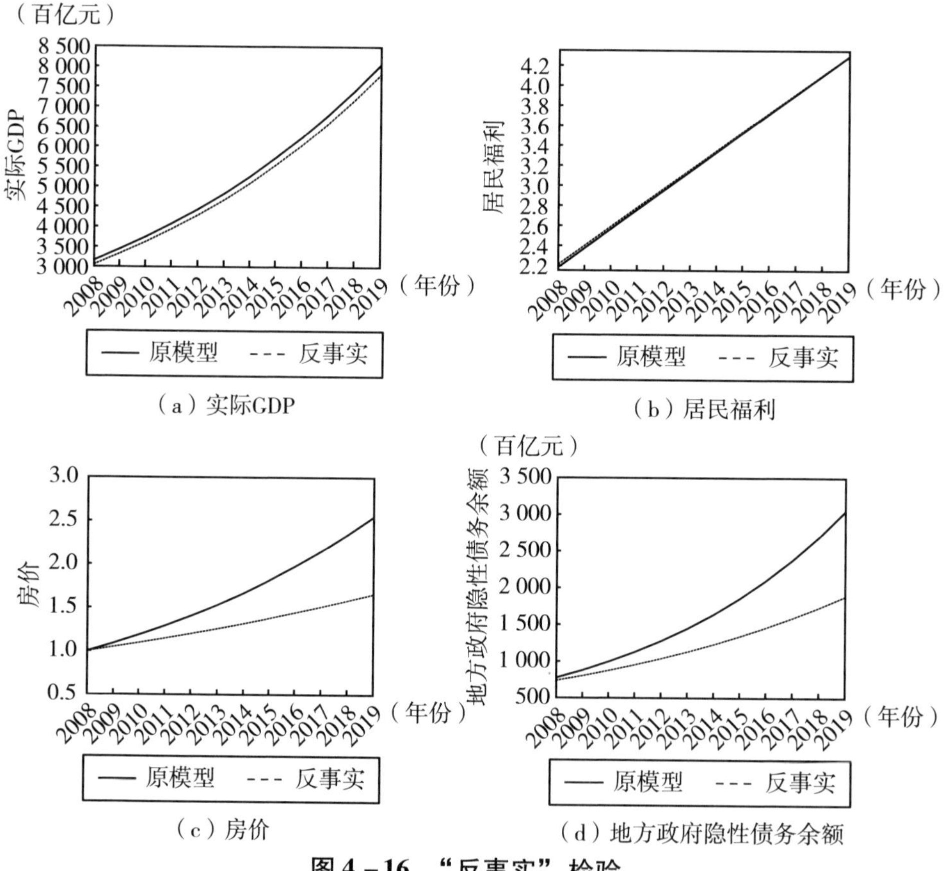

图 4-16 “反事实”检验

图4-16表明，实施“十四五”规划要求的货币政策，有助于实现经济高质量发展：尽管实际GDP减少了4%左右，居民福利却有了一定程度的提高；特别地，房价和地方政府债务增长速度明显下降。例如，房价年均涨幅从8.89%下降到4.71%，12年间累计涨幅从159.71%下降到65.93%。2019年的债务余额从30.53万亿元下降到18.88万亿元。因此，如果未来中央银行实施“十四五”规划要求的货币政策，则房价过快上涨和地方政府债务余额上升的问题有望得到有效控制，居民福利也会有所提高，从而有助于实现经济高质量发展。

第六节　结论与政策建议

根据校准后的模型，本章发现，存在房地产投资和地方政府隐性债务时，房地产投资和地方债是货币需求上升和货币超发的重要驱动因素，并且房价上涨速度远远超过了物价水平上升速度。由于住房按揭贷款和地方政府土地抵押贷款的杠杆放大效应，货币需求上升速度快于名义GDP上升速度，货币流通速度因而不断下降。另外，伴随着房价上涨带来的地价上涨，地方政府以土地抵押向商业银行获取贷款的能力显著增加，政府的债务规模得以扩大。

由于外汇占款、房地产投资和地方政府隐性债务只能解释2008～2019年M2/GDP上升的42.27%和货币流通速度下降的49.70%左右，这或许意味着，即便今后住房价格和地方政府债务余额得以稳定，只要确保货币供给的增速控制在合理范围内，就不会出现严重的通货膨胀问题。这一点也表明，本章并没有解释改革开放以来，我国M2/GDP上升的长期趋势。无论如何，需要一个更一般化的模型和更单一的逻辑，才能更好地解释我国M2/GDP长期上升的问题。这是下一步值得研究的问题。

根据本章的分析和结论，提出如下五个方面的政策建议。第一，本章模型中房地产投资价值的基础是房价的预期上涨，因此，稳定房价的前提是稳定房价预期，也就是坚持习近平总书记强调的“房子是用来住的、不是用来炒的”的定位。第二，限购政策可以减少本章模型中以投资为目的的购房人数，严防资金违规流入（通过首付贷等方式）房地产可以减少本章模型中的首付数额，从而可以有效治理房地产炒作和稳定房价。第三，稳定宏观杠杆率，除了要稳定房价以外，也需要加强地方债务的管理，加快建立规范的地方政府举债融资机制，切实减少地方政府债务。第四，在新常态条件下实施中长期货币政策时，应当协调经济增长、稳房价和稳杠杆的关系。长期维持很低的名义利率固然可以促进经济增长，但它的负面作用是货币超发、高房价和地方债务余额的持续上升等。事实上，本章“反事实”检验表明，为了实现经济高质量发展，需要重新审视财政政策与货币政策的协调机制，严格落实“十四五”规划所要求的货币供应量增速与名义 GDP 增速基本一致。

参考文献

［1］陈彦斌、郭豫媚、陈伟泽：《2008 年金融危机后中国货币数量论失效研究》，载于《经济研究》2015 年第 4 期。

［2］陈彦斌、刘哲希、陈伟泽：《经济增速放缓下的资产泡沫研究——基于含有高债务特征的动态一般均衡模型》，载于《经济研究》2018 年第 10 期。

［3］杜浩然、黄桂田：《金融创新、资本市场与中国的货币需求——基于 1993—2013 年季度数据与 Divisia 货币总量的经验分析》，载于《经济学动态》2016 年第 2 期。

［4］杜子芳：《货币流通速度、货币沉淀率和货币供给量——我国货币供应量过大的原因分析》，载于《管理世界》2005 年第 1 期。

［5］耿中元、曾令华：《货币流通速度和产出变动的动态一般均衡分析》，载于《经济学（季刊）》2007 年第 4 期。

［6］国务院发展研究中心“国家治理体系与治理能力”基础领域课题组：《比较视角下的中国政府规模：财政收入》，载于《调查研究报告》2018 年第 189 号。

［7］黄桂田、何石军：《结构扭曲和中国货币之谜——基于转型经济金融抑制的视角》，载于《金融研究》2011 年第 7 期。

［8］金戈：《中国基础设施与非基础设施资本存量及其产出弹性估算》，载于《经济研究》2016 年第 5 期。

［9］李春华、王业强：《中国房地产发展报告》，社会科学文献出版社 2016 年版。

［10］李健：《结构变化：“中国货币之谜”的一种新解》，载于《金融研究》2007 年第 1 期。

［11］刘亚琳、茅锐、姚洋：《结构转型、金融危机与中国劳动收入份额的变化》，载于《经济学（季刊）》2018 年第 2 期。

［12］汪洋：《中国 M2/GDP 比率问题研究述评》，载于《管理世界》2007 年第 1 期。

［13］王曦：《经济转型中的货币需求和货币流通速度》，载于《经济研究》2001 年第 1 期。

［14］伍超明：《货币流通速度的再认识——对中国 1993—2003 年虚拟经济和实体经济关系的分析》，载于《经济研究》2004 年第 9 期。

［15］徐长生、马克：《“中国货币之谜”：基于货币需求视角的解释》，载于《经济学家》2015 年第 8 期。

［16］易纲：《再论中国金融资产结构及政策含义》，载于《经济研究》2020 年第 3 期。

［17］易纲：《中国货币供求与通货膨胀》，载于《经济研究》1995 年第 5 期。

［18］张杰：《中国的高货币化之谜》，载于《经济研究》2006 年第 6 期。

［19］张军、章元：《对中国资本存量 K 的再估计》，载于《经济研究》2003 年第 7 期。

［20］张莉、年永威、刘京军：《土地市场波动与地方债——以城投债为例》，载于《经济学（季刊）》2018 年第 3 期。

［21］张文：《经济货币化进程和内生性货币供给——关于中国高 M2/GDP 比率的货币分析》，载于《金融研究》2008 年第 2 期。

［22］张永丽、金虎玲：《农村人口和劳动力资源禀赋变动趋势》，载于《经济学动态》2013 年第 9 期。

［23］赵留彦、王一鸣：《中国货币流通速度下降的影响因素：一个新的分析视角》，载于《中国社会科学》2005 年第 4 期。

［24］郑思齐、孙伟增、吴璟、武赟：《“以地生财，以财养地”——中国特色城市建设投融资模式研究》，载于《经济研究》2014 年第 8 期。

［25］中国人民银行金融稳定分析小组：《中国金融稳定报告（2018）》，中国金融出版社 2018 年版。

［26］Ambrose B W, Deng Y and Wu J, “Understanding the Risk of China's Local Government Debts and Its Linkage with Property Markets”, Working Paper, 2015.

［27］Antonio M, Radoslaw S, “Velocity in the Long Run: Money and Structural Transformation”, *Review of Economic Dynamics*, 2019, 31 (1): 393 – 410.

［28］Arce Ó, López – Salido D, “Housing Bubbles”, *American Economic Journal: Macroeconomics*, 2011, 3 (1): 212 – 241.

［29］Asriyan V, Fornaro L and Martin A, “Monetary Policy for a Bubbly World”, Working Paper, 2016.

［30］Bai C E, Hsieh C T and Song Z M, “The Long Shadow of A Fiscal Expansion”, Working Paper, 2016.

［31］Basci S, Eu S and Gherbi T, “Demand Deficiency, Money Velocity and Heterogeneity”, *The Central European Review of Economics and Management*, 2020, 4 (2): 137 – 153.

［32］Brueckner J K, Fu S, Gu Y and Zhang J, “Measuring the Stringency of Land – use Regulation: The Case of China's Building – height Limits”, *Review of Economics and Statistics*, 2017, 99 (4): 663 – 677.

［33］Camarero M, Sapena J and Tamarit C, “An Analysis of the Time – Varying Behavior of the Equilibrium Velocity of Money in the Euro Area”, *Review of Economic Dynamics*, 2021, 31 (1). 393 410.

［34］Chen Z, He Z G and Liu C, “The Financing of Local Government in China: Stimulus Loan Wanes and Shadow Banking Waxes”, *Journal of Financial Economics*, 2020, 37 (1): 42 – 71.

［35］Fang H, Gu Q, Xiong W and Zhou L A, “Demystifying the Chinese Housing Boom”, *NBER Macroeconomics Annual*, 2015, 30 (1): 105 – 166.

［36］Gali J, “Monetary Policy and Bubbles in A New Keynesian Model with Overlapping Generations”, *American Economic Journal: Macroeconomics*, 2021, 13 (2): 121 – 167.

[37] Ikeda D, "Monetary Policy, Inflation and Rational Asset Price Bubbles", Social Science Electronic Publishing, 2017.

[38] Jung A, "Forecasting Broad Money Velocity", *The North American Journal of Economics and Finance*, 2017, 42: 421 - 432.

[39] Onnis L, Tirelli P, "Shadow Economy: Does It Matter for Money Velocity?", *Empirical Economics*, 2015, 49 (3): 839 - 858.

[40] Pradhan B K, Subramanian A, "On the Stability of Demand for Money in a Developing E-conomy: Some Empirical Issues", *Journal of Development Economics*, 2003, 72: 335 - 351.

[41] Song Z, Storesletten K and Zilibotti F, "Growing Like China", *American Economic Review*, 2011, 101 (1): 196 - 233.

第五章 房地产信用扩张、信用货币创造和货币供给*

第一节 引言及理论文献综述

信用货币是目前大多数国家采用的货币形态，它是以信用作为担保，依靠信用按照一定程序而创造的货币。在信用货币制度下，信用货币由银行的贷款创造（Werner et al.，2011；Werner，2014；McLeay et al.，2014；Jakab and Kumhof，2015）。传统货币理论的观点认为，货币发行是由中央银行控制的。通常，货币供给曲线是一条垂直的竖线。然而，在信用货币时代，这种关系发生了很大变化。此时能够创造的货币多少与信用挂钩的“锚”的多寡有关。进入20世纪90年代，我国实行“结汇制”，外汇占款一度成为央行投放基础货币的主要渠道，商业银行将外汇结余在中央银行结汇、兑换成人民币的企业外贸顺差成为新增货币，完成了外汇占款的基础货币创造。也是在这个时期之后，我国商业银行进入大规模货币创造的过程，真正步入信用货币时代，我国M2也在1996年第一次超过GDP。

在信用货币创造中，信用至关重要，但其所有者即信用主体非唯一，也不是无约束限量的。关于信用货币的创造，被广泛接受的观点是货币银行理论中的商业银行通过发放贷

---

* 本章作者：卢宝梅、毛茂城。

款创造。在存款人不提取现金或者使用支票交易的条件下，商业银行以一笔原始存款，通过发放贷款就能创造派生存款，即使施加存款准备金比率要求，也能按照一定的货币乘数倍数创造出更多的信用货币。作为信用货币制度下的核心理论，贷款创造存款（LCD）的观点有一定的合理性和现实基础（梁斯，2020）。麦克利等（McLeay et al.，2014）认为，现代经济活动中的大多数货币都是通过商业银行的贷款创造出来的，然而经济中创造的货币数量最终取决于中央银行的货币政策如利率、资产购买或“量化宽松”。贾卡布和库姆霍夫（Jakab and Kumhof，2015）指出，在银行业的可贷资金中介模式中，商业银行从储户那里获得代表预先存在实物的存款后将其贷给借款人，在现实中，银行通过房贷来创造新的存款会受到盈利能力和偿付能力的限制，并且不同的中介模式会对实体经济造成不同程度的影响。

中央银行可以通过调整包括法定存款准备金率、利率甚至直接购买资产等手段来影响货币供应的数量，但金融市场内生的压力则是货币供应量增长波动的基本决定因素，即货币供给的内生性明显。弗里德曼（Friedman，1988）强调，当房价上升时公众持有的财富增加，预算约束放松，增加了经济体对货币的需求量，从而导致货币供给扩张。凯恩斯主义的观点是，货币流通速度依赖很多复杂多变的因素，货币供给是不稳定的存在。罗西斯（1991）指出，后凯恩斯主义学派提出工资增长、作为最后贷款人的中央银行满足商业银行提出融资需求以达到金融体系的偿付要求等，都是货币供给的内生性原因。其“适应性内生供给学说”（accommodative endogeneity）和“结构性内生供给学说”（structural endogeneity）分别认为货币供给曲线是水平的或具有正斜率的曲线（Pollin，1991）。近年来，后凯恩斯主义的一大进步是货币供应量内生性理论的发展。在反对货币供应量严格通过央行控制增长这一简化的新古典主义概念时，后凯恩斯主义者形成了一种观点，即金融市场内生的压力是货币供应量增长波动的基本决定因素，更广泛地说是信贷资金的可获得性（周莉萍，2013）。国内相关文献的主要观点认为货币供给是内生性的居多，经济转型时期（巴曙松，1998；周诚君，2002）、货币政策中介目标（夏斌和廖强，2001）、货币供给的性质（崔建军，2005）、工业生产总值（冯玉明等，1999）以及外汇占款（黄武俊和陈漓高，2010）、土地房地产（段忠东和曾令华，2008）等要素和商业银行（王国松，2008）等微观主体都影响了央行通过控制基础货币来调控货币供给的有效性，具有较强的内生性特征，但我国央行大致能实现宏观调控目标（伍戈，2010）。现有研究已提出房地产是我国货币内生性的原因之一，但较少对房地产扩张造成货币供给内生性的具体机制进行系统性分析。

房地产是关乎国计民生的行业，除了轻纺、家电、建材，与房地产行业相关的金融、建筑与工程、机械、化工和能源等行业更是国之基石。1998 年我国住房制度改革后土地使用权成为可供交易的契约，其便具有了单独的资本价值。在资本的作用下房地产市场迅速发展，这使得对货币的需求大幅增加，房地产市场和货币供应的联系也愈发紧密，房地产信用扩张的现象也愈发明显。货币供应增加会推高房价（屠佳华和张洁，2005；张文，2008；肖本华，2008；李健和邓瑛，2011；Xu and Chen，2012；赵燕菁，2018），房地产市场也影响了货币供给（Iacoviello，2002，2005；陈道富，2018），房价的上涨导致货币需求增大（Friedman，1988；段忠东和曾令华，2008；Xu and Chen，2012；谭政勋和王聪，2015），使得货币供给具有内生性。而货币超发既可能造成通货膨胀，也会推高房价。我国的 M2 规模在 2009 年就超过了经济规模更大的美国，此后继续高速增长，M2 从 2008 年末的 475 166.60 亿元增长到 2020 年末的 2 186 795.89 亿元、占 GDP 的比重超过 210%，十几年间年均增长率达 13.57%，超过同期我国 GDP 增长速度。在此期间，我国房地产市场迅速崛起，房地产开发投资额从 2008 年的 30 579.81 亿元增长到 2018 年的 120 263.51 亿元，占 GDP 比例从 9.6% 提高到 13.4%。房产的快速增值也给房地产市场引来了大批投机资本。多年的杠杆积聚，高房价下的我国房地产泡沫愈发严重，累积了大量风险隐患（况伟大，2011）。房地产价格上升过快，还导致了阻碍未来的城市化进程、去工业化特征明显等问题（中国经济增长前沿课题组，2011）。2015 年，中央经济工作会议提出了“去杠杆”。随着国家调控政策逐步得到落实，近年来银行信贷流向房地产行业的情况有所抑制。

资产价格和货币供给息息相关，众多文献也对两者的关系有各种探究。既有文献从货币供给的角度研究房地产市场，用货币供应量来解释房价的波动（张文，2008；李健和邓瑛，2011；Xu and Chen，2012；邓富民和王刚，2012；Tsai，2013），由于银行信贷是房地产最主要的杠杆资金来源，银行信贷被认为是房地产市场和货币供给关系的传导中介；也有关于房地产市场影响货币供应量的讨论（Friedman，1988；Iacoviello，2002，2005；李健和邓瑛，2011；Xu and Chen，2012；谭政勋和王聪，2015；陈道富，2018），主要涉及货币供应量的内生性和外生性问题，对于信用货币的创造过程也有不同的看法。过快、过高上涨的房价是民生和金融风险的大问题，在聚焦房地产价格上应关注房地产市场对货币供给增加的助长，即房地产信用扩张及其对推高房价的作用。房价上升背景下房地产市场对货币需求的增长极大影响着货币供应，说明货币供给存在内生性，这就需要分析其中的作用机理，找出房地产市场导致货币供给扩大的路径。

作为一种生产资料，土地能用来出租获取租金。土地出让是指地方政府将土地未来一定年限的使用权转让给土地使用者（房地产开发商、工厂等），由此获得土地出让金。土地出让金可以看作未来一定年限租金的现值。土地使用权作为可以抵押的资产，在土地流转过程中被开发商或企业用于抵押获得贷款。房地产开发商通过地产开发建设商品房，被个人消费者以住房抵押贷款方式再次从商业银行获得贷款。在土地流转、开发和销售这个过程中，由于银行信贷等的放大作用，产生的货币需求远远超过原来的土地出让金。并且，在信用货币的创造机制下，房地产作为同时具有投资和居住属性的优质抵押物，极大地提升了信用货币的创造效力，进而对货币供应量造成影响。房地产行业占据我国几大国有商业银行贷款约40%的份额，在贷款创造信用货币机制下，房地产对货币投放的影响不可小觑。

本章的房地产信用扩张定义为我国房地产市场由于房价持续上升、地方政府供地增加而吸引银行信贷资金流入扩大，导致信用货币创造即市场上货币供应量增多。我国房地产的信用扩张具有明显的内生性特征，是货币信用向房地产行业的延伸，是我国货币供给重要的内生性原因，其体现为在包括投入、分配和交易在内的整个生产流通环节中与房地产市场相关的货币趋多、所占比例增大。房地产市场从土地出让到房地产开发，再到住房销售和信贷运作，地方政府、房地产开发商、商业银行、购房者和中央政府等都有着利益的考量。地方政府面临发展经济和债务问题，房地产开发商希望利益最大化，商业银行希望信贷规模扩张稳健风险较低同时获得利息收入，购房者希望在有居住空间的同时财富获得增值，中央政府则有国家发展和保障民生的全局要求。各方都在房地产行业有诸多博弈，其行为也会影响房地产发展路径，进而改变房地产市场波动向金融系统和其他部门波动传递的方向和方式。从房地产市场各方利益的平衡点考虑，可以发现房地产信用扩张的形成机制。

第二节　房地产信用扩张中的地方政府土地出让

在我国，土地归国家或集体所有。1990年出台的《中华人民共和国城镇国有土地使用权出让和转让暂行条例》规定了土地的使用权可以有偿转让。在这之后土地财政模式在我国得以铺开，逐渐成为各地方政府维持财政预算收支平衡和推动经济发展、社会建设的重要方式。

地方政府除拥有大量土地使用权外，还凭借行政手段以较低价格从农民手中取得农业土地（周飞舟，2007），地方政府成为所在城市土地市场的唯一供应方。土地使用权作为地方政府拥有的优势资源，自然而然地被用于满足平衡财政的需求。基于平衡财政和促进经济增长，地方政府也面临着预算的约束（龚强等，2011）。为了满足拉动经济增长、维护社会秩序等需求，地方政府通常都会遇到财政赤字问题。长期以来，地方政府的财政支出都大于财政收入，产生财政缺口，这部分缺口受到转移支付收入和新增债务的约束，即财政支出 - 财政收入 = 转移支付流入 + 地方债务新增。

并且，地方政府负债也持续攀升，我国地方政府的杠杆率由1995年的3%攀升至2020年9月的25.60%（见图5-1）。在地方政府债务扩张过程中，利用土地在金融体系的运作来进行债务放大比较常见。地方政府通过让渡土地使用权获得土地出让金，再通过金融系统放大后用于开展城市建设，进而拉动经济增长（孙秀林和周飞舟，2013）。如果经济得到持续发展，地方政府未来的税收也会增加，从而达到一个良性循环。由此，土地财政一度成为各地主要的经济增长模式，地方政府拍卖土地使用权所得的土地出让金也不断增加，从2002年的0.24万亿元增加到2016年的7.25万亿元。

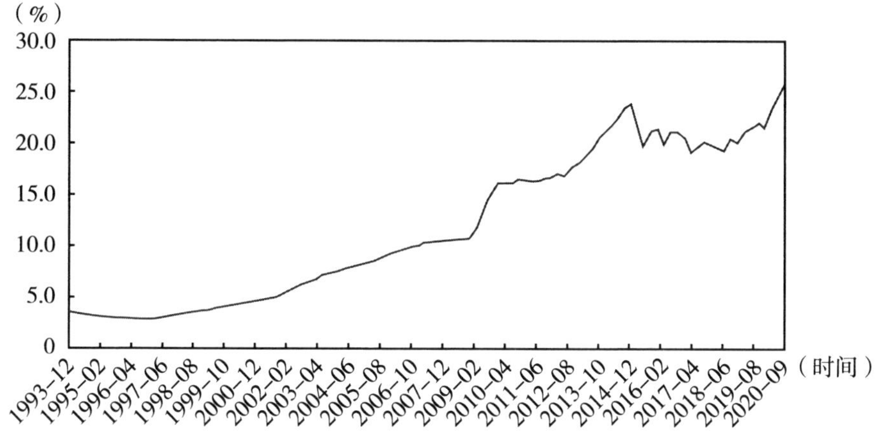

图5-1　地方政府杠杆率（季度）

资料来源：Wind数据库，国家统计局。

因此，无论是基于出让土地所有权将未来收入变现，进而拉动经济良性循环增长，还是为了获得额外收入偿还债务，地方政府都有足够的理由来出让土地使用权。加上有任期的限制，地方政府会倾向于在任内更多地使用土地财政手段，来刺激经济增长（陈菁和李建发，2015）。若无政策约束，地方政府有强烈的动机出让土地使用权，获得土地出让金。

第三节　信贷约束下房地产开发商的行为

前文提及，地方政府为了财政平衡和偿还债务的需求，有着出让土地使用权的动机，但是在市场经济环境中，交易的达成仅有卖方远远不够。房地产开发商作为土地使用权的买方和房地产的开发建设销售方，只有有利可图时才有动机去购买用地。

在信用经济背景下，房地产是少数能够同时与金融和实体经济都建立紧密联系的行业。1998 年我国住房制度改革后，房地产不仅拥有作为使用商品的居住属性，其作为金融产品的投资属性也愈发明显，房地产市场由此成为高杠杆行业。房地产行业的资产负债率从 2008 年的 63% 升高到 2018 年的 80%，“杠杆”在房地产行业快速发展过程中发挥了巨大的作用。房地产开发商借助土地储备贷款、开发贷款、按揭贷款等一系列相关贷款，完成从拿地到建设到销售的房地产开发全过程。长期以来，我国商业银行贷款是房地产市场杠杆资金的主要供给方。

关于银行信贷和房地产的研究，清泷和摩尔（Kiyotaki and Moore，1997）通过建立基于信贷约束的动态经济模型分析了资产抵押和资产价格的关系，认为由于获取贷款的能力受到抵押资产的约束，在遭受外部冲击时，相关传导机制能够放大这种冲击，导致资产价格的巨大波动。本章借鉴清泷和摩尔（1997）的模型，着重讨论信贷约束下房地产开发商和商业银行的行为。

假设如下只含两类经济人的模型。一类经济人是房地产开发商，其可以对土地进行开发和建设，建造出可用于出售的房屋。房地产开发商可以通过向商业银行借款来购买额外的土地使用权，但是这样有一定的约束。约束来源之一是，房地产开发建造对于生产出可用于销售的房屋（生产品）不可或缺，且房地产开发商一旦开始建设，就无法被他人代替，即土地只能由房地产开发商进行开发和建造才能生产出可使用、可出售的商品房。因此，如果贷款人（商业银行）企图通过过度提高利率来压制房地产开发商，开发商就会停止开发建设，所有在建工程都会烂尾，留给贷款人的只有土地的价值，当前全部产出都被损失。所以，房地产开发商的借款能力受到其土地抵押价值的约束。

用 k_t 代表房地产开发商获得的土地数量，其开发的房屋（产出）可通过一种线性技术生产建造出来：

$$y_{t+1}^{f} = (a + c) \times k_t \tag{5.1}$$

其中，ck_t 为诸如售楼部、公共车道、绿化等无法上市交易的产出，视同于房地产开发过程中必然的产出消费，ck_t 的质量能影响房地产的价值，从而也会对房地产开发商的效用造成影响。

另一类经济人是政府，其作为土地的所有者，同时可以是贷款人，也可以利用土地出租获得租金，或者开发建设公共基建配套设施提升居民生活水平，增加税收和收获满意度，其使用的技术具有规模报酬递减的性质。现实中，当学校学位和医院病床数量超出辖区居民需求时，增加这类公共服务的供给只能给政府带来极少的效用。政府的产出为：

$$y_{t+1}^{g} = G\ (\bar{k} - k_t),\ G' \geqslant 0,\ G'' \leqslant 0 \tag{5.2}$$

其中，$\bar{k}$为土地存量，$\bar{k} - k_t$ 为政府所使用的土地。

已知房地产开发商和政府的效用都是消费的线性函数，但是政府对未来消费打的折扣更多（可能由于任期的限制，更加倾向于当下消费）。由于效用为线性，且本章假设开发建设不产生负的效用，那么数量固定的土地在全社会范围内，在两类经济人之间的有效配置应当使土地在两种生产技术下的边际产出相等，即

$$G'(\bar{k} - k^*) = a + c \tag{5.3}$$

其中，k^* 为有效出让给房地产开发商的土地数量。

有了如上假设，可以推导市场的均衡状态。首先考虑政府，由于政府不受信贷约束的限制（同时为贷款人），效用又为线性，实际利率应当等于主观的时间偏好率的倒数：$R = \dfrac{1}{\beta}$。①

其次利用政府决策不受限制的特性，1 单位土地的价值 q_t 应当满足：

$$q_t = \beta[G'(\bar{k} - k_t) + q_{t+1}] \tag{5.4}$$

1 单位土地的现值刚好等于边际收益 G' 加上其在 $t+1$ 时期出售价值的折现值，由 $\beta = \dfrac{1}{R}$，1 单位土地的价值条件可以改写为：

$$\frac{1}{R}G'(\bar{k} - k_t) = q_t - \frac{q_{t+1}}{R} \equiv u_t \tag{5.5}$$

其中，因$\dfrac{q_{t+1}}{R}$表示时期 $t+1$ 时的土地现值即 1 单位土地用于抵押的价值，如果以该土地作为抵押物，贷出$\dfrac{q_{t+1}}{R}$或者更少的金额，贷款人肯定会得到偿付。1 单位土地在 t 时期的价格是 q_t，则 u_t 为土地成本与用其作抵押时所借入款项之间的差额，即代表房地产开发商为获得更多土地而必须支付的自有资金。在此情况下，房地产开发商可以使用其上市出售的房产收入，减去房地产开发商的消费，加上新获得的贷款，减去老贷款的偿付额（包括利息）来购买更多的土地。由于房

① 关于最优消费的欧拉条件要求：$u_t(t) = \beta R u_t(t+1)$，其中 $u_t(s)$ 为时期 s 时消费的边际效用。由于效用为线性，$u_t(t) = u_t(t+1) = h$，其中 h 为某一常数，因此，$h = \beta R h$，或者 $R = \dfrac{1}{\beta}$。

地产开发商能借到贷款的最高限额等于其拥有土地的抵押价值，即$\frac{q_{t+1}\times k_t}{R}$，用$b_t$代表房地产开发商的债务，那么：

$$b_t\leqslant\frac{q_{t+1}\times k_t}{R} \tag{5.6}$$

要使这个借款约束起作用，对于房地产开发商而言，使用全部上市出售房产的收入减去偿还债务的支出后购买土地总是最优，即消费为0，收入偿还债务后全部用于尽可能地获得土地。假设房地产开发商在所有产出扣除不可上市交易的ck_t后，还消费了1单位的产出，这带来边际效用u_t（基于线性效用假设，该边际效用为常数），同时会使房地产开发商在时期t拥有的土地减少$\frac{1}{u_t}$，由于在时期t购买的$\frac{1}{u_t}$单位土地，会产生$\frac{c}{u_t}$的必然消费和可上市交易的产出$\frac{a}{u_t}$，而后者可用于购买更多的土地以产生$\frac{c}{u_{t+1}}$的必然消费并可以继续类推下去，所有这些未来必然增加的消费使用房地产开发商的折现率β_f折算成t时期的现值，那么这一额外消费成本为：

$$u_t\left[\beta_f\frac{c}{u_t}+\beta_f^2\left(\frac{a}{u_t}\left(\frac{c}{u_{t+1}}+\beta_f\left(\frac{a}{u_{t+1}}\left(\frac{c}{u_{t+2}}+\cdots\right)\cdots\right)\cdots\right)\cdots\right)\right]$$

由于u的稳态数值等于a，对上式替代可以得到：

$$1<\left[\beta_f\frac{c}{a}+\beta_f^2\left(\frac{a}{a}\left(\frac{c}{a}+\beta_f\left(\frac{a}{a}\left(\frac{c}{a}+\cdots\right)\cdots\right)\cdots\right)\cdots\right)\right]=\frac{\beta_f}{1-\beta_f}\frac{c}{a} \tag{5.7}$$

所以$\frac{a+c}{a}>\frac{1}{\beta_f}$，由于政府比房地产开发商更加倾向于当前消费，即$\beta_f<\beta$，则：

$$\frac{a+c}{a}>\frac{1}{\beta_f}>R \tag{5.8}$$

房地产开发商总是更愿意拿卖房收入尽可能地购买土地使用权而不是用于消费，那么借款的约束将发挥作用。即$b_t=\frac{q_{t+1}\times k_t}{R}$，则房地产开发商的土地持有数量变换为：

$$q_t(k_t-k_{t-1})=ak_{t-1}+\frac{q_{t+1}\times k_t}{R}-Rb_{t-1} \tag{5.9}$$

其中，b_{t-1}代表在$t-1$时期的债务，整理后可得：

$$k_t=\frac{(a+q_t)k_{t-1}-Rb_{t-1}}{u_t} \tag{5.10}$$

本章将式（5.10）称为土地出让公式。式（5.10）说明：首先，房地产开发商获得银行信贷的能力受到其净价值的约束，即 t 时期的土地数量取决于 $t-1$ 时期的产出加上现有土地价值减去债务。

其次，房地产开发商对土地使用权的购买取决于土地的价格。如果土地的价格出现下降且预期这一下降具有持续性（即 q_t 和 q_{t+1} 都下降），会减少土地开发商对土地的需求。这一点可以从式（5.10）改写成的 $k_t = \frac{q_t k_{t-1}}{u_t} + \frac{a\,k_{t-1} - R\,b_{t-1}}{u_t}$ 中看出来，当 q_t 和 q_{t+1} 出现等比例下降时，$\frac{q_t\,k_{t-1}}{u_t}$ 不发生变化（$1-\frac{q_{t+1}}{q_t R} \equiv \frac{u_t}{q_t}$，若 q_t 和 q_{t+1} 等比例下降，$\frac{u_t}{q_t}$ 比值不变），而第二项的绝对值出现上升且由于稳定状态下 $Rb > ak$，这一项为负数，所以房地产开发商的净价值随土地价格的下降而减少。

最后，这些机制也体现了金融放大器的效应。考虑一种预料之外的冲击，如房价上涨，而房地产不仅有居住这一使用价值还具有金融属性，价格受到资本扰动较大，当价格上涨时，房地产开发商在建工程的价值将迅速上涨，这将带动其产出的快速增长。考虑如下冲击，房地产市场原来处于稳定状态，但房价突然在 t 时刻上涨 Δp，因存在信贷约束，在稳定状态下 $q^{ss}k^{ss} = Rb^{ss}$，土地出让公式可写为：

$$u_t(k_t)k_t = (a + \Delta p + q_t - q^{ss})k^{ss} \tag{5.11}$$

房价的上涨在影响房地产开发商对土地的需求方面有两个因素在起作用，一是房价上涨，房地产开发商可供出售的房产价值增加，其出售房产的收入也将随之增加，直接增加 $\Delta p k^{ss}$，这带来其购买力的上升，直接影响对土地的需求；二是 $q_t - q^{ss}$ 代表现有土地的持有资本增益，这也促使开发商去购买更多的土地。

令 e 代表房地产开发商的使用成本 $u(k)$ 关于 k 的弹性，用 $\widehat{x}$ 代表变量 x 围绕其稳态数值的百分比偏差，由于 $u(k^{ss}) = a$，式（5.11）可以改写为：

$$ak^{ss}[1 + (1 + e)\widehat{k}] = (a + \Delta a + q^{ss}\widehat{q_t})k^{ss} \tag{5.12}$$

由稳态价格 $q^{ss} = \frac{Ra}{R-1}$，可得：

$$(1 + \widehat{e})\widehat{k} = \Delta + \frac{R}{R-1}\widehat{q_t} \tag{5.13}$$

即在资本增益下，房价上涨这一冲击对房地产开发商对土地使用权的购买行为扩张到其$\frac{R}{R-1}$倍。这一因子可以变得非常大，例如，若 $R=1.035$，那么$\hat{q_t}$的系数为29.57。因此，房地产市场上，价格变动对市场的冲击会由于资本收益增加，使得最初房价上涨的扰动得以加强，最终房地产市场规模也会随之扩张，而市场规模的扩张则会导致对货币的需求增加，不仅仅为了满足交易的需求，还因相关银行信贷，导致在房地产信用扩张机制下货币投放增加。

由以上分析可知，对于房地产开发商而言，存在信贷约束时，房价持续上升是其使用所有可动用的资金去进行土地使用权购买这一最优选择的前提条件。并且，由于土地使用权具有资本的属性，价格变动对房地产市场的冲击会由于资本的增益使得房价上涨最初的扰动成倍数的递增，刺激房地产开发商进一步囤地和开发。长期以来，我国房地产市场总体上涨多跌少，价格不断的上涨叠加以上两个原因，使得房地产市场规模不断扩张，房地产信用扩张机制的影响也不断增强。

第四节　商业银行贷款结构性错配

商业银行是我国金融市场的主体，也是我国经济活动中信贷资金的主要提供方。2011～2020 年，我国主要金融机构投向房地产的贷款占贷款总额的比例由 19.58% 上升至 28.70%。房地产占据的贷款越多，说明其他行业获得的信贷资金越少，商业银行发放贷款过程中出现的信贷资金结构性错配也需重视。

根据贷款的具体用途，与房地产行业相关的贷款分为土地储备贷款、房地产开发贷款和销售环节的住房按揭贷款（中国银监会统计部专题分析组，2005）。土地储备贷款是商业银行向土地储备机构（通常为地方政府或相应的城投公司）发放的用于收购和整治土地的短期周转贷款，通常用于支付征地补偿、场地平整等。在过去一段时间，其不仅能给商业银行带来不错的效益，还能加快地方政府收地并流转土地使用权的速度，但由于政府信用风险且贷款受行政干预成分较多，我国在 2016 年叫停了此类业务。房地产开发贷款是商业银行向房地产开发企业发放的中长期项目贷款，通常用于开发建设住房或商业建筑，包括取得土地使用权的土地开发贷款、建造可销售房屋的住房或商业用房的开发贷款以及补充流动资金的流动资金贷款。住房抵押贷款是商业银行向借款人（买房人）发放的购房贷款，主要用于支付购房款。通过土地储备贷款、房地产开发贷款和住房抵押贷款，商业银行能满足政府、房地产开发商和购房者的全部需求，在此过程中涉及的政府信用、土地使用权和房屋，都是最优质的一类抵押担保物。

实践中，投入房地产的信贷资金，一部分是商业银行直接投入房地产市场的资金，这部分包括借给房地产开发商的开发贷款和借给个人的住房抵押贷款；另一部分是商业银行借给非房地产行业的企业，但是其将资金转投房地产市场。商业银行放贷的资金来源于储户的存款，这个特征天然要求放贷过程中需要优先考虑贷款的安全性，其次才是利息收益。从安全的角度来看，其表现在信用和担保产品上。地方政府和一些拥有更强信用的企业能更加便利地从商业银行获取信贷。加上金融抑制的存在，其能够以低于最优市场价格的利息水平获得信贷资源（罗知和张川川，2015）。

多年来我国房地产市场涨势迅猛。房地产价格波动对企业生产投资会造成极大改变。根据托宾Q理论，当资产价格上涨时，企业的投资性支出将会增加。克鲁格曼（Krugman，1999）发现在资产价格上涨过程中企业资产负债表会得到改善，从而使企业能够获得更多的外部融资。伯南克和格特勒（Bernanke and Gertler，1995）认为资产价格上涨使企业的市场价值上升，其可供抵押产品的价值随之提高，进而增强企业的信贷能力，推动企业投资更快增长。可见，通过在房地产价格上涨过程中将资金投入房地产，企业不仅能获取投资本身的收益，还能享受资产价格上涨带来的财富增值。超额利润引起企业资金流向的改变，许多企业凭借自身优质的信用从商业银行以低于市场的利率获得信贷资源后并未投入其本身的行业，而是将信贷资金投入收益更高的房地产市场（吴海民，2012），这是造成商业银行信贷结构性错配的重要原因之一。

前文提及银行信贷的核心是信用，而企业或个人所拥有的信用与其能提供的担保物密切相关。土地使用权和房屋便是最优质的抵押担保物。房屋、土地使用权等流通性好，商业银行更愿意据此来放贷。在房价上涨这一扰动因素出现后，涉房贷款由于持有房地产本身获得的财富增值，其还款的能力和意愿都极高。有着足额的抵押物、较强的还款意愿和能力，商业银行将贷款往房地产行业倾斜也就不难理解。我国房地产相关贷款在金融机构各项贷款中占比逐年攀升，其中在2009年和2015年后出现增幅明显加快的情形，近几年随着中央“房住不炒”政策逐步得到落实，房地产相关贷款占比才企稳（见图5-2）。

综上可知，在房地产价格上涨背景下，投资房地产能获取高于其他行业的利润水平，一些企业以低利率获取银行信贷资金后转投房地产行业，再加上房地产本身抵押物性质较好，借款方还贷能力和意愿都较高，这两个原因使得商业银行信贷资金更多地投向房地产行业，造成商业银行信贷结构错配。

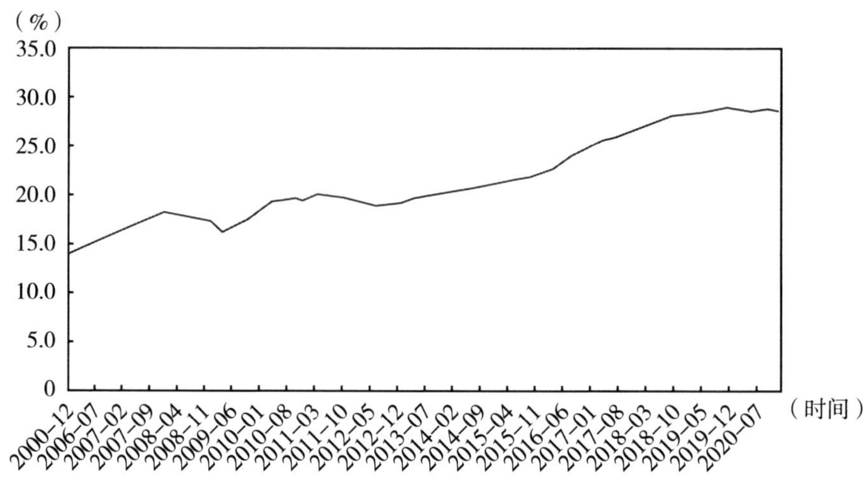

图 5-2 房地产相关贷款占金融机构各项贷款比例

资料来源：Wind 数据库，中国人民银行。

第五节 银行信贷与信用货币创造

中央银行先有资产业务，然后才有负债业务（投放基础货币），在外流动的实际基础货币数量应等于中央银行外汇占款、对商业银行再贴现、对政府部门贷款等业务之和减去公开市场回购等业务回笼的总货币（李德荃和杨磊，2005）。商业银行是连接公众和中央银行的中介，中央银行可以通过存款准备金率或利率来对货币供应进行宏观调控，使其达到货币政策目标，而社会公众所持有的所有货币均来自商业银行。信用货币通过商业银行吸收存款、发放贷款的行为创造出来，不论是基础货币，还是其派生出来的货币，其本质都是债权与债务的关系。信用货币自身特征决定了其创造的方式和特点。假设存款人（社会公众）不持有现金，所有资金通过银行体系结算，并且中央银行要求商业银行必须持有一定比例的存款准备金，那么只要有一笔原始的存款，商业银行就可以按照一定的倍数，创造出更多的信用货币，这个倍数即货币乘数。

向商业银行再贷款是我国中央银行投放基础货币的主要形式，外汇占款是基础货币投放的另一个主要形式。中央银行通过再贷款的形式向商业银行授信，这部分以信贷方式投放的基础货币通过商业银行的信贷等渠道进入商业银行贷款产生存款的过程（见图 5-3），最终实现信用货币的创造。在“结汇制”下，商业银行通过结汇制度，依靠信用的“锚”——外汇，获得了基础货币（也被称为高能货币、原始货币），这也是商业银行进行信用货币创造的“原材料”。随着我国加入世界贸易组织（WTO），外汇占款与基础货币的比例从2000年的27.87%最高上升到2009年2月的91.58%，2015年后下滑回落至2020年的33.78%。而中央银行对其他存款性公司债权的变动趋势恰好和外汇占款相反（见图5-4）。中央银行对其他存款性公司债权的比例由2000年初的33.54%逐渐下滑，在2009年到达最低点3.23%，此后开始逐步回升，并从2015年加速上升。结合图5-2可以看出，我国房地产贷款加速回升的两个时间点恰好与中央银行向商业银行再贷款额度占基础货币比例回升的时间点重合。上述的2009年和2015年也是我国基础货币加速投放的时间点（见图5-5）。

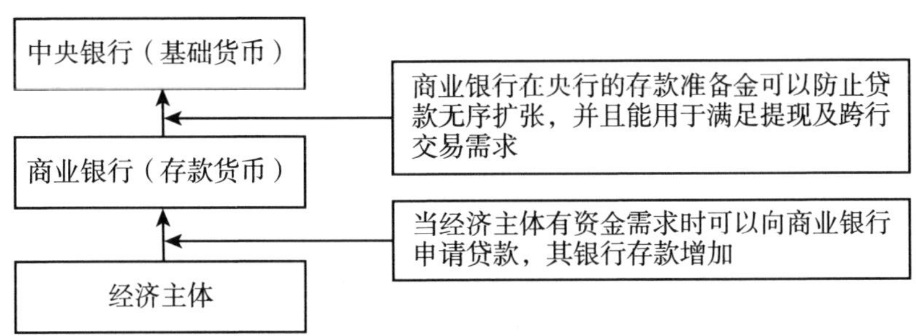

图5-3　贷款创造存款理论的货币创造逻辑

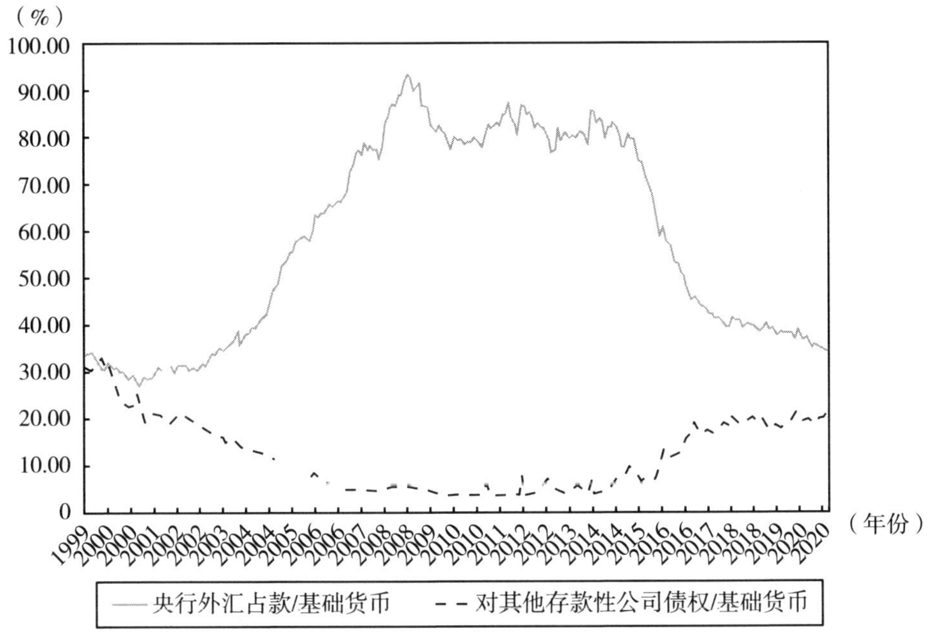

图5-4　央行外汇占款和其他存款性债权与基础货币的比例

资料来源：Wind数据库，中国人民银行。

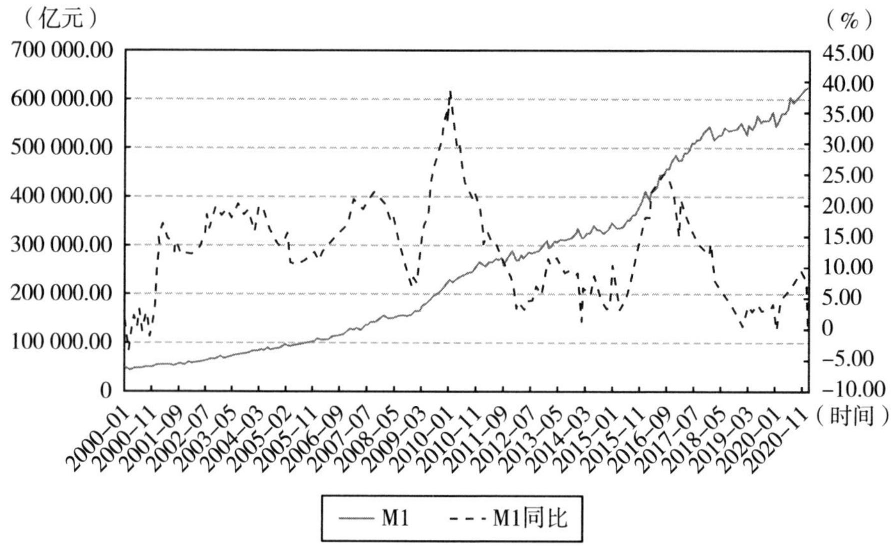

图5-5　我国基础货币数量和同比增长率

资料来源：Wind数据库，中国人民银行。

在无现金漏损（即无流通现金，所有交易均通过银行体系的转账实现）、无超额存款准备金的条件下，理论上商业银行能够创造的信用货币上限是基础货币的$\frac{1}{r_d}$倍，其中r_d为法定存款准备金率。我国商业银行法定存款准备金率（大型）从1985年的10%，最低下调至2000年的6%，最高上升至2011年的21.5%，2020年回落至12.5%（见图5-6）。理论上，我国商业银行能创造的信用货币最大为基础货币的16.67倍，即货币乘数的上限为16.67。

若剔除其他影响因素，货币乘数应与法定存款准备金率呈现相反的变动趋势，不过实际上，2010~2013年我国法定存款准备金率大幅上升，但同期的货币乘数没有明显下降（见图5-7），这说明商业银行创造货币的能力可能不会因为法定存款准备金率上调而及时得到抑制，其中房地产信用扩张机制的作用不容忽视。依据前文分析，如果将货币分为基础货币和存款货币，则其分别对应货币发行方中央银行和货币创造方商业银行。在房价持续上升的背景下，经政府、房地产开发商和购房者三方的共同作用，突破了商业银行创造信用货币的经济主体获取贷款的意愿和能力约束，极大增强了商业银行贷款的货币创造能力，从而创造出更多的信用货币，加大了货币的供给。货币乘数并未随法定存款准备金率上调而降低就是最好的证明。

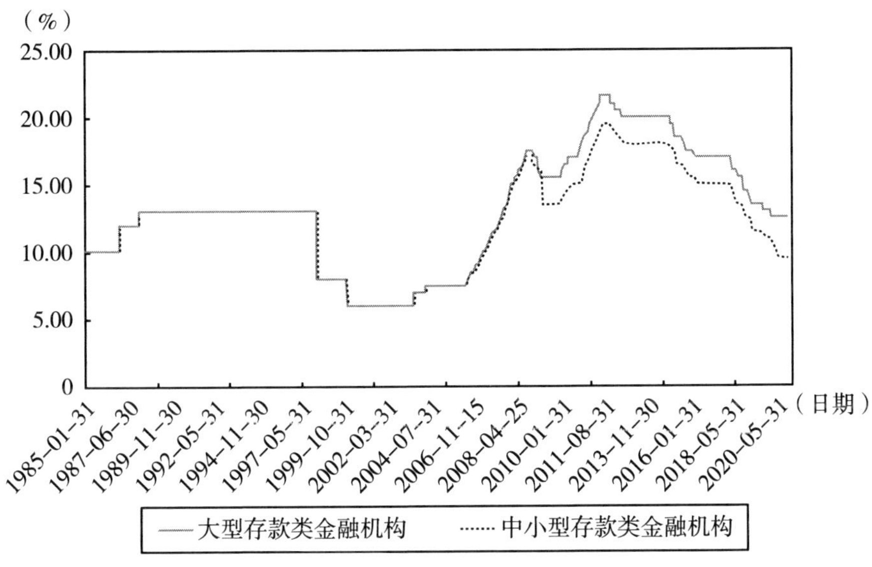

图 5-6　我国存款类金融机构法定存款准备金率

资料来源：Wind 数据库，中国人民银行。

图 5-7　我国货币乘数

资料来源：Wind 数据库，中国人民银行。

可见，由于房价的持续上升、房地产市场的扩张，房地产市场对货币的需求也跟着扩张，推动商业银行通过取得中央银行再贷款或者使用已结外汇占款等方式获得和拥有更多的信贷资金来源用于满足房地产行业的市场需求，在银行信贷的信用货币创造放大乘数下，基础货币投放增长逐渐加快。

综上所述，在房价持续上升的房地产信用扩张过程中，地方政府为了经济社会建设以及获得额外收入以偿还债务的需求，倾向于出让土地使用权；当存在信贷约束条件时，房地产开发商使用其所有可动用的资金去进行土地使用权购买是最优的选择；投资房地产能得到高于其他行业的利润水平使得一些企业以获取的较低利率信贷资金转投房地产行业，加上房地产本身的特性，商业银行信贷资金更多地流入房地产市场造成商业银行的信贷结构错配；房地产市场的扩张使其对货币的需求也跟着扩张，推动商业银行通过取得中央银行再贷款等方式获得更多的信贷资金用于满足市场的需求，使得基础货币投放持续增多，房地产信用扩张的货币供给内生性特征明显。

至此，得出我国房地产信用扩张机制的作用原理为：在房地产价格持续上升的条件下，一方面房地产市场的参与方政府、房地产开发商和购房者都有倾向去加大杠杆、扩张信贷规模以获取更多利益，另一方面商业银行的信用货币创造效应使得商业银行信贷资金更多地流入房地产行业，两者结合后不仅导致中央银行事实上的基础货币投放增加，还极大地提高了商业银行通过贷款创造信用货币的能力，进而增加了货币的供给，房地产的信用扩张得以不断实现（见图5－8）。

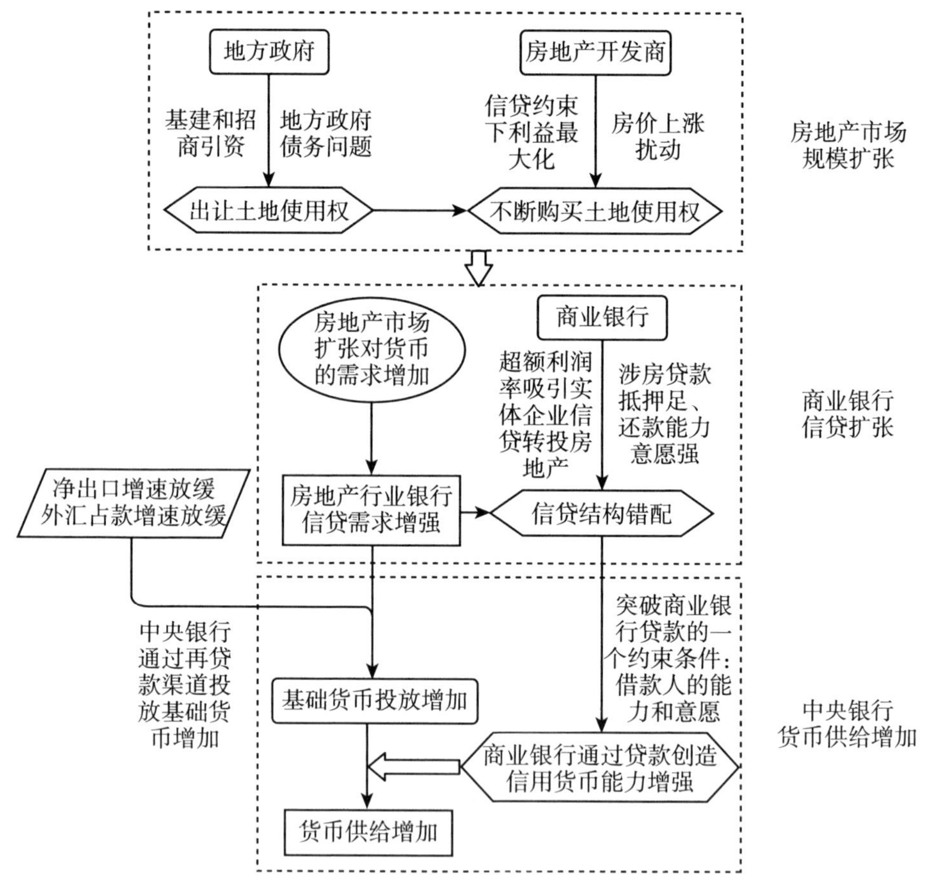

图5－8　房地产的信用扩张形成作用路径

第六节　VAR 模型实证研究

基于以上论述，本章采用 VAR 向量自回归模型实证检验房地产市场、银行信贷和货币供给之间的长期协整关系。VAR 模型便于区间估计、误差分析和模型诊断等，比较方便刻画变量之间相互影响的动态线性相关关系（段忠东和曾令华，2008；肖本华，2008；田祥宇和闫丽瑞，2012）。

一、数据来源处理与基本特征

房地产市场以商品房销售额作为代理变量，选取个人住房贷款①和商业银行贷款的国内累计值作为银行信贷的代理变量，分别用来衡量房地产行业贷款和总体信贷，用基础货币余额和 M2 来衡量货币供给的变化。基于数据可获得性和我国房地产市场的发展状况，本章采用的数据样本为 2005 年第一季度至 2020 年第四季度的共 64 期数据。商品房销售额累计增长、房地产行业贷款同比增长和基础货币余额同比增长情况分别如图 5－9、图 5－10 和图 5－11 所示。

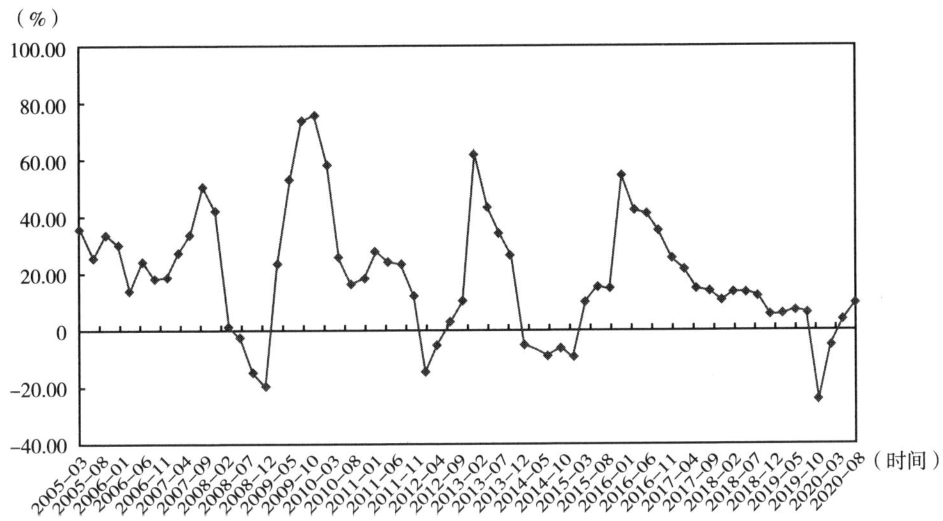

图 5－9　商品房销售额累计增长

资料来源：国家统计局，Wind 数据库。

① 我国四大国有股份银行的房地产贷款（房地产企业贷款和个人住房贷款加总）约占总数的 40%，其中个人住房贷款占总数的 32%～36%。参见相关上市银行 2020 年半年报贷款结构统计。

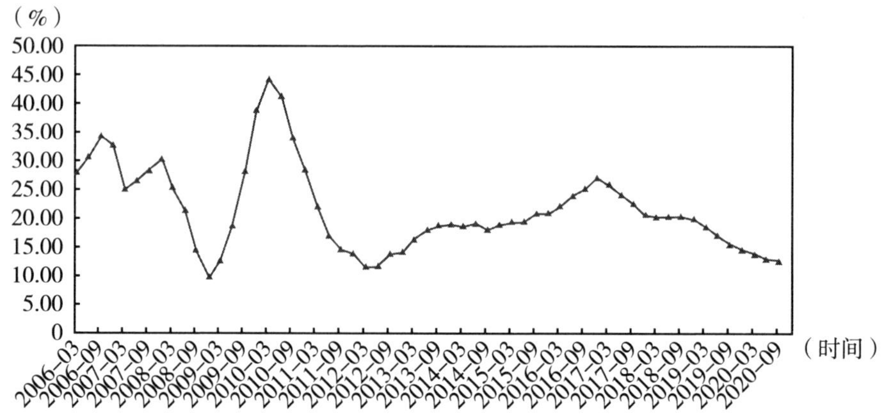

图 5－10　房地产行业贷款同比增长

资料来源：中国人民银行，Wind 数据库。

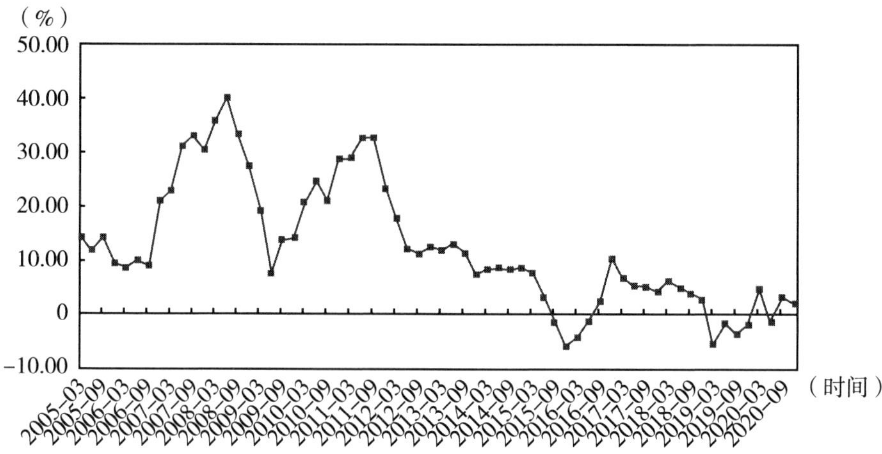

图 5－11　基础货币余额同比增长

资料来源：中国人民银行，Wind 数据库。

二、变量平稳性检验

本章模型涉及的变量是商品房销售额累计增长（*ESTATE*）、房地产行业贷款同比增长（*DEBT*）和基础货币余额同比增长（*CURRENCY*）。分别对这三个变量做 ADF 检验，结果如表 5－1 所示，*DEBT* 和 *CURRENCY* 均在 1% 的置信水平上平稳，*ESTATE* 在 5% 的置信水平上平稳。

表 5 -1　　单位根检验结果

变量	检验类型	ADF 统计值	1% 临界值	5% 临界值	DW 检验	检验
ESTATE	$I=1$，$T=0$，$L=4$	-2.94*	-3.55	-2.91	2.00	平稳
DEBT	$I=1$，$T=0$，$L=2$	-3.73**	-3.55	-2.91	1.96	平稳
CURRENCY	$I=1$，$T=1$，$L=5$	-4.27**	-4.12	-3.49	2.12	平稳

注：I 为截距项，当不含截距项时，$I=0$；否则，$I=1$。T 为趋势项，当不含趋势项时，$T=0$；否则，$T=1$。截距项和趋势项是选取使 *AIC*、*SC* 和 *HQC* 最小的组合或者使 *AIC*、*SC* 和 *HQC* 最小个数最多的组合。L 为滞后阶数，根据 *AIC* 准则选取使得 *AIC* 统计量最小的滞后阶数。** 表示在 1% 的置信水平上显著，* 表示在 5% 的置信水平上显著。所有的数据分析均通过 EViews 10.0 完成。

三、模型构建和结果分析

所有变量都假设为内生变量，并将所有内生变量的滞后项直接代入方程，具体构成为：

$$\boldsymbol{Y}_t = \boldsymbol{A}_1\boldsymbol{Y}_{t-1} + \boldsymbol{A}_2\boldsymbol{Y}_{t-2} + \cdots + \boldsymbol{A}_p\boldsymbol{Y}_{t-p} + \boldsymbol{\varepsilon}_t,\ t=1,2,3,\cdots,n \tag{5.14}$$

其中，$\boldsymbol{Y}_t$ 为 K 维内生变量向量，$\boldsymbol{Y}_{t-i}(i=1,2,3,\cdots,p)$ 为滞后内生变量向量，p 为内生变量滞后阶数，$\boldsymbol{A}_i$ 为 $k \times k$ 维系数矩阵，ε_t 为 K 维随机误差项构成的向量。

根据前文的分析，选取商品房销售额累计增长（*ESTATE*）、房地产行业贷款同比增长（*DEBT*）和基础货币余额同比增长（*CURRENCY*）三组变量构建三维 VAR 模型。

1. 最优滞后阶数

采用 LR、FPE、AIC、SC、HQ 准则来判定最优滞后阶数，综合考虑样本特征、样本容量、滞后项和自由度的数量，设定最大滞后阶数为“5”，判定结果见表 5 -2。

表 5 -2　　VAR 模型最优滞后阶数的判定结果

Lag	log*L*	LR	FPE	AIC	SC	HQ
0	-378.3781	NA	273.5535	14.125120	14.235610	14.167730
1	-241.8264	252.87350	2.430662	9.400979	9.842976	9.571440
2	-217.4603	42.41518	1.380757*	8.831862*	9.605356*	9.130168*

续表

Lag	logL	LR	FPE	AIC	SC	HQ
3	-213.0930	7.11711	1.653312	9.003443	10.108430	9.429594
4	-205.1351	12.08407	1.746002	9.042042	10.478530	9.596040
5	-190.7415	20.25766*	1.467555	8.842279	10.610270	9.524122

注：*表示准则下的最优滞后阶数；LR 表示 LR 检验统计量（5%滞后水平）；FPE 表示最终预测误差。资料分析均通过 EViews 10.0 完成。

如表 5-2 所示，以"*"标记的为该准则下的最优滞后阶数，其中 FPE、AIC、SC、HQ 准则均显示滞后"2"阶最优，LR 准则显示滞后"5"阶最优。综合考虑多种判定准则，选取模型的滞后阶数为"2"及构建 VAR（2）模型。

2. 模型稳健性检验

用 AR 根方法检验模型的稳定性，检验结果如图 5-12 和表 5-3 所示。

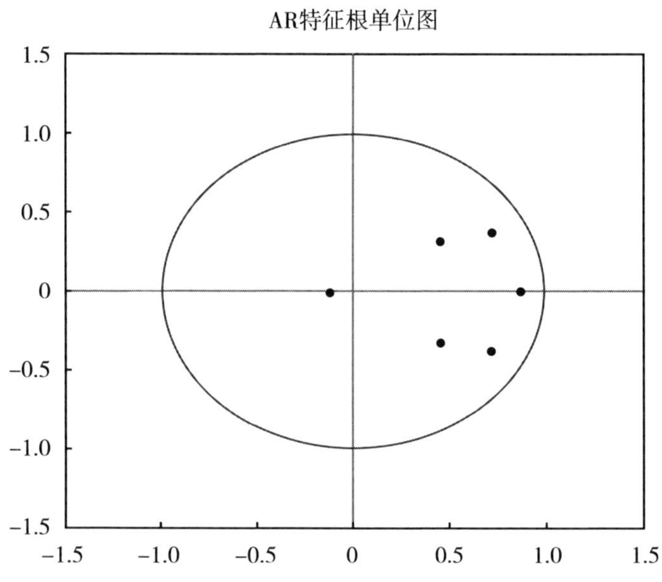

图 5-12 VAR 模型稳健性检验

注：数据分析均通过 EViews 10.0 完成。

表 5 -3　　　　VAR 模型特征多项式的根

根	模
0. 868094	0. 868094
0. 734077 - 0. 374615i	0. 824139
0. 734077 + 0. 374615i	0. 824139
0. 465145 - 0. 322554i	0. 56604
0. 465145 + 0. 322554i	0. 56604
-0. 116649	0. 116649

注：数据分析均通过 EViews 10. 0 完成。该 VAR 模型的 AR 特征多项式根的倒数说明此 VAR 模型通过了稳健性检验。

3. 格兰杰因果关系检验

含两个变量 X 和 Y 的 VAR（2）模型：

$$\begin{pmatrix} y_t \\ x_t \end{pmatrix} = \begin{pmatrix} a_{10} \\ a_{20} \end{pmatrix} + \begin{pmatrix} a_{11}^1 a_{12}^1 \\ a_{21}^1 a_{22}^1 \end{pmatrix}\begin{pmatrix} y_{t-1} \\ x_{t-1} \end{pmatrix} + \begin{pmatrix} a_{11}^2 a_{12}^2 \\ a_{21}^2 a_{22}^2 \end{pmatrix}\begin{pmatrix} y_{t-2} \\ x_{t-2} \end{pmatrix} + \begin{pmatrix} u_1 \\ u_2 \end{pmatrix} \tag{5.15}$$

将式（5. 15）展开：

$$y_t = a_{10} + a_{11}^1 y_{t-1} + a_{11}^2 y_{t-2} + a_{12}^1 x_{t-1} + a_{12}^2 x_{t-2} + u_1 \tag{5.16}$$

$$x_t = a_{20} + a_{22}^1 x_{t-1} + a_{22}^2 x_{t-2} + a_{21}^1 y_{t-1} + a_{12}^2 y_{t-2} + u_1 \tag{5.17}$$

由式（5. 16）和式（5. 17）可知，判定变量 X 是否为变量 Y 的格兰杰原因只需判断 a_{12}^1 和 a_{12}^2 是否显著为 0 即可，都为 0 则表明变量 X 不是变量 Y 的格兰杰原因，反之则是。在 5% 置信水平上的检验结果如表 5 -4 所示。

表 5 -4　　　　格兰杰因果检验结果

原假设	滞后阶数	F 统计量	P 值	结论
DEBT 不是 *ESTATE* 的格兰杰原因	2	0. 425308	0. 8084	不能拒绝原假设
CURRENCY 不是 *ESTATE* 的格兰杰原因	2	0. 543377	0. 7621	不能拒绝原假设
ESTATE 不是 *DEBT* 的格兰杰原因	2	7. 367344	0. 0251	拒绝原假设
CURRENCY 不是 *DEBT* 的格兰杰原因	2	0. 751891	0. 6866	不能拒绝原假设
ESTATE 不是 *CURRENCY* 的格兰杰原因	2	2. 876390	0. 2374	不能拒绝原假设
DEBT 不是 *CURRENCY* 的格兰杰原因	2	9. 471464	0. 0088	拒绝原假设

注：数据分析均通过 EViews 10. 0 完成。

由表5－4可知，在5%置信水平上，不能拒绝“ESTATE不是DEBT的格兰杰原因”和“DEBT不是CURRENCY的格兰杰原因”这两个原假设，即存在商品房销售额累计增长（ESTATE）到房地产行业贷款同比增长（DEBT）的因果关系和房地产行业贷款同比增长（DEBT）到基础货币余额同比增长（CURRENCY）的因果关系，这与本章前述一致：房地产行业快速发展会导致银行信贷扩张，进而导致货币供给扩张，商业银行信贷是房地产市场波动向货币市场传递的中介。除上述两个因果关系外，其余变量之间的格兰杰因果关系并不显著。

4. 脉冲响应分析

从以上VAR（2）模型中得到脉冲响应函数。由于商业银行信贷是连接房地产市场和货币供给的纽带，本章主要分析房地产市场的动态变化如何导致货币的供给，即房地产市场的波动对基础货币量的冲击。

如图5－13所示，当房地产市场商品房销售（ESTATE）发生1个标准差的正向冲击后，房地产行业的贷款对其脉冲响应第1期为零，之后为正向影响，且在第4期达到峰值，随后逐步收敛，并从第8期开始收敛至零。在第8～12期短暂地显示为负向影响可能是由于信贷周期的原因，一定时期的信贷扩张经常伴随着接下来某个时期的信贷收缩且其在这个脉冲响应函数中并不显著。当商品房销售（ESTATE）发生1个标准差的正向冲击后，基础货币量（CURRENCY）对其脉冲响应第1期也为零，之后同样为正向影响，且持续为正，在第6期和第7期达到峰值，之后逐步收敛至零，影响大概持续12期（三年）左右。可以发现，基础货币量对商品房销售冲击的脉冲响应峰值要晚于银行贷款对商品房销售冲击的脉冲响应峰值，大概落后2期（半年）左右。

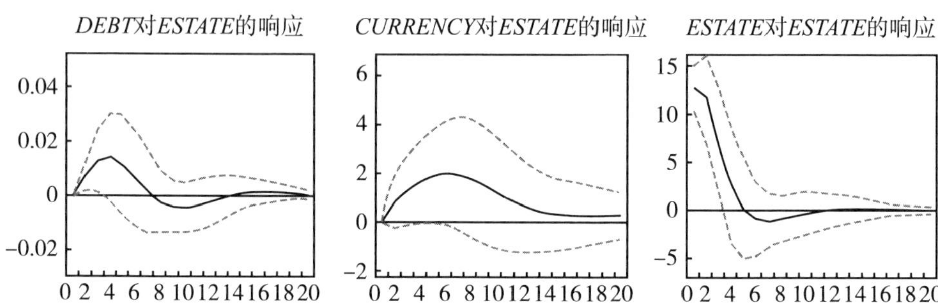

图5－13　DEBT、CURRENCY对ESTATE冲击的脉冲响应

注：数据分析均通过EViews 10.0完成。

如图5－14所示，当房地产行业贷款（DEBT）发生1个标准差的正向冲击后，基础货币量（CURRENCY）对其脉冲响应第1期从零附近的正向开始，之后持续为正向影响，并在第6期和第7期达到峰值，之后逐步收敛至零附近，影响期数持续 15 期左右。当房地产行业贷款（*DEBT*）发生一个标准差的正向冲击后，第 0 期开始商品房销售（*ESTATE*）就为明显的正向影响，这可能因为房地产行业的相关贷款是由商品房销售驱动，即由于商品房的销售波动引发房地产行业相关贷款波动。虽然房地产行业贷款包括房地产开发和住房贷款等，且房地产开发贷款的部分使用发生在商品房销售之前，但是由于期房销售以及住房贷款占据了房地产行业贷款中的主要占比，导致上述原因发生。值得一提的是，房地产行业贷款（*DEBT*）的滞后项对其自身的脉冲响应也呈现正向影响和负向影响交替出现的情形并逐步收敛至零，这也进一步说明信贷周期存在的可能。

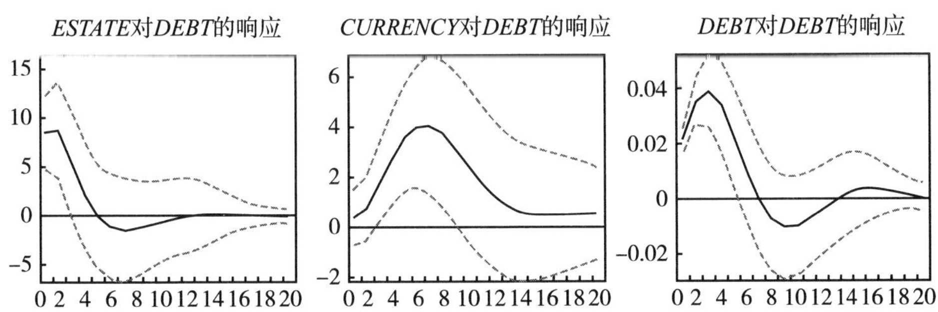

图 5-14　*ESTATE*、*CURRENCY* 对 *DEBT* 冲击的脉冲响应

注：数据分析均通过 EViews 10.0 完成。

如图 5-15 所示，当基础货币量（*CURRENCY*）发生 1 个标准差的正向冲击后，商品房销售（*ESTATE*）和房地产行业贷款（*DEBT*）的脉冲响应并不明显，这与部分已有观点有所出入。一般认为货币增发是放大流动性行为，能刺激信贷扩张和房地产市场旺销，但现实中在信用货币情形下，信用货币是信贷的产物，正是由于优质抵押物的增加，商业银行信贷才有了扩张的基础，才能源源不

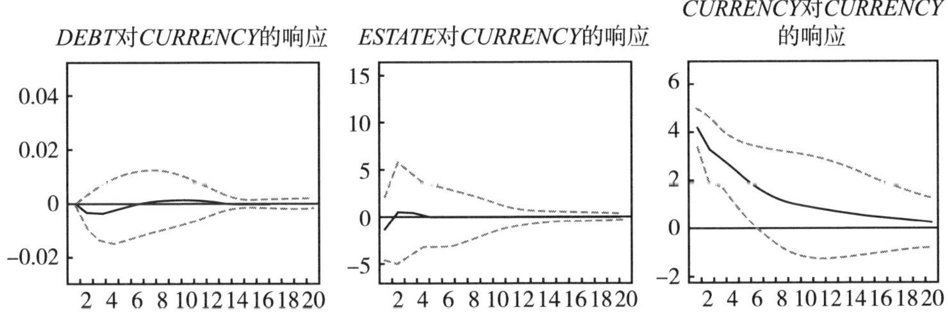

图 5-15　*ESTATE*、*DEBT* 对 *CURRENCY* 冲击的脉冲响应

注：数据分析均通过 EViews 10.0 完成。

断地进行货币创造，带来一系列经济繁荣，从而出现货币供应量增加的现象。从这个角度去探讨房地产市场、银行信贷和货币供应，那么脉冲响应图呈现的状况也就不难理解。

综合以上分析可知，如果给房地产市场施加一个正向的冲击，能够引发商业银行信贷的正向反应，进而使得货币供应量产生正向反应，即房地产市场的正向波动，导致银行信贷产生正向的波动，从而使得货币供应量增加。房地产市场能够通过商业银行信贷这个中介，将波动同向地传递到货币供应量上。这也验证了前述论点：房地产市场的健康繁荣给金融市场增加了大量的优质抵押物，构成了房地产信用扩张的基础，在房价上涨的预期下，企业和居民的借贷能力和需求也迅速扩张，突破了商业银行信贷扩张的两个约束，使得商业银行信贷持续增长，在商业银行通过放大信贷产生信用货币的机制下，货币供应量不断增加。

5. 方差分解分析

通过方差分解来分析房地产市场、银行信贷和货币供应量之间的波动关系（见图 5－16）。

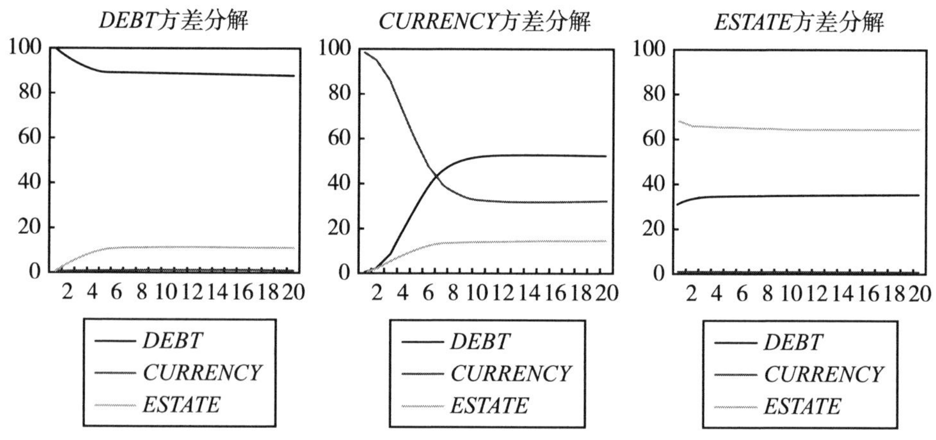

图 5－16　*DEBT*、*CURRENCY* 和 *ESTATE* 方差分解

注：数据分析均通过 EViews 10.0 完成。

如图 5－16 可知，*DEBT* 和 *ESTATE* 的波动更多的是受到自身前期即商业银行房地产行业信贷和房地产销售波动影响。值得关注的是货币供应量（*CURRENCY*）的方差分解示意图，从中可以看到 *CURRENCY* 的波动在前 6 期最主要受自身的历史波动影响，但是第 6 期之后，房地产行业贷款同比增长（*DEBT*）的影响占据最大比例。第 6 期之后，*DEBT* 能解释其超过 50% 的波动，商品房销售额累计增长（*ESTATE*）能够解释其逾 15% 的波动。

第七节　结论与启示

本章阐述我国房地产市场的发展中，中央银行、地方政府、房地产企业和商业银行等参与方的利益诉求，多角度系统论证了房地产的信用扩张形成机制以及房地产信用扩张是我国货币供给重要的内生性原因，构建向量自回归（VAR）模型进行格兰杰因果检验、脉冲响应和方差分解的实证结果是，在房地产信用扩张形成作用下，房地产市场能够通过银行信贷这个中介将波动同向传递给货币供应量。从本章的理论和实证分析可以发现，房价的持续上升是房地产信用扩张的前提与基础。与外汇占款的信用货币创造以其他货币为基础不同，我国的房地产信用是以国有土地价值、地方平衡发展预算需求、居民购房行为、商业银行盈利为基础的。房地产信用扩张会遵循信用货币创造的原理大量增加货币供给，反过来又助长房价加快上涨。也就是说，在我国房地产市场存在的信用扩张机制作用下，加快上涨的房价和预期将持续导致货币供给增长，而更多的不断流入房地产市场的货币供应量还会助推房价快速升高。

在保持房价长期持续平稳上升的条件下，我国房地产的信用扩张特质具有显著的优点：第一，其能为巩固国民经济各个重要产业的支柱地位发挥积极作用，有利于我国宏观经济增长和市场各经济主体的健康成长；第二，其能为地方社会建设、经济发展给予亟须的源源不断、可持续循环、稳步增加的土地出让收入资金，以至为全国经济增长作贡献；第三，其能为商业银行提供收益稳定的资金用途需求和信用可靠的存贷款资金来源，为市场注入可以调节的适量大额的货币供应。

为此，一方面应坚定落实“房住不炒”，加紧建立房地产调控长效机制，稳住房地产市场基本面，运用好货币政策规则工具尤其是房贷利率，竭力保持房价在较低幅度上长期平稳增长，全力拓延房价持续上升的周期，避免房价大起大落，维护金融市场体系的稳定，有力促进地方经济社会建设，推动宏观经济发展目标的顺利实现；另一方面央行货币政策中降息降准、对商业银行再贷款、公开市场业务的再贴现、逆回购、MLF、SLF以及结构性的货币政策操作和房地产开发企业外债等外汇管理，应权衡房地产信用扩张创造出货币投放的利弊因素，才能更精准地管控全社会和银行信贷资金总量和来源，围绕货币政策目标大局通盘考虑市场货币供给。需要特别指出，金融监管部门应严格管理商业银行信贷业务，杜绝信贷资金的结构错配。

参考文献

［1］巴曙松：《转轨经济中的货币乘数波动与货币控制》，载于《国际金融研究》1998年第1期。

［2］陈道富：《房地产是中国当前信用货币创造的主要载体》，载于《中国房地产》2018年第17期。

［3］陈菁、李建发：《财政分权、晋升激励与地方政府债务融资行为——基于城投债视角的省级面板经验证据》，载于《会计研究》2015年第1期。

［4］崔建军：《货币供给的性质：内生抑或外生》，载于《经济学家》2005年第3期。

［5］邓富民、王刚：《货币政策对房地产价格与投资影响的实证分析》，载于《管理世界》2012年第6期。

［6］段忠东、曾令华：《房价冲击、利率波动与货币供求：理论分析与中国的经验研究》，载于《世界经济》2008年第12期。

［7］冯玉明、袁红春、俞自由：《中国货币供给内生性或外生性问题的实证》，载于《上海交通大学学报》1999年第10期。

［8］龚强、王俊、贾珅：《财政分权视角下的地方政府债务研究：一个综述》，载于《经济研究》2011年第7期。

［9］黄武俊、陈漓高：《外汇资产、基础货币供应与货币内生性——基于央行资产负债表的分析》，载于《财经研究》2010年第1期。

［10］况伟大：《房地产投资、房地产信贷与中国经济增长》，载于《经济理论与经济管理》2011年第1期。

［11］李德荃、杨磊：《〈金融市场学〉中的几个基础性问题》，载于《现代教育》2005年第9期。

［12］李健、邓瑛：《推动房价上涨的货币因素研究——基于美国、日本、中国泡沫积聚时期的实证比较分析》，载于《金融研究》2011年第6期。

［13］梁斯：《信用货币制度下对货币创造和货币本质的再认识》，载于《金融理论与实践》2020年第5期。

［14］罗西斯：《后凯恩斯主义货币经济学》，中国社会科学出版社1991年版。

［15］罗知、张川川：《信贷扩张、房地产投资与制造业部门的资源配置效率》，载于《金融研究》2015年第7期。

［16］孙秀林、周飞舟：《土地财政与分税制：一个实证解释》，载于《中国社会科学》2013年第4期。

［17］谭政勋、王聪：《房价波动、货币政策立场识别及其反应研究》，载于《经济研究》2015年第1期。

［18］田祥宇、闫丽瑞：《银行信贷、货币渠道与资产价格——兼论货币政策中介工具的选择》，载于《财贸经济》2012年第9期。

［19］屠佳华、张洁：《什么推动了房价的上涨：来自上海房地产市场的证据》，载于

《世界经济》2005 年第 5 期。

［20］王国松；《货币供给的制度内生与需求内生实证研究》，载于《财经研究》2008 年第 6 期。

［21］吴海民：《资产价格波动、通货膨胀与产业“空心化”——基于我国沿海地区民营工业面板数据的实证研究》，载于《中国工业经济》2012 年第 1 期。

［22］伍戈：《中国货币供给的结构分析：1999—2009 年》，载于《财贸经济》2010 年第 11 期。

［23］夏斌、廖强：《货币供应量已不宜作为当前我国货币政策的中介目标》，载于《经济研究》2001 年第 8 期。

［24］肖本华：《我国的信贷扩张与房地产价格》，载于《山西财经大学学报》2008 年第 1 期。

［25］张文：《经济货币化进程与内生性货币供给——关于中国高 M2/GDP 比率的货币分析》，载于《金融研究》2008 年第 2 期。

［26］赵燕菁：《货币、信用与房地产——一个基于货币供给的增长假说》，载于《学术月刊》2018 年第 9 期。

［27］中国经济增长前沿课题组，张平、刘霞辉：《城市化、财政扩张与经济增长》，载于《经济研究》2011 年第 11 期。

［28］中国银保监会政策研究局和统计信息与风险监测部课题组：《中国影子银行报告》，载于《金融监管研究》2020 年第 11 期。

［29］中国银监会统计部专题分析组：《中国房地产资金来源状况分析报告》，载于《中国金融》2005 年第 18 期。

［30］周诚君：《中国货币供给的内生性与货币政策分析》，载于《南京大学学报（哲学·人文科学·社会科学版）》2002 年第 1 期。

［31］周飞舟：《生财有道：土地开发和转让中的政府和农民》，载于《社会学研究》2007 年第 1 期。

［32］周莉萍：《货币供给内生性原因：国内外研究述评》，载于《金融评论》2013 年第 5 期。

［33］Bernanke B S，Gertler M，“Inside the Black Box：The Credit Channel of Monetary Policy Transmission”，*Journal of Economic Perspectives*，1995，9（4）：27 – 48.

［34］Friedman M，“Money and the Stock Market”，*Journal of Political Economy*，1988，96（2）：221 – 245.

［35］Iacoviello M，“House Prices and Business Cycles in Europe：A VAR Analysis”，Working Papers in Economics，2002（81）.

［36］Iacoviello M，“House Prices，Borrowing Constraints，and Monetary Policy in the Business Cycle”，*American Economic Review*，2005，95（3）：739 – 764.

［37］Jakab Z，Kumhof M，“Banks Are Not Intermediaries of Loanable Funds – and Why This Matters”，Bank of England Working Paper，No. 529，2015.

[38] Kiyotaki N, Moore J, "Credit Cycles", *Journal of Political Economy*, 1997, 105 (2): 211 - 248.

[39] Krugman P, "Balance Sheets, the Transfer Problem, and Financial Crises", International Finance and Financial Crises, Springer, Dordrecht, 1999: 31 - 55.

[40] McLeay M, Radia A and Thomas R, "Money Creation in the Modern Economy", Bank of England Quarterly Bulletin: Q1, 2014.

[41] Pollin R, "Two Theories of Money Supply Endogeneity: Some Empirical Evidence", *Journal of Post Keynesian Economics*, 1991, 13 (3): 366 - 396.

[42] Tsai I C, "The Asymmetric Impacts of Monetary Policy on Housing Prices: A Viewpoint of Housing Price Rigidity", *Economic Modelling*, 2013, 31: 405 - 413.

[43] Werner R A, "Can Banks Individually Create Money out of Nothing? —The Theories and the Empirical Evidence", *International Review of Financial Analysis*, 2014, 36: 1 - 19.

[44] Werner R, Ryan - Collins J, Greenham T, et al, "Where Does Money Come From", A Guide to the UK Monetary and Banking System, 2011.

[45] Xu X E, Chen T, "The Effect of Monetary Policy on Real Estate Price Growth in China", *Pacific - Basin Finance Journal*, 2012, 20: 62 - 77.

第六章 政府诚信与企业创新质量*
——数字经济时代营商环境影响创新的经验证据

第一节 引言

创新驱动是实现经济高质量发展的必由之路。近年来，随着国家层面创新驱动发展战略的实施，中国的创新投入和创新产出呈现出爆发式增长态势，① 但与此同时也存在着企业创新动力不足、② 创新质量不高的问题（黎文靖和郑曼妮，2016；张杰和郑文平，2018）。③ 大量事实和研究表明，制度环境是影响和决定企业创新动力和创新质量的关键因素（Rodríguez - Pose and Di Cataldo，2015；Alam et al.，2019）。而政府诚信是制度环境的关键一环，处于社会诚信的核心地位，是社会诚信的基石和灵魂（Du et al.，2018），

* 本章作者：王燕武、莫长炜。

① 在创新投入方面，国家统计局公布的数据显示，2019 年中国的 R&D 经费投入强度为 2.23%。在创新产出方面，世界知识产权组织（WIPO）发布的 2019 年全球创新指数（GII）显示，中国申请的国际专利（IPC）约 154 万件，大约是美国的 2.52 倍，高居世界首位。

② 例如，科学技术部统计显示，2013 年，全国开展 R&D 活动的规模以上工业企业占比仅为 14.8%，拥有研发机构的占比仅为 11.6%，R&D 经费投入强度仅为 0.80%；到了 2019 年，上述三个指标虽然分别上升为 34.2%、22.5% 和 1.32%，但与发达国家相比，仍有较大提升空间。

③ 《中共中央关于制定国民经济和社会发展第十四个五年规划和二〇三五年远景目标的建议》也指出，“我国发展不平衡不充分问题仍然突出，重点领域关键环节改革任务仍然艰巨，创新能力不适应高质量发展要求”。有学者也提到，尤其是在高端数控机床、芯片、光刻机、操作系统、医疗器械、发动机、高端传感器等基础零部件（元器件）、基础工艺、基础材料、关键工业软件领域还高度依赖于进口或外资企业，35 项“卡脖子”的关键技术掌握在美欧日等发达国家手中（黄群慧和倪红福，2020）。

也是影响地区其他制度质量的关键变量（Tebaldi and Elmslie，2013；Huang and Xu，1999）。政府诚信的提升有助于改善整个社会的诚信状况，引导市场主体和社会发展方向，进而对企业外部经营环境以及企业行为产生重要影响。

随着中国经济社会的发展，政府诚信问题在社会价值体系中得到了越来越多的关注，引起了决策部门及社会的高度重视。例如，2016 年印发《国务院关于加强政务诚信建设的指导意见》对加强政务诚信建设的基本原则、建设重点等进行了明确规定；此后，地方各级政府出台了加强本地区政务诚信建设的具体实施办法。然而，不可否认的一个事实是，中国各地区的政府诚信状况差异较大，有些地区展现了较高的诚信水平，但也有些地区仍然存在“新官不理旧账”“承诺兑现不及时或不完全”，以及政策与规则不公开不透明、政策随意变更等现象，严重影响了市场主体的积极性（Du et al.，2018）。

由此引发的思考是，中国各地政府诚信差异会不会影响各地的企业创新意愿进而影响企业创新质量呢？又是通过怎样的渠道来加以影响的呢？尽管研究政府诚信的文献比较多，但迄今为止还鲜有学者深入讨论政府诚信对企业创新质量的影响机制，尤其是经验研究，更是几乎没有看到。其原因可能在于：第一，政府诚信建设是国家和地方政府 2014 年以来优化营商环境的重点举措，虽然在行政管理或公共管理领域得到了较多关注，但对于经济学界而言，还是一个较新的话题；第二，如何度量政府诚信也是一个比较棘手的问题，政府诚信不仅涉及多个部门以及众多公务员，而且其本身涵盖的内容也较为丰富，要用一个简单的指标全面反映一个地区的政府诚信水平；第三，政府诚信对市场行为和相关经济结果的影响较为复杂，机制难以识别。

鉴于此，本章将就政府诚信对企业创新质量的作用及其传递机制进行分析，并利用 2011 ~2016 年沪深 A 股上市的工业企业数据进行实证检验。本章的思路与边际贡献主要体现在以下方面：第一，根据社会心理学提出的人类“负面信息偏好”理论（Baumeister et al.，2001），利用政府诚信负面信息关键词的百度搜索指数构建各城市的政府诚信指数，反映各城市的政府诚信水平；第二，厘清政府诚信对中国企业创新质量的作用机理，并利用中国专利数据库、各城市和行业层面数据以及沪深 A 股工业企业数据，实证检验各城市政府诚信水平对企业创新动力与创新质量的作用效应及传递机制，拓展地区政府诚信建设带来的经济效应研究。

第二节　文献综述与研究假设

越来越多的证据表明，特定的地区环境更有利于企业创新（Gertler，2003）。

例如，在集聚经济与知识外溢水平较高（Bell，2005）、工人所受教育水平较高或工人技能水平更高（Rodríguez - Pose and Zhang，2020）的地区，企业的创新水平通常也更高。近年来，一些学者将研究视角聚焦于制度环境对企业创新投资、创新能力和创新绩效等方面的影响（De Waldemar，2012；Paunov，2016；Dincer，2019；Wang et al.，2015），认为制度环境会通过提供超出单个企业能力的支持、保护或约束来影响企业的研发活动（Wu et al.，2016）。良好的制度环境可以为企业创新创造稳定的经营环境，减少市场主体的机会主义行为，进而可以降低交易成本和不确定性（Xu et al.，2012）。反之，糟糕的制度环境则会抑制企业创新努力，典型的如政府腐败。地方官员的腐败会浪费公共与私人资源，对企业的产品创新、研发投资、技术进步和专利申请产生显著的负向影响（De Waldemar，2012；Paunov，2016），尤其是针对小型企业的创新（Paunov，2016）以及长期创新行为（Dincer，2019），这种负向影响更为明显。

进一步地，袁建国等（2015）发现，企业政治关联会阻碍企业创新，降低创新效率；潘越等（2015）、克拉默（Krammer，2009）等指出司法地方保护主义会抑制企业创新活动；王海成和吕铁（2016）、吴超鹏和唐菂（2016）等认为，知识产权保护对企业创新有积极作用；夏后学等（2019）研究了营商环境对企业创新的影响，发现优化营商环境有利于无寻租企业开展自主创新。此外，还有学者探讨了市场化程度（叶祥松和刘敬，2018）、行政审批制度改革（王永进和冯笑，2018）等具体制度环境因素对企业创新的影响。有学者认为，开放程度越高越有利于搜寻、发现和保护与技术进步相匹配的资源（Marques，2015），进而可以降低微观层面的交易成本（Farole et al.，2011）。李双建等（2020）研究了社会信任对企业创新的影响，发现社会信任水平的提高能显著促进企业创新，尤其是对小规模企业、民营企业、非高科技企业的创新促进作用非常显著。

随着政府诚信建设日益处在国家营商环境建设最突出的位置，政府诚信对于地区经济、社会的影响也逐渐引起学界越来越多的关注。普遍的观点是，政府诚信与公司有效投资、公司治理决策和公司责任之间存在正向关系（Du et al.，2018；Chizema and Pogrebna，2019）。然而，已有研究还较少关注政府诚信之于企业创新质量的作用及其传递渠道。目前鲜少有学者从地方法治水平、政府效率、监管质量和腐败控制四个维度来考察政府质量对地区企业创新质量的影响程度（Rodríguez - Pose and Di Cataldo，2015；Rodríguez - Pose and Zhang，2020）。但是，上述研究仍存在一些局限：第一，在政府诚信度量上存在系统性缺陷，如抽样的代表性、调查问卷的信度与效度、样本的自选择问题等；第二，将政府质量与地区制度质量等同，更多地强调政府能力、腐败程度对创新政策实施效果进而对整体创新能力的影响，并没有厘清政府诚信或政务失信是如何影响地区企业创新行为的；第三，上述研究是基于国家层面的数据而进行的，而类似于中国这样的大国，其内部各地区政府诚信差异对企业创新质量的影响是否不同，还有待进一步检验。总之，从现有的研究结论看，关于政府诚信的度量及其对企业创新质量的影响机制，仍有待进一步进行系统性研究。

那么，政府诚信将如何影响企业创新质量呢？首先，政府诚信会通过影响企业与政府之间的信任关系以及企业的机会主义倾向而影响创新质量。如果政府部门不依法行政、制定的政策文件不及时公开、决策不透明、在与市场主体打交道过程中不信守承诺，企业与政府之间就难以建立信任关系（Rodríguez - Pose and Di Cataldo，2015）。为此，企业将不得不采取不负责任、不诚信、短视或更具有机会主义倾向的行为（Campbell，2007），以期在不讲诚信的氛围中获得“合法性”（Ufere et al. ，2012）。企业在参与市场经济活动的过程中会努力寻求与政府建立政治关联，以期通过寻租或行贿甚至违法手段获取经济资源或短期利益（胡志安和邱智敏，2021；Anokhin and Schulze，2009），或者通过滥用政府官员赋予他们的权力来积累私人财富（Murphy et al. ，1991），而不是将有限的资源主要用于投入大、风险高且需要长期积累的高质量创新活动。从而，在政府诚信度较低的地区，企业更有可能采取阻碍变革和创新的公司治理结构（Murphy et al. ，1993），高质量创新所需的企业家精神更难以形成。反之，在政府诚信水平较高的地区，企业更有可能减少机会主义行为，更加专注于高质量创新活动。

其次，政府诚信可能会影响企业创新面临的不确定性进而影响企业创新质量。相较于其他投资，高质量创新投资具有更大的不可逆性和沉没性，其调整成本非常高（Atanassov et al. ，2016）。政府制定的政策如果随意变更、朝令夕改，或者新官不理旧账，给予企业的政策承诺不完全兑现或者不及时兑现，在政府采购、PPP 项目、招投标等过程中不信守承诺等会使企业面临更大的不确定性（Parker，1999）。这种不确定性将打乱企业的创新计划，破坏企业的既定创新战略，导致企业创新投资缺乏延续性（Masino，2015）。研究表明，如果投资的不可逆程度较大，那么不确定性冲击会因为增加等待期权的价值而导致企业变得更加谨慎，延迟投资的动机会增强，进而导致投资减少（Bloom et al. ，2016；Gulen and Ion，2016；Atanassov et al. ，2016）。因此，政府诚信水平较低将会增加企业进行高质量创新投资的疑虑，抑制高质量创新投资的积极性，尤其是对更有影响力的探索性创新的不利影响更大，导致原创性项目和发明创新更少（Bhattacharya et al. ，2017）。阿拉德等（Allard et al. ，2012）、马西诺（Masino，2015）等均发现，政策不稳定会对研发投资水平产生负面影响。

最后，政府诚信可能会通过推动本地创新网络的构建，加深本地市场主体之间的互动，从而促进高质量创新成果的形成（Rodríguez－Pose，2013）。政府诚信较低会限制市场主体之间的交流，不利于市场主体之间的知识传递，企业也就难以通过外溢效应形成高质量的技术创新（Rodríguez－Pose and Di Cataldo，2015）。阿奇等（Acs et al.，2009）认为阻碍发展的不是资金短缺，而是缺乏企业家精神带来的知识外溢效应和创新创业能力。因此，政府诚信水平的提高，可能会有助于创新创业氛围与企业创新能力的形成，进而推动高质量创新。

此外，地方政府诚信水平越高，越能赢得企业对当地经营环境的信任，进而会吸引更多效率较高、创新能力较强、更愿意通过竞争获得高额回报的企业在该地区投资研发活动（Marques，2015）。反之，政府诚信水平较低，会强化企业的地区歧视感知以及企业对当地经营环境的不信任，那些希望通过创新竞争获得高额回报的企业会逃离这些地区转而流向政府诚信水平较高的地区（Simons，2002；Alam et al.，2019）。留存下来的企业往往是能够获得更多政治资源或者依靠政策攫取利益的企业，其创新动力和创新能力相对较弱，创新质量可能相对较低。

根据以上分析，本章提出以下假设：

H6.1：政府诚信水平越低，企业的创新质量越低。

进一步地，政府诚信对企业创新质量的影响可能因企业本身的特征差异而呈现出不同的特征。第一，大企业与国有企业通常拥有更多的资源，或者与地方政府拥有更强的关联关系，能够获得政府的政策倾斜，或者自身拥有实力雄厚的资金、客户或网络资源而对政府政策依赖度不高，从而，政府诚信状况对它们创新质量的影响可能不大；第二，对于那些非高技术行业企业，由于行业技术密集度不高，创新竞争没那么激烈，企业创新水平、创新动力及创新质量受政府诚信的影响可能会更低；第三，对于整体资产专用程度较高的行业，常属于采掘业、能源生产业以及资本密集型的重化工业，企业规模也较大，与政府的关联度较高，其创新质量对政府诚信水平的高低可能并不敏感；第四，对于非东部地区企业，一方面由于企业的创新水平普遍较低，另一方面地区政府诚信水平可能差异不大，进而，这些地区的创新质量可能不会显著地受到地区政府诚信水平的影响。因此，本章提出以下假设：

H6.2：政府诚信对企业创新质量的影响存在显著的异质性。

第三节　政府诚信的界定及其度量

要弄清楚政府诚信对企业创新的影响，首先需要界定政府诚信的含义并对其进行合理度量。何谓政府诚信？在语义结构上，诚信包括三层含义，即诚实、真实，守信、履约，相信、信任（杨方，2005），其本质在于言行一致，这里的

“言”包含各种明确的或不成文的承诺，若主体的承诺与行为相一致，那么该主体就会被评价为是诚信的（熊达，2019）。因此，诚信在于承诺主体的行为是否与其在社会契约中的承诺相一致。具体到政府诚信，就是政府（包括政府官员）在行政（履行正式和非正式的与社会公众的约定）过程中言行一致、真实不欺、守信践诺的状况（张鹏和黄爱教，2007）。

当前，已有研究大多从政治学、社会学、法学的角度对政府诚信的概念进行了学理辨析（何显明，2007；OECD，2013；Chizema and Pogrebna，2019），对政府诚信的具体指标测量及实证研究应用则相对较少。部分涉及政府诚信度量的研究也存在一些不足。首先，已有研究主要从制度质量、政府质量、政府治理水平的个别方面如腐败、知识产权保护来反映政府诚信的某个侧面，缺乏系统性的政府诚信测量。例如，拉波塔等（La Porta et al.，1998）、罗思坦和特奥雷尔（Rothstein and Teorell，2008）等用国家法律法规的执行质量来反映政府诚信；奇泽玛和波格拉布纳（Chizema and Pogrebna，2019）则用免于腐败的程度来衡量政府诚信，因为腐败涵盖了大多数违背诚信或道德的行为。其次，罗德里格斯-波斯和张（Rodríguez-Pose and Zhang，2020）基于中国情景从政府效率、法治水平、管制质量以及腐败控制等方面对政府诚信进行了多维度测量，但他们的数据来自世界银行的ESU调查数据，涉及中国的数据只有2011年25个城市1 180个左右的有效样本，代表性有限；此外，他们所使用的变量均通过问卷形式由被访问者主观填答，缺乏效度和信度检验。

据此，为了更加客观地反映一个地区的政府诚信水平，本章基于负面信息关键词的百度搜索指数构建地区政府诚信指标。[①] 具体而言，百度搜索指数是用公众在百度搜索中搜索的关键词频次加权而得到的。用该指数来衡量政府诚信水平的优势在于：第一，可以从整体上反映各城市的政府诚信状况；第二，可以解决基于市场主体进行抽样带来的样本不足、填答主观随意和自选择问题。构建过程如下：第一步，根据信用中国网站[②]政府诚信板块公布的资讯信息提取关键词，筛选出与城市政府诚信相关的负向关键词；第二步，确认上述关键词是否被百度指数收录，剔除未被百度指数收录的词语；[③] 第三步，通过Python爬取各地级市

---

① 百度搜索指数具有较高的代表性：一是百度搜索引擎占据了中国网络搜索过半（2014年为56.03%）的市场份额，而Google于2010年4月退出中国市场；二是使用百度搜索的客户大多为中国用户，从而更能代表中国公众互联网搜索行为及真实的关注度（王宇哲和赵静，2018）。

② 信用中国是国家发展和改革委员会承建的发布各地区社会诚信咨询的权威网站。

③ 最终保留下来的有暗箱操作、办证难、不接地气、不作为、朝令夕改、吃空饷、吃拿卡要、腐败、官本位、官僚主义、黑名单、考试舞弊、空头支票、老赖、弄虚作假、挪用公款、权色交易、失信被执行人、失信人、失职渎职、受贿、“四风”、塔西佗陷阱、贪官、特事特办、违法、违规、违约、形式主义、寻租、徇私舞弊、一刀切、以权谋私、职务犯罪、走过场等35个关键词。

各个关键词2011～2016年的日搜索指数，以年均值作为每年每个关键词的公众关注度，然后对每个关键词的用户关注度求均值得到每年某地方政府诚信水平的代理变量。由于是基于负面关键词而搜索的，因此，该政府诚信指数越大，表明政府诚信水平越低。

使用这一指标的理论依据在于：根据社会心理学的研究，人类在进化过程中形成的负面信息偏好使得负面信息更容易受到关注，其对人们行为的影响也更大、更深远（Baumeister et al.，2001）。已有研究表明，人们对坏行为的关注多于对好行为的关注（Fiske，1980）。与好事情相比，坏事情更能吸引人们的注意力（Pratto and John，1991）。这源于人类在进化上的适应性。人类祖先早期的生活环境恶劣，长时期处于食物链的中下游，自然中的威胁无所不在。在应对这种恶劣环境的能力还较为有限的条件下，人类祖先倾向于通过提前感知和察觉危险以躲避潜在的伤害和风险，对“危险信息”“坏消息”的感知能力越强，就越能远离危险环境，生存下来的概率就更高。坏消息或坏事情还意味着存在需要立即改变或处理的事情（Taylor，1991），因此人们对坏消息或坏事情表现出更为敏锐的意识和更快的反应，这样可以增强人们的自我调适能力（Ito et al.，1998）。

在实际应用中，鲍尔和丁普福（Baur and Dimpfl，2016）在研究投资者对黄金价格变动的关注程度之间的关系时也发现，投资者对坏消息特别感兴趣，当黄金呈现负回报时，投资者就增加用谷歌搜索这种坏消息，而当黄金的回报率为正时就会减少对相关信息的搜索。这意味着，正是因为坏消息本身导致坏消息与人们对坏消息的搜寻是正相关的，即坏消息越多，人们就越关注，而好消息越多，人们反而会减少搜索。王宇哲和赵静（2018）在研究雾霾对资产价格的影响时也发现，当出现雾霾大面积爆发、政府发布空气污染预警等事件后，公众对雾霾的搜索词频显著提升，而这些负面事件没有发生时，公众的搜索词频相对稳定。因此，纵然公众可能只是因为想了解某地的政府诚信状况而不是该地区真正存在政府诚信问题而在互联网上搜索相关信息，但鉴于人类普遍的负面信息偏好特征以及上述研究反映出的“负面事件发生后会显著导致更大频率搜索”的典型事实，我们有理由推断负面信息更容易引发公众的关注与搜索，即公众搜索频率更多地与负面信息正相关。

第四节　估计模型、变量选择与数据来源

一、模型构建

为估计各城市的政府诚信水平对企业创新质量的影响，我们构建如下双向固

定效应模型：

$$Inno_{rkit} = \beta_0 + \beta_1 Integrity_{rt} + \boldsymbol{X}'_{rkit}\gamma + \boldsymbol{Z}'_{rt}\delta + \boldsymbol{W}'_{kt}\boldsymbol{\chi} + \eta_i + \mu_t + \varepsilon_{rkit} \tag{6.1}$$

其中，r 表示地区，k 表示行业，i 表示企业，t 表示年份；$Inno_{rkit}$表示位于地区 r、属于行业 k 的企业 i 在第 t 年的创新质量；$Integrity_{rt}$表示 r 地区在第 t 年的政务城市指数；$\boldsymbol{X}'_{rkit}$表示一系列企业层面的控制变量；$\boldsymbol{Z}'_{rt}$表示一系列地区层面的控制变量；$\boldsymbol{W}'_{kt}$表示一系列行业层面的控制变量；η_i 表示不随时间变化的企业固定效应；μ_t 表示年份固定效应；ε_{rkit}为随机扰动项。

二、变量选择与度量

1. 被解释变量

本章的被解释变量 $Inno_{rkit}$为创新质量指标。已有研究通常基于专利类型来判断专利质量，认为发明专利的质量要高于实用新型专利和外观设计专利（李兵等，2016）。但不同类型的专利仅仅反映了专利申请与审查的难易程度以及技术价值的高低，很多发明专利并不能创造市场价值，相反，针对特定产品的实用新型专利甚或是外观设计专利反而更重要，更能创造巨大的市场价值。从而，不同类型的专利并不能反映从创意产生、产品研发到创意市场化这一完整的创新过程和创新质量。有些研究则尝试用专利被引用次数、专利授权率、专利撤回率、专利续期率等衡量专利质量（杨国超和芮萌，2020；龙小宁和王俊，2015），但除了不同类型的专利在这些指标上内在的差异外，中国的企业专利数据中能够用于计算这些指标的信息占比非常少，并不能提供完整准确有效的信息（张杰和郑文平，2018），因此，若单独采用这些指标，将会带来严重的测量误差和信息损失。也有一些文献采用专利 IPC 分类号的数量来表征专利质量（张杰和郑文平，2018），但这一指标一是可能低估了一些涉及行业门类较窄且专用性较强的专利质量，二是很难区分具有相同行业宽度但行业类别存在差异的专利质量差异。

有鉴于此，本章参考王军等（2013）所采用的熵值法来构建反映专利质量的综合评估指标。熵值法是一种客观赋权法，可以根据指标相对变化程度对系统的整体影响决定权重，相对变化大的指标通常权重越大、熵值越小。具体构建步骤如下。

第一，确定以中国专利数据库中某年所申请专利的专利价值度、专利审查时长、专利被引证次数、专利家族引证次数、专利被引证次数、专利家族被引证次数、专利权利要求数、专利申请文书页数 8 个单项指标作为构建综合专利质量指标的基础，这样我们就得到一个 m 行 n 列的专利质量指标矩阵，其中，m 为专利数量，本章针对上市公司匹配的共有 57.39 万条专利，n 为单项指标的数量，这里为8。

第二，对每条专利的8个单项指标值进行标准化处理以消除每个指标不同量纲带来的影响，即让每条专利的8个指标的取值位于区间［0，1］。由于每项指标都是正向的，标准化的计算公式为：

$$X'_{ij}=\frac{X_{ij}-X_{\min}}{X_{\max}-X_{\min}} \tag{6.2}$$

其中，X_{ij}为第i个专利在第j项评价指标的值，$X_{\min}$和$X_{\max}$分别为所有专利在第j项指标的最小值和最大值，X'_{ij}为第i个专利在第j项指标上的标准化值。

第三，计算某个专利在某个指标上的标准化值占所有专利在该指标上的标准化值之和的比重y_{ij}，该值介于0到1之间，计算公式为：

$$y_{ij}=\frac{X'_{ij}}{\sum_{i=1}^{m}X'_{ij}} \tag{6.3}$$

第四，计算每个指标的信息熵e_j，该值为第j项指标的信息熵，计算公式为：

$$e_j=-k\sum_{i=1}^{m}y_{ij}\ln y_{ij}\quad\left(k=\frac{1}{\ln m}\text{为常数}\right) \tag{6.4}$$

第五，计算信息效用值，信息效用值越大，对评价的重要性越大，权重也越大，计算公式为：

$$d_j=1-e_j \tag{6.5}$$

第六，计算第j项指标的信息效用值权重，即：

$$w_j=\frac{d_j}{\sum_{j=1}^{n}d_j} \tag{6.6}$$

第七，计算每项专利的加权评价值，该评价值越大，意味着专利质量越高进而创新质量越高，计算公式为；

$$U_i=\sum_{j=1}^{n}y_{ij}w_j \tag{6.7}$$

2. 主要解释变量与控制变量

主要解释变量方面，政府诚信变量的度量如本章第三节所示，我们用地区政府诚信负面关键词的百度指数加权均值来表示。

控制变量方面，企业创新活动不仅与企业自身经营状况密切相关，还会受到所在行业特性、城市环境等外部条件影响。因此，参照现有文献的做法，本章还控制了一系列企业、行业及城市层面的影响因素。

（1）企业层面的控制变量。企业年龄（*Age*）：用公司成立年份开始的存续年数的对数来表示。企业规模（*Scale*）：以企业总资产的对数值来表示。企业资产负债率（*DAR*）：用企业总负债与总资产之比来表示。企业劳均资本（*Pcapital*）：用总资产与企业员工数量之比来表示。企业资产收益率（*ROA*）：企业拥有更强的盈利能力，更容易获得外部资金的支持，能够为企业创新活动提供资金支持，但技术创新和新产品开发投入巨大，可能会对企业短期盈利产生冲击，因此追求短期高利润的企业不一定会加大创新投资。企业研发支出强度（*RDexp*）：用企业研发支出与营业收入之比来表示。企业人力资本（*Hmcapital*）：用博士、硕士和本科员工总的受教育年限的对数来表示。高端人才是企业创新的动力源泉，他们拥有专业的知识和丰富的经验，人力资本越高，越有利于知识外溢和经验共享进而促进企业创新。企业股权集中度（*ECR*）：股权集中度高的企业，大股东可能会进行关联交易而制约企业创新投入的增加，但大股东也可以对公司的管理层实施更加有效的监督进而形成良好的内部环境，促进企业创新。本章以公司最大的股东持股比例作为股权集中度的代理指标。

（2）城市与行业层面的控制变量。城市科学技术支出占地方一般公共预算支出比重（*citysciexp*）：该指标越大，意味着地区对科技、创新的总体支持力度越大。城市对外开放程度（*cityfdi*）：用城市实际利用外资的对数来表示。城市劳动力成本（*cityhmcost*）：用城市职工平均工资占城市人均 GDP 的比重来表示。行业内企业平均规模（*Indscale*）：行业内企业的平均规模较大，竞争压力相对较小，企业的创新动力不足，可能会削弱企业的创新绩效水平。本章采用行业总资产与企业单位数的比值作为行业内企业平均规模的代理变量。行业人均资本（*Indpasset*）：资本较为密集的行业往往是研发强度比较高的行业，较高的行业整体研发水平会促进企业加强研发投资，进而导致企业创新水平更高。本章采用行业实收资本与全部从业人员平均人数的比值作为行业人均资本的代理变量。行业集中程度（*HHI*）：用基于企业主营业务收入计算的 HHI 来表示。

三、样本选择与数据来源

用于度量城市政府诚信水平的数据来自百度搜索指数。由于百度搜索指数自 2011 年开始才对外提供，本章基于百度搜索指数度量的政府诚信水平数据始于 2011 年。用于计算被解释变量——企业创新质量的数据来自国家知识产权局的专利数据库。由于专利从申请到授权以及后续是否被侵权、被应用等之间存在时间差，2017 年及之后的专利数据相对还不完整。因此，本章选取的专利数据截至 2016 年。考虑到数据的可获得性，本章选取 2011 ~2016 年我国沪深两市 A 股中上市的工业企业作为研究样本。按照惯常的做法，我们剔除 ST 公司。此外，其他公司层面的数据主要整理自 CSMAR 数据库和 Wind 数据库；城市层面的数据来自城市统计年鉴；行业层面的数据则来自中国工业统计年鉴。为了降低异常值对估计结果的干扰，本章对相关变量在 1% 和 99% 分位上进行了缩尾处理。经过上述处理后，本章最终得到一个共 10 448 个观测值的非平衡面板数据。各主要变量的描述性统计结果如表 6 - 1 所示，可以发现，样本企业的创新质量差异较大，且大部分企业的创新质量相对较低。而企业所在城市的政府诚信水平也存在较大变异，最小值仅为 0. 3421，最大值则为 96. 5000。

表 6 -1　　　　主要变量的描述性统计结果

变量	观测值	均值	标准差	最小值	最大值
*inno*1	10 448	0. 9117	1. 5263	0. 0000	9. 5610
*inno*2	10 448	0. 8450	1. 4976	0. 0000	9. 2695
Integrity	10 448	18. 7569	19. 1254	0. 3421	96. 5000
Age	10 448	2. 7983	0. 3049	0. 0000	3. 5553
Scale	10 448	21. 9486	1. 2683	16. 7575	26. 6451
DAR	10 448	0. 4110	0. 2125	0. 0071	0. 9881
Pcapital	10 448	5. 0473	0. 7700	2. 5986	8. 8325
ROA	10 448	6. 1920	6. 2852	- 14. 7441	39. 9337
RDexp	10 448	0. 0347	0. 0342	0. 0000	0. 2773
Hmcapital	10 448	7. 9784	2. 6095	0. 0000	12. 4423
ECR	10 448	0. 5900	0. 1552	0. 1901	0. 9130
Drctor	10 448	2. 2561	0. 1711	1. 6094	2. 7726
citysciexp	10 448	0. 1615	0. 0355	0. 0819	0. 2789
cityfdi	10 448	4. 7599	1. 5941	0. 3303	7. 6215
cityhmcost	10 448	0. 8559	0. 4252	0. 1476	17. 6479
indscale	10 448	1. 2474	0. 5691	0. 0000	2. 9694
Indpasset	10 448	2. 8511	0. 8071	0. 0000	4. 8347
HHI	10 448	0. 1173	0. 1070	0. 0151	0. 9616

第五节　估计结果及解释

一、基准回归结果

首先，基于全样本就政府诚信指数对企业创新质量的影响进行实证检验，实证结果如表6－2所示。第（1）列与第（4）列为不考虑各控制变量的双向固定效应模型的回归结果。估计结果显示，政府诚信指数（*Integrity*）的估计系数均在1%的显著性水平下显著为负。*Integrity* 是基于政府诚信的负面关键词构建的互联网搜索指数，其值越大表明政府诚信水平越低、政务失信程度越高，反之代表政府诚信水平越高、政务失信程度越低。因此，*Integrity* 的系数显著为负，意味着政府诚信水平越低，企业的创新质量越低。第（2）列和第（5）列为在第（1）列和第（4）列的基础上添加企业层面控制变量的双向固定效应模型的回归结果，可以看到，政府诚信指数（*Integrity*）的估计系数仍然在1%的显著性水平下显著为负，在显著程度与估计系数符号上没有发生改变。第（3）列和第（6）列则是在第（2）列和第（5）列的基础上加上城市和行业层面控制变量的双向固定效应模型的回归结果，可以发现，政府诚信指数（*Integrity*）的估计系数仍然在1%的显著性水平下显著为负。以上结果表明，政府诚信水平越低，企业的创新质量也越低，反之，提升政府诚信水平有助于当地企业提高创新质量。H6.1得到验证。如前所述，导致这一结果的原因在于，政府诚信水平的提升有助于通过形成良好的创新氛围和企业家精神、促进知识外溢和技术交易市场的形成、降低企业用于创新的融资成本和交易成本、提升企业投资于高质量研发活动的积极性等而提高企业创新质量。

表6－2　　基准回归结果

变量	(1)	(2)	(3)	(4)	(5)	(6)
	*inno*1	*inno*1	*inno*1	*inno*2	*inno*2	*inno*2
Integrity	−0.0068***	−0.0055***	−0.0052***	−0.0070***	−0.0058***	−0.0055***
	(0.0020)	(0.0019)	(0.0019)	(0.0019)	(0.0019)	(0.0019)
Age		−0.9811	−0.9518		−0.7320	−0.7169
		(0.6003)	(0.5981)		(0.5472)	(0.5473)
Scale		−0.1920***	−0.1964***		−0.2356***	−0.2379***
		(0.0586)	(0.0590)		(0.0602)	(0.0607)
DAR		−0.5019***	−0.4756**		−0.4632**	−0.4513**
		(0.1932)	(0.1938)		(0.1916)	(0.1923)

续表

变量	(1)	(2)	(3)	(4)	(5)	(6)
	*inno*1	*inno*1	*inno*1	*inno*2	*inno*2	*inno*2
Pcapital		0. 2300 ***	0. 2405 ***		0. 2364 ***	0. 2423 ***
		(0. 0531)	(0. 0533)		(0. 0531)	(0. 0532)
ROA		−0. 0068 **	−0. 0069 **		−0. 0059 *	−0. 0059 *
		(0. 0034)	(0. 0034)		(0. 0035)	(0. 0035)
RDexp		−0. 7688	−0. 8531		−0. 3202	−0. 3685
		(0. 9759)	(0. 9731)		(1. 0114)	(1. 0108)
Hmcapital		0. 0340 ***	0. 0335 ***		0. 0307 ***	0. 0304 ***
		(0. 0113)	(0. 0113)		(0. 0112)	(0. 0113)
ECR		1. 1674 ***	1. 1542 ***		0. 9941 ***	0. 9864 ***
		(0. 2626)	(0. 2635)		(0. 2659)	(0. 2673)
Drctor		−0. 0292	−0. 0216		−0. 0627	−0. 0591
		(0. 1853)	(0. 1852)		(0. 1881)	(0. 1883)
citysciexp		−1. 1602	−1. 3759 *		−0. 9693	−1. 1162
		(0. 7826)	(0. 7892)		(0. 8008)	(0. 8082)
cityfdi			−0. 0511			−0. 0353
			(0. 0387)			(0. 0389)
cityhmcost			−0. 0968 **			−0. 0830 **
			(0. 0388)			(0. 0392)
indscale			−0. 1193			−0. 0465
			(0. 1734)			(0. 1706)
Indpasset			0. 1813 **			0. 0853
			(0. 0898)			(0. 0862)
HHI			0. 3060			0. 1676
			(0. 3687)			(0. 3548)
constant	2. 2070 ***	7. 3458 ***	7. 2875 ***	1. 9935 ***	7. 5310 ***	7. 5795 ***
	(0. 0536)	(1. 9451)	(1. 9350)	(0. 0526)	(1. 8542)	(1. 8549)
Firm	YES	YES	YES	YES	YES	YES
Year	YES	YES	YES	YES	YES	YES
adj. R^2	0. 316	0. 326	0. 327	0. 278	0. 287	0. 287
F	353. 0246 ***	140. 6689 ***	107. 7623 ***	310. 3075 ***	122. 5024 ***	93. 7133 ***
N	10 448	10 448	10 448	10 448	10 448	10 448

注：*inno*1 和 *inno*2 分别表示基于同年申请的专利构建的创新质量指数和基于同年授权的专利构建的创新质量指数，***、** 和 * 分别表示在 1%、5% 和 10% 的水平上显著；圆括号中的数字为稳健性标准误；Firm 和 Year 分别表示企业固定效应和年份固定效应，YES 表示已控制，NO 表示未控制。下同。

对于控制变量，企业规模（*Scale*）、资产负债率（*DAR*）的系数显著为负，说明大规模企业长期以来形成的市场地位和影响力使其创新的积极性偏弱，资产负债率较高也拖累了企业的创新质量。*ROA* 显著为负可能是因为创新需要大量投入，而研发费用为企业营业成本的构成部分，从而导致 *ROA* 的系数显著为负。企业劳均资本（*Pcapital*）、企业人力资本（*Hmcapital*）、大股东占比（*ECR*）的系数显著为正，说明企业的资本密集度越高，人力资本积累越多，大股东的控制能力越强，企业创新能力越强，创新质量也越高，高劳均资本和人力资本是企业创新水平提高的重要因素，高质量创新有赖于企业员工拥有的技术装备以及企业员工的专业知识和丰富经验。城市劳动力成本（*cityhmcost*）则显著抑制了企业创新质量。而行业的资本密集度（*Indpasset*）对企业创新质量的影响为正，但显著程度相对较低。

二、稳健性检验

1. 内生性问题处理

在基准回归中我们采用了双向固定效应模型以降低可能存在的内生性问题对估计结果的干扰，并尽可能多地将企业层面、城市层面和行业层面的影响因素纳入模型中。但由于以下原因，估计方程中仍可能存在内生性问题。

第一，本章的主解释变量为城市政府诚信指数，为城市层面变量，而被解释变量为企业创新绩效，单个企业的创新绩效对政府诚信的反向影响程度较低。然而，即使如此，本章考察的对象为上市工业企业的创新绩效，上市公司通常是地方政府的重点企业或龙头企业，对地区的经济发展具有举足轻重的作用，上市公司的创新质量可能会影响到地方政府的行政水平、行政效率和信用状况，进而，纵使这种反向因果关系相对较小，但互为因果关系带来的内生性风险依然是存在的。

第二，影响企业创新的因素非常多，也有可能因遗漏了其他重要变量而产生内生性问题。为了解决以上原因可能带来的内生性对估计结果有效性的影响，本章拟通过多种方式尽可能地降低内生性对估计结果的影响。

首先，我们在表6-2第（3）列和第（6）列的基础上加入了年份和行业交互固定效应，以进一步控制同时随着行业和年份变化的未知因素带来的干扰，结果如表6-3的第（1）列、第（2）列所示；其次，各解释变量可能对企业创新质量具有滞后效应，因此，我们将解释变量和各控制变量均滞后一期进行回归，结果如表6-3的第（3）列、第（4）列所示；再次，创新质量可能具有累积效应，为此，我们在表6-3第（3）列、第（4）列的基础上进一步控制了被解释变量的滞后一期，估计结果如表6-3的第（5）列、第（6）列所示；最后，我们尝试采用工具变量法进行估计。借鉴已有研究的处理办法，我们采用城市所在省份的政府诚信指数及其滞后一期、省级腐败案例数以及城市腐败案例占比作为城市层面政府诚信指数的工具变量。估计结果及相关统计检验如表6－3的第（7）列、第（8）列所示。可以看到，本章所使用的工具变量较好地通过了相关性检验、弱识别检验和过度识别检验，意味着工具变量是有效的。从以上各估计结果来看，政府诚信指数依然显著为负，说明政府诚信水平越低，企业创新质量也越低，这与前述基准回归结果是一致的，H6.1依然得到了验证。

表6－3　　内生性处理结果

变量	(1)	(2)	(3)	(4)	(5)	(6)	(7)	(8)
	*inno*1	*inno*2	*inno*1	*inno*2	*inno*1	*inno*2	*inno*1	*inno*2
	进一步控制年份与行业交互固定效应		所有解释变量滞后一期		所有解释变量滞后一期并加入被解释变量滞后一期		基于面板工具变量回归	
Integrity	-0.0065^{***} (0.0016)	-0.0070^{***} (0.0016)					-0.0198^{***} (0.0062)	-0.0226^{***} (0.0063)
$Integrity_{t-1}$			-0.0034^{**} (0.0014)	-0.0038^{***} (0.0015)	-0.0030^{**} (0.0013)	-0.0035^{**} (0.0014)		
$inno1_{t-1}$					0.0663^{***} (0.0172)			
$inno2_{t-1}$						0.0550^{***} (0.0167)		
控制变量	YES	YES	YES	YES	YES	YES	YES	YES
constant	YES	YES	YES	YES	YES	YES	NO	NO
Firm	YES	YES	YES	YES	YES	YES	YES	YES
Year	YES	YES	YES	YES	YES	YES	YES	YES
Kleibergen－Paap rk LM							406.723 [0.0000]	406.723 [0.0000]
Stock－Yogo toct 5%临界值							16.85	16.85
Hansen J statistic							[0.3359]	[0.1578]
adj. R^2	0.429	0.395	0.340	0.306	0.345	0.309	0.088	0.035
F	8.9021^{***}	7.5198^{***}	98.3536^{***}	85.2976^{***}	109.9780^{***}	91.7286^{***}	87.7741^{***}	78.0271^{***}
N	10215	10215	8481	8481	8481	8481	5815	5815

注：方括号内为P值。控制变量与基准回归相同。

2. 基于不同政府诚信指数的估计结果

考虑到主解释变量——政府诚信指数（*Integrity*）是根据政府诚信含义而确定的负面关键词的百度搜索指数来度量的，可能存在一定的主观性而导致估计结果不稳健。为此，我们在用于度量 *Integrity* 的关键词的基础上删减了部分关键词，仅保留 14 个最核心的负面关键词①，并基于这些关键词得到各地的平均百度搜索指数（*Integrity*2）。然后，我们以 *Integrity*2 为解释变量进行了估计。估计结果如表 6 -4 的第（1）列和第（2）列所示。

表 6 -4　　基于不同政府诚信指数的回归结果

变量	(1)	(2)	(3)	(4)	(5)	(6)
	*inno*1	*inno*2	*inno*1	*inno*2	*inno*1	*inno*2
*Integrity*2	-0.0043** (0.0017)	-0.0047*** (0.0017)				
*Integrity*3			-0.0028* (0.0016)	-0.0031* (0.0016)		
*Integrity*4					-0.0058* (0.0030)	-0.0063** (0.0029)
控制变量	YES	YES	YES	YES	YES	YES
constant	YES	YES	YES	YES	YES	YES
Firm	YES	YES	YES	YES	YES	YES
Year	YES	YES	YES	YES	YES	YES
adj. R^2	0.326	0.287	0.326	0.286	0.326	0.287
F	107.7627***	93.6914***	107.7264***	93.7243***	107.7342***	93.7865***
N	10 448	10 448	10 448	10 448	10 448	10 448

此外，我们在 14 个最核心的负面关键词的基础上，还加入 24 个基于《国务院关于加强政务诚信建设的指导意见》和《社会信用体系建设规划纲要（2014—2020 年）》这两份重要中央文件中有关负面政府诚信的词汇，进而构建了包含 38 个关键词的百度搜索指数（*Integrity*3），并进行重新估计，结果如表 6 -4 的第（3）列、第（4）列所示。

① 缩减后的关键词包括：不作为、朝令夕改、吃空饷、吃拿卡要、带病提拔、腐败、“四风”、塔西佗陷阱、贪官、徇私舞弊、一刀切、以权谋私、职务犯罪、走过场。

最后，我们还利用 Python 软件爬取了中国知网的中国重要报纸全文数据库以及百度资讯中有关各城市政府诚信负面信息的媒体报道数量，构建了有关各城市政府诚信的媒体关注度指数（*Integrity*4），然后重新进行估计，结果如表 6 - 4 的第（5）列、第（6）列所示。可以看到，各城市政府诚信指数仍然显著为负，意味着政府诚信度越低，所在地区的企业创新质量也越低。

3. 改变专利质量指数的回归结果

在基准回归中，我们以所有专利为基准构建专利质量指数。专利包括发明专利、实用新型专利以及外观设计专利三种类型。已有研究认为发明专利技术含量更高、获得授权更难，要经过国家知识产权局进行实质性审查，符合相关要求才能获得授权，而实用新型专利和外观设计专利仅需要形式审查即可。实用新型专利虽然比发明专利的创造性和技术性要低，但相较于外观设计专利而言，其实用价值更大，在技术性和申请难度上比外观设计专利更大。为此，本章分别以基于不包括外观设计专利的申请专利（*inno*3）、申请的发明专利（*inno*4）、申请的实用新型专利（*inno*5）、申请的外观设计专利（*inno*6）、授权的发明专利（*inno*7）构建的专利质量指数为被解释变量进行估计。回归结果分别如表 6 - 5 的第（1）列至第（5）列所示。结果发现，除基于申请的外观设计专利构建的专利指数外，以其他专利指数为因变量的估计结果中，*Integrity* 的估计系数均显著为负。这表明，政府诚信指数越大，政府诚信水平越低，基于发明专利、实用新型专利的质量水平越低，而外观设计专利的质量水平没有显著变化。

表 6 - 5　　　　　　改变专利质量指数的回归结果

变量	(1)	(2)	(3)	(4)	(5)
	*inno*3	*inno*4	*inno*5	*inno*6	*inno*7
Integrity	-0.0055*** (0.0020)	-0.0042* (0.0025)	-0.0023*** (0.0008)	-0.0000 (0.0000)	-0.0048* (0.0025)
控制变量	YES	YES	YES	YES	YES
constant	YES	YES	YES	YES	YES
Firm	YES	YES	YES	YES	YES
Year	YES	YES	YES	YES	YES
adj. R^2	0.342	0.360	0.184	0.012	0.302
F	117.3545***	145.8267***	49.3051***	5.0914***	127.6572***
N	10 448	10 448	10 448	10 448	10 448

4. 仅考虑制造业企业和非创业板企业的估计结果

制造业企业是工业企业的核心组成部分，在竞争过程中对工艺创新和产品创新的依赖度较高，更加注重创新在竞争中的作用。相对于采掘业、电力、热力、燃气及水生产和供应业以及建筑等行业，制造业的研发密度普遍更高，因此，政府诚信对制造业企业的创新质量可能更为重要。虽然在前述估计中我们已经控制了企业个体固定效应和关键行业因素，但这些行业的特殊性仍可能会影响到估计结果的可靠性，为此，我们仅以制造业企业为对象进行稳健性检验。估计结果如表6－6的第（1）列、第（2）列所示。可以看到，估计结果没有发生系统性改变。此外，创业板上市的公司大多为创业型、中小型或高科技产业企业，上市门槛相对较低，从而有可能对估计结果产生实质性影响。为此，我们将创业板上市的公司剔除后进行重新估计，结果如表6－6的第（3）列、第（4）列所示，可以发现，政府诚信指数的估计系数依然显著为负。以上稳健性检验结果均表明本章的基准估计结果具有较高的稳健性，实证检验结论较为可靠。

表6－6　　基于制造业企业和非创业板企业的回归结果

变量	(1)	(2)	(3)	(4)
	*inno*1	*inno*2	*inno*1	*inno*2
	制造业企业		非创业板企业	
Integrity	−0.0065*** (0.0022)	−0.0074*** (0.0022)	−0.0040* (0.0021)	−0.0041** (0.0020)
控制变量	YES	YES	YES	YES
constant	YES	YES	YES	YES
Firm	YES	YES	YES	YES
Year	YES	YES	YES	YES
adj. R^2	0.340	0.301	0.308	0.269
F	104.5511***	90.9816***	80.0169***	70.4013***
N	9 285	9 285	8667	8667

三、异质性估计结果

上述实证结果表明，政府诚信水平越低，企业创新质量越低。考虑到企业规模、企业所有权性质、企业所在行业、企业自身的资产结构以及企业所在城市的区位条件等方面存在显著差异，政府诚信指数对企业创新的作用在不同条件下可能呈现出不一样的特征。接下来本章将总样本按照规模大小、企业所有权性质、企业是否为高技术企业、企业的资产专用程度、是否位于东部地区进行划分，通过分组回归来检验政府诚信水平的创新效应异质性。

1. 企业规模异质性

规模较大的企业常常拥有更多的创新资源，更容易获得外部资金支持，通常与地方政府具有更强的政治关联关系，因在地区经济中具有更大的带动能力而获得更大的政策倾斜，从而，地方政府诚信状况对大型企业的创新质量可能影响不大。相反，小型企业的创新能力相对较低，与地方政府的政治关联性相对较弱，更依赖于市场交易关系推动创新水平，因此，地方政府诚信度对小型企业的创新积极性以及创新质量至关重要。为了检验政府诚信水平对不同规模企业创新质量的影响，本章按企业员工总数均值将样本划分为规模较大企业组和规模较小企业组。估计结果如表 6－7 所示。可以发现，政府诚信指数对规模较小企业组的创新质量具有显著的负向作用，即政府诚信水平越低，企业的创新质量越低；相反，对规模较大企业组的创新质量没有显著性影响。

表 6－7　　　　企业规模异质性

变量	(1)	(2)	(3)	(4)
	*inno*1		*inno*2	
	小规模企业	大规模企业	小规模企业	大规模企业
Integrity	－0.0050** (0.0023)	－0.0056 (0.0038)	－0.0061*** (0.0023)	－0.0041 (0.0035)
控制变量	YES	YES	YES	YES
constant	YES	YES	YES	YES
Firm	YES	YES	YES	YES
Year	YES	YES	YES	YES
adj. R^2	0.318	0.359	0.276	0.333
F	83.1661***	20.7044***	72.6661***	18.3567***
N	8 526	1 922	8 526	1 922

2. 企业所有权性质异质性

国有企业与政府有着较强的政治关联，更容易获得政府的扶持，受政策变动的影响较小，且国有企业通常涉足资源型行业，垄断程度较高，竞争没那么激烈（刘诗源等，2020），行业创新密度较低，企业创新动力也相对较低。因此，政府诚信水平的高低对国有企业创新质量可能不存在显著性影响。相对而言，诸多非国有企业所在行业竞争更激烈，能够获得的政策支持相对较少，对有利于市场机制运行的环境更为依赖，因此更能够从政府诚信水平的提高中获益，即在政府诚信水平较高的地区，非国有企业更有积极性投资于高质量创新活动，反之，政府诚信度越低则越不利于非国有企业创新质量的提高。根据 CSMAR 数据库中的企业实际控制人性质代码将工业企业样本划分为国有企业和非国有企业，然后进行分组估计。估计结果如表 6－8 所示。可以看到，政府诚信变量在非国有企业组显著为负，表明政府诚信水平越低，非国有企业组中企业创新质量越低，而在国有企业组这一关系并不显著。

表 6－8 企业所有权性质异质性

变量	(1)	(2)	(3)	(4)
	*inno*1		*inno*2	
	非国有企业	国有企业	非国有企业	国有企业
Integrity	－0.0087*** (0.0028)	－0.0015 (0.0028)	－0.0096*** (0.0028)	－0.0013 (0.0027)
控制变量	YES	YES	YES	YES
constant	YES	YES	YES	YES
Firm	YES	YES	YES	YES
Year	YES	YES	YES	YES
adj. R^2	0.340	0.301	0.302	0.259
F	79.9512***	29.4038***	69.4581***	25.7175***
N	6 973	3 475	6 973	3 475

3. 企业所属行业异质性

高技术行业的技术密集度较高，企业之间的竞争较为激烈，对创新的依赖度较高，因此，企业创新动力和创新质量对政府诚信水平的敏感度更高。而非高技术行业的技术密集度相对较低，企业并不依赖于技术来竞争，因此，创新质量对政府诚信水平的依赖度也就不明显。为此，我们依据国家统计局发布的《高技术产业（制造业）分类（2017）》将样本分为高技术企业和非高技术企业两类，并进行分组回归。估计结果如表 6－9 所示。可以看到，政府诚信指数对高技术企业的创新质量具有显著的负向作用，即政府诚信度越低，高技术企业的创新质量越低，而对非高技术企业的创新质量没有显著性影响。不难理解，高技术行业企业高度依赖于创新，创新动力和意愿更强，创新活动的技术含量更高，投入的创新资源更多，因此更需要诚信度较高的经营环境。而非高技术行业企业的竞争可能更依赖于运营、成本控制以及技术应用（刘诗源等，2020），因此，创新质量受政府诚信度的影响也就不显著。

表 6-9　　企业技术密集特征异质性

变量	(1)	(2)	(3)	(4)
	*inno*1		*inno*2	
	非高技术企业	高技术企业	非高技术企业	高技术企业
Integrity	-0.0048 (0.0031)	-0.0058** (0.0025)	-0.0041 (0.0028)	-0.0070*** (0.0026)
控制变量	YES	YES	YES	YES
constant	YES	YES	YES	YES
Firm	YES	YES	YES	YES
Year	YES	YES	YES	YES
adj. R^2	0.253	0.389	0.218	0.343
F	28.7505***	86.5682***	25.5255***	74.0149***
N	4 224	6 224	4 224	6 224

4. 企业资产专用程度异质性

理论上而言，资产专用程度越高，企业越有可能面临着被敲竹杠的风险，因此，对诚信的外部环境依赖度更大。然而，对于中国工业中的上市公司的创新而言，情况可能恰恰相反。资产专用程度较高的企业往往属于采掘业、能源加工行业以及研发密集度较低而资本密集度较高的重化工业，这些企业通常属于大型企业或者国有企业，一方面与地方政府具有较强的关联性，另一方面也是地方政府稳 GDP、促进就业以及增加税收的保障，从而，这些企业的创新质量对政府诚信水平的高低可能并不敏感。而资产专用程度较低的企业可能更依赖于技术人才、高人力资本投入，资产专用程度相对较低，其创新质量受地方政府诚信水平的影响更为明显。为此，我们首先将企业资产专用程度界定为（企业固定资产净值 + 无形资产净额 + 在建工程 + 长期待摊费用）/资产总计，然后据此指标的均值将企业分为高资产专用性和低资产专用性两组进行分组回归。回归结果如表 6-10 所示。从中可以看出，政府诚信指数对低资产专用程度企业的创新质量有更显著的负向影响。这就印证了前述猜想。未来可以就创新资产专用性程度进行进一步研究，以探讨政府诚信水平是否对创新资产专用性程度更高的企业的创新质量影响更显著，受制于数据的可得性，我们在本章中无法进一步验证。

表 6-10　　企业资产专用程度异质性

变量	(1)	(2)	(3)	(4)
	*inno*1		*inno*2	
	低资产专用企业	高资产专用企业	低资产专用企业	高资产专用企业
Integrity	-0.0059** (0.0024)	-0.0041 (0.0034)	-0.0066*** (0.0024)	-0.0033 (0.0033)
控制变量	YES	YES	YES	YES
constant	YES	YES	YES	YES
Firm	YES	YES	YES	YES
Year	YES	YES	YES	YES
adj. R^2	0.341	0.299	0.303	0.261
F	64.0668***	37.1529***	55.8250***	33.4810***
N	5 901	4 547	5 901	4 547

5. 企业所在地区的异质性

中国区域差异较大，不同地区的政府诚信水平对企业创新质量的影响可能有所不同。本章按照企业的注册地址将企业分为东部地区企业和中西部地区企业两组，表 6-11 报告了基于不同区域组别的回归结果。估计结果显示，东部地区企业组的政府诚信变量的估计系数显著为负，这意味着在东部地区，政府诚信水平越低，企业创新质量越低；而在中西部地区政府诚信变量的估计系数不显著。导致这一结果的可能原因在于，东部地区各城市的经济发展水平和市场化程度较高，企业的创新行为选择对所在城市政府诚信水平的依赖度更大，政府诚信度越高的城市越能够吸引大量注重长期效益的企业入驻，该城市中企业的创新质量也会体现出更高的水平。相对而言，中西部地区的市场化程度相对较低，有助于企业专注于高质量创新的资本市场发展相对不完善，企业的创新水平普遍较低，同时政府诚信水平差异不大。因此，在中西部地区政府诚信水平对企业创新质量影响不显著。但这并不意味着中西部地区政府诚信水平高低无关紧要，这恰恰可能说明在当前阶段，中西部地区在政府诚信水平差异不大或普遍较低的情况下，如果能够不断提高政府诚信水平，可能有助于企业提高创新质量。

表 6-11　企业所在地区的异质性

变量	(1)	(2)	(3)	(4)
	*inno*1		*inno*2	
	中西部企业	东部企业	中西部企业	东部企业
Integrity	-0.0018 (0.0046)	-0.0043* (0.0023)	-0.0006 (0.0044)	-0.0050** (0.0023)
控制变量	YES	YES	YES	YES
constant	YES	YES	YES	YES
Firm	YES	YES	YES	YES
Year	YES	YES	YES	YES
adj. R^2	0.275	0.351	0.232	0.313
F	31.4252***	79.8198***	27.5258***	68.9340***
N	3 558	6 890	3 558	6 890

第六节　进一步分析

一、动力机制

1. 政府诚信如何影响企业创新的积极性

前文分析了政府诚信指数对企业创新质量的影响，发现政府诚信水平越低，企业的创新质量越差。需要进一步追问的是，政府诚信将如何影响企业创新的积极性？企业创新的积极性体现为是否愿意增加创新投入、是否提高专利申请数量以及是否愿意从事更复杂的创新活动。为此，我们分别以企业研发投入对数（*rdexplog*）、发明专利申请数量对数（*invapplog*）、发明专利授权数量对数（*invauthlog*）、发明专利授权率（*invauthr*）、实用新型专利申请数量对数（*utiapplog*）和外观设计专利申请数量对数（*desapplog*）作为被解释变量进行回归。回归结果如表 6-12 所示。可以看到，第（1）列至第（4）列中政府诚信指数回归系数均显著为负，而第（5）列和第（6）列中政府诚信指数的系数不显著。这说明，政府诚信水平下降不仅会降低企业的研发支出强度，也会降低企业从事更复杂的发明创新的积极性，不仅申请的发明专利数量更少，而且发明专利的授权数量以及授权率也更低。而对于体现在实用新型专利和外观设计专利等方面的“短平快”创新活动没有显著的影响。从而，地区政府诚信水平的提升有助于企业增加研发支出；同时，也推动了企业更多地进行发明专利申请，并增加了发明专利的授权数量、提高了发明专利的授权率，意味着在政府诚信度比较高的地区，企业更愿意从事更复杂的创新活动。

表 6-12　　　　政府诚信与企业创新积极性

变量	(1)	(2)	(3)	(4)	(5)	(6)
	rdexplog	*invapplog*	*invauthlog*	*invauthr*	*utiapplog*	*desapplog*
Integrity	-0.0082** (0.0038)	-0.0026* (0.0014)	-0.0076*** (0.0015)	-0.0015*** (0.0005)	-0.0004 (0.0013)	-0.0005 (0.0009)
控制变量	YES	YES	YES	YES	YES	YES
constant	YES	YES	YES	YES	YES	YES
Firm	YES	YES	YES	YES	YES	YES
Year	YES	YES	YES	YES	YES	YES
adj. R^2	0.191	0.105	0.363	0.360	0.102	0.026
F	21.1514***	30.7194***	91.8842***	152.8583***	30.5477***	8.3909***
N	9 285	9 285	9 285	9 285	9 285	9 285

2. 政府诚信如何影响企业之间的合作创新

如果企业在一个诚信度更高的环境中运营，企业之间的合作程度会更高。那么，政府诚信水平是否会促进企业之间进行合作创新？反之，一个城市的政府诚信水平越低，是否会阻碍企业之间进行合作创新？为此，我们以合作申请的发明专利数量对数（*coinvapplog*）、合作发明专利授权数量的对数（*coinvauthlog*）、合作发明专利的授权率（*coinvauthr*）、合作申请的发明专利占所有申请的发明专利比重（*coinvappprop*）、合作申请的实用新型专利占所有申请的实用新型专利比重（*coinvappprop*）、合作申请的外观设计专利占所有申请的外观设计专利比重（*coinvappprop*）为被解释变量进行回归，结果如表 6-13 所示。与预期不相符的是，所有回归系数均为正，且除合作发明专利的授权数量的对数（*coinvauthlog*）、合作发明专利的授权率（*coinvauthr*）外，其他四种情形下的回归系数均显著。这意味着政府诚信水平越低，企业反而更愿意寻求与其他企业进行合作创新。一个可能的解释是，在政府诚信水平越低的城市，企业可能需要耗费更多的资源寻求与政府建立关联关系，或者需要耗费更多的资金用于市场营销、企业运营，进而在创新方面存在严重的融资约束，企业有更大的动力寻求与外部进行合作创新，以规避所处发展环境带来的不利影响。此外，与外部企业进行合作创新也有助于共同分担所在地区政府诚信度不高带来的不确定性和风险。

表 6-13　　政府诚信与企业合作创新

变量	(1)	(2)	(3)	(4)	(5)	(6)
	coinvapplog	*coinvauthlog*	*coinvauthr*	*coinvappprop*	*coinvappprop*	*coinvappprop*
Integrity	0.0030*** (0.0009)	0.0008 (0.0007)	0.0003 (0.0005)	0.0029*** (0.0008)	0.0017*** (0.0005)	0.0003* (0.0002)
控制变量	YES	YES	YES	YES	YES	YES
constant	YES	YES	YES	YES	YES	YES
Firm	YES	YES	YES	YES	YES	YES
Year	YES	YES	YES	YES	YES	YES
adj. R^2	0.051	0.046	0.019	0.060	0.038	0.004
F	8.3319***	9.5968***	10.5309***	6.6818***	4.9241***	1.4488*
N	9 285	9 285	9 285	9 285	9 285	9 285

二、成本机制

前文分析表明，政府诚信度越低，辖区企业将难以与政府建立信任关系，因此，企业将不得不投入更多的资金、人力、物力等资源寻求与政府建立关联关系以规避或降低所面临的不确定性带来的风险，这会增加企业的运营成本，进而压缩投入到高质量创新活动中的资源。融资对创新投资尤为重要。然而，由于研发投资产生的更多的是无形资产，企业创新将面临较大的外部融资约束（Xu，2020），而政务失信引致的创新投资结果高度不确定性，会进一步推高高质量创新活动的外部融资成本（Kerr and Nanda，2015；樊霞等，2020）。此外，政务失信不利于本地集聚经济的形成，高技能劳动力蓄水池效应难以发挥，企业获取创新人才更加困难，获取创新人才的成本也更加高昂。政务失信不仅推动了企业短视的机会主义行为，也会迫使企业投入更多的资源处理与政府部门、政府官员之间的关系以获得经营许可或者必要的资源，进而提高投资成本并挤出创新投资（Anokhin and Schulze，2009）。政府诚信在社会信用体系中处于核心地位，对商务诚信、社会诚信的形成发挥着表率和导向作用。① 因此，政府诚信度越低，将

① 国务院于 2014 年 6 月 14 日印发的《社会信用体系建设规划纲要（2014－2020 年）》明确指出，“政务诚信是社会信用体系建设的关键，各类政务行为主体的诚信水平，对其他社会主体诚信建设发挥着重要的表率和导向作用”。

导致本地企业与供应商、合作伙伴、客户之间的交易成本变得更高，企业要耗费更多的资源赢得他们的信任以达成交易协议。因此，在政府诚信较低的环境中，企业的创新活动将面临更大的交易成本，进而可能导致企业追求短平快的项目和利益，最终导致企业创新质量下降。

为了验证以上猜想，借鉴已有研究的做法，我们分别以企业销售费用的对数（*Trsccost*1）和管理费用的对数（*Trsccost*2）作为交易成本的代理变量，以检验上述作用机制是否存在。首先，我们用政府诚信指数（*Integrity*）分别对 *Trsccost*1 和 *Trsccost*2 进行回归，结果如表 6－14 的第（1）列和第（2）列所示。结果显示，政府诚信指数的符号均显著为正，意味着城市政府诚信水平越低，企业的交易成本越会上升。其次，我们同时将政府诚信指数与交易成本变量放入模型中对企业创新质量进行估计，估计结果如表 6－14 的第（3）列至第（6）列所示。可以发现，政府诚信指数的估计系数依然显著为负，同时 *Trsccost*1 和 *Trsccost*2 的估计系数也为负。这说明，政府诚信水平的下降不仅会直接导致企业创新质量下降，而且的确会通过提高交易成本而制约企业提高创新质量。

表 6－14　　　　政府诚信的交易成本效应

变量	(1)	(2)	(3)	(4)	(5)	(6)
	*Trsccost*1	*Trsccost*2	*inno*1	*inno*1	*inno*2	*inno*2
Integrity	0.0013* (0.0007)	0.0016*** (0.0005)	－0.0053*** (0.0020)	－0.0052*** (0.0019)	－0.0056*** (0.0019)	－0.0056*** (0.0019)
*Trsccost*1			－0.1054** (0.0445)		－0.1091** (0.0446)	
*Trsccost*2				－0.1767** (0.0767)		－0.1472* (0.0769)
控制变量	YES	YES	YES	YES	YES	YES
constant	YES	YES	YES	YES	YES	YES
Firm	YES	YES	YES	YES	YES	YES
Year	YES	YES	YES	YES	YES	YES
adj. R^2	0.203	0.413	0.331	0.327	0.292	0.287
F	92.0591***	204.4094***	104.7086***	103.0559***	91.2623***	89.5699***
N	10 257	10 448	10 257	10 448	10 257	10 448

三、放大机制

当前，互联网表达已成为影响中国社会的一个重要因素，人们对互联网的依赖度也越来越高。互联网的普及与应用，打破了传统倒金字塔形的传播模式。人们可以在微博、微信公众号、论坛、新闻客户端等以互联网为载体的自媒体上方便、快捷地发表自己的观点，“人人持有麦克风”，公共讨论零门槛。互联网的深入应用使政府公信力面临着权力弥散、权威转化的社会基础变化的挑战（褚松燕，2018）。而人类在进化过程中形成的“风险规避”和“负面消息偏好”特性，使得互联网的深入应用在给人类社会带来便利的同时，也给社会治理带来了更大的挑战。在信任程度较低的情况下，人们关注负面消息、小道消息、负面新闻的倾向会更明显。如果政府部门对有关自身形象的负面消息或关注点没有及时、客观、公正的解释和回应，受众心理的“负面信息偏好”会以更大的强度被激发出来，公众甚至会将正面新闻解读成负面信息（陈浩和吕弘毅，2013）。

在后物质主义观念下，政治体系的“物质产出”对提升公众政治信任水平的重要性在不断降低（李艳霞，2015），人们更加关注公民权利、公民自由、公民参与、公平感、环境意识等后物质因素，对政府责任的要求也越来越高（Inglehart，1990）。这一价值观的转变，意味着公众对政治体系的认同转变为主要取决于政治体系的运行过程是否合法、清廉、是否符合公民基本权利的实现（李艳霞，2015）。因此，在互联网时代，人们尤为关注有关政府责任、政府行为的负面消息。苏振华和黄外斌（2015）的研究就发现，互联网的使用对政治信任有显著的负向影响。因此，在其他条件不变的情况下，互联网发展水平越高，越有利于公众在互联网上的自我表达。但在后物质主义时代，互联网发展方便了具有“负面消息偏好”的公众对有关政府部门和公务员的行政合法性、行政效率、是否守信践诺等负面消息的搜索、关注与传播，从而互联网发展水平将会放大地方政府诚信缺失对企业创新的负面效应。

为此，我们在模型中加入城市互联网发展水平变量①及其与该地区政府诚信指数的交乘项进行估计。估计结果如表 6 - 15 所示。可以看到，加入地区互联网发展变量（*Net*）及其与政府诚信指数（*Integrity*）的交乘项（$Integrity \times Net$）后，政府诚信指数的系数依然显著为负，同时政府诚信指数与互联网发展变量的交乘项也显著为负，这意味着政府诚信对企业创新的影响受到互联网发展水平的调节，也就是说地区互联网发展水平越高，政府诚信指数对企业创新质量的负面影响越大，即互联网发展水平会放大政府诚信指数对企业创新质量的负向影响。

---

① 用地级市每万人互联网宽带接入数来衡量。

整体上互联网发展水平在政府诚信下降对企业创新质量的抑制作用中起着负向调节作用。

表 6-15　互联网发展水平的调节效应

变量	(1)	(2)	(3)	(4)
	*inno*1	*inno*1	*inno*2	*inno*2
Integrity	-0.0059*** (0.0020)	-0.0043** (0.0020)	-0.0061*** (0.0020)	-0.0046** (0.0020)
Net	-0.0699 (0.1372)	-0.0652 (0.1343)	-0.0546 (0.1307)	-0.0498 (0.1288)
Integrity × *Net*	-0.0074* (0.0041)	-0.0078* (0.0042)	-0.0084** (0.0041)	-0.0088** (0.0042)
控制变量	NO	YES	NO	YES
constant	YES	YES	YES	YES
Firm	YES	YES	YES	YES
Year	YES	YES	YES	YES
adj. R^2	0.317	0.328	0.279	0.288
F	264.9613***	98.6412***	233.1748***	85.8874***
N	10 406	10 406	10 406	10 406

第七节　结论与政策建议

本章基于中国 A 股上市的工业企业数据，研究了政府诚信水平对企业创新质量的影响。结果发现：第一，地区政府诚信水平越低，企业的创新质量越低。这种影响对于不同的企业具有差异性。其中，小规模企业、非国有企业、高技术企业、低资产专用性企业以及东部企业的创新质量会受到更显著的负向影响，而大规模企业、国有企业、非高技术企业、高资产专用性企业以及非东部企业的创新质量受到的影响却不显著。第二，政府诚信水平的提高促进企业研发投入增加，同时有助于企业进行更为复杂的发明创新活动。政府诚信水平的下降推动着企业寻求与外部企业进行合作创新，以规避可能面临的风险和不确定性。第三，政府诚信水平下降将通过引起交易成本上升而对企业创新质量产生负向影响。第四，互联网会放大政府诚信水平下降对企业创新质量的负向影响。

上述研究结论的现实含义在于：第一，各级政府应积极贯彻落实《国务院关于加强政务诚信建设的指导意见》《社会信用体系建设规划纲要（2014—2020年）》等方针政策与规划，努力营造良好的氛围，构建稳定的市场预期，降低交易成本，促进知识外溢和技术交易市场的发展，让市场主体能够真正提升所在地区政府诚信感知，进而促进企业创新质量以及企业创新的积极性。第二，互联网发展水平越发达的地区，政府诚信水平对企业创新质量的影响越大。因此，在互联网发展的大背景下，决策部门应更加注重政府诚信建设和政府治理水平的提升。数字经济时代，公众可以更便捷地通过互联网去搜寻、加工、评论其所关注的信息，特别是在负面信息偏好的心理条件下，人们尤其关注有关政府诚信的负面信息（在某些条件下，甚至对正面信息进行负面解读和传播）。地方政府和公务员的违法、违规行为，以及不讲信用、腐败、懒政怠政等很容易受到公众注意，进而影响到公众对地方政府诚信水平的感知，并对其创新行为和创新绩效产生负面影响。本章的研究结论提醒各级地方政府，在互联网时代，要更加注重加强自身治理水平建设，加强依法行政、政务公开、守信践诺、勤政高效，这样才能促进本地企业进行更高质量的创新，进而实现地区产业转型升级和经济高质量发展。

参考文献

［1］陈浩、吕弘毅：《浅析受众对于正面新闻报道的负面解读》，载于《经济与社会发展》2013 年第 3 期。

［2］褚松燕：《再论互联网时代的政府公信力建设》，载于《上海行政学院学报》2018 年第 1 期。

［3］樊霞、陈娅、张巧玲：《经济政策不确定性、政府隐性担保与企业创新持续性》，载于《管理学报》2020 年第 9 期。

［4］何显明：《信用政府的逻辑：转型期地方政府信用缺失现象的制度分析》，学林出版社 2007 年版。

［5］胡志安、邱智敏：《不确定性会导致企业寻租吗？——基于世界银行投资环境调查的实证研究》，载于《经济学报》2021 年第 2 期。

［6］黄群慧、倪红福：《基于价值链理论的产业基础能力与产业链水平提升研究》，载于《经济体制改革》2020 年第 5 期。

［7］李兵、岳云嵩、陈婷：《出口与企业自主技术创新：来自企业专利数据的经验研究》，载于《世界经济》2016 年第 12 期。

［8］李双建、李俊青、张云：《社会信任、商业信用融资与企业创新》，载于《南开经济研究》2020 年第 3 期。

［9］李艳霞：《何种治理能够提升政治信任？——以当代中国公众为样本的实证分析》，载于《中国行政管理》2015 年第 7 期。

［10］黎文靖、郑曼妮：《实质性创新还是策略性创新？——宏观产业政策对微观企业创新的影响》，载于《经济研究》2016 年第 4 期。

［11］龙小宁、王俊：《中国专利激增的动因及其质量效应》，载于《世界经济》2015 年第 6 期。

［12］潘越、潘健平、戴亦一：《公司诉讼风险、司法地方保护主义与企业创新》，载于《经济研究》2015 年第 3 期。

［13］苏振华、黄外斌：《互联网使用对政治信任与价值观的影响：基于 CGSS 数据的实证研究》，载于《经济社会体制比较》2015 年第 5 期。

［14］王海成、吕铁：《知识产权司法保护与企业创新——基于广东省知识产权案件“三审合一”的准自然试验》，载于《管理世界》2016 年第 10 期。

［15］王军、邹广平、石先进：《制度变迁对中国经济增长的影响——基于 VAR 模型的实证研究》，载于《中国工业经济》2013 年第 6 期。

［16］王永进、冯笑：《行政审批制度改革与企业创新》，载于《中国工业经济》2018 年第 2 期。

［17］王宇哲、赵静：《“用钱投票”：公众环境关注度对不同产业资产价格的影响》，载于《管理世界》2018 年第 9 期。

［18］吴超鹏、唐菂：《知识产权保护执法力度、技术创新与企业绩效——来自中国上市公司的证据》，载于《经济研究》2016 年第 11 期。

［19］夏后学、谭清美、白俊红：《营商环境、企业寻租与市场创新——来自中国企业营商环境调查的经验证据》，载于《经济研究》2019 年第 4 期。

［20］熊达：《论“诚信”的层次性及建设路径》，载于《中国人民大学学报》2019 年第 3 期。

［21］杨方：《诚信内涵解析》，载于《道德与文明》2005 年第 3 期。

［22］杨国超、芮萌：《高新技术企业税收减免政策的激励效应与迎合效应》，载于《经济研究》2020 年第 9 期。

［23］叶祥松、刘敬：《异质性研发、政府支持与中国科技创新困境》，载于《经济研究》2018 年第 9 期。

［24］袁建国、后青松、程晨：《企业政治资源的诅咒效应——基于政治关联与企业技术创新的考察》，载于《管理世界》2015 年第 1 期。

［25］张杰、郑文平：《创新追赶战略抑制了中国专利质量么?》，载于《经济研究》2018 年第 5 期。

［26］张鹏、黄爱教：《政府诚信：政府的道德底线》，载于《理论月刊》2007 年第 11 期。

[27] Acs Z J, et al, "The Knowledge Spillover Theory of Entrepreneurship", *Small Business Economics*, 2009, 32 (1): 15 –30.

[28] Alam A, et al, "Institutional Determinants of R&D Investment: Evidence from Emerging Markets", *Technological Forecasting and Social Change*, 2019, 138: 34 –44.

[29] Allard G, et al, "Political Instability, Pro – business Market Reforms and Their Impacts on National Systems of Innovation", *Research Policy*, 2012, 41: 638 –651.

[30] Anokhin S, Schulze W S, "Entrepreneurship, Innovation, and Corruption", *Journal of Business Venturing*, 2009, 24 (5): 465 –476.

[31] Atanassov J, et al, "The Bright Side of Political Uncertainty: The Case of R&D", Paper Presented at FMA Asia/Pacific Conference, 2016.

[32] Baumeister R, et al, "Bad is Stronger than Good", *Review of General Psychology*, 2001, 5 (4): 323 –370.

[33] Baur D G, Dimpfl T, "Googling Gold and Mining Bad News", *Resources Policy*, 2016 (5): 306 –311.

[34] Bell G G, "Clusters, Networks, and Firm Innovativeness", *Strategic Management Journal*, 2005, 26 (3): 287 –295.

[35] Bhattacharya U, et al, "What Affects Innovation More: Policy or Policy Uncertainty?", *Journal of Financial and Quantitative Analysis*, 2017, 52 (5): 1869 –1901.

[36] Bloom N, et al, "Trade Induced Technical Change: The Impact of Chinese Imports on Innovation, Diffusion and Productivity", *Review of Economic Studies*, 2016 (83): 87 –117.

[37] Campbell J L, "Why would Corporations Behave in Socially Responsible Ways? An Institutional Theory of Corporate Social Responsibility", *Academy of Management Review*, 2007 (29): 345 –361.

[38] Chizema A, Pogrebna G, "The Impact of Government Integrity and Culture on Corporate Leadership Practices: Evidence from the Field and the Laboratory", *The Leadership Quarterly*, 2019, 30 (5): 1 –19.

[39] De Waldemar F S, "New Products and Corruption: Evidence from Indian Firms", *The Developing Economies*, 2012, 50 (3): 268 –284.

[40] Dincer O, "Does Corruption Slow Down Innovation? Evidence from a Cointegrated Panel of US States", *European Journal of Political Economy*, 2019 (56): 1 –10.

[41] Du J, et al, "Government Integrity and Corporate Investment Efficiency", *China Journal of Accounting Research*, 2018, 11 (3): 213 –232.

[42] Farole T, et al, "Cohesion Policy in the European Union: Growth, Geography, Institutions", *Journal of Common Market Studies*, 2011, 49 (5): 1089 –1111.

[43] Fiske S T, "Attention and Weight in Person Perception: The Impact of Negative and Extreme Behavior", *Journal of Personality and Social Psychology*, 1980, 38 (6): 889 –906.

[44] Gertler M S, "Tacit Knowledge and the Economic Geography of Context, or the Undefin-

able Tacitness of Being (There)", *Journal of Economic Geography*, 2003, 3 (1): 75 -99.

[45] Gulen H, Ion M, "Policy Uncertainty and Corporate Investment", *Review of Financial Studies*, 2016, 29 (3): 523 -564.

[46] Huang H, C Xu, "Institutions, Innovations and Growth", *American Economic Review*, 1999 (89): 438 -443.

[47] Inglehart R, *Culture Shift in Advanced Industrial Society*, Princeton University Press, 1990.

[48] Ito T A, et al, "Negative Information Weighs More Heavily on the Brain: The Negativity Bias in Evaluative Categorizations", *Journal of Personality and Social Psychology*, 1998 (75): 887 -900.

[49] Kerr W R, Nanda R, "Financing Innovation", *Annual Review of Financial Economics*, 2015, 7 (1): 445 -462.

[50] Krammer S M S, "Drivers of National Innovation in Transition: Evidence from a Panel of Eastern European Countries", *Research Policy*, 2009, 38 (5): 845 -860.

[51] La Porta R, et al, "Law and Finance", *Journal of Political Economy*, 1998 (106): 1113 -1155.

[52] Marques P, "Why did the Portuguese Economy Stop Converging with the OECD? Institutions, Politics and Innovation", *Journal of Economic Geography*, 2015 (15): 1009 -1031.

[53] Masino S, "Macroeconomic Volatility, Institutional Instability and Incentive to Innovate", *Review of Development Economics*, 2015, 19 (1): 116 -131.

[54] Murphy K M, et al, "The Allocation of Talent: Implications for Growth", *Quarterly Journal of Economics*, 1991, 106 (2): 503 -530.

[55] Murphy K M, et al, "Why is Rent - Seeking so Costly to Growth?", *American Economic Review*, 1993, 83 (2): 409 -414.

[56] OECD, "Recommendation of the Council on Public Integrity", Paris OECD, 2013.

[57] Parker D, "Regulation of Privatised Public Utilities in the UK: Performance and Governance", *International Journal of Public Sector Management*, 1999, 12 (3): 213 -235.

[58] Paunov C, "Corruption's Asymmetric Impacts on Firm Innovation", *Journal of Development Economics*, 2016 (118): 216 -231.

[59] Pratto F, John O P, "Automatic Vigilance: The Attention - Grabbing Power of Negative Social Information", *Journal of Personality and Social Psychology*, 1991 (61): 380 -391.

[60] Rodríguez - Pose A, Di Cataldo M, "Quality of Government and Innovative Performance in the Regions of Europe", *Journal of Economic Geography*, 2015 (15): 673 -706.

[61] Rodríguez - Pose A, Zhang M, "The Cost of Weak Institutions for Innovation in China", *Technological Forecasting & Social Change*, 2020 (153): 1 -16.

[62] Rodríguez - Pose A, "Do Institutions Matter for Regional Development?", *Regional Studies*, 2013 (47): 1034 -1047.

[63] Rothstein B, Teorell J, "What is Quality of Government? A Theory of Impartial Government Institutions", *Governance*, 2008, 21 (2): 165 - 190.

[64] Simons T L, "Behavioral Integrity: The Perceived Alignment between Managers' Words and Deeds as A Research Focus", *Organization Science*, 2002 (13): 18 - 35.

[65] Taylor S E, "Asymmetrical Effects of Positive and Negative Events: The Mobilization Minimization Hypothesis", *Psychological Bulletin*, 1991 (110): 67 - 85.

[66] Tebaldi E, Elmslie B, "Does Institutional Quality Impact Innovation? Evidence from Cross - country Patent Grant Data", *Applied Economics*, 2013, 45 (7): 887 - 900.

[67] Ufere N, et al, "Merchants of Corruption: How Entrepreneurs Manufacture and Supply Bribes", *World Development*, 2012 (12): 2440 - 2453.

[68] Wang C, et al, "Under What Institutional Conditions do Business Groups Enhance Innovation Performance?", *Journal of Business Research*, 2015 (68): 694 - 702.

[69] Wu J, et al, "Internationalization and Innovation Performance of Emerging Market Enterprises: The Role of Host - country Institutional Development", *Journal of World Business*, 2016 (51): 251 - 263.

[70] Xu K, et al, "The Effect of Institutional Ties on Knowledge Acquisition in Uncertain Environments", *Asia Pacific Journal of Management*, 2012, 29 (2): 387 - 408.

[71] Xu Z, "Economic Policy Uncertainty, Cost of Capital, and Corporate Innovation", *Journal of Banking & Finance*, 2020 (111): 1 - 15.

第七章 企业生产率优势与所得税实际税率*
——基于企业市场势力视角的研究

第一节 引言

自改革开放以来，中国就一直强调各地区税率的统一。以企业所得税为例，2007 年通过的《中华人民共和国企业所得税法》规定，除了国家对重点扶持和鼓励发展的产业和项目给予企业所得税优惠外，企业所得税税率统一为 25%。然而，在实际中，企业所得税实际税率与名义税率存在较大偏离，企业间的所得税实际税率也有较大差异。实际税率与名义税率的偏离以及企业间税率的差异带来了一系列问题，如全要素生产率损失、不利于统一大市场建设、税收流失和国家能力的削弱等。

导致企业所得税实际税率偏离名义税率并存在企业间差异的原因是什么？已有研究表明，除了税收征管强度差异外，企业避税也是重要原因。除此之外，企业所得税实际税率的差异还可能是企业某些异质性特征或能力的结果。巴尔托利尼（Bartolini，2018）基于经济合作与发展组织（OECD）国家的企业数据研究发现，处于生产率前沿的企

* 本章作者：邓明。原文发表于《财政研究》2023 年第 3 期。

业，其所得税实际税率往往更低。本章基于中国工业企业数据库提供的规模以上工业企业和国有企业的数据同样发现，全要素生产率越高的企业，其所得税实际税率会越低。基于这一事实特征，本章在一个具有企业异质性和内生价格加成率的一般均衡模型中引入税收政策，并通过实证检验分析企业生产率对价格加成率与企业所得税实际税率的影响。

本章与两支文献相关。第一支是关于企业所得税实际税率差异影响因素的研究文献。这些因素可以归纳为两类：一类是以政府征税强度为代表的外部因素；另一类是企业个体特征等内部因素。

尽管中国是一个税收立法权高度集中的国家，但地方政府在税收政策上的“自由裁量权”比理论上所允许的要宽泛，再加上中央政府与地方政府的信息不对称，导致地方政府的征税强度存在差异，使得各地区的实际税率也存在较大程度的差异（邓明，2020）。而且，企业所得税被确定为中央和地方共享税，这种制度设计也为地方政府通过改变税收征管强度来影响企业所得税实际税率提供了空间。范子英和田彬彬（2013）以2002年所得税分享改革作为税收执法力度变动的外生冲击，发现地税部门对企业所得税的执法不力确实导致了较低的企业所得税实际税率。进一步来看，影响地方政府税收征管强度的原因有很多。第一个重要原因是地方政府面临的财政压力。马光荣和李力行（2012）认为地方政府会将政府规模扩大带来的财政压力进行转移，从而导致了企业实际税率的上升；田彬彬和范子英（2016）认为中国在2002年实施的所得税分享改革降低了地方政府的企业所得税分成比例，导致了地方政府税收征管权和收益权的分离，从而外生地降低了地税部门的税收努力程度，却不影响国税部门的税收努力程度，因此，所得税分享改革后，在地税部门缴税的企业的所得税实际税率明显上升。第二个重要原因是政府与企业之间的合谋。范子英和田彬彬（2016）利用1998年实施的国税局长异地交流制度导致的局长任职经历差异度量地方的政企合谋，发现本地晋升的局长政企合谋更严重，由此导致企业所得税平均税率的差异。

影响企业所得税实际税率的另一类因素则来自企业微观层面的异质性避税（逃税）能力，这些因素包括管理层能力（代彬等，2016）、企业与税务部门之间的空间距离（张敏等，2018）、高管经历（Law and Mills，2015）、企业规模（申广军和邹静娴，2017）、产权性质（Bradshaw et al.，2019）、融资约束（王亮亮，2016）、企业财务压力（魏志华和夏太彪，2020）等。

与本章相关的第二支文献是企业税收与生产率之间关系的研究。与本章研究恰好相反的是，这支文献主要是从企业生产率视角考察税收负担对生产率的影响。绝大部分理论研究和经验研究都认为，降低税率能够提高企业生产率。在理论研究方面，雷斯图恰和罗杰森（Restuccia and Rogerson，2008）将有效税率差异嵌入异质性企业一般均衡模型，发现差异化税率水平扭曲了生产资源在企业间的有效配置，导致高税率企业的税前边际产出高于低税率企业的税前边际产出，产生企业间资源错配效应，进而影响企业生产率。企业生产率低下是中国经济的一大“短板”，众多研究也讨论了税收政策对中国企业生产率的影响，这些研究同样认为降低税率能提升企业生产率（刘忠和李殷，2019；田磊和陆雪琴，2021）。

尽管大量研究考察了税收对企业生产率的影响，但企业实际税率与生产率之间可能并不是简单的因果关系，正如田彬彬等（2017）所言，绩效水平高的企业，更容易成为地方政府竞争时的重点关注对象，因而更容易面临更低的税收执法力度和获得更多的税收优惠。在与本章相接近的为数不多的研究中，巴尔托利尼（2018）基于 OECD 国家的企业数据发现，处于生产率前沿的企业，其所得税实际税率往往更低，但是，他并没有很好地识别出两者之间的因果关系。卢特默（Luttmer，2007）的理论研究则认为，外生的技术冲击会导致低生产率企业退出市场，高生产率的在位企业和新进入企业的规模则会扩大。将这两种观点结合起来，本章猜测，生产率会影响企业规模动态，进而影响实际税率。因此，本章试图从企业市场势力差异的视角出发，从理论上分析企业生产率对其实际税率的影响及其背后的作用机制，并基于中国工业企业的微观数据来检验理论研究结论。与已有研究相比，本章可能存在以下边际贡献：首先，在理论方面，本章拓展了企业税收负担与企业生产率关系的研究，认为企业税负会影响企业生产率，但具有生产率优势的企业本身也能利用该优势降低企业所得税实际税率，同时，本章也丰富了关于企业实际税率影响因素的经验研究文献；其次，本章的研究结论表明，企业实际税率的变动可能不仅仅来自避税、逃税以及政府的税收征管等因素，还可能来自自身的生产率优势，这也为我们制定相应的税收政策提供了新的视角。

第二节　理论模型

遵循梅里茨和奥塔维亚诺（Melitz and Ottaviano，2008）的思路，本章在一个具有异质企业的一般均衡模型中引入企业所得税。本章所考虑的经济包含 L 个消费者，每个消费者拥有 1 单位资本，资本是生产中的唯一生产要素。经济中的私人部门由制造业部门（M）和一个农业部门（T）构成，每个部门均使用资本作为唯一的生产要素进行生产。农业部门以规模报酬不变的生产技术在完全竞争的市场环境中生产同质的农产品。由于农产品是同质的，本章将其作为计价单位。制造业部门中的每个生产企业只生产一种属于连续统 Ω 的异质性非农产品

ω。政府对制造业企业的利润征收企业所得税，并将所得税收收入全部再分配给消费者。类似于鲍尔等（Bauer et al.，2014）的设定，假定政府有两个征税工具：税率 t 和税收抵扣参数 θ（$0<\theta<1$），后者决定了税基。

类似于奥塔维亚诺等（2002）的研究，本章假定居民具有相同的偏好，通过消费农产品和具有连续统的异质性非农产品获得效用，其偏好可以由如下带二次项的拟线性效用函数表示：

$$u = \alpha\int_{\omega\in\Omega} q(\omega)\mathrm{d}\omega - \frac{\gamma}{2}\int_{\omega\in\Omega}[q(\omega)]^2\mathrm{d}\omega - \frac{\eta}{2}\left[\int_{\omega\in\Omega} q(\omega)\mathrm{d}\omega\right]^2 + q_0 \quad (7.1)$$

其中，$\alpha>0$ 用于测度居民对非农产品的偏好强度；$\gamma>\eta>0$ 意味着居民对产品种类有正向的偏好；$\gamma=0$ 意味着非农产品之间是完全替代的，此时，影响消费者效用的就是非农产品的消费总量 $Q = \int_{\omega\in\Omega} q(\omega)\mathrm{d}\omega$；$q(\omega)$ 是第 ω 种非农产品的消费数量，q_0 是所消费的农产品的数量。根据拟线性效用函数的假定，再分配给消费者的税收收入所产生的收入效应会全部被农产品消费所吸收，因此，税收收入的再分配不会影响消费者对非农产品的消费。由于式（7.1）的效用函数具有对称性，最大化该效用函数，即可得到第 ω 种非农产品的逆需求函数：

$$p(\omega) = \alpha - \gamma q(\omega) - \eta Q \quad (7.2)$$

进一步地，通过加总 L 个消费者的逆需求函数，可以得到第 ω 种非农产品的直接需求函数：

$$q(\omega) = \frac{\alpha L}{\gamma+\eta n} - \frac{L}{\gamma}p_i + \frac{\eta n}{\gamma+\eta n}\frac{L}{\gamma}\bar{p} \quad (7.3)$$

其中，$\bar{p}$ 是非农产品的平均价格，$\bar{p} = n^{-1}\int_{\omega} p(\omega)\mathrm{d}\omega$。式（7.3）意味着，如果非农产品 ω 的价格水平如式（7.4）所示，则该产品的需求将等于0：

$$p(\omega) = p^{\max} = (\alpha\gamma + \eta n\bar{p})/(\gamma+\eta n) \quad (7.4)$$

上述线性需求函数带来了有别于 CES 需求函数的一个重要特征，线性需求函数意味着非农产品 ω 的需求价格弹性 $\varepsilon(\omega)$ 不是一个常数，也不完全由产品的差异程度 γ 决定。具体而言，其需求价格弹性 $\varepsilon(\omega)$ 定义为：

$$\varepsilon(\omega) = [\partial q(\omega)/q(\omega)]/[\partial p(\omega)/p(\omega)] = p(\omega)/[p^{\max} - p(\omega)] \quad (7.5)$$

类似于梅里茨（2003）的设定，假定异质性非农产品是在垄断竞争的市场环境下进行生产的。存在大量的（没有限制的）潜在产业进入者，进入前企业是相同的，为了进入，企业必须先做初始投资，以单位资本衡量固定进入成本为

$f_e > 0$，它随后变为沉没成本。进入市场后，企业随后从累积分布函数为 $G(c) = (c/c_M)^k$ 的帕累托分布中随机抽取边际成本 c，其中，$G(c)$ 有一个正的支撑集 $[0, c_M]$，$k \geqslant 1$ 是该帕累托分布的形状参数。因此，企业的生产率由其边际成本 c 决定，边际成本越低，意味着企业的生产率水平越高。企业只有在支付了固定成本之后才能获得其生产成本或生产效率分布的信息，进入后的企业只有当其税后利润大于 0 时才会存活并继续生产。抽到边际成本为 c 的企业的税后利润 $\pi(c)$ 为：

$$\pi(c) = (p(c) - c)q(c) - t(p(c) - \beta c)q(c) \tag{7.6}$$

将式（7.6）进一步改写为：

$$\pi(c) = (1 - t)(p(c) - \tau c)q(c) \tag{7.7}$$

其中，$\tau = (1 - \theta t)/(1 - t)$ 是税收因子。假设生产成本的可扣除比例 $\theta < 1$，这就意味着税收因子大于 1，并随企业所得税税率 t 的上升而上升。式（7.7）意味着税收因子会给生产成本产生一个乘数效应，因此，本章将 τc 定义为企业生产的实际成本。假设存在一个阻塞价格 $p^{\max}$，实际成本 τc 大于 $p^{\max}$ 的企业将不得不退出市场。本章令 c_D 表示盈亏平衡点的生产成本，即 $p^{\max} = \tau c_D$，生产成本为 c_D 的企业在继续生产与退出市场间并无差异。均衡状态下，成本断点 c_D 是内生的，不仅取决于平均成本 $\bar{p}$，还取决于市场中的企业数量 n。具体而言，企业经营状况可以表示为：

$$p(c) = \tau(c_D + c)/2 \tag{7.8}$$

$$\mu(c) = \tau(c_D - c)/2 \tag{7.9}$$

$$q(c) = \tau L(c_D - c)/2\gamma \tag{7.10}$$

$$\pi(c) = \tau^2 L(1 - t)(c_D + c)^2/4\gamma \tag{7.11}$$

其中，$\mu(c) = p(c) - \tau c$ 表示边际成本为 c 的企业的价格加成率。从式（7.9）可以看出，与生产率较低的企业相比，生产率较高的企业会设定更低的价格，收入和利润也相对较高。重要的是，与基于 CES 偏好的研究框架不同，在线性偏好的设定下，生产力较高的企业不会将其较低的生产成本全部转嫁给消费者，而是比成本较高的企业设定更高的加价加成率。税收政策则会通过以下两种方式影响企业绩效：一种方式是通过税率 t 直接产生影响；另一种方式是通过影响成本断点 c_D 的大小来间接影响企业绩效。市场均衡由两个条件决定。第一，根据式（7.5），零利润条件将成本断点 c_D 与内生的企业数量 n 联系起来，两者的具体关系如下：

$$c_D = (\alpha\gamma + \eta n\bar{p})/\tau(\gamma + \eta n) \tag{7.12}$$

其中，

$$\bar{p} = n^{-1}\int_0^{c_D} p\mathrm{d}\omega = \tau(c_D + \bar{c})/2 \tag{7.13}$$

$$\bar{c} = \int_0^{c_D} c\mathrm{d}G(c)/G(c_D) \tag{7.14}$$

根据式（7.12），我们可以将市场内的异质性企业的数量表示为成本断点 c_D 的函数：

$$n = 2\gamma(\alpha - \tau c_D)/\tau(c_D - \bar{c}) \tag{7.15}$$

由于市场是自由进入的，这使得企业预期的税后利润等于固定进入成本的不可扣除部分。由此可以得到市场均衡的第二个条件：

$$\int_0^{c_D} \pi(c)\mathrm{d}G(c) = (1 - t\theta)f_e \tag{7.16}$$

利用帕累托分布 $G(c)$ 的函数形式，我们可以通过求解式（7.16）得到成本断点 c_D 的表达式：

$$c_D = (\tau L/\gamma\varphi)^{2+k} \tag{7.17}$$

其中，$\varphi = 2(k+1)(k+2)(c_M)^k f_e$。根据式（7.17）可得：

$$\partial c_D/\partial\tau = -\gamma\varphi/[\tau^2 L(2+k)c_D^{1+k}] < 0 \tag{7.18}$$

这说明税收因子 τ 的提高将降低成本断点 c_D，因为 τ 的提高将使得实际边际成本上升，从而使得低生产率的企业退出市场。因此，税收因子的增加对高成本企业的影响要大于低成本企业。原因是，高成本产品的消费者比低成本产品的消费者对价格更敏感。这意味着，在税收因子变大后，高成本的生产者比低成本的生产者更需要降低价格加成率和生产数量。这一点可以通过对式（7.10）求导看出：

$$\frac{\partial q(c)}{\partial\tau} = \frac{L(c_D - c)}{2\gamma} + \frac{\tau L}{2\gamma}\cdot\frac{\partial c_D}{\partial\tau} \tag{7.19}$$

式（7.19）右边的第一项大于0，随着企业的退出，市场内的企业数量减少，市场竞争强度也变弱，市场份额也会重新分配给市场内继续经营的企业。式（7.19）右边的第二项则小于0，如果企业抽取到的边际成本 c 满足 $c = c^* = (1+k)c_D/(2+k)$，则上述两种效应刚好相互抵消；如果企业边际成本 $c < c^*$，税收因子 τ 的上升将导致企业增加产出数量，反之，则会减少产出数量。将企业的实际税率定义为所缴纳的税收同税前利润的比率：

$$\Gamma(c) = t[p(c) - \theta c]q(c)/[p(c) - \theta c]q(c) \tag{7.20}$$

结合式（7.8），并将$\Gamma(c)$对c求导，即可得到：

$$\partial\Gamma(c)/\partial c = 2t\tau c_D(1-\theta)/[\tau(c_D+c)-2c]^2 > 0 \tag{7.21}$$

式（7.21）表明，如果企业生产成本是不完全地转嫁到价格中，同时又存在生产成本的部分税收扣除，那么企业的生产成本和税收支付之间的关系是正的。如果不满足其中任意一个条件，该比率都会是恒定的，且与企业的生产成本无关。在线性需求下，存在着不完全的成本转嫁，边际成本较高的企业会收取较高的价格，获取较低的价格加成。如果$\theta<1$，这种成本劣势只有一部分是可以扣除的，这样比率$\Gamma(\theta)$就会随着生产成本c的增加而增加，即随着生产率的提高而下降。只有在完全可扣除的情况下（$\theta=1$），各企业的有效税率才是常数。由此，可以得到以下命题：

命题7.1：在一个消费者具有线性偏好、企业可以部分抵扣生产成本的经济中，企业所得税实际税率会随着企业生产率的增加而下降，这是因为高生产率企业的价格加成率更大。

第三节　实证研究设计与数据来源

本章构建如下的回归模型来检验企业规模对企业实际税率的影响：

$$tax_{it} = \alpha TFP_{it} + \beta \boldsymbol{X}_{it} + \varepsilon_{it} \tag{7.22}$$

其中，tax_{it}是企业i在时期t的所得税实际税率，TFP_{it}是企业i在时期t的全要素生产率，X是对企业实际税率有影响的控制变量的集合，ε_{it}为随机扰动项。

实证研究所使用的数据来源于国家统计局的中国工业企业数据库。该数据库包含了1998~2013年的数据，本章选取2000~2007年的数据进行研究，这是因为2008年以后，数据库指标健全度严重下降，本章所需的关键指标如工业增加值、工业中间投入、从业人员年平均人数等数据不可获取，导致生产函数和加成率无法估算。出于研究需要，本章还对样本数据做了如下处理：第一，剔除存在明显异常值的样本，包括企业成立时间异常（开业月份小于1或大于12和注册成立时间大于观察年份）的样本，工业总产值与工业增加值小于0的样本，固定资产总和、从业人员小于等于0的样本；第二，剔除息税前利润为负的样本，因为息税前利润为负时计算出的企业实际税率为负，并不能反映企业生产率与实际税率的真实关系；第三，剔除实际税率大于1或小于0的样本；第四，剔除企业年龄小于1的样本；第五，由于不同行业企业生产行为存在较大差异，剔除矿产、石油、水电煤气等高度依赖资源的行业，仅对两位数行业代码为13~42的

29 个行业进行研究；第六，为排除极端值的影响，对因变量、自变量以及控制变量进行 1% 缩尾处理。

基准回归中的被解释变量是企业的所得税实际税率。目前学术界测算企业所得税实际税率的方法主要有两种，第一种方法是用企业的所得税费用除以息税前利润，第二种方法是用企业的所得税费用减去递延所得税费用后再除以息税前利润，两者的区别在于是否考虑递延所得税的影响。贝尔兹等（Belz et al. , 2019）认为采用第二种计算方法更为合理，[①] 因此本章也使用第二种方法来计算企业所得税实际税率。同时，本章取企业所得税实际税率的三年移动平均值（$t-1$ 年、t 年和 $t+1$ 年）来表征当年（第 t 年）的企业所得税实际税率，以避免税负在不同年份波动的影响。[②]

式（7.22）中的核心解释变量是企业全要素生产率。目前计算全要素生产率的方法有多种，包括索洛余值法、奥雷和帕克斯（Olley and Pakes，1996）提出的 OP 法、莱文索恩和佩特林（Levinsohn and Petrin，2003）在 OP 法的基础上提出的 LP 法以及阿克伯格等（Ackerberg et al. , 2015）提出的 ACF 法。本章在基准回归结果中采用 OP 法，而将 LP 法和 ACF 法作为稳健性检验。

除此之外，参照吴等（Wu et al. , 2012）、李元旭和宋渊洋（2011）的做法，本章在控制变量集合中引入了如下变量：（1）存货密集度（*inv*），用企业存货除以总资产来度量；（2）固定资产比例（*ppe*），用固定资产净值的年平均余额除以总资产来度量；（3）债务率（*lev*），用企业总负债除以企业总资产来度量；（4）企业年龄（*age*），用样本所在年份减去企业注册年份再加 1 来度量；（5）外贸参与度（*open*），用企业出口交货值除以工业销售产值来度量；（6）企业研发强度（*new*），用新产品产值除以全部从业人员年平均人数来度量。表 7 – 1 给出了变量的描述统计结果。

表 7 – 1　　变量的描述统计

变量	样本量	均值	标准差	最小值	最大值
企业所得税实际税率	1 329 799	0. 169	0. 228	0	0. 470
全要素生产率（OP 法）	1 329 791	6. 456	1. 092	– 2. 774	14. 893

---

① 贝尔兹等（Belz et al. , 2019）认为在实际税率的计算中考虑递延税是很重要的，因为会税差异（book – tax differences，BTD）可能是由两种不同类型的公司“递延策略”引起的：一种策略是税务管理，以便税务账户中比在财务账户中更早地确认费用；另一种策略是在财务账户中可能存在由盈余管理驱动的费用延期。

② 为避免数据损失，首尾两年的实际税率用当年值来测度。

续表

变量	样本量	均值	标准差	最小值	最大值
存货密集度	1 329 797	0. 180	0. 158	0. 139	0. 709
固定资产比例	1 329 797	0. 345	0. 212	0. 317	0. 894
盈利能力	1 329 797	0. 115	0. 179	0. 052	1. 041
债务率	1 329 797	0. 544	0. 260	0. 562	1. 100
企业年龄	1 329 799	9. 874	9. 995	7	87
外贸参与度	1 144 169	0. 168	0. 337	0	1
研发强度	1 144 391	9. 923	46. 13	0	320. 1

第四节 实证研究结果分析

一、基准回归结果分析

表 7 - 2 给出了式（7. 22）的基准回归结果。在第（1）列中，本章仅在解释变量中引入了企业全要素生产率，结果表明，全要素生产率的系数显著为负。进一步地，在第（2）列中引入了其他控制变量，在第（3）列中进一步控制了时期固定效应、行业固定效应和地区固定效应。[①] 结果表明，全要素生产率的系数依然显著为负。此外，为了控制企业所在行业面临的随时间变化的外生冲击，本章在第（4）列中控制了行业与时期的交互固定效应。同时，为了控制企业所在地区面临的随时间变化的外生冲击，例如，一些地区导向性政策（place - based policy）使得一些特定地区的企业享受到了税收优惠等，本章进一步在第（4）列中控制了地区与时期的交互固定效应。回归结果表明，全要素生产率的系数依然显著为负。上述结果均说明，全要素生产率越高的企业，其所得税实际税率越低。

① 其中，地区固定效应中的地区是指企业所在的地级地区，行业固定效应中的行业是指工业企业数据库中提供的两位数工业行业。下同。

表 7 - 2　　生产率对企业所得税实际税率的影响

项目	(1)	(2)	(3)	(4)
全要素生产率	-0.2833*** (0.0378)	-0.1848*** (0.0515)	-0.1900*** (0.0497)	-0.2016*** (0.0439)
控制变量	未控制	控制	控制	控制
时期固定效应	未控制	未控制	控制	控制
行业固定效应	未控制	未控制	控制	控制
地区固定效应	未控制	未控制	控制	控制
时期×行业固定效应	未控制	未控制	未控制	控制
时期×地区固定效应	未控制	未控制	未控制	控制
R^2	0.0124	0.1371	0.1687	0.1740
N	1 329 791	1 310 458	1 310 458	1 310 458

注：*** 表示在 1% 的水平上显著；括号内标准误聚类到地级市层面。

二、内生性处理

在基准回归中面临的一个突出问题就是解释变量的内生性问题。正如前文的文献综述所言，企业的税收负担以及政府的税收行为都会对企业生产率产生显著影响。本章试图采用不同的方法来考察控制内生性之后的回归结果。

1. 控制滞后项

本章首先使用滞后一期的解释变量进行回归，回归结果如表 7 - 3 第（1）列所示。结果表明，全要素生产率的系数依然显著为负。

表 7 - 3　　内生性处理

项目	(1)	(2)	(3)
全要素生产率	-0.1535*** (0.0489)	-0.1422** (0.0693)	-0.1535*** (0.0402)
控制变量	控制	控制	控制
时期固定效应	控制	控制	控制
行业固定效应	控制	控制	控制
地区固定效应	控制	控制	控制
时期×行业固定效应	控制	控制	控制

续表

项目	(1)	(2)	(3)
时期×地区固定效应	控制	控制	控制
R^2	0.164		
N	1 146 468	1 310 458	1 310 458
Kleibergen – Paap rk LM 检验		29.0318 [0.0000]	38.4473 [0.0000]
Kleibergen – Paap rk Wald F 检验		295.0366 [0.0000]	217.3524 [0.0000]

注：（1）Kleibergen – Paap rk LM 检验原假设为工具变量识别不足，若拒绝原假设说明不存在工具变量识别不足问题。（2）Kleibergen – Paap rk Wald 检验原假设为工具变量弱识别，若 F 值大于 Stock – Yogo 检验临界值则拒绝原假设，说明不存在工具变量弱识别问题。（3）** 和 *** 分别表示在 5% 和 1% 的水平上显著。

2. 以企业生产率的行业—地区平均值作为工具变量

使用滞后一期的解释变量进行回归虽然可以在一定程度上解决反向因果带来的内生性，但缺点是可能遗漏了当期的有用信息。本章控制内生性的第二个方法是参照菲斯曼和斯文森（Fisman and Svensson，2007）对内生性问题的处理思路，将内生解释变量企业生产率的行业—地区平均值作为自身的工具变量，进行两阶段最小二乘估计，第二阶段回归结果如表 7 – 3 第（2）列所示。基于工具变量的第二阶段回归结果表明，全要素生产率的系数依然显著为负，而且均拒绝了工具变量识别不足和弱工具变量的原假设。①

3. 使用 Bartik 工具变量

我们控制内生性的第三个办法是使用 Bartik 工具变量，该工具变量的设定形式如下：

$$TFP_{i,j,t}^{Bartik\ IV} = TFP_{j,t}^{ind} \times TFP_{i,j,1999} / TFP_{j,1999}^{ind} = TFP_{i,j,1999} \times TFP_{j,t}^{ind} / TFP_{j,1999}^{ind} \tag{7.23}$$

其中，$TFP_{i,j,t}^{Bartik\ IV}$是二位数行业 j 中的企业 i 在时期 t 的全要素生产率的 Bartik 工具变量；$TFP_{j,t}^{ind}$是二位数行业 j 在时期 t 的行业层面全要素生产率，本章基于行业加总数据并使用 OP 法进行计算；$TFP_{i,j,1999}$是行业 j 中的企业 i 在基期的全要素生产率，本章将基期设定为 1999 年；$TFP_{j,1999}^{ind}$为行业 j 在 1999 年的行业层面全要

① 限于篇幅，第一回归阶段结果未列出，备索。

素生产率。因此，这个 Bartik 工具变量表示为行业全要素生产率 $TFP_{j,t}^{ind}$ 同基期的行业内企业全要素生产率同基期的行业全要素生产率的比率 $TFP_{i,j,1999}/TFP_{j,1999}^{ind}$ 的交乘项。可以进一步将这个工具变量改写为企业在基期的全要素生产率同其所在行业的全要素生产率的增长率之间的乘积。

上述 Bartik 工具变量需要满足相关性和外生性两个条件。首先，从相关性看，一方面，生产率一般会随着时间的推移而持续存在，因此，基期的生产率同后续时期的生产率会存在一定的相关性；另一方面，企业的生产率变化趋势通常同其所在行业生产率的变动趋势存在较强的同步性，为了验证这一点，本章计算了企业全要素生产率的增长率同其所在的二位数行业的行业层面全要素生产率增长率的相关系数，发现两者的相关系数为 0.63，且在 1% 的显著性水平上显著。[①] 由此可见，该工具变量满足相关性这个条件。其次，从外生性来看，一方面，由于生产率持续性地存在，后期的生产率会受到基期生产率的影响，但其不会影响到基期生产率；另一方面，尽管企业的全要素生产率与二位数行业的全要素生产率之间存在相关性，但在本章的数据中，二位数行业的企业数量庞大，企业的全要素生产率难以影响二位数行业层面的全要素生产率。[②] 因此，外生性这个条件也是成立的。基于 Bartik 工具变量的两阶段最小二乘估计的第二阶段回归结果如表 7－3 第（3）列所示，结果表明，全要素生产率的系数依然显著为负。

三、稳健性检验

接下来，从变量和样本两个方面考虑基准实证结果的稳健性。首先，在基准回归中，本章使用的所得税实际税率是所得税费用减去递延所得税费用后同税前利润的比值，并且取了移动平均。此处，本章做两项稳健性检验：第一，不对实际税率取移动平均；第二，仅仅计算所得税费用同税前利润的比值，再进行移动平均。根据重新计算得到的企业所得税实际税率，重新对式（7.22）进行回归，回归结果如表 7－4 第（1）列和第（2）列所示。结果表明，全要素生产率的系数依然显著为负。

其次，将基准回归中的核心解释变量——全要素生产率，由 OP 法测算的全

① 限于篇幅，结果备索。

② 存在一个可能性，就是一些行业龙头企业对行业的技术发展起到引领作用，但是，这一点在更细分的行业中更容易出现，而在二位数行业中则比较难以出现。为了进一步排除这一点，本章将行业内生产率最高的 1% 企业剔除，重新计算企业全要素生产率的增长率同其所在的二位数行业的行业层面全要素生产率增长率的相关系数，发现相关系数为 0.62，非常接近 0.63，说明生产率最高的企业并未引领二位数行业生产率的变化。

要素生产率替换为由LP法和ACF法测算的全要素生产率，回归结果如表7－4第（3）列和第（4）列所示。结果表明，全要素生产率的系数依然在1%的显著性水平下显著为负。

最后，在所选择的样本期间内，存在许多企业进入和退出的情况：一方面，有相当一部分企业因为经营不善等原因退出了中国工业企业数据库；另一方面，也有很多新兴的企业因良好的发展势头进入了中国工业企业数据库。存续企业与退出企业在许多方面存在系统性差异。例如，杨汝岱（2015）的研究表明，退出企业的生产率会低于存续企业。我们从样本中分别提取了存续期在3年及3年以上的样本企业和存续期在6年及6年以上的样本企业，发现存续3年以上的企业税率均值为0.178；存续9年以上的企业税率均值为0.183，而总样本税率均值为0.169，说明退出企业的所得税有效税率的均值要低于持续经营企业。为了进一步检验基准回归结果的稳健性，本章分别选取存续3年以上（含3年）和存续6年以上（含6年）的企业作为样本重新进行回归，回归结果如表7－4第（5）列和第（6）列所示，全要素生产率的回归结果依然是显著为负的。上述稳健性检验的结果表明，基准回归的结论具有较好的稳健性。

表7－4　稳健性检验

项目	（1）	（2）	（3）	（4）	（5）	（6）
全要素生产率	－0.2311*** （0.0465）	－0.1950*** （0.0410）	－0.2493*** （0.0668）	－0.2117*** （0.0535）	－0.1753*** （0.0368）	－0.1649*** （0.0403）
控制变量	控制	控制	控制	控制	控制	控制
时期固定效应	控制	控制	控制	控制	控制	控制
行业固定效应	控制	控制	控制	控制	控制	控制
地区固定效应	控制	控制	控制	控制	控制	控制
时期×行业固定效应	控制	控制	控制	控制	控制	控制
时期×地区固定效应	控制	控制	控制	控制	控制	控制
R^2	0.1915	0.1806	0.1734	0.1742	0.1520	0.1493
N	1 310 458	1 310 458	1 310 009	1 311 089	691 533	193 306

四、异质性分析

为进一步探究生产率对企业所得税实际税率的影响在不同类型的企业之间是否存在差异，本章从以下两个角度进行异质性分析。

首先，我们将总样本划分为国有企业子样本和非国有企业子样本，其中国有资本占实收资本比重超过50%的企业为国有企业，其余为非国有企业。表7－5第（1）列和第（2）列分别给出了国有企业子样本和非国有企业子样本的回归结果。结果表明，国有企业的生产率优势并不会导致其所得税实际税率的下降，但是，在非国有企业中，具有生产率优势的企业，其所得税实际税率会更低。原因可能在于：第一，国有企业生产的产品常常是基础性的生产资料，其价格不完全是由市场决定的，当国有企业具有生产率优势时，并不会提高其价格加成率来改变其承担的实际税率；第二，鉴于国有企业与政府之间的关系，国有企业倾向于将税收排除在其成本范围之外，因此企业生产率优势并不会给国有企业带来成本转移和避税能力。

表7－5　　　　　　　　　　异质性分析

项目	(1)	(2)	(3)	(4)	(5)
	国有企业	非国有企业	内资企业	外资企业	全样本
全要素生产率	－0.0949 (0.0711)	－0.2933*** (0.0505)	－0.1775*** (0.0440)	－0.2245*** (0.0573)	－0.2197*** (0.0504)
内资企业虚拟变量					0.0673*** (0.0039)
全要素生产率× 内资企业虚拟变量					0.0073** (0.0036)
控制变量	控制	控制	控制	控制	控制
时期固定效应	控制	控制	控制	控制	控制
行业固定效应	控制	控制	控制	控制	控制
地区固定效应	控制	控制	控制	控制	控制
时期×行业固定效应	控制	控制	控制	控制	控制
时期×地区固定效应	控制	控制	控制	控制	控制
R^2	0.1817	0.2159	0.1992	0.1753	0.1797
N	227 504	1 082 582	350 994	959 012	1 310 014

注：** 和 *** 分别表示在5%和1%的水平上显著。

其次，我们将总样本划分为内资企业子样本和外资企业子样本来进行异质性分析，外商资本与港澳台资本占实收资本比重超过25%的企业为外资企业，否则为内资企业。表7－5第（3）列和第（4）列分别给出了内资企业子样本和外资企业子样本的回归结果。结果表明，在两个子样本中，企业全要素生产率的系数均在1%的水平上显著为负，说明不论是对内资企业还是对外资企业，具有生产率优势的企业，其所得税实际税率都会更低。为进一步考察这种关系在两种类型的企业之间是否存在明显的异质性，本章在式（7.23）中引入内资企业虚拟变量，若企业是内资企业，则该变量取1，否则取0；同时，引入该虚拟变量与企业全要素生产率的交互项，然后对总样本进行回归，回归结果如表7－5第（5）列所示。结果表明，交互项的系数显著为正，说明生产率优势带来的实际税率下降作用在外资企业中要大于内资企业。本章认为可能的原因是，外资企业能够更好地将生产率优势转变为产品市场的价格加成率，更好地进行成本转移。

第五节 机制分析：企业市场势力的作用

一、生产率优势能否带来高加成率

前文理论分析表明，具有生产率优势的企业之所以所得税实际税率更低，是因为具有生产率优势的企业具备更高的价格加成率，利用成本抵扣来降低企业所得税实际税率。为了验证这一机制，本章构建如下回归模型来检验生产率高的企业是否可以获得更高的价格加成率：

$$mark\_up_{it} = \alpha TFP_{it} + \beta X_{it} + \varepsilon_{it} \tag{7.24}$$

其中，$mark_up_{it}$是企业 i 在时期 t 的价格加成率。价格加成率是度量企业市场势力的主要指标之一，可以用产品价格与其边际成本的比率来度量。但是，中国工业企业数据库中并没有提供企业产品价格和边际成本的信息，因此本章采用德勒克尔和沃辛斯基（De Loecker and Warzynski，2012）的方法来测算企业的价格加成率。具体而言，假定企业 i 在时期 t 的生产函数为：

$$Q_{it} = Q_{it}(K_{it}, L_{it}, M_{it}, \Omega_{it}) \tag{7.25}$$

其中，Q_{it}表示产出；K_{it}表示资本投入，通常在前一期就已经确定；L_{it}和 M_{it}分别表示可变的劳动投入和可变的中间品投入；Ω_{it}表示企业层面的生产率。假定生产函数 $Q_{it}(\cdot)$连续且对可变投入二阶可导。通过将企业生产成本最小化，可以得到如下拉格朗日函数：

$$L(K_{it}, L_{it}, M_{it}, \omega_{it}, \lambda_{it}) = r_{it}K_{it} + w_{it}L_{it} + P_{it}^{M}M_{it} + \lambda_{it}(Q_{it} - Q_{it}(\cdot)) \tag{7.26}$$

其中，r、w 和 P^M 分别表示资本、劳动和中间投入品的价格。在给定产出 Q_{it}的前提下，企业最小化生产成本时，对于可变的投入品 M①，满足如下一阶条件：

① 在这个生产函数中，劳动投入和中间品投入都是可变投入要素。但是，在中国的制度环境下，企业尤其是国有企业要解聘员工需要较长时间，劳动力投入通常不能完全自由调节，因此我们以中间投入品作为可变投入来估计价格加成率。

$$\frac{\partial L(\cdot)}{\partial M_{it}} = P_{it}^{M} - \lambda_{it}\frac{\partial Q_{it}(\cdot)}{\partial M_{it}} = 0 \tag{7.27}$$

其中，λ_{it}为企业生产的边际成本。将式（7.27）整理可得：

$$\frac{\partial Q_{it}(\cdot)}{\partial M_{it}}\frac{M_{it}}{Q_{it}} = \frac{P_{it}^{M}M_{it}}{\lambda_{it}Q_{it}} = \frac{P_{it}P_{it}^{M}M_{it}}{\lambda_{it}P_{it}Q_{it}} \tag{7.28}$$

其中，P_{it}表示最终产品价格。显然，式（7.27）的最左边就是产出的中间投入品弹性，用θ_{it}来表示；式（7.28）右边的P_{it}/λ_{it}是产品价格与边际成本的比率，即为价格加成率，用μ_{it}来表示；式（7.28）右边的$P_{it}^{M}M_{it}/P_{it}Q_{it}$为中间投入在总产出中的比重，用$\alpha_{it}^{M}$表示。因此，企业的价格加成率可以表示为：$\mu_{it} = \theta_{it}/\alpha_{it}^{M}$。

本章可以直接从中国工业企业数据库中获得企业中间投入和产出的数据，进而可以得到α_{it}^{M}的数值。因此，要计算价格加成率，只要计算得到企业产出的中间投入品弹性θ_{it}即可。借鉴德勒克尔等（2016）的做法，本章采用超越对数生产函数（translog production function）形式对生产函数进行刻画：

$$\begin{aligned} Q_{it} = {} & \beta_L L_{it} + \beta_K K_{it} + \beta_M M_{it} + \beta_{LL}(L_{it})^2 + \beta_{KK}(K_{it})^2 + \beta_{MM}(M_{it})^2 \\ & + \beta_{LK}L_{it}K_{it} + \beta_{LM}L_{it}M_{it} + \beta_{KM}K_{it}M_{it} + \beta_{LKM}L_{it}K_{it}M_{it} + TFP_{it} + \varepsilon_{it} \end{aligned} \tag{7.29}$$

其中，*TFP* 表示企业生产率，数值由前文估计得到。假设企业的生产率服从一阶自回归过程，通过采用非参数 GMM 估计方法，得出中间要素的投入系数和中间投入要素的产出弹性，进一步计算得到企业的价格加成率。利用计算得到的价格加成率，本章估计了式（7.29），估计结果如表 7-6 所示。为了保证结果的稳健性，本章同样逐步引入了控制变量，结果表明，具有生产率优势的企业，其价格加成率确实更高，无论是否控制其他解释变量，这一结论都是成立的。

表 7-6　　企业生产率对加成率的影响

项目	(1)	(2)	(3)	(4)
全要素生产率	0.1903*** (0.0030)	0.1059*** (0.0017)	0.1344*** (0.0036)	0.1306*** (0.0032)
控制变量	未控制	控制	控制	控制
时期固定效应	未控制	未控制	控制	控制
行业固定效应	未控制	未控制	控制	控制
地区固定效应	未控制	未控制	控制	控制
时期×行业固定效应	未控制	未控制	未控制	控制

续表

项目	(1)	(2)	(3)	(4)
时期×地区固定效应	未控制	未控制	未控制	控制
R^2	0.0092	0.1795	0.1934	0.2058
N	1 307 943	1 299 847	1 299 847	1 299 847

注：*** 表示在1%的水平上显著。

这里同样会存在内生性问题，即具有更强市场势力的企业，企业生产率可能越高（孙晓华和王昀，2014），本章同样采用基准回归中处理生产率内生性的办法，从三个方面来控制内生性问题，回归结果如表7－7所示。结果表明，不论是通过哪种方式来控制内生性，全要素生产率对加成率的作用都是显著为正的，与表7－5中的回归结果是一致的。

表7－7　　内生性处理（加成率为被解释变量）

项目	(1)	(2)	(3)
全要素生产率	0.1188*** (0.0249)	0.1093*** (0.0311)	0.1250*** (0.0397)
控制变量	控制	控制	控制
时期固定效应	控制	控制	控制
行业固定效应	控制	控制	控制
地区固定效应	控制	控制	控制
时期×行业固定效应	控制	控制	控制
时期×地区固定效应	控制	控制	控制
R^2	0.1743		
N	1 138 755	1 299 847	1 299 847
Kleibergen－Paap rk LM 检验		34.8557 [0.0000]	30.9835 [0.0000]
Kleibergen－Paap rk Wald F 检验		175.6603 [0.0000]	180.7715 [0.0000]

注：*** 表示在1%的水平上显著。

二、高加成率是否导致更低的实际税率

接下来，我们需要检验价格加成率越高的企业，其实际税率是否越低。学术界对这一问题的探讨是比较少的，但是，加成率往往作为企业市场势力的度量指标，而市场势力与实际税率之间的关系则在一些方面被学术界所讨论，其中一个重要方面是企业规模与实际税率的关系。已有研究从政治权利（Salamon & Siegfried，1977）和政治成本（Zimmerman，1983）两个方面讨论了企业规模对企业避税和实际税率的影响。所以，从理论上看，具有更高市场势力的企业也可能存在诸如政治权利和政治成本的机制来影响其实际税率，为此，本章利用下式来检验价格加成率对企业所得税实际税率的影响：

$$tax_{it} = \alpha mark\_up_{it} + \beta X_{it} + \varepsilon_{it} \tag{7.30}$$

式（7.30）的回归结果如表 7 - 8 所示，结果表明，不论是否控制其他解释变量，价格加成率对企业实际税率的作用都是显著为负的，企业的价格加成率越高，其实际税率越低。结合表 7 - 5 和表 7 - 7 的回归结果，可以形成这样的逻辑链条：企业的全要素生产率越高，其价格加成率越高；而企业的价格加成率越高，其所得税实际税率越低。因此，具有生产率优势的企业可能通过提升其市场势力来获取更低的所得税实际税率。

表 7 - 8　　　　价格加成率对实际税率的影响

项目	(1)	(2)	(3)	(4)
价格加成率	-0.0064*** (0.0012)	-0.0094*** (0.0021)	-0.0073** (0.0035)	-0.0079*** (0.0014)
控制变量	未控制	控制	控制	控制
时期固定效应	未控制	未控制	控制	控制
行业固定效应	未控制	未控制	控制	控制
地区固定效应	未控制	未控制	控制	控制
时期×行业固定效应	未控制	未控制	未控制	控制
时期×地区固定效应	未控制	未控制	未控制	控制
R^2	0.0092	0.1268	0.1665	0.1738
N	1 296 190	1 278 583	1 278 583	1 278 583

注：** 和 *** 分别表示在 5% 和 1% 的水平上显著。

第六节　结论与政策建议

确保企业间税负的公平统一是建设全国统一大市场的基本要求。但是，已有研究表明，征税机关征税强度的差异以及不同企业避税能力的差异导致了企业所得税实际税率存在事实上的较大差异。本章拓展了对企业所得税实际税率差异的认识，依据梅里茨和奥塔维亚塔（2008）的做法，在一个具有企业异质性和内生价格加成率的一般均衡模型中引入税收政策，并将消费者的效用函数设定为线性形式。本章的理论分析表明，企业所得税税率的上升会降低企业的产品价格，从而降低税前利润，这对低生产率企业来说尤其如此。同时，与高生产率企业相比，低生产率企业只能扣除其生产成本的较小部分。因此，与高生产率企业相比，低生产率企业的纳税额与税前利润的比率即实际税率也会更大。本章使用中国工业企业微观数据，对这一理论分析结论进行了实证研究，证实了企业生产率对价格加成率与企业所得税实际税率的正向作用。

基于研究结果，本章提出如下建议。第一，适当提高企业所得税征管中的成本扣除比例。本章研究表明，具有生产率优势的企业能够获得更高的价格加成率，在生产成本只可以部分扣除的前提下，当名义税率上升时，成本扣除率也上升，高生产率的企业可以通过加成率优势提高价格，从而提高成本扣除比率，获得更低的实际税率。在极端情况下，如果成本扣除率等于1，那么生产率优势并不能带来更低的实际税率。所以，可以适当提高成本扣除比例，以削弱具有生产率优势的企业获得更低实际税率的能力。事实上，当前中国政府也一直在不断提高成本抵扣率来为市场主体增加动力，如将科技型中小企业研发费用加计扣除比例提高至100%。我们认为，未来可以进一步加大抵扣力度，这不仅是减税降费的重要措施，从本章研究来看，也是实现税收公平的可能途径。

第二，加强对市场竞争环境的培育。高生产率企业之所以具有较低的所得税实际税率，是因为其可以获得更强的市场势力和更高的价格加成率。当然，本章不否认这本身也是市场竞争的结果，但是，政府也应当出台抑制企业市场势力的措施，缩小高生产率企业与低生产率企业之间的价格加成率差距。

参考文献

［1］陈晓光：《增值税有效税率差异与效率损失——兼议对“营改增”的启示》，载于《中国社会科学》2013年第8期。

［2］代彬、彭程、刘星：《高管控制权、审计监督与激进避税行为》，载于《经济管理》2016年第3期。

［3］邓明：《自然资源禀赋与地方政府的征税能力建设》，载于《财政研究》2020年第11期。

［4］范子英、田彬彬：《税收竞争、税收执法与企业避税》，载于《经济研究》2013年第9期。

［5］范子英、田彬彬：《政企合谋与企业逃税：来自国税局长异地交流的证据》，载于《经济学（季刊）》2016年第4期。

［6］李元旭、宋渊洋：《地方政府通过所得税优惠保护本地企业吗——来自中国上市公司的经验证据》，载于《中国工业经济》2011年第5期。

［7］刘诗源、林志帆、冷志鹏：《税收激励提高企业创新水平了吗？——基于企业生命周期理论的检验》，载于《经济研究》2020年第6期。

［8］刘忠、李殷：《税收征管、企业避税与企业全要素生产率——基于2002年企业所得税分享改革的自然实验》，载于《财贸经济》2019年第7期。

［9］马光荣、李力行：《政府规模、地方治理与企业逃税》，载于《世界经济》2012年第6期。

［10］申广军、邹静娴：《企业规模、政企关系与实际税率——来自世界银行“投资环境调查”的证据》，载于《管理世界》2017年第6期。

［11］孙晓华、王昀：《企业规模对生产率及其差异的影响——来自工业企业微观数据的实证研究》，载于《中国工业经济》2014年第5期。

［12］田彬彬、范子英：《税收分成、税收努力与企业逃税——来自所得税分享改革的证据》，载于《管理世界》2016年第12期。

［13］田彬彬、王俊杰、邢思敏：《税收竞争、企业税负与企业绩效——来自断点回归的证据》，载于《华中科技大学学报（社会科学版）》2017年第5期。

［14］田磊、陆雪琴：《减税降费、企业进入退出和全要素生产率》，载于《管理世界》2021年第12期。

［15］王亮亮：《金融危机冲击、融资约束与公司避税》，载于《南开管理评论》2016年第1期。

［16］魏志华、夏太彪：《社会保险缴费负担、财务压力与企业避税》，载于《中国工业经济》2020年第7期。

［17］杨汝岱：《中国制造业企业全要素生产率研究》，载于《经济研究》2015年第2期。

［18］张敏、刘耀淞、王欣等：《企业与税务局为邻：便利避税还是便利征税?》，载于《管理世界》2018年第5期。

［19］Ackerberg D A，Caves K and Frazer G，“Identification Properties of Recent Production Function Estimators”，*Econometrica*，2015，83（6）：2411－2451.

［20］Bartolini D，“Firms at the Productivity Frontier Enjoy Lower Effective Taxation”，OECD Economics Department Working Papers，1475，OECD Publishing，2018.

[21] Bauer C, Davies R B and Haufler A, "Economic Integration and the Optimal Corporate Tax Structure with Heterogeneous Firms", *Journal of Public Economics*, 2014 (110): 42 –56.

[22] Belz T, Von Hagen D and Steffens C, "Taxes and Firm Size: Political Cost or Political Power?", *Journal of Accounting Literature*, 2019, 42 (1): 1 –28.

[23] Besley T, Persson T, "Taxation and Development", in Handbook of Public Economics, 2013, 5: 51 –110.

[24] Bradshaw M, Liao G and Ma M S, "Agency Costs and Tax Planning When the Government is a Major Shareholder", *Journal of Accounting and Economics*, 2019, 67 (2 –3): 255 –277.

[25] De Loecker J, Goldberg P K, Khandelwal A K, et al, "Prices, Markups, and Trade Reform", *Econometrica*, 2016, 84 (2): 445 –510.

[26] De Loecker J, Warzynski F, "Markups and Firm – level Export Status", *American Economic Review*, 2012, 102 (6): 2437 –2471.

[27] Fisman R, Svensson J, "Are Corruption and Taxation Really Harmful to Growth? Firm Level Evidence", *Journal of Development Economics*, 2007, 83 (1): 63 –75.

[28] Law K K F, Mills L F, "Taxes and Financial Constraints: Evidence from Linguistic Cues", *Journal of Accounting Research*, 2015, 53 (4): 777 –819.

[29] Levinsohn J, Petrin A, "Estimating Production Functions using Inputs to Control for Unobservables", *Review of Economic Studies*, 2003, 70 (2): 317 –341.

[30] Luttmer E G, "Selection, Growth, and the Size Distribution of Firms", *Quarterly Journal of Economics*, 2007, 122 (3): 1103 –1144.

[31] Melitz M J, "The Impact of Trade on Intra – industry Reallocations and Aggregate Industry Productivity", *Econometrica*, 2003, 71 (6): 1695 –1725.

[32] Melitz M J, Ottaviano G I P, "Market Size, Trade, and Productivity", *Review of Economic Studies*, 2008, 75 (1): 295 –316.

[33] Olley G S, Pakes A, "The Dynamics of Productivity in the Telecommunications Equipment Industry", *Econometrica*, 1996, 64 (6): 1263 –1298.

[34] Ottaviano G, Tabuchi T and Thisse J F, "Agglomeration and Trade Revisited", *International Economic Review*, 2002, 43 (2): 409 –435.

[35] Restuccia D, Rogerson R, "Policy Distortions and Aggregate Productivity with Heterogeneous Establishments", *Review of Economic Dynamics*, 2008, 11 (4): 707 –720.

[36] Salamon L M, Siegfried J, "Economic Power and Political Influence: The Impact of Industry Structure on Public Policy", *American Political Science Review*, 1977, 71 (3): 1026 –1043.

[37] Wu L, Wang Y, Luo W, et al, "State Ownership, Tax Status and Size Effect of Effective Tax Rate in China", *Accounting and Business Research*, 2012, 42 (2): 97 –114.

[38] Zimmerman J, "Taxes and Firm Size", *Journal of Accounting and Economics*, 1983 (5): 119 –149.

第八章 贸易政策不确定性对中国制造业企业生产率的影响研究*

第一节 引言与文献综述

改革开放以来，中国对外贸易发展迅速，对外开放不断加深，越来越深入全球价值链。伴随着发展的同时，中国的对外贸易依存度从改革开放前的不到10%，不断上升至2006年64.48%的历史高位，2007年之后，由于全球金融危机以及中国自身经济结构调整的影响，对外贸易依存度下降到2019年的30%多。①

作为中国对外贸易顺差的最重要来源，美国的对华贸易政策变动对中国至关重要。自建交以来，中美经贸关系发展迅速，2002年中国正式获得美国永久正常贸易关系地位（PNTR），随后双边贸易额逐年增长，于2017年达最大值5 837亿美元，较加入WTO前增长了超过7倍。中美经贸关系与以往相比，不再仅仅是单一的贸易合作，已经拓展至包括金融、文化等各个领域，美国对华贸易政策变动的影响也更加复杂深远。

中美经贸关系的转折发生在宣扬以“美国优先”为宗旨的特朗普上任美国总统后，其针对所谓的“中国不公平

* 本章作者：卢盛荣、何迎港。

① 国家外汇管理局国际收支分析小组：《2019年中国国际收支报告》，2020年3月27日。

贸易行为”发起调查，随后逐步演变为中美贸易摩擦。其推出了以惩罚性关税为主的贸易政策，企图减少美国对中国商品的贸易逆差。中国出口企业面临极大压力，贸易政策不确定性明显上升，影响市场信心。2021 年拜登就任美国总统，随后转变上一届政府包括气候变化、移民以及社会福利等方面的政策。然而，在对外贸易领域，拜登政府继承了特朗普对华贸易政策，中国企业特别是以高端科技为代表的制造业企业依旧面临着很高的贸易政策不确定性（trade policy uncertainty，TPU）。中国制造业企业当前依旧面临着严峻的国际贸易形势。关于贸易政策不确定性的研究不仅是经济政策不确定性研究的最新方向，也是贸易政策研究的前沿领域。

贸易政策不确定性最早由经济政策不确定性（EPU）方法衍生而来，是特定类别 EPU 的一种。贸易政策不确定性的上升会导致投资决策被延期，因为其上升抬高了等待新信息的成本。贸易政策不确定性与国际贸易波动之间存在紧密联系（Novy and Taylor，2020）。加入 WTO 或达成自由贸易协定会显著消除对未来贸易政策的不确定性（Limão and Maggi，2013；Handley et al.，2015）。在出口层面，贸易政策不确定性的降低会促进出口扩张，其扩张作用比实际关税降低的出口扩张作用更大（Handley，2014；Feng et al.，2017）。由于选择进入出口市场存在沉没成本，贸易政策不确定性的影响在沉没成本较高的经济体中更为明显（Greenland et al.，2019）。在进口层面，贸易政策不确定性的下降允许企业获得更多种类的外国产品，这些产品也具有更高的质量，从而让更多的企业和消费者享受进口的潜在福利（Imbruno，2019）。在实现机制方面，更重要的是预期的未来关税，在英国“脱欧”或美国关税战升级等预期政策变化之前即使关税或贸易政策保持良好状态，预期的关税上调没有实现，贸易也可能急剧下降（Alessandria et al.，2021）。

除了直接影响贸易之外，贸易政策不确定性提高会导致企业增强预防性储蓄、降低企业的研发投资，从而抑制企业创新，反之亦然（Liu and Ma，2020）。一旦贸易政策中出现不确定性因素，出口企业可能会消极地制定企业战略，导致企业增加预防性储蓄、推迟投资计划、削减投资规模、减少研发投入以及创新等，这些因素都可能导致企业全要素生产率的降低（汪亚楠和周梦天，2017；毛其淋和许家云，2018；韩慧霞和金泽虎，2020；佟家栋和李胜旗，2015）。

虽然目前的文献对贸易政策不确定性（TPU）的影响效应以及异质性企业生产率等相关问题有一定的研究，但依旧有不足之处。首先，目前少有文献从贸易政策不确定性角度研究资源再配置对全要素生产率的影响效应，因此不能准确、全面地揭示贸易自由化对中国制造业企业全要素生产率的真实影响效应。

其次，对于贸易政策不确定性的相关研究，现有文献主要集中在企业的微观经营行为，如出口、进口以及储蓄行为等方面，虽然已有部分文献开始关注 TPU 对于企业全要素生产率变化的影响效应，但是鲜有文献从贸易政策不确定性视角分析研究其对制造业企业生产率影响效应的内在机制。因此，本章运用连续型双重差分法，基于中国 2002 年获得美国永久正常贸易关系（PNTR）地位这一事件，研究贸易政策不确定性对中国制造业企业全要素生产率的影响效应，并探索其可能的影响机制与渠道。相比以往的研究，本章可能的边际贡献如下。首先，在研究 TPU 对中国制造业企业全要素生产率的影响时，探索性地提出了代表企业盈利能力及水平的直接影响渠道及市场需求、新产品研发等间接影响渠道，分析其理论机制并进行实证分析。在以往学者对贸易政策不确定性研究的基础上，从影响机制的视角，研究得出市场需求、企业新产品研发及企业出口在贸易政策不确定性对中国制造业企业的影响效应中起到了部分中介效应，有助于探索 TPU 对中国制造业企业的影响机理，在一定程度上丰富了关于企业层面全要素生产率的研究。其次，本章考虑了企业所在行业竞争程度与企业所有制的异质性。对制造业企业按照企业所有制性质、行业竞争程度的不同进行对比分析，研究贸易政策不确定性对制造业企业的影响效应的差异性，能够更好地指导我国制造业企业全要素生产率的提升，对于加快经济高质量发展具有重要意义。

第二节　制度背景与研究假设

美国从中国等国家进口的商品，其关税税率最初是根据 1930 年的《斯穆特 - 霍利关税法》设定的。这些税率通常被称为“非正常贸易伙伴关系”（non - NTR）或“第 2 栏”（column 2）关税。如图 8 - 1 所示，美国非 NTR 关税大大高于美国向世界贸易组织成员提供的“正常贸易伙伴关系”（NTR）或“第 1 栏”（column 1）关税。但是，1974 年的《美国贸易法》允许美国总统在获得美国国会批准的情况下，每年向非市场经济体授予 NTR 关税，但须经美国国会批准。美国总统于 1980 年开始每年向中国授予此类关税豁免。

尽管这类关税豁免使适用于中国商品的关税税率保持在较低水平，中国自 1980 年获得了美国的临时 NTR 地位，并且直到加入 WTO 也从未丧失过这一地位，但美国国会每年审查的要求为此类低关税是否会继续存在带来了不确定性，尤其在遇到政治冲突之后。事实上，1990 ~ 2001 年，美国众议院每年都要求立法废除中国暂时性的 NTR 地位，并每年对此提案进行投票表决，在 1990 年、1991 年和 1992 年，这些表决都获得了成功，1990 ~ 2001 年，美国众议院每年反对与中国续约 NTR 的平均票率为 38%，但由于美国参议院未能维持众议院的反对决议案，中国的 NTR 地位并未被推翻（Dumbaugh，2001）。如果美国授予中国的 NTR 地位被撤销，美国将恢复到《斯穆特－霍利关税法》的关税水平，届时中国出口企业将会面临被征收非常高额关税的威胁。

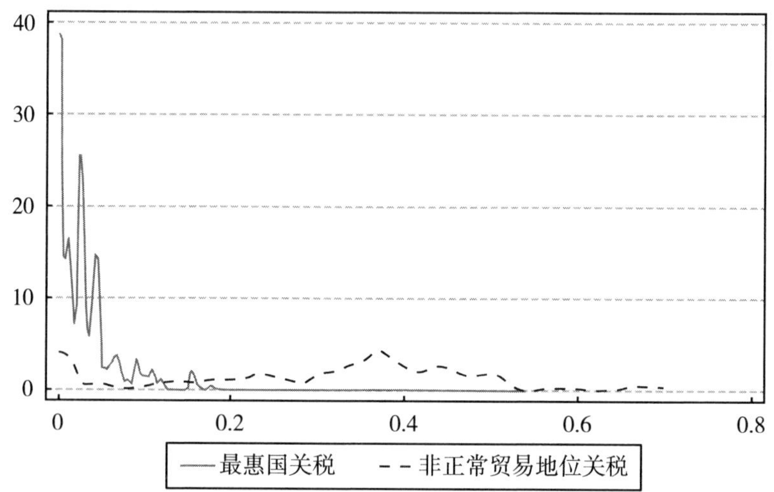

图 8－1　美国进口 NTR 关税与非 NTR 关税的分布

事实证据表明，美国国会威胁要取消中国的 NTR 地位受到了广泛的重视。媒体报道、国会证词和政府报告都明确表示，企业认为中国 NTR 地位的更新存在不确定性，而且这种不确定性抑制了从中国采购商品的投资。在 1994 年美国总会计局（US GAO）的一份报告中，美国公司“将中国最惠国贸易地位的年度更新作为影响美中贸易关系的最重要问题，存在不确定性”，并指出“不确定美国政府是否会撤销或为进一步延长中国的最惠国待遇地位设置进一步条件，这影响了美国公司在中国开展业务的能力”。这些发现呼应了包括通用汽车、IBM、波音在内的 340 家公司的首席执行官给克林顿总统的信，他们在信中说，“取消中国最惠国待遇的持续威胁，只不过为考虑在华贸易和投资的美国公司创造了一个不稳定和风险过高的环境，并把中国蓬勃发展的经济留给了我们的竞争对手”（Rowley，1993）。此外，市场强调了这样一种观点：即使取消 NTR 地位的可能性很低，不确定性也会对投资产生寒蝉效应。美泰公司的代表在众议院筹款委员会的作证中断言，“虽然美国撤回中国最惠国关税待遇的风险可能很小，但如果确实发生的话，后果将是给美国玩具公司带来灾难性的后果，美国对玩具适用的非最惠国关税税率是 70%”（St. Maxens，2000）。

美国国会于 1999 年 11 月签署了关于中国最终加入 WTO 的协议，此后美国国会于2000年10月审议并通过了授予中国永久正常贸易关系地位的H. R. 4444法案。PNTR在中国于2001年12月加入WTO时生效，并于2002年1月1日开始实施。因此，后面实证分析中将2001年以后的年份视为“PNTR后时期”。PNTR通过后，为了追踪其影响，美国国会委员会创建了一项报告，“在与中国的PNTR立法中，有越来越多的生产转移从美国转移到中国……在2000年10月1日至2001年4月30日之间，超过80家公司宣布了将生产转移到中国的打算，并宣布了生产转移的次数。从10月的每个月一次增加到11月的每个月两次，再增加到4月的每个月19次”（Bronfenbrenner et al.，2001）。

贝克等（Baker et al.，2016）提出的政策不确定性指数的简化版也明显体现了中国NTR地位每年续约的不确定性。如图8－2所示，政策不确定性指数在中美关系紧张时期激增，在2000年关于PNTR的辩论中达到最后一次高不确定性水平，PNTR在2000年通过后该指数基本上为零，这表明有关中国NTR地位的不确定性已得到有效解决。

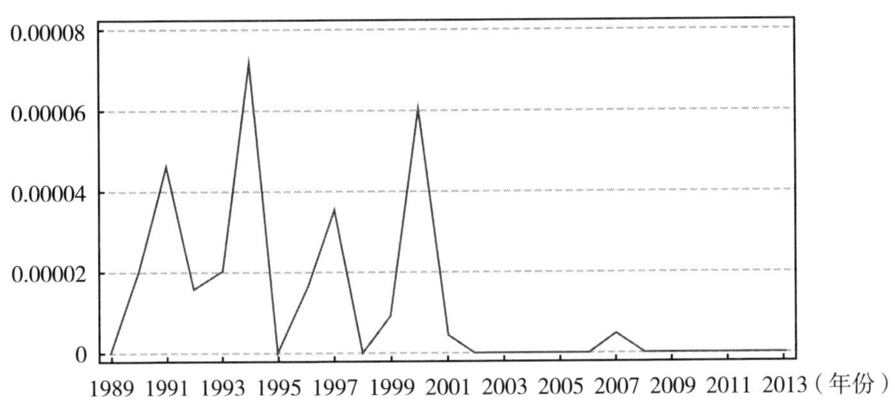

图8－2　1989～2013年中美正常贸易关系政策不确定性指数

综合上述分析，中国加入WTO后获得PNTR地位的变化有两个影响。首先，它结束了美国众议院对中国正常贸易关系地位进行年度审议的历史，这在很大程度上消除了中国每年续约NTR地位带来的不确定性，从而消除了等待美国或中国公司寻求承担与中美贸易增加相关的沉没成本的任何期权价值；其次，这导致了预期美国对中国商品征收进口关税平稳下降的趋势。

贸易政策不确定性的降低能够消除企业在国际贸易中进行决策时的一些政策顾虑，提升企业的经营与投资信心；在面临较低的贸易政策不确定性情况下，不同的企业可以结合比较优势更为灵活地制定经营策略，提升企业的经营效率（Handley，2014）。因此，本章提出以下研究假设：

H8.1：贸易政策不确定性下降会对中国制造业企业全要素生产率产生促进作用。

贸易政策不确定性上升不仅可以造成外部需求即出口预期的下降，还可以通过溢出效应导致内部需求的减少。而国内市场需求会显著促进生产率以及技术效率的提高（佟家栋和李胜旗，2012）。因此，本章提出以下研究假设：

H8.2：贸易政策不确定性下降会对企业产品的市场需求增长产生正向冲击，即通过需求渠道促进全要素生产率提升。

利芒和马吉（Limão and Maggi，2013）等研究了贸易协定（TA）降低贸易壁垒平均水平带来的更多社会福利，以及通过调节贸易政策不确定性可以提高的潜在社会福利。其研究发现不确定性动机对事前投资产生影响，并研究了在何种条件下减少不确定性将增加出口部门的投资。人们通常认为政策承诺和信誉对于诱使经济主体进行投资极为重要，特别是当它们承担不可逆转的巨额成本时。贸易政策是承诺和信誉可能非常重要的领域。因此，本章提出以下研究假设：

H8.3：贸易政策不确定性下降会提升企业经营与投资信心，通过新产品研发这一渠道从而促进制造业企业全要素生产率的提升。

在出口是否会促进生产率的提升这一论题上，当前学术界的观点存在分歧，并不统一。对于制造业企业全要素生产率，通常认为出口将通过学习效应、竞争效应以及贸易分工带来的资源跨行业重新配置促进制造业企业全要素生产率的增长（Grossman and Elhanan，1991；Feder，1982）。综上所述，本章提出以下研究假设：

H8.4：贸易政策不确定性下降会促进企业出口，通过竞争以及学习等效应促进制造业企业全要素生产率的提升。

第三节　数据说明与计量设定

中国加入 WTO 后获得美国永久正常贸易关系地位，这一事件为本章有效、准确地识别贸易政策不确定性对企业生产率的影响效应提供了十分理想的准自然实验。本章以此为背景，采用双重差分法（difference in difference，DID）进行系统的实证研究，系统评估贸易政策不确定性变动对中国企业生产率的影响效应。在中国获得美国永久正常贸易关系地位之前，中国制造业企业均面临着很高的贸易政策不确定性，即若下一年中美之间 NTR 地位未续期，关税可能上升至较高水平。其中重要的是，不同行业的企业所面临的非 NTR 关税与 NTR 关税差额并不相同，而在中国获得美国 PNTR 地位之后，中国制造业企业所面临的上述贸易政策不确定性基本消除。因此，原本面临较高关税差额的企业，经历这一事件的变化之后，其贸易政策不确定性下降的幅度更大，这一差异性特征为本章的研究设计提供了重要的基础。

一、模型设定

借鉴皮尔斯和肖特（Pierce and Schott，2016）的做法，本章将基准双重差分法模型设定如下：

$$TFP_{ijt} = \beta_0 + \beta_1 PostPNTR_t \times TPU_j + \boldsymbol{X}'_{ijt}\lambda + \delta_i + \phi_t + \varphi_j + \varepsilon_{ijt} \tag{8.1}$$

其中，下标 i、j、t 分别表示企业、行业、年份。被解释变量 TFP_{ijt} 表示制造业企业 i 第 t 年 j 行业全要素生产率的对数水平。右边的第二项是 TPU_j 和 PNTR 后时期指标的交乘项。其中，TPU_j 为贸易政策不确定性变量，其为连续变量，衡量了不同行业在中国获得美国 PNTR 地位之前所面临的关税差异程度；$PostPNTR_t$ 为政策虚拟变量，当 $t<2002$ 时，该虚拟变量取值为 0，当 $t \geqslant 2002$ 时，该虚拟变量取值为 1。交乘项 $PostPNTR_t \times TPU_j$ 为式（8.1）中最为重要的一项，其回归系数 β_1 描述了较高贸易政策不确定性与较低贸易政策不确定性行业全要素生产率在中国加入 WTO 前后的平均差异，即贸易政策不确定性对中国制造业企业全要素生产率的影响效应。预计，贸易政策不确定性较大行业的企业全要素生产率将受到美国政策变化的更大影响。这一特征对企业全要素生产率而言是外生的，跨行业的贸易政策不确定性的 79% 是由非 NTR 关税的差异引起的，该关税是在 PNTR 通过 70 年前设定的。非 NTR 关税的这一特征有效地排除了反向非因果关系。X'_{ijt} 是其他可能影响被解释变量的控制变量。后文中，变量定义与统计描述部分有对于本章中选取的控制变量的具体描述。δ_i、δ_t、δ_j 分别表示企业、年份、行业的固定效应的常数，ε_{ijt} 为误差项。

二、数据来源与处理

本章主要使用了两部分数据库。一是由国家统计局提供的 1998 ~ 2007 年中国工业企业数据库。首先进行数据预处理与清洗，根据分行业的投入价格平减指数、产出价格平减指数和布兰特 - 罗斯基（Brandt - Rawski）投资价格平减指数，以 1998 年为基准，对原始数据进行价格平减，再参考布兰特等（2012）的工业企业数据库匹配方法，跨期匹配样本，按照企业简称进行连续两年的企业匹配，得到所有连续两年匹配样本后，生成连续三年的长面板，最终生成 1998 ~ 2007 年共 10 年的非平衡面板数据。二是美国的进口关税数据来自美国国际贸易委员会（United States International Trade Commission）。调整所有样本的 HS 编码，均以 HS1996 为标准，再将产品层面的关税数据加总到国际标准产业分类（ISIC/

Rev. 3）的行业层面的数据，最后根据国际标准产业分类（ISIC/Rev. 3）与国民经济行业分类（GB/T 4754 - 2002）的对照表将中国工业企业数据库与美国进口关税数据进行匹配，最终得到 1998 ~ 2007 年 31 417 家制造业企业的非平衡面板数据，共计 300 400 个观测值。

三、变量统计性描述

1. 被解释变量

本章的被解释变量是企业生产率（*TFP*），本章分别运用 OP 法、LP 法、ACF 法改进后的 OP 法和 LP 法、WRDG 法和动态面板工具变量（MrEst）法共六种方法测算企业生产率的对数值 ln*TFP*。图 8 - 3 给出了六种方法测算出的企业生产率对数值的对比，其中，ACF 法改进后的 OP 法和 LP 法测算出的结果偏小，而 WRDG 法和动态面板工具变量法测算出的结果偏大，但六种方法测算出的企业生产率对数值的两两相关系数均在 0.9 以上。本章还对企业生产率指标进行了 1% 的缩尾（WINSOR）处理，以排除极值效应。

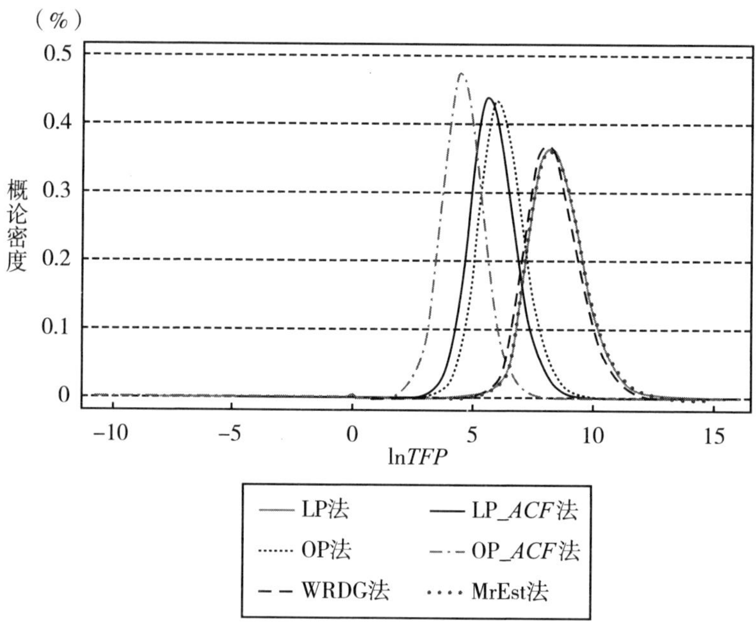

图 8 - 3　不同方法计算生产率对数值对比

2. 核心解释变量

本章的核心解释变量是利用中国加入世界贸易组织前非 NTR 关税和 NTR 关税的差异信息来构造行业层面的贸易政策不确定性指数，将采用三种方法对其进行构造。首先，借鉴毛其淋和许家云（2018）的方法，采用非 NTR 关税与 NTR 关税的比值取对数来衡量贸易政策不确定性，表示为 $TPU_j^1 = \ln(NonNTRRate_j / NTRRate_j)$。其次，借鉴汉德利和利芒（Handley and Limão，2015）的方法，采用 $TPU_j^2 = 1 - (NonNTRRate_j / NTRRate_j)^{-\sigma}$ 来衡量产品层面的贸易政策不确定性，其中 σ 为替代弹性，参考汉德利和利芒（2015）的设定，将其设定为 $\sigma = 3$。不管采用哪种方式来构造贸易政策不确定性指数，不同行业之间的贸易政策不确定性程度均存在显著的差异，这一特征有助于后续基于双重差分法思路来识别贸易政策不确定性变动对企业生产率的影响效应。

3. 控制变量

企业规模（*SCALE*）：企业总资产的对数值，用于控制企业规模大小对企业生产率的影响。

出口虚拟变量（*Dummy_EXP*）：将出口交货值大于 0 的企业定义为出口企业，*Dummy_EXP* 取值为 1，用于控制企业是否出口对企业生产率的影响。

国有企业虚拟变量（*SOE*）：将企业控股类型为 0（国有绝对控股）和 1（国有相对控股）以及国有资本金/注册资本 >50% 的企业定义为国有企业，SOE 取值为 1，其他定义为非国有企业，SOE 取值为 0，用于控制企业所有权性质中的国有企业性质对生产率的影响。

外资企业虚拟变量（*FOREIGN*）：将港澳台投资企业和外商投资企业，即企业控股类型为 4（港澳台商控股）和 5（外商控股）以及港澳台资本金/注册资本 >50% 或外商资本金/注册资本金 >50% 的企业定义为外资企业，*FOREIGN* 取值为 1，其他定义为内资企业，*FOREIGN* 取值为 0，用于控制企业所有权性质中的外资企业性质对企业生产率的影响。

财务杠杆（*LEV*）：采用企业当期资产负债率来衡量，用于控制企业财务杠杆不同对企业生产率的影响。

变量统计性描述如表 8 - 1 所示。

表 8 - 1　　变量统计性描述

变量	样本量	均值	标准差	最小值	最大值
lp	300 400	8. 551358	1. 027841	5. 86761	11. 72263
lp_{acf}	300 400	5. 917488	0. 8688733	0. 406105	11. 83104
op	300 400	4. 675716	0. 8079265	-0. 85151	10. 37096
op_{acf}	300 400	4. 653338	0. 9279087	-8. 910254	10. 66611
WRDG	300 400	8. 384672	1. 014684	5. 607808	11. 67174

续表

变量	样本量	均值	标准差	最小值	最大值
MrEst	300 400	8. 384672	1. 014684	5. 607808	11. 67174
TPU_1	300 400	3. 148137	3. 051135	0	17. 76331
TPU_2	300 400	0. 2445867	0. 1522266	0	0. 8307419
SCALE	300 400	10. 46833	1. 39495	0	17. 34615
Dummy_EXP	300 400	0. 4081525	0. 4914925	0	1
SOE	300 400	0. 2254461	0. 4178764	0	1
FOREIGN	300 400	0. 1909887	0. 3930808	0	1

由于测算出的贸易政策不确定性是连续型变量，人为地将样本分为实验组和对照组可能存在样本选择偏误，因此本章实证检验是采用连续型双重差分法。尽管本章实证检验并未采用双重差分法中常用设定的实验组与对照组，但是为了更直观地分析贸易政策不确定性与制造业企业全要素生产率之间的关系，本章将对数形式测算得出的贸易政策不确定性连续型指标，根据其中位数分为处理组与对照组。处理组的 NTR 关税与非 NTR 关税差异较大，对照组反之。图 8 - 4 描绘了这两个组别行业中企业全要素生产率的变化趋势。不难发现，在中国获得 PNTR 地位之后，与关税差异较小的对照组相比，关税差异较大的处理组企业全要素生产率上升得更多，这意味着，TPU 下降有利于制造业企业全要素生产率的提升。

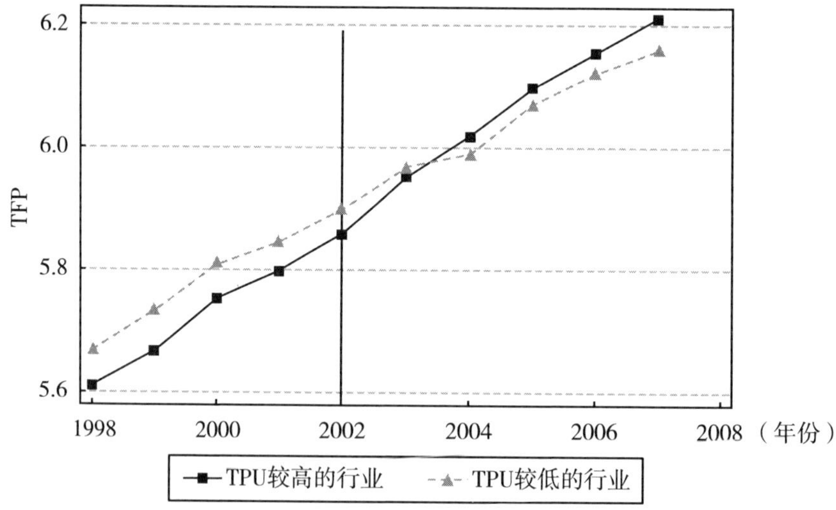

图 8 - 4　1998 ~ 2008 年不同 TPU 行业的企业生产率变化趋势

由此可见，在中国获得 PNTR 地位之后，与贸易政策不确定性下降幅度较小的对照组相比，贸易政策不确定性下降幅度较大的处理组企业生产率上升得更多，这意味着，贸易政策不确定性下降有利于提高企业生产率。上述分析只是体现了行业平均趋势，在后面的实证研究中，将采用连续型双重差分模式探究 TPU 下降对制造业企业全要素生产率的具体影响效应。

第四节　实证分析

一、基准回归

表 8 - 2 报告了贸易政策不确定性对企业生产率影响的基准回归结果。其中第（1）列只控制了企业固定效应和年份固定效应，以此作为比较基础。我们发现，核心解释变量 $PostPNTR_t \times TPU_j$ 的估计系数显著为正，这表明初始高 NTR 关税差额行业（对应于贸易政策不确定性下降幅度较大的行业，即处理组）的企业生产率相比于初始低 NTR 关税差额行业（对应于贸易政策不确定性下降幅度较小的行业，即对照组）在中国获得 PNTR 地位之后增长的幅度更大，这表明贸易政策不确定性下降提高了企业生产率。第（2）列和第（3）列在此基础上加入企业规模和出口虚拟变量作为控制变量，结果显示，在控制了企业规模和企业是否出口的影响因素之后，核心解释变量 $PostPNTR_t \times TPU_j$ 的估计系数依然显著为正，再次表明贸易政策不确定性下降有利于提升企业生产率。

表 8 - 2　　基准回归结果

变量	(1)	(2)	(3)	(4)	(5)	(6)
	TFP	TFP	TFP	TFP	TFP	TFP
$PostPNTR \times TPU^1$	0.0076*** (0.0005)	0.0057*** (0.0005)	0.0057*** (0.0005)	0.0060*** (0.0005)	0.0061*** (0.0005)	
SCALE		0.2516*** (0.0019)	0.2500*** (0.0019)	0.2500*** (0.0019)	0.2497*** (0.0019)	0.2496*** (0.0019)
Dummy_EXP			0.0347*** (0.0031)	0.0353*** (0.0031)	0.0352*** (0.0031)	0.0352*** (0.0031)
SOE				-0.0629*** (0.0035)	-0.0620*** (0.0035)	-0.0620*** (0.0035)

续表

变量	(1)	(2)	(3)	(4)	(5)	(6)
	TFP	TFP	TFP	TFP	TFP	TFP
FOREIGN				-0.0274*** (0.0055)	-0.0273*** (0.0055)	-0.0273*** (0.0055)
LEV					-0.0359*** (0.0035)	-0.0359*** (0.0035)
$PostPNTR \times TPU^2$						0.1030*** (0.0105)
Constant	5.6250*** (0.0026)	3.0826*** (0.0192)	3.0870*** (0.0192)	3.1320*** (0.0193)	3.1569*** (0.0195)	3.1581*** (0.0195)
企业固定效应	YES	YES	YES	YES	YES	YES
年份固定效应	YES	YES	YES	YES	YES	YES
N	300 400	300 400	300 400	300 400	300 399	300 399
r2_a	0.0715	0.1295	0.1299	0.1310	0.1314	0.1312

注：***、**和*分别表示在1%、5%和10%的水平上显著，括号内数值为稳健标准误。

我们注意到，在中国获得PNTR地位的前后，还有其他两项重要的政策改革在同时发生：一是进行国有企业改革；二是放松了对外资进入的管制。这两项政策变动也可能会对企业生产率产生影响，因此，有必要进一步控制这两个政策效应的影响。表8-2第（4）列报告了控制国有企业（*SOE*）与外资（*FOREIGN*）之后的回归结果，我们发现核心解释变量 $PostPNTR_t \times TPU_j$ 的估计系数仍然显著为正，表明贸易政策不确定性下降对企业生产率的提升效应不受其他政策变化的干扰。进一步地，第（5）列控制企业财务杠杆水平，回归结果表明，企业财务杠杆水平对生产率产生了显著的负面影响，而核心解释变量 $PostPNTR_t \times TPU_j$ 的估计系数仍然显著为正，从而验证了H8.1，即表明贸易政策不确定性下降显著提升了企业生产率。

在表8-2第（1）列至第（5）列中，我们均采用第一种方法来衡量TPU指数（或 NTR 关税差额），即采用非 NTR 关税与 NTR 关税的比值取对数来衡量贸易政策不确定性，为了稳健起见，在第（6）列，我们采用第二种方式［即汉德利和利芒（2015）的方法］来衡量 TPU 指数，表示为 $TPU_j^2 = 1 - (NonNTRRate_j / NTRRate_j)^{-\sigma}$。从第（6）列可以看到，核心解释变量的估计系数均显著为正，再次表明贸易政策不确定性下降显著提升了企业生产率，这一结论并不会随着核心解释变量衡量方法的不同而改变，再次验证了 H8.1。

二、有效性及稳健性检验

1. 预期效应

为了检验微观主体即中国制造业企业是否在中国获得 PNTR 地位之前的年度，就已经预期到中国将会顺利获得 PNTR 地位并结束 NTR 地位年度审查的历史，即预期到贸易政策不确定性的下降，如式（8.2）所示，我们在原有的连续型双重差分模型基础上，再引入时间虚拟变量 *OneYearBefore*，将其与贸易政策不确定性变量进行交乘，得到新的时间虚拟变量与贸易政策不确定性的交乘项 $OneYearBefore \times TPU^1$，并考察这一交乘项的显著性，以此判断企业是否在中国获得 PNTR 地位的前一年就已经对政策变化形成了预期。同样地，在式（8.2）的基础上，再引入时间虚拟变量 *TwoYearBefore* 和 *ThreeYearBefore*，分别表示政策实施前两年和政策实施前三年的时间虚拟变量，并得到对应的与贸易政策不确定性的交乘项 $TwoYearBefore \times TPU^1$ 和 $ThreeYearBefore \times TPU^1$，以此考察企业是否在中国获得 PNTR 地位的两年前甚至是三年前就已经对政策变化形成了预期。

$$TFP_{ijt} = \beta_0 + \beta_1 PostPNTR_t \times TPU_j + OneYearBefore \times TPU_j + X'_{ijt}\lambda + \delta_i + \varphi_t + \varphi_j + \varepsilon_{ijt} \tag{8.2}$$

$$TFP_{ijt} = \beta_0 + \beta_1 PostPNTR_t \times TPU_j + OneYearBefore \times TPU_j + TwoYearBefore \times TPU_j + X'_{ijt}\lambda + \delta_i + \varphi_t + \varphi_j + \varepsilon_{ijt} \tag{8.3}$$

表 8-3 第（1）列和第（2）列分别报告了中国加入 PNTR 前一年时间虚拟变量与 TPU^1 的交乘项 $OneYearBefore \times TPU^1$ 和中国加入 PNTR 前三年时间虚拟变量与 TPU^1 的交乘项 $ThreeYearBefore \times TPU^1$ 的回归结果，结果显示 $OneYearBefore \times TPU^1$、$TwoYearBefore \times TPU^1$ 以及 $ThreeYearBefore \times TPU^1$ 的估计系数均没有通过 10% 水平检验。这表明，微观主体即中国制造业企业在中国获得 PNTR 地位之前的年度，并没有预期到中国将会顺利获得 PNTR 地位并结束 NTR 地位年度审查的历史。这也反映出了中国获得永久正常贸易关系地位这一事件具有较强的外生性。

表 8 -3　　DID 有效性检验及稳健性检验

变量	预期效应	预期效应	安慰剂检验	产业时间趋势	动态效应	两期倍差法	其他 TFP 测算方法	上市公司数据
	(1)	(2)	(3)	(4)	(5)	(6)	(7)	(8)
PostPNTR × *TPU*	0.0056 *** (0.0009)	0.0056 *** (0.0009)		0.0061 *** (0.0005)		0.0065 *** (0.0009)	0.0068 *** (0.0005)	
OneYearBefore	0.0006 (0.0009)	0.0010 (0.0011)			0.0009 (0.0011)			
TwoYearBefore		0.0003 (0.0011)			0.0003 (0.0011)			
ThreeYearBefore		-0.0017 (0.0011)			-0.0017 (0.0011)			
TPU			-0.0011 (0.0009)					-0.6896 *** (0.0117)
trend				0.0110 *** (0.0038)				
*Year*2002 × *TPU*					0.0000 (0.0011)			
*Year*2003 × *TPU*					0.0027 ** (0.0011)			
*Year*2004 × *TPU*					0.0049 *** (0.0012)			
*Year*2005 × *TPU*					0.0006 (0.0012)			
*Year*2006 × *TPU*					-0.0005 (0.0010)			
Constant	3.1570 *** (0.0195)	3.1568 *** (0.0195)	4.1216 *** (0.0401)	3.1514 *** (0.0196)	3.1604 *** (0.0195)	2.8916 *** (0.0490)	4.2893 *** (0.0196)	5.2121 *** (0.6546)
控制变量	YES	YES	YES	YES	YES	YES	YES	YES
企业固定效应	YES	YES	YES	YES	YES	YES	YES	YES
年份固定效应	YES	YES	YES	YES	YES	YES	YES	YES
N	300 399	300 399	120 402	300 399	300 399	61 055	300 399	27 197
r2_a	0.1314	0.1314	-0.2573	0.1314	0.1316	-0.2682	0.2650	0.7571

注：*** 和 ** 分别表示在 1% 和 5% 的水平上显著，括号内数值为稳健标准误。

2. 安慰剂检验

上述预期效应检验是广义安慰剂检验的一种方法，即前置政策发生时点，结果显示基准回归具有较强的稳健性。双重差分法中常用到的安慰剂检验还包括另外一种，即虚构核心解释变量。结合本章的制度背景与特征性事实，本章采取的安慰剂检验具体的研究设计方法如下：对于政策实施前的年份，贸易政策不确定性的变化近乎为 0，这是因为 1998 ~ 2001 年中国对美国出口的 NTR 关税变动很少，加上非 NTR 关税为事先设定的斯穆特 – 霍利关税，两者关税差异在这期间变化微乎其微。因此，对于 1998 ~ 2001 年的样本，用贸易政策不确定性指标直接替换原核心解释变量进行回归，最终得到的回归系数应当不显著。

$$TFP_{ijt} = \beta_0 + \beta_1 TPU_{jt} + X'_{ijt}\lambda + \delta_i + \varphi_t + \varphi_j + \varepsilon_{ijt} \tag{8.4}$$

表 8 – 3 第（3）列报告了安慰剂检验的回归结果，结果显示虚构核心解释变量的估计系数未能通过 10% 水平的显著性检验，即基准回归双重差分估计通过了该安慰剂检验。

3. 控制产业时间趋势

在进行 DID 估计时的一个前提假设是，对于给定的（X'_{ijt}，δ_i，δ_t）条件下，处理组和对照组的企业全要素生产率应当服从相同的时间趋势。这一假设允许我们使用对照组的企业全要素生产率作为后 PNTR 时期处理组全要素生产率的反事实。但是，由于某些特定行业的混杂因素，这可能并不成立，进而导致基准双重差分估计结果不稳健。为了检验这一点，参考毛其淋和许家云（2018）的做法，本章在基准双重差分模型中添加了一个行业特定的线性时间趋势 $\alpha_i \times t$，这使我们能够控制所有未观察到的行业特征：

$$TFP_{ijt} = \beta_0 + \beta_1 PostPNTR_t \times TPU_j + \alpha_i t + X'_{ijt}\lambda + \delta_i + \varphi_t + \varphi_j + \varepsilon_{ijt} \tag{8.5}$$

从表 8 – 3 第（4）列可以看到，交乘项 $PostPNTR_t \times TPU_j$ 的估计系数仍然显著为正，这一基准回归相同，即满足处理组和对照组的企业全要素生产率应当服从相同的时间趋势这一 DID 估计的前提假设。

4. 灵活估计式与平行趋势性假设检验

前文检验了政策发生前是否存在预期效应，为了检验政策发生后是否存在滞后效应，并考察政策实施效应随时间变动的持续性及其变化，本章参考刘和马（Liu and Ma，2020）的做法，设计了拓展的双重差分模型：

$$TFP_{ijt} = \beta_0 + \sum_{\tau=1999}^{2007} \beta_\tau Year^\tau \times TPU_j + X'_{ijt}\lambda + \delta_i + \phi_t + \varphi_j + \varepsilon_{ijt} \tag{8.6}$$

回归结果如表 8－3 第（5）列所示，我们将交互项 $PostPNTR_t \times TPU_j$ 替换为一组 TPU 和不同年份虚拟变量之间的交互项，即 $\sum_{\tau=1999}^{2007} \beta_\tau Year^\tau \times TPU_j$。对于 2002 年之前的年度交互项，估计的系数均不显著，即满足了平行趋势性假设；而在 2002 年之后的年度交互项中，其估计系数变为正且显著；此后，在 2005 年后减弱并变得不显著。这一动态效应检验表明了贸易政策不确定性对制造业企业全要素生产率的促进效应主要集中在中国获得美国 PNRT 地位之后开始的前几年。

图 8－5 直观地描述了 1999～2006 年平行趋势检验的绘制结果，其中虚线刻画了贸易政策不确定性下降的边际效应，实竖线描绘的是 95% 置信区间。从中可以清晰地看到，在 2002 年之前，边际效应线较为平坦，但自 2002 年之后，边际效应线开始向右上方倾斜并且幅度越来越大，即在中国获得美国 PNTR 地位之后，贸易政策不确定性下降对企业全要素生产率的促进效应逐步变大，该效应在 2005 年后减弱并变得不显著。

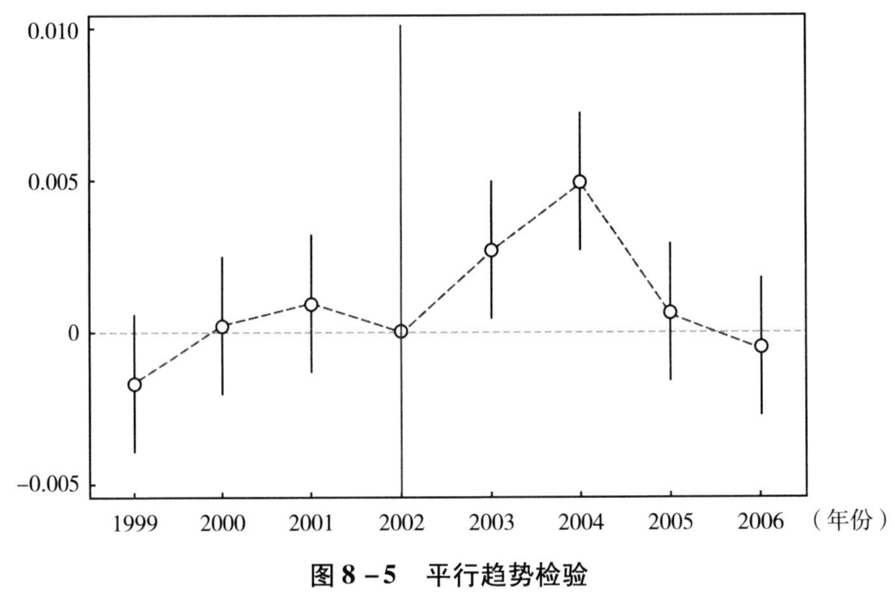

图 8－5　平行趋势检验

5. 两期 DID 估计

DID 估计和产生的统计推断关键取决于标准误差的准确性。伯特兰和穆来纳森（Bertrand and Mullainathan，2004）等在公司层面对标准误进行聚类，研究认为多期双重差分法估计结果显著性水平通常会比实际的显著性水平高。本章借鉴毛其淋和许家云（2018）的做法，将面板数据分为两个时期（PNTR 前和 PNTR 后），然后使用 White - robust 标准误差，回归结果在表 8 - 3 第（6）列中呈现，再次与基准双重差分估计得到了相似的结果，依旧通过了 1% 水平的显著性检验。

6. 企业生产率的其他衡量方法

本章其他部分实证分析中均采用 ACF 法改进后的 LP 法来衡量中国制造业企业全要素生产率。尽管前文说明了六种方法测算出的中国制造业企业全要素生产率对数值的两两相关系数均在 0.9 以上，为了进一步检验其稳健性，我们额外采用 WRDG 法估计中国制造业企业全要素生产率。表 8 - 3 第（7）列报告了以 WRDG 法衡量的中国制造业企业全要素生产率的回归结果，结果表明，交乘项 $PostPNTR_t \times TPU_j$ 的估计系数依旧为正。

7. 上市公司数据检验

前文实证研究主要使用的是 1998 ~2007 年中国工业企业数据库和美国进口关税数据，采用连续型 DID 估计了 TPU 下降对制造业企业全要素生产率的影响效应，并经过多项实证检验得出结论：TPU 的下降会对中国制造业企业全要素生产率具有显著的促进效应。然而，由于未能获取中美贸易争端背景下行业层面的贸易政策不确定性数据，本章仅选取了 1998 ~2007 年的数据为样本来研究 TPU 对中国制造业企业的影响，可能无法完全切合当下中美贸易争端的背景。基于上述原因，本章采用 2010 ~2020 年中国 A 股制造业上市公司数据，对 TPU 的影响效应进行实证检验。戴维斯等（Davis et al.，2019）通过计算《人民日报》和《光明日报》上贸易政策和不确定性术语的联合出现频率，并以单位标准化构建了贸易政策不确定性的指数。表 8 - 3 第（8）列报告了贸易政策不确定性对 A 股制造业上市公司影响效应的实证结果，解释变量的估计系数为负，并且通过了 1% 水平的显著性检验，即 TPU 的升高对 A 股制造业企业全要素生产率产生了显著的抑制影响，这与基准回归得出的结论在一定程度上可以相互验证。

三、异质性分析

通过上述 DID 有效性检验及稳健性检验，验证了贸易政策不确定性下降显著促进了中国制造业企业全要素生产率提升这一实证结果，并且具有很好的稳健性。本节将分别从行业竞争程度、企业所有制和是否为出口企业三个方面来考察贸易政策不确定性对制造业企业全要素生产率的影响效应是否存在差异。

不同所有制企业在经济行为上存在显著的差异。在中国的体制背景下，国有企业在行政垄断能力、获得金融机构贷款能力以及获得政府优惠扶持等方面存在优势，民营企业受到一定的外部融资约束，而外资企业享有其他类型企业所不具有的优惠待遇（张杰和郑文平，2017）。因此，按照企业所有权性质的不同，将全部企业划分为国有企业、民营企业和外资企业，以考察贸易政策不确定性对企业生产率的差异化影响效应。此外，企业所处行业竞争程度的不同也可能导致贸易政策不确定性对企业生产率的影响程度存在不同。因此，除上述企业所有制这一异质性特征外，本章将异质性分析扩大至行业，按照行业竞争程度的高低将全部企业划分为高、中、低三种竞争程度的企业。

1. 企业所有制异质性

表 8-4 第（1）列至第（3）列分别报告了三种不同所有权性质企业的分组回归估计结果。对于国有企业和民营企业，交乘项 $PostPNTR_t \times TPU_j$ 的估计系数显著为正，说明贸易政策不确定性下降均显著提升国有及民营制造业企业的全要素生产率，并且国有制造业企业受到的生产率促进效应更大。而对于外资制造业企业，交乘项 $PostPNTR_t \times TPU_j$ 的回归系数并不显著，说明贸易政策不确定性下降对外资制造业企业的全要素生产率没有产生显著的影响。由此可见，贸易政策不确定性对不同所有制制造业企业全要素生产率的影响效应有着显著的差异。究其原因，可能由于民营制造业企业存在较为严重的融资约束，在贸易政策不确定性下降的情况下，其受到融资约束得以缓解的程度更大，从而促进其全要素生产率的提升；而对于外资制造业企业，很大一部分外资制造业企业的经营决策附属于其母国母公司，因此其受到贸易政策不确定性的影响较小。

表 8-4　　　　异质性分析

项目	(1)	(2)	(3)	(4)	(5)	(6)	(7)	(8)
	国有企业	民营企业	外资企业	高竞争	中竞争	低竞争	出口	非出口
PostPNTR × *TPU*	0.0132*** (0.0010)	0.0033*** (0.0008)	0.0016 (0.0012)	-0.0436*** (0.0025)	0.0051*** (0.0014)	0.0111*** (0.0007)	0.0075*** (0.0008)	0.0050*** (0.0007)
Constant	2.8035*** (0.0607)	3.3545*** (0.0244)	2.3024*** (0.0520)	3.3817*** (0.0351)	3.2985*** (0.0361)	3.0239*** (0.0369)	2.7813*** (0.0337)	3.3796*** (0.0258)
控制变量	YES	YES	YES	YES	YES	YES	YES	YES
企业固定效应	YES	YES	YES	YES	YES	YES	YES	YES
年份固定效应	YES	YES	YES	YES	YES	YES	YES	YES
N	64 761	178 266	54 409	99 939	100 288	100 172	122 608	177 791
r2_a	-0.0831	0.1186	-0.0113	0.0455	0.0313	0.0177	-0.0529	0.1079

注：*** 表示在 1% 的水平上显著，括号内数值为稳健标准误。

2. 行业竞争程度异质性

本章将异质性分析引入行业竞争程度分析，竞争程度的测算采用 HHI 指数，即赫芬达尔 - 赫希曼指数。本章按照 ISIC3 行业标准划分，根据企业当年营业收入，测算得出描述产业集中度的综合指数，并将所有制造业企业分为三种行业竞争程度的企业。表 8 - 4 第（4）列至第（6）列分别报告了高、中、低三种竞争程度企业的分组回归估计结果。对于面临行业高竞争程度的企业，交乘项 $PostPNTR_t \times TPU_j$ 的回归系数为负，且在 1% 的显著性水平下通过了检验。而对于面临行业中竞争与低竞争程度的企业，TPU 的下降对其全要素生产率均产生了显著的促进作用，与基准回归的结果同向，且低竞争程度企业的回归系数更大，表明企业所处行业竞争程度越高，TPU 下降对制造业企业全要素生产率的促进作用越小，甚至产生负面影响。

3. 出口行为异质性

表 8 - 4 第（7）列和第（8）列分别报告了出口制造业企业和非出口制造业企业的分组回归估计结果。从中可以看出，贸易政策不确定性对于出口制造业企业与非出口制造业企业均存在显著为正的影响，且在 1% 的显著性水平下通过了检验，这表明，贸易政策不确定性对出口制造业企业与非出口制造业企业的全要素生产率均存在显著的负面影响。从交乘项 $PostPNTR_t \times TPU_j$ 的回归系数的绝对值来看，出口制造业企业的回归系数估计值（0.0075）大于非出口制造业企业（0.0050），并且基准回归中整体效应回归系数估计值（0.0061）介于出口制造业企业与非出口制造业企业之间。究其原因，TPU 的变动会通过竞争效应、学习效应等对非出口制造业企业产生作用，但相对而言，出口制造业企业则是直接受到贸易政策变动的影响，TPU 下降会对出口制造业企业全要素生产率产生更大的影响。

第五节　影响渠道检验及进一步研究

前文通过实证研究得出，TPU 的下降会对制造业企业全要素生产率提升产生显著的促进作用，并且这一实证结果具有很好的稳健性。结合前文的理论分析与提出的研究假设，本章提出如下机制：贸易政策不确定性下降具有促进市场需求、企业新产品研发以及企业出口的影响效应，并通过上述影响效应促进制造业企业全要素生产率的提升。为验证上述机制是否成立，本章将对贸易政策不确定性影响制造业企业的具体实现机制进行检验，更系统地理解其对制造业企业全要素生产率的影响效应。

本章在基准回归式（8.1）的基础上，采用逐步检验回归系数的方法（Baron

and Kenny，1986）建立实证模型如下：

$$\ln TFP_{ijt}=\beta_0+\beta_1 PostPNTR_t\times TPU_j+X'_{ijt}\lambda+\delta_i+\delta_t+\delta_j+\varepsilon_{ijt} \tag{8.7}$$

$$Channel_{ijt}=\alpha_0+\alpha_1 PostPNTR_t\times TPU_j+X'_{ijt}\lambda+\delta_i+\delta_t+\delta_j+\varepsilon_{ijt} \tag{8.8}$$

$$\ln TFP_{ijt}=\beta_0+\beta'_1 PostPNTR_t\times TPU_j+\gamma Channel_{ijt}+X'_{ijt}\lambda+\delta_i+\delta_t+\delta_j+\varepsilon_{ijt} \tag{8.9}$$

其中，$Channel_{ijt}$为中介变量，其他与基准回归设定一致。

第一步：检验式（8.7）中交乘项 $PostPNTR_t\times TPU_j$ 的系数 β_1，也就是贸易政策不确定性对制造业企业全要素生产率的总效应，前文完成了这一步的实证分析。

第二步：检验式（8.8）中交乘项 $PostPNTR_t\times TPU_j$ 的系数 α_1，即贸易政策不确定性变量对中介变量 $Channel_{ijt}$的影响效应，若交乘项系数显著，则说明贸易政策不确定性显著影响了中介变量。

第三步：在基准模型引入中介变量 $Channel_{ijt}$的基础上，检验式（8.9）中交乘项 $PostPNTR_t\times TPU_j$ 系数 β'_1和中介变量 $Channel_{ijt}$的系数 γ 是否显著。

当式（8.8）系数 α 显著且式（8.9）系数 γ 同时显著时，则说明中介效应显著。

一、直接影响效应的渠道检验

对于可以直接反映代表企业盈利能力及水平的变量，我们将其定义为直接影响渠道。表 8－5 报告了直接影响效应中介的检验结果，其中第（1）列以企业净利润为因变量，这里采用“企业净利润＋最小负数的绝对值＋1”的对数值来衡量；第（2）列以企业总资产收益率为因变量，采用“企业净利润/当期资产总额”的比值来衡量；第（3）列以企业净资产收益率为因变量，采用“企业净利润/当期所有者权益”的比值来衡量，这些因变量可以衡量企业的盈利能力及水平。结果显示，交互项 $PostPNTR_t\times TPU_j$ 的估计系数显著为正，表明控制了其他因素之后，贸易政策不确定性下降显著促进了企业盈利能力及水平的提升。这主要是因为，在外部贸易政策不确定性下降之后，企业的出口规模将得到迅速扩张，进而有利于提升企业利润水平。表 8－5 第（2）列、第（4）列、第（6）列分别报告了中介检验第三步的回归结果，控制了代表企业盈利能力及水平的中介变量后，交互项 $PostPNTR_t\times TPU_j$ 的估计系数较基准回归有所减小，中介变量净利润与总资产收益率的估计系数为正且通过了 1% 水平的显著性检验。

表 8-5　　直接影响效应的中介检验

项目	(1)	(2)	(3)	(4)	(5)	(6)
	NetPro	TFP	ROA	TFP	ROE	TFP
PostPNTR × *TPU*	0.0001 ** (0.0000)	0.0060 *** (0.0005)	0.0005 *** (0.0002)	0.0058 *** (0.0005)	0.0621 ** (0.0313)	0.0060 *** (0.0005)
NetPro		0.4662 *** (0.0298)				
ROA				0.4541 *** (0.0052)		
ROE						0.0000 (0.0000)
Constant	14.4933 *** (0.0013)	-3.5999 *** (0.4328)	0.4066 *** (0.0071)	2.9722 *** (0.0193)	-0.7438 (1.1659)	3.1534 *** (0.0195)
控制变量	YES	YES	YES	YES	YES	YES
企业固定效应	YES	YES	YES	YES	YES	YES
年份固定效应	YES	YES	YES	YES	YES	YES
N	300 399	300 399	300 399	300 399	299 974	299 974
r2_a	-0.1135	0.1321	0.1002	0.1554	-0.1170	0.1314

注：*** 和 ** 分别表示在 1% 和 5% 的水平上显著，括号内数值为稳健标准误。

二、间接影响效应的渠道检验

1. 需求影响渠道

首先，通过中介效应模型来检验贸易政策不确定性下降是否通过需求渠道影响制造业企业全要素生产率。参考冀志斌等（2021）的做法，使用企业产品销售收入对数值的一阶差分作为市场需求增长趋势的代理变量。需求渠道中介效应的检验方程式（5.2）估计结果如表 8-6 第（1）列所示，交乘项 $PostPNTR_t \times TPU_j$ 的估计系数显著为正，且通过了 5% 水平的显著性检验，表明贸易政策不确定性的下降显著促进了市场需求的提振。式（5.3）的估计结果如表 8-6 第（2）列所示，从中可以发现需求渠道变量的估计系数为正且通过了 1% 水平的显著性检验，并且此时交乘项 $PostPNTR_t \times TPU_j$ 的估计系数较基准回归模型也有所下降，表明贸易政策不确定性的下降会通过需求渠道促进制造业企业全要素生产率的提升，验证了 H8.2。

表 8-6　中介效应检验

项目	(1)	(2)	(3)	(4)	(5)	(6)	(7)	(8)
	Demand	*TFP*	*NewProduct*	*TFP*	ln*RD*	*TFP*	ln*EXP*	*TFP*
PostPNTR × *TPU*	0.0012 ** (0.0006)	0.0056 *** (0.0005)	0.0071 *** (0.0027)	0.0056 *** (0.0005)	0.0161 *** (0.0034)	0.0077 *** (0.0009)	0.0106 *** (0.0017)	0.0056 *** (0.0008)
Demand		0.2825 *** (0.0019)						
NewProduct				0.0073 *** (0.0004)				
ln*RD*						0.0076 *** (0.0009)		
ln*EXP*								0.1482 *** (0.0016)
Constant	-0.4157 *** (0.0222)	3.2742 *** (0.0206)	-3.5898 *** (0.1008)	3.1806 *** (0.0204)	-2.6533 *** (0.1352)	3.2175 *** (0.0353)	2.6976 *** (0.0781)	2.3900 *** (0.0345)
控制变量	YES	YES	YES	YES	YES	YES	YES	YES
企业固定效应	YES	YES	YES	YES	YES	YES	YES	YES
年份固定效应	YES	YES	YES	YES	YES	YES	YES	YES
N	263 331	263 331	272 515	272 515	120 834	120 834	94 724	94 724
r2_a	-0.1274	0.1766	-0.0778	0.1328	-0.3276	-0.0715	0.0106	0.1482

注：*** 和 ** 分别表示在 1% 和 5% 的水平上显著，括号内数值为稳健标准误。

2. 新产品研发渠道

对于企业新产品研发，采用两种指标分别从产出与投入两个视角来测算。第一种，以“企业新产品销售 +1”的对数值，从产出的视角，测算企业新产品研发；第二种，采用“企业研发支出 +1”的对数值，从投入的视角，测算企业新产品研发。第一步检验贸易政策不确定性对于企业新产品研发的影响效应，新产品研发作为中介变量的检验结果如表 8-6 第（3）列至第（6）列所示，第（3）列和第（5）列中交乘项 $PostPNTR_t \times TPU_j$ 的系数均显著为正，且通过了 1% 水平的显著性检验，说明中国获得 PNTR 地位后，贸易政策不确定性的下降对于研发投入以及企业新产品销售均存在显著的促进作用。而第（4）列和第（6）列中代表新产品研发的新产品销售与研发投入的系数均显著为正，且通过了 1% 水平的显著性检验，说明贸易政策不确定性下降通过促进企业新产品研发从而促进了制造业企业全要素生产率的提升，且政策实施虚拟变量与贸易政策不确定性的交乘项系数值小于基准回归结果，说明企业新产品研发确实是贸易政策不确定性对于制造业企业的影响渠道之一，验证了 H8.3。究其原因，在外部贸易环境前景乐观的情况下，企业决策者更倾向于制定积极的发展策略，从而有意识地加大研发投入，而持续的研发投入不仅能够直接促进企业转型升级，还能间接促进企业创新能力、学习能力、吸收能力的提高，在对外合作中获得更大的全要素生产率提升。

3. 出口影响渠道

贸易政策不确定性的变动会直接影响企业的出口行为，因此对于出口企业，我们首先检验贸易政策不确定性的下降是否会促进企业的出口。出口作为中介变量的检验方程式（5.2）估计结果如表 8－6 第（7）列所示。这里出口（*EXP*）采用“出口＋1”的对数形式来衡量。估计结果显示，交互项 $PostPNTR_t \times TPU_j$ 的估计系数显著为正，表明贸易政策不确定性下降显著促进了企业出口。式（5.3）的估计结果如表 8－6 第（8）列所示。我们发现企业出口变量的估计系数为正且通过了 1% 水平的显著性检验，并且此时交互项 $PostPNTR_t \times TPU_j$ 的估计系数较基准回归模型也有所下降，表明企业出口是贸易政策不确定性下降从而促进企业生产率的可能渠道，从而验证了 H8.4。

第六节　结论与政策启示

本章使用 1998～2007 年中国工业企业数据库样本并结合美国进口关税数据，基于中国 2002 年获得美国永久正常贸易关系（PNTR）地位这一事件，运用连续型双重差分法，研究了贸易政策不确定性（TPU）对中国制造业企业生产率的影响效应，并进一步探索了其影响机制。

研究发现：（1）贸易政策不确定性的下降对中国制造业企业生产率的提升具有显著的促进作用，在经过双重差分有效性以及稳健性检验后，上述结论仍然成立；（2）企业异质性分析表明，贸易政策不确定性的下降对制造业企业生产率的促进效应会因行业竞争程度、企业所有制及出口行为而不同；（3）机制检验发现，贸易政策不确定性的下降可能通过提振市场需求、增强企业新产品研发以及促进企业出口等影响渠道影响制造业企业。本章基于贸易政策不确定性，提供了从多种影响渠道的视角来研究制造业企业生产率变动的新视角，为中国企业高质量发展和外贸政策制定提供相关的实证依据和参考材料。

基于上述研究结论的政策启示：（1）中国要坚定地反对单边主义和贸易保护主义，维护以世界贸易组织为核心的多边贸易体制，同时积极参加区域经济合作，并在区域全面经济伙伴关系协定（RCEP）生效后，积极考虑加入全面与进步跨太平洋伙伴关系协定（CPTPP），深入研究、参与以及引导国际贸易规则的制定，从而降低双边或区域贸易政策的不确定性；（2）中国要加强与发达国家（地区）特别是欧盟的贸易政策谈判与沟通，维护中欧投资协定的顺利进行，争取启动中欧 FTA 谈判，以削弱中美贸易政策不确定性带来的负面影响；（3）政府可以通过政策、制度、营商环境等方面改善（如自贸试验区建设），扶持出口企业创新（如研究开发投入补贴、税收减免等），从而提升制造业企业生产率，促进中国制造业企业高质量发展。

参考文献

［1］韩慧霞、金泽虎：《贸易政策不确定性影响高技术产业技术进步的机制与检验——基于知识产权保护的门限分析》，载于《统计与信息论坛》2020 年第 7 期。

［2］冀志斌、叶耐德、陈妍：《贸易政策不确定性与中国制造业实体投资》，载于《国际金融研究》2021 年第 9 期。

［3］毛其淋、许家云：《贸易政策不确定性与企业储蓄行为——基于中国加入 WTO 的准自然实验》，载于《管理世界》2018 年第 5 期。

［4］佟家栋、李胜旗：《贸易政策不确定性对出口企业产品创新的影响研究》，载于《国际贸易问题》2015 年第 6 期。

［5］汪亚楠、周梦天：《贸易政策不确定性、关税减免与出口产品分布》，载于《数量经济技术经济研究》2017 年第 12 期。

［6］张杰、郑文平：《全球价值链下中国本土企业的创新效应》，载于《经济研究》2017 年第 3 期。

［7］Alessandria G，Khan S Y and Khederlarian A，“Taking Stock of Trade Policy Uncertainty：Evidence from China€s Pre – WTO Accession”，Policy Research Working Paper Series，2021.

［8］Baker S R，Bloom N and Davis S J，“Measuring Economic Policy Uncertainty”，*The Quarterly Journal of Economics*，2016，131（4）：1593 – 1636.

［9］Baron R M，Kenny D A，“The Moderator – mediator Variable Distinction in Social Psychological Research：Conceptual，Strategic，and Statistical Considerations”，*Chapman and Hall*，1986，51（6）：1173 – 1182.

［10］Bertrand M，Mullainathan D S，“How Much Should We Trust Differences – in – Differences Estimates?”，*Quarterly Journal of Economics*，2004，119（1）：249 – 275.

［11］Brandt L，Biesebroeck J V and Zhang Y，“Creative Accounting or Creative Destruction? Firm – level Productivity Growth in Chinese Manufacturing”，*Journal of Development Economics*，2012，97（2）：339 – 351.

[12] Bronfenbrenner K, James B, Stephanie L, et al, "Impact of U. S. – China Trade Relations on Workers, Wages, and Employment", United States Trade Deficit Review Commission Research Paper, 2001.

[13] Davis S J, D Liu, X S Sheng, "Economic Policy Uncertainty in China since 1949", The View from Mainland Newspapers, Work Paper, 2019.

[14] Dumbaugh K, "Voting on NTR for China Again in 2001, and Past Congressional Decisions", CRS Report for Congress, 2001.

[15] Feder G, "Adoption of Interrelated Agricultural Innovations: Complementarity and the Impacts of Risk, Scale, and Credit", *American Journal of Agricultural Economics*, 1982, 64 (1): 94 – 101.

[16] Feng L, Li Z and Swenson D L, "Trade Policy Uncertainty and Exports: Evidence from China's WTO Accession", *Journal of International Economics*, 2017 (106): 20 – 36.

[17] Greenland A, Ion M and Lopresti J, "Exports, Investment and Policy Uncertainty", *Social Science Electronic Publishing*, 2019 (52): 1248 – 1288.

[18] Grossman G M, Elhanan H, "Quality Ladders in the Theory of Growth", *Review of Economic Studies*, 1991, 58 (1): 43 – 61.

[19] Handley K, "Exporting under Trade Policy Uncertainty: Theory and Evidence", *Journal of International Economics*, 2014, 94 (1): 50 – 66.

[20] Handley K, Limão N, "Trade and Investment under Policy Uncertainty: Theory and Firm Evidence", *American Economic Journal Economic Policy*, 2015, 7 (4): 189 – 222.

[21] Imbruno M, "Importing under Trade Policy Uncertainty: Evidence from China", *Journal of Comparative Economics*, 2019, 47 (4): 806 – 826.

[22] Limão N, Maggi G, "Uncertainty and Trade Agreements", *Cepr Discussion Papers*, 2013, 7 (4): 1 – 42.

[23] Liu Q, Ma H, "Trade Policy Uncertainty and Innovation: Firm Level Evidence from China's WTO Accession", *Journal of International Economics*, 2020, 127: 103387.

[24] Novy D, Taylor A M, "Trade and Uncertainty", *The Review of Economics and Statistics*, 2020, 102 (4): 749 – 765.

[25] Pierce J R, Schott P K, "The Surprisingly Swift Decline of US Manufacturing Employment", *American Economic Review*, 2016, 106 (7): 1632 – 1662.

[26] Rowley Storer H, "China Woos Western Businesses, Snubs Clinton", Chicago Tribune, May 20, 1993.

[27] Maxens St, Thomas F, "Statement of Thomas F. St. Maxens, St. Maxens and Company, on Behalf of Mattel, Inc., El Segundo, CA", U. S. – China Bilateral Trade Agreement and the Accession of China to the WTO, February 16, 2000.

第九章 "一带一路"倡议如何促进中国企业技术创新*

第一节 引言

经过四十多年的快速增长，我国经济迎来了发展方式的重大转变。党的十九大提出，我国经济已由高速增长阶段转向高质量发展阶段，未来的经济发展将更加注重对外开放和技术创新。在2020年4月召开的中央财经委员会第七次会议上，习近平强调要构建以国内大循环为主体、国内国际双循环相互促进的新发展格局。在实现创新驱动型经济增长和国内国际双循环发展过程中，"一带一路"建设成为其中重要的抓手。企业作为技术创新的主体，增加研发投入、提升创新能力，不仅有利于提升自身的生产效率、提高产品质量，促进企业在全球价值链分工中地位的提升，打破全球价值链分工带来的"低端锁定"效应，还有利于提高我国的资源利用效率，减少对自然资源的消耗和浪费以及对环境的污染，促进"碳达峰、碳中和"目标的早日实现。研发资金、人才以及企业间合作是推动技术创新最为重要的因素，而"一带一路"倡议在提高"一带一路"建设参与企业的金融资源获取能力、吸引人才以及促进企业交流合作中都发挥了积极影响。那么，"一带一路"倡议是否提升了参与企

* 本章作者：余长林、孟祥旭。

业的技术创新？其中的作用机制又是什么？在不同类型企业中该作用有何异质性？对这些问题的研究有利于我们更加全面地理解“一带一路”倡议的经济效果及其对我国经济高质量发展的影响，为更好推进“一带一路”建设、促进我国创新型经济发展提供经验依据。

“一带一路”倡议是经济新常态下扩大对外开放、推动我国经济结构转型升级、实现经济高质量发展的重要着力点，同时也是构建“人类命运共同体”的重要载体，对“一带一路”倡议技术创新效应的研究具有重要意义。已有文献关注到“一带一路”倡议的经济影响，目前对“一带一路”倡议的研究主要集中于以下几个方面。第一，对“一带一路”倡议性质及其政治经济意义的探讨。已有文献认为在“一带一路”建设中，需要全面理解中国与世界的关系、面临的挑战及优势，构建一个可支撑中国长期可持续发展的国际体系（李晓和李俊久，2015），同时，在“一带一路”建设中，应更加强调全球治理、更加强调各国平等、共商共建共享（佟家栋，2017）。第二，对“一带一路”倡议对国际投资、贸易和全球价值链影响的研究。已有文献大多认为“一带一路”建设有利于促进中国企业的对外投资和出口贸易（蒋冠宏，2017；Du and Zhang，2018；吕越等，2019），但同样会受到国家距离（方慧和赵甜，2017）、恐怖袭击（李兵和颜晓晨，2018）等因素的影响。同时，中国在“一带一路”沿线国家的投资并未带来所谓的“债务陷阱”（金刚和沈坤荣，2019）。还有研究发现，“一带一路”倡议显著提升了我国沿线城市企业出口产品的平均质量（卢盛峰等，2021）和沿线参与国的全球价值链分工地位（戴翔和宋婕，2021）。第三，“一带一路”倡议对区域经济发展的影响。已有研究发现“一带一路”建设能够促进沿线国家间的产业融合（Herrero and Xu，2017；姚星等，2019），尤其能够促进我国中西部地区的开放（李小帆和蒋灵多，2020），显著改善我国民族地区的贸易发展态势及其在全国的贸易地位（蔡宏波等，2021）。在“一带一路”建设中，双重价值链对区域贸易竞争力具有显著的正向空间溢出效应（马丹等，2021）。第四，“一带一路”建设面临的挑战及其应对。已有研究认为“一带一路”沿线国家的信用风险普遍偏高，而经侦投诉机制可以缓解“一带一路”沿线贸易中的欠款问题（李笑影和李玲芳，2018）。在跨国渠道经营中，产品定制化战略总体上利大于弊（王永贵和洪傲然，2020）。同时，“一带一路”倡议显著提高了沿线国家的经济社会发展水平，但其对中国国家形象的影响具有异质性（宋弘等，2021）。第五，“一带一路”倡议对企业经营行为影响的研究。已有研究发现“一带一路”倡议的实施显著降低了受支持企业的融资约束（徐思等，2019），扩大了企业的信贷规模（李建军和李俊成，2020）。特别地，“中欧班列”的开通显著增加了企业的专利申请量（王雄元和卜落凡，2019），促进了企业全要素生产率的提升（王桂军和卢潇潇，2019a，2019b）。

“一带一路”建设得到了党和国家各级政府部门的高度关注，参与“一带一路”建设的企业可以得到更多政策优惠和资金支持，为企业顺利地“走出去”“融进去”和高质量发展提供条件；同时，“一带一路”建设带来的市场扩张也有利于激励企业提高自身的经营水平和技术创新能力，从而更好地满足不同市场的多样需求，提高市场竞争力。已有文献对“一带一路”倡议对中国企业创新行为影响的研究还很不足，王桂军和卢潇潇（2019b）以“一带一路”倡议重点支持省份为样本研究了“一带一路”倡议对企业创新的影响，但该方法无法识别“一带一路”倡议重点支持省份中具体企业是否参与了“一带一路”建设，同时，对“一带一路”倡议影响企业创新的作用机制还需要进一步探讨。为此，本章将“一带一路”倡议视为准自然实验，以2010～2020年沪深A股上市公司为研究样本，实证检验了“一带一路”倡议对参与企业技术创新的影响、异质性及作用机制。检验结果表明，“一带一路”倡议显著促进了参与企业技术创新，尤其是显著促进了参与企业的合作创新。其中，“一带一路”倡议对发明专利和实用新型专利产出，对东部地区企业、国有企业、大规模企业、资本密集型企业的影响更显著。“一带一路”倡议通过提高参与企业信贷可获得性和研发投入强度、促进劳动力跨国流入、改善供应链环境进而促进了参与企业的技术创新。进一步地，“一带一路”倡议不仅促进了参与企业创新数量的增加，而且促进了参与企业创新质量的提升。

相比已有文献，本章具有如下边际贡献：第一，本章首次区分了“一带一路”倡议对企业独立创新与合作创新影响的差异，可以在一定程度上反映出“一带一路”倡议对企业创新模式以及对国内企业互动影响的异质性；第二，本章采用多种对“一带一路”建设参与企业的识别方法，更为准确、全面地识别了参与“一带一路”建设的企业，同时，对“一带一路”倡议对参与企业技术创新影响的异质性背后的原因进行了深入分析；第三，在作用机制检验中，相比于王桂军和卢潇潇（2019b）主要关注外部环境变化，本章主要从国内政策和企业行为角度对“一带一路”倡议影响参与企业技术创新的作用机制进行考察，可以对已有文献形成补充和对照。

第二节　制度背景与理论机制

一、制度背景

2013年，习近平在出访哈萨克斯坦和印度尼西亚时先后提出共建“丝绸之路经济带”和“21世纪海上丝绸之路”的重大倡议，不久，党的十八届三中全会通过的《中共中央关于全面深化改革若干重大问题的决定》指出，要“建立开放性金融机构，加快同周边国家和区域基础设施互联互通建设，推进丝绸之路经济带、海上丝绸之路建设，形成全方位开放新格局”。2014年6月5日，习近平在中国—阿拉伯国家合作论坛第六届部长级会议上正式使用“一带一路”的提法，并对丝绸之路精神和“一带一路”建设应该坚持的原则作出了系统阐述。2014年12月，中央经济工作会议将“一带一路”与京津冀协同发展、长江经济带并列为优化经济发展空间格局的三大战略。2015年3月，国家发展改革委、外交部、商务部联合发布了《推动共建丝绸之路经济带和21世纪海上丝绸之路的愿景与行动》（以下简称《愿景与行动》），全面阐释了中国政府在“一带一路”建设中的行动规划以及未来展望，自此，“一带一路”倡议进入实质性实施阶段。在地理上，丝绸之路经济带有三大走向，第一条线路从中国出发、经中亚、俄罗斯至欧洲、波罗的海；二从中国西北经中亚、西亚至波斯湾、地中海；三是从中国西南经中南半岛至印度洋。21世纪海上丝绸之路有两大走向：一是从中国沿海港口过南海，经马六甲海峡到印度洋，延伸至欧洲，二是从中国沿海港口过南海，向南太平洋延伸。“一带一路”倡议的目标是通过合作共赢促进区域经济繁荣发展，“一带一路”倡议遵循开放合作、和谐包容、市场运作、互利共赢的原则，有利于增进沿线国家之间的理解和信任。与其他形式的国际经济合作组织相比，如WTO和G20，“一带一路”倡议在性质上是开放的，不排斥任何利益相关方。市场运作原则也意味着该倡议有别于国际援助，是政府提议、企业具体执行的商业活动。截至2020年，“一带一路”倡议参与国达到65个，参与人口超过全球的60%，经济总量超过全球的30%，跨越了亚非欧三大洲，经济增长潜力巨大。① 其中，以政策沟通、设施联通、贸易畅通、资金融通、民心相通为代表的“五通”发展是“一带一路”建设的具体表现形式。在中国，各地区已经在积极探索加强国内一体化和国际合作的途径，西南地区力争成为连接“一带一路”的重要门户，东北和西北地区努力与中亚、西亚以及俄罗斯建立高效的交通网络，东部沿海地区积极发展海、陆、空交通设施，巩固其21世纪海上丝绸之路前沿的地位。在这一过程中，我国各类型企业积极投入“一带一路”建设中，截至2020年，我国企业对“一带一路”共建国家非金融类直接投资达到177.9亿美元，对“一带一路”共建国家的进出口额达到93 696亿元，其中，出口额达到54 263亿元，实现历史新高。②

在“一带一路”建设中，基础设施建设发挥着核心作用（Huang，2016）。

①② 中国一带一路网。

基础设施建设是推动中国经济高速增长的重要因素，而“一带一路”共建国家的基础设施建设严重不足，这就使得加强“一带一路”共建国家的基础设施建设变得非常重要。“一带一路”共建国家基础设施建设投资不足的原因各异，一些国家受制于资金不足，另外一些国家则是缺乏规划、建设和协调的能力。从这个意义上来讲，“一带一路”倡议填补了现有国际经济合作架构的一个重要空白，即帮助合作伙伴国家建设基础设施。2014 年初，国际货币基金组织（IMF）曾呼吁在全球范围内加大对基础设施的投资，并将其作为稳定经济增长的一部分。由于缺乏资金，该呼吁收效甚微，而在“一带一路”建设中新成立的亚洲基础设施投资银行（以下简称“亚投行”）能够弥补这一资金不足，同时，“一带一路”倡议还能够从更多公共和私人部门为基础设施建设筹集资金。目前，“一带一路”沿线已有大量项目在建或处于规划中，这些项目主要分布在三个领域：跨境高铁、跨境油气管道和跨境电信设施建设。为了提高企业参与“一带一路”建设的积极性，我国政府还积极鼓励银行等金融机构对“一带一路”建设参与企业给予融资支持，使得“一带一路”建设参与企业可以获得更多的银行授信和更低的贷款利率，财政部门和税务部门还将给予“一带一路”建设参与企业财政和税收优惠，进一步保障企业有充裕的资金支持。在“走出去”企业的行业选择上，我国积极鼓励新兴优势产业、富余产能产业和以商贸服务为主的配套性支持产业的海外发展。随着“一带一路”建设的不断推进，越来越多的企业参与其中，中国与“一带一路”共建国家之间的政治和经济往来日益频繁，人员跨国流动也不断增加，“五通”发展不断取得新的成果。

二、理论机制

“一带一路”倡议是我国深化经济体制改革、进一步扩大对外开放的重要战略决策，为促进国际经贸合作、地区和平稳定和经济繁荣发展提供了有效的抓手和途径，同时对我国经济的产业结构转型和创新型发展也具有重要意义。具体而言，“一带一路”倡议可能通过以下途径促进参与企业的技术创新。

一是政府的“金融支持”效应和“扶持认证”效应。无论是金融部门、财政部门还是税务部门都对参与“一带一路”建设的企业给予了大量优惠政策，同时也吸引了更多民间组织的资金参与。在“一带一路”倡议推行之初，各级职能部门和地方政府均表示将给予参与“一带一路”建设的企业政策优惠，尤其是金融部门，为了促进“一带一路”倡议的落实和进一步发展，我国各大商业银行均大幅增加对“一带一路”建设项目的信贷支持力度，同时，在“一带一路”倡议相关政策的引导下，我国成立了丝路基金，为参与“一带一路”建设的企业提供融资支持。另外，“一带一路”建设参与企业还可以通过获得低息贷款满足企业融资需求。除了银行业之外，证券交易所也表示支持境内与“一带一路”共建国家相关机构和优质企业通过交易所债券市场进行投融资，这一举措有利于发挥资本市场对“一带一路”建设的支持作用，促进企业获得更多资金支持。为了更好地服务“一带一路”建设，充分发挥税收对企业经营的支持作用，国家税务总局也按照党中央和国务院的有关部署对参与“一带一路”建设的企业给予税收优惠，从而进一步缓解企业的融资压力，保障企业拥有充裕的资金供给。另外，“一带一路”倡议传递出政府支持企业参与“一带一路”共建国家建设的信号，有利于吸引外部投资者加入，引导社会资金流入“一带一路”建设参与企业，提高投资者对“一带一路”参与企业的信心，从而形成“信心—投资—信心”的良性循环，进而实现政府的“扶持认证效应”（徐思等，2019）。“一带一路”建设为我国企业的出口和对外投资提供了新渠道，可以促进我国优势产业以及过剩产能活力的释放，推动我国产业结构转型升级（卢盛峰等，2021；戴翔和宋婕，2021）。同时，“一带一路”沿线国家在政治、经济、文化上存在很大差异，各国的产品需求多样，这也对“一带一路”参与企业的市场开拓和竞争力保持提出了挑战（李晓和李俊久，2015；宋弘等，2021）。在对不同类型市场需求的了解和满足中，企业不得不进行更多的研发创新，从而提升自身在新市场中的竞争力。而国内金融资源的支持为“一带一路”参与企业增加研发投入、提升技术创新水平提供了保障。由此，本章提出以下研究假设：

H9.1a：“一带一路”倡议有利于促进参与企业技术创新。

H9.1b：“一带一路”倡议能够促进“一带一路”建设参与企业获得更多信贷资源，增加研发投入，进而促进参与企业技术创新。

二是人才流入效应。“一带一路”倡议的提出使得中国与“一带一路”共建国家之间的经贸往来和投资不断增加，随之而来的是劳动力跨国流动频率的提高。在加大对外开放力度、推动经济结构转型升级的同时，我国也在不断吸纳和引进国际人才，国际人才的流入有利于提高我国的人力资本积累水平，推动我国企业增加研发投入（魏浩和袁然，2018），提高技术创新能力。国际人才流入对流入国人力资本积累、技术创新和经济增长的影响已经得到很多研究，多数研究都发现国际人才流入有利于提升流入国人力资本积累水平和技术创新能力，以及流入国长期经济增长（Sequeira et al.，2020）。在“一带一路”建设中，“五通”发展是重要的表现形式和抓手，其中，我国尤其重视“民心相通”建设。经济上的交流合作离不开相互信任和理解，我国在进行“一带一路”建设中更加注重与共建各国在文化、学术、观念上的交流沟通，推动了国际合作办学和留学生往来，进而推动了国际人才流动。“一带一路”共建国家文化的多样性使得人才流入的创新效应更为显著。据教育部数据，截至2019年，“一带一路”沿线国家留学生在我国留学生中的占比达到了54.1%，成为我国国际人才流入的主要来源国。由此，本章提出以下研究假设：

H9.2：国际人才流入能够增强“一带一路”倡议对参与企业技术创新的促进作用。

三是供应链整合效应。由于各级政府和职能部门对参与“一带一路”建设的企业提供了大量优惠政策，使得国内与“一带一路”建设相关的企业纷纷作为配套企业加入到“一带一路”建设中来，虽然没有直接进入“一带一路”建设的一线，但这些企业依然为“一带一路”建设作出了很大贡献，尤其是我国重点扶持的新兴优势产业、富余产能产业以及配套性支持产业。“一带一路”倡议激活了我国国内的过剩产能，如基础设施建设行业等，以及新兴优势产业，如通信行业等。一方面，“一带一路”倡议通过市场开拓使得国内相关行业有了更多施展技术和能力的空间；另一方面，相关产业在直接参与“一带一路”建设中同样需要其他行业和企业的配套与支持，这就进一步提升了相关行业以及上下游企业供应链整合的重要性。市场开拓不是由某家企业或某个行业所能完成的，需要上下游行业和企业的协同配合以及合作（Javorcik，2004），这不仅有利于更快、更好地攻克新技术、新难题，更有利于企业在新市场中竞争力的提升和市场地位的保持，进而获得更大利润。同时，供应链的整合还有利于企业之间合作创新的增加。由此，本章提出以下研究假设：

H9.3：供应链整合能够提升“一带一路”倡议对参与企业技术创新的促进作用。

总体而言，“一带一路”倡议对参与企业技术创新影响的作用机制如图9－1所示。

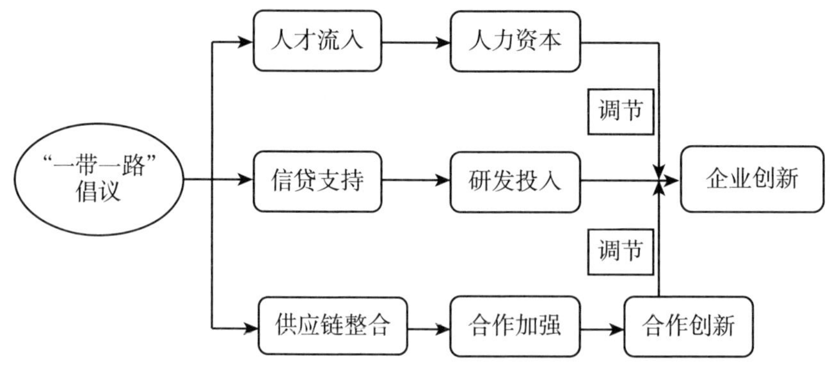

图9－1 “一带一路”倡议对参与企业技术创新的影响机制

第三节　计量模型设定、变量与数据说明

一、计量模型设定

接下来，本章将“一带一路”建设这一政策冲击视为准自然实验，使用双重差分（DID）方法对“一带一路”倡议对参与企业技术创新的影响进行实证检验。基准回归模型设定如下：

$$y_{it} = \beta_0 + \beta_1 treat_i \times post_t + \beta_2 X_{it} + \mu_i + \mu_t + \varepsilon_{it} \tag{9.1}$$

其中，y_{it}为企业 i 在时间 t 的技术创新水平，本章使用企业 i 在时间 t 的专利申请数量、企业独立申请专利数量和企业合作申请专利数量对其进行度量。$treat_i$为企业 i 是否为“一带一路”建设参与企业的虚拟变量，若企业 i 为“一带一路”建设参与企业，则取值为 1，否则取值为 0。具体而言，本章选取 2020 年同花顺“一带一路”板块企业作为“一带一路”建设参与企业，一方面，可以最大限度将“一带一路”建设参与企业纳入处理组；另一方面，可以有效缓解创新能力更强的企业更有可能参与“一带一路”建设带来的自选择问题。考虑到企业在与“一带一路”沿线国家签订建设合同之前通常需要进行较长时间的考察和谈判，因此在 2020 年之前尚未签订合同而在 2020 年签订了建设合同的企业属于“一带一路”建设的潜在参与企业，应该被纳入处理组，故本章对样本的选择具有一定的合理性和现实依据。$post_t$ 为是否为“一带一路”倡议提出之后的虚拟变量，本章以 2015 年《愿景与行动》的发布为政策冲击时间点，若处于 2015 年及之后，则 $post_t$ 取值为 1，否则取值为 0。X_{it}为可能影响企业技术创新的控制变量，包括企业个体层面的控制变量和企业所在地区层面的控制变量，企业个体层面的控制变量包括企业年龄、企业规模、企业资产负债率、企业现金比率、企业总资产报酬率和企业人力投入回报率，地区层面的控制变量包括城市规模、城市发展水平和城市人力资本水平。μ_i为企业个体固定效应，μ_t 为时间固定效应，ε_{it}为在企业层面聚类的稳健误差项。

二、变量构建与数据来源

本章所使用主要变量的构建方式和数据来源如下。

（1）企业创新。本章分别使用企业 i 在时间 t 的专利申请数量、企业独立申请专利数量和企业合作申请专利数量加 1 后取自然对数作为回归方程中企业技术创新水平变量的度量指标。其中，企业独立申请专利指专利申请人只包含一家企业，而合作申请专利则是指专利申请人包含两家及以上企业。专利合作生产表明

专利所需要的知识和技术具有多样性和复杂性特征，因此合作专利可能具有更高的技术含量。同时，本章进一步使用企业申请发明专利的被引用次数度量企业的技术创新质量。所使用数据来源于中国研究数据服务平台（CNRDS）。

（2）参与“一带一路”建设虚拟变量（*treat*）。本章将“一带一路”倡议这一政策冲击视为准自然实验，并基于此对“一带一路”倡议对参与“一带一路”建设企业技术创新影响的因果效应进行实证检验。其中，当企业 i 为“一带一路”建设参与企业时，参与“一带一路”建设虚拟变量取值为 1，否则为 0。对于“一带一路”参与企业的识别，已有文献采用了多种方法，本章主要使用是否为同花顺软件识别出来的“一带一路”板块企业来区分企业是否参与“一带一路”建设，该方法通过爬取上市公司年报和公告信息中企业是否参与“一带一路”建设的相关信息来确定企业是否属于“一带一路”板块企业。这一方法可以更加准确地识别企业是否参与了“一带一路”建设，进而可以更准确地反映“一带一路”倡议对参与企业技术创新行为的影响。本章同时结合企业是否位于“一带一路”建设重点支持的 18 个省份[①]和企业是否出口到“一带一路”共建国家作为另外两种识别企业是否为“一带一路”建设参与企业的标准进行稳健性检验。

（3）政策冲击变量（*post*）。政策冲击变量为虚拟变量，当企业处于政策冲击之后的时期时取值为 1，否则取值为 0。已有文献对于政策冲击时间点的选择较为多样，既有文献将 2013 年习近平出访哈萨克斯坦时提出共建“丝绸之路经济带”构想作为政策冲击时间点（吕越等，2019）；也有文献认为当时只是一种政府高层的战略构想和外交理念，2014 年 3 月，“一带一路”倡议被写入政府工作报告，才由顶层设计落实为国家政策，因此将 2014 年作为政策冲击的时间点（王桂军和卢潇潇，2019a）；还有文献认为在《愿景与行动》发布之后，“一带一路”建设才真正有了指导方针并进入落实阶段，因此将其作为政策冲击时间点（王桂军和卢潇潇，2019b）。本章认为，《愿景与行动》对“一带一路”建设的目标、线路规划以及扶持政策做了具体规划，使得前期的战略构想真正落地，企业在参与“一带一路”建设中也才有政策可依，并能够享受到“一带一路”建设的配套优惠措施。参考已有文献的做法和现实情况，本章将 2015 年作为政策冲击时间点，2015 年及之后的时期取值为 1，否则取值为 0。

（4）控制变量。为了控制其他因素可能对企业创新产生的影响，本章同时

---

① 包括新疆维吾尔自治区、陕西省、甘肃省、宁夏回族自治区、青海省、内蒙古自治区、黑龙江省、吉林省、辽宁省、云南省、西藏自治区、上海市、福建省、浙江省、海南省、重庆市、广西壮族自治区、广东省。

选取企业个体层面和城市层面的特征变量作为控制变量。在企业个体层面，本章选取的控制变量包括企业年龄、企业规模、企业资产负债率、企业现金比率、企业总资产报酬率和企业人力投入回报率。其中，企业年龄使用企业成立年限的自然对数来表示，企业规模使用企业资产总规模的自然对数来表示，企业资产负债率使用企业总负债与总资产的比值来表示，企业现金比率使用企业现金类资产与流动负债的比值来表示，企业总资产报酬率使用企业息税前利润与平均总资产的比值来表示，企业人力投入回报率使用企业净利润与企业员工薪酬福利的比值来表示。在城市层面，本章选取的控制变量包括城市经济规模、城市经济发展水平和城市人力资本水平。其中，城市经济规模使用城市国民生产总值（GNP）的自然对数来表示，城市的经济发展水平使用城市人均国民生产总值的自然对数来表示，城市人力资本水平使用城市高等教育在校生人数的自然对数来表示。所使用的数据来源于 Wind 数据库和 CEIC 数据库。

三、变量的描述性统计

本章以 2010 ~ 2020 年沪深 A 股上市公司为研究样本，并进行了如下处理：剔除在样本区间内 ST 和 *ST 的公司，剔除金融公司，剔除已退市的上市公司，剔除当年上市的公司，剔除数据异常和数据缺失严重的公司。经过数据处理后，共得到 22 720 个样本。本章所使用主要变量的描述性统计结果如表 9 - 1 所示。

表 9 - 1　　变量的描述性统计结果

变量	观测数	均值	标准差	最小值	中位数	最大值
专利申请	22 720	2. 547	1. 807	0	2. 708	9. 591
独立申请专利	22 720	2. 408	1. 781	0	2. 565	9. 325
合作申请专利	22 720	0. 684	1. 233	0	0	8. 995
“一带一路”倡议 (*treat* × *post*)	22 720	0. 042	0. 201	0	0	1
企业年龄	22 720	2. 820	0. 351	0	2. 833	4. 174
企业规模	22 720	12. 916	1. 368	6. 387	12. 726	19. 426
资产负债率	22 720	0. 422	0. 263	0. 007	0. 409	13. 711
现金比率	22 720	1. 390	3. 408	0. 0002	0. 592	167. 570
总资产报酬率	22 720	7. 689	17. 961	0. 0001	6. 139	2 078. 546
人力投入回报率	22 720	1. 786	6. 444	0	1. 002	732. 793
城市规模	22 720	6. 587	1. 105	1. 681	6. 709	8. 242
城市经济发展水平	22 720	11. 343	0. 505	8. 773	11. 441	12. 281
城市人力资本水平	22 720	5. 305	1. 226	-0. 796	5. 624	7. 176

资料来源：中国研究数据服务平台，Wind 数据库，CEIC 数据库。

从描述性统计结果可以看出，样本企业专利申请数量加1后取自然对数的均值约为2.5，企业独立申请专利数量加1后取自然对数的均值约为2.4，企业合作申请专利数量加1后取自然对数的均值约为0.7，相对来说，企业独立申请专利数量较多，合作申请专利数量较少。“一带一路”倡议政策冲击变量，即 $treat_i \times post_t$ 变量的均值约为0.04，即样本中受到“一带一路”倡议政策冲击影响的企业约占4%，表明“一带一路”建设的潜力巨大，仍需更多企业不断加入到“一带一路”的建设中来。同时，企业年龄的均值约为3，企业规模的均值约为13，企业资产负债率的均值约为0.42，符合已有文献的研究结论。其他变量的描述性统计结果也与实际经济情况相符。

第四节　实证结果与分析

一、基准回归

本章将“一带一路”倡议视为准自然实验，使用双重差分方法对这一政策冲击对参与企业技术创新的影响进行实证检验，检验结果如表9-2所示。在表9-2中，同时使用企业专利申请数量、企业独立申请专利数量和企业合作申请专利数量作为对企业技术创新水平的度量，其中，合作申请专利体现了专利技术的复杂性以及企业间的合作意愿。

表9-2　基准回归结果

变量	专利申请		独立申请专利		合作申请专利	
“一带一路”倡议	0.174** (0.080)	0.148* (0.076)	0.139* (0.080)	0.114 (0.078)	0.246*** (0.074)	0.220*** (0.071)
企业年龄		0.499*** (0.155)		0.455*** (0.159)		0.559*** (0.137)
企业规模		0.400*** (0.033)		0.377*** (0.033)		0.176*** (0.020)
资产负债率		0.083* (0.047)		0.078* (0.047)		0.073** (0.035)
现金比率		-0.004 (0.003)		-0.003 (0.003)		0.004** (0.002)
总资产报酬率		0.001** (0.000)		0.000 (0.000)		0.001*** (0.000)

续表

变量	专利申请		独立申请专利		合作申请专利	
人力投入回报率		-0.001 (0.001)		-0.000 (0.001)		0.001 (0.000)
城市经济规模		0.220 (0.182)		0.192 (0.186)		0.247 (0.154)
城市经济发展水平		-0.103 (0.173)		-0.019 (0.176)		-0.242 (0.155)
城市人力资本水平		0.004 (0.095)		-0.014 (0.097)		0.114* (0.064)
常数项	2.540*** (0.003)	-4.372*** (1.542)	2.402*** (0.003)	-4.754*** (1.552)	0.676*** (0.003)	-2.703** (1.229)
企业固定效应	YES	YES	YES	YES	YES	YES
时间固定效应	YES	YES	YES	YES	YES	YES
调整后的R^2	0.788	0.798	0.767	0.776	0.696	0.701
观测数	22 476	22 476	22 476	22 476	22 476	22 476

注：括号内为在企业层面聚类的稳健标准误；***、** 和 * 分别表示在 1%、5% 和 10% 水平上显著。下同。

从表 9-2 的计量回归结果可以看出，“一带一路”倡议显著促进了参与企业专利申请数量的增加，在不考虑企业个体特征和企业所在城市特征时，“一带一路”倡议在 5% 的统计水平上显著促进了企业专利申请数量的增加，在考虑了企业个体特征以及企业所处城市特征之后，回归结果依然表明“一带一路”倡议在 10% 的统计水平上显著促进了中国企业专利申请数量的增加，具体而言，参与“一带一路”建设使得企业专利申请数量增加了约 15%。从对企业独立申请专利数量的回归结果可以看出，在不考虑企业个体特征和企业所处城市特征时，“一带一路”倡议在 10% 的统计水平上显著促进了参与企业独立申请专利数量的增加，而在考虑了企业个体特征和企业所处城市特征之后，“一带一路”倡议对参与企业独立申请专利数量的促进作用不再显著，表明“一带一路”倡议对参与企业独立申请专利数量的影响有限。从对合作申请专利数量的回归结果可以看出，在不考虑企业个体特征和企业所处城市特征时，“一带一路”倡议在 1% 的统计水平上显著促进了参与企业合作申请专利数量的增加，在考虑了企业个体特征和企业所处城市特征之后，“一带一路”倡议依然在 1% 的统计水平上显著促进了参与企业合作申请专利数量的增加，具体而言，“一带一路”倡议促进参与企业合作申请专利数量增加了约22%。基准回归结果表明，“一带一路”倡议带来的市场开拓效应，带来了市场需求多样性的增加和企业竞争强度的提高，促使参与企业提高了创新产出，增强了企业间的合作创新，“一带一路”倡议不仅提升了参与企业的创新能力，而且提高了企业间的合作意愿。

二、平行趋势检验

在使用双重差分方法进行政策效果评估时，通常需要满足平行趋势假设。参考多数文献的做法，本章通过计量回归方法进行平行趋势检验，检验结果如表9-3所示。“一带一路”倡议对参与企业技术创新影响的动态变化趋势如图9-2所示。

表9-3　平行趋势检验结果

项目	专利申请	独立申请专利	合作申请专利
Before_5	-0.143 (0.115)	-0.144 (0.117)	-0.218** (0.103)
Before_4	-0.056 (0.098)	-0.097 (0.103)	-0.098 (0.088)
Before_3	0.015 (0.095)	0.016 (0.095)	0.010 (0.080)
Before_2	-0.050 (0.081)	-0.064 (0.089)	0.011 (0.070)
Before_1	-0.162** (0.082)	-0.135 (0.084)	-0.126* (0.071)
After_1	-0.006 (0.073)	-0.067 (0.080)	0.052 (0.073)
After_2	0.069 (0.078)	0.036 (0.083)	0.092 (0.082)
After_3	0.097 (0.085)	0.057 (0.091)	0.186** (0.092)
After_4	0.130 (0.094)	0.071 (0.099)	0.329*** (0.097)

续表

项目	专利申请	独立申请专利	合作申请专利
After_5	0.308* (0.164)	0.289 (0.185)	0.310** (0.130)
控制变量	YES	YES	YES
企业固定效应	YES	YES	YES
时间固定效应	YES	YES	YES
调整后的R^2	0.798	0.776	0.702
观测数	22 476	22 476	22 476

注：表中只展示了主要变量的回归结果，控制变量的回归结果不再赘述。下同。

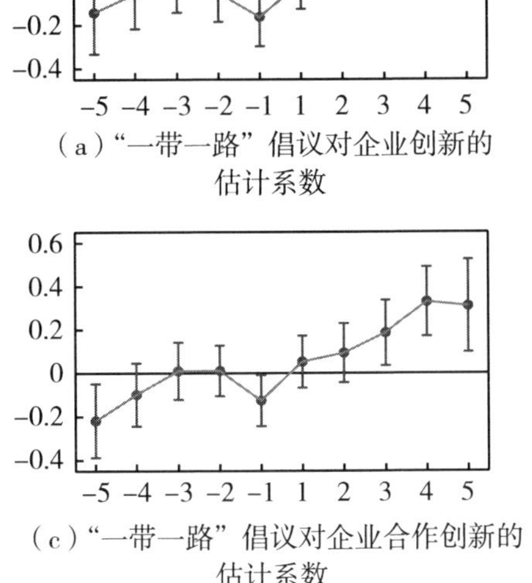

（a）“一带一路”倡议对企业创新的估计系数

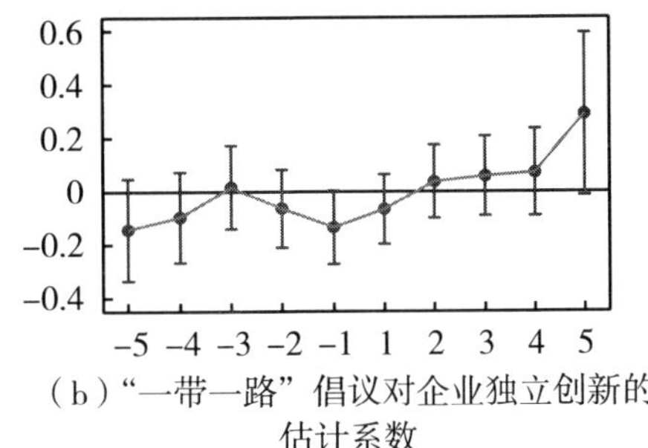

（b）“一带一路”倡议对企业独立创新的估计系数

（c）“一带一路”倡议对企业合作创新的估计系数

图9－2　平行趋势检验结果

从图9－2的动态变化趋势可以看出，对于企业专利申请数量而言，在政策冲击前，处理组与对照组无显著差异或处理组专利申请数量显著低于对照组，而在政策冲击之后，处理组专利申请数量逐渐高于对照组，在政策冲击后第5期，处理组专利申请数量显著高于对照组（10%的显著性水平），这是因为研发创新以及专利申请均需要一定的时间，使得影响效果的显现具有一定的滞后性，该结果表明“一带一路”倡议确实能够促进参与企业技术创新数量的增加，并且该影响具有滞后性。对于企业独立申请专利数量而言，在政策冲击前，处理组与对照组没有显著差异，并且在多数时期中处理组企业独立申请专利数量低于对照组，在政策冲击之后，处理组企业独立申请专利数量逐渐高于对照组，但处理组企业独立申请专利数量与对照组没有表现出显著差异，表明“一带一路”倡议对企业独立申请专利数量的影响不显著。对于企业合作申请专利数量而言，在政策冲击前，处理组与对照组没有显著差异或处理组企业合作申请专利数量显著低于对照组，而在政策冲击之后，处理组企业合作申请专利数量逐渐高于对照组，且在第 3 期之后，处理组企业合作申请专利数量显著高于对照组，表明“一带一路”倡议显著促进了参与企业合作创新数量的增加。综上可以看出，“一带一路”倡议显著促进了参与企业专利申请数量和合作申请专利数量的增加，并且满足平行趋势假设，而“一带一路”倡议对企业独立申请专利数量的影响不显著。

三、Heckman 两步法检验

在 2015 年 3 月国家发展改革委、外交部、商务部联合发布的《愿景与行动》中，我国提出了 18 个参与“一带一路”建设的重点支持省份，并在政策上给予相应的支持和优惠，而“一带一路”建设重点参与省份的选择参照了古丝绸之路和古海上丝绸之路所涉及的地区，因而对“一带一路”建设重点支持地区的选择具有很强的外生性。但同时企业可以自由选择是否参与“一带一路”建设，虽然本章在样本选择中尽量避免了这一问题可能带来的干扰，但在“一带一路”倡议对企业创新影响的研究中，不可避免地需要考虑这一问题，即创新能力更强的企业可能更愿意参与“一带一路”建设。为了进一步缓解自选择问题可能带来的干扰，本章使用赫克曼（Heckman）两步法进行处理。具体而言，第一步，使用基准回归中的控制变量和古丝绸之路途经地区虚拟变量作为限定变量对企业参与“一带一路”建设的概率进行预测，并计算逆米尔斯比率；第二步，将逆米尔斯比率加入控制变量，检验“一带一路”倡议变量的系数是否依然显著。Heckman 两步法最早由赫克曼（1979）提出，其原理是通过对样本进行调整使其更接近于随机抽样，进而使得估计结果更加准确可信。使用 Heckman 两步法进行实证检验的计量回归结果如表 9 - 4 所示。①

① 此处只展示了第二步回归结果。

表 9-4　　　　Heckman 两步法检验结果

项目	专利申请	独立申请专利	合作申请专利
“一带一路”倡议	0.147** (0.075)	0.114 (0.077)	0.219*** (0.071)
逆米尔斯比率	0.588*** (0.119)	0.589*** (0.123)	0.235*** (0.071)
控制变量和常数项	YES	YES	YES
企业固定效应	YES	YES	YES
时间固定效应	YES	YES	YES
调整后的R^2	0.799	0.777	0.701
观测数	22 474	22 474	22 474

从表 9-4 的计量回归结果可以看出，在考虑了样本可能存在的自选择问题之后，“一带一路”倡议依然显著促进了中国企业专利申请数量的增加，且影响大小与基准回归结果相当。同时，“一带一路”倡议未能显著促进企业独立申请专利数量的增加，“一带一路”倡议显著促进了企业合作申请专利数量的增加，且影响的大小与基准回归结果相当。Heckman 两步法的回归结果表明研究样本可能确实存在自选择问题（逆米尔斯比率的系数显著），但即使如此，在考虑了样本自选择问题后，“一带一路”倡议对中国企业创新、独立创新、合作创新的影响方向和大小与基准回归结果一致，表明“一带一路”倡议确实促进了中国企业创新水平的提升。

四、两阶段最小二乘法检验

为了进一步对企业参与“一带一路”建设中可能存在的内生性问题进行处理，本章构建了“一带一路”建设参与企业的工具变量，并进行两阶段最小二乘法（2SLS）回归。本章选择企业是否为基建行业①的虚拟变量作为“一带一路”建设参与企业虚拟变量的工具变量。一方面，因为“一带一路”建设初期的参与企业主要为基建企业，是否为基建行业虚拟变量与是否参与“一带一路”建设具有很强的相关性；另一方面，企业在选择所进入行业时并不能预测到“一带一路”倡议的提出，也难以迎合“一带一路”建设而快速转变行业，因此相对于“一带一路”倡议的创新效应而言具有很强的外生性，故满足工具变量

① 参考申万行业分类方法，基建行业具体包括交通运输、基础化工、建筑材料、建筑装饰、房地产、机械设备、环保、电力设备、石油石化、通信、钢铁。

要求。使用两阶段最小二乘法的回归结果如表9－5所示。从第一阶段回归结果可以看出，工具变量×*post*与“一带一路”倡议（*treat*×*post*）变量显著正相关，F值显示通过了弱工具变量检验，LM统计量显示通过了不可识别检验；第二阶段回归结果与基准回归结果一致，同样表明“一带一路”倡议显著促进了企业创新与企业合作创新，表明在考虑了可能存在的内生性问题后，基准回归结果依然是稳健的。

表9－5　　两阶段最小二乘法回归结果

项目	“一带一路”倡议	专利申请	独立申请专利	合作申请专利
“一带一路”倡议		0.924*** （0.180）	0.931*** （0.187）	0.576*** （0.150）
工具变量×*post*	0.1420*** （0.005）			
控制变量	YES	YES	YES	YES
企业固定效应	YES	YES	YES	YES
时间固定效应	YES	YES	YES	YES
LM统计量	890.449			
P值	0.000			
F统计量	1 397.031			
观测数	22 476	22 476	22 476	22 476

五、稳健性检验

1. 改变“一带一路”建设参与企业识别方法

已有文献对于“一带一路”建设参与企业的识别采用了多种方法，包括企业是否位于“一带一路”倡议重点支持省份（王桂军和卢潇潇，2019b）、企业是否在“一带一路”共建国家进行投资（孙焱林和覃飞，2018）等，但这些方法仍存在识别准确度不高的缺点。例如，以企业是否位于“一带一路”建设重点支持省份对企业是否参与“一带一路”建设进行识别，可能会使得位于“一带一路”建设重点支持省份但实际并未参与“一带一路”建设的企业也被识别为“一带一路”建设参与企业，而不位于“一带一路”建设重点支持省份但实际参与了“一带一路”建设的企业又被识别为未参与“一带一路”建设企业；以企业是否对“一带一路”共建国家进行了投资对企业是否参与“一带一路”建设进行识别，也存在样本时间区间受限、忽视了已在“一带一路”共建国家签订了投资合同但实际尚未进行投资的企业等问题，更为重要的是，仅以贸易和投资作为识别“一带一路”参与企业的方法会难以区分“一带一路”倡议与我国“走出去”战略之间的差异。本章则根据同花顺构建的“一带一路”板块对企业是否参与了“一带一路”建设进行识别，同花顺“一带一路”板块企业是通过对企业年报和公告中对企业是否在“一带一路”共建国家签订投资合同以及是否参与“一带一路”共建国家在建项目的信息进行识别得到的，可以更加精确、全面地识别企业参与“一带一路”建设的具体情况，且数据指标更为完整、时间窗口更长。为了使基准回归结果更为稳健，本章同时使用企业是否位于“一带一路”倡议重点支持省份以及企业是否出口到“一带一路”共建国家对参与“一带一路”建设的企业进行调整和识别。具体而言，本章首先剔除了同花顺“一带一路”板块中不位于“一带一路”倡议重点支持省份的企业，以排除其他因素而非“一带一路”倡议及其与之相关支持政策对企业创新影响的干扰；其次，部分企业可能参与了与“一带一路”共建国家之间的经贸往来，或者作为主要投资企业的辅助企业提供相应的配套产品而同样受到“一带一路”倡议及与之相关政策的影响，因此本章结合海关数据，筛选出出口到“一带一路”共建国家的企业，并将其合并到基准回归“一带一路”建设参与企业名单中进行稳健性检验，值得注意的是，限于数据可得性，出口到“一带一路”共建国家企业名单的时间窗口为2010～2016年。采用其他两种方法对“一带一路”建设参与企业进行识别并进行稳健性检验的计量回归结果如表9－6所示。

表9－6　改变“一带一路”建设参与企业识别方法的回归结果

项目	重点支持省份企业			补充出口到“一带一路”共建国家企业		
	专利申请	独立申请专利	合作申请专利	专利申请	独立申请专利	合作申请专利
“一带一路”倡议	0.180* (0.109)	0.095 (0.103)	0.188** (0.093)	0.095*** (0.032)	0.096*** (0.034)	0.082*** (0.030)
控制变量	YES	YES	YES	YES	YES	YES
企业固定效应	YES	YES	YES	YES	YES	YES
时间固定效应	YES	YES	YES	YES	YES	YES
调整后的R^2	0.789	0.769	0.666	0.798	0.777	0.701
观测数	21 712	21 712	21 712	22 476	22 476	22 476

从表9－6的计量回归结果可以看出，结合企业是否位于“一带一路”倡议重点支持省份后的计量回归结果显示，“一带一路”倡议显著促进了企业申请专

利数量和合作申请专利数量的增加，“一带一路”倡议对企业独立申请专利数量的影响不显著。结合了企业是否出口到“一带一路”共建国家后的计量回归结果显示，“一带一路”倡议显著促进了企业专利申请数量、企业独立申请专利数量和企业合作申请专利数量的增加。这可能是由于，虽然有些企业未与“一带一路”共建国家签订投资合同，也未能参与“一带一路”共建国家的项目建设，但作为“一带一路”建设参与企业的配套企业或补充同样受到“一带一路”倡议及其相关政策的影响，尤其是“五通”发展带来的贸易环境改善有利于促进相关企业的技术创新。改变对“一带一路”建设参与企业的识别方法进行的稳健性检验结果支持基准回归结果得出的结论，表明本章对“一带一路”建设参与企业的识别方法是合适的。

2. PSM－DID 回归结果

进一步地，为了尽量避免自选择问题可能带来的影响，本章使用 PSM－DID 方法首先对“一带一路”建设参与企业与其他企业进行匹配处理，从而使得处理组和对照组尽量保持特征相似，使得样本更加具有可比性，结论更加可靠，然后进一步使用双重差分方法对特征相似个体在政策冲击下结果变量的差异进行识别，通过比较受到政策冲击个体与相似的未受到政策冲击个体在结果变量上的差异对政策冲击的因果效果进行识别。本章分别使用最近邻匹配法（匹配比例为 1∶10）、半径匹配法（半径为 0.0001）和核匹配法（带宽为 0.01）进行倾向得分匹配，然后使用双重差分方法对“一带一路”倡议对参与企业技术创新的影响进行计量回归分析，本章使用基准回归中的控制变量作为匹配变量，且匹配结果满足平衡性要求，PSM－DID 的回归结果如表 9－7 所示。

表 9－7　　PSM－DID 回归结果

项目	最近邻匹配			半径匹配			核匹配		
	专利申请	独立申请专利	合作申请专利	专利申请	独立申请专利	合作申请专利	专利申请	独立申请专利	合作申请专利
“一带一路”倡议	0.206* (0.106)	0.137 (0.111)	0.251** (0.101)	0.177** (0.077)	0.158* (0.082)	0.219*** (0.072)	0.164** (0.074)	0.133* (0.075)	0.221*** (0.070)
控制变量	YES	YES	YES	YES	YES	YES	YES	YES	YES
企业固定效应	YES	YES	YES	YES	YES	YES	YES	YES	YES
时间固定效应	YES	YES	YES	YES	YES	YES	YES	YES	YES
调整后的 R^2	0.842	0.818	0.781	0.795	0.774	0.658	0.798	0.776	0.700
观测数	6 480	6 480	6 480	15 072	15 072	15 072	22 467	22 467	22 467

从表9－7的计量回归结果可以看出，无论使用最近邻匹配法、半径匹配法还是核匹配法，“一带一路”倡议都显著促进了参与企业的技术创新，且影响大小与基准回归结果接近，同时，“一带一路”倡议也显著促进了参与企业合作创新的增加。该结果进一步验证了基准回归的结论，增加了基准回归结果的可信度。

3. 排除其他政策干扰

由于本章控制了时间固定效应，可以在一定程度上排除国家层面政策或外部冲击，如中美贸易摩擦等因素可能对回归结果带来的影响。但回归结果仍可能受到省份或城市层面经济或政策因素的影响，为了进一步排除这部分因素可能带来的干扰，本章进一步构建了城市×时间固定效应和省份×时间固定效应，将其分别加入回归方程，观察“一带一路”倡议变量的回归系数变化，计量回归结果如表9－8所示。从表9－8的计量回归结果可以看出，无论加入城市×时间固定效应还是省份×时间固定效应，“一带一路”倡议变量的回归系数均变化不大，表明“一带一路”倡议显著促进了企业创新以及企业合作创新，与基准回归结果一致。这表明，在考虑了省份层面和城市层面经济和政策因素可能带来的干扰后，基准回归结果依然是稳健的。

表9－8　　　　排除其他政策干扰的回归结果

项目	专利申请	独立申请专利	合作申请专利	专利申请	独立申请专利	合作申请专利
“一带一路”倡议	0.167** (0.079)	0.147* (0.081)	0.209*** (0.076)	0.144* (0.074)	0.116 (0.077)	0.227*** (0.069)
控制变量	YES	YES	YES	YES	YES	YES
城市×时间固定效应	YES	YES	YES			
省份×时间固定效应				YES	YES	YES
企业固定效应	YES	YES	YES	YES	YES	YES
时间固定效应	YES	YES	YES	YES	YES	YES
调整后的R^2	0.801	0.779	0.701	0.799	0.777	0.701
观测数	21 802	21 802	21 802	22 475	22 475	22 475

注：在加入城市×时间固定效应的回归中不包含城市层面的控制变量。

4. 改变回归方法

考虑到专利申请数据是计数数据的特征，本章改用泊松回归方法进一步对基准回归结果的稳健性进行检验，计量回归结果如表9－9所示。从表9－9的计量回归结果可以看出，改用泊松回归方法得出的结果并未改变基准回归得出的结论，依然表明“一带一路”倡议显著促进了参与企业的创新水平与合作创新水平，表明基准回归结果是稳健的。

表 9 -9　　使用泊松回归方法的检验结果

项目	专利申请	独立申请专利	合作申请专利
“一带一路”倡议	0.039* (0.023)	0.032 (0.025)	0.234*** (0.074)
控制变量	YES	YES	YES
企业固定效应	YES	YES	YES
时间固定效应	YES	YES	YES
观测数	21 106	20 970	15 277

5. 安慰剂检验结果

为了进一步检验基准回归结果的稳健性，本章接下来进行了安慰剂检验。在安慰剂检验中，本章将政策冲击的时间点分别提前一年和两年，并将虚构的政策冲击变量作为控制变量加入基准回归方程，若加入虚构的政策冲击变量后，真实的政策冲击变量不再显著，表明可能是由其他因素而非“一带一路”倡议影响了企业的技术创新水平，若加入虚构的政策冲击变量后，真实的政策冲击变量依然显著，表明并非其他不可观测因素而是“一带一路”倡议影响了企业的技术创新水平。安慰剂检验的计量回归结果如表 9 - 10 所示。从表 9 - 10 的计量回归结果可以看出，无论将政策冲击的时间提前一年还是提前两年，加入虚构的政策冲击变量后，真实的政策冲击变量系数依然稳健。安慰剂检验结果依然表明“一带一路”倡议能够显著促进参与企业技术创新水平的提升，尤其显著促进了参与企业合作创新水平的提升。该结果进一步证明了基准回归结果的稳健性和可信性，同时，计量回归结果也表明以 2015 年《愿景与行动》的发布作为政策冲击时间点是合理的。

表 9 -10　　安慰剂检验结果

项目	专利申请	独立申请专利	合作申请专利	专利申请	独立申请专利	合作申请专利
“一带一路”倡议	0.229*** (0.085)	0.164* (0.086)	0.262*** (0.075)	0.177** (0.077)	0.131 (0.082)	0.198*** (0.069)

续表

项目	专利申请	独立申请专利	合作申请专利	专利申请	独立申请专利	合作申请专利
提前一年	-0.105 (0.072)	-0.064 (0.071)	-0.055 (0.064)			
提前两年				-0.050 (0.066)	-0.029 (0.066)	0.038 (0.061)
控制变量	YES	YES	YES	YES	YES	YES
企业固定效应	YES	YES	YES	YES	YES	YES
时间固定效应	YES	YES	YES	YES	YES	YES
调整后的R^2	0.798	0.776	0.701	0.798	0.776	0.701
观测数	22 476	22 476	22 476	22 476	22 476	22 476

为了使得安慰剂检验结果更加可靠，本章继续将“一带一路”倡议政策冲击虚拟变量随机分配给各企业，进而分别使用企业专利申请数量、独立申请专利数量和合作申请专利数量对虚拟的政策冲击变量进行回归分析，得到虚拟政策冲击变量的回归系数，以上过程重复5 000次，得到虚拟“一带一路”倡议政策冲击变量回归系数的分布图，并将其与实际“一带一路”倡议政策冲击变量的回归系数（分别为0.148、0.114、0.220）进行比较，回归结果如图9-3所示。

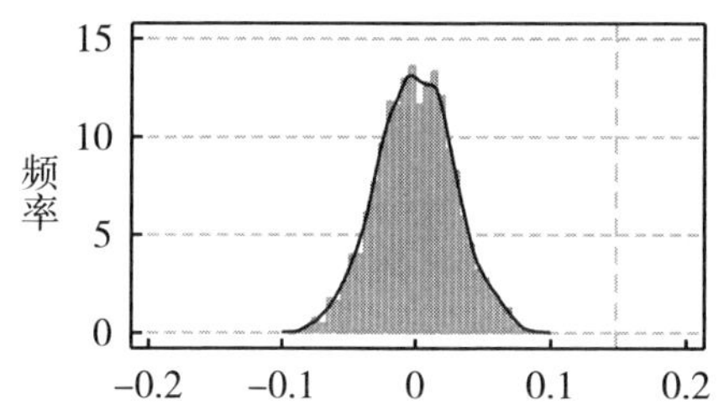

(a)“一带一路”倡议对企业创新的影响系数

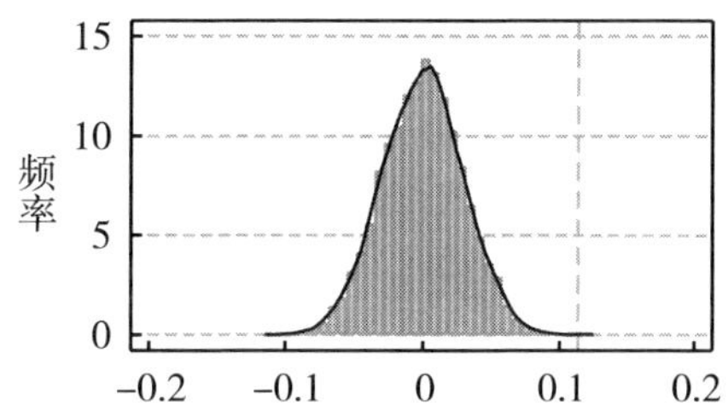

(b)“一带一路”倡议对独立创新的影响系数

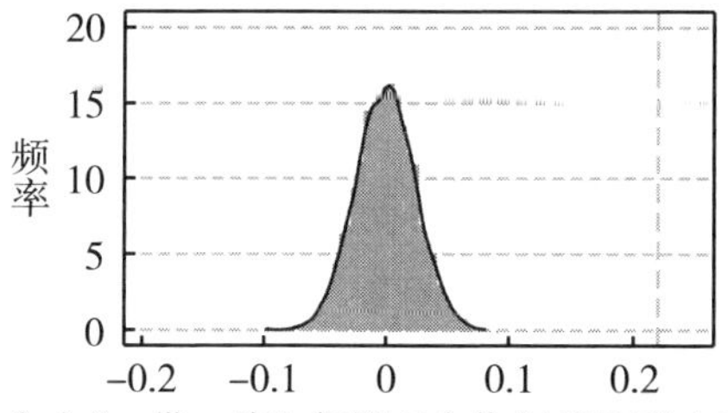

(c)“一带一路”倡议对合作创新的影响系数

图9-3　安慰剂检验结果

从图 9 - 3 可以看出，虚拟政策冲击变量的回归系数均非常接近于零，除了企业独立申请专利数量对虚拟政策冲击变量进行回归得到的系数与实际回归系数有少量重合外，企业申请专利数量对虚拟政策冲击变量进行回归得到的系数以及企业合作申请专利数量对虚拟政策冲击变量进行回归得到的系数与实际“一带一路”倡议政策冲击变量的回归系数存在显著差异，由此可以排除未观测到的变量和非随机因素对估计结果的干扰，表明基准回归结果是稳健的。

六、异质性检验结果

“一带一路”倡议是我国扩大对外开放的重要战略举措，同时，“一带一路”共建国家在政治、经济、文化上存在很大差异，对参与“一带一路”建设的国内企业来说既是机遇也是挑战，不同类型企业在应对外部风险、形成自身比较优势过程中的表现存在很大差异，“一带一路”倡议对不同类型企业创新影响的异质性值得进一步研究。

1. 专利类型异质性

本章首先按照专利类型将专利划分为发明专利、实用新型专利和外观设计专利，从专利的技术含量来看，发明专利和实用新型专利拥有更高的技术含量和技术复杂度，“一带一路”倡议对企业发明专利和实用新型专利产出的促进作用更能体现出“一带一路”倡议对中国企业高质量发展的积极影响。对“一带一路”倡议对参与企业不同类型专利产出影响的异质性检验结果如表 9 - 11 所示。

表 9 - 11　　专利类型异质性检验结果

项目	发明专利	实用新型专利	外观设计专利
“一带一路”倡议	0.119* (0.068)	0.146* (0.075)	-0.044 (0.048)
控制变量	YES	YES	YES
企业固定效应	YES	YES	YES
时间固定效应	YES	YES	YES
调整后的R^2	0.787	0.775	0.695
观测数	22 476	22 476	22 476

从表 9 - 11 的计量回归结果可以看出，“一带一路”倡议显著促进了参与企业发明专利和实用新型专利的产出，但对外观设计专利产出的影响不显著，表明“一带一路”倡议更加有助于促进企业高质量专利的产出。“一带一路”倡议带

来的市场规模扩张和需求多样性增加对国内企业来说既是机遇也是挑战，只有提高自身的技术创新能力、更好地适应市场需求，才能真正地融入当地市场，更好地实现“一带一路”建设目标，因此，参与“一带一路”建设有利于激励企业提升自身的技术创新能力，尤其对企业的高质量创新产生了显著的促进作用。

2. 地区异质性

在国内，“一带一路”倡议重点支持的省份参照了古丝绸之路和古海上丝绸之路的线路，其中很多省份属于西部经济欠发达地区，经济基础和制度环境相对落后，因此，“一带一路”倡议若能拉动西部地区企业创新以及经济发展，将有利于缓解我国经济发展的区域不平衡问题。但同时，东部地区的企业数量尤其是大型企业数量远高于中、西部地区，虽然东北地区属于我国的老工业基地，大型企业数量较多，但相对于东部地区来说，在数量上和规模上也不具有优势。在不同地区企业中，“一带一路”倡议对参与企业技术创新影响的异质性值得进一步研究。因此，本章按照企业所属地区将研究样本划分为东部地区企业、中部地区企业、西部地区企业和东北地区企业，[①] 分别进行计量回归分析，计量回归结果如表 9－12 所示。

表 9－12　　　　地区异质性检验结果

项目	东部地区			中部地区			西部地区			东北地区		
	专利申请	独立申请专利	合作申请专利	专利申请	独立申请专利	合作申请专利	专利申请	独立申请专利	合作申请专利	专利申请	独立申请专利	合作申请专利
“一带一路”倡议	0.297*** (0.088)	0.291*** (0.089)	0.288*** (0.089)	－0.185 (0.242)	－0.299 (0.279)	0.208 (0.270)	－0.135 (0.176)	－0.168 (0.176)	－0.009 (0.131)	0.346 (0.260)	0.251 (0.249)	0.376** (0.188)
控制变量	YES	YES	YES	YES	YES	YES	YES	YES	YES	YES	YES	YES
企业固定效应	YES	YES	YES	YES	YES	YES	YES	YES	YES	YES	YES	YES
时间固定效应	YES	YES	YES	YES	YES	YES	YES	YES	YES	YES	YES	YES
调整后的R^2	0.810	0.785	0.727	0.790	0.777	0.591	0.778	0.762	0.621	0.665	0.651	0.618
观测数	15 322	15 322	15 322	3 065	3 065	3 065	3 014	3 014	3 014	1 075	1 075	1 075

① 东部地区包括北京市、天津市、河北省、上海市、江苏省、浙江省、福建省、山东省、广东省、海南省；中部地区包括山西省、安徽省、江西省、河南省、湖北省、湖南省；西部地区包括内蒙古自治区、广西壮族自治区、重庆市、四川省、贵州省、云南省、西藏自治区、陕西省、甘肃省、青海省、宁夏回族自治区、新疆维吾尔自治区；东北地区包括黑龙江省、吉林省、辽宁省。

从表9－12的计量回归结果可以看出，在东部地区，“一带一路”倡议显著促进了企业专利申请数量的增加、企业独立申请专利数量的增加以及企业合作申请专利数量的增加；在中部地区和西部地区，“一带一路”倡议对企业专利申请数量、企业独立申请专利数量以及企业合作申请专利数量的影响均不显著；在东北地区，“一带一路”倡议对企业专利申请数量、企业独立申请专利数量的影响不显著，但显著促进了企业合作申请专利数量的增加。该检验结果表明，“一带一路”倡议对东部地区企业技术创新的影响最为显著，其次对东北地区企业技术创新的促进作用较大，而对中、西部地区企业技术创新的影响不显著。该结果一方面说明“一带一路”倡议对参与企业技术创新影响的地区差异尚未能实现促进区域间平衡发展的目标，可能是由于中、西部地区企业本身的技术创新能力较弱，同时，中、西部地区难以提供激励企业技术创新的制度环境，使得“一带一路”建设对参与企业技术创新的激励作用未能显现；另一方面也说明“一带一路”倡议有利于促进东北老工业基地的振兴，推动我国落后产能的转型升级，进而促进东北地区经济结构的优化和高质量、创新型发展。

3. 所有制异质性

“一带一路”倡议鼓励我国相关企业积极参与，而目前在对“一带一路”共建国家的投资中，基础设施建设占了最大比例。相应地，我国基建企业在“一带一路”建设中的参与度也更高。而基建企业大多为大型、国有企业，这类企业在获取经济资源和优惠政策方面存在较大优势，同时也是我国过剩产能的重要组成部分。“一带一路”倡议可能对不同所有制参与企业技术创新的影响存在较大异质性，本章对此进行了实证检验。按照企业所有权属性，本章将研究样本划分为中央国有企业、地方国有企业和民营企业三类，[①] 对不同所有制企业中“一带一路”倡议对参与企业技术创新影响的异质性进行实证检验，计量回归结果如表9－13所示。

表9－13　　所有制异质性检验结果

项目	中央国有企业			地方国有企业			民营企业		
	专利申请	独立申请专利	合作申请专利	专利申请	独立申请专利	合作申请专利	专利申请	独立申请专利	合作申请专利
“一带一路”倡议	0.178 (0.158)	0.077 (0.167)	0.341** (0.156)	0.250** (0.124)	0.185 (0.127)	0.319*** (0.096)	0.111 (0.125)	0.163 (0.127)	-0.019 (0.106)

① 其他类型企业数量较少，此处略去。

续表

项目	中央国有企业			地方国有企业			民营企业		
	专利申请	独立申请专利	合作申请专利	专利申请	独立申请专利	合作申请专利	专利申请	独立申请专利	合作申请专利
控制变量	YES	YES	YES	YES	YES	YES	YES	YES	YES
企业固定效应	YES	YES	YES	YES	YES	YES	YES	YES	YES
时间固定效应	YES	YES	YES	YES	YES	YES	YES	YES	YES
调整后的R^2	0.835	0.810	0.801	0.808	0.798	0.660	0.765	0.742	0.612
观测数	2 918	2 918	2 918	5 788	5 788	5 788	11 364	11 364	11 364

从表9－13的计量回归结果可以看出，“一带一路”倡议能够显著促进中央国有企业合作申请专利数量增加以及地方国有企业专利申请数量和合作申请专利数量增加，而对民营企业的专利申请数量、独立申请专利数量以及合作申请专利数量没有显著影响。对企业所有权属性的异质性检验结果表明，“一带一路”倡议显著促进了国有企业（包括中央国有企业和地方国有企业）技术创新水平的提升，尤其对地方国有企业技术创新的正向促进作用更为显著，而对民营企业技术创新的影响不显著。可能的原因是，目前参与“一带一路”建设的企业多为国有企业，而国有企业本身的创新活力和创新能力相对不足，在“一带一路”建设提供了更大国际市场和竞争更为激烈的背景下，国有企业的创新活力得以激发，其本身的人力资本存量以及获取金融资源的优势均有利于促进其技术创新能力的快速提升。而我国民营企业本身的创新活力和创新能力相对较高，可以较好地应对新的、更大的国际市场需求以及竞争压力，同时，其可动用的金融资源以及人才资源有限，因此，“一带一路”建设对民营企业技术创新的激励作用不显著。由此我们可以看到，“一带一路”建设有利于激发我国国有企业的技术创新活力，促进我国国有企业的转型升级和创新型发展，同时，我国民营企业在金融资源获取上的劣势阻碍了“一带一路”建设对民营企业技术创新激励作用的发挥，因此，为参与“一带一路”建设的民营企业提供更多资金和人才支持是促进“一带一路”建设创新激励效应充分发挥的重要保障。另外，我们也应该看到，“一带一路”共建国家基础设施建设的完善能够为民营企业更多参与“一带一路”建设提供有利的外部条件，有利于为民营企业更多参与共建国家之间的经济活动铺平道路。

4. 规模异质性

由于目前参与“一带一路”建设的企业多为基础设施建设企业，如高铁建设企业、信息化基础设施建设企业等，这类企业具有规模经济效应和自然垄断特征，通常为大型企业，“一带一路”倡议对不同规模参与企业技术创新的影响有何异质性？这一问题值得进一步探究。为此，本章根据企业规模将研究样本划分为大规模企业和小规模企业两类，并对“一带一路”倡议对不同规模参与企业技术创新影响的异质性进行实证检验。其中，企业资产总规模高于研究样本中位数的为大规模企业，低于研究样本中位数的为小规模企业。在不同规模企业中，“一带一路”倡议对参与企业技术创新影响的异质性检验结果如表9－14所示。

表9－14　　　　规模异质性检验结果

项目	大规模企业			小规模企业		
	专利申请	独立申请专利	合作申请专利	专利申请	独立申请专利	合作申请专利
“一带一路”倡议	0.090 (0.087)	0.038 (0.090)	0.213** (0.086)	-0.065 (0.129)	-0.011 (0.131)	-0.096 (0.078)
控制变量	YES	YES	YES	YES	YES	YES
企业固定效应	YES	YES	YES	YES	YES	YES
时间固定效应	YES	YES	YES	YES	YES	YES
调整后的R^2	0.850	0.831	0.755	0.741	0.723	0.532
观测数	11 152	11 152	11 152	11 003	11 003	11 003

从表9－14的计量回归结果可以看出，“一带一路”倡议显著促进了大规模企业合作申请专利数量的增加，但“一带一路”倡议对小规模企业专利申请数量、独立申请专利数量、合作申请专利数量的影响均不显著，表明“一带一路”倡议确实显著促进了大规模企业创新能力的提升。可能的原因是，研发创新本身的高投入、高风险特征使得小规模企业的创新意愿和创新能力不足，大规模企业更容易从“一带一路”建设的市场开拓效应中获益，其研发意愿和创新能力更高，为了提升其在新市场中的竞争力，大规模企业不得不进行更多研发创新，其资金资源和人力资本储备也能够保障其创新目标的实现，从而使得“一带一路”倡议对大规模企业技术创新的促进作用更为显著。同时，我们也应该看到，大规模工程的建设离不开专、精、特、新小企业的支持，“一带一路”倡议的提出也为这些中小企业的创新发展提供了机遇，随着“一带一路”建设的进一步推进以及相应政策的支持，将有更多中小企业融入“一带一路”建设之中，进而推

动我国经济的创新型发展。

5. 资本密集度异质性

由于我国长期依靠廉价劳动力优势参与国际分工，导致产业结构集中于劳动密集型产业，随着劳动力成本的不断上升和资本积累的不断增加，我国的资本密集型产业占比逐步提高。为了进一步考察在不同资本密集度企业中，“一带一路”倡议对参与企业技术创新影响的异质性，本章按照企业的资本密集度将研究样本划分为资本密集型企业和劳动密集型企业两类，并进行异质性检验。其中，企业资本固定化比率高于研究样本中位数的为资本密集型企业，低于研究样本中位数的为劳动密集型企业。在不同资本密集度企业中，“一带一路”倡议对参与企业技术创新影响的异质性进行实证检验的计量回归结果如表 9－15 所示。

表 9－15　资本密集度异质性检验结果

项目	资本密集型企业			劳动密集型企业		
	专利申请	独立申请专利	合作申请专利	专利申请	独立申请专利	合作申请专利
“一带一路”倡议	0.116 （0.104）	0.057 （0.100）	0.227** （0.091）	0.171 （0.107）	0.129 （0.129）	0.167 （0.118）
控制变量	YES	YES	YES	YES	YES	YES
企业固定效应	YES	YES	YES	YES	YES	YES
时间固定效应	YES	YES	YES	YES	YES	YES
调整后的R^2	0.823	0.804	0.748	0.793	0.768	0.662
观测数	11 112	11 112	11 112	10 890	10 890	10 890

从表 9－15 的计量回归结果可以看出，在资本密集型企业中，“一带一路”倡议显著促进了参与企业合作申请专利数量的增加，而在劳动密集型企业中，“一带一路”倡议未能显著促进企业专利申请数量、独立申请专利数量和合作申请专利数量增加，表明“一带一路”倡议能够显著促进资本密集型企业技术创新水平的提升，尤其能够促进资本密集型企业合作创新的增加。这可能是因为劳动密集型行业的技术需求较低，本身的技术创新水平和研发创新能力有限，而资本密集型行业对技术创新的依赖较大，技术创新能力也较强，为了获取更大的市场份额，提高在新市场中的竞争力，相关企业需要进行更多的研发创新，因此“一带一路”倡议对资本密集型参与企业技术创新的促进作用更大。“一带一路”倡议对我国资本密集型企业技术创新水平提升的促进作用有助于进一步推动我国

产业结构的转型升级和经济高质量发展。

七、信贷可获得性和研发投入机制检验

作为我国扩大对外开放、促进经济结构转型升级的重要依托和区域发展战略，“一带一路”建设受到了党和国家各级部门的高度重视，各级政府和相关部门纷纷给予“一带一路”建设参与企业优惠性支持政策，尤其在金融资源的获取方面，各大银行、证券交易所、丝路基金以及亚投行等均对“一带一路”建设参与企业的资金需求给予优惠与支持，同时财政部门和税务部门在减轻企业税务负担方面也发挥了重要作用。已有研究发现信贷可获得性提高是促进企业增加研发投入、提高创新水平的重要因素（张璇等，2017），减轻企业税收负担同样能够促进企业的研发创新（刘诗源等，2020）。金融机构对“一带一路”建设参与企业无论是在贷款门槛、额度还是利率上都给予了大幅优惠，这不仅有利于推动企业增加对“一带一路”沿线建设项目的投资力度，还有利于促进企业在面临新市场和更激烈的竞争环境时增加研发投入、提高企业技术创新能力和市场竞争力。为此，本章首先检验了“一带一路”倡议对参与企业的信贷可获得性和研发投入强度的影响，其中，企业的信贷可获得性使用企业长短期借款之和占企业营业总收入的比值来表示，企业的研发投入强度使用企业研发投入占企业营业总收入比重的自然对数来表示。对企业信贷可获得性和研发投入强度机制的实证检验结果如表 9 – 16 所示。表 9 – 16 的计量回归结果显示，“一带一路”倡议使得企业的信贷可获得性显著提高，同时使得企业的研发投入强度显著增加。企业信贷可获得性增加以及研发投入强度提升是促进企业技术创新能力提高的重要机制，有利于推动企业的创新型发展。

表 9 – 16　　　　信贷可获得性和研发投入机制检验结果

项目	信贷可获得性机制	研发投入强度
“一带一路”倡议	0.148*** (0.055)	0.142* (0.077)
控制变量	YES	YES
企业固定效应	YES	YES
时间固定效应	YES	YES
调整后的R^2	0.512	0.829
观测数	13 291	17 925

八、调节效应检验

1. 国际人才流动

“一带一路”建设以政策沟通、设施联通、贸易畅通、资金融通和民心相通的“五通”发展为重要抓手和着力点，无论是在政策上、经济上还是文化上的联通都需要通过增进各国人民交流、合作以及跨国流动来实现，劳动力的跨国流动是“五通”政策实现的前提和润滑剂，因此有必要对劳动力跨国流动在“一带一路”倡议对企业创新影响中的作用进行实证检验。为此，本章分别对“一带一路”共建国家劳动力流入中国和中国劳动力流出到“一带一路”共建国家在“一带一路”倡议对企业创新影响中的作用进行实证检验，具体而言，劳动力跨国流入使用“一带一路”共建国家劳动力流入中国数量总和的自然对数来表示，劳动力跨国流出使用中国流出到“一带一路”共建国家劳动力数量总和的自然对数来表示。计量回归结果如表 9 - 17 所示。

表 9 - 17　　劳动力跨国流动机制检验结果

项目	劳动力跨国流入			劳动力跨国流出		
	专利申请	独立申请专利	合作申请专利	专利申请	独立申请专利	合作申请专利
“一带一路”倡议×劳动力跨国流动	3.600* (2.117)	2.804 (2.213)	4.861*** (1.829)	-3.716* (2.120)	2.804 (2.213)	-7.933*** (2.181)
“一带一路”倡议	-43.654* (25.695)	-34.026 (26.872)	-59.048*** (22.204)	51.862* (29.515)	-34.026 (26.872)	110.548*** (30.352)
劳动力跨国流动	-0.203 (0.904)	0.107 (0.886)	0.941 (0.832)	-0.250 (1.112)	0.107 (0.886)	1.158 (1.023)
控制变量	YES	YES	YES	YES	YES	YES
企业固定效应	YES	YES	YES	YES	YES	YES
时间固定效应	NO	NO	NO	NO	NO	NO
调整后的R^2	0.798	0.776	0.701	0.798	0.776	0.701
观测数	22 476	22 476	22 476	22 476	22 476	22 476

表9－17的计量回归结果表明，“一带一路”倡议能够通过促进劳动力跨国流入推动中国企业专利申请数量和合作申请专利数量增加，而“一带一路”倡议带来的劳动力跨国流出不利于中国企业专利申请数量和合作申请专利数量的增加。由于“一带一路”建设首先由中国提出，开始也以中国企业和人才流入“一带一路”其他共建国家为主，可能不利于中国国内企业的技术创新，但“一带一路”建设带来的国际人才流入能够显著缓解人才流出对国内技术创新的不利影响，甚至能够显著促进国内企业技术创新。劳动力跨国流动促进了知识和文化传播，有利于加强国际商业规则、制度、文化和市场需求的沟通，劳动力跨国流入还有利于提高流入国人力资本积累水平和文化多样性，而劳动力跨国流出则可能降低流出国国内人力资本积累水平和技术创新能力（Naghavi and Strozzi，2015）。因此，在扩大对外开放的同时，我国应加强对海外人才的吸引，充分利用海外先进的知识和技术，增强自身的技术创新能力。

2. 供应链整合

“一带一路”倡议为国内企业开辟了新的广阔市场，在参与“一带一路”建设中，我国特别鼓励国内新兴优势产业、富余产能产业和以商贸服务为主的配套性支持产业参与“一带一路”共建国家建设。“一带一路”建设为国内产业活力的激发和供应链的整合提供了良好的契机。原本作为过剩产能的基建等行业以及由于逆全球化影响而受到打击的通信等行业找到了施展技术和生产能力的新渠道，将进一步带动上、下游企业的发展，推动供应链的整合以及合作发展，也为企业间的合作创新提供了土壤（Kriz and Welch，2018；陈爱贞等，2021）。为此，本章进一步对国内供应链整合①在“一带一路”倡议影响企业创新中发挥的作用进行实证检验，其中，本章分别使用企业对前五大供应商的采购规模及其占比度量国内供应链的整合状况，具体而言，本章使用企业对前五大供应商采购额的自然对数和企业对前五大供应商采购额的占比作为供应链整合的度量指标。下游企业对上游企业采购额的增加可以在集约边际上带动上游企业生产能力的提升，同时，下游企业采购标的企业的分散度提高有利于在扩展边际上将更多上游企业纳入供应链之中，这就带来了国内产业链的重新整合，激发国内企业的创新活力，促进企业间交流合作的增加。对供应链整合在“一带一路”倡议影响企业创新中所发挥作用的实证检验结果如表9－18所示。

① 供应链整合通常包括供应商整合、内部整合和客户整合，本章主要关注供应商整合，也是供应链整合中的核心部分。

表 9-18　　供应链整合机制检验结果

项目	采购规模			供应商分散度		
	专利申请	独立申请专利	合作申请专利	专利申请	独立申请专利	合作申请专利
“一带一路”倡议×供应链	0.075** (0.036)	0.058 (0.037)	0.131*** (0.039)	-0.006** (0.003)	-0.006** (0.003)	-0.006** (0.003)
“一带一路”倡议	-1.429* (0.742)	-1.096 (0.758)	-2.523*** (0.774)	0.269** (0.109)	0.268** (0.124)	0.356*** (0.114)
供应链	0.008 (0.014)	0.006 (0.014)	-0.002 (0.009)	-0.003*** (0.001)	-0.003*** (0.001)	-0.001** (0.001)
控制变量	YES	YES	YES	YES	YES	YES
企业固定效应	YES	YES	YES	YES	YES	YES
时间固定效应	YES	YES	YES	YES	YES	YES
调整后的R^2	0.797	0.773	0.699	0.797	0.773	0.699
观测数	19 952	19 952	19 952	20 300	20 300	20 300

从表9-18的计量回归结果可以看出，“一带一路”倡议可以通过促进企业对前五大供应商采购规模的增加提升自身的创新产出和合作创新产出，同时，“一带一路”倡议能够通过促进企业对前五大供应商采购额占比的下降促进企业创新产出增加。这是因为，随着“一带一路”建设的展开，企业自身的生产能力得到提升，对上游企业的需求增加，创新能力得到提升，同时，为应对多样的新市场需求，企业的采购标的也更加分散，有利于促进国内相关产业的重新整合，进而提升企业的创新能力，尤其有利于促进企业间合作创新的增加。“一带一路”建设为我国国内过剩产能活力的激发以及新兴产业优势的发挥提供了良好的机会和平台，其对国内供应链的重新整合以及高质量发展也具有重要意义。

九、对创新质量的进一步讨论

“一带一路”倡议显著促进了参与企业创新数量的增加，那么“一带一路”倡议是否同时提升了参与企业的创新质量呢？这一问题值得进一步探究。为此，本章进一步使用专利被引用次数加1后取自然对数作为对企业创新质量的度量指标，实证检验了“一带一路”倡议对参与企业创新质量的影响，检验结果如表9-19所示，其中，由于发明专利的技术复杂度和技术含量最高，本章以发明专利的被引用次数作为研究对象。

表 9－19　　　　　　　　进一步讨论检验结果

项目	合作申请发明专利		独立申请发明专利	
	被引次数	剔除自引的被引次数	被引次数	剔除自引的被引次数
"一带一路"倡议政策冲击	0.282*** (0.090)	0.281*** (0.090)	0.048 (0.071)	0.048 (0.071)
控制变量	YES	YES	YES	YES
企业固定效应	YES	YES	YES	YES
时间固定效应	YES	YES	YES	YES
调整后的R^2	0.790	0.790	0.830	0.830
观测数	8 789	8 789	16 445	16 445

表 9－19 的计量回归结果表明，"一带一路"倡议显著提升了参与企业合作申请发明专利的被引用次数以及剔除自引后的被引用次数，而对企业独立申请发明专利被引用次数的影响不显著，表明"一带一路"倡议显著提高了参与企业合作创新的质量。"一带一路"倡议带来的市场扩张效应以及国际市场间竞争的加剧，使得企业进行研发创新的积极性提高，同时更高的创新质量能够更加有效地抵御其他企业的市场竞争，保持自身在市场中的技术优势，因此，企业有动机进行更高质量和技术复杂度的研发创新。另外，"一带一路"建设带来的"金融支持"效应、"扶持认证"效应、"人才流入"效应、"供应链整合"效应均有利于提高企业的研发投入、创新产出和创新质量。

第五节　结论与政策启示

本章将"一带一路"倡议视为准自然实验，以 2010～2020 年沪深 A 股上市公司数据为样本，使用双重差分方法实证检验了"一带一路"倡议对参与企业技术创新的影响。研究发现：其一，"一带一路"倡议显著促进了参与企业专利申请数量的增加和合作申请专利数量的增加。一系列的稳健性检验和安慰剂检验结果均表明基准回归结果是稳健的。其二，"一带一路"倡议对不同类型企业技术创新的影响具有异质性。"一带一路"倡议对企业发明专利申请数量和实用新型专利申请数量的促进作用最大，对东部地区企业、国有企业、大规模企业、资本密集型企业技术创新的促进作用更大。其三，政府对“一带一路”建设参与企业的扶持政策和金融资源偏向使得企业的信贷可获得性提高、研发投入增加，同时，国际人才的流入能够促进参与企业技术创新的增加，“一带一路”倡议使得国内供应链重新整合，将更多企业纳入产业链之中，促进了参与企业技术创新以及合作创新的增加。其四，“一带一路”倡议不仅能够促进参与企业技术创新数量的增加，还能促进参与企业创新质量的提升。

基于以上研究结论，本章提出如下政策启示。

第一，鼓励更多企业参与“一带一路”建设，尤其是中西部地区企业、民营企业和小规模企业。目前的“一带一路”建设项目主要集中于交通、水利、通信等基础设施建设领域，参与企业也主要是相关的国有企业和大规模企业，因此，当前“一带一路”倡议对中国企业创新的影响主要集中于国有企业和大型企业。而基础设施建设的完善应更好地促进“一带一路”共建国家之间商品和服务贸易、文化的交流，使得更多企业加入“一带一路”建设之中，尤其是民营企业、中小企业和中西部地区企业。地方政府及各相关部门应积极推动中西部地区企业、竞争力较强的民营企业以及专、精、特、新中小企业“走出去”，为“一带一路”的繁荣发展贡献力量，同时也有利于促进我国经济的区域平衡和可持续发展。

第二，激励“一带一路”建设参与企业增加研发创新，提升金融资源配置效率。“一带一路”共建国家在政治、经济、文化、宗教信仰上存在巨大差异，面临很多不确定性，甚至可能因文化上的差异而产生误解或冲突，这也为参与“一带一路”建设的企业带来了挑战。“一带一路”参与企业应根据业务所在国家的特点积极进行业务模式转型和研发创新，融入当地文化，提高自身抗风险能力和市场竞争力。充裕的金融资源支持是帮助“一带一路”建设参与企业应对外部风险、提高研发创新能力和市场竞争力的重要保障，尤其需要保障参与“一带一路”建设的中西部地区企业、民营企业、中小企业的金融资源可获得性。

第三，继续推动“一带一路”共建国家的“五通”发展，吸引“一带一路”共建国家的高技能劳动力流入中国。“一带一路”倡议不仅注重共建国家之间的经济合作，更加注重共建国家之间在政治、文化上的交流与合作，其中，国家之间的相互理解与合作离不开劳动力的沟通与跨国流动。在这一过程中，我国积极推动“一带一路”共建各国的青年人才到中国留学、合作与交流的做法值得肯定。同时，我国应积极为国际人才的流入以及长期生活提供良好的制度和社会环境，积极发挥国际人才对我国经济、社会高质量发展的推动作用，促进构建“人类命运共同体”目标早日实现。

第四，鼓励国内供应链的重新整合和结构升级，积极探索以国内大循环为主、国内国际双循环共同发展的新模式。“一带一路”建设不仅是我国进一步扩大对外开放的窗口，更是重要的区域发展战略之一，激活国内产业链的活力、推动产业结构转型升级、促进区域间经济平衡发展也是“一带一路”建设的重要目标。在“一带一路”建设中，我国企业应不断创新自身发展模式、与共建国家企业的合作模式，充分利用国内国际两个市场，在拉动国内产业链整合的同时，深化与共建国家企业的合作，推动国内国际双循环的构建。

当然，本章仍存在一些不足之处，如受限于数据可得性，未能在企业层面对“一带一路”共建国家人才流入对企业创新的影响进行检验，这也是后续进一步拓展的方向。

参考文献

［1］蔡宏波、遆慧颖、雷聪：《“一带一路”倡议如何推动民族地区贸易发展？——基于复杂网络视角》，载于《管理世界》2021 年第 10 期。

［2］陈爱贞、陈凤兰、何诚颖：《产业链关联与企业创新》，载于《中国工业经济》2021 年第 9 期。

［3］戴翔、宋婕：《“一带一路”倡议的全球价值链优化效应——基于沿线参与国全球价值链分工地位提升的视角》，载于《中国工业经济》2021 年第 6 期。

［4］方慧、赵甜：《中国企业对“一带一路”国家国际化经营方式研究——基于国家距离视角的考察》，载于《管理世界》2017 年第 7 期。

［5］蒋冠宏：《中国企业对“一带一路”沿线国家市场的进入策略》，载于《中国工业经济》2017 年第 9 期。

［6］金刚、沈坤荣：《中国企业对“一带一路”沿线国家的交通投资效应：发展效应还是债务陷阱》，载于《中国工业经济》2019 年第 9 期。

［7］李兵、颜晓晨：《中国与“一带一路”沿线国家双边贸易的新比较优势》，载于《经济研究》2018 年第 1 期。

［8］李建军、李俊成：《“一带一路”倡议、企业信贷融资增进效应与异质性》，载于《世界经济》2020 年第 2 期。

［9］李小帆、蒋灵多：《“一带一路”建设、中西部开放与地区经济发展》，载于《世界经济》2020 年第 10 期。

［10］李晓、李俊久：《“一带一路”与中国地缘政治经济战略的重构》，载于《世界经济与政治》2015 年第 10 期。

［11］李笑影、李玲芳：《互联网背景下应对“一带一路”贸易风险的机制设计研究》，载于《中国工业经济》2018 年第 12 期。

［12］刘诗源、林志帆、冷志鹏：《税收激励提高企业创新水平了吗？——基于企业生命周期理论的检验》，载于《经济研究》2020 年第 6 期。

［13］卢盛峰、董如玉、叶初升：《“一带一路”倡议促进了中国高质量出口吗——来自微观企业的证据》，载于《中国工业经济》2021 年第 3 期。

［14］吕越、陆毅、吴嵩博等：《“一带一路”倡议的对外投资促进效应——基于 2005—2016 年中国企业绿地投资的双重差分检验》，载于《经济研究》2019 年第 9 期。

［15］马丹、何雅兴、郁霞：《双重价值链、经济不确定性与区域贸易竞争力——“一带一路”建设的视角》，载于《中国工业经济》2021 年第 4 期。

［16］宋弘、罗长远、栗雅欣：《对外开放新局面下的中国国家形象构建——来自“一带一路”倡议的经验研究》，载于《经济学（季刊）》2021 年第 1 期。

［17］孙焱林、覃飞：《“一带一路”倡议降低了企业对外直接投资风险吗》，载于《国际贸易问题》2018 年第 8 期。

［18］佟家栋：《“一带一路”倡议的理论超越》，载于《经济研究》2017 年第 12 期。

［19］王桂军、卢潇潇：《“一带一路”倡议与中国企业升级》，载于《中国工业经济》2019 年第 3 期，a。

［20］王桂军、卢潇潇：《“一带一路”倡议可以促进中国企业创新吗?》，载于《财经研究》2019 年第 1 期，b。

［21］王雄元、卜落凡：《国际出口贸易与企业创新——基于“中欧班列”开通的准自然实验研究》，载于《中国工业经济》2019 年第 10 期。

［22］王永贵、洪傲然：《千篇一律还是产品定制——“一带一路”背景下中国企业跨国渠道经营研究》，载于《管理世界》2020 年第 12 期。

［23］魏浩、袁然：《国际人才流入与中国企业的研发投入》，载于《世界经济》2018 年第 12 期。

［24］徐思、何晓怡、钟凯：《“一带一路”倡议与中国企业融资约束》，载于《中国工业经济》2019 年第 7 期。

［25］姚星、蒲岳、吴钢等：《中国在“一带一路”沿线的产业融合程度及地位：行业比较、地区差异及关联因素》，载于《经济研究》2019 年第 9 期。

［26］张璇、刘贝贝、汪婷等：《信贷寻租、融资约束与企业创新》，载于《经济研究》2017 年第 5 期。

［27］Du J L, Zhang Y F, “Does One Belt One Road Initiative Promote Chinese Overseas Direct Investment”, *China Economic Review*, 2018, 47 (2): 189 - 205.

［28］Heckman J J, “Sample Selection Bias as a Specification Error”, *Econometrica*, 1979, 47 (1): 153 - 161.

［29］Herrero A G, Xu J W, “China's Belt and Road Initiative: Can Europe Expect Trade Gains”, *China & World Economy*, 2017, 25 (6): 84 - 99.

［30］Huang Y, “Understanding China's Belt & Road Initiative: Motivation, Framework and Assessment”, *China Economic Review*, 2016, 40 (C): 314 - 321.

[31] Javorcik S B, "Does Foreign Direct Investment Increase the Productivity of Domestic Firms in Search of Spillovers through Backward Linkages", *American Economic Review*, 2004, 94 (3): 605 - 627.

[32] Kriz A, Welch C, "Innovation and Internationalization Processes of Firms with New - to - the - World Technologies", *Journal of International Business Studies*, 2018, 49 (4): 496 - 522.

[33] Naghavi A, Strozzi C, "Intellectual Property Rights, Diasporas, and Domestic Innovation", *Journal of International Economics*, 2015, 96 (1): 150 - 161.

[34] Sequeira S, Nunn N and Qian N, "Immigrants and the Making of America", *Review of Economic Studies*, 2020, 87 (1): 382 - 419.

第十章 “双碳”背景下中国碳账户建设的模式、经验与发展方向*

第一节 引言

2015年底订立的《巴黎协定》明确提出，全球将尽快实现温室气体排放达标，本世纪下半叶实现温室气体净零排放。为应对全球气候变化，中国主动承担与国情相符的国际责任，在2020年第七十五届联合国大会上，中国政府作出力争于2030年前完成碳达峰，努力争取于2060年前实现碳中和的承诺（以下简称“双碳”目标）。为稳步推进“双碳”目标实现，《中华人民共和国国民经济和社会发展第十四个五年规划和2035年远景目标纲要》中将“双碳”目标上升为战略任务，并提出深入推进工业、建材、交通等行业低碳转型，加大温室气体控制力度，提升生态系统碳汇能力，以及广泛形成绿色生产生活方式等系列举措。具体而言，落实“双碳”目标需要从减碳和增汇两方面发力，先重点覆盖火电、水泥、钢铁、建材、化工等高碳排放部门，随后再推广至所有企业、个人和社会团体，推动能源系统完成以可再生能源替代为关键抓手的低碳转型（方国昌，2022）。与发达国家先实现自然碳达峰再推广可再生能源实现碳中和的方式不同，中国采取的是提早转型，即在碳达峰

* 本章作者：孙传旺、魏晓楠。

之前就采取向可再生能源转型与绿色生产的低碳高增长模式（孙传旺和占妍泓，2022）。因此，在碳达峰实现之前，中国既要监测社会主体的碳排放，又要核算其减碳贡献。碳账户应运而生，为每个参与主体碳强度与碳排放管控提供了科学合理的核算方法与基础数据支持，记录了每一个参与主体的特定时间、特定空间的碳排放量与碳消除量。

发达国家碳账户的出现是伴随着碳配额和碳交易产生的，为管控社会主体的直接排放，社会主体往往被分配一个定量的配额，多余的碳排放额度可以到碳配额的二级交易市场进行购买，碳账户则为其提供记录碳资产的账户，激励社会主体的低碳行为（Zhao et al.，2021）。除会计职能外，碳账户还为微观主体参与碳排放权交易和碳汇交易提供了完整的碳资产核算的统计机制。现阶段中国在减少二氧化碳排放上采取行政指令与市场机制相结合的方式，将减碳责任与固碳贡献层层分解到各级政府、企业、个人与其他社会团体，同时加快构建以市场机制解决外部性问题的微观市场基础，利用构建市场的方式激励社会主体主动降低二氧化碳排放。而市场有效运行的基础在于准确核算参与主体生产生活所覆盖的碳排放量与碳消除量，进而确定参与主体是否需要在市场上购买额外的碳配额或碳汇。碳账户的构建可以有效解决这一问题，将外部性问题内部化，为市场机制的有效运行提供相配套的微观基础。换句话说，如果不存在一个公平合理且交易成本较低的碳账户，就无法形成最优化配置碳资源的碳价。碳账户为不同地区、不同阶段的社会主体的耗能、减碳与固碳数量提供了核算依据，为有效落实减碳责任，推动碳排放配额、自愿减排量、碳汇等多种产品的市场交易提供了坚实基础。

构建碳账户需要厘清几个关键问题。首先，需要定义减碳行为，明确社会主体的哪种行为属于降低碳排放的行为。对企业而言，现有研究将减排行为归为三类，分别是应用减排技术、清洁能源使用以及管理方式集约化带来的减排（王明喜等，2015）。对个人而言，减碳行为则涉及衣、食、住、行等生活的各个方面，如以步行代替机动车出行。其次，记录与检测减碳行为。并不是所有的减碳行为都可以被捕捉到，减碳行为的记录与检测需要结合不同社会主体的特点以及现阶段的技术可行性，有针对性地构建动态跟进的数据核算系统，如对工业企业安装能耗采集装置，当企业安装节能设备后，就可以记录到企业的减碳行为。再次，量化社会主体的减碳行为。根据现阶段的碳核算方法得到碳排放因子，计算社会主体每个减碳行为的碳减排量数据，如利用中国核证减排量（CCER）方法学估算居民选择地铁出行产生的碳减排量。最后，构建动态评价参与主体减碳行为的体系与奖励机制。社会主体的减碳行为具有外部性，应以商业和交易激励为手段，建立起政府、金融机构与多方社会组织共同参与的正向引导机制（黄莹等，2017）。具体而言，需要对碳账户中的累计减排量量化赋值，转换为货币资金、信贷优惠、碳积分等奖励形式，如“节能产品的低碳标识”“蚂蚁森林的绿色能量”等。

学术界对碳账户及其会计核算体系的构建尚未形成共识（肖序和郑玲，2011），对碳账户构建的分析也主要侧重在生物碳储量上，缺少对经济中的碳储量变化的分析（赵雪等，2021）。部分学者尝试以个别平台构建个体或企业碳账户的实践经验为依托讨论碳账户的发展方向（何起东，2021；吴嘉莹等，2019），但单一平台的实践经验难以为不同类型社会主体碳账户的构建提供借鉴。本章从理论出发，梳理不同类型社会主体碳账户构建的方法，厘清不同行业、不同类型社会主体碳足迹的减少应从哪方面发力，为社会主体建立从“双碳”政策目标到低碳行为的有意识联系提供科学依据；碳账户的范畴位于微观碳会计与宏观碳核算框架之间，碳账户的应用需要承担碳治理的任务，本章通过对比英国、美国等发达国家碳账户应用的主要模式与改进方向，结合我国个人碳账户与企业碳账户的应用经验，深入剖析我国碳账户建设的特点与不足之处，并对“双碳”目标下碳账户的发展方向进行了探讨。

第二节 碳账户的基本内涵与构建方法

一、碳账户的基本内涵

碳核算的发展源于1992年的《联合国气候变化框架公约》（以下简称《公约》），《公约》要求所有缔约方都编制温室气体的排放来源与封存数量清单，以便于更清晰更公平地划分碳排放责任和碳封存贡献。为增加各国温室气体清单的可比性，联合国政府间气候变化专门委员会（IPCC）制定了国家温室气体报告准则，规定各国采用标准化的定义、单位与时间间隔核算温室气体排放与清除量（Lövbrand and Stripple，2011），碳核算分析为捕捉低碳发展提供了相关核算的方法学理论，各国碳排放量与碳清除量的核算结果构成了碳账户的主要内容，碳账户作为基本的记账单位，为各国低碳发展提供了直观的可比工具。

碳账户是界定个人、企业等各方社会主体碳足迹、碳排放权边界以及减碳贡献的记录与数据治理工具。碳账户的核算与会计账户、价值链账户、绿色责任账户、金融资产账户等众多账户密切相关。（1）与会计账户关系。碳足迹与碳固定的测算涉及企业从原材料投入、加工、产品出售再到最终废料处理的全部日常生产经营活动，而碳排放与固碳业务本身也需要计入会计科目，以资产和负债形式体现，碳账户与会计科目的碳流动本质是一致的，只是衡量方式不同，前者以物质数量衡量，后者则以货币价值衡量。（2）与价值链账户关系。碳账户还涉及基于全球价值链的隐含碳的测算问题，需要将贸易利益与环境利益相结合，从不同国家投入产出关系中解析全球价值链参与对贸易隐含碳的影响，即将碳账户中的碳排放责任与碳清除贡献细化到国别层面，用于评估各国应对气候变化问题的贡献。(3) 与绿色责任账户关系。温室气体与二氧化硫、氮氧化物等空气污染物同根同源，清除温室气体时也伴随着其他大气污染物排放的减少，因而应对气候变化与大气污染物防治往往采用协同治理方式，使得碳账户与其他污染物排放账户发生同向变化，这两种账户都是绿色发展账户的重要内容，绿色发展账户还包括生态修复、污染物防治与经济增长等其他内容。（4）与金融资产账户关系。碳账户本身也是一种创新的金融工具，记录社会主体的碳资产，碳账户还可以作为碳资产的交易账户，进行买卖、投资、抵押、变现等。碳账户与其他账户的关系如图 10 -1 所示。

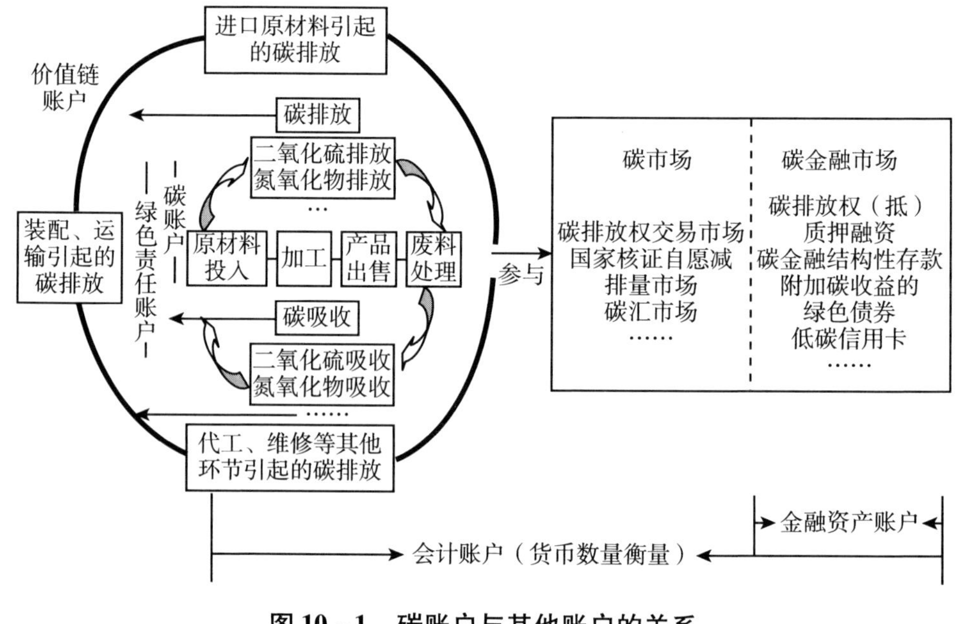

图 10 -1　碳账户与其他账户的关系

二、碳账户构建的理论基础与方法

依据社会主体的类型划分，碳账户可以分为个人碳账户和企业碳账户，基于社会主体的碳足迹与固碳行为，碳账户包括碳排放与碳吸收账户，主要记录了温室气体的排放与消除。碳账户还可以计算社会主体的减碳量（节碳量），即实际碳排放量与资源标准用量下的碳排放量的差额，量化了社会主体在各个环节对降低碳排放作出的努力。图 10－2 汇总了个人碳账户与企业碳账户的构建方法。

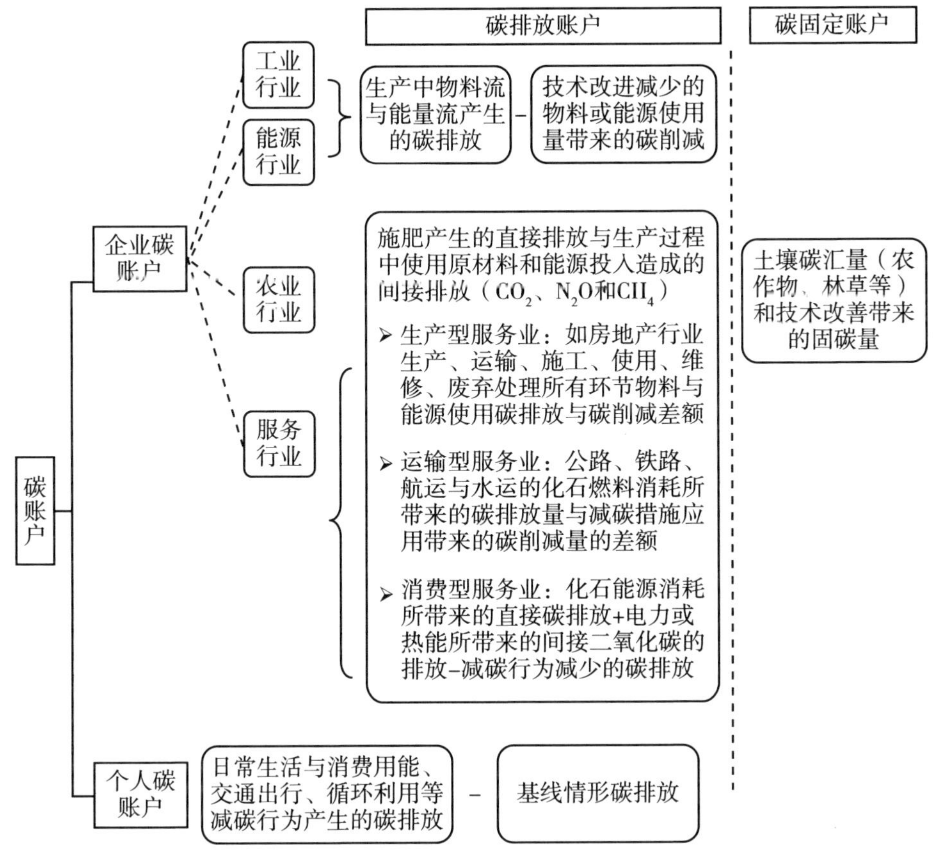

图 10－2　企业与个人碳账户的构建方法

1. 企业碳账户

现阶段，我国企业碳账户的构建大多基于生命周期法，依据权威机构规定的系数测算方法构建碳账户。其中，最为广泛应用的是依据 IPCC 的系数测算碳足迹和碳固定的计量核算方法（陈衣乐，2014）。碳足迹是指某个产品的整个生命周期产生的直接或间接的温室气体排放。碳固定是指通过新增或优化现有植被数量，吸收大气中的温室气体，减少温室气体浓度的过程。当碳固定的数量大于碳足迹的数量时，该社会主体的碳账户为正值（不考虑碳资产交易时），存在碳盈余，反之则存在碳赤字。不同行业企业在构建碳账户时存在较大差异（见表 10－1）。

表 10－1　　不同行业企业碳账户构建方法

不同行业		构建方法
工业行业		工业企业碳账户中碳排放量核算主要延续碳足迹方法，重点捕捉生产流程中涉及的所有物料流与能量流的温室气体排放，其中物料流的温室气体排放来自含碳原料分解和燃烧过程，而附着在能量流中的温室气体排放主要来自煤炭、煤气等碳质燃料的燃烧。当企业采取能源再利用、再循环技术和工艺流程集约化等低碳生产方式时，会改变某个生产流程中所消耗的物料或能源使用量，进而减少工业企业二氧化碳排放量，增加碳账户盈余
能源行业		能源行业碳账户测算与工业行业相似，重点捕捉生产环节的碳排放，能源企业与工业企业存在差异的地方在于能源开采企业的节能量与总容量有关，从而影响低碳生产方式下工业企业生产流程中所消耗的物料与能量的测算方式。例如，各国资源禀赋不同，在现有技术水平下不同国家能源开采的总容量不同，当采用不同类型节能技术时（如生产环节变化、提高能源效率、替代燃料选择、再循环等），对应的能源总容量与单位容量的节能量存在显著差异（Sun et al.，2018）
农业行业		农产品涉及的温室气体主要包括二氧化碳（CO_2）、二氧化氮（N_2O）和甲烷（CH_4），与其他行业不同的是，农业企业碳账户既包括生产流程中的碳排放，又包括通过改善土壤、生物质替代等方式吸收的碳排放。从碳排放账户看，主要包括施肥产生的直接排放和生产过程中使用原材料和能源投入造成的间接排放。现有研究大多基于农产品的生命周期方法测算碳排放（Li et al.，2018；Li et al.，2021）；农业企业的碳吸收账户则主要包括土壤碳汇量（农作物、林草等）和技术改善（如使用秸秆综合利用技术，改善土壤碳固定水平）带来的固碳量，企业的碳固定减去碳足迹就是碳账户净额
服务行业[a]	生产型服务业	生产型服务业中碳排放量最大的为房地产行业，基于生命周期方法构建房地产行业企业的碳账户需要涵盖整个服务流程中涉及的物质与能源投入所产生的碳排放，主要包括建筑材料生产、建筑施工、建筑拆除、材料的回收再利用等环节（黄志甲等，2011），当企业采取减碳的工艺流程、施工和运输方式时，会改变对应环节的碳排放系数以及能源和物料的使用量，从而形成碳账户的盈余
	流通型服务业	流通型服务业的碳排放主要包括公路、铁路、航运与水运的化石燃料消耗所带来的碳排放量，依据生命周期方法加总不同类型运输工具单位运输量二氧化碳排放量与运输周转量的乘积，可以得到交通运输行业的碳排放量（Duan et al.，2015）。运输行业企业的碳账户盈余一方面体现在运输过程中减碳措施的应用，另一方面也可以体现在高碳运输方式向低碳运输方式的转变上

续表

不同行业		构建方法
服务行业[a]	消费型服务业	消费型服务业可以根据二氧化碳的排放类型分为直接二氧化碳排放和间接二氧化碳排放，前者主要指企业对不同类型化石能源消耗所带来的直接二氧化碳排放，后者主要指使用电力或热能所带来的间接二氧化碳排放（Wang and Feng，2017；Zhang and Chen，2021），当企业采用减碳行为时，会减少高碳燃料的消耗量，进而增加碳账户盈余

注：a 根据国民经济行业分类（GB/T 4754—2017），服务业可以分为流通型服务业、生产型服务业、消费型服务业。

2. 个人碳账户

个人碳账户最早于 2006 年由时任英国环境大臣的戴维·米利班德（David Miliband）提出，用于衡量人们日常活动的碳排放量，是个人碳资产管理的交易账户（Jagers et al.，2010）。个人碳账户的盈余主要来自减碳行为的量化，与企业碳账户测算类似，个人减排行为也可以依据权威的方法学进行测算，最为广泛应用的是依据 CCER 方法学进行测算。包括日常生活与消费用能、交通出行、循环利用等行为。具体而言，个人碳账户的核算首先需要确定基准线情形下二氧化碳的排放；其次对选择低碳行为下的二氧化碳排放量进行测算，二者相减得出低碳行为的减碳量。以交通出行为例，当居民选择步行或地铁方式替代汽车出行时，基线情形下高能耗交通工具的碳排放量与低能耗出行工具碳排放量的差额就是个人碳账户的盈余。个人低碳行为的记录与检测具有较大的外部性，往往需要引入私营部门（包括金融机构、碳交易平台与运营企业）的参与以解决资金限制和激励不足的问题（Zhao et al.，2021），现阶段，我国已经推出了一些个人碳账户项目，如 CCER 交易平台、碳账户 4.0 和蚂蚁森林。

第三节　国外碳账户应用的主要模式

碳账户的构建方法帮助社会主体从微观角度认清践行“双碳”目标应从哪方面努力，但碳账户还需融入碳规制的宏观框架，承担碳治理的任务。我国碳账户仍处于初步建设阶段，归纳总结英美等发达国家碳账户应用的模式能为我国碳账户建设提供经验与借鉴。

一、信息框架理念下碳账户的应用

信息框架的理念是指以碳账户的方式获取用户信息，为限额或交易提供碳足迹信息，碳账户需充分融入碳规制政策框架。有效的碳定价是前提，社会主体同时应接受碳税和其他碳定价机制或行业标准的监管，构建普遍碳问责制。个人碳账户的碳消费可以通过碳税豁免或分配免费配额来避免双重征税，个人为企业执行的任何活动都应该排除在个人碳账户体系外。英国是较早启动个人碳交易与碳账户建设的国家之一，众多学者对英国个人碳交易与碳账户建设展开过讨论（Fleming，1997；Hillman，1998）。在结合现有试点建设经验的基础上，古茨曼和克拉普（Guzman and Clapp，2017）通过征求学界与政府机构对英国大不列颠岛构建个人碳交易与碳账户体系的设计意见，提出了一套最优的改进方案，在这一框架下，碳账户通过提供信息，让社会成员参与进来，赋予社会主体权利与环境目标约束（如给成员发放个人碳配额津贴，追踪与限制用户对汽油、电力和天然气的消费）。改进方案致力于建立一个“碳＋健康＋储蓄”（CHSS）的体系，该体系由现有数据库模块、电子信息模块与碳计算器模块组成，可以为用户提供社交、健康、省钱与激励。这一体系被纳入参与者的支付系统中，凭借碳盈余可换取现金折扣。碳账户与碳交易体系设计需要涉及社会和心理动机，如经济下行时，人们基于碳预算的限制采取节能行为（Parag et al.，2011）。因而，这一框架建议以游戏娱乐的方式激励人们对竞争、自我表达、利他主义等社会比较的参与。

二、解决区域公平性问题的碳账户应用

一国在能源结构、能源基础设施、减碳政策与碳排放模式等方面的重大差异可能会降低该国推行碳交易与碳账户计划的可行性。例如，美国北部地区能源需求主要以供暖为主，制冷则是南部地区的主要能源用途，美国100个大都市地区碳排放量调研显示最高地区能源人均家庭碳排放量是最低地区的五倍以上（Brown et al.，2008），不同地区的初始碳强度与低碳选择也存在较大差异，如果该国制定统一的碳交易与碳账户建设计划可能会存在分配的不公平问题。对于联邦制国家而言，推行碳交易与碳账户计划会更加艰难，如欧盟中一些国家能够接受比其他国家更严格的政策工具，在制定排放乘数、购买低碳电力、低碳运输选择等方面更能接受高强度减排方案。不同的资源禀赋、气候特点、收入与燃料征税方式等使得成员国难以平等地获取低碳方式，因而在欧盟推行统一的个人碳交易与碳账户建设方案会比较困难（Fawcett，2010）。由此可见，在实现特定的减排目标下，碳账户建设并不只是单纯计算碳消费和固碳贡献，还需平衡不同地区低碳行为的实施成本，制定兼顾效率与公平的碳账户核算和激励机制。

三、增加用户参与度与提高低碳效率的碳账户应用

当没有财政补偿计划时，为减少碳排放量，可以利用碳账户监管下游用户，

直接控制下游用户的高碳排放行为（Roberts and Thumim，2006），因为下游用户可以清晰地看到他们在哪里消耗能源，以及有哪些选择可以减少能源消费，这将比上游的限额和交易计划管控更节约成本（Darby，2006）。那么，如何吸引更多用户参与构建碳账户呢？尼迈尔等（Niemeier et al.，2008）在介绍美国加利福尼亚的家庭温室气体限额与交易（HHCT）制度时，提出了如何通过改进 HHCT 制度降低政策实施成本，提高可交易许可制度和下游监管的经济效益、环境效益和公平效益。具体而言，一方面，HHCT 制度应不断扩大计划范围，如家庭碳账户测算的口径不应仅局限在电力使用和天然气消耗上，这样可能会带来下游限额与交易系统的不公平性；另一方面，在这种制度下，碳账户的核算与超额碳排放的付费是由公用事业单位主导的，公用事业单位将碳计费系统与公用事业计费系统联系起来，当公用事业选择清洁燃料或更新能源基础设施时，可以获得政府发放的超额津贴，拥有超额津贴的公用事业单位可以将其出售给短缺的企业，从而解决家庭限额与交易制度的效率。

第四节　中国碳账户场景应用的实践经验

依据参与主体的不同，中国碳账户的实践可分为个人碳账户和企业碳账户场景应用，与英美等发达国家将碳账户融入碳规制政策框架，重视碳账户应用的效率与公平性的理念不同，中国碳账户场景应用是以自愿参与为基础，建设重点放在平台组建与引流扩容方面。

一、个人碳账户

英美等发达国家通过分配个人碳配额，将超额排放行为与超额付费或缴纳碳税的方式勾稽起来，借助碳账户系统性视角思考上游企业与下游用户哪个环节降碳成本最低的减排理念。中国个人碳账户建设还处于平台组建阶段，个人碳账户并未纳入碳规制政策框架。政府对个人碳减排行为以激励为主，并未强制个人参与，个人碳账户的场景应用以个人减碳行为捕捉为主，并未融入居民的日常生活支出，具体而言，个人碳账户场景应用模式主要分为以下三种。

1. 依托环境交易所构建平台：具备承接个人碳账户核算与交易，具有天然优势

环境交易所作为碳排放核算与减碳项目挂牌的权威机构，承接个人碳账户核算与交易具有天然优势。早在 2015 年 6 月，北京环境交易所就推出了国内首个自愿减排微商服务平台，这一平台建设实现了从 CCER 到 PC 端再到移动端的突破，具备碳排放测算、减排项目套餐、在线购买与微信支付的功能，有效推进了

个人碳账户应用实现“碳中和目标拆解—碳排放测算—减排项目购买支付”的全流程落地。具体而言，个人可以利用该平台记录自身“衣食住行用”的日常行为，平台会自动计算一定期限内的温室气体排放量，并链接到认证过的温室气体减排项目销售渠道，个人可根据自身的温室气体排放量购买相应的减排量。从平台运营模式可以看出，北京环境交易所个人碳账户平台的建设致力于承接个人碳配额与碳交易体系，但目前我国尚未出台个人碳交易与个人碳配额分配制度，该平台的核心作用也未能有效发挥。

2. 依托第三方支付平台：用户体系庞大，关注低碳行为的社交价值

随着电子支付的普及，第三方支付平台记录了人们日常生活的各个方面，可以有效捕捉更多个人的低碳行为，在奖励机制设计上也具有较大的发挥空间。以2016年蚂蚁金服基于支付宝平台用户推出的“蚂蚁森林”板块为例，“蚂蚁森林”立足公益创造碳汇，用户人数达到5.5亿，是全球最大的个人碳账户平台。与国外个人碳账户建设的相似之处在于，该平台也注重个人碳账户用户的心理与社交动机。“蚂蚁森林”涉及的低碳行为覆盖了阿里旗下包括蚂蚁森林、菜鸟、钉钉在内的系列活动，如用户采用步行或地铁出行、网络购票、在线缴纳生活费用等低碳行为，都会获得相应的温室气体减排量，累积的减排余额被称为“绿色能量”，可用于购买虚拟树木，并获取相应的“蚂蚁森林植树证书”。蚂蚁金服的碳账户采用公益基金、环保机构与个体碳账户相结合的方式，将虚拟种树落实到现实世界，鼓励用户采取低碳行为，据《蚂蚁森林2016—2020年造林项目生态系统生产总值（GEP）核算报告》测算，蚂蚁森林的参与用户超过5.5亿人，累计种植树木超过2.2亿棵，种植总面积超过306万亩，碳减排超过1 200万吨，当所有种植植被进入成熟期后，生态系统生产总价值可达113.06亿元。

3. 地方政府主导构建平台：推广碳普惠制与个人“碳试点”的重要抓手

地方碳账户是以地方政府为主导，以补贴形式鼓励居民绿色出行的碳账户平台。个人碳账户可以量化城市居民的减碳行为，将累积的碳减排量转化为碳币、碳积分等形式，配合政府引导、商业和交易激励的方式，鼓励城市居民形成绿色低碳的生活理念。因而个人碳账户是碳普惠制与个人“碳试点”推广的重要抓手。2021年12月，深圳市生态环境局与碳排放交易所又上线了“低碳星球”小程序，正式开启了深圳个人“碳试点”工作，该小程序基于腾讯大数据，记录跟踪个人的低碳出行、微信步数等减排行为，并以“碳资产”的形式记录碳排放数据，体现其金融属性。碳普惠制与个人“碳试点”的融合是立足非生产领域的减排创新激励，而不是纳入碳交易体系，因而对个人低碳行为的激励也是以自愿为主，社会节能减排激励较弱，不如个人碳配额与碳交易制度下居民的参与度高，低碳理念也推行缓慢。

二、企业碳账户

我国碳规制政策框架与节能减排工作的管控主体以重点排放企业为主，企业出于履约目的构建碳账户，部分地区尝试以碳金融方式激励企业主动降碳，利用数字化工具逐渐丰富碳账户应用场景，现阶段履约目的以外的企业碳账户场景应用主要分为两种模式。

1. 政府与金融机构主导模式：借助碳金融创新扩大减排企业范围

目前碳规制框架只纳入了重点排放企业，还有许多中小企业尚未纳入节能减排管控范围，借助碳账户体系与碳金融创新可以激励碳交易体系以外的企业参与节能减排工作。政府与金融机构主导模式下，政府主要负责政策制定、部门协调、提供扶持资金与相关数据，金融机构则深挖激励机制，将碳盈余与信贷利率、信贷额度、风险敞口相挂钩，企业减碳力度越高，获得的资金成本越低，从而激发企业参与节能减排的积极性。以浙江衢州“碳账户”为例，2021 年 5 月，衢州市出台了国内首个覆盖工业、农业与个人的碳账户体系，将社会主体的银行账户、信用账户和碳账户勾稽起来，依托绿色金融服务信用信息平台，接入职能部门、个人、企业以及金融机构，实时记录社会主体的碳排放量与减碳量，碳账户盈余产生的碳积分可用于抵减信贷利息、手续费等。目前，衢州市工业碳征信报告已覆盖 895 家工业企业和 178 家农业企业，推出 34 个工业减碳贷产品，碳账户贷款规模达 43.41 亿元。

2. 碳账户融入供应链金融：以碳资产重构商业信用体系

上述模式是基于企业个体的碳资产信用，对企业个体减碳形成激励。将碳账户融入供应链金融的模式则有助于实现“链式脱碳”，促进“链式融资”，并获得上下游企业的“链式支持”。基于核心企业供应链构建碳账户致力于激励上下游企业的减碳行为，将低碳行为量化为碳信用，抵减上下游企业的商业信用融资成本。2021 年 TCL 财务公司联合地方金融机构推出了“绿色碳链通”碳账户，从生产侧和管理侧两方面覆盖企业碳排放，聘请第三方评估认证机构对企业的碳排放量进行测算评估，满足条件的企业可以获取更优惠的应收账款抵押融资条件，将基于产业链的绿色低碳行为转化为衡量企业信用水平的“软资产”，有效解决绿色金融发展过程中出现的银企间信息不对称问题。

第五节　中国碳账户建设中存在的问题

相比国外碳账户应用的理念与模式，中国碳账户应用还主要停留在碳核算与平台建设上。英国、美国等国家碳账户的应用是以碳配额和碳交易为支撑，以有效的碳定价为前提，我国的碳账户模块相对独立，个人碳账户还未能与碳配额、碳交易、碳税等政策工具充分融合，较难发挥其提供信息框架和对社会主体形成自我约束的功能，个人为企业执行的碳排放相关行为也未能排除在个人碳账户体系之外，个人碳账户与企业碳账户之间未形成清晰的衔接机制。

一、碳账户尚未融入以碳定价为核心的减排政策框架

碳账户作为建立“双碳”政策目标与社会主体低碳行为有意识联系的工具，是碳定价体系的重要组成部分，也是碳配额和可交易配额的支柱。然而，现阶段我国碳账户的构建及场景应用还未融入以碳定价为核心的减排政策框架，社会主体参与基本出于自愿，场景应用也主要停留在平台建设与吸引流量上，个别先行地区企业碳账户的建设则致力于利用碳账户盈余减少融资成本。从根本上看，碳账户并未与碳配额、CCER、碳交易等管控工具形成勾稽，低碳行为的改变需要碳价格与心理信号的双重驱动，特别是在个人碳账户的应用中，目前还缺乏“减排政策的心理构建—经济激励—最终行为改变”的完整框架构建。

二、缺乏统一的管理体系导致我国建设碳账户的成本较高

基于发达国家碳账户应用经验，低碳行为捕捉范围较窄会引起下游限额与交易系统的不公平问题，特别是我国幅员辽阔，不同地区用能结构与低碳行为选择存在较大差异，碳账户的构建需要尽可能多地纳入更多类型的碳减排行为。个人或企业相关信息采集工作量较大，地方政府在开发本地碳账户时，往往希望从数据到算法都因地制宜地开发一套完整的量化核证体系与低碳行为数据搜集库。这种单独构建数据库和核算方法的模式所耗费的时间、资金与人工成本都很高，特别是个人日常活动涉及衣食住行各个方面，且大多以自愿为前提，记录起来较为困难。英国、美国等国家碳账户数据大多源于现有数据库，将碳账户与现有的计费系统联系起来，减少碳核算成本。我国个人和企业碳账户的数据采集与核算往往由运营平台主导完成，忽略了现有数据库与计费系统的整合。

三、场景应用多跨协同发展缓慢影响碳账户利用效率

英国在构建碳账户时利用电子信息模块，将零售商、加油站、银行、航空公司与酒店等多方数据与场景协同起来，构建基于网络的超级应用程序和多用途电子碳卡。对比来看，现阶段我国的碳账户建设还主要停留在吸引用户参加、完成碳核算以及碳盈余的初级兑换阶段，在碳普惠、绿色金融、碳排放权交易等场景应用上发展较为缓慢，而构建碳账户的真正意义则在于应用，为各地区各行业的低碳转型提供数据、标准与技术支撑，激励社会主体改变用能方式，并不只是降

低能耗。对个人碳账户而言，现有应用方向还主要停留在地铁出行、步行、共享单车等简单的生活场景中，对减碳场景的覆盖还比较有限，还应进一步扩展应用场景，如共享汽车、智慧家居、数字化办公等，利用5G数据捕捉测算不同特征居民的低碳行为，拓宽现有应用场景。对企业碳账户而言，目前仅有个别地区实现了绿色金融领域碳账户的应用，未来还应尽快纳入碳中和相关的碳排放权交易、用能权交易、碳科技等多个多跨场景，提高碳账户利用效率。

四、保障碳账户构建与应用的区域公平性问题尚未涉及

在全国范围实施碳账户管理有赖于碳账户构建和应用的公平问题得以有效解决。英美等国家在推行碳账户计划时会平衡不同地区低碳行为的实施成本，根据不同地区特点规定低碳减排行为方案，保障政策实施的效率与公平。现阶段我国在构建个人和企业碳账户时，往往采取统一的核算标准，还未能根据不同行业、不同区域、不同收入阶层的异质性特征确定低碳行为标准，进而明确碳配额及分配方法，难以保障不同地区实施碳账户管理时赏罚的公平性。例如，蚂蚁森林等个人碳账户工具更多关注如何计算，但却较少关注个人碳账户数据反映的群体特征，这些数据信息可以为未来启动个人碳配额及碳交易计划提供分配方案的数据支撑，解决农村等无法获得低碳燃料的弱势群体补偿问题。

五、碳账户信息准确性与安全问题日渐突出

一方面，碳账户作为低碳行为与碳资产管理的交易账户，接入社会主体生产生活等各个方面的数据，在平台数据共享背景下，碳账户信息采集工作并未覆盖所有低碳行为，特别是个人碳足迹与减碳行为更多出于自愿，没有准确统一的衡量标准与来源口径，信息的准确性与科学性存疑，信息的准确性存疑直接影响碳盈余奖励的公平性，制约了碳资产的发展；另一方面，碳账户信息在应用时涉及众多行政部门、金融机构、平台公司等，信息安全难以保障，现阶段我国也没有出台相应的法律法规保障每一个环节的数据信息安全，这将直接影响社会主体参与碳账户构建的积极性，甚至出于自身信息安全考量，社会主体也可能会提供虚假信息，阻碍低碳发展。

第六节 “双碳”目标下中国碳账户建设的发展方向

一、充分整合现有数据库，推进碳账户系统融入全国碳市场

碳账户作为碳配额与碳交易的基石，需与国家限额和减排政策形成统一框

架，国家应根据不同地区、不同行业减排主体的特点，制定碳账户系统接入现有数据库和计费系统的实施计划，将减排技术、碳市场与激励措施结合起来。具体而言，一方面，应为企业和个人碳足迹与碳消除提供定量核查方式与标准化考核依据，借鉴国外碳账户建设经验，深入挖掘现有数据库，打通碳账户与其他部门的数据壁垒，吸纳各种生产生活场景，将绿色行为、真实碳减排量与减排价值相挂钩，为监管机构审查碳足迹提供更为便捷、精准与权威的依据，也便于社会主体自主制定科学合理的减碳计划；另一方面，碳账户的应用需要政府部门、公共事业单位、金融机构、零售平台等多方主体的协同推进，充分整合现有的计费系统，植入碳账户板块，接入碳定价体系，将社会主体参与和行为改变的激励措施与利益相关者模型和技术平台相结合，通过不断完善碳账户盈余的经济与心理上的激励机制，帮助社会主体减少碳足迹与能源消耗。

二、创新资金激励方式，推动中小企业构建碳账户

实现碳达峰碳中和需要各方社会主体的共同参与，当前碳排放权交易市场只纳入了部分行业的大型企业，众多中小企业与居民并未明确减排目标。中小企业是我国产出、就业和税收的主要贡献者，从价值链出发也占据了碳排放的较大份额，中小企业由于碳核算与碳披露能力较差，难以获得国家的绿色资金支持，应鼓励中小企业借鉴推广“衢州碳账户”或“绿色碳链通”的模式，以金融机构为绿色低碳企业提供更低融资成本的激励方式，推动中小企业实现绿色低碳转型。为此，地方政府应出台引导中小企业构建碳账户和绿色低碳发展的资金计划，吸纳社会资金成立针对中小企业碳账户发展基金，利用大数据与云计算采集中小企业的煤、电、气等用能与碳排放数据，依据碳排放量和低碳贡献将企业划分为不同等级。联合金融机构加大对符合条件的企业提供低息贷款、发行绿色债券、提高再贷款额度等支持力度，激励中小企业参与碳核算和构建碳账户。

三、保障碳账户建设的公平性与合理性

中国碳账户现处于初步建设阶段，目前只是对积极参与二氧化碳减排的企业和个人提供奖励措施，对高碳排放的个人和企业并未采取惩罚机制。应依据不同地区不同行业的减排目标和历史数据动态调整碳核算方法，避免出现碳资源向碳生产率低的企业倾斜的情况，即高碳排放企业因边际减排效应大从而获利更多，保障碳账户构建与赏罚的公平性。例如，低收入地区由于基础设施的影响获得低碳燃料的机会低于高收入地区，直接将碳排放值附加到区域供热方案中产生的热量和电力是不公平的。可以借鉴英美等国家碳账户的建设经验，将碳账户和碳配额分配框架与现有的区域能源供需结构、能源基础设施建设和收费制度有效协同

起来，基于全生命周期方法配置区域间的减排责任，对弱势群体作出补偿安排。政府需统筹协调节能减碳一本账、碳排放权配额等管理目标，以碳账户为依据，出台相关法律法规，对碳排放超标的社会主体实施强制处罚，有效约束负外部性行为，同时配合市场手段，激励受管控社会主体参与碳交易，提高碳减排效率。

四、加强数字化创新与保障信息安全

现阶段我国在构建碳账户时对大数据技术的利用还主要停留在挖掘社会主体能耗数据方面，未来还需进一步促进云计算、数字化技术以及职能部门数字化管理等方面的应用，利用数字化技术打通碳排放权、自愿减排量、碳汇等多种产品交易市场，提高企业碳资产配置与碳排放管理效率。政府各个职能部门也需接入碳账户数字化管理平台，动态监测各个社会主体的碳排放与减碳行为，避免信息不对称条件下出现运动式“减碳”情况，从全局出发，科学有序推进实现“双碳”目标，正确引导绿色减碳发展。各方数据的接入与数字化创新需要同时从法律和技术两方面保障数据安全，尽快出台保障大数据与碳账户信息安全方面的法律法规，强化数据使用监管，避免碳账户信息泄露成为新的风险点。

五、满足全面绿色发展要求，避免其他污染物溢出

碳账户的构建需满足绿色低碳发展的全部内涵，如果企业只是降低了碳排放，但却增加了其他污染物排放，则不满足中国碳中和的发展路径。因此，政府与社会主体在构建碳账户约束碳排放行为时需与绿色发展的其他内涵相平衡，兼顾生态修复、减少其他污染排放与节约水资源等要求。在规定碳减排责任的同时，也明确常规污染物、水污染治理、生态修复等其他要素治理责任，从技术上将碳账户、绿色责任、生态账户等打通，将碳核算与生态核算相统一，激励社会主体设立长期目标，协同推进减碳、减排、增绿与增长。

参考文献

［1］陈衣乐：《中美企业碳足迹核算方法对比》，载于《财会月刊》2014 年第 2 期。

［2］方国昌：《碳交易驱动新能源发展路径优化与政策协同》，中国财政经济出版社 2022 年版。

［3］何起东：《以碳账户为核心的绿色金融探索》，载于《中国金融》2021 年第 18 期。

［4］黄莹、郭洪旭、谢鹏程等：《碳普惠制下市民乘坐地铁出行减碳量核算方法研究——以广州为例》，载于《气候变化研究进展》2017 年第 3 期。

［5］黄志甲、赵玲玲、张婷等：《住宅建筑生命周期 CO_2 排放的核算方法》，载于《土木建筑与环境工程》2011 年第 S2 期。

［6］孙传旺、占妍泓：《碳中和发展轨迹的国际比较与中国碳中和发展力研究》，载于《国外社会科学》2022 年第 1 期。

［7］王明喜、鲍勤、汤铃等：《碳排放约束下的企业最优减排投资行为》，载于《管理科学学报》2015 年第 6 期。

［8］吴嘉莹、毛庆庆、董炳灿：《大数据时代下个人碳账户的可持续发展研究——以蚂蚁金服为例》，载于《时代金融》2019 年第 14 期。

［9］肖序、郑玲：《低碳经济下企业碳会计体系构建研究》，载于《中国人口・资源与环境》2011 年第 8 期。

［10］赵雪、马晓君、张剑秋：《基于国际标准更新的生态系统核算比较》，载于《统计与决策》2021 年第 19 期。

［11］Brown M A，Southworth F and Sarzynski A，“Shrinking the Carbon Footprint of Metropolitan America”，Washington，DC：Brookings Institution，2008.

［12］Darby S，“The Effectiveness of Feedback on Energy Consumption”，A Review for DEFRA of the Literature on Metering，Billing and direct Displays，2006，486（2006）：26.

［13］Duan H，Hu M W，Zhang Y K，et al，“Quantification of the Carbon Emission of Road and Highway Construction in China Using Streamlined Life Cycle Assessment”，*Journal of Cleaner Production*，2015，95：109－116.

［14］Fawcett T，“Personal Carbon Trading in Different National Contexts”，*Climate Policy*，2010，10（4）：339－352.

［15］Fleming D，“Tradable Quotas：Setting Limits to Carbon Emissions”，Elm Farm Research Centre，Newbury，1997.

［16］Guzman L I，Clapp A，“Applying Personal Carbon Trading：A Proposed ‘Carbon，Health and Savings System’ for British Columbia，Canada”，*Climate Policy*，2017，17（5）：616－633.

［17］Hillman M，“Carbon Budget Watchers：The Implications for Individual Lifestyles”，Town and Country Planning－London－Town and Country Planning Association，1998，67：305.

［18］Jagers S C，Löfgren A and Stripple J，“Attitudes to Personal Carbon Allowances：Political Trust，Fairness and Ideology”，*Climate Policy*，2010，10（4）：410－431.

［19］Li J，Yang W，Wang Y，et al，“Carbon Footprint and Driving Forces of Saline Agriculture in Coastally Reclaimed Areas of Eastern China：A Survey of Four Staple Crops”，*Sustainability*，2018，10（4）：928.

［20］Li Q，Gao M and Li J，“Carbon Emissions Inventory of Farm Size Pig Husbandry Combining Manure－DNDC Model and IPCC Coefficient Methodology”，*Journal of Cleaner Production*，2021，320：128854.

［21］Lövbrand E，Stripple J，“Making Climate Change Covernable：Accounting for Carbon as

Sinks, Credits and Personal Budgets", *Critical Policy Studies*, 2011, 5 (2): 187 - 200.

[22] Niemeier D, Gould G, Karner A, et al, "Rethinking Downstream Regulation: California's Opportunity to Engage Households in Reducing Greenhouse Gases", *Energy Policy*, 2008, 36 (9): 3436 - 3447.

[23] Parag Y, Capstick S and Poortinga W, "Policy Attribute Framing: A Comparison between Three Policy Instruments for Personal Emissions Reduction", *Journal of Policy Analysis and Management*, 2011, 30 (4): 889 - 905.

[24] Roberts S, Thumim J, "A Rough Guide to Individual Carbon Trading", The Ideas, the Issues and the Next Steps, Centre for Sustainable Energy, UK, 2006.

[25] Sun D Q, Yi B W, Xu J H, et al, "Assessment of CO_2 Emission Reduction Potentials in the Chinese Oil and Gas Extraction Industry: From a Technical and Cost - Effective Perspective", *Journal of Cleaner Production*, 2018, 201 (PT. 1 - 1166): 1101 - 1110.

[26] Wang M, Feng C, "Decomposition of Energy - related CO_2 Emissions in China: An Empirical Analysis Based on Provincial Panel Data of Three Sectors", *Applied Energy*, 2017, 190: 772 - 787.

[27] Zhang Y J, Chen H S, "The Impact Mechanism of the ETS on CO_2 Emissions from the Service Sector: Evidence from Beijing and Shanghai", *Technological Forecasting and Social Change*, 2021, 173: 121114.

[28] Zhao X, Bai Y and Ding L, "Incentives for Personal Carbon Account: An Evolutionary Game Analysis on Public - Private - Partnership Reconstruction", *Journal of Cleaner Production*, 2021, 282 (9): 125358.

第十一章 全球能源市场联动与国家动态通胀风险*

第一节 引言

近年来多国通胀出现了大幅上涨，而且此现象有从个别经济体蔓延至全球经济的明显趋势。具体而言，多个国家的通货膨胀指数达到了近十年来的最高水平，2022 年第二季度，美国的季度年化通胀率达到 9.44%，英国、德国和波兰等欧洲国家的通胀率分别高达 15.05%、9.88% 和 20.74%，这种异于常态的高通胀现象驱使着研究人员从描述分析通胀的条件均值特征转向研究其条件分位点特征，尤其是其尾部条件分位点上的现象（如 0.95 分位点），也即在险通货膨胀。[①] 在近年来宏观经济相关问题的研究中，越来越多的文献主题是通货膨胀尾部风险的测度与影响因素研究（Lopéz – Salido and Loria，2022；Queyranne et al.，2022；Pfarrhofer，2022）。

全球性重大危机事件的频繁发生，使得国际能源市场出现明显波动。全球能源市场联动风险的两个重要来源分别是新冠疫情和俄乌冲突事件。一方面，这两次危机事件都极大程度影响了能源类商品的生产与供应流程，直接或间接地加

* 本章作者：郑挺国、巩璐、叶仕奇。原文发表于 *Energy Economics*，2023 年第 126 卷。

① 根据 Bank for International Settlements 公布的国家通胀数据计算而得。

剧了全球能源供应危机；另一方面，危机事件期间能源类商品价格频繁变化，从而引发了全球能源市场行情的不确定性风险升高（Sun et al.，2022）。具体地，国际危机事件爆发使得各国政府调整货币与财政政策，从而可能导致能源行业投资成本的上升，同时为了应对气候变化及实现可持续发展的战略计划，各国政府实施政策倡导用非化石能源替代化石能源，并积极采取了各种措施节约能源，进一步导致了能源市场价格出现波动。此外，突发危机事件后国家贸易政策与商品供应形势的变化，导致全球能源相关商品贸易格局有明显改变，这也抬升了全球能源市场的联动性风险（Li et al.，2017；Wu et al.，2019；Meng et al.，2022；Xie et al.，2022）。

全球能源市场的联动性风险会迅速蔓延至国际商品市场，给普通家庭造成压力并且将传导至实际消费，最终影响宏观经济与金融相关活动（Gong et al.，2022）。在国际宏观经济运行系统中，全球能源市场的联动风险主要通过三个渠道与国家通货膨胀关联：一是国家之间能源市场的联动风险会改变劳动力和资本投入的产出率，从而通过影响国际宏观经济运行周期进一步改变通货膨胀；二是全球能源市场的联动风险直接影响了能源服务类价格，进而直接作用于各个国家的通货膨胀水平；三是在全球能源市场联动风险较高的时期，通货膨胀预期的形成机制可能会出现变化（Elder and Serletis，2010；Hasenzagl et al.，2022），通胀预期的变化可能会引导一个国家通货膨胀水平的改变。关于能源部门变化的不确定性风险与宏观经济活动之间的关系，部分学者也做了详细阐述（Elder and Serletis，2010；Baumeister and Peersman，2013；Jo，2014；Śmiech et al.，2021）。根据现有研究结果，识别与量化全球能源市场的风险对国家通货膨胀预测分布的影响，尤其是对通货膨胀尾部风险的边际作用，有助于防范与化解全球通货膨胀风险。

本章主要关注全球能源市场的联动风险与多国通货膨胀预测分布之间的关系，以及其对国家通货膨胀尾部风险的边际影响。在此，基于联动风险指标的计算方法提取全球能源市场的联动风险，借此指标刻画全球能源市场变化的不确定性风险。关于风险联动指标的测算，部分现有文献采用滚动窗口 VAR 模型来提取该指标（Ferrer et al.，2018；Rehman et al.，2023）。尽管滚窗方法具有操作上的便利性，也可以计算出随时间变化的风险联动指数，但它有一定的局限性：首先，此种方法在很大程度上取决于窗口宽度的选择，如果主观选择的窗口宽度太短，样本内估计值将不具有可信度，估计出的结果将频繁出现异常或跳跃值，如果主观选择的窗口宽度过长，样本内估计的结果会过于平滑，可能无法捕捉到一些偶然事件发生导致的估计结果的突然变化；其次，滚动窗口 VAR 模型不可避免地会丢失初始窗口中的所有样本，导致最终时变关联性指数损失与初始窗口宽度相当的样本。有鉴于此，本章采用时变参数向量自回归（TVP－VAR）模型（Koop and Korobilis，2014），基于29个国家（地区）的MSCI能源指数数据计算全球能源市场风险联动指数。

风险联动指数的测度方法现已被广泛应用于测度金融市场的系统性风险。例如，越来越多的研究采用此种指数测度方法从能源价格波动中提取信息，并分析其与全球暴发的重大危机事件之间的关系（Wu et al.，2021；Szczygielski et al.，2022；Akyildirim et al.，2022）。之所以可以采用联动指数方法测度全球能源市场的不确定性风险，是因为各国能源公司的股票价格波动受到能源商品和能源类资产需求的驱动，可以大致反映出一国能源行业行情的变化。源于一个国家能源市场行情的突发冲击会传导到其他国家（地区），从而产生强烈的国际风险共振现象，这种现象在重大危机事件如俄乌冲突期间尤为明显。

基于分位数回归模型，借鉴现有文献中关于在险通货膨胀的分析研究框架，本章对全球能源市场的联动风险与各个国家极高通胀和极低通胀间的关系进行了量化分析。具体而言，将估算得到的全球能源市场联动指数纳入国家增广的菲利普斯曲线模型，并将其应用于分析25个OECD发达国家和发展中国家的通胀。基于此种设定，本章重点围绕三个问题开展分析：第一，全球能源市场风险联动指数是否有助于描述国家通货膨胀动态预测分布的特征，即能否提高预测能力？第二，对国家通货膨胀条件预测分布的不同分位点上的数值而言，能源市场风险联动程度对于通胀右尾与左尾风险的预测能力是否存在差异？第三，全球能源市场风险联动指数对各个国家通胀尾部风险的边际影响是否存在异质性，以及异质性可能源自何处？在此，本章采用广义偏态t分布拟合国家通胀的条件预测分布，借以评估通胀高于或者低于特定数值的特征，即通货膨胀的尾部风险（IaR）。从经济学的角度来看，通胀尾部风险揭示了极端通胀发生的概率，描述了通胀预测分布的尾部特征。

关注全球能源市场行情，了解全球能源市场变化的不确定性风险与国家通胀预测分布之间的关系，对于政策制定者和投资组合管理者而言是有必要的。对于政策制定者而言，明确全球能源市场联动风险对通胀预测分布在短期、中期和长期的影响，对于宏观经济调控具有重要意义。特别是对于通胀率极高的国家，政策制定者应更多地关注能源市场联动风险对国家出现极高通胀风险的影响，以保障宏观经济稳定发展。对于通胀率低的国家，则可能需要把控能源市场变化对国家通胀预测分布的整体影响，防范化解潜在的风险。对于投资管理者来说，可以通过能源市场联动风险预测国家通货膨胀的条件分布，预判未来宏观经济的走势，实现合理的资产配置和风险管理。

本章的主要研究结论可以概括为以下三点：首先，从全球能源市场风险联动指数对于多国通货膨胀在不同分位点上的回归系数来看，能源市场联动风险对于通货膨胀的影响存在国家和分位点层面的异质性；其次，预测视角下全球主要经济体的通胀条件分布具有时变性，在近年来重大危机事件如新冠疫情、俄乌冲突爆发的冲击下，大多数国家的通胀预测分布特征出现了显著变化；最后，国家通胀右尾与左尾风险的量化评估结果反映，直到样本截止日期，对于正在经历高通胀的国家而言极高通胀风险仍可能持续。

第二节　文献综述

刘金全和王大勇（2003）、刘金全和张鹤（2003）等早期的研究围绕经济在险增长问题对我国经济增长下行风险的分析测度展开了开拓性的探索。近年来，阿德里安等（Adrian et al.，2019）正式推广了关于宏观经济风险问题的研究，提出了经济在险增长分析的框架，他们采用分位数回归模型和预测分布拟合方法，基于宏观经济与金融类指标拟合了 GDP 增长的预测条件分布，结果表明美国经济增长预测分布的左尾现象与其金融市场状况紧密相关。近年来有诸多研究关注量化与评估宏观经济的尾部风险。普拉格堡－默勒（Plagborg-Møller et al.，2020）采用包含了 13 个发达经济体的宏观经济与金融变量的数据集，研究了金融状况对 GDP 条件分布的预测能力。布朗利斯和苏扎（Brownlees and Souza，2021）构建了 24 个 OECD 国家边际与联合经济在险增长的分析模型，对分位数回归与 GARCH 模型的样本外预测准确性进行了比较。阿德里安等（2022）基于 11 个发达经济体和 10 个新兴市场经济体的宏观经济数据，采用面板分位数回归，讨论了在不同的预测期限上金融状况冲击对经济增长风险的作用。费拉拉等（Ferrara et al.，2022）使用高频和实时金融变量测度了日度经济增长尾部风险指标。国内研究方面，张晓晶和刘磊（2020）针对中国金融市场状况与经济在险增长之间的预测关系展开了讨论；郑挺国等（2023）考虑了高维数据集与混频数据类型，基于正则化混频分位数回归模型筛选了中国经济增长的风险来源，测度与评估了经济增长风险。

通货膨胀是宏观经济运行状况的重要指示器，全球高通胀背景下在险通胀问题也引起各界的广泛关注。洛佩斯－萨利多和洛里亚（Lopéz－Salido and Loria，2022）研究了宏观经济驱动因素如何影响美国和欧洲通胀的预测分布，计算了通胀在短期内高于或低于临界值的概率，阐述了出现通胀危机的可能性。布伦纳迈尔等（Brunnermeier et al.，2020）、马卡比等（Makabe et al.，2022）比较了全球各地区在险通胀的差异，考察了差异现象背后的影响因素。普法尔霍夫（Pfarrhofer，2022）等侧重于利用混合频率数据或时变分位数回归模型预测通胀风险。迄今为止，与在险通胀相关的研究尚未将能源作为通胀预测分布的直接驱动因素，尤其是探索能源部门与通胀分布之间的关系。

有大量文献通过测度风险传染和溢出效应来刻画能源市场价格波动不确定性的特征（Lin et al.，2014；Lin and Li，2015；Lin and Chen，2019；Li et al.，2019；Gong et al.，2021）。关于风险联动指数的计算，迪博尔德和伊尔马兹（Diebold and Yilmaz，2014）最早提出了量化复杂系统内冲击传递强度的思想，被广泛运用于测度系统性金融风险。杨和周（Yang and Zhou，2017）测算了多个国家的金融市场之间的波动溢出，布斯和席恩勒（Buse and Schienle，2019）描述且预测了信贷市场间的风险联动程度，宫等（Gong et al.，2022）利用基于卡尔曼滤波技术的 TVP - VAR - SV 模型分析了能源和非能源商品市场之间的风险溢出效应。与此同时，部分文献应用风险联动指数的计算方法来评估能源和商品市场间总体和分市场的风险联动程度（Okorie and Lin，2020，2022；Gong et al.，2021；Su et al.，2022）。与现有研究聚焦于测算联动指数和溢出效应不同的是，本章使用风险联动指数测度方法从全球能源市场行情波动中提取了能源市场风险联动指数，并考察了该指标对国家通胀预测分布的边际作用。

关于能源部门与通货膨胀间的关系，现有理论研究论证了能源部门变化的不确定性与通胀关联的多种渠道。具体而言，科伊比恩和戈罗德尼琴科（Coibion and Gorodnichenko，2015）指出家庭部门在形成通胀预期时会尤其关注汽油价格，并据此形成其对通胀走势的预判，预期会引导实际通货膨胀的变化。哈森察格尔等（Hasenzagl et al.，2022）发现能源价格的波动可能会通过生产的边际成本与菲利普斯曲线传导至通货膨胀。基利安和维格富松（Kilian and Vigfusson，2011）与斯密奇等（Śmiech et al.，2021）指出能源行业的不确定性可能会改变企业和消费者的投资策略，如企业会改变其投资策略、消费者会减少其投资消费支出，这些变化也会反映在通货膨胀的最终水平上。在实证研究方面，现有文献使用结构化 VAR（SVAR）模型分析原油和天然气价格冲击将如何影响通胀和通胀预期。例如，基利安（Kilian，2008）解释了能源价格与美国宏观经济之间可能存在的联系，探讨了能源价格冲击将如何影响美国通货膨胀。宾德（Binder，2018）分析了石油和天然气价格的大幅波动会如何影响通胀和通胀预期。崔等（Choi et al.，2018）使用了 72 个发达和新兴经济体的非平衡面板数据研究全球油价冲击对国家通胀的影响，说明了石油价格冲击传导至通货膨胀的渠道，并解释了样本国家间的异质性来源。基利安和周（Kilian and Zhou，2022）指出名义燃油价格的变化与通胀预期相关。

第三节 模型与方法

一、TVP－VAR 模型与联动指数测算

本章首先使用库普和科罗比利斯（Koop and Korobilis，2013）提出的快速估计 TVP－VAR 模型，基于时变系数模型提取了全球能源市场风险联动指标（GE-CI）。与迪博尔德和伊尔马兹（2014）传统的滚动窗口估计方法相比，库普和科罗比利斯（2013）提出的 TVP－VAR 模型使用了卡尔曼滤波技术实现快速估计，避免了主观的窗宽选择，并且不存在观测值损失的弊端。

具体而言，若有 $N\times1$ 维向量 $y_t=(y_{1t},\cdots,y_{Nt})'$表示 N 个国家的 MSCI 资产价格对数收益率，则可以将 TVP－VAR(p)模型表示成如下形式：

$$y_t = c_t + B_{1t}y_{t-1} + \cdots + B_{pt}y_{t-p} + \varepsilon_t,\ \varepsilon_t \sim N(0,\sum_t) \tag{11.1}$$

其中，c_t 代表 $N\times1$ 维时变截距项；B_{it}代表 $N\times N$ 维时变系数矩阵；ε_t 表示 $N\times1$ 维残差，服从均值为 0、方差为 $\sum_t$ 的多元高斯分布。根据式（11.1）中给出的模型形式，通过线性变换将 TVP－VAR（p）模型表示成状态空间模型形式：

$$y_t = Z_t\beta_t + \varepsilon_t,\quad \varepsilon_t \sim N(0,\sum_t)$$

$$\beta_t = \beta_{t-1} + \upsilon_t,\quad \upsilon_t \sim N(0,Q_t)$$

其中，$Z_t=I_N\otimes[1',y'_{t-1},\cdots,y'_{t-p}]'$且 $\beta=vec([c_t,B_{1t},\cdots,B_{pt}]')$。参考库普和科罗比利斯（2013）的设定，认为时变系数β_t 服从随机游走过程，而且 $N\times1$ 维的随机误差项 υ_t 服从均值为 0、时变协方差矩阵为 Q_t 的多元高斯分布。基于状态空间表达形式的模型，可以直接使用卡尔曼滤波技术估计出时变系数：

$$\tilde{y}_t = y_t - Z_t\beta_{t|t-1},\qquad F_t = Z_tP_tZ'_t + \sum_t$$

$$K_t = P_tZ'_tF_t^{-1},\qquad L_t = I - K_tZ_t$$

$$\beta_{t|t} - \beta_{t|t-1} + K_t\tilde{y}_t,\quad P_{t|t} = P_tL'_t$$

对于任一时间点 $t=1$，…，T，有 $\beta_{t|t-1}=E(\beta|F^{t-1})$和 $P_{t|t-1}=\mathrm{Var}(\beta|F^{t-1})$，这里的 $F^{t-1}=\sigma(y_{t-1},y_{t-2},\cdots,y_{t-p})$表示过往的信息集合。在实施卡尔曼滤波之前需要设定时变参数 $\sum_t$ 、Q_t 和 β 的先验，此处的设定参考库普和科罗比利斯（2013）的研究。首先，假设 $\sum_t$ 服从指数加权移动平均（EWMA）过程：$\sum_t$ =

$\kappa\sum_{t-1}+(1-\kappa)\tilde{y}_t\tilde{y}'_t$。其次，对于 Q_t，库普和科罗比利斯（2013）引入遗忘算子概念：$Q_t=(\lambda^{-1}-1)P_{t-1|t-1}$。最后，对于 β_0 的先验分布，采用明尼苏达先验形式，先验均值 $E(\beta_0)=0$ 以及方差协方差矩阵为对角矩阵 $\mathrm{Var}(\beta_0)=V_0$，其中非截距滞后项的设定为 $(V_0)_i=\gamma/l^2$，截距项的设定为 $(V_0)_i=100$。关于超参数的选择，进一步参考阿克耶尔德勒姆等（Akyildirim et al.，2022）的设定，设置 $\kappa=0.99$、$\lambda=0.99$、$\gamma=0.01$，这样的设定也有利于得到稳定的参数估计结果。在得到 c_t 和 B_{lt} 的参数估计之后，首先将 TVP－VAR(p)转换成 TVP－VMA(∞)形式，也即 $y_t=\sum_{i=0}^{\infty}\Psi_{i,t}\varepsilon_t$，再根据库普等（1996）的方法计算广义预测方差分解（GFEVD）。关于模型滞后阶数的确定，采用 BIC 准则选择 TVP－VAR 模型的滞后阶数。

根据广义预测方差分解思想，测度第 i 个变量向前 H 步预测的不确定性风险中源于第 j 个变量冲击影响的强度为：

$$\theta_{ij,t}(H)=\frac{\sigma_{ij,t}^{-1}\sum_{h=0}^{H-1}(e'_i\Psi_{h,t}\sum_t e_j)^2}{\sum_{h=0}^{H-1}(e'_i\Psi_{h,t}\sum_t\Psi'_{h,t}e_i)}$$

其中，$\sigma_{ij,t}$ 是 $\sum_t$ 的第 j 个对角成分，而且此处设置预测步长 $H=12$。对溢出矩阵行元素做标准化处理，可以得到 $d_{ij,t}(H)=\theta_{ij,t}(H)/\sum_{k=1}^{N}\theta_{ik,t}(H)$。接下来，定义时变的总风险联动指数，也即全球能源市场风险联动指数（GECI）为：

$$C_t(H)=\frac{1}{N}\sum_{\substack{i,j=1\\i\neq j}}^{N}d_{ij,t}(H)\times100 \tag{11.2}$$

全球能源市场风险联动指数（GECI）可以反映由于国家间能源市场行情变化联动程度引起的全球能源市场变化不确定性风险。相关研究中，也有研究重点关注了 GECI 的实证问题，例如，辛格等（Singh et al.，2019）使用全球 21 个能源主要消费国家的 MSCI 指数，基于滚窗方法测度了 MSCI 时变的风险联动指数。科比特等（Corbet et al.，2020）计算了美国能源相关公司股价间的风险联动指数，反映出全球能源市场在不同周期上的大幅变化。阿克耶尔德勒姆（2022）基于 TVP－VAR 模型测度了全球 29 个原油出口、进口国家（地区）能源市场之间的风险联动指数，而且初步分析了新冠疫情时期会影响能源市场联动程度的因素。根据上述研究，全球多国能源市场间风险联动指数的波动可以反映一些危机事件的爆发，本章也将使用全球能源市场联动指数作为国际能源风险的度量，并探讨其与国家通货膨胀预测分布间的关系。

二、GECI 与通胀预测分布

若要考察全球能源市场风险联动程度对于国家通货膨胀预测分布的影响，对于考察的具体国家 i 而言，参考阿德里安等（2019）以及洛佩斯－萨利多和洛里亚（2022）的设定，构建条件分位点上的增广菲利普斯曲线模型：

$$\pi_{t+h} = Q_{\tau}(\pi_{t+h} | x_t) + \varepsilon_t$$

其中，h 为预测步长，$\tau = \{0.05, 0.25, 0.5, 0.75, 0.95\}$ 代表分位点集合，$Q_{\tau}(\pi_{t+h}|x_t)$表示基于 $k \times 1$ 维解释变量 x_t 计算得到的 π_{t+h} 在 τ 分位点上的预测值。具体而言，考虑以下增广的菲利普斯曲线模型：

$$Q_{\tau}(\pi_{t+h} | x_t) = \alpha_{\tau} + \beta_{\tau}\pi_t^E + \phi_{\tau}y_t^g + \gamma_{\tau}C_t \tag{11.3}$$

其中，π_t^E 表示通胀预期，y_t^g 表示产出缺口，C_t 表示 GECI。进一步地，定义$\gamma_{\tau} = (\alpha_{\tau}, \beta_{\tau}, \varphi_{\tau}, \gamma_{\tau})$与 $x_t = (1, \pi^E, y_t^g, C_t)$，通过最小化以下非对称加权残差绝对值总和估计模型中的系数：

$$\begin{aligned}\hat{\gamma}_{\tau} = \underset{\gamma_{\tau} \in \mathbb{R}^k}{\operatorname{argmin}} \sum_{t=1}^{T-h} (& \tau \cdot 1_{(\pi_{t+h} \geqslant x_t\gamma_{\tau})} | \pi_{t+h} - x_t\gamma_{\tau} | \\ & + (1-\tau) \cdot 1_{(\pi_{t+h} \leqslant x_t\gamma_{\tau})} | \pi_{t+h} - x_t\gamma_{\tau} |)\end{aligned}$$

通胀风险（IaR）表示在极小概率下未来出现极高或极低的通货膨胀水平，也可反映出通货膨胀预测分布的尾部现象（如在 0.05 和 0.95 分位点上）：

$$\Pr(\pi_{t+h} \leqslant IaR_h(\alpha | F_t)) = \alpha$$

其中，F_t 为截至时间 t 所有的信息集合，$IaR(\alpha)$可以及时捕捉通货膨胀预测分布的尾部变化趋势。对于极低的 α，$IaR(\alpha)$反映通货膨胀可能出现的左尾风险，类似对于极高的 α，$IaR(\alpha)$捕捉到通货膨胀预测分布的右尾特征。

在得到每个时间点 t、每个分位点 $\tau \in \{0.05, 0.25, 0.5, 0.75, 0.95\}$ 上的系数估计结果 $\widehat{\gamma_{\tau}}$ 之后，便可假设国家通货膨胀数据的预测条件分布服从广义偏态 t 分布，参考阿扎利尼和卡皮塔尼奥（Azzalini and Capitanio，2003）的研究，设定其概率密度函数形式为：

$$f(\pi; \mu, \sigma, \alpha, v) = \frac{2}{\sigma} \times t(z; v) \times T\left(\alpha z \sqrt{\frac{v+1}{v+z}}; v+1\right) \tag{11.4}$$

其中，$z = \frac{\pi - \mu}{\sigma}$，$t(\cdot)$ 和 $T(\cdot)$ 分别表示广义偏态 t 分布的概率密度函数

（PDF）和累积分布函数（CDF）。类似阿德里安等（2019）的做法，通过最小化估计出的条件分位点预测值与拟合累积分布函数的逆之间距离的平方和，得到偏态 t 分布中的未知参数：

$$\{\widehat{\mu}_{t+h},\widehat{\sigma}_{t+h},\widehat{\alpha}_{t+h},\widehat{v}_{t+h}\} = \underset{\mu,\sigma,\alpha,v}{\operatorname{argmin}} \sum_{\tau} (\widehat{Q}_{\tau}(\pi_{t+h} \mid x_t) - F^{-1}(\tau;\mu,\sigma,\alpha,v))^2$$

三、测算通货膨胀尾部风险

通过拟合国家通货膨胀的连续预测条件分布，可以观察在不同阶段通货膨胀预测分布特征的变化。与此同时，通过比较是否考虑 GECI 所拟合出分布上存在的差异，也可以判断全球能源市场联动风险对于国家通胀预测分布的影响，尤其是在重大危机事件如新冠疫情和俄乌冲突期间，可以较为直观地比较差异现象。最后，基于预测分布也可以测度通货膨胀的尾部风险，以及评估通货膨胀变化的不确定性。

参考阿德里安等（2019）的研究，此处主要考察以下两类通胀风险：一是基于熵值的尾部风险（IR^U 指代上行风险、IR^D 指代下行风险）；二是期望收益类型的风险（IR^{ES} 指代期望损失，IR^{LR} 指代期望收益）。具体而言，IR^D 和 IR^U 的计算公式为：

$$IR^U = -\int_{\hat{F}^{-1}_{\pi_{t+h}|x_t}(0.95|x_t)}^{\infty} (\log\hat{g}_{\pi_{t+h}}(\pi) - \log\hat{f}_{\pi_{t+h}|x_t}(\pi \mid x_t))\hat{f}_{\pi_{t+h}|x_t}(\pi \mid x_t)\,\mathrm{d}\pi$$

$$IR^D = -\int_{\infty}^{\hat{F}^{-1}_{\pi_{t+h}|x_t}(0.05|x_t)} (\log\hat{g}_{\pi_{t+h}}(\pi) - \log\hat{f}_{\pi_{t+h}|x_t}(\pi \mid x_t))\hat{f}_{\pi_{t+h}|x_t}(\pi \mid x_t)\,\mathrm{d}\pi$$

其中，$\hat{g}_{\pi_{t+h}}(\pi)$ 表示估计得到通货膨胀的非条件分布，$\hat{F}^{-1}_{\pi_{t+h}|x_t}(\pi_{t+h}|x_t)$ 表示 $\hat{f}_{\pi_{t+h}|x_t}(\pi|x_t)$ 的累积分布函数，$\hat{F}^{-1}_{\pi_{t+h}|x_t}(\tau|x_t)$ 指代拟合得到的累积分布函数的逆函数。因此，上行（下行）熵风险刻画了无条件分布与拟合得到的广义偏态 t 分布在特殊分位点（如 0.05 和 0.95）上的差异，可以反映出通货膨胀预测分布在尾端变化的不确定、不稳定性。与此同时，IR^{ES} 与 IR^{LR} 从绝对值的视角出发描述了通货膨胀预测分布的尾部特征：

$$IR^{ES} = \frac{1}{\pi}\int_0^{\pi} \hat{F}^{-1}_{\pi_{t+h}|x_t}(\tau \mid x_t)\,\mathrm{d}\tau$$

$$IR^{LR} = \frac{1}{\pi}\int_{1-\pi}^{1} \hat{F}^{-1}_{\pi_{t+h}|x_t}(\tau \mid x_t)\,\mathrm{d}\tau$$

其中，$\hat{F}^{-1}_{\pi_{t+h}|x_t}(\tau|x_t)$ 表示拟合得到的偏态 t 累积分布函数的逆函数，根据阿德里安等（2019）的做法设定 $\pi = 0.05$。

第四节　数据与描述性分析

本章所使用数据主要来自 Bloomberg、OECD 经济数据库以及世界银行数据库。本章使用了 29 个国家（地区）从 2006 年 8 月 24 日至 2022 年 9 月 15 日的日度 MSCI 能源指数，据此计算了全球能源市场风险联动指数（GECI）。值得注意的是，这里选取的 29 个国家（地区）是全球具有代表性的主要能源消费国家（地区），由于中东国家相关数据不可得，在计算 GECI 的过程中没有考虑中东国家能源市场的数据。关于 MSCI 数据的处理，对其做对数差分获取平稳收益率时间序列，即 $r_{it} = \log(P_{i,t}) - \log(P_{i,t-1})$，这里 $P_{i,t}$ 表示 MSCI 日度的收盘价。表 11－1 展示了 29 个国家（地区）能源 MSCI 对数收益率的描述性统计分析结果，以及相应的 Bloomberg 代码。观察收益率数据的重要统计量可以发现，大多数国家（地区）的收益率数据分布呈现出明显左偏以及尖峰厚尾特征，而且接近一半国家（地区）的能源 MSCI 收益率均值为负值。

表 11－1　　29 国（地区）MSCI 能源收益率数据描述性分析

国家(地区)	彭博代码	均值	标准差	最大值	最小值	偏度	峰度
阿根廷	MXAR0EN	－0.0002	0.0134	0.0744	－0.1927	－1.5084	23.8462
澳大利亚	MXAU0EN	－0.0004	0.0074	0.0373	－0.0999	－0.9431	15.6858
奥地利	MXAT0EN	－0.0003	0.0097	0.0810	－0.0926	－0.5448	13.0515
巴西	MXBR0EN	－0.0005	0.0134	0.0948	－0.1501	－0.7746	13.5218
加拿大	MXCA0EN	－0.0002	0.0075	0.0645	－0.0921	－1.1060	23.3008
中国	MXCN0EN	0.0007	0.0088	0.0779	－0.0755	－0.0486	10.5123
哥伦比亚	MXCO0EN	－0.0006	0.0097	0.0578	－0.1209	－0.8125	15.4089
芬兰	MXFI0EN	0.0002	0.0097	0.0923	－0.0554	0.1442	9.1364
法国	MXFR0EN	－0.0006	0.0076	0.0610	－0.0789	－0.2437	14.6798
匈牙利	MXHU0EN	0.0002	0.0089	0.0609	－0.0705	0.0501	10.3018
印度	MXIN0EN	0.0002	0.0077	0.0788	－0.0750	－0.2239	12.6198
印度尼西亚	MXID0EN	0.0001	0.0122	0.0824	－0.1609	0.1641	14.4495
意大利	MXIT0EN	－0.0007	0.0078	0.0703	－0.1019	－0.6117	19.9313
日本	MXJP0EN	－0.0003	0.0081	0.0552	－0.0627	－0.2578	7.1347
韩国	MXKR0EN	0.0001	0.0098	0.0980	－0.0645	0.4174	10.3844

续表

国家(地区)	彭博代码	均值	标准差	最大值	最小值	偏度	峰度
马来西亚	MXMY0EN	-0.0003	0.0065	0.0340	-0.0687	-0.6342	11.3410
荷兰	MXNL0EN	-0.0008	0.0083	0.0735	-0.0728	-0.5613	14.8832
挪威	MXNO0EN	0.0004	0.0085	0.0554	-0.0925	-0.4642	9.8779
巴基斯坦	MXPK0EN	-0.0002	0.0158	0.0414	-0.9278	-0.0223	5.0743
波兰	MXPL0EN	0.0001	0.0084	0.1193	-0.1216	-0.0857	24.8414
葡萄牙	MXPT0EN	0.0002	0.0077	0.0697	-0.0784	-0.0319	10.6404
俄罗斯	MXRU0EN	-0.0001	0.0111	0.1267	-0.2000	-1.8985	51.0080
南非	MXZA0EN	0.0001	0.0099	0.0538	-0.0602	-0.0609	6.4912
西班牙	MXES0EN	-0.0009	0.0089	0.0727	-0.0744	-0.1092	10.8082
瑞士	MXSE0EN	0.0002	0.0104	0.0773	-0.1147	-0.5422	14.8757
中国台湾	MXTW0EN	0.0002	0.0070	0.0410	-0.0489	-0.0659	6.7906
泰国	MXTH0EN	0.0002	0.0079	0.0581	-0.1271	-1.2070	27.4023
土耳其	MXTR0EN	0.0003	0.0096	0.0654	-0.0714	-0.3817	7.6231
美国	MXUS0EN	0.0003	0.0083	0.0746	-0.0986	-0.6988	18.0355

接下来，为评估 GECI 如何影响国家通货膨胀的预测分布，本章参考相关文献做法，将样本国家的通货膨胀数据处理为季度数据，并使用 Oxmetrics 7.2 中的 STEM 程序包对数据做了季节调整。通货膨胀（π_t）季度年化增长率指标依据 $\pi_t = 400\log(CPI_{i,t}/CPI_{i,t-4})$ 计算，其中 $CPI_{i,t}$ 指国家层面的通货膨胀数据。根据菲利普斯曲线的理论框架，刻画通货膨胀动态的同时也需要考量产出缺口、通货膨胀预期在其中起到的作用。本章的产出缺口(y_t^g)根据 $y_t^g = \log(GDP_{i,t}) - \bar{y}_t$ 计算，$\bar{y}_t$ 表示基于 HP 滤波计算得到的 GDP 的趋势性成分。此外，本章采用 OECD 公开的通货膨胀预测数据作为通胀预期的近似值。由于受到通货膨胀预期数据可得性的限制，最终关注 OECD 中 25 个国家通货膨胀的预测分布情况。

表 11-2 展示了 π_t 的描述性统计分析结果，从中可以看出，在样本期间，墨西哥通货膨胀的均值水平最高，瑞士的通货膨胀均值水平最低，捷克、希腊、波兰、匈牙利和智利通货膨胀波动程度更明显。数据的偏度统计量展现出除了美国与澳大利亚，其他样本国家的通货膨胀都呈现右偏性。数据的峰度表明基本上所有国家都具有尖峰厚尾特征，其中捷克、英国、丹麦、葡萄牙和波兰数据的尖

峰性更明显。因此，样本国家通货膨胀数据的分布并不具有正态对称性，有必要从数据分布上探讨发达国家与发展中国家的通货膨胀分布，尤其是其尾部特征。

表 11－2　　　　样本国家通货膨胀数据的描述性分析

国家	简称	均值	标准差	最大值	最小值	偏度	峰度
泛太平洋区域							
中国	CN	2.56	2.67	10.48	－4.13	0.30	4.65
日本	JP	0.40	1.82	8.20	－3.57	1.16	6.91
韩国	KR	2.18	1.92	8.52	－2.81	0.65	4.54
以色列	IL	1.42	2.28	5.75	－3.59	0.12	2.68
澳大利亚	AU	2.42	2.11	8.88	－6.13	－0.03	7.57
欧洲区域							
法国	FR	1.39	1.61	7.59	－1.47	1.06	5.82
英国	UK	2.60	2.44	15.05	－1.36	2.30	12.21
德国	DE	1.79	2.04	9.88	－1.50	1.61	7.16
意大利	IT	1.59	2.01	10.47	－1.89	1.67	7.86
丹麦	DK	1.72	2.08	12.11	－1.37	2.50	12.05
奥地利	AT	2.21	1.98	11.20	－1.07	2.08	10.12
瑞士	CH	0.34	1.50	4.44	－3.47	0.20	3.47
西班牙	ES	1.83	2.84	12.25	－3.48	0.99	5.19
芬兰	FI	1.76	2.17	9.68	－2.41	1.28	5.95
匈牙利	HU	3.81	3.46	15.44	－2.54	0.67	3.71
荷兰	NL	2.07	2.25	12.14	－1.64	2.33	10.89
葡萄牙	PT	1.50	2.56	20.74	－2.76	2.22	11.20
希腊	GR	1.54	3.68	16.41	－6.21	1.35	6.80
捷克	CZ	2.95	3.98	21.01	－1.98	2.95	13.36
波兰	PL	2.94	3.62	20.74	－2.76	2.22	11.20
挪威	NO	2.31	2.05	8.63	－3.68	0.54	4.56
美洲区域							
美国	US	2.31	2.86	9.44	－8.73	－0.57	6.05
加拿大	CA	2.04	2.18	10.70	－4.05	0.78	6.72
墨西哥	MX	4.32	1.88	9.40	0.57	0.60	3.10
智利	CL	3.75	3.26	14.82	－4.67	0.81	4.84

表 11－3 给出了 25 个样本国家产出缺口时间序列数据的描述性统计分析结果，从中可以看出，除了韩国、以色列和瑞士，其他样本国家产出缺口均值为正，意味着其真实产出高于潜在产出。样本期内波兰、捷克、希腊和中国产出缺口的均值最高，而挪威产出缺口的标准差最大。

表 11－3　　样本国家产出缺口数据的描述性分析

国家	简称	均值	标准差	最大值	最小值	偏度	峰度
泛太平洋区域							
中国	CN	0.28	0.03	0.05	－0.11	－1.06	6.62
日本	JP	0.06	0.02	0.03	－0.07	－1.10	5.63
韩国	KR	－0.03	0.01	0.03	－0.04	－0.52	3.14
以色列	IL	－0.02	0.02	0.05	－0.10	－1.73	11.12
澳大利亚	AU	0.02	0.01	0.02	－0.07	－2.96	16.68
欧洲区域							
法国	FR	0.11	0.02	0.03	－0.14	－3.40	21.91
英国	UK	0.07	0.03	0.05	－0.16	－2.74	16.24
德国	DE	0.13	0.02	0.04	－0.09	－1.50	7.51
意大利	IT	0.10	0.03	0.05	－0.16	－2.99	18.54
丹麦	DK	0.09	0.02	0.06	－0.08	－0.61	5.89
奥地利	AT	0.14	0.02	0.06	－0.11	－1.41	8.74
瑞士	CH	－0.09	0.04	0.10	－0.06	0.53	2.64
西班牙	ES	0.21	0.04	0.06	－0.19	－2.09	12.51
芬兰	FI	0.18	0.02	0.06	－0.06	－0.05	3.60
匈牙利	HU	0.02	0.04	0.11	－0.15	－0.42	4.30
荷兰	NL	0.17	0.02	0.04	－0.08	－0.75	6.51
葡萄牙	PT	0.14	0.03	0.07	－0.14	－1.66	10.23
希腊	GR	0.30	0.04	0.11	－0.15	－0.91	5.59
捷克	CZ	0.38	0.04	0.14	－0.13	0.33	4.68
波兰	PL	0.51	0.05	0.16	－0.11	0.66	5.72
挪威	NO	0.11	0.08	0.18	－0.24	－0.48	3.47
美洲区域							
美国	US	0.07	0.02	0.04	－0.11	－2.02	11.55
加拿大	CA	0.05	0.03	0.08	－0.16	－1.74	10.33
墨西哥	MX	0.05	0.04	0.06	－0.20	－2.63	15.77
智利	CL	0.17	0.04	0.06	－0.14	－1.06	4.77

图 11－1 为 25 个样本国家产出缺口数据的时序图，从中可以看出，新冠疫情对于各国实体经济造成了显著冲击，新冠疫情暴发后多国产出缺口由正转负，相比较而言，疫情对瑞士和希腊的影响相对较小。国际金融危机事件爆发也对产出有显著的负面影响，多国产出缺口大幅缩小，但期间产出缺口下降幅度小于新冠疫情期间。

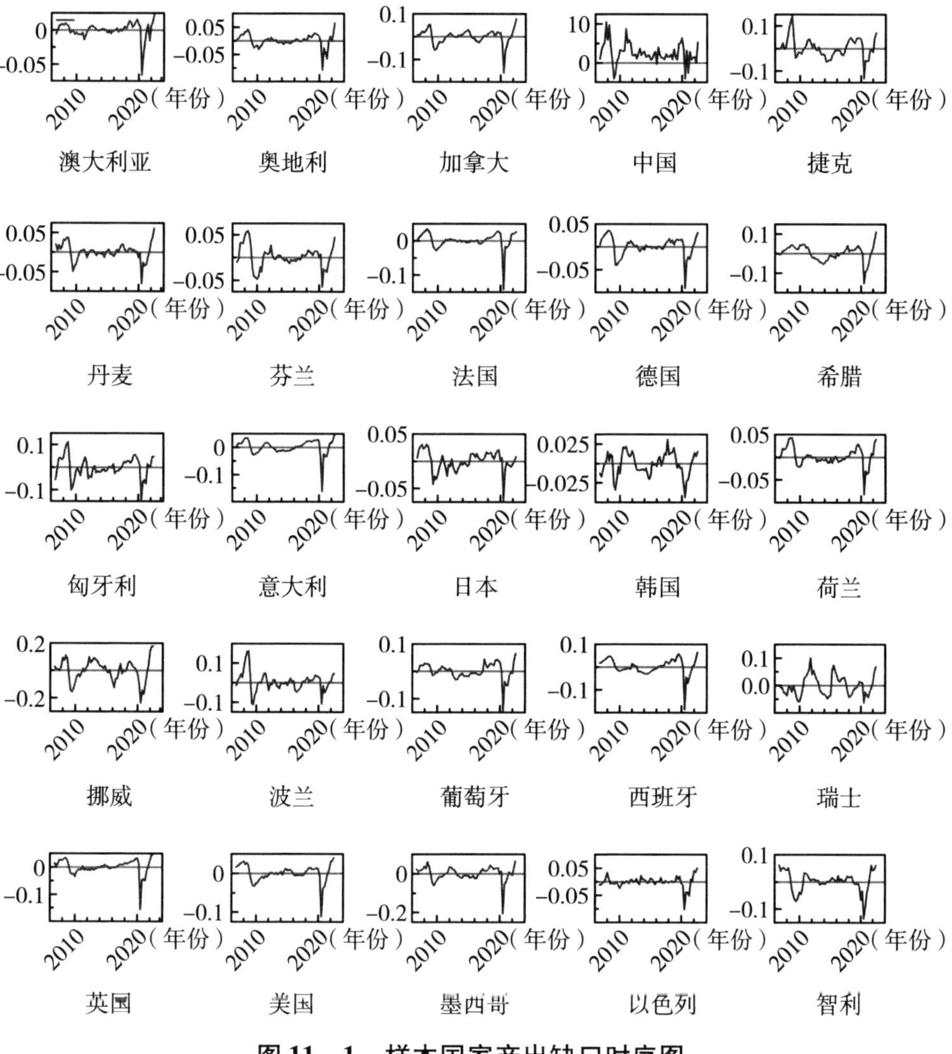

图 11－1　样本国家产出缺口时序图

表 11－4 进一步展示了 25 个样本国家通货膨胀预期数据的描述性统计分析结果，从中可以看出，在样本期内，墨西哥与智利通货膨胀预期的均值水平较高，日本与瑞士通货膨胀的均值水平较低，所有国家通货膨胀预期的数据呈现出

右偏性，并且具有一定的尖峰厚尾特征。

表 11－4　　　　样本国家通货膨胀预期数据的描述性分析

国家	简称	均值	标准差	最大值	最小值	偏度	峰度
泛太平洋区域							
中国	CN	2.56	1.92	8.21	－1.51	0.86	4.09
日本	JP	0.35	1.06	3.60	－2.17	0.72	4.50
韩国	KR	2.10	1.33	5.56	0.02	0.63	2.64
以色列	IL	1.39	1.67	5.18	－1.08	0.40	2.16
澳大利亚	AU	2.36	1.12	5.40	－0.26	0.65	3.40
欧洲区域							
法国	FR	1.47	1.13	5.39	－0.42	0.90	4.18
英国	UK	2.43	1.57	9.19	－0.02	1.34	7.13
德国	DE	1.70	1.40	7.71	－0.55	1.85	8.43
意大利	IT	1.56	1.49	6.79	－0.34	1.17	4.57
丹麦	DK	1.52	1.17	5.39	0.11	1.14	4.09
奥地利	AT	2.06	1.23	7.42	－0.06	1.62	7.69
瑞士	CH	0.27	0.99	2.94	－1.40	0.71	3.36
西班牙	ES	1.72	2.01	8.42	－1.13	0.99	4.46
芬兰	FI	1.74	1.34	6.29	－0.36	0.93	3.86
匈牙利	HU	3.67	2.55	10.02	－0.96	0.21	2.52
荷兰	NL	1.83	1.76	10.37	－0.38	2.77	13.32
葡萄牙	PT	1.35	1.57	7.63	－1.46	1.08	5.30
希腊	GR	1.35	2.42	10.04	－2.22	0.89	4.20
捷克	CZ	2.61	2.50	14.71	0.07	2.60	11.78
波兰	PL	2.56	2.35	11.74	－1.18	1.18	6.26
挪威	NO	2.25	1.11	5.65	0.16	0.54	3.39
美洲区域							
美国	US	2.20	1.75	8.00	－1.61	1.18	5.36
加拿大	CA	1.88	1.19	6.44	－0.84	1.46	6.83
墨西哥	MX	4.29	1.19	7.28	2.26	0.75	2.86
智利	CL	3.54	2.35	9.82	－3.00	0.57	4.45

第五节 实证结果

一、测算全球能源市场联动风险

全球能源市场联动风险衡量了各国能源市场之间不确定性冲击的传导效应，例如，若 GECI 升高，则表示源于一国能源市场的冲击将会更容易向其他国家或区域传导。图 11－2 为样本期内随时间变化的 GECI 时序图，从中可以看出，新冠疫情暴发前后，GECI 曲线呈现出两种状态：在新冠疫情暴发以前，分别在 2008 年第四季度、2011 年第一季度和 2016 年第三季度爆发的全球金融危机、日本电力危机以及 OPEC＋减产协议事件，都使得 GECI 抬升至局部高点；在新冠疫情暴发之后，GECI 曲线陡然升高至历史最高水平，反映了期间消费者的恐慌情绪与这段时间全球宏观经济的高度不确定性。自此，由于疫苗的普及与宏观调控措施辅助下的经济复苏进程，GECI 随即出现降低趋势。然而，俄乌冲突的暴发，加剧了全球范围的能源与粮食危机，使得宏观经济环境的不确定不稳定程度升高，GECI 在此期间再次急剧升高，GECI 的变化反映出战争爆发与地缘政治风险升高引发的负面效应，随后，由于全球能源价格不会持续地大幅波动，GECI 呈现下降趋势。

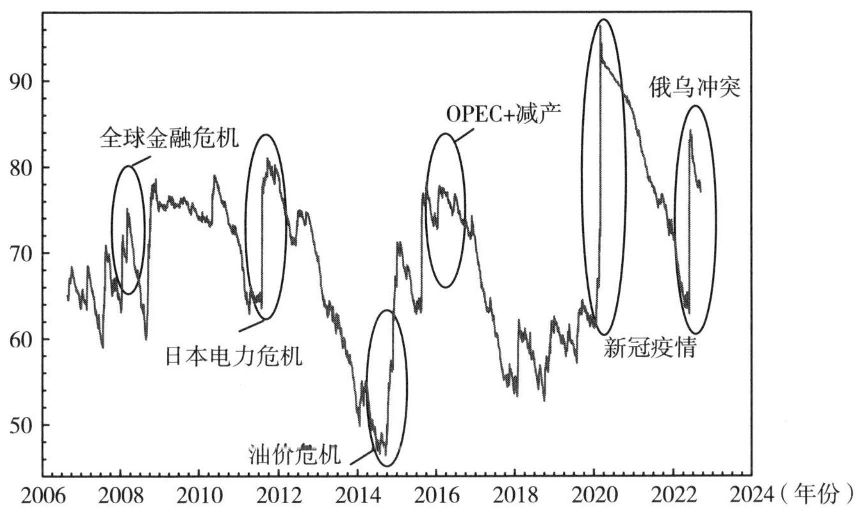

图 11－2　全球能源市场联动性风险（GECI）

图 11－3 为季度 GECI 序列与样本国家通货膨胀数据的时序图，数据经过了标准化处理，本章对测度得到的日度 GECI 做变频处理至季度数据，从中可以看

出 GECI 与国家通货膨胀间存在一定的共同变化趋势。为了更清晰地阐明该现象，本章进一步使用主成分分析方法提取了全球多个国家通货膨胀数据的共同因子，如图 11 -4 所示，从中可以看出，GECI 与全球通货膨胀共同趋势具有协同变化现象，具有一定的前瞻性。进一步地，基于格兰杰因果检验探讨了 GECI 变化是否是全球通货膨胀变化的原因，在滞后 5 阶的设定下，检验统计量值为 4.22，因此不能接受原假设，即 GECI 的变化不会引起全球通货膨胀因子变化，据此，有理由认为 GECI 变化可能是全球通货膨胀变化的潜在原因。

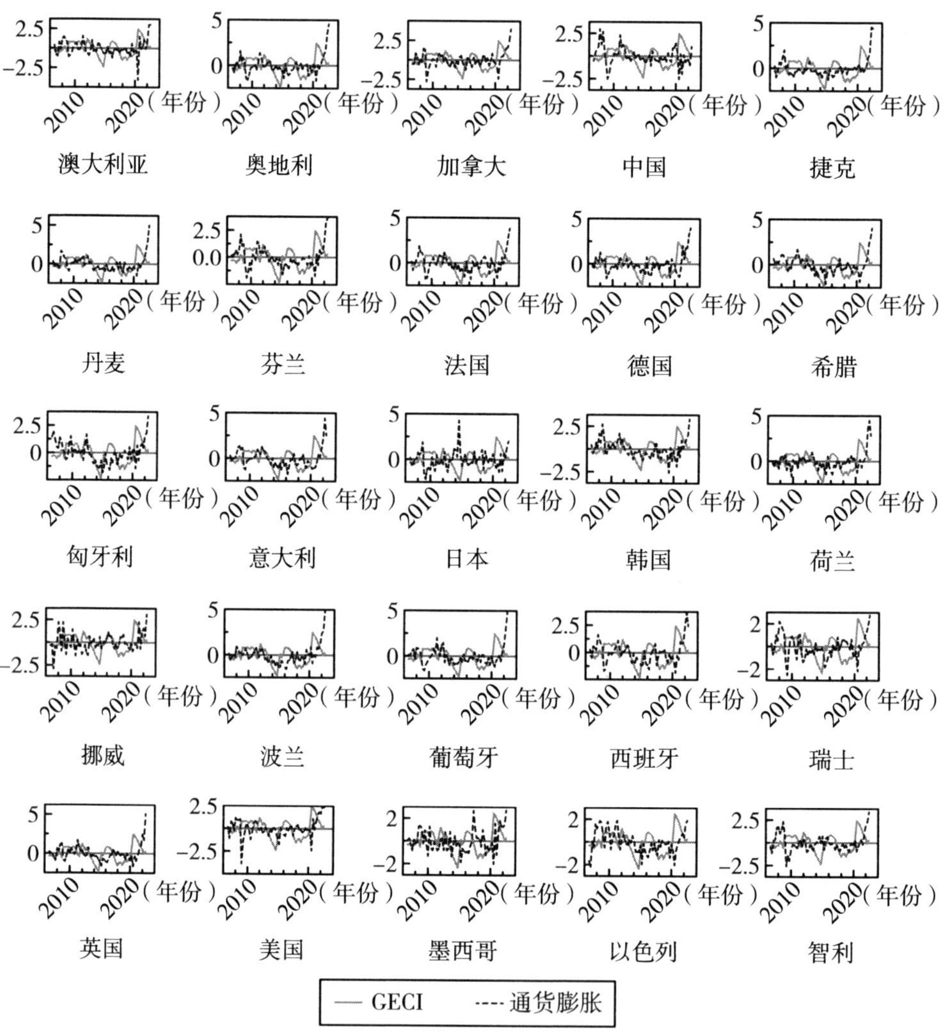

图 11 -3　GECI 与 25 国通货膨胀对比

注：GECI 经过变频处理至季度数据。

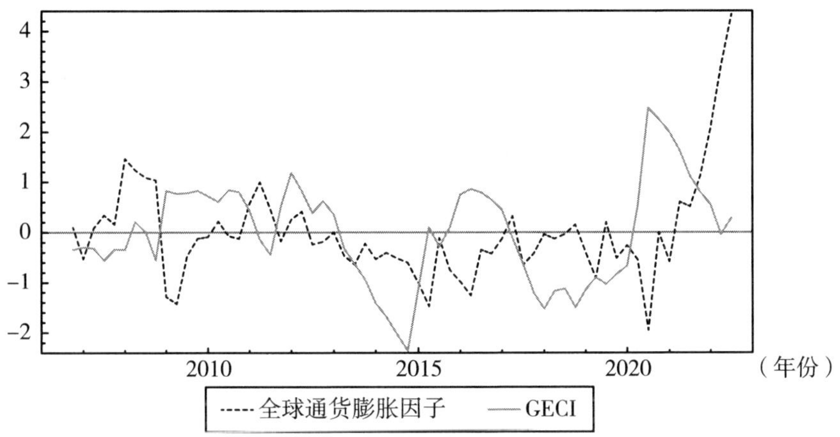

图 11－4　GECI 与全球通货膨胀因子对比

注：GECI 经过变频处理至季度数据。

二、GECI 与通货膨胀尾部风险

在测算出全球能源市场联动风险指标后，本章从分位数视角考察了每个国家增广的菲利普斯曲线中 GECI 的边际影响系数，以反映全球能源市场联动性风险对于国家通货膨胀预测分布的影响。基于分位数视角下的预测模型，本章可以分析 GECI 在短期（1 个季度）、中期（4 个季度）与长期（8 个季度）向前时，在不同分位点上的边际影响，表 11－5 展示了回归系数及其显著性。研究结果发现，GECI 在推动高通胀时发挥着至关重要的作用，但 GECI 对于低通胀的边际影响方向与显著性并不一致。具体而言，短期（提前 1 个季度）来看，当国家通货膨胀处在高分位点（$\tau=0.95$）时，更高的 GECI 将会进一步推升通货膨胀水平；然而，如果通货膨胀处在较低分位点（$\tau=0.05$）上，由于众多系数为负但并不显著，有一定的概率 GECI 升高会使得通货膨胀水平进一步降低，即左尾风险也出现抬升现象。之所以出现这样的现象，可能的原因在于短期内若一国处于高通胀状态，全球能源市场联动风险升高，短期内无法找到合适的能源替代商品或是供应来源，从而会使得能源供应短缺，可能会使得通货膨胀水平进一步升高，通货膨胀的预测分布右移。与此同时，韩国和以色列的通货膨胀与 GECI 呈正向相关，这可能是由于能源进口需求，以及二战后韩国和以色列关于天然气贸易量的增加。从中期（提前 4 个季度）或者长期（提前 8 个季度）来看，GECI 对于通货膨胀预测分布的边际影响普遍为正，即 GECI 升高可能会推升各状态下的通货膨胀水平，出现这一现象的原因可能是全球能源市场联动风险升高，会增加国际大宗商品生产和运输的成本，而较高的供应成本最终将传导至实体经济，从而影响了国内的通货膨胀水平。

表 11－5　GECI 对通货膨胀的边际影响系数

国家	h=1			h=4			h=8		
	τ=0.05	τ=0.5	τ=0.95	τ=0.05	τ=0.5	τ=0.95	τ=0.05	τ=0.5	τ=0.95
泛太平洋区域									
中国	-0.114**	0.019	0.156	0.038	-0.001	-0.191	0.263**	0.037	0.076*
日本	-0.149***	-0.101	-0.010	-0.084**	-0.014	-0.174	0.016	0.096	0.077*
韩国	0.062*	0.056	0.055	0.079*	0.083*	0.223**	0.036	0.069	0.029
以色列	0.176**	0.059	0.127***	0.116*	0.013	0.039	0.144	0.097	0.064
澳大利亚	-0.036	0.042	0.232***	0.106	0.070	0.219***	0.003	0.027	0.305
欧洲区域									
法国	-0.009	0.065	0.111***	-0.009	0.054	0.116***	0.088**	0.042	0.098
英国	-0.025	0.088	0.241***	0.192	0.074	0.292***	0.192	0.074	0.292***
德国	0.022	0.050	0.176***	0.041	0.082	0.093	0.201	0.038	0.306***
意大利	-0.015	0.084	0.069***	0.047	0.094*	0.305***	0.096***	0.114*	-0.097
丹麦	0.009	0.045	0.030	-0.008	0.041	0.165***	0.013	0.073	0.136**
奥地利	-0.034	0.043	0.142***	0.056	0.060	0.151**	0.200**	0.050	0.172**
瑞士	-0.097	0.040	0.113***	0.031	0.084*	0.123***	0.078	-0.006	0.102***
西班牙	-0.021	0.090	0.197***	0.052	0.137**	0.287***	0.138**	0.068	0.359***

续表

国家	$h=1$			$h=4$			$h=8$		
	$\tau=0.05$	$\tau=0.5$	$\tau=0.95$	$\tau=0.05$	$\tau=0.5$	$\tau=0.95$	$\tau=0.05$	$\tau=0.5$	$\tau=0.95$
芬兰	-0.043	0.054	0.119***	0.066***	0.057	0.276***	0.087	0.043	0.263***
匈牙利	0.026	0.061	-0.051***	0.099	0.133	0.250*	0.175**	0.099	0.205
荷兰	-0.002	0.038	0.171*	0.054	0.052	0.180**	0.100***	0.054	0.138**
葡萄牙	-0.022	0.071	0.074*	0.008	0.097*	0.259**	0.019	0.077	0.294***
希腊	0.089	0.116	0.074	0.026	0.098	0.295***	0.197	0.053	0.503***
捷克	0.103**	0.027	-0.063	0.117**	0.056	0.672***	0.015	0.005	0.172***
波兰	-0.016	0.071	-0.054	0.026	0.187**	0.200*	0.137*	0.001	0.118
挪威	-0.056	0.028	0.183***	-0.078*	-0.007	0.246**	-0.068	-0.049	0.073
美洲区域									
美国	0.091	0.113	0.144***	0.182	0.079	0.191***	0.237	-0.011	-0.345*
加拿大	-0.145**	0.076	0.074*	0.218	0.030	0.184	0.183	-0.020	-0.119
墨西哥	0.067	0.071	0.095***	0.085***	0.083	0.166**	0.004	0.032	-0.119
智利	0.001	0.009	0.041	-0.152	-0.013	0.208***	-0.169***	-0.005	-0.274*

注：此处采用纽维和鲍威尔（Newey and Powell，1990）提出的核估计量来估计系数标准差，***、** 和 * 分别表示在 1%、5% 和 10% 的水平上显著。

三、通货膨胀的连续预测分布

有关在险通胀问题的研究指出，通货膨胀的条件预测分布一般呈现出时变性，尤其在国际危机事件发生或是重大冲击下，通货膨胀的预测分布特征会出现显著变化。因此，本章在计算出通货膨胀的预测条件分位点数值以后，进一步拟合出了每个时间点上的国家通货膨胀条件分布。与此同时，为了说明 GECI 与通货膨胀预测分布之间的关系，此处对比了建模时是否考虑 GECI 后拟合得到的条件预测分布的差异。图 11－5 中仅展示了两个代表性国家（美国、中国）连续的通货膨胀条件预测分布 3D 图，其他国家的结果参见本章附录 A。在任一时点上，该图形的截面曲线左右两端蕴含着样本国家的 IaR 特征。

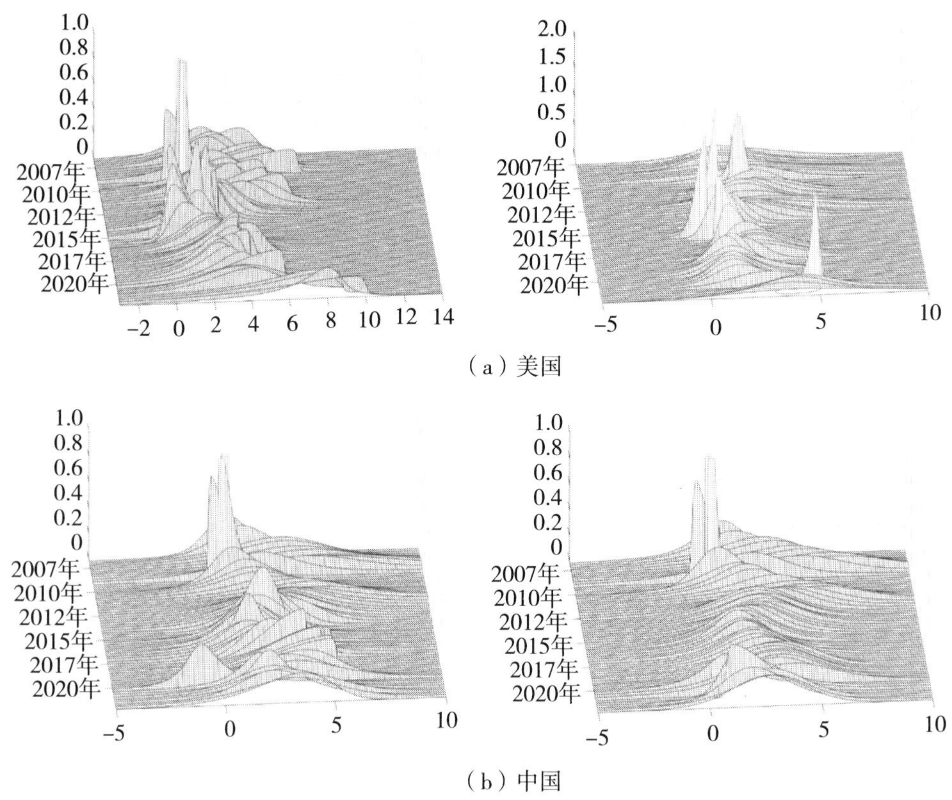

（a）美国

（b）中国

图 11－5　1 个季度向前预测通货膨胀的条件分布

注：左图建模时考虑了 GECI，右图建模时未考虑 GECI。

从图 11－5 和本章附录 A 可以看出，拟合得到的通货膨胀条件预测分布曲线具有时变特征，而且样本国家间的差异十分明显。首先，美国通货膨胀预测分布的右尾波动性更大，对于样本中的多数国家，通货膨胀预测分布的右尾相较于左尾而言具有更高的不确定不稳定性，这也表明，通货膨胀预测分布的上分位点具有更强的波动。其次，考虑全球能源市场联动性风险的影响，可能会为描述分析国家通货膨胀的动态提供额外的信息，在全球金融危机、国际原油价格暴跌、新冠疫情、俄乌冲突等国际重大危机事件爆发后，考虑 GECI 指标拟合出的通货膨胀预测分布曲线具有更明显的波动与偏态特征。最后，在新冠疫情和俄乌冲突事件期间，诸多样本国家的通货膨胀预测分布曲线出现了显著变化，表明两次危机事件冲击下国家通货膨胀的高波动性和厚尾特征。此外，在能源供应紧缺冲击的影响下，与亚洲国家比较而言，欧洲区域的国家大多面临更高的通货膨胀压力，反映在拟合出的通货膨胀条件预测分布曲线展现出更高的右尾风险。

四、时点上的通货膨胀预测分布

由于新冠疫情和俄乌冲突与能源市场行情的变化紧密相关，本章重点关注两次重大危机事件期间，样本国家通货膨胀在特定时间点上的预测分布特征。值得注意的是，由于新冠疫情仍在全球范围反复，而且俄乌冲突事态仍在持续发展，本章旨在比较两次危机事件对于不同国家通货膨胀预测分布的冲击影响，但可能无法涵盖整个事件期间。最近这两次全球性危机事件的爆发，导致全球经济生产活动活跃程度降低与生产供应链受阻，使得社会经济总需求与总供给降低。图 11 -6 展示了以上两个特定事件时点美国与中国拟合的通货膨胀预测分布曲线，其余国家的结果参见本章附录 C。

根据图 11 -6，可以总结几点发现。第一，本章进一步证实前文发现，是否将 GECI 纳入拟合通货膨胀的条件预测分布考量中会产生显著的差异，而且这种差异现象在俄乌冲突发生后会更加突出。通过比较不同国家在不同时间点上通货膨胀的预测分布曲线，发现对于大多数国家而言，通货膨胀的右尾风险具有更明显的时变特征，这也印证了在新冠疫情与俄乌冲突事件前后，国家通货膨胀预测分布的上分位具有更显著的波动性。

第二，新冠疫情全球范围的暴发与反复，对每个国家通货膨胀都造成了差异性影响。新冠疫情暴发对全球多国通货膨胀造成明显冲击。一方面，疫情暴发可能是国家出现低通胀的原因，因为在此期间全球的生产活动活跃度降低，而且在疫情刚暴发时大宗商品价格出现下降态势；另一方面，疫情暴发可能是国家出现高通胀的推动力，因为在此期间出现了全球供应短缺与多国高企的政府债务现象，而且宏观调控措施如美联储加息扩表、欧洲央行购买金融资产等（Armantier et al.，2021；Brunnermeier et al.，2020），在尝试助力经济复苏时不

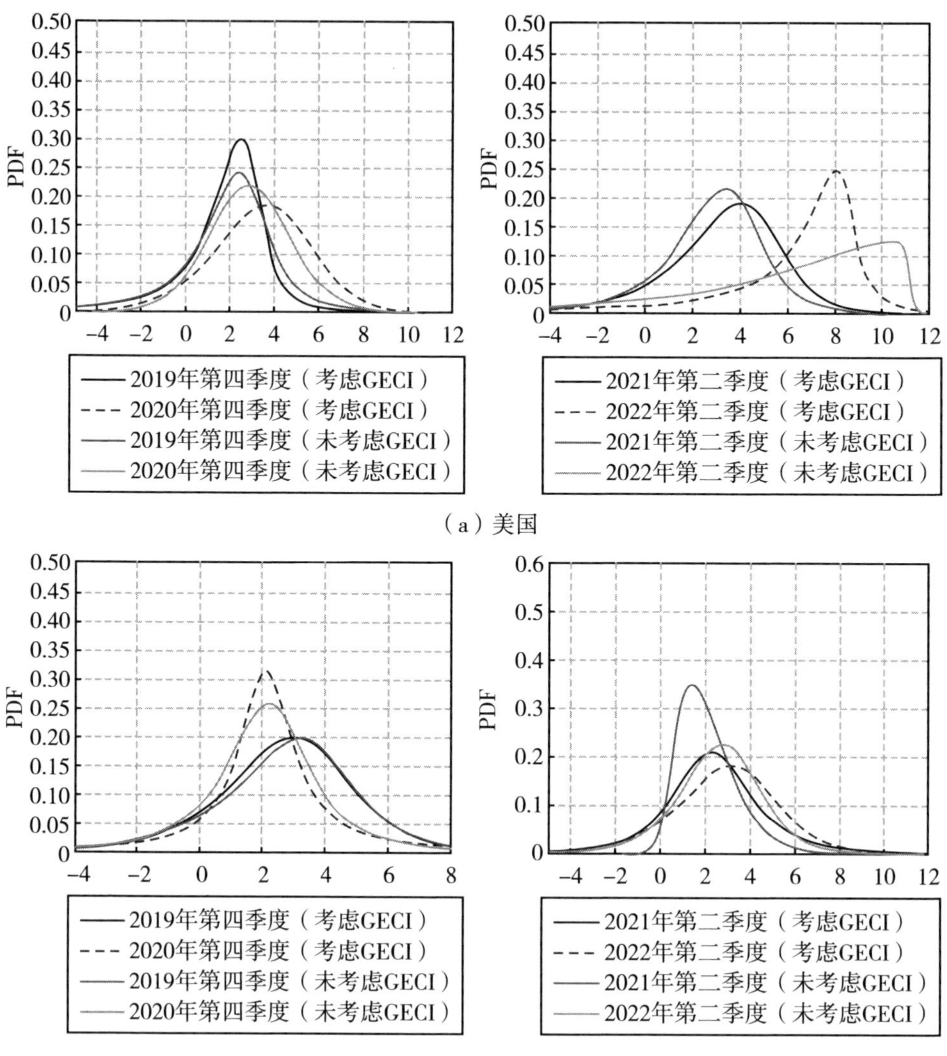

图 11 -6　特定时间点上通货膨胀预测分布曲线

注：实线表示事件发生之前，虚线表示事件发生期间或之后。左图特定事件为新冠疫情，右图特定事件为俄乌冲突。

可避免地推升了通货膨胀水平。此外，当金融市场状况收紧时，会对宏观经济的需求与成本侧因素造成影响，这进一步可能反映在通货膨胀的尾部风险上。从本章附录 C 可以看出，首先，在新冠疫情发生前后，如 2019 年第四季度和 2020 年第四季度，考虑了 GECI 影响所拟合出的通货膨胀预测分布曲线具有更加显著的厚尾特征和偏态性，对于发达国家而言该现象更为明显。其次，样本中不同区域的国家，在疫情期间通货膨胀预测分布曲线变化的特征存在差异，欧元区与美国通货膨胀分布曲线的偏态性变化显著，亚洲国家通货膨胀上升的幅度相对较小。欧美区域国家的通货膨胀可能会进一步升高，面临抬升的通货膨胀右尾风险，出现该现象的原因可能在于宽松的政策调控与总需求的复苏（Binder and Kamdar，2022）。亚洲区域通货膨胀相对可控，可能的原因是亚洲国家疫情防控的措施相对有效，有关政府部门对于管控通货膨胀水平的政策实施有效。与此同时，亚洲国家是粮食能源等商品的主要出口国，区域内部的供应链具有一定韧性。此外，亚洲较为保守的政策偏好和消费文化，可能有助于维稳通货膨胀水平。在新冠疫情刚暴发时，亚洲多国甚至出现通货膨胀下行的趋势，这可能源于经济下行引起的需求放缓，正如图 11 -6 所示，中国通货膨胀的预测分布曲线左移，而美国通货膨胀的预测分布曲线右移，这表明有极大的概率美国面临高通货膨胀压力，中国面临一定的通货紧缩压力。

第三，俄乌冲突事件通过全球能源类等国际商品传导至国家的通货膨胀水平，随之而来的高地缘政治风险和减弱的消费者信心，进一步推升了各个国家的通货膨胀。如图 11 -6 右列展示的，对比的是 2021 年第二季度与 2022 年第二季度通货膨胀预测分布曲线的变化，以及是否考虑 GECI 带来的影响。在俄乌冲突事件期间，相较于新冠疫情期间，拟合出的大多数国家的通货膨胀预测分布曲线具有更高的波动性和偏态特征。可以观察到美国、德国、意大利、加拿大、智利、荷兰和波兰等国家的通货膨胀预测分布曲线明显右移，相比较而言，亚洲地区的国家通货膨胀预测分布曲线虽然也出现右移，但是移动的幅度相对温和。通货膨胀曲线的移动，反映出疫情反复叠加俄乌冲突的冲击下对全球宏观经济造成的负面影响。一些欧洲国家由于有很强的能源进口依赖，区域内国家通货膨胀水平出现大幅上涨，德国的通货膨胀预测分布曲线显著右移，波兰、捷克、奥地利和匈牙利都面临较高的通货膨胀右尾风险。与此同时，亚洲区域国家的通货膨胀上行压力有限，可能是因为俄乌冲突爆发以后，亚洲多个国家是俄罗斯主要的能源出口国家。此外，由于战争引发了能源、粮食等商品供应危机，阻碍了一些亚洲国家疫情后的经济复苏进程，造成总需求恢复进程放缓，进而使得通货膨胀上涨的幅度有限。如图 11 -6 所示，美国的通货膨胀预测分布曲线出现显著的右移，而中国的通货膨胀预测分布曲线移动相对有限。

五、测算通货膨胀尾部风险

前文分析了 GECI 对于通货膨胀预测分布的边际影响、国家动态通货膨胀以及特定时点上拟合出的通货膨胀预测分布特征，而现今通货膨胀尾部风险是各界广泛关注的问题，合理评估国家通货膨胀的尾部风险可以为制定政策计划提供借鉴价值。本章将根据各国通货膨胀在条件分布上的特征来量化和评估通货膨胀尾部风险，具体而言，将从绝对风险视角考察期望收益与期望损失，从相对风险视角考察上行熵与下行熵。

图 11 -7 展示了本章选取展示的代表性国家——美国与中国的通货膨胀期望收益与期望损失时序图，其他样本国家的测算结果参见本章附录 D。根据图 11 -7 和本章附录 D 可以总结几点重要发现：首先，大多数国家期望收益的变化幅度大于期望损失，表明通货膨胀右尾波动性和不确定程度要高于其左尾。与此同时，一部分欧洲区域的经济体，如波兰、捷克、希腊、葡萄牙、荷兰、芬兰、英国和德国的期望收益波动幅度相较于其他的经济体更高。其次，全球性重大危机事件的发生，对样本国家通货膨胀的冲击作用有差异，很多国家的尾部风险呈现出非对称的变化特征，例如，多数国家期望收益上升而期望损失降低，但也不乏一些国家双侧的尾部风险均抬升，如英国、匈牙利和荷兰。最后，从每个国家通货膨胀尾部风险的变化中可以看出，新冠疫情与俄乌冲突的爆发对于全球通货膨胀造成的影响是史无前例的，多国期望收益和损失都出现了大幅变化。对

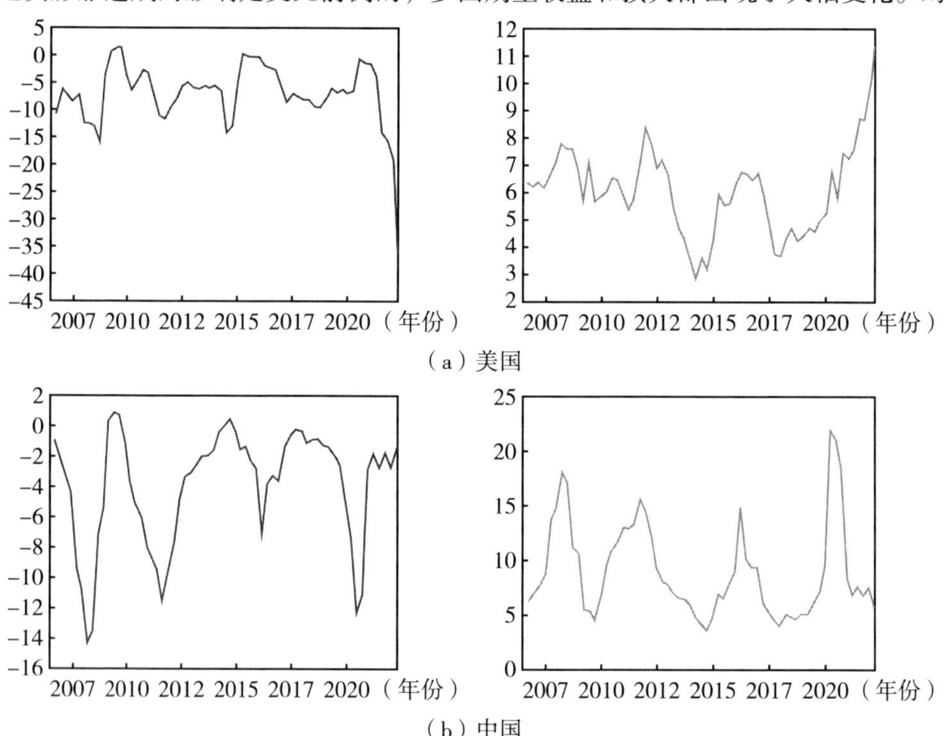

图 11 -7　美国与中国的通货膨胀尾部风险

注：左图为期望损失，右图为期望收益。

于中国和美国而言，在2020年之后美国期望损失数值的变化幅度要大于中国，而且美国的期望收益在2020年以后持续上升，但中国的期望收益在陡然上涨后随即下降。这意味着，从绝对值角度考察的美国通货膨胀双侧尾部风险都有抬升态势，而中国双侧尾部风险相对可控，即使曾在2020年和2021年间出现过大幅变化，而后其变化幅度趋于温和。值得注意的是，多国通货膨胀的期望收益在2020年后呈现出持续升高的态势，这表明全球高通货膨胀风险现象具有一定的持续性。

本章进一步探讨相对视角下的极端通货膨胀风险，这里引用了物理学中的熵值概念，测算样本国家极端上行熵与极端下行熵，反映了通货膨胀无条件分布与条件分布在极端高与极端低状态下的差值积分。由于无条件分布函数保持恒定，该差值积分数值越高表明拟合出的通货膨胀条件分布曲线在尾部变化性越强，相对尾部风险与不确定性数值越大。图11-8展示了美国与中国的相对上行熵与下行熵，其中灰色区间表示每个时点上，各国相对上行熵与下行熵处在16%与84%分位点之间数值组成的区间，代表了大部分样本国家相对熵值的变化趋势。根据图11-8，可以总结几点发现：首先，除了新冠疫情与俄乌冲突爆发后的阶段，大多数时间中国通货膨胀的相对上行熵高于美国，而且在2020年以前，除了全球金融危机与油价暴跌时期，中国通货膨胀的上行熵值为正，意味着中国通货膨胀预测分布右尾变化更具不确定不稳定性，而且厚尾特征突出；美国通货膨胀的上行熵自2020年之后有升高态势，反映出右尾相对风险的升高，美国的通货膨胀在危机事件发生后似乎有更高的不确定性。其次，在新冠疫情暴发以后，所有样本国家的相对下行熵略有升高。在全球金融危机爆发以后，中国通货膨胀的下行熵稳定围绕0轻微波动，反映出中国通货膨胀左尾接近于无条件分布，维持相对稳定的状态；美国通货膨胀的下行熵在金融危机、全球油价暴跌和近期俄乌冲突期间陡然升高，这种现象说明美国可能面临抬升的相对双侧尾部风险。最后，通过灰色区间可以看出，样本国家通货膨胀的上行熵近年来有抬升趋势，这在一定程度上说明在未来仍需要注意防范化解全球通货膨胀的极端风险与变化的不确定性。

六、稳健性分析

前文充分说明了全球能源市场联动风险（GECI）与国家通货膨胀预测分布之间的关系，为了进一步佐证GECI对于国家通货膨胀的边际影响，本章借助预测模型刻画考虑GECI对于提升预测性能的作用。具体而言，基于拓展的菲利普斯曲线预测模型框架，考察是否加入GECI在1个季度和1年向前预测时在预测精确度上的差异。此处使用2006年第三季度至2013年第二季度的数据估计模型，进而预测 2013 年第三季度至 2022 年第三季度的通货膨胀数据。参考阿德里安等（2019）的做法比较不同模型设定对于通货膨胀分布的整体预测能力，通过比较预测得分比较模型预测效果，更高的预测得分表示预测值更接近真实值，模型设定有更强的预测能力。图 11 －9 展示了中国和美国的通货膨胀数据预测得分的结果，其他样本国家的预测得分结果在本章附录 E 中展示。结果表明，首先，建模时是否考虑了 GECI 指标的影响，对于预测通货膨胀的分布会产生明显的影响，尤其反映在与能源危机相关的事件期间，如 2020 年以后，在拓展的菲利普斯曲线框架中加入 GECI 指标一般有助于预测通货膨胀；其次，考虑 GECI 指标构建预测模型时，相较于中期预测（4 个季度向前）而言，短期预测（1 个季度向前）具有更高的预测精度。

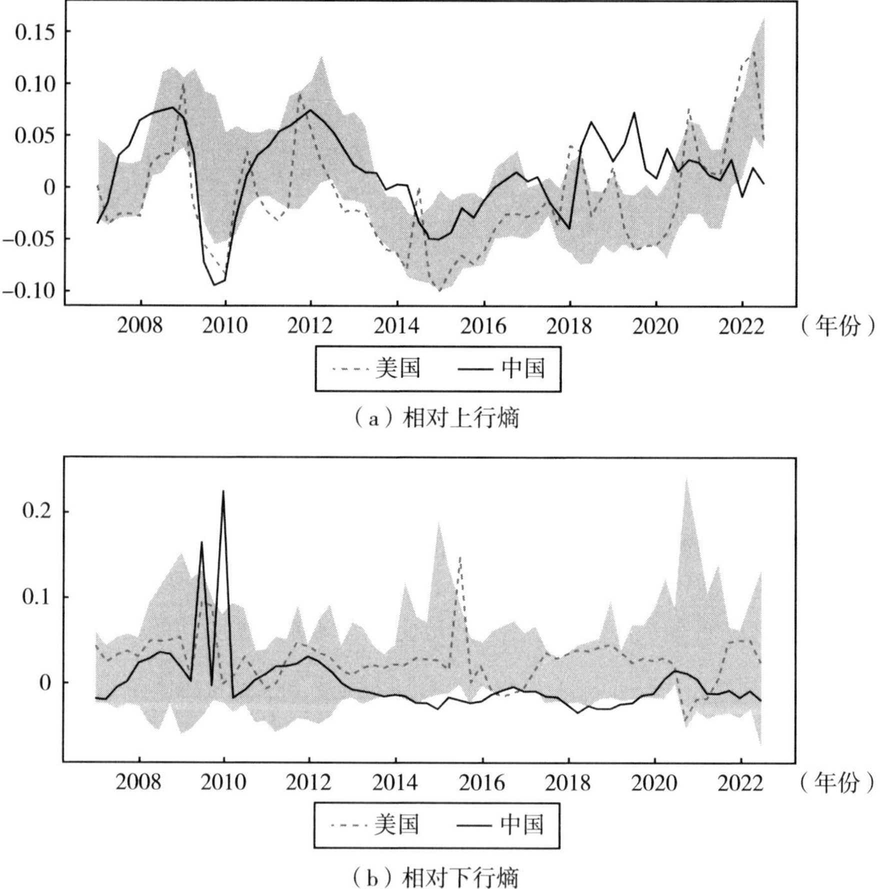

图 11 －8　美国与中国通货膨胀的相对上行熵和下行熵

注：灰色区间表示每时点所有国家相对上行熵、下行熵在 16% ~84% 分位点上数值的区间。

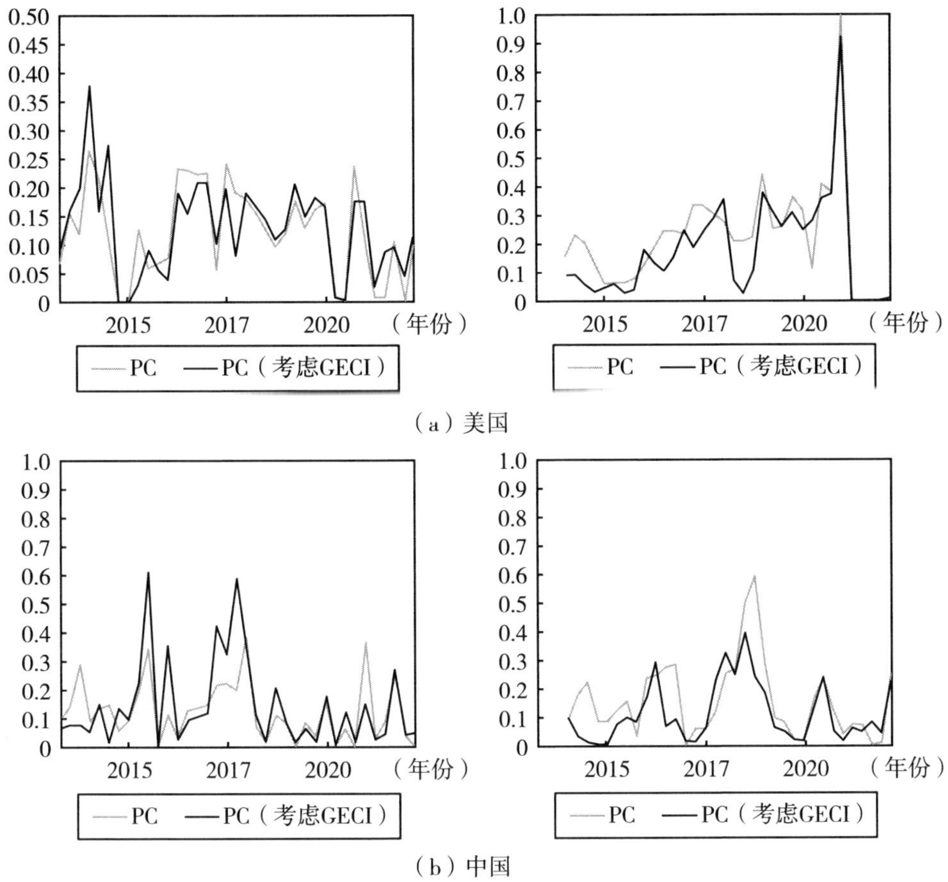

图 11－9　美国和中国的预测得分

注：左图展示了 1 个季度向前的预测得分，右图展示了 4 个季度向前的预测得分。更高的预测得分意味着更高的预测精度。

进一步地，本章考察了 GECI 是否有助于预测通货膨胀的尾部风险，即基于拓展的菲利普斯曲线框架预测通货膨胀的条件分位点数值。通过比较分位数得分，可以判断考虑 GECI 是否有助于预测 $\tau=0.05$ 与 $\tau=0.95$ 上的通货膨胀条件分位点水平，分位数预测得分定义如下：

$$QS_h(\tau)=\begin{cases}\dfrac{1}{R_h}\displaystyle\sum_{t=1}^{R_h}\left[\pi_{t+h}-\widehat{Q}_{\tau}(\pi_{t+h}\mid x_t)\right]\times(\tau-1),\ \pi_{t+h}\leqslant\widehat{Q}_{\tau}(\pi_{t+h}\mid x_t)\\ \dfrac{1}{R_h}\displaystyle\sum_{t=1}^{R_h}\left[\pi_{t+h}-\widehat{Q}_{\tau}(\pi_{t+h}\mid x_t)\right]\times\tau,\ \pi_{t+h}>\widehat{Q}_{\tau}(\pi_{t+h}\mid x_t)\end{cases}\tag{11.5}$$

其中，R_h 表示评估段的样本长度，预测值越接近真实通货膨胀水平，分位数得分数值越小，更低的分位数得分意味着更高的预测精度。表 11－6 展示了样本国家的相对分位数预测得分，每个数值表示纳入 GECI 模型的预测分位数得分除以未纳入 GECI 模型的预测分位数得分。相对分位数得分小于 1 时，表示在该分位点和预测周期上，纳入 GECI 将有益于预测通货膨胀条件分位点数值。从中可以总结三点发现：首先，相较于预测整个分布，考虑 GECI 对于预测 $\tau=0.05$ 和 $\tau=0.95$ 上的通货膨胀具有更高的预测精度；其次，跟预测分布得分结论相同，GECI 对于短期（1 个季度向前）预测更有帮助，而在中长期（4 个季度向前）预测上效果会有所降低；最后，综合分位数预测的结果来看，考虑 GECI 对于提高亚洲区域通货膨胀在分位点上的预测精度作用更明显，而对于欧洲与美洲区域，考虑 GECI 对于预测 $\tau=0.95$ 上的通货膨胀水平更有帮助，这也与前文中的系数回归结果保持一致。

表 11－6　相对的分位数得分

国家	$h=1$		$h=4$	
	$\tau=0.05$	$\tau=0.95$	$\tau=0.05$	$\tau=0.95$
中国	2.8362	**0.4811**	**0.4954**	**0.4171**
日本	**0.4546**	**0.3588**	**0.6231**	**0.5164**
韩国	**0.9538**	**0.8354**	**0.9997**	**0.9169**
以色列	**0.4463**	**0.2717**	**0.8629**	**0.2820**
澳大利亚	**0.9649**	**0.8663**	**0.1616**	1.0029
法国	**0.8703**	**0.7516**	1.4421	1.6705
英国	1.0327	**0.9706**	**0.9690**	1.0303
德国	1.3463	**0.9848**	1.0621	1.6121
意大利	1.0055	1.0001	**0.9501**	**0.8955**
丹麦	**0.9339**	**0.8538**	1.7229	2.1135
奥地利	**0.9813**	**0.5795**	1.3044	2.0521
瑞士	**0.4611**	**0.2695**	**0.4329**	**0.3298**
西班牙	**0.6444**	**0.4142**	**0.6882**	**0.2909**
芬兰	1.1390	**0.8188**	**0.7476**	1.5427
匈牙利	**0.5827**	**0.7330**	1.0060	**0.7822**
荷兰	1.0591	**0.9136**	**0.9509**	1.3922
葡萄牙	**0.6036**	**0.6376**	1.2784	**0.7542**
希腊	**0.5906**	1.2746	**0.5069**	**0.4437**

续表

国家	h=1		h=4	
	τ=0.05	τ=0.95	τ=0.05	τ=0.95
捷克	**0.8132**	1.4527	1.2536	**0.2666**
波兰	**0.4964**	**0.7047**	**0.6703**	**0.8528**
挪威	**0.9237**	**0.7616**	**0.9855**	**0.5862**
美国	1.2264	**0.8320**	2.0481	2.0143
加拿大	0.9026	**0.5408**	**0.8218**	1.8493
墨西哥	1.0455	**0.9836**	1.8593	1.0001
智利	**0.8867**	**0.6850**	**0.9942**	1.3681

注：相对预测分位数得分由考虑GECI的模型预测分位数得分除以未考虑GECI模型预测分位数得分表示。当相对预测分位数得分小于1时，表示考虑GECI有更高的预测精度。加黑表示考虑GECI有助于提高预测精度。

第六节 结论与展望

本章研究了全球能源市场联动性风险将如何影响国家通货膨胀的预测分布，首先采用TVP-VAR模型从国家MSCI能源指数中提取了全球能源市场联动风险指标（GECI），接着基于分位数回归模型考察了GECI对于国家动态通货膨胀分布的边际影响。

本章的研究结果表明，全球能源市场联动性风险与国家通货膨胀的预测分布紧密相关。首先，在短期内，对于处于高通胀状态下的国家，GECI升高可能会进一步推升其通货膨胀水平，进而抬高通货膨胀的右尾风险，但短期内GECI升高对于低通货膨胀的边际影响呈现出不确定性；其次，从中长期看，GECI升高对于极高与极低通货膨胀都有推升的边际影响；最后，OECD国家通货膨胀的预测条件分布具有显著时变性，波动主要源于通胀分布的右尾，而且考虑GECI有利于刻画通货膨胀分布曲线的波动与偏态性。此外，在全球重大危机事件的冲击下，拟合得到的通胀预测分布曲线出现显著变化，说明危机事件对于国际通货膨胀环境的影响不容小觑。俄乌冲突在推升通货膨胀水平时起到更为突出的作用，特别是对于一些依赖于俄罗斯能源进口的国家，相比之下，由于全球能源格局的改变与政策国情的差异，亚洲主要经济体的通货膨胀水平受到的影响有限。预测模型的结果也表示，大多数OECD国家面临着持续上升的通货膨胀右尾风险，未来可能出现的高通胀现象不容忽视。

对于政策制定者而言，有必要监测全球能源市场联动风险的变化，并采取适当合理的措施减轻其对国内宏观经济的冲击；对于投资者而言，可以通过全球能源市场联动风险变化预警能源市场行情，从而规避风险。在预测通货膨胀时，考虑能源市场联动风险具有价值，尤其是对于处于极端通货膨胀状态的国家而言，能源市场联动风险的边际影响在国家、预测步长以及分位点上具有异质性。政策制定者还需要关注新冠疫情、俄乌冲突等事件的负面影响，可能通过能源市场传递不确定性风险，进而阻碍宏观经济平稳运行。

本章有一定的拓展空间，由于能源市场联动风险对于国家通货膨胀分布的边际影响可能具有时变性，而且国家间可能存在一定的空间集聚性，考虑时变系数的面板分位数回归模型可以为此问题提供一个新的研究视角。此外，本章在采用MSCI 数据集测算全球能源市场联动风险指标时，由于数据可得性限制未能考虑德国能源市场的数据，德国是欧盟区域最大的经济体，这可能会导致测算结果有一定的偏差，若能弥补数据集存在的局限性，将是提升研究全面性的有效途径之一。

附录 A

通货膨胀分布 3D 图

图 A.1 展示的是部分样本国家 1 个季度向前预测的连续通货膨胀条件分布。左图在建模时考虑了 GECI 指标，右图在建模时未考虑 GECI 指标。

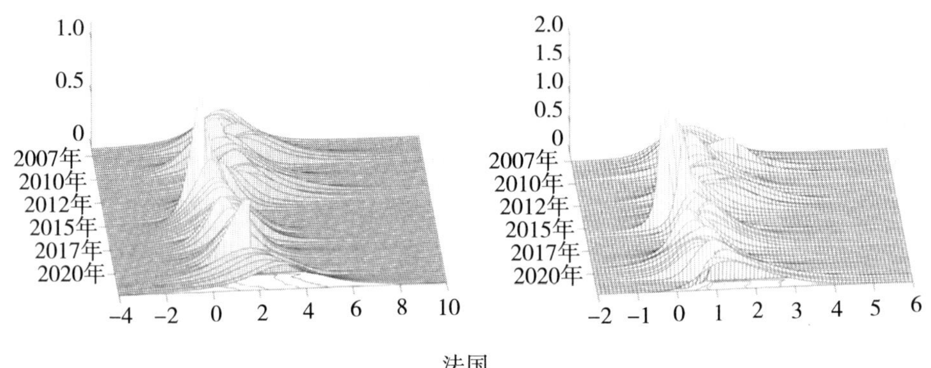

法国

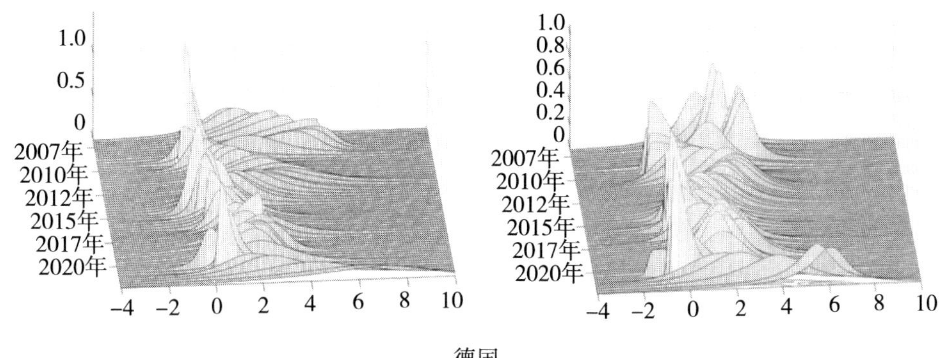

1.0
0.5
0
2007年
2010年
2012年
2015年
2017年
2020年
−4 −2 0 2 4 6 8 10
1.0
0.8
0.6
0.4
0.2
0
2007年
2010年
2012年
2015年
2017年
2020年
−4 −2 0 2 4 6 8 10

0.7
0.6
0.5
0.4
0.3
0.2
0.1
0
2007年
2010年
2012年
2015年
2017年
2020年
−8 −6 −4 −2 0 2 4 6 8
0.8
0.6
0.4
0.2
0
2007年
2010年
2012年
2015年
2017年
2020年
−8 −6 −4 −2 0 2 4 6 8

0.8
0.7
0.6
0.5
0.4
0.3
0.2
0.1
0
2007年
2010年
2012年
2015年
2017年
2020年
−4 −2 0 2 4 6 8 10
0.4
0.3
0.2
0.1
0
2007年
2010年
2012年
2015年
2017年
2020年
−4 −2 0 2 4 6 8 10 12

德国

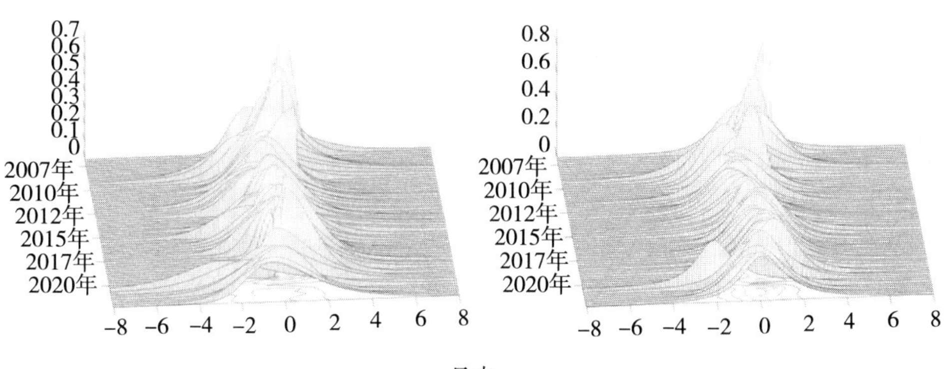

日本

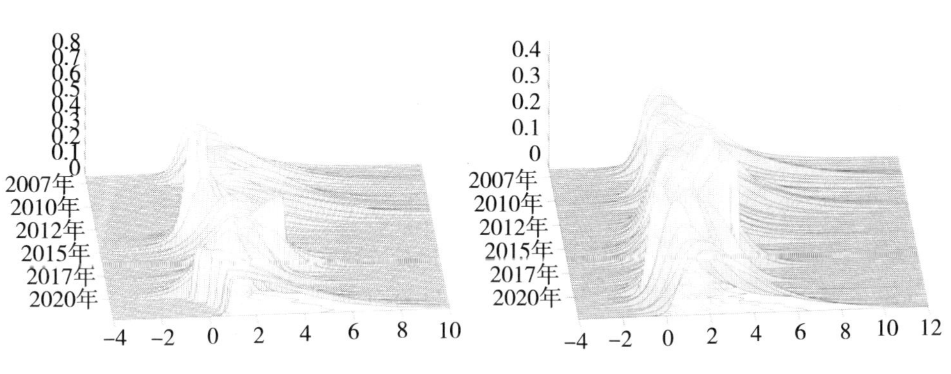

韩国

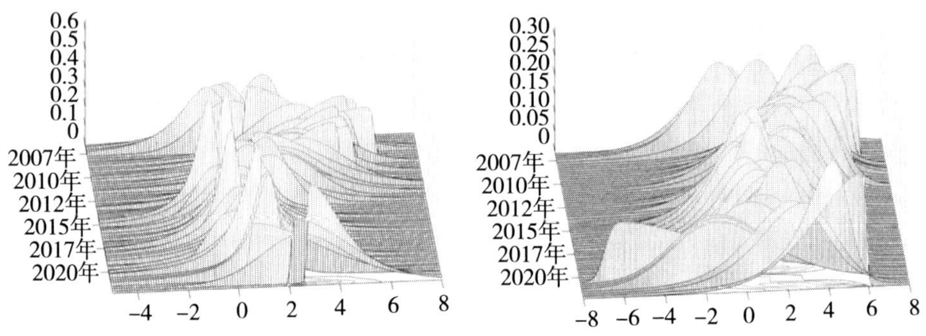

0.6
0.5
0.4
0.3
0.2
0.1
0
2007年
2010年
2012年
2015年
2017年
2020年
−4
−2
0
2
4
6
8
0.30
0.25
0.20
0.15
0.10
0.05
0
2007年
2010年
2012年
2015年
2017年
2020年
−8
−6
−4
−2
0
2
4
6
8

1.0
0.8
0.6
0.4
0.2
0
2007年
2010年
2012年
2015年
2017年
2020年
−5
0
5
10
0.8
0.6
0.4
0.2
0
2007年
2010年
2012年
2015年
2017年
2020年
−5
0
5
10

1.0
0.9
0.8
0.7
0.6
0.5
0.4
0.3
0.2
0.1
0
2007年
2010年
2012年
2015年
2017年
2020年
−2
0
2
4
6
8
10
12
14
1.2
1.0
0.8
0.6
0.4
0.2
0
2007年
2010年
2012年
2015年
2017年
2020年
−5
0
5
10
15

以色列

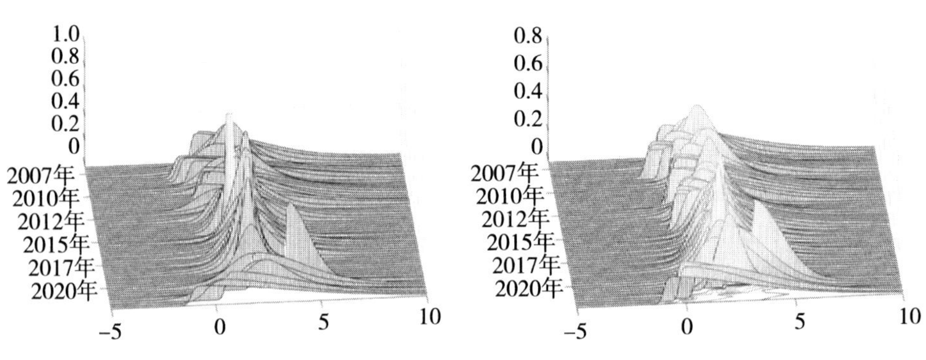

澳大利亚

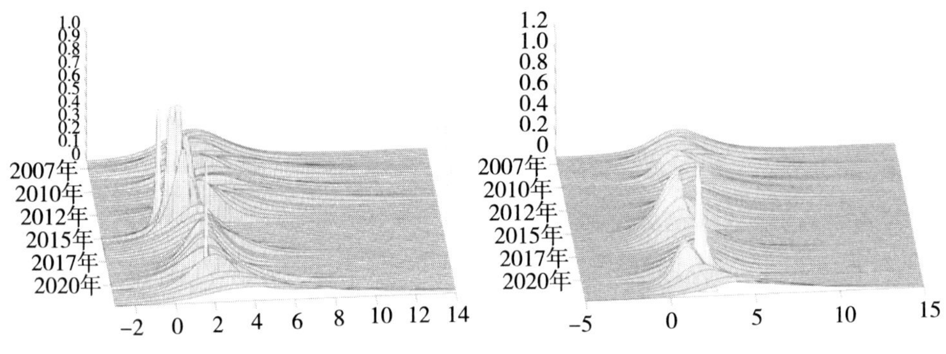

英国

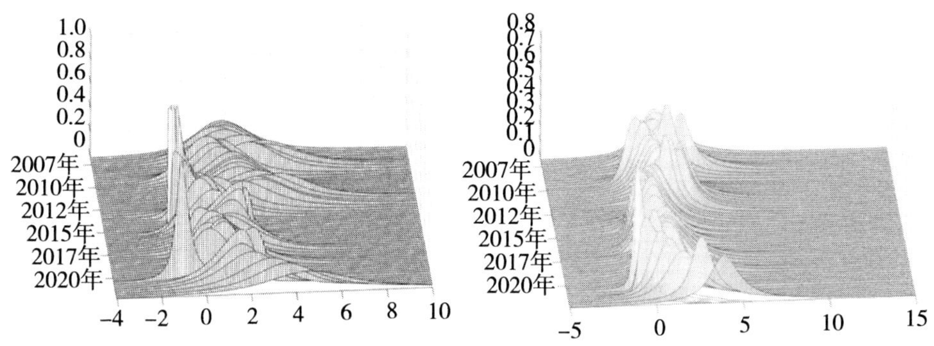

1.0
0.8
0.6
0.4
0.2
0
2007年
2010年
2012年
2015年
2017年
2020年
−4 −2 0 2 4 6 8 10
0.8
0.7
0.6
0.5
0.4
0.3
0.2
0.1
0
2007年
2010年
2012年
2015年
2017年
2020年
−5 0 5 10 15

1.0
0.9
0.8
0.7
0.6
0.5
0.4
0.3
0.2
0.1
0
2007年
2010年
2012年
2015年
2017年
2020年
−5 0 5 10
1.0
0.9
0.8
0.7
0.6
0.5
0.4
0.3
0.2
0.1
0
2007年
2010年
2012年
2015年
2017年
2020年
−5 0 5 10

0.6
0.5
0.4
0.3
0.2
0.1
0
2007年
2010年
2012年
2015年
2017年
2020年
−4 −2 0 2 4 6 8 10 12 14
0.5
0.4
0.3
0.2
0.1
0
2007年
2010年
2012年
2015年
2017年
2020年
−4 −2 0 2 4 6 8 10 12 14

意大利

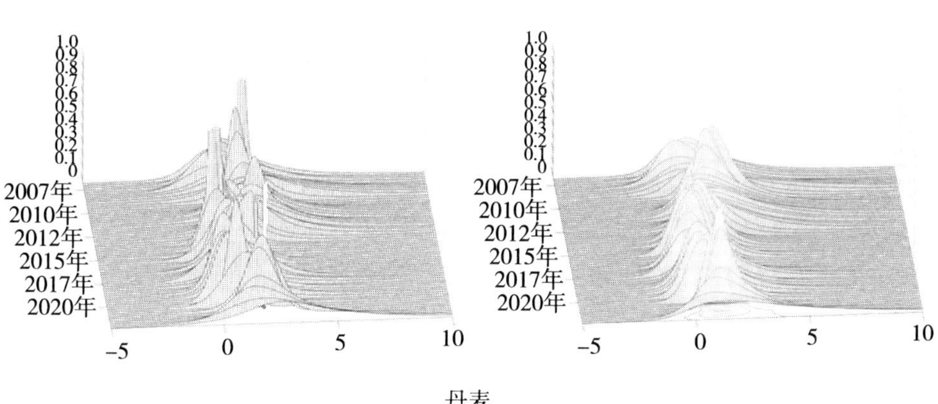

丹麦

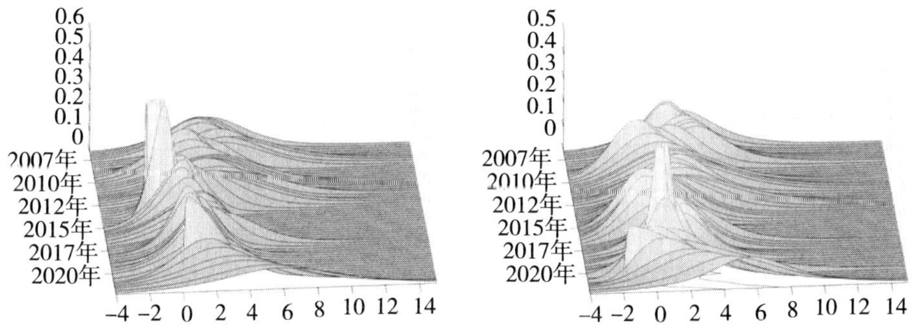

西班牙

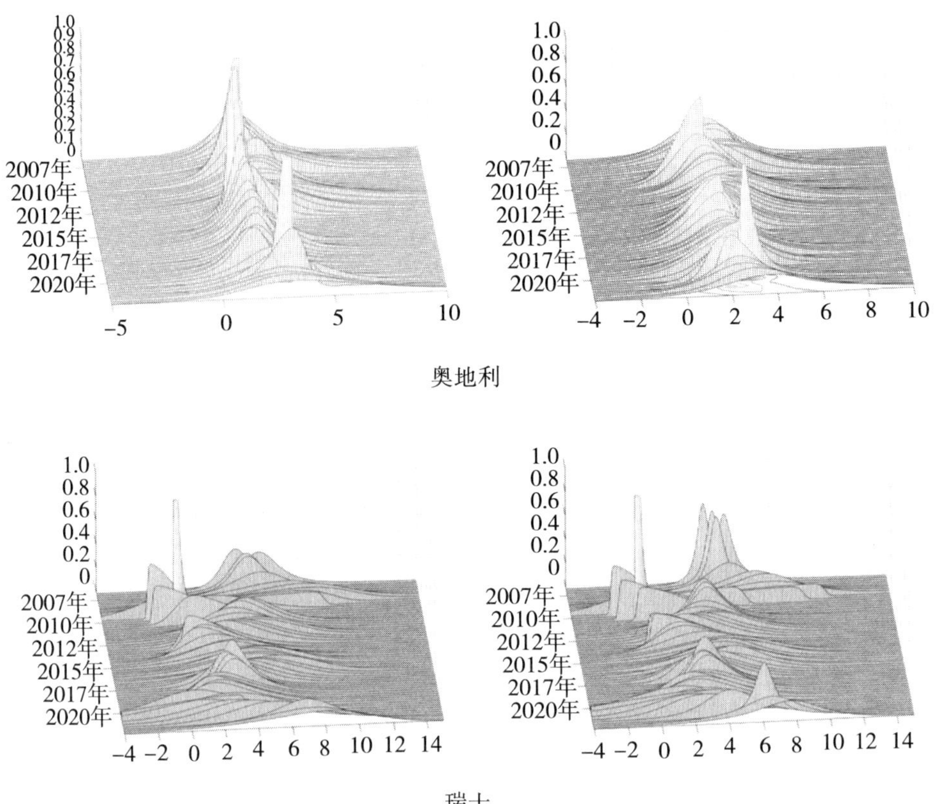

图 A.1　通货膨胀的时变预测分布

附录 B

通货膨胀预测分布的重要矩估计

图 B.1 展示了样本国家通货膨胀预测条件分布的重要矩估计量，横轴表示均值，纵轴表示偏度。图中虚线拟合了通货膨胀预测分布的均值与偏度之间的相关关系。结果表明，样本国家展现出不同的特征，北美国家在高通胀状态下更有可能呈现出负偏态，多数亚洲国家通货膨胀随着均值升高会呈现出负偏现象，欧洲国家的结果存在异质性。

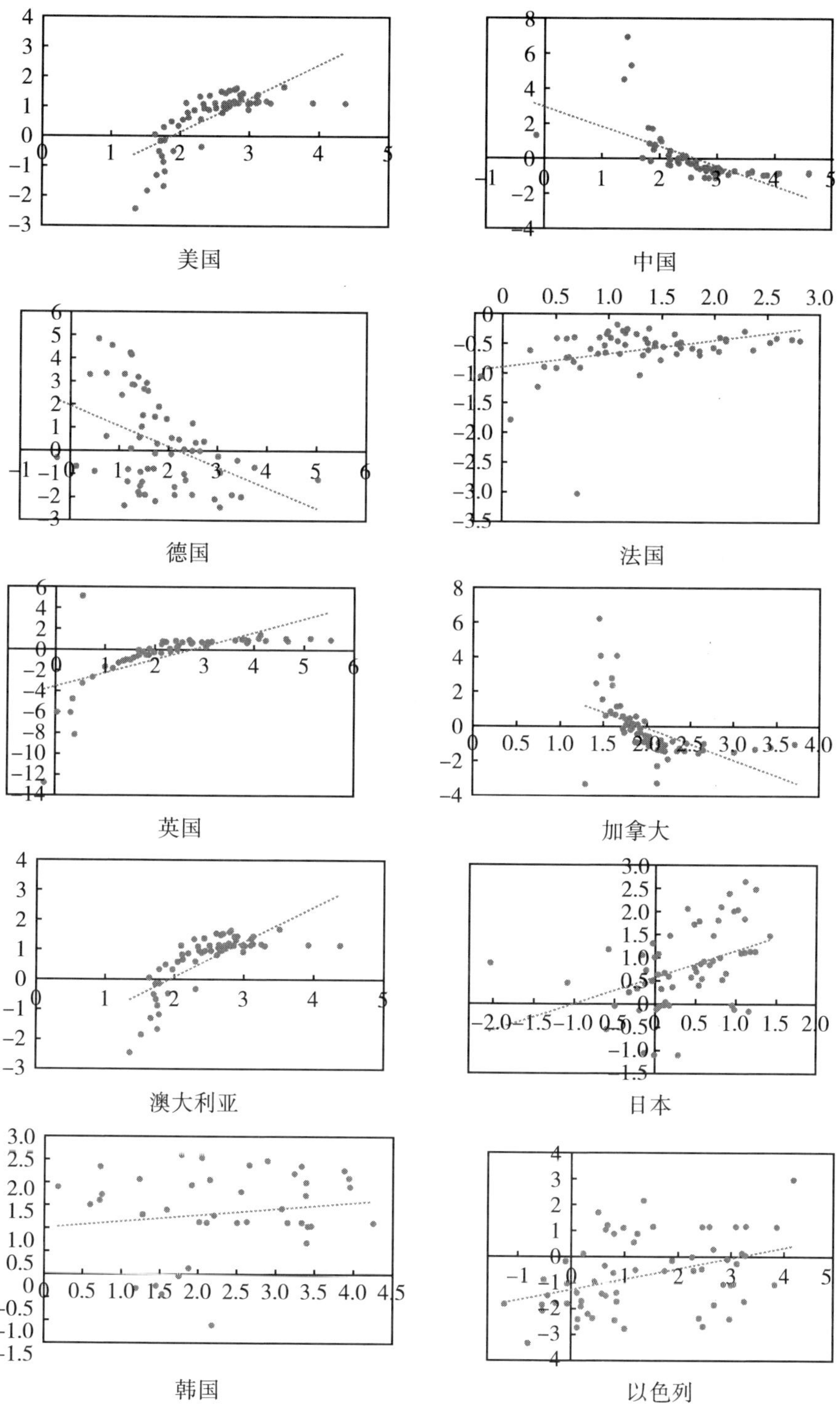

美国　中国　德国　法国　英国　加拿大　澳大利亚　日本　韩国　以色列

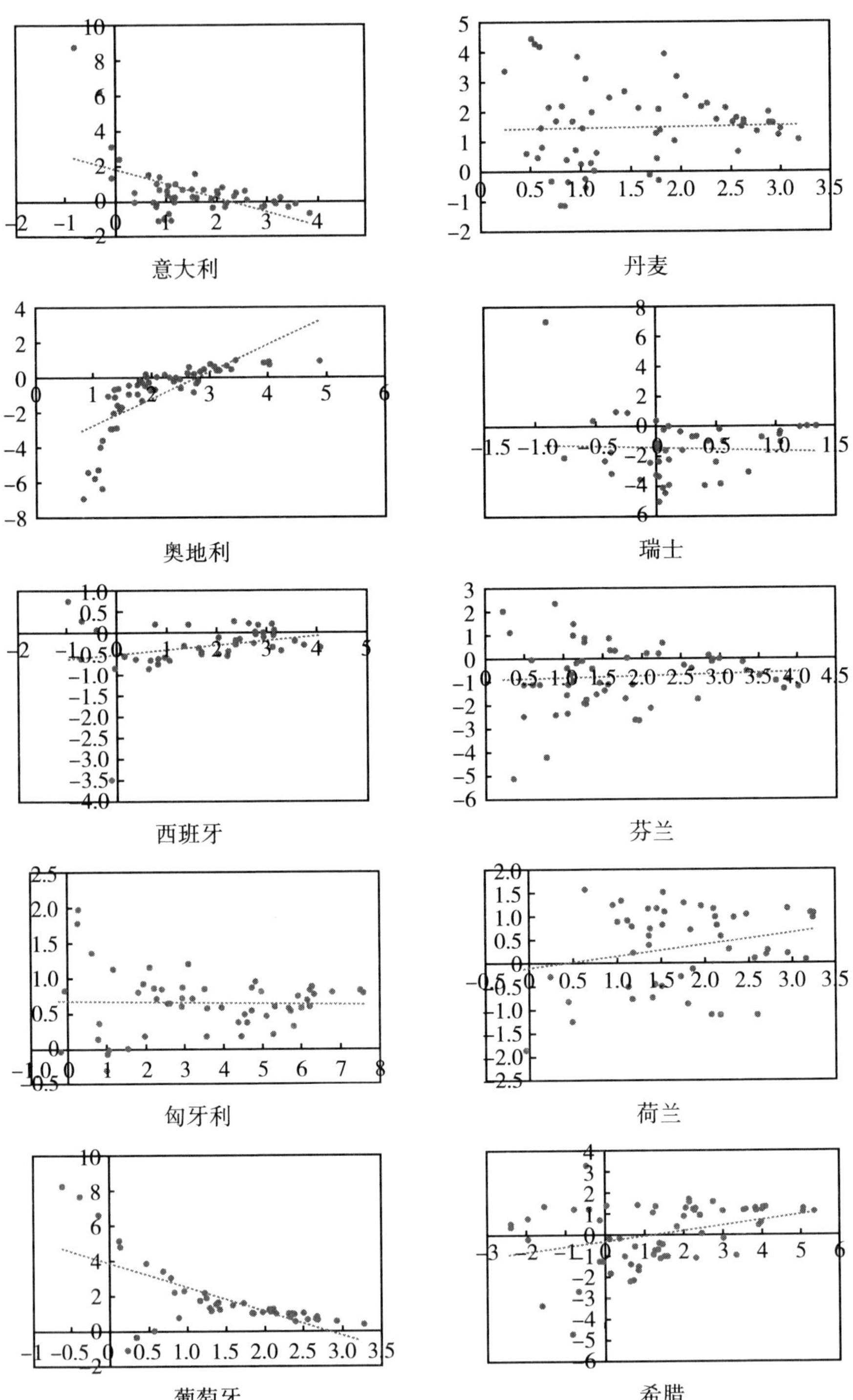

意大利　丹麦

奥地利　瑞士

西班牙　芬兰

匈牙利　荷兰

葡萄牙　希腊

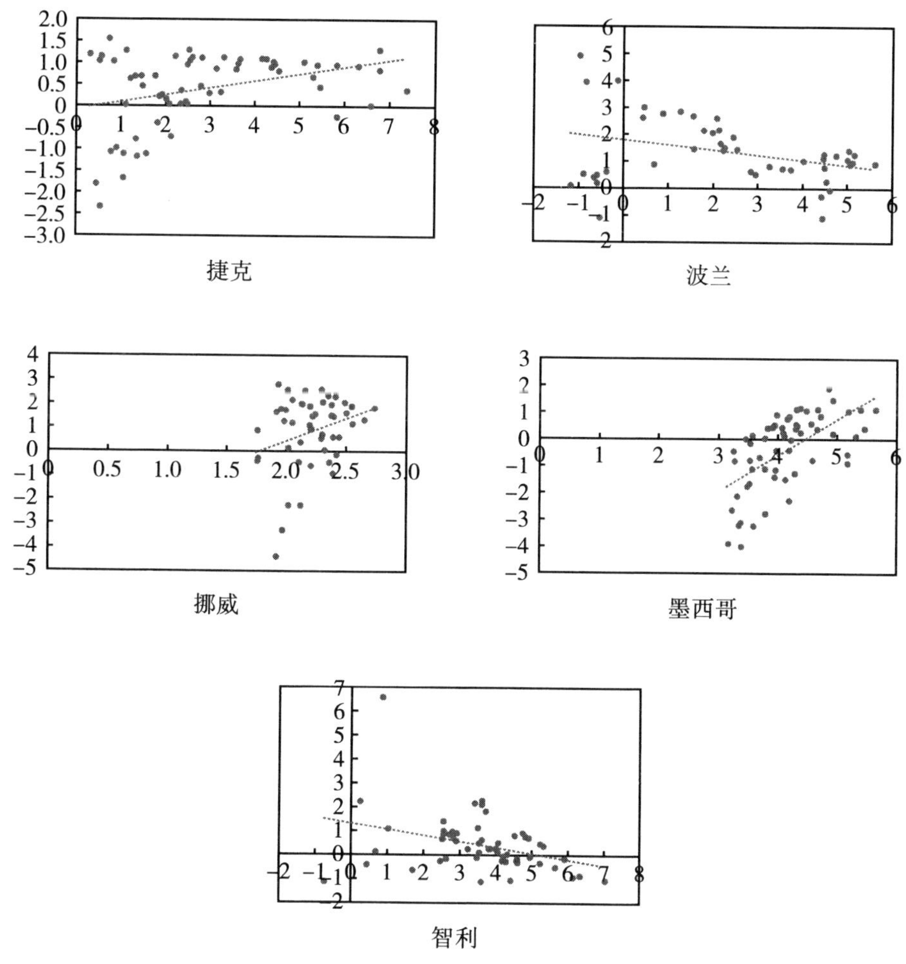

图 B.1　通货膨胀均值与偏态间关系

附录 C

时点上的通货膨胀预测分布

图 C.1 展示了特定时点上样本国家通货膨胀的预测条件分布曲线，旨在刻画事件发生前和发生期间样本国家通货膨胀分布曲线的变化。实线表示事件发生以前，虚线表示事件发生以后。左图特定事件为新冠疫情，右图特定事件为俄乌冲突。

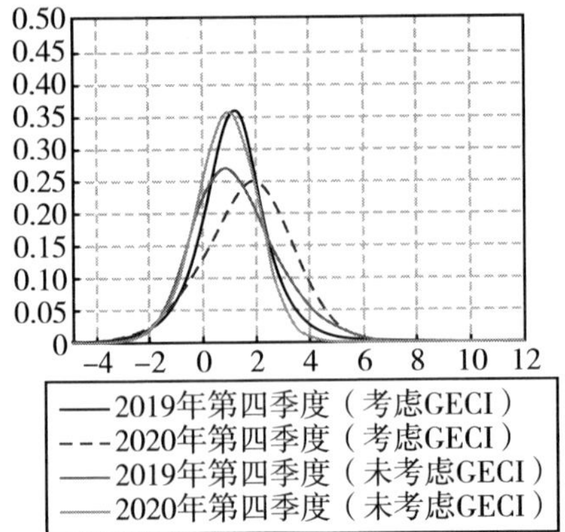

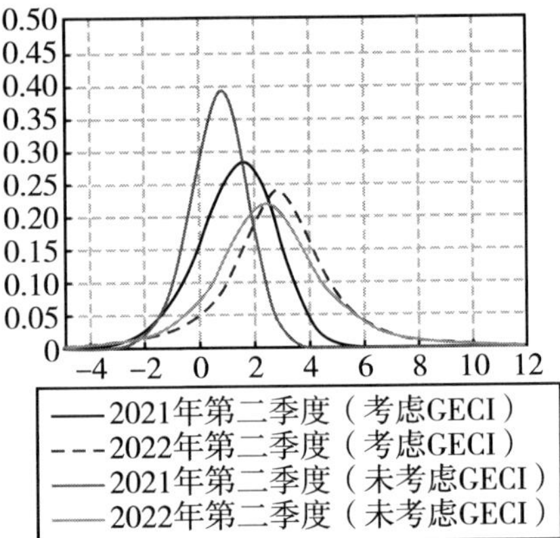

法国

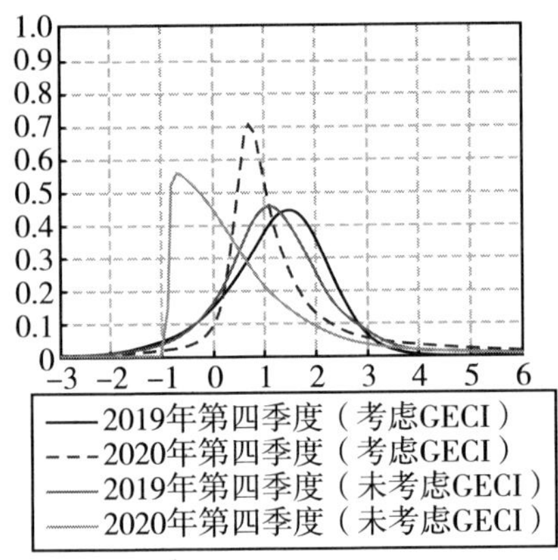

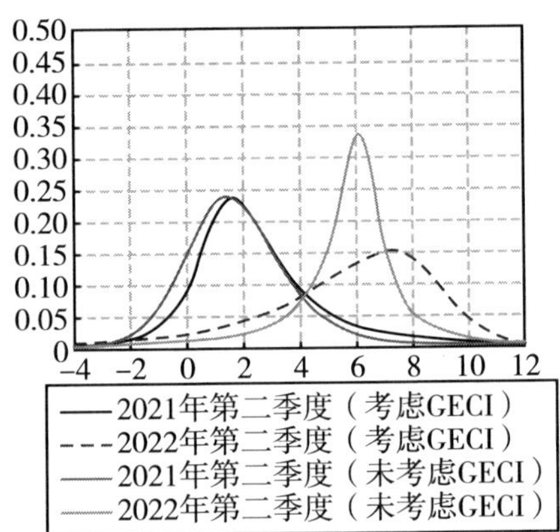

德国

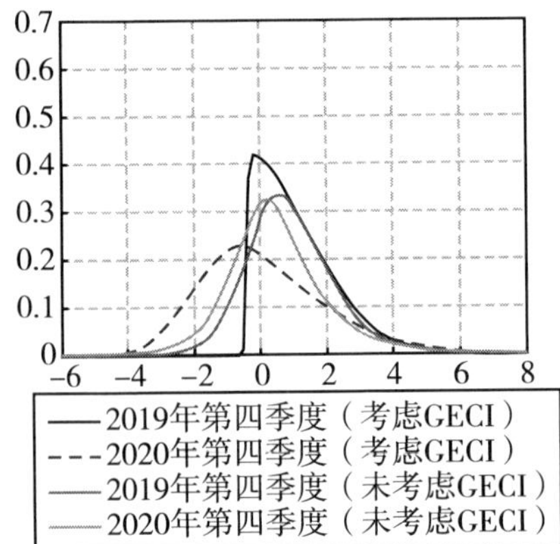

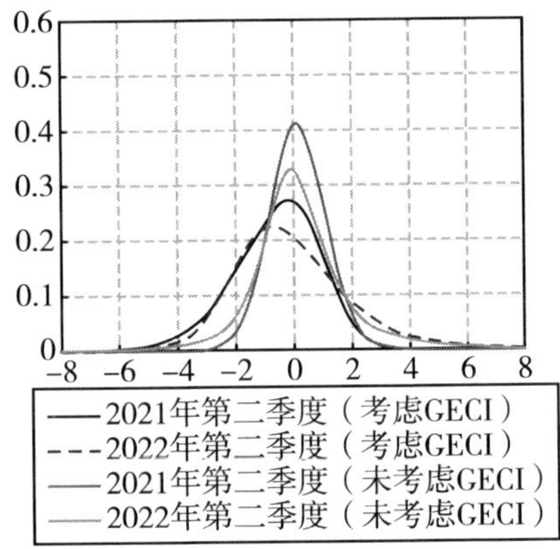

0.50
0.45
0.40
0.35
0.30
0.25
0.20
0.15
0.10
0.05
0
-4 -2 0 2 4 6 8 10 12
2019年第四季度（考虑GECI）
2020年第四季度（考虑GECI）
2019年第四季度（未考虑GECI）
2020年第四季度（未考虑GECI）

0.50
0.45
0.40
0.35
0.30
0.25
0.20
0.15
0.10
0.05
0
-4 -2 0 2 4 6 8 10 12
2021年第二季度（考虑GECI）
2022年第二季度（考虑GECI）
2021年第二季度（未考虑GECI）
2022年第二季度（未考虑GECI）

1.0
0.9
0.8
0.7
0.6
0.5
0.4
0.3
0.2
0.1
0
-3 -2 -1 0 1 2 3 4 5 6
2019年第四季度（考虑GECI）
2020年第四季度（考虑GECI）
2019年第四季度（未考虑GECI）
2020年第四季度（未考虑GECI）

0.50
0.45
0.40
0.35
0.30
0.25
0.20
0.15
0.10
0.05
0
-4 -2 0 2 4 6 8 10 12
2021年第二季度（考虑GECI）
2022年第二季度（考虑GECI）
2021年第二季度（未考虑GECI）
2022年第二季度（未考虑GECI）

0.7
0.6
0.5
0.4
0.3
0.2
0.1
0
-6 -4 -2 0 2 4 6 8
2019年第四季度（考虑GECI）
2020年第四季度（考虑GECI）
2019年第四季度（未考虑GECI）
2020年第四季度（未考虑GECI）

0.6
0.5
0.4
0.3
0.2
0.1
0
-8 -6 -4 -2 0 2 4 6 8
2021年第二季度（考虑GECI）
2022年第二季度（考虑GECI）
2021年第二季度（未考虑GECI）
2022年第二季度（未考虑GECI）

日本

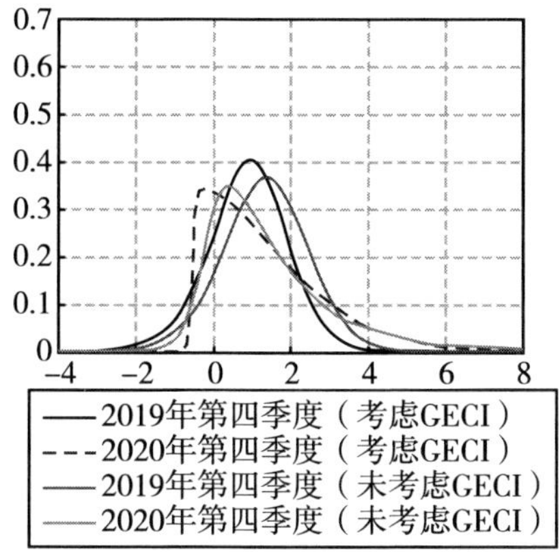

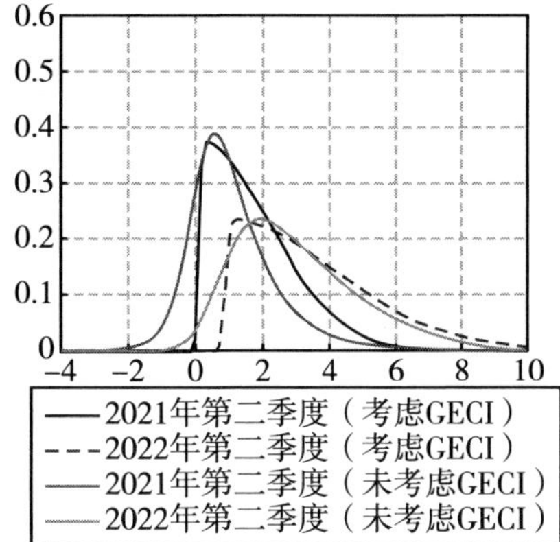

韩国

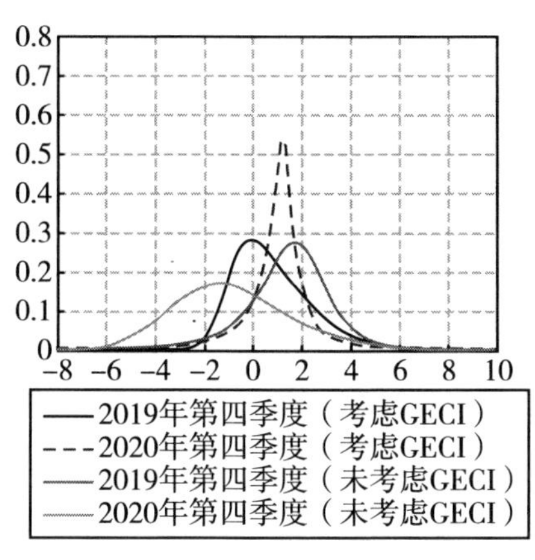

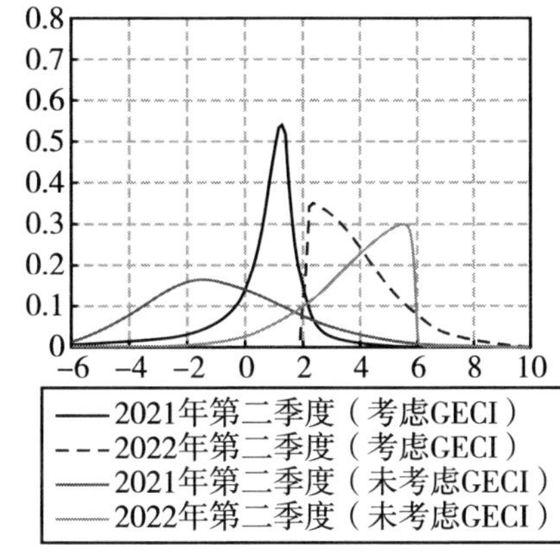

以色列

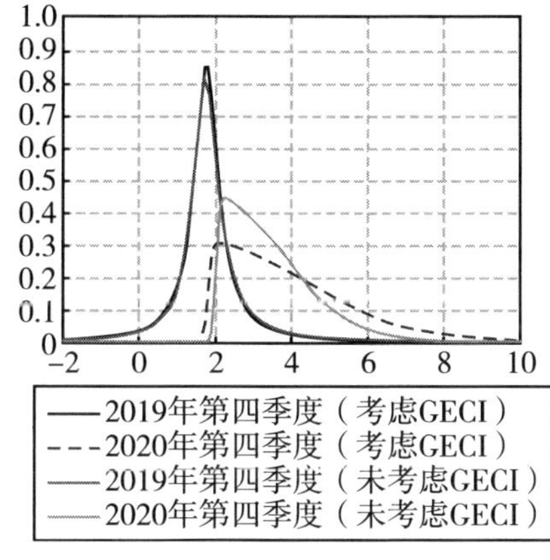

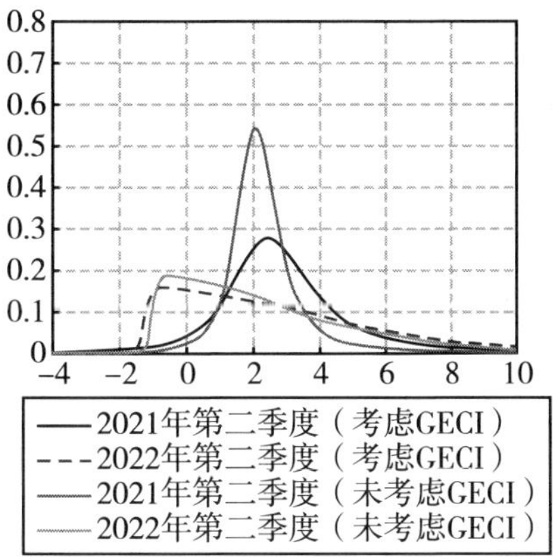

0.7
0.6
0.5
0.4
0.3
0.2
0.1
0
-4
-2
0
2
4
6
8
2019年第四季度（考虑GECI）
2020年第四季度（考虑GECI）
2019年第四季度（未考虑GECI）
2020年第四季度（未考虑GECI）

0.6
0.5
0.4
0.3
0.2
0.1
0
-4
-2
0
2
4
6
8
10
2021年第二季度（考虑GECI）
2022年第二季度（考虑GECI）
2021年第二季度（未考虑GECI）
2022年第二季度（未考虑GECI）

0.8
0.7
0.6
0.5
0.4
0.3
0.2
0.1
0
-8
-6
-4
-2
0
2
4
6
8
10
2019年第四季度（考虑GECI）
2020年第四季度（考虑GECI）
2019年第四季度（未考虑GECI）
2020年第四季度（未考虑GECI）

0.8
0.7
0.6
0.5
0.4
0.3
0.2
0.1
0
-6
-4
-2
0
2
4
6
8
10
2021年第二季度（考虑GECI）
2022年第二季度（考虑GECI）
2021年第二季度（未考虑GECI）
2022年第二季度（未考虑GECI）

1.0
0.9
0.8
0.7
0.6
0.5
0.4
0.3
0.2
0.1
0
-2
0
2
4
6
8
10
2019年第四季度（考虑GECI）
2020年第四季度（考虑GECI）
2019年第四季度（未考虑GECI）
2020年第四季度（未考虑GECI）

0.8
0.7
0.6
0.5
0.4
0.3
0.2
0.1
0
-4
-2
0
2
4
6
8
10
2021年第二季度（考虑GECI）
2022年第二季度（考虑GECI）
2021年第二季度（未考虑GECI）
2022年第二季度（未考虑GECI）

澳大利亚

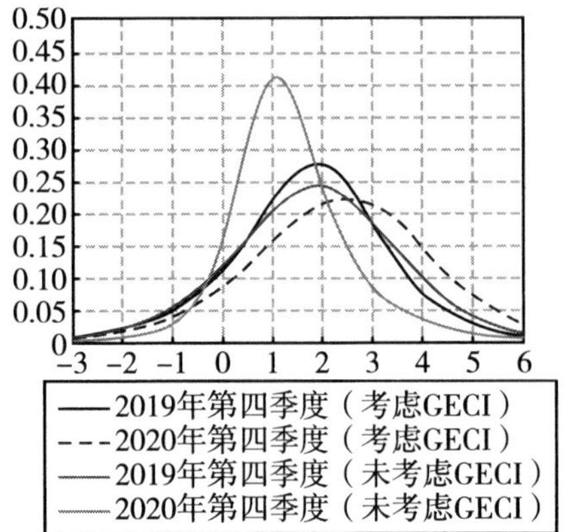

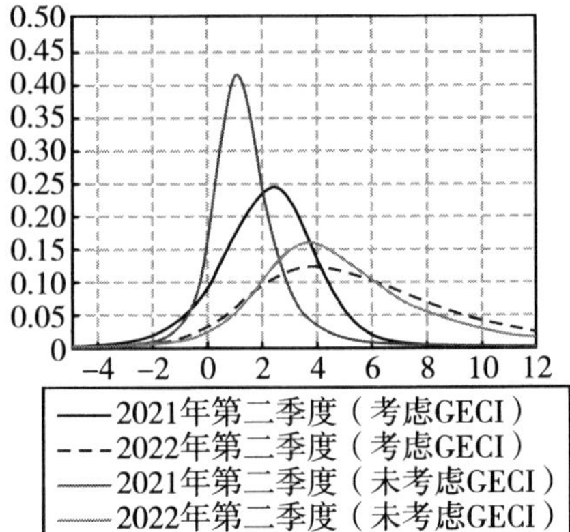

英国

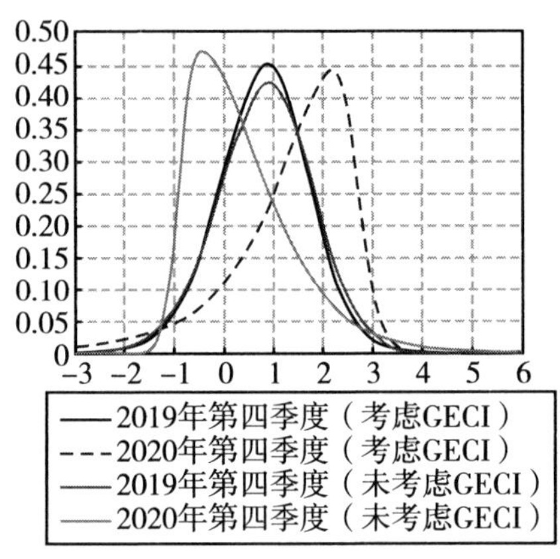

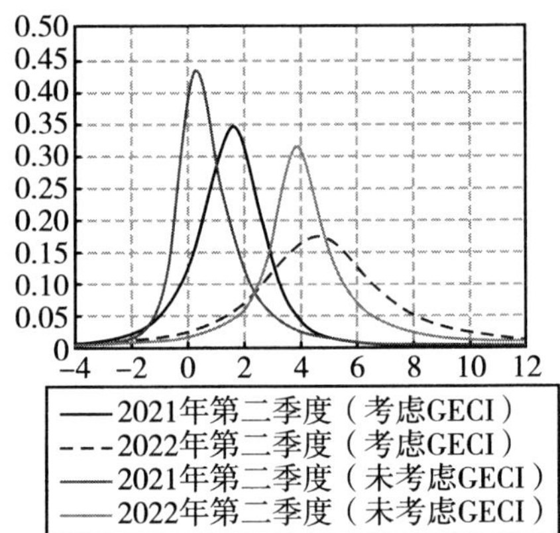

意大利

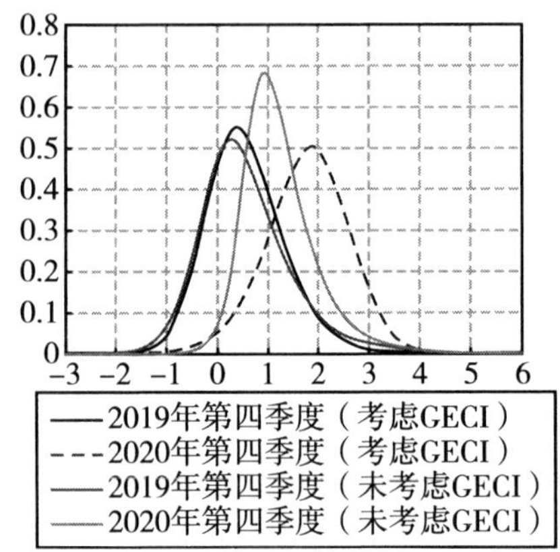

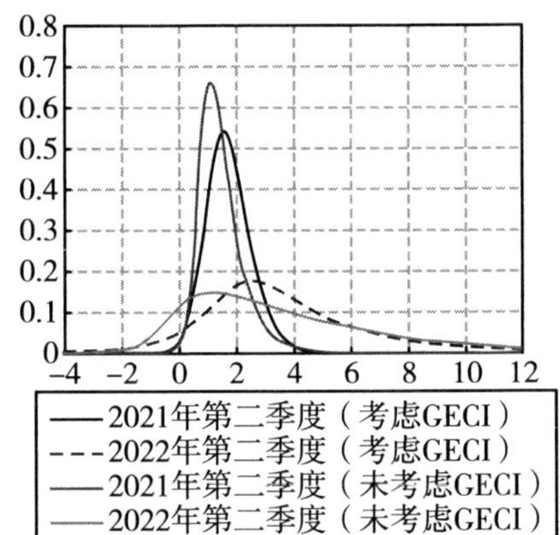

丹麦

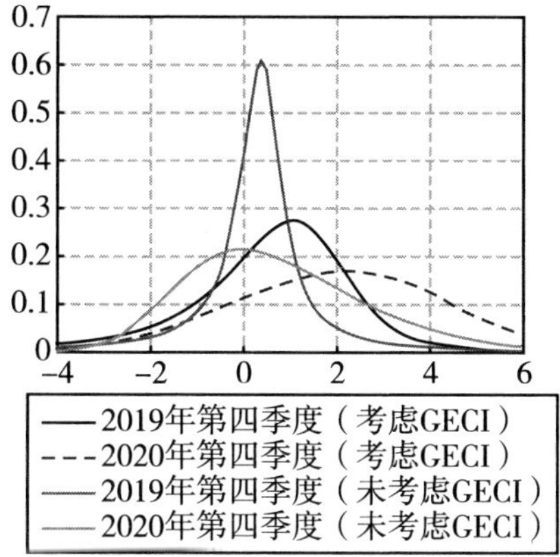

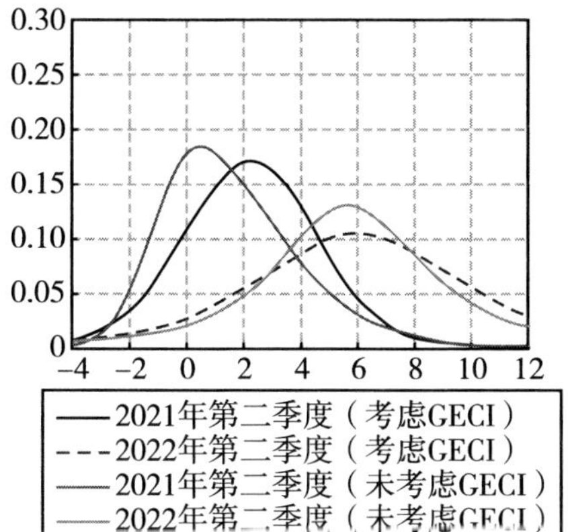

西班牙

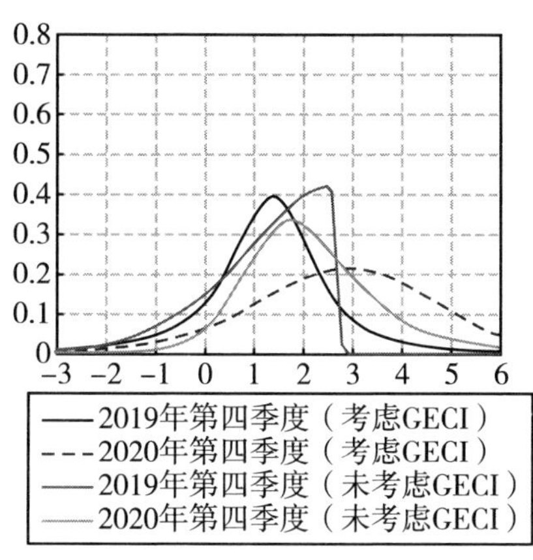

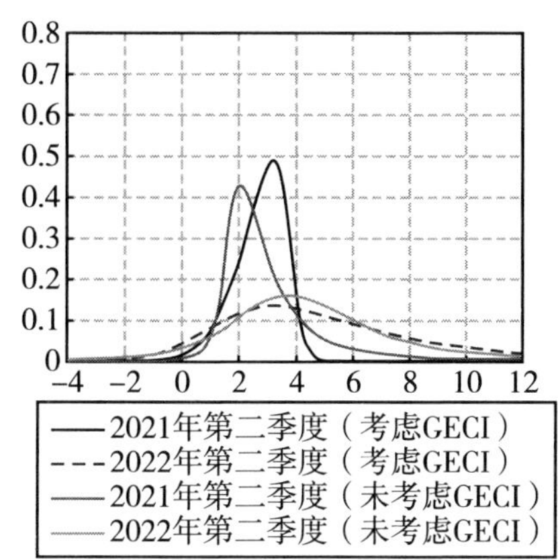

奥地利

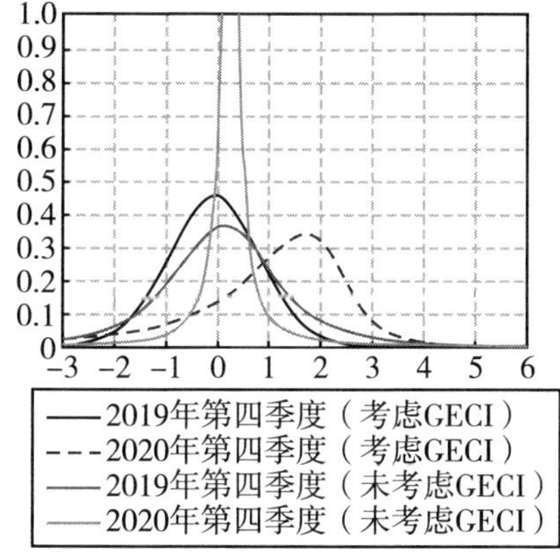

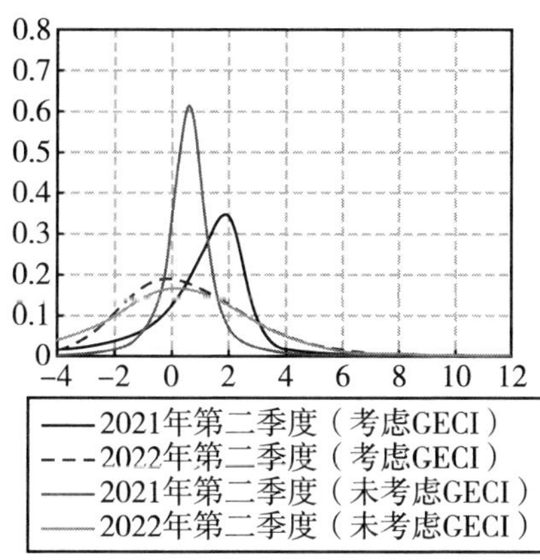

瑞士

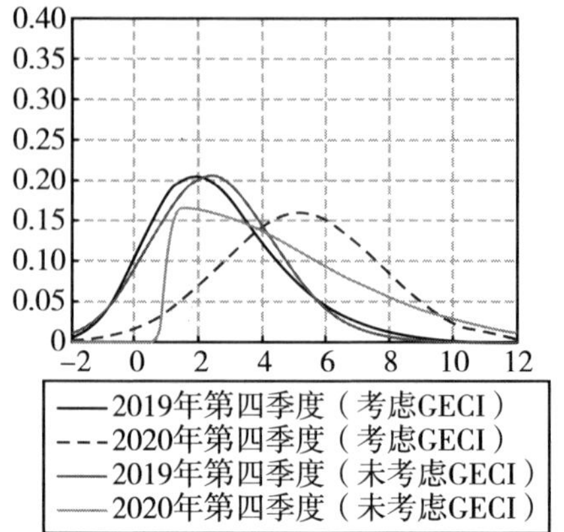

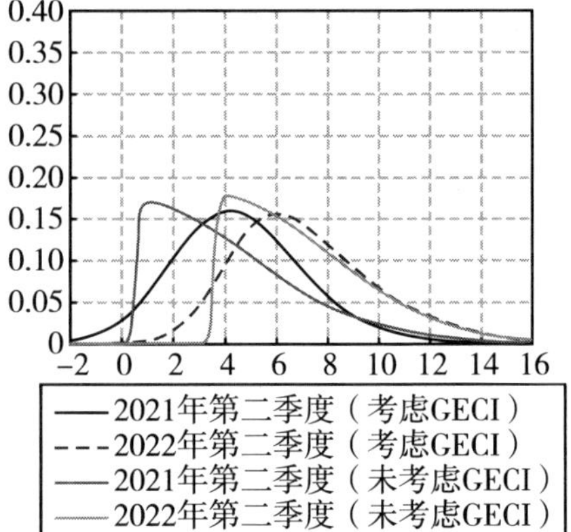

匈牙利

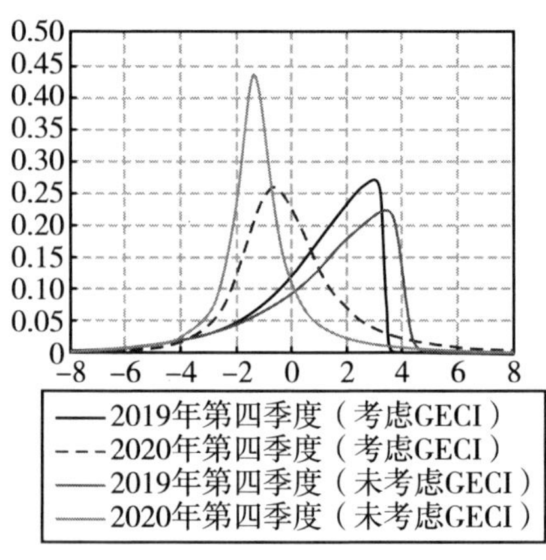

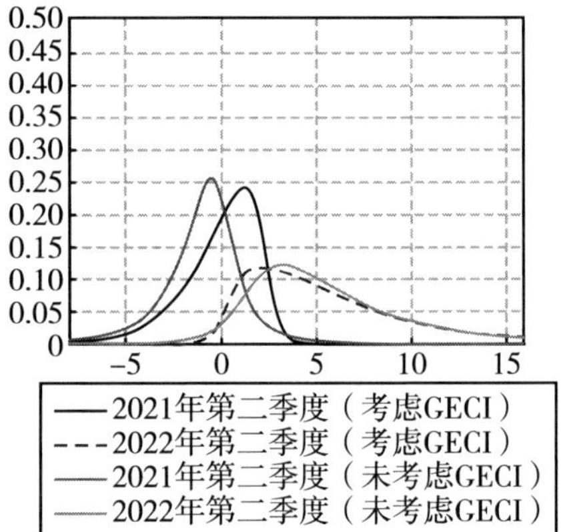

希腊

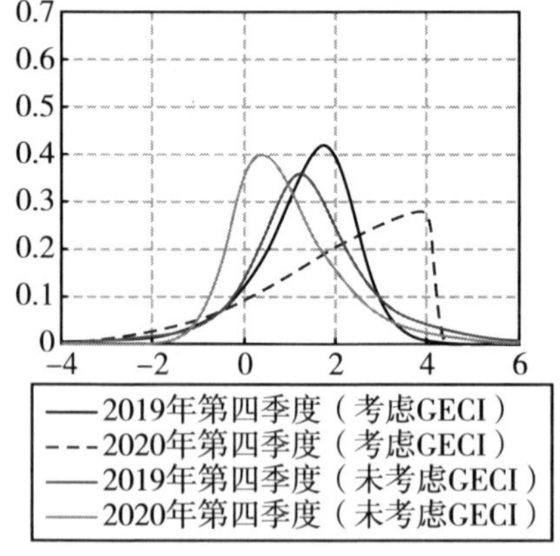

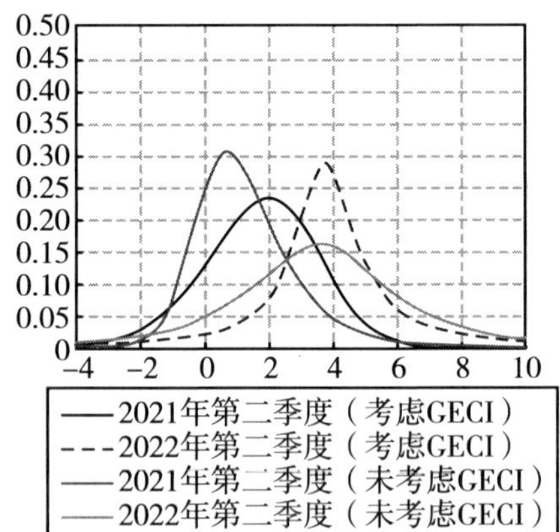

0.40
0.35
0.30
0.25
0.20
0.15
0.10
0.05
0
−2 0 2 4 6 8 10 12
2019年第四季度（考虑GECI）
2020年第四季度（考虑GECI）
2019年第四季度（未考虑GECI）
2020年第四季度（未考虑GECI）

0.40
0.35
0.30
0.25
0.20
0.15
0.10
0.05
0
−2 0 2 4 6 8 10 12 14 16
2021年第二季度（考虑GECI）
2022年第二季度（考虑GECI）
2021年第二季度（未考虑GECI）
2022年第二季度（未考虑GECI）

0.50
0.45
0.40
0.35
0.30
0.25
0.20
0.15
0.10
0.05
0
−8 −6 −4 −2 0 2 4 6 8
2019年第四季度（考虑GECI）
2020年第四季度（考虑GECI）
2019年第四季度（未考虑GECI）
2020年第四季度（未考虑GECI）

0.50
0.45
0.40
0.35
0.30
0.25
0.20
0.15
0.10
0.05
0
−5 0 5 10 15
2021年第二季度（考虑GECI）
2022年第二季度（考虑GECI）
2021年第二季度（未考虑GECI）
2022年第二季度（未考虑GECI）

0.7
0.6
0.5
0.4
0.3
0.2
0.1
0
−4 −2 0 2 4 6
2019年第四季度（考虑GECI）
2020年第四季度（考虑GECI）
2019年第四季度（未考虑GECI）
2020年第四季度（未考虑GECI）

0.50
0.45
0.40
0.35
0.30
0.25
0.20
0.15
0.10
0.05
0
−4 −2 0 2 4 6 8 10
2021年第二季度（考虑GECI）
2022年第二季度（考虑GECI）
2021年第二季度（未考虑GECI）
2022年第二季度（未考虑GECI）

芬兰

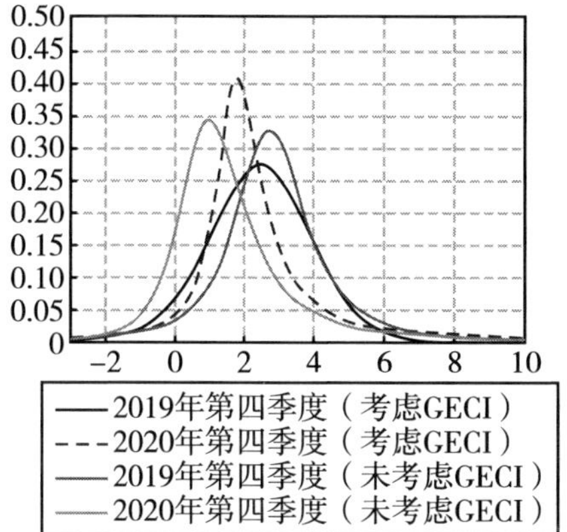

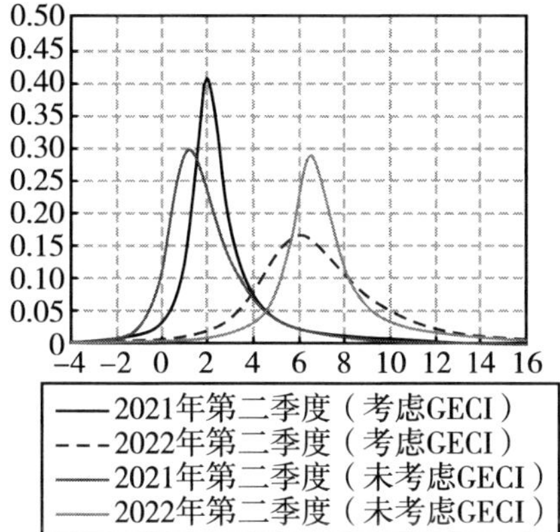

荷兰

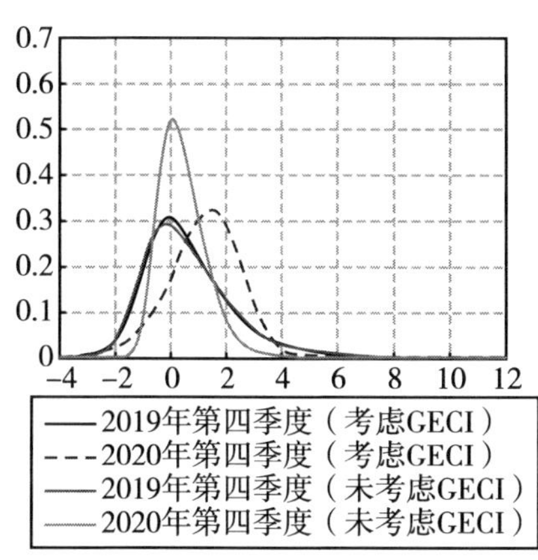

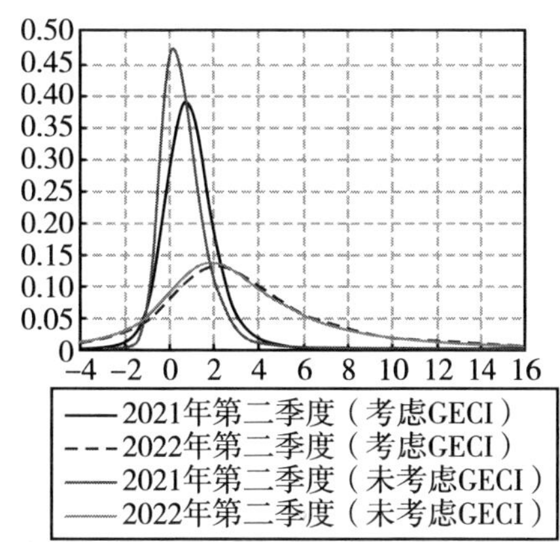

葡萄牙

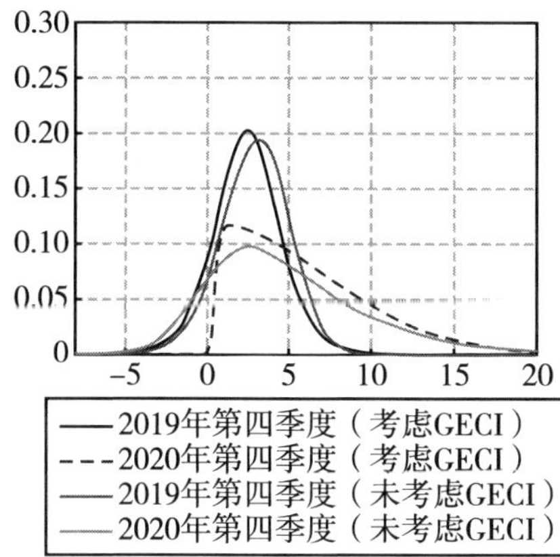

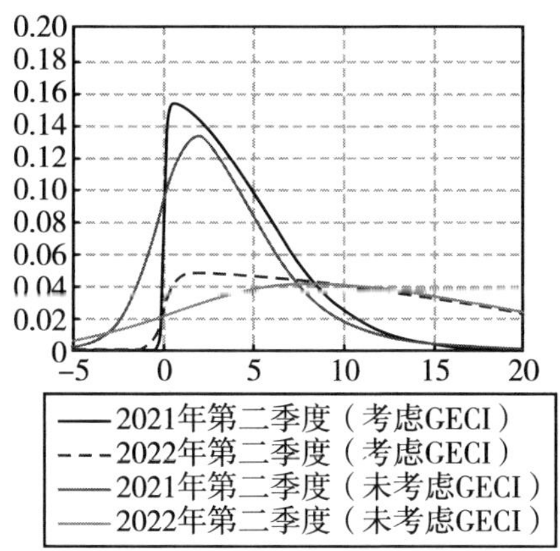

0.50
0.45
0.40
0.35
0.30
0.25
0.20
0.15
0.10
0.05
0
−2
0
2
4
6
8
10
2019年第四季度（考虑GECI）
2020年第四季度（考虑GECI）
2019年第四季度（未考虑GECI）
2020年第四季度（未考虑GECI）

0.50
0.45
0.40
0.35
0.30
0.25
0.20
0.15
0.10
0.05
0
−4
−2
0
2
4
6
8
10
12
14
16
2021年第二季度（考虑GECI）
2022年第二季度（考虑GECI）
2021年第二季度（未考虑GECI）
2022年第二季度（未考虑GECI）

0.7
0.6
0.5
0.4
0.3
0.2
0.1
0
−4
−2
0
2
4
6
8
10
12
2019年第四季度（考虑GECI）
2020年第四季度（考虑GECI）
2019年第四季度（未考虑GECI）
2020年第四季度（未考虑GECI）

0.50
0.45
0.40
0.35
0.30
0.25
0.20
0.15
0.10
0.05
0
−4
−2
0
2
4
6
8
10
12
14
16
2021年第二季度（考虑GECI）
2022年第二季度（考虑GECI）
2021年第二季度（未考虑GECI）
2022年第二季度（未考虑GECI）

0.30
0.25
0.20
0.15
0.10
0.05
0
−5
0
5
10
15
20
2019年第四季度（考虑GECI）
2020年第四季度（考虑GECI）
2019年第四季度（未考虑GECI）
2020年第四季度（未考虑GECI）

0.20
0.18
0.16
0.14
0.12
0.10
0.08
0.06
0.04
0.02
0
−5
0
5
10
15
20
2021年第二季度（考虑GECI）
2022年第二季度（考虑GECI）
2021年第二季度（未考虑GECI）
2022年第二季度（未考虑GECI）

捷克

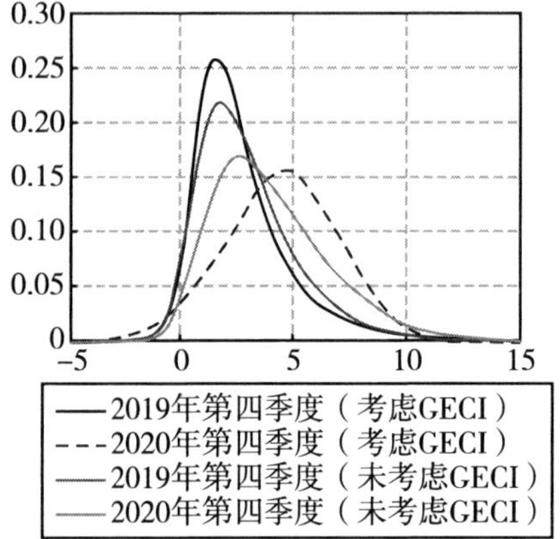

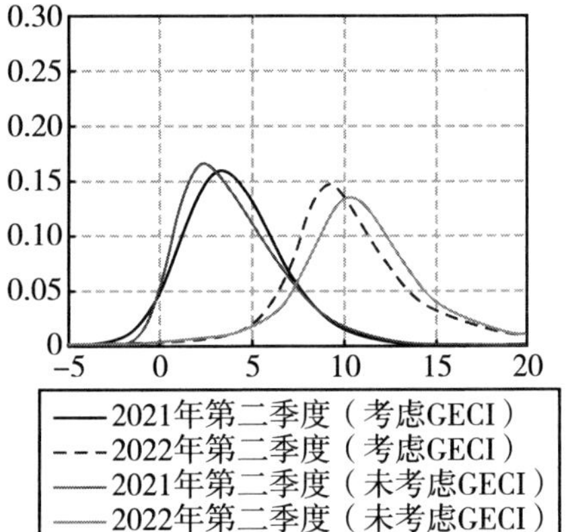

波兰

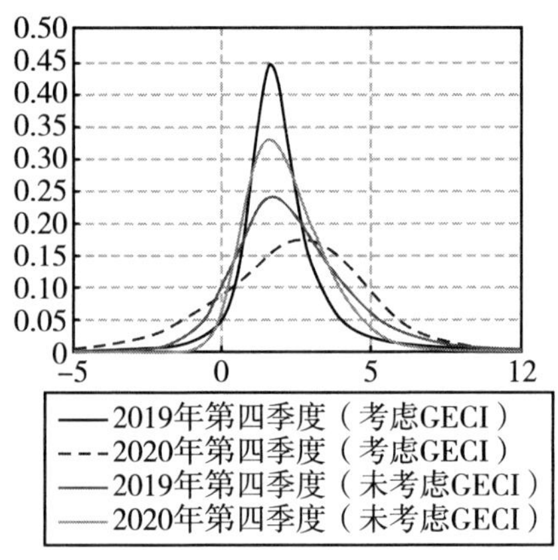

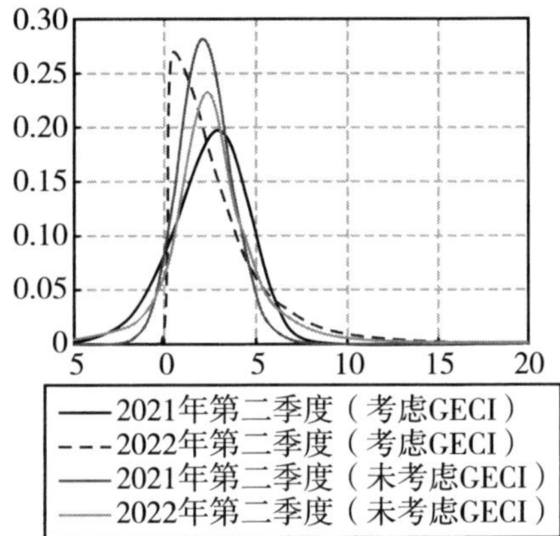

挪威

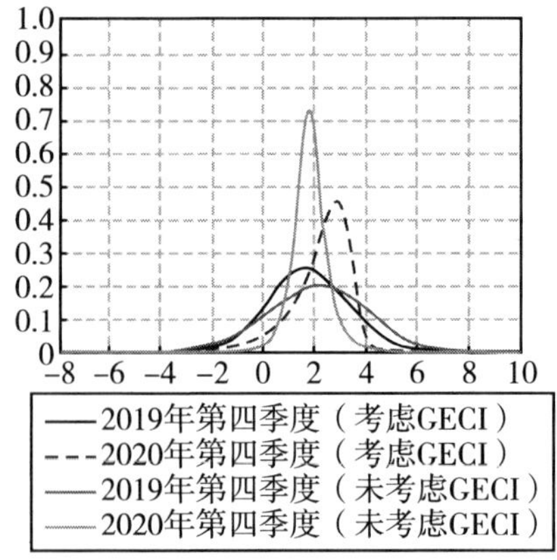

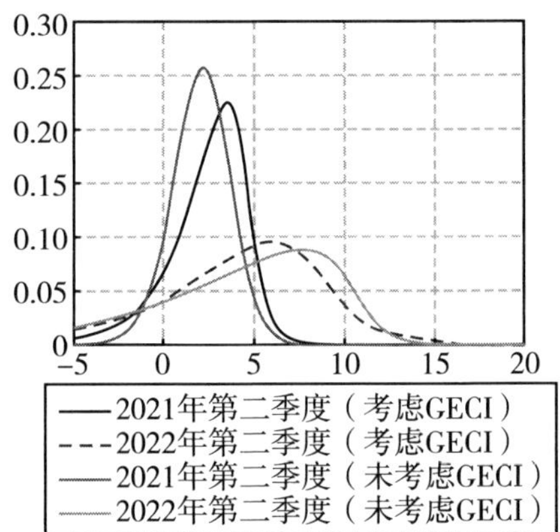

0.30
0.25
0.20
0.15
0.10
0.05
0
−5
0
5
10
15
2019年第四季度（考虑GECI）
2020年第四季度（考虑GECI）
2019年第四季度（未考虑GECI）
2020年第四季度（未考虑GECI）

0.30
0.25
0.20
0.15
0.10
0.05
0
−5
0
5
10
15
20
2021年第二季度（考虑GECI）
2022年第二季度（考虑GECI）
2021年第二季度（未考虑GECI）
2022年第二季度（未考虑GECI）

0.50
0.45
0.40
0.35
0.30
0.25
0.20
0.15
0.10
0.05
0
−5
0
5
12
2019年第四季度（考虑GECI）
2020年第四季度（考虑GECI）
2019年第四季度（未考虑GECI）
2020年第四季度（未考虑GECI）

0.30
0.25
0.20
0.15
0.10
0.05
0
5
0
5
10
15
20
2021年第二季度（考虑GECI）
2022年第二季度（考虑GECI）
2021年第二季度（未考虑GECI）
2022年第二季度（未考虑GECI）

1.0
0.9
0.8
0.7
0.6
0.5
0.4
0.3
0.2
0.1
0
−8
−6
−4
−2
0
2
4
6
8
10
2019年第四季度（考虑GECI）
2020年第四季度（考虑GECI）
2019年第四季度（未考虑GECI）
2020年第四季度（未考虑GECI）

0.30
0.25
0.20
0.15
0.10
0.05
0
−5
0
5
10
15
20
2021年第二季度（考虑GECI）
2022年第二季度（考虑GECI）
2021年第二季度（未考虑GECI）
2022年第二季度（未考虑GECI）

加拿大

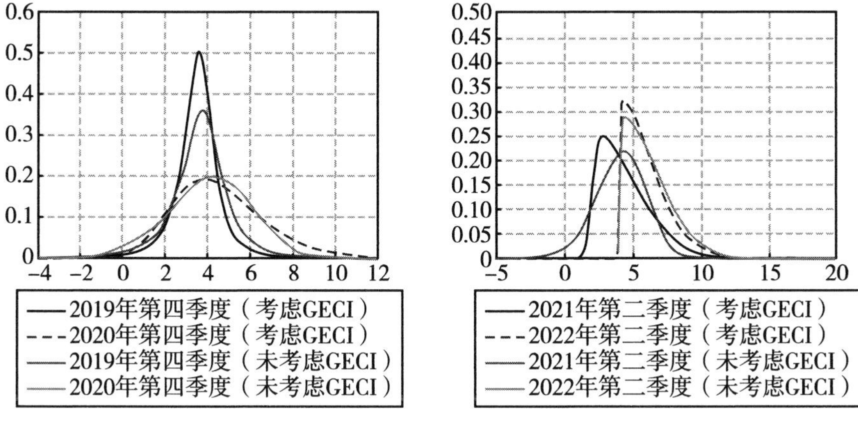

墨西哥

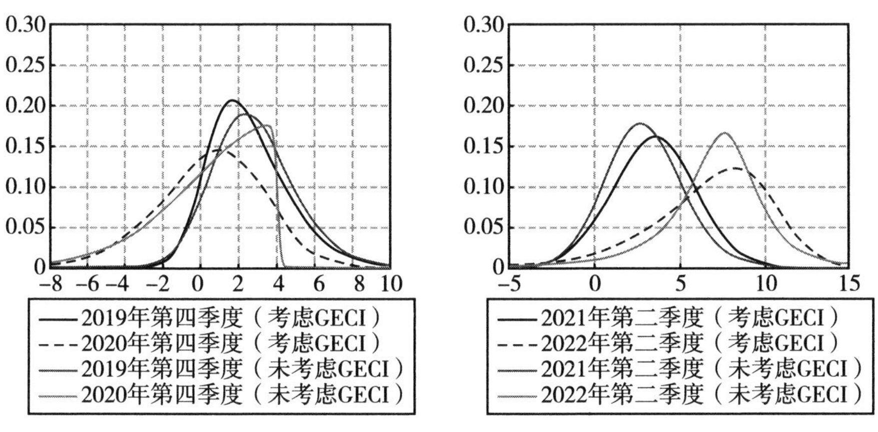

智利

图 C.1　特定时间点上的通货膨胀分布曲线

附录 D

通货膨胀尾部风险

图 D.1 展示了 23 个样本国家的通货膨胀期望收益与期望损失时序图。左图为期望损失，右图为期望收益。

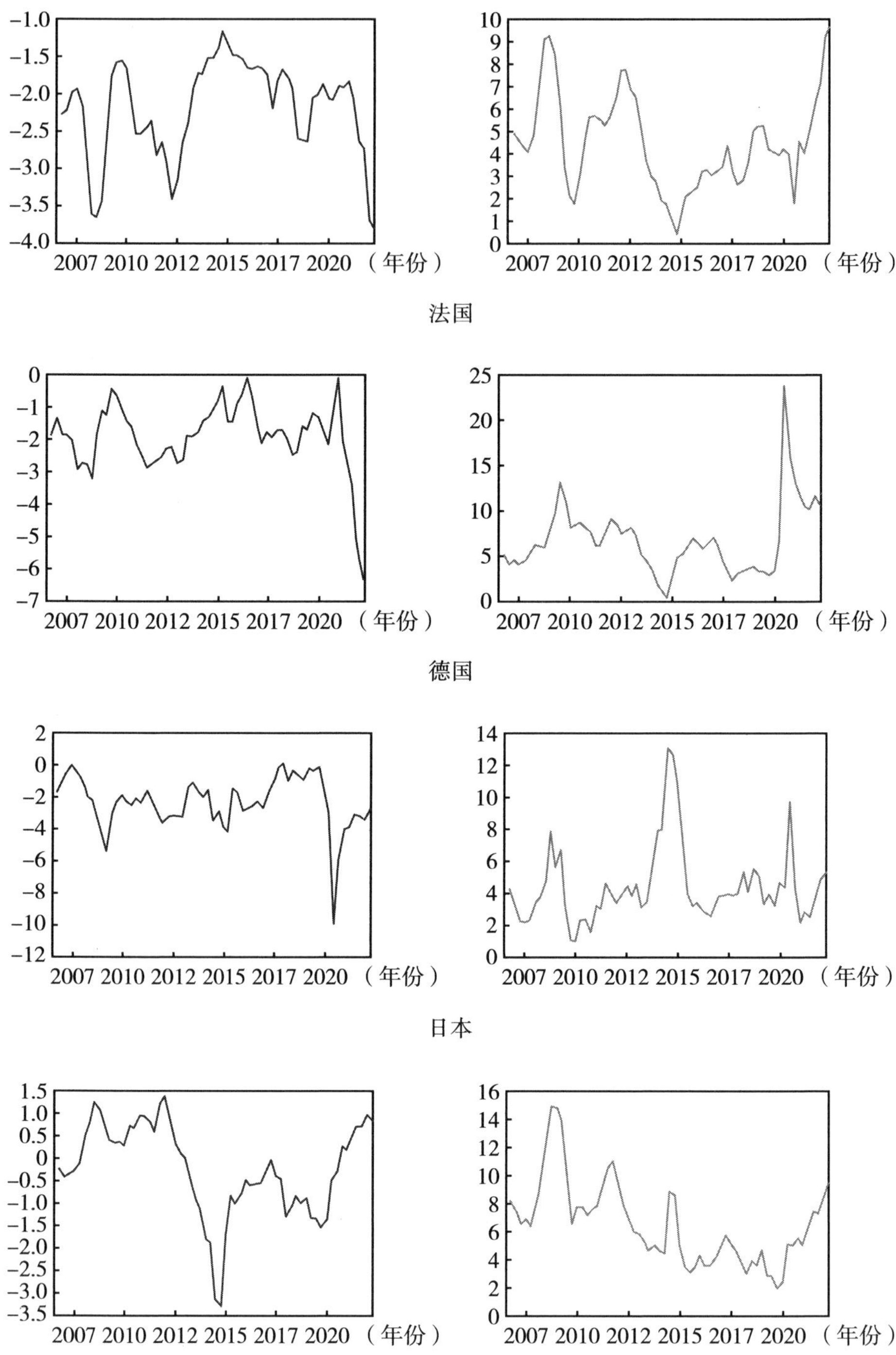
法国
德国
日本
韩国

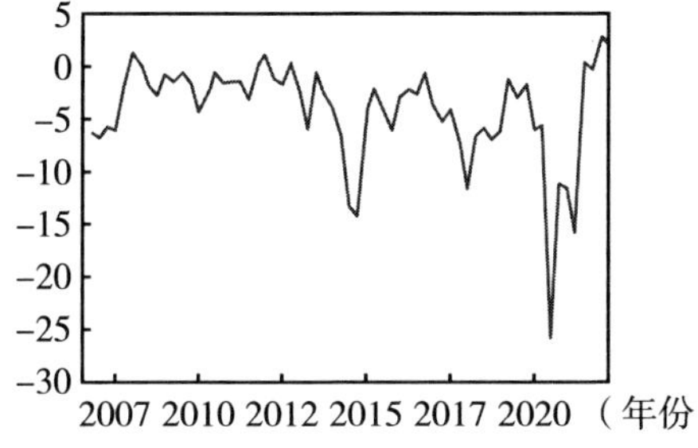

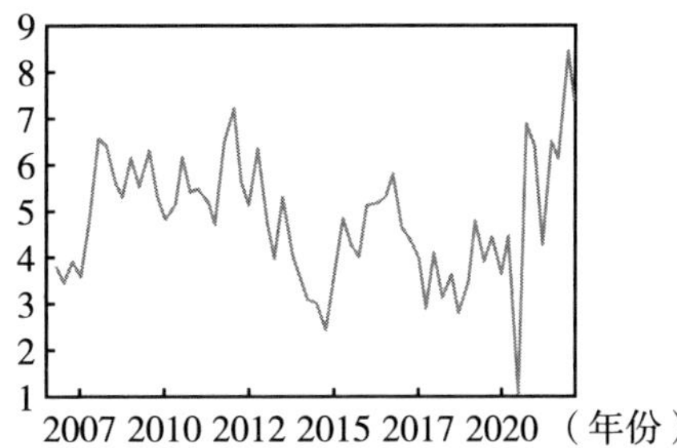

以色列

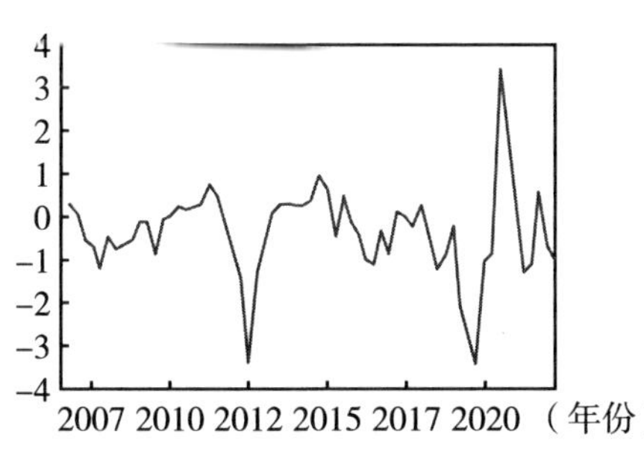

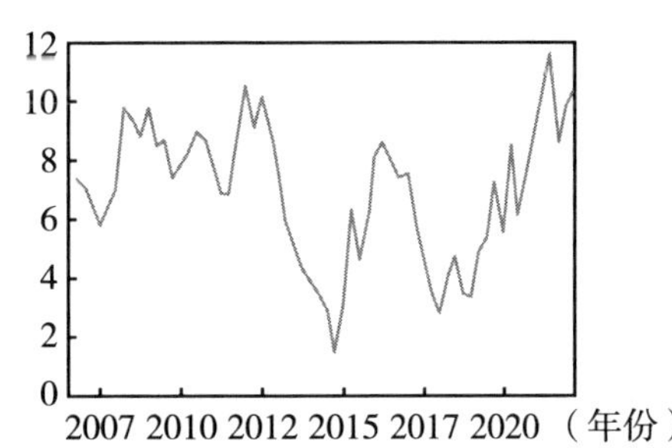

澳大利亚

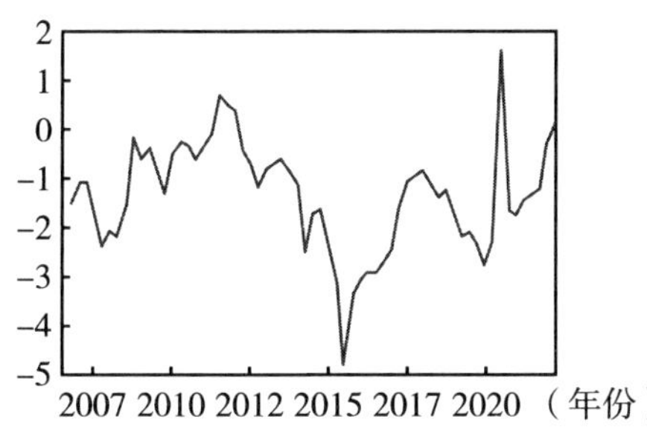

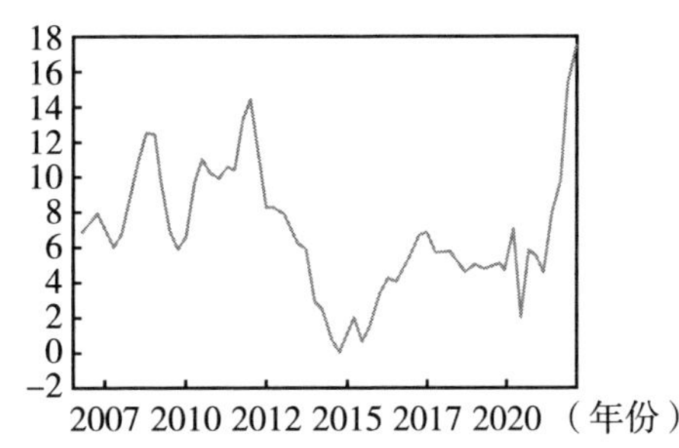

英国

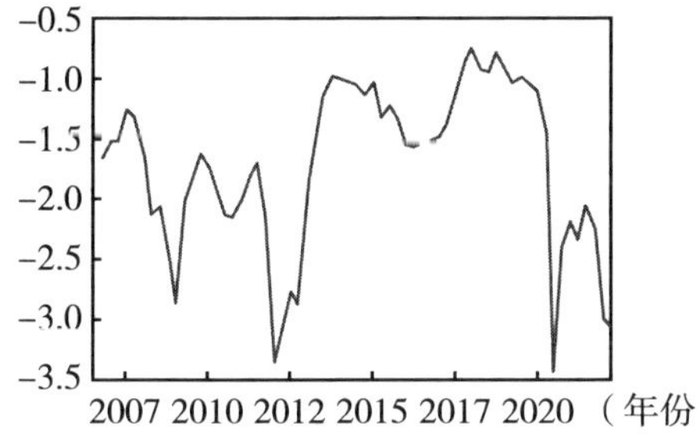

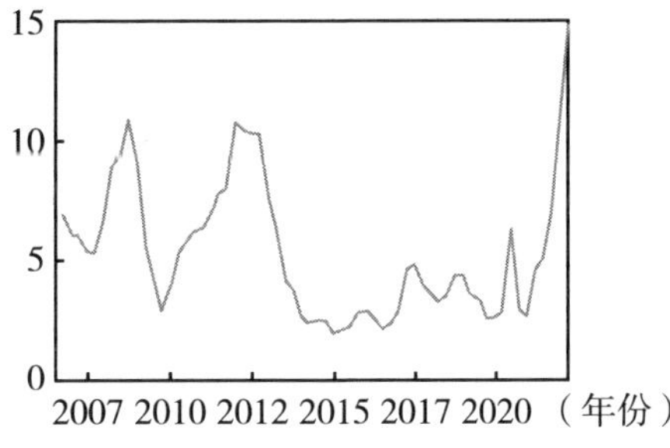

意大利

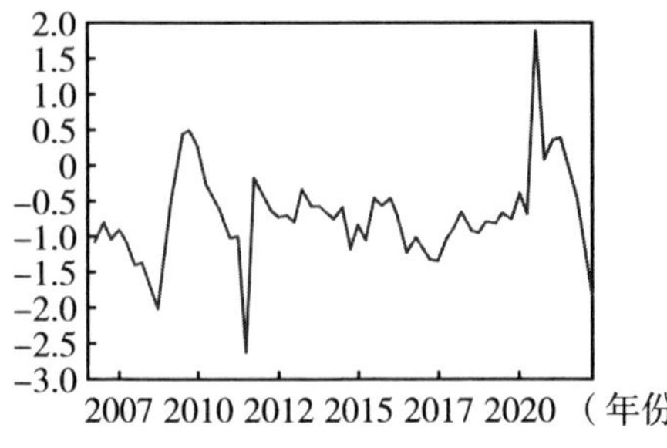

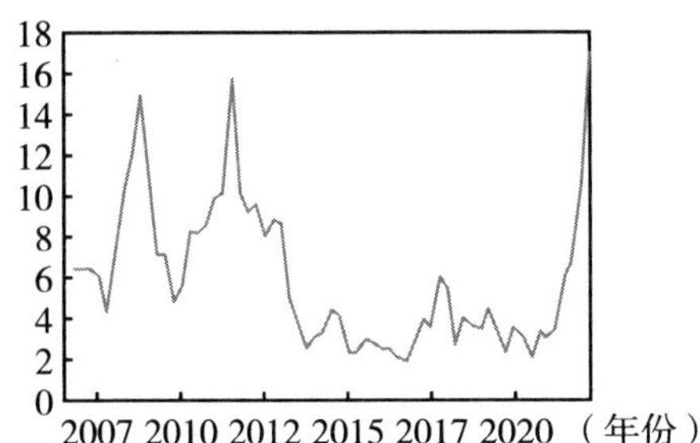

2.0
1.5
1.0
0.5
0
−0.5
−1.0
−1.5
−2.0
−2.5
−3.0
2007 2010 2012 2015 2017 2020 （年份）

18
16
14
12
10
8
6
4
2
0
2007 2010 2012 2015 2017 2020 （年份）

1
0
−1
−2
−3
−4
−5
−6
2007 2010 2012 2015 2017 2020 （年份）

18
16
14
12
10
8
6
4
2
0
−2
2007 2010 2012 2015 2017 2020 （年份）

3
2
1
0
−1
−2
−3
−4
2007 2010 2012 2015 2017 2020 （年份）

15
10
5
0
2007 2010 2012 2015 2017 2020 （年份）

0
−1
−2
−3
−4
−5
−6
−7
−8
−9
2007 2010 2012 2015 2017 2020 （年份）

7
6
5
4
3
2
1
0
−1
2007 2010 2012 2015 2017 2020 （年份）

丹麦

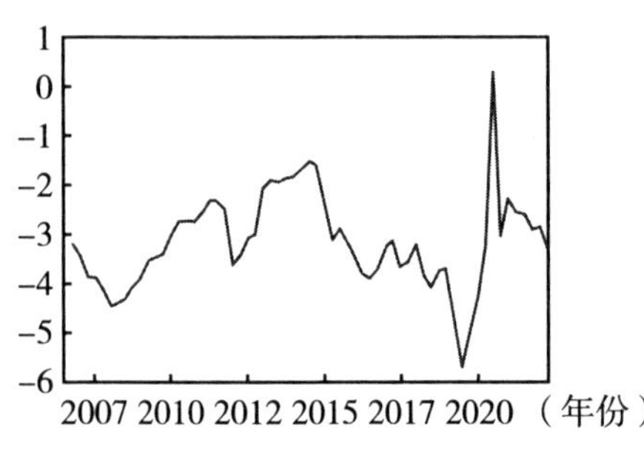

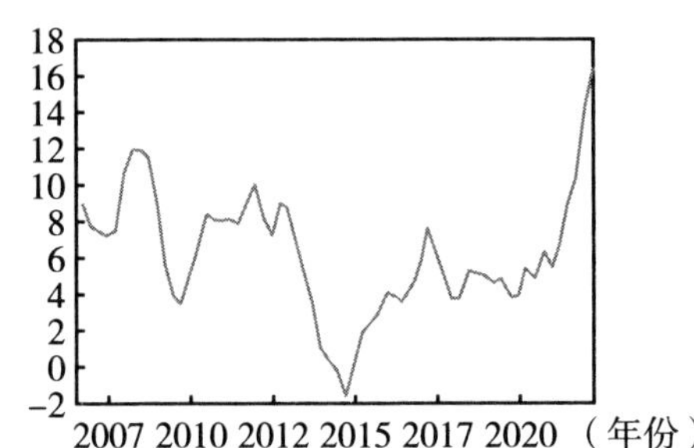

西班牙

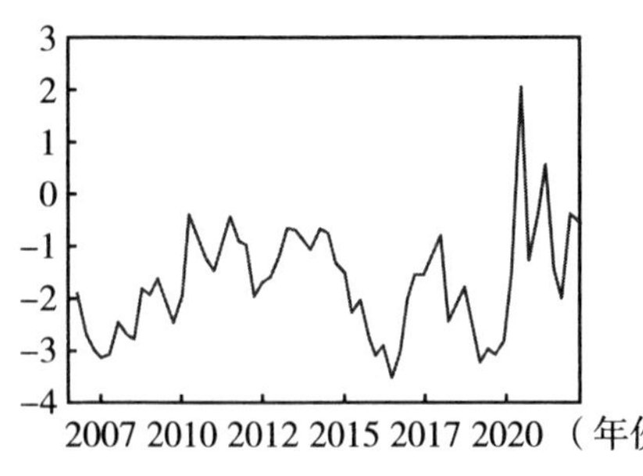

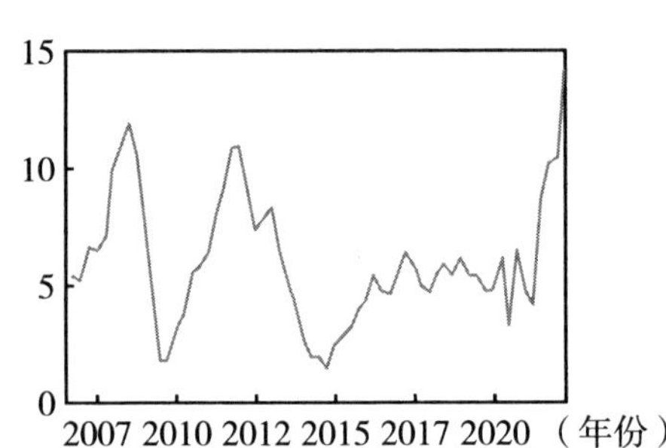

奥地利

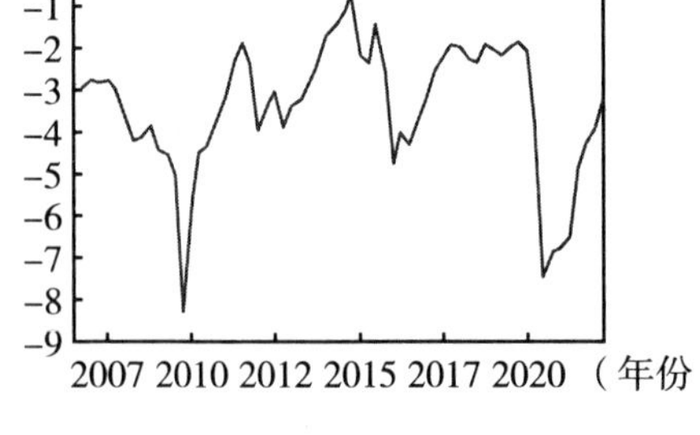

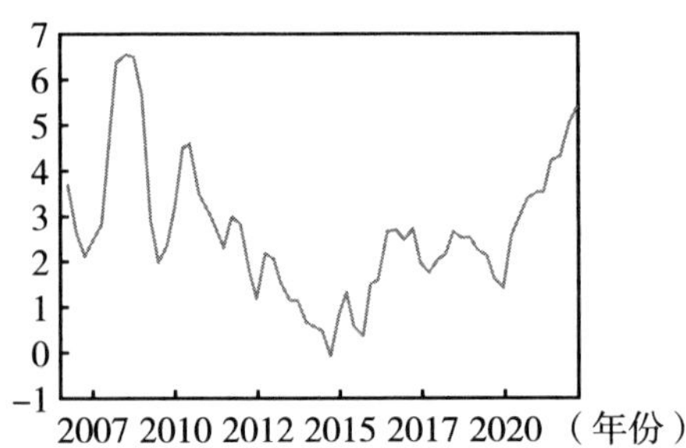

瑞士

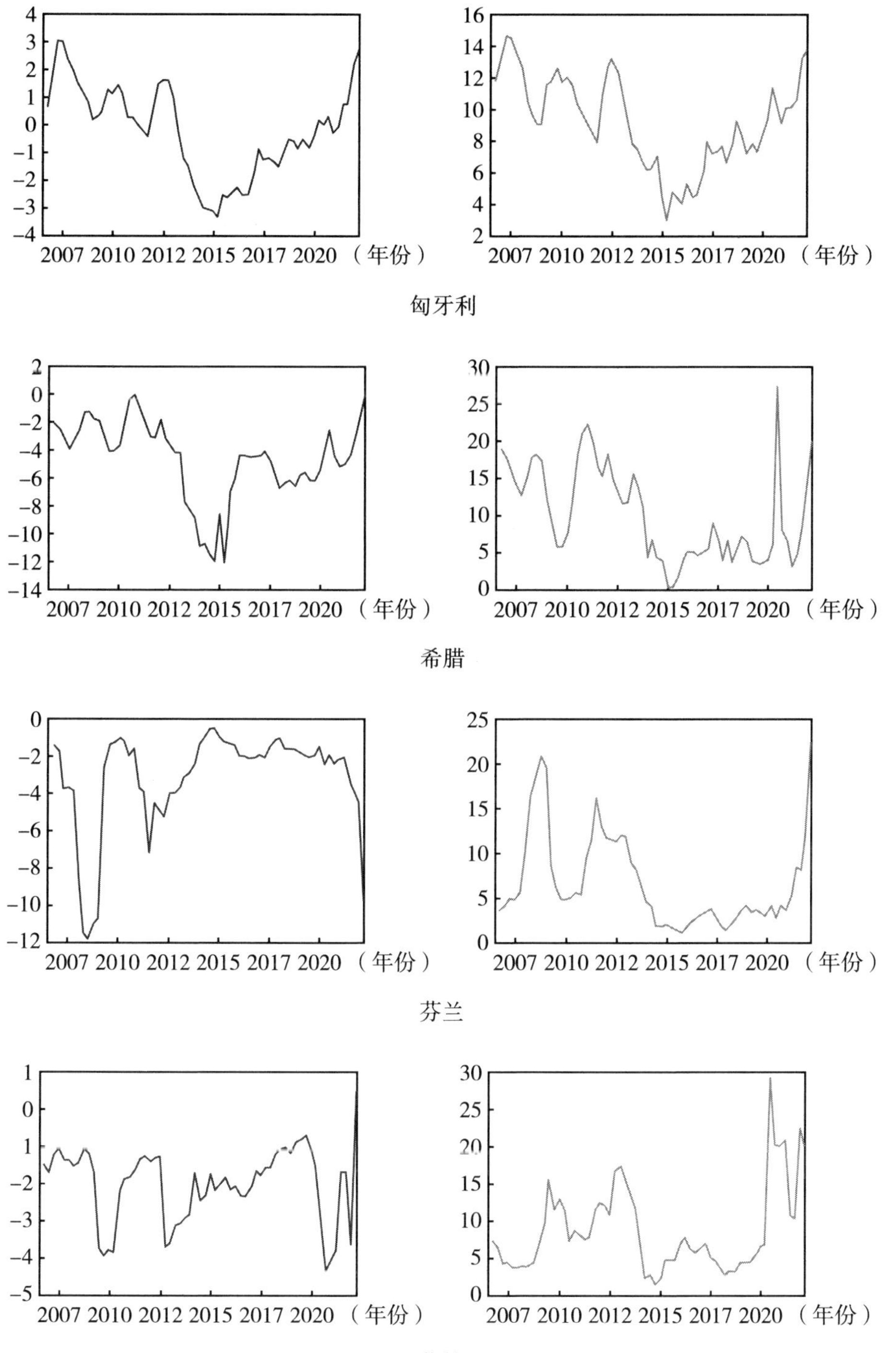

匈牙利

希腊

芬兰

荷兰

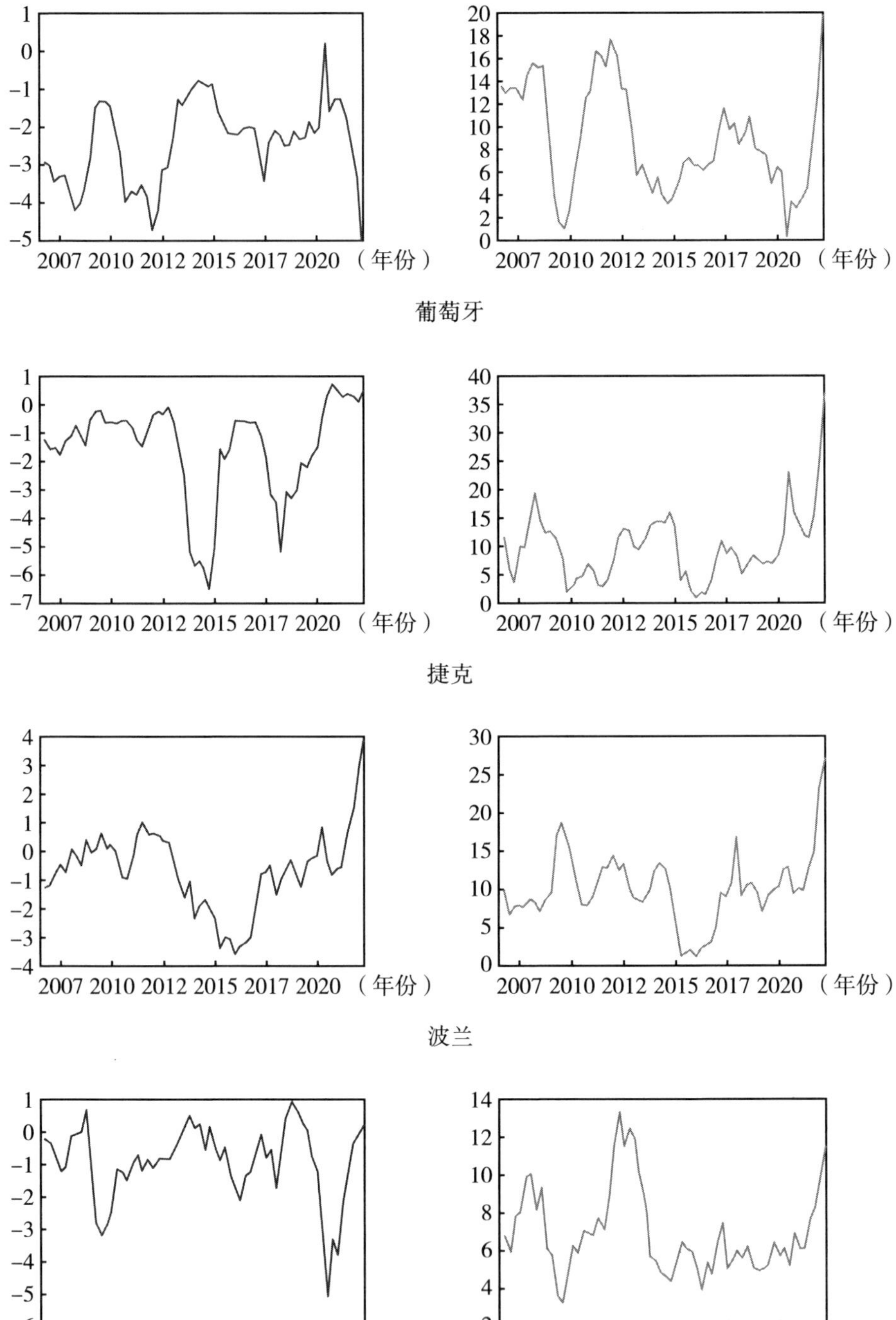

1
0
−1
−2
−3
−4
−5
20
18
16
14
12
10
8
6
4
2
0
2007 2010 2012 2015 2017 2020 （年份）
葡萄牙
40
35
30
25
20
15
10
5
−6
−7
捷克
4
3
30
25
波兰
14
12
挪威

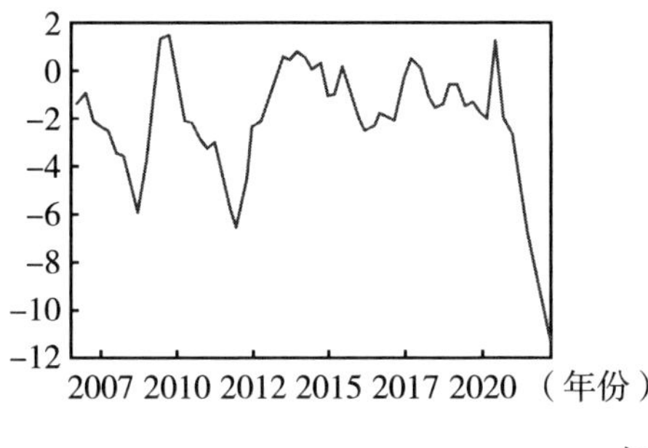

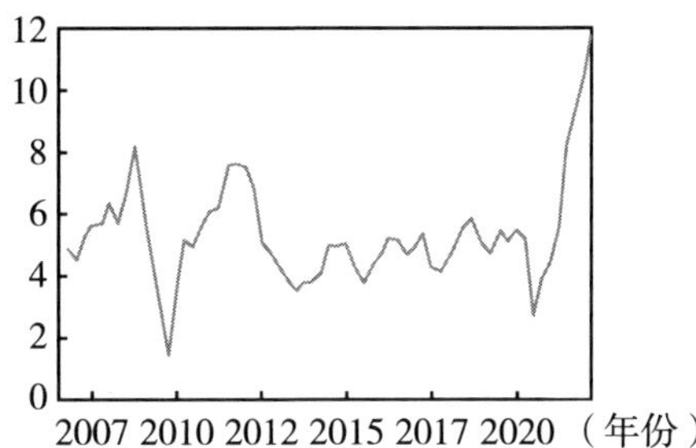

加拿大

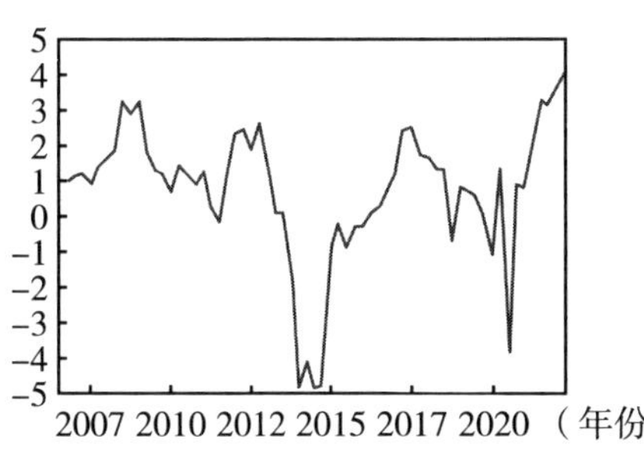

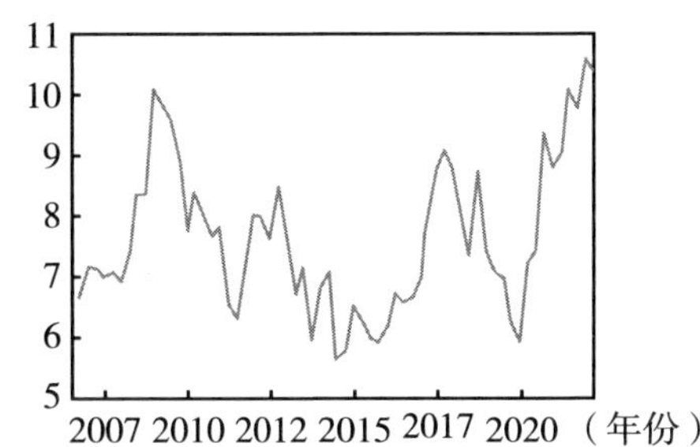

墨西哥

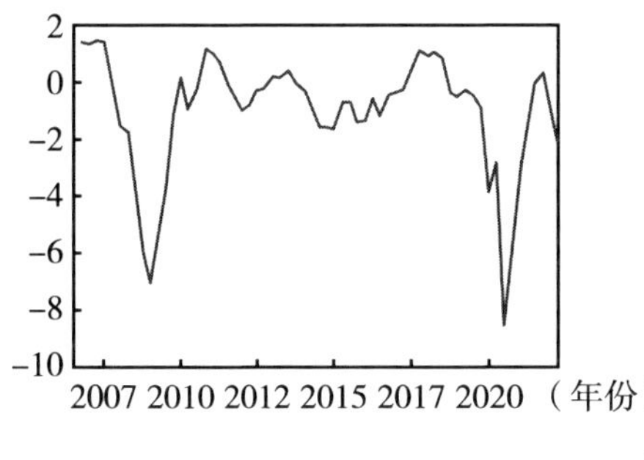

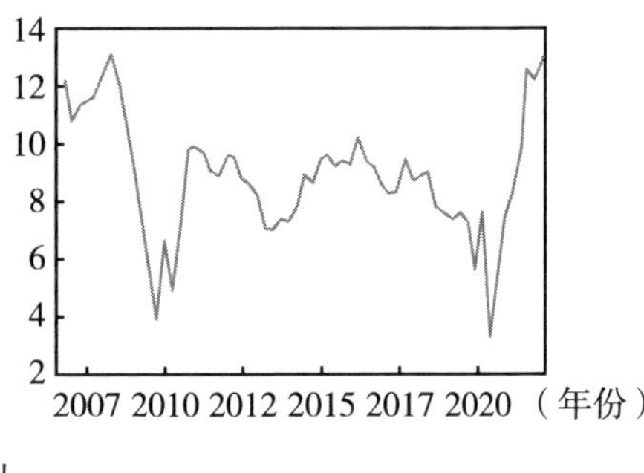

智利

图 D.1　样本国家通货膨胀尾部风险

附录 E

稳健性检验

图 E.1 展示了 23 个样本国家通货膨胀数据预测得分的结果。左图展示了 1 个季度向前的预测得分，右图展示了 4 个季度向前的预测得分。

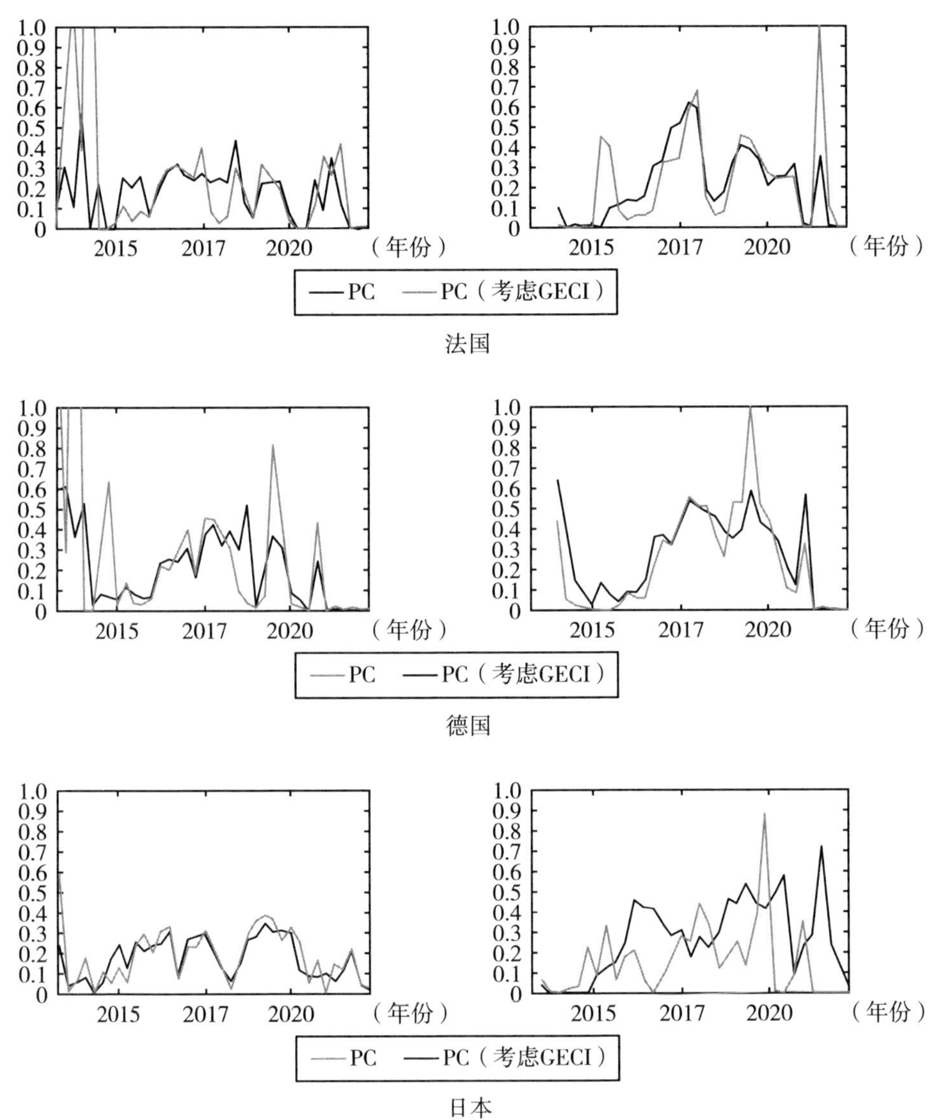

法国

德国

日本

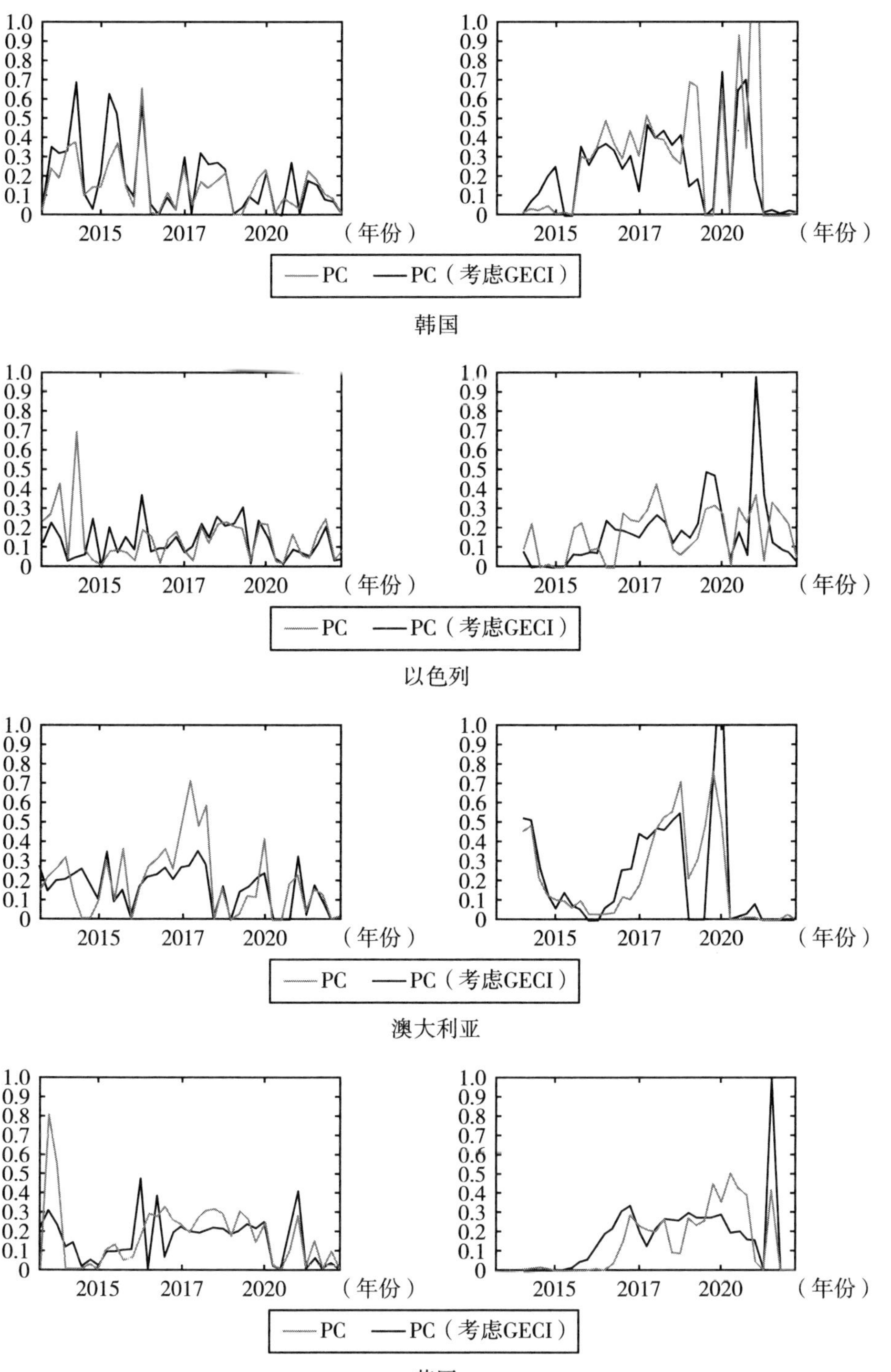
1.0
0.9
0.8
0.7
0.6
0.5
0.4
0.3
0.2
0.1
0
2015
2017
2020
（年份）
PC
PC（考虑GECI）
韩国
以色列
澳大利亚
英国

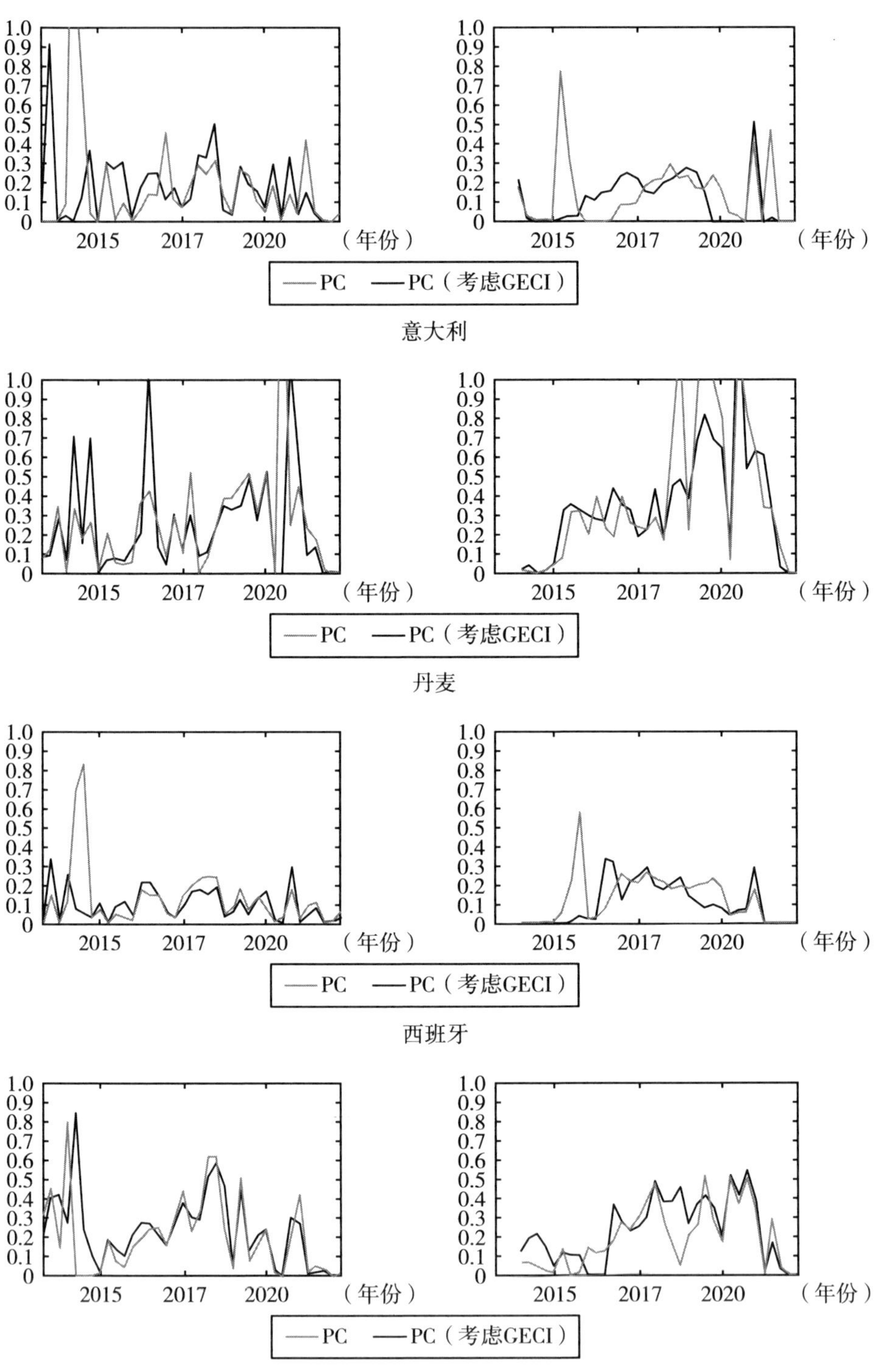

意大利

丹麦

西班牙

奥地利

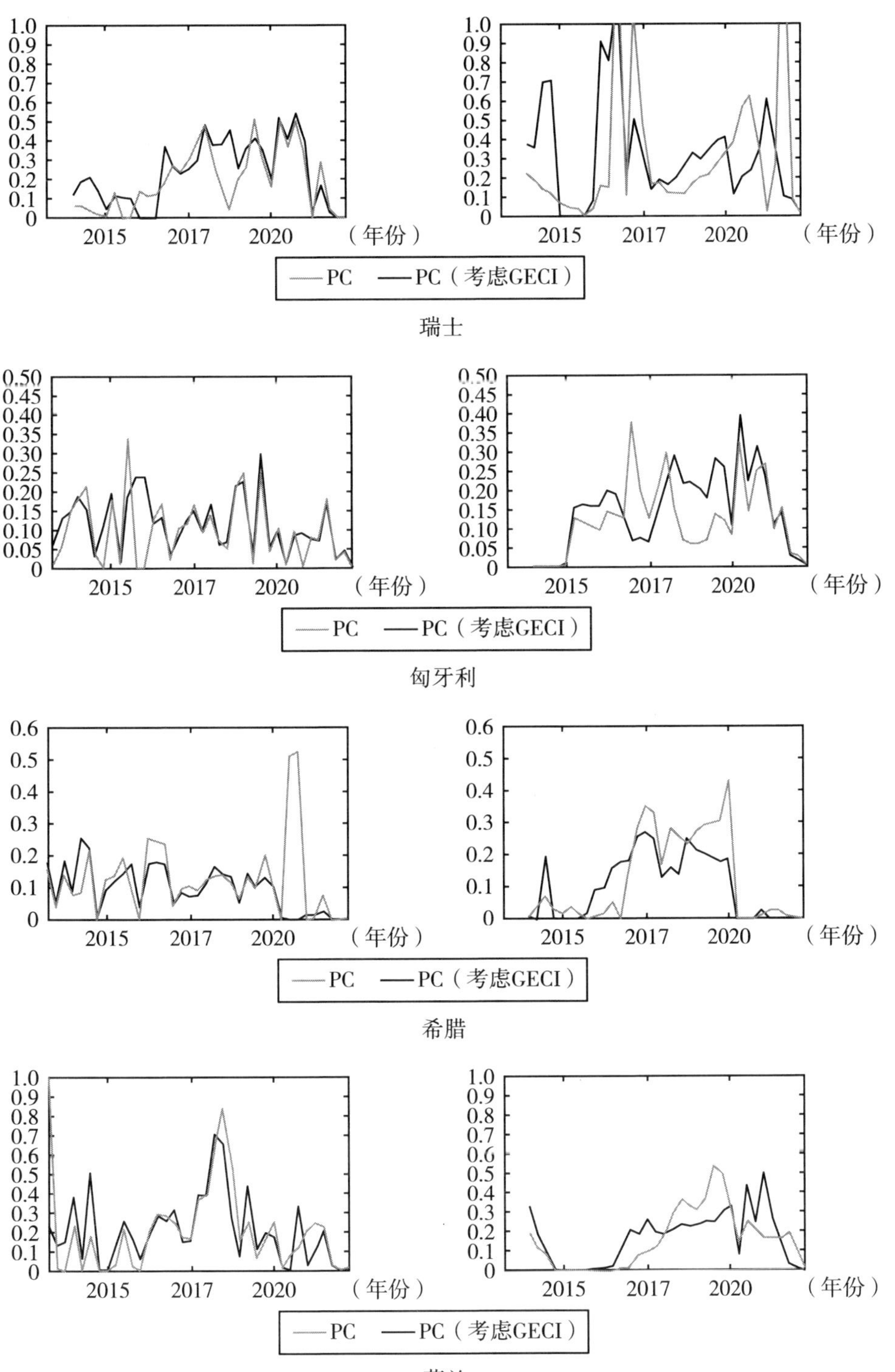

1.0
0.9
0.8
0.7
0.6
0.5
0.4
0.3
0.2
0.1
0
2015
2017
2020
（年份）
PC
PC（考虑GECI）
瑞士
0.50
0.45
0.40
0.35
0.30
0.25
0.20
0.15
0.10
0.05
0
（年份）
匈牙利
0.6
希腊
芬兰

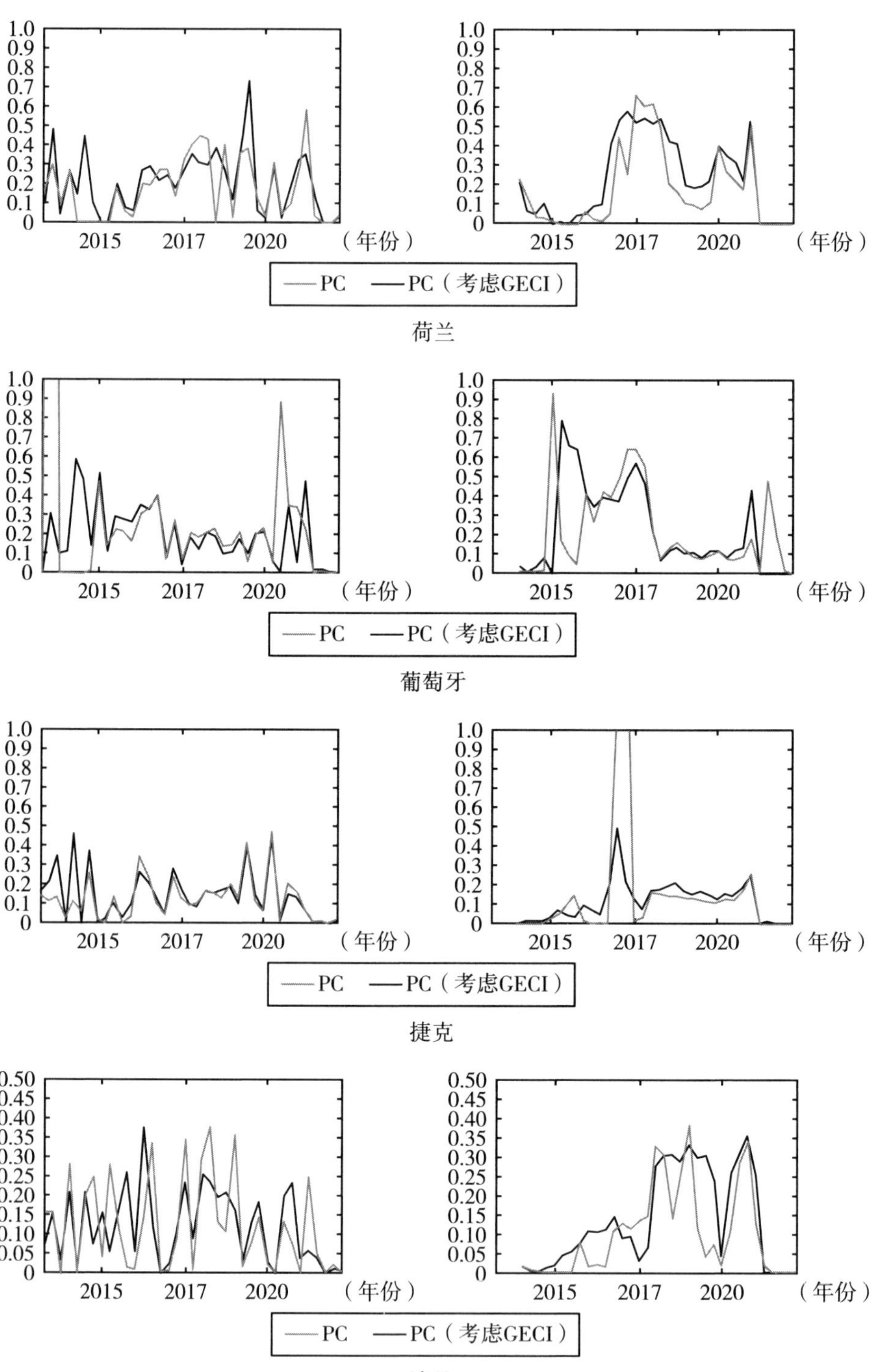
1.0
0.9
0.8
0.7
0.6
0.5
0.4
0.3
0.2
0.1
0
2015
2017
2020
（年份）
PC
PC（考虑GECI）
荷兰
葡萄牙
捷克
0.50
0.45
0.40
0.35
0.30
0.25
0.20
0.15
0.10
0.05
波兰

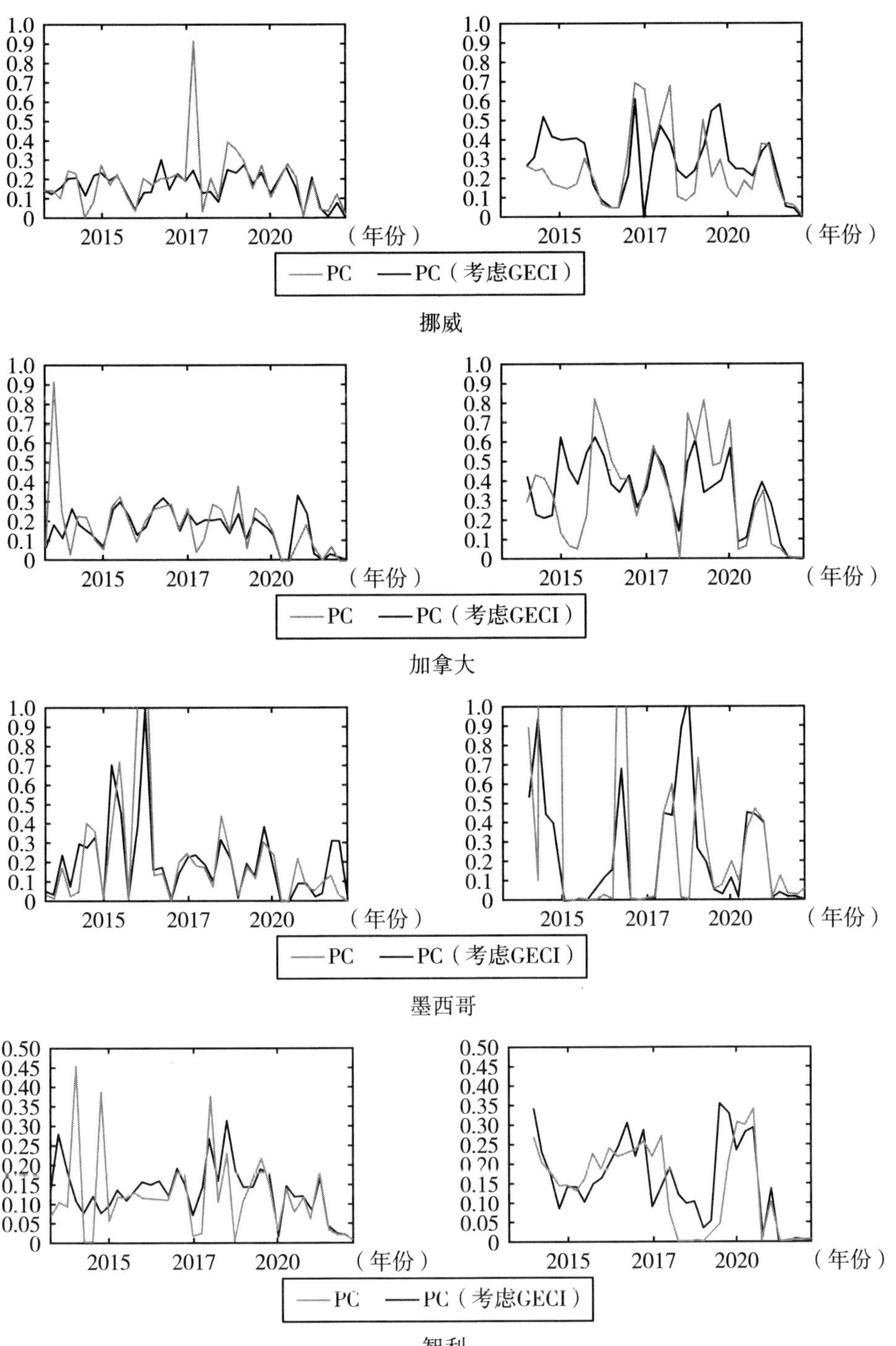

图 E.1　样本国家的预测得分

参考文献

[1] 刘金全、王大勇：《中国经济增长：阶段性、风险性和波动性》，载于《经济学家》2003 年第 4 期。

[2] 刘金全、张鹤：《经济增长风险的冲击传导和经济周期波动的“溢出效应”》，载于《经济研究》2003 年第 10 期。

[3] 张晓晶、刘磊：《宏观分析新范式下的金融风险与经济增长——兼论新型冠状病毒肺炎疫情冲击与在险增长》，载于《经济研究》2020 年第 55 卷第 6 期。

[4] 郑挺国、叶仕奇、范馨月：《大数据下经济在险增长测度与风险探源研究》，载于《经济研究》2023 年第 58 卷第 11 期。

[5] Adrian T, Boyarchenko N and Giannone D, "Vulnerable Growth", *American Economic Review*, 2019, 109 (4): 1263 – 1289.

[6] Adrian T, Grinberg F, Liang N, et al, "The Term Structure of Growth – at – Risk", *American Economic Journal: Macroeconomics*, 2022, 14 (3): 283 – 323.

[7] Akyildirim E, Cepni O, Molnár P, et al, "Connectedness of Energy Markets around the World during the COVID – 19 Pandemic", *Energy Economics*, 2022, 109: 105900.

[8] Armantier O, Koşar G, Pomerantz R, et al, "How Economic Crises Affect Inflation Beliefs: Evidence from the COVID – 19 Pandemic", *Journal of Economic Behavior & Organization*, 2021, 189: 443 – 469.

[9] Azzalini A, Capitanio A, "Distributions Generated by Perturbation of Symmetry with Emphasis on a Multivariate Skewt – Distribution", *Journal of the Royal Statistical Society Series B: Statistical Methodology*, 2003, 65 (2): 367 – 389.

[10] Baumeister C, Peersman G, "Time – Varying Effects of Oil Supply Shocks on the US Economy", *American Economic Journal: Macroeconomics*, 2013, 5 (4): 1 – 28.

[11] Binder C C, "Inflation Expectations and the Price at the Pump", *Journal of Macroeconomics*, 2018, 58: 1 – 18.

[12] Binder C, Kamdar R, "Expected and Realized Inflation in Historical Perspective", *Journal of Economic Perspectives*, 2022, 36 (3): 131 – 155.

[13] Brownlees C, Souza A B M, "Backtesting Global Growth – at – Risk", *Journal of Monetary Economics*, 2021, 118: 312 – 330.

[14] Brunnermeier M, Merkel S, Payne J, et al, "COVID – 19: Inflation and Deflation Pressures", Cesifo Area Conferences, Mimeo, 2020.

[15] Buse R, Schienle M, "Measuring Connectedness of Euro Area Sovereign Risk", *International Journal of Forecasting*, 2019, 35 (1): 25 – 44.

[16] Choi S, Furceri D, Loungani P, et al, "Oil Prices and Inflation Dynamics: Evidence from Advanced and Developing Economies", *Journal of International Money and Finance*, 2018, 82:

71 -96.

[17] Coibion O, Gorodnichenko Y, "Is the Phillips Curve Alive and Well After All? Inflation Expectations and the Missing Disinflation", *American Economic Journal: Macroeconomics*, 2015, 7 (1): 197 -232.

[18] Corbet S, Goodell J W and Günay S, "Co - Movements and Spillovers of Oil and Renewable Firms under Extreme Conditions: New Evidence from Negative WTI Prices During COVID - 19", *Energy Economics*, 2020, 92: 104978.

[19] Diebold F X, Yilmaz K, "On the Network Topology of Variance Decompositions: Measuring the Connectedness of Financial Firms", *Journal of Econometrics*, 2014, 182 (1): 119 -134.

[20] Elder J, Serletis A, "Oil Price Uncertainty", *Journal of Money, Credit and Banking*, 2010, 42 (6): 1137 -1159.

[21] Ferrara L, Mogliani M and Sahuc J G, "High - frequency Monitoring of Growth at Risk", *International Journal of Forecasting*, 2022, 38 (2): 582 -595.

[22] Ferrer R, Shahzad S J H, López R, et al, "Time and Frequency Dynamics of Connectedness between Renewable Energy Stocks and Crude Oil Prices", *Energy Economics*, 2018, 76: 1 -20.

[23] Gong X, Shi R, Xu J, et al, "Analyzing Spillover Effects between Carbon and Fossil Energy Markets from a Time - varying Perspective", *Applied Energy*, 2021, 285: 116384.

[24] Gong X, Jin Y and Sun C, "Time - varying Pure Contagion Effect between Energy and Nonenergy Commodity Markets", *Journal of Futures Markets*, 2022, 42 (10): 1960 -1986.

[25] Hasenzagl T, Pellegrino F, Reichlin L, et al, "A Model of the Fed's View on Inflation", *Review of Economics and Statistics*, 2022, 104 (4): 686 -704.

[26] Jo S, "The Effects of Oil Price Uncertainty on Global Real Economic Activity", *Journal of Money, Credit and Banking*, 2014, 46 (6): 1113 -1135.

[27] Kilian L, Vigfusson R J, "Are the Responses of the US Economy Asymmetric in Energy Price Increases and Decreases?", *Quantitative Economics*, 2011, 2 (3): 419 -453.

[28] Kilian L, Zhou X, "The Impact of Rising Oil Prices on US Inflation and Inflation Expectations in 2020 -23", *Energy Economics*, 2022, 113: 106228.

[29] Kilian L, "The Economic Effects of Energy Price Shocks", *Journal of Economic Literature*, 2008, 46 (4): 871 -909.

[30] Koop G, Korobilis D, "Large Time - varying Parameter VARs", *Journal of Econometrics*, 2013, 177 (2): 185 -198.

[31] Koop G, Korobilis D, "A New Index of Financial Conditions", *European Economic Review*, 2014, 71: 101 -116.

[32] Koop G, Pesaran M H and Potter S M, "Impulse Response Analysis in Nonlinear Multivariate Models", *Journal of Econometrics*, 1996, 74 (1): 119 -147.

[33] Li A, Peng D, Wang D, et al, "Comparing Regional Effects of Climate Policies to Pro-

mote Non - fossil Fuels in China", *Energy*, 2017, 141: 1998 - 2012.

[34] Li J, Xie C and Long H, "The Roles of Inter - fuel Substitution and Inter - market Contagion in Driving Energy Prices: Evidences from China's Coal Market", *Energy Economics*, 2019, 84: 104525.

[35] Lin B, Chen Y, "Dynamic Linkages and Spillover Effects between CET Market, Coal Market and Stock Market of New Energy Companies: A Case of Beijing CET Market in China", *Energy*, 2019, 172: 1198 - 1210.

[36] Lin B, Li J, "The Spillover Effects across Natural Gas and Oil Markets: Based on the VEC - MGARCH Framework", *Applied Energy*, 2015, 155: 229 - 241.

[37] Lin B, Wesseh Jr P K and Appiah M O, "Oil Price Fluctuation, Volatility Spillover and the Ghanaian Equity Market: Implication for Portfolio Management and Hedging Effectiveness", *Energy Economics*, 2014, 42: 172 - 182.

[38] Lopéz - Salido D, Loria F, "Inflation at Risk", Available at https://dx.doi.org/10.2139/ssrn.4002673, 2022.

[39] Makabe Y, Norimasa Y, "The Term Structure of Inflation at Risk: A Panel Quantile Regression Approach", Bank of Japan, 2022.

[40] Meng G, Liu H, Li J, et al, "Determination of Driving Forces for China's Energy Consumption and Regional Disparities Using a Hybrid Structural Decomposition Analysis", *Energy*, 2022, 239: 122191.

[41] Newey W K, Powell J L, "Efficient Estimation of Linear and Type I Censored Regression Models under Conditional Quantile Restrictions", *Econometric Theory*, 1990, 6 (3): 295 - 317.

[42] Okorie D I, Lin B, "Givers Never Lack: Nigerian Oil & Gas Asymmetric Network Analyses", *Energy Economics*, 2022, 108: 105910.

[43] Okorie D I, Lin B, "Crude Oil Price and Cryptocurrencies: Evidence of Volatility Connectedness and Hedging Strategy", *Energy economics*, 2020, 87: 104703.

[44] Pfarrhofer M, "Modeling Tail Risks of Inflation Using Unobserved Component Quantile Regressions", *Journal of Economic Dynamics and Control*, 2022, 143: 104493.

[45] Plagborg - Møller M, Reichlin L, Ricco G, et al, "When is Growth at Risk?", *Brookings Papers on Economic Activity*, 2020 (1): 167 - 229.

[46] Queyranne M, Lafarguette R and Johnson K, "Inflation - at - Risk in the Middle East and Central Asia", Working Paper, No. 2022/168.

[47] Rehman M U, Naeem M A, Ahmad N, et al, "Global Energy Markets Connectedness: Evidence from Time - frequency Domain", *Environmental Science and Pollution Research*, 2023, 30 (12): 34319 - 34337.

[48] Śmiech S, Papież M, Rubaszek M, et al, "The Role of Oil Price Uncertainty Shocks on Oil - exporting Countries", *Energy Economics*, 2021, 93: 105028.

[49] Su T, Zhang Z J and Lin B, "Green Bonds and Conventional Financial Markets in China: A Tale of Three Transmission Modes", *Energy Economics*, 2022, 113: 106200.

[50] Sun C, Khan A, Liu Y, et al, "An Analysis of the Impact of Fiscal and Monetary Policy Fluctuations on the Disaggregated Level Renewable Energy Generation in the G7 Countries", *Renewable Energy*, 2022, 189: 1154 - 1165.

[51] Szczygielski J J, Brzeszczyński J, Charteris A, et al, "The COVID - 19 Storm and the Energy Sector: The Impact and Role of Uncertainty", *Energy Economics*, 2022, 109: 105258.

[52] Wu F, Zhang D and Ji Q, "Systemic Risk and Financial Contagion across Top Global Energy Companies", *Energy Economics*, 2021, 97: 105221.

[53] Wu W, Cheng Y, Lin X, et al, "How Does the Implementation of the Policy of Electricity Substitution Influence Green Economic Growth in China?", *Energy Policy*, 2019, 131: 251 - 261.

[54] Xie M, Min J, Fang X, et al, "Policy Selection Based on China's Natural Gas Security Evaluation and Comparison", *Energy*, 2022, 247: 123460.

[55] Yang Z, Zhou Y, "Quantitative Easing and Volatility Spillovers across Countries and Asset Classes", *Management Science*, 2017, 63 (2): 333 - 354.

第十二章 从缩小“数字鸿沟”到收获“数字红利”——中国城市数字经济的空间差异和收敛性研究*

第一节 引言及文献综述

共享数字时代红利成为推动数字中国建设的重要议题。跨越“数字鸿沟”，释放“数字红利”是实现国家数字发展战略的关键，可进一步助力整个社会体系的包容性发展，使可持续发展带来的效益惠及所有国家及人群。人类正在经历以互联网为基础的新一轮技术革命，全球经济进入数字经济发展的新阶段。数字经济发展成为国家经济发展战略的重点。随着信息通信技术（ICT）的发展，现阶段中国数字经济发展是形成更加难以逾越的“数字鸿沟”还是分享“数字红利”？如果存在“数字鸿沟”，意味着在信息化进程中，经济个体在信息技术的开发和应用、信息基础设施的普及、信息的获取和处理能力上产生差距（许竹青等，2013），国家内部主要表现在地区间差距（胡鞍钢和周绍杰，2002）。如果在信息化进程中，落后个体获得数字技术带来的便利，能够有效缩小数字经济空间差异，即缩小“数字鸿沟”，则

---

* 本章作者：陈贵富、韩静。

表现出“数字红利”。那么，中国数字经济发展的空间差异是否显著存在？差异扩大还是缩小？其根源何在？对于该类问题学术界尚存在一定争论。因此，从不同空间尺度研究中国数字经济的空间差异及其动态演进特征具有理论和现实意义。

数字经济的含义有广义和狭义之分。塔普斯科特（Tapscott，1996）最早提出“数字经济”概念，指出数字经济是一个广泛运用ICT技术的经济系统。之后经济合作与发展组织（OECD）、美国经济分析局（BEA）、二十国集团（G20）以及中国信息通信研究院等不断提出并丰富数字经济含义。美国于1995年最早提出的“数字鸿沟”，以及世界银行于2016年正式提出的“数字红利”概念，成为当前实现数字经济包容性发展的关键，涉及国家间、地区间等的数字化差异问题。

数字经济测算方法主要分为三类。一是直接估算法（Machlup，1962；Porat，1977；康铁祥，2008），关于数字经济增加值的测算范围和测算方法均未统一，使得测算结果存在较大差异，且测算细节存在争议。二是构建数字经济卫星账户（digital economy satellite account，DESA）。该研究还处于不断完善的阶段，研究方法尚不成熟。三是建立多维度的数字经济评价指标体系，构建数字经济指数。综合国内外数字经济测度指标体系，各国际组织、政府机构和学者们在界定数字经济概念和范围的基础上，提出不同的指标体系，主要包括：数字基础设施，重点指信息化基础设施（温珺等，2019；王军等，2021）；数字产业化，作为数字经济发展的基础，包括电信业、软件和信息技术服务业等（中国信息通信研究院，2020）；产业数字化，指数字技术与实体经济的融合，主要表现在电子商务（OECD，2014）、数字普惠金融（张勋等，2019；赵涛等，2020）等方面；以及数字经济发展环境（王军等，2021）。少数学者对数字经济空间差异问题进行了部分探索。其中，汪明峰（2005）单纯以互联网为例，认为中国地理区域之间表现出明显的“数字鸿沟”，呈现较大的地区差异。中国数字经济发展存在着空间非均衡的区域异质特征（刘传明等，2020；王军等，2021；韩兆安等，2021）。

现有数字经济研究已取得一定进展，但在研究对象、研究内容和研究方法上仍存在进一步的拓展空间。在研究对象方面，既有研究多以全国或省域为尺度测度数字经济发展水平，鲜有关于城市数字经济的深入研究。城市群作为数字经济发展的新引擎，研究城市数字经济具有重要意义。在研究方法和内容方面：（1）关于数字经济的测度多集中于国家和省级层面。数字经济指数法具有合理性，且适用于城市层面研究，但已有文献指标体系并未统一且实证研究中涵盖众多间接指标，无法正面说明数字经济核心问题。指标权重的确定方法包括德尔菲法等主观赋权法和熵值法等客观赋权法（王军等，2021）。（2）对“数字鸿沟”还是

"数字红利"问题的回答分析不足，鲜有文献聚焦于城市数字经济的空间差异及其演变研究。常用的 Theil 指数分解测度的空间差异存在偏误（Dagum，1997）。针对其他指数对不同地区间交叉重叠部分的忽略，Dagum 基尼系数通过识别超变密度，从而完整识别出地区间差距对总体地区差距的贡献（程风雨，2020）。（3）缺乏城市数字经济的收敛效应分析研究，收敛检验问题有待明确。空间计量模型在传统计量模型的基础上引入空间因素，考虑空间相关性对数字经济发展的影响，从而使模型更加贴近客观事实。

本章研究的边际贡献主要体现在以下四个方面：（1）在理论层面，首次提出数字经济空间差异的演进路径及形成机理；（2）在理论层面，从区域—城市群—城市的不同空间尺度出发，以期全面深入探索"数字鸿沟"还是"数字红利"问题；（3）在实证层面，分析中国城市数字经济的空间差异，实证分析演进路径的当前阶段特征；（4）采用适合的空间计量模型，综合分析不同空间尺度的中国城市数字经济的 σ 收敛、β 收敛和俱乐部收敛效应，并探讨其影响机制，探索推进中国"数字鸿沟"向"数字红利"转化的政策路径。本章拟解决"数字鸿沟"还是"数字红利"（是什么）？形成机理及影响机制（为什么）？如何跨越"数字鸿沟"，释放"数字红利"（怎么做）？此类问题。

第二节 理论分析

一、数字经济空间差异的演进路径及形成机理

要解决"数字鸿沟"还是"数字红利"问题，就要分析数字经济空间差异问题。本章目的在于说明中国城市数字经济发展当前阶段的特征，因此，有必要首先确定数字经济空间差异的演进路径及形成机理。随着时间推移，数字经济发展空间差异可分为四个阶段。

第一阶段为数字经济发展初期。1994 年，中国进入互联网时代。中国数字经济尚处于起步成长期，数字经济商业模式较单一，发展水平较低。数字经济空间差异总体上比较低，甚至会出现缩小趋势，显现低发展水平的"数字红利"，该阶段为数字经济低效发展期。

第二阶段为数字经济发展趋异期。信息化快速发展使中国成为信息大国。该阶段极化效应起主导作用（Hirschman，1958），随着市场化改革进程的深入，数字资源在市场化机制作用下自由流动，即由落后地区流向发达地区，追逐空间有效配置，数字经济空间差异逐渐扩大，"数字鸿沟"日益扩大（胡鞍钢和周绍杰，2002）。发达地区内部出现极化现象，进入数字经济发展趋异期；而落后地

区数字资源空间有效配置存在困难，会在较长时期内处于数字经济发展水平较低的收敛状态。

第三阶段为数字经济发展趋同期。当数字经济发展到一定阶段后，涓滴效应逐渐加强（Hirschman，1958），数字资源从核心区向外围区流动的空间扩散，会导致数字经济差异逐渐缩小，显现“数字红利”。尤其对于落后地区而言，区域趋同不仅要依靠市场扩散效应的自我实现，同时需结合政府宏观配置力量（张杰，1994）。如果扩散效应不足，落后地区仍会继续保持数字经济发展水平较低的收敛状态。

第四阶段为数字经济发展差异稳定期。由于地区发展基础和路径差异的影响，数字经济空间差异不可能完全消除，只能收敛于差异水平。在市场机制和政府干预的双重作用下，数字经济空间差异最终会收敛于稳态。数字经济空间差异的演进路径会产生分化，如果落后地区能够吸引更多发达地区的数字资源，数字经济发展水平得到大幅度提升和成功实现追赶，经历倒“U”型演进路径后趋于收敛，则中国会收敛于较低的数字经济差异水平；否则，如果落后地区仍保持数字经济发展水平较低的收敛状态，与发达地区存在较大的数字经济发展差距，则中国会收敛于较高的数字经济差异水平（俞颖等，2017）。

本章研究中国区域—城市群—城市不同空间范围的数字经济空间差异问题时，可能得出不同的结论，出现演进路径分化现象。

二、数字经济发展的影响因素

如何实现跨越“数字鸿沟”，释放“数字红利”，顺利完成阶段跨越，成为政策取向。经济发展水平和知识发展水平是影响中国“数字鸿沟”的主要因素（胡鞍钢和周绍杰，2002）。由此构建数字经济发展主要影响因素的分析框架（沈坤荣和马俊，2002；覃成林和张伟丽，2009；焦帅涛和孙秋碧，2021；柏培文和喻理，2021）。（1）产业结构。随着社会经济的发展，产业结构不断优化升级。数字经济产业作为数字经济发展的基础，通过数字技术与实体经济深度融合，传统产业转型升级和新兴产业发展能有效促进数字经济发展。（2）市场化程度。市场化程度的提升，有助于改善制度环境和营商环境，减少数字资源间的交易成本，促进数字资源流向高回报地区，提高数字资源的空间配置效率，从而提高数字经济产出，促进数字经济发展。（3）人力资本。人力资本作为数字经济发展的必要支撑，成为数字经济发展的重要影响因素。加大人力资本投资，有助于提高劳动者技能，满足数字经济发展对数字技术人才的需求，满足数字劳动的全新劳动方式。（4）经济发展。社会发展水平的差异会导致数字经济发展水平的差异，区域经济发展水平成为数字经济增长的基础。地区经济发展水平的差异，会带来信息技术的开发和应用、信息基础设施的普及、信息的获取和处理能力等方面的差距。

第三节 研究方法与数据

一、城市数字经济测度

1. 指标选取

综合国内外数字经济测度指标体系，基于数字经济含义的核心内容，本章借鉴黄群慧等（2019）、赵涛等（2020）和陈贵富等（2022）的研究，结合城市层面相关数据可获得性，从互联网发展和数字金融普惠两个维度测度数字经济综合发展水平。第一，互联网发展维度，涵盖数字基础设施和相关数字产业发展内容，采用移动电话普及率、互联网普及率、相关产业产出情况、相关产业从业人员情况四个方面的指标，具体对应指标为百人中移动电话用户数、百人中互联网宽带接入用户数、人均电信业务收入、计算机服务和软件业从业人员占城镇单位从业人员比重。第二，数字金融发展维度，反映数字产业融合情况，采用中国数字普惠金融指数来表示。

2. 测度方法

本章采取组合赋权法确定权重，具体地，利用客观赋权法的熵值法，对各维度具体评价指标赋权，通过熵值的大小，即各项指标的变异程度计算权重，借鉴杨丽和孙之淳（2015）的改进熵权法，加入时间变量；再对互联网发展和数字普惠金融两个维度均等赋权，以测度分析 2011 ~ 2019 年中国城市数字经济发展水平。

3. 数据来源与说明

原始数据来源于《中国城市统计年鉴》、北京大学数字普惠金融指数、部分地级市统计年鉴和统计公报，以及 CEIC 数据库。本章研究对象选取 281 个地级及以上城市。在区域层面，选取研究对象为东部、中部、西部、东北四大板块。在城市群层面，选取研究对象为京津冀、长三角、珠三角、长江中游、成渝、关中平原、哈长、中原和北部湾九大代表性城市群。研究时间段为 2011 ~ 2019 年。其中，电信业务收入价格型指标为当年价，为消除通货膨胀的影响，通过地级市 GDP 指数进行平减，以 2011 年为基期处理。

二、基尼系数及分解

本章采用达格姆（Dagum）基尼系数及其分解分析中国城市数字经济的空间

差异及其来源（Dagum，1997）。Dagum 基尼系数计算公式：

$$G = \sum_{j=1}^{k}\sum_{h=1}^{k}\sum_{i=1}^{n_j}\sum_{r=1}^{n_h} | y_{ji} - y_{hr} | /2n^2\bar{y} \tag{12.1}$$

其中，G 表示总体基尼系数，n 表示城市数量，k 表示子群数量，$n_j(n_h)$ 表示 $j(h)$ 某个子群内城市的数量，$j(h)$ 表示城市群下标，$i(r)$ 表示城市下标。$y_{ji}(y_{hr})$ 表示 $j(h)$ 城市群内城市 $i(r)$ 的数字经济测度值，$\bar{y}$ 表示所有城市的数字经济均值。Dagum 基尼系数值越大，意味着数字经济发展越不平衡。

构建子群 j 的基尼系数 G_{jj} 函数形式如下：

$$G_{jj} = \frac{1}{2\bar{y}_j}\sum_{i=1}^{n_j}\sum_{r=1}^{n_j} | y_{ji} - y_{jr} | /n_j^2 \tag{12.2}$$

其中，$\bar{y}_j$ 表示子群 j 的数字经济均值。

构建子群 j 和 h 的基尼系数 G_{jh} 函数形式如下：

$$G_{jh} = \sum_{i=1}^{n_j}\sum_{r=1}^{n_h} | y_{ji} - y_{hr} | / n_j n_h(\bar{y}_j + \bar{y}_h) \tag{12.3}$$

其中，$\bar{y}_h$ 表示子群 h 的数字经济均值。

Dagum 基尼系数可分解为区域内差异贡献（G_w）、区域间差异净值贡献（G_{nb}）和超变密度贡献（G_t）三部分之和，即 $G = G_w + G_{nb} + G_t$。计算方式如下：

$$G_w = \sum_{j=1}^{k} G_{jj}p_j s_j \tag{12.4}$$

$$G_{nb} = \sum_{j=2}^{k}\sum_{h=1}^{j-1} G_{jh}(p_j s_h + p_h s_j) D_{jh} \tag{12.5}$$

$$G_t = \sum_{j=2}^{k}\sum_{h=1}^{j-1} G_{jh}(p_j s_h + p_h s_j)(1 - D_{jh}) \tag{12.6}$$

其中，$p_j = n_j/n$，$s_j = n_j\bar{y}_j/n\bar{y}$，且 $\sum_{p_j} = \sum_{s_j} = \sum_{j=1}^{k}\sum_{h=1}^{k} p_j s_h = 1$；$d_{jh}$ 为子群间的数字经济差距，表示子群 j 和 h 中 $y_{ji} - y_{hr} > 0$ 样本加总的数学期望；p_{jh} 则表示子群 j 和 h 中 $y_{ji} - y_{hr} < 0$ 样本加总的数学期望；$F_j(F_h)$ 为子群 $j(h)$ 数字经济的累积密度分布函数；D_{jh} 表示子群 j 和 h 间数字经济的相对影响。

$$d_{jh} = \int_0^{\infty} \mathrm{d}F_j(y)\int_0^{y}(y - x)\mathrm{d}F_h(x) \tag{12.7}$$

$$p_{jh} = \int_0^{\infty} \mathrm{d}F_h(y)\int_0^{y}(y - x)\mathrm{d}F_j(x) \tag{12.8}$$

$$D_{jh} = (d_{jh} - p_{jh})/(d_{jh} + p_{jh}) \tag{12.9}$$

三、收敛模型

1. σ 收敛

σ 收敛用于描述水平量的收敛，反映了不同区域间数字经济发展水平的离差随时间的推移而减小的过程。常用的变异系数反映相对差异。因此，本章选用变异系数检验 σ 收敛：

$$CV = \sqrt{\frac{\sum_{i}^{n_j}(y_{ji} - \bar{y}_j)^2 / n_j}{\bar{y}_j}} \tag{12.10}$$

其中，CV 表示变异系数，y_{ji}表示子群 j 城市 i 的数字经济发展水平，$\bar{y}_j$表示子群 j 的数字经济均值，n_j 表示子群 j 的城市数量。

2. β 收敛

β 收敛是 σ 收敛的必要而非充分条件。β 收敛为速率收敛，包括绝对 β 收敛和条件 β 收敛。绝对 β 收敛反映了初始数字经济发展水平低的城市比数字经济发展水平高的城市具有更高的增长率；条件 β 收敛则是指控制一系列其他影响因素之后，城市间呈现出的收敛现象。本章根据巴罗和萨拉 - 伊 - 马丁（Barro and Sala - I - Martin，1991）的研究，以城市数字经济年增长率作为因变量，可设定绝对 β 收敛模型如下：

$$\ln\left(\frac{y_{i,t+1}}{y_{i,t}}\right) = \alpha + \beta \ln y_{i,t} + \mu_i + \eta_t + \varepsilon_{it} \tag{12.11}$$

其中，$y_{i,t}$和 $y_{i,t+1}$分别表示城市群 i 在 t 期和 $t+1$ 期的数字经济发展水平，μ_i、η_t 和ε_{it}分别为空间固定效应、时间固定效应和干扰项。β 表示收敛系数，若 $\beta<0$ 在统计上显著，则表示中国城市数字经济存在 β 收敛；若 $\beta>0$ 在统计上显著，则说明存在发散趋势。考察期 T 内的收敛（发散）速度 $s = -\ln(1-|\beta|)/T$，半生命周期近似地表示为 $\tau = \ln(2)/s$，单位为年（吕岩威等，2020）。

由于城市间互动效应不断增强，构建 β 收敛有必要将空间效应引入传统收敛模型中。利用非空间面板模型构建稳健 LM 统计量进行空间自相关检验，如果证明存在空间相关性，则应进行空间计量分析，并选择适合的空间计量模型，即空间滞后模型（SAR）或空间误差模型（SEM）或空间杜宾模型（SDM），分别为式（12.12）、式（12.13）和式（12.14）；否则选择传统收敛模型，采用最小二乘虚拟变量估计法（LSDV）进行估计。

$$\ln\left(\frac{y_{i,t+1}}{y_{i,t}}\right) = \alpha + \beta\ln y_{i,t} + \rho\sum_{j=1}^{n} w_{ij}\ln\left(\frac{y_{i,t+1}}{y_{i,t}}\right) + \mu_i + \eta_t + \varepsilon_{it} \tag{12.12}$$

$$\ln\left(\frac{y_{i,t+1}}{y_{i,t}}\right) = \alpha + \beta\ln y_{i,t} + \mu_i + \eta_t + \varepsilon_{it}, \text{其中} \varepsilon_{it} = \lambda\sum_{j=1}^{n} w_{ij}\varepsilon_{jt} + \sigma_{it} \tag{12.13}$$

$$\ln\left(\frac{y_{i,t+1}}{y_{i,t}}\right) = \alpha + \beta\ln y_{i,t} + \rho\sum_{j=1}^{n} w_{ij}\ln\left(\frac{y_{i,t+1}}{y_{i,t}}\right) + \theta\sum_{j=1}^{n} w_{ij}\ln y_{i,t} + \mu_i + \eta_t + \varepsilon_{it} \tag{12.14}$$

其中，w_{ij}表示空间权重矩阵 W 的第 i 行第 j 列元素，本章采用地理距离空间权重矩阵，即随距离衰减；ρ 表示空间滞后系数；λ 表示空间误差系数；θ 表示基期数字经济空间滞后值对被解释变量的影响。

条件 β 收敛模型是在绝对 β 收敛模型的基础上引入控制变量：

$$\ln\left(\frac{y_{i,t+1}}{y_{i,t}}\right) = \alpha + \beta\ln y_{i,t} + \delta\ln X_{i,t} + \mu_i + \eta_t + \varepsilon_{it} \tag{12.15}$$

进一步利用三种空间计量模型构建条件 β 收敛模型，分别为：

$$\ln\left(\frac{y_{i,t+1}}{y_{i,t}}\right) = \alpha + \beta\ln y_{i,t} + \rho\sum_{j=1}^{n} w_{ij}\ln\left(\frac{y_{i,t+1}}{y_{i,t}}\right) + \delta\ln X_{i,t} + \mu_i + \eta_t + \varepsilon_{it} \tag{12.16}$$

$$\ln\left(\frac{y_{i,t+1}}{y_{i,t}}\right) = \alpha + \beta\ln y_{i,t} + \delta\ln X_{i,t} + \mu_i + \eta_t + \varepsilon_{it}, \text{其中} \varepsilon_{it} = \lambda\sum_{j=1}^{n} w_{ij}\varepsilon_{jt} + \sigma_{it} \tag{12.17}$$

$$\ln\left(\frac{y_{i,t+1}}{y_{i,t}}\right) = \alpha + \beta\ln y_{i,t} + \rho\sum_{j=1}^{n} w_{ij}\ln\left(\frac{y_{i,t+1}}{y_{i,t}}\right) + \theta\sum_{j=1}^{n} w_{ij}\ln y_{i,t} + \delta\ln X_{i,t} + \gamma\sum_{j=1}^{n} w_{ij}\ln X_{j,t} + \mu_i + \eta_t + \varepsilon_{it} \tag{12.18}$$

其中，$X_{i,t}$为控制变量向量，γ 为控制变量空间滞后值对被解释变量的影响，其他变量同式（12.12）至式（12.14）。关于控制变量$X_{i,t}$，根据前文理论分析且考虑到城市数据的可获得性，选取以下 4 个控制变量：产业结构升级（*IND*）、市场化水平（*MAR*）、人力资本（*SCH*）、经济发展水平（*GDP*）。其中，产业结构升级（*IND*）以第三产业和第二产业的产值之比进行测度；市场化水平（*MAR*）以地方财政支出占 GDP 比重表示（与市场化水平负相关）；人力资本（*SCH*）以每万人普通高等学校在校学生数表示，采用年末户籍总人口计算；经济增长（*GDP*）以人均 GDP 表示，以 2011 年为基期，通过地级市 GDP 指数平减处理。

3. 俱乐部收敛

俱乐部收敛是指在经济增长的初始条件和结构特征等方面都相似的一组区域的经济增长收敛于相同的稳态（Barro and Sala – I – Martin，1991）。针对中国城市群体系的结构化与多元化特点，本章参考于伟等（2021）的做法，将九大城市群作如下划分以进行俱乐部收敛检验：第一层为层级最高的国家级城市群，包括长三角、珠三角和京津冀城市群；第二层为层级较高的区域性城市群，包括长江中游和成渝城市群；第三层为层级一般的区域性城市群，包括中原、哈长、关中平原和北部湾城市群。

第四节　中国城市数字经济发展的测度

2011 ~ 2019 年中国城市数字经济发展综合水平得分如表 12 – 1 所示。在此仅列出省会城市、直辖市和计划单列市的代表年份综合得分及其 2011 ~ 2019 年综合得分平均值，进一步测算出四大区域和九大城市群数字经济发展水平的综合得分值（限于篇幅，完整结果备索）。中国城市数字经济发展水平不断提升，2013 年之后城市数字经济发展增速放缓，在更高水平上实现了可持续发展，反映出中国城市数字经济正逐渐由高速增长阶段转向高质量发展阶段。中国城市数字经济发展水平存在显著的空间差异。（1）就各城市而言，首先，深圳、北京数字经济发展水平始终处于前三名，但相比其他城市年均增速较低，分别为 6.03% 和 12.38%；其次，郑州、石家庄、西宁等市排名大幅度提升，且年均增速较快，可达 20% 以上；再次，沈阳、南宁、哈尔滨、重庆等市尽管年均增速显著，但排名下降较大；其余城市排名变化不大。总之，各省会城市、直辖市和计划单列市各年数字经济发展水平均高于全国平均水平，尤其东部发达城市排名在前列变化。（2）就九大城市群而言，珠三角、长三角和京津冀城市群数字经济发展水平依次排名前三且研究期内排名未发生改变，但相对于其他城市群年均增速较低；长江中游、中原城市群排名有所提升，且年均增速较快，可达 20% 以上；哈长、成渝城市群尽管年均增速显著，但排名有所下降；关中平原和北部湾排名变化不大。总之，珠三角、长三角和京津冀作为发展相对成熟的城市群，其各年数字经济发展水平均高于全国平均水平；而其他城市群数字经济发展水平有待提升。（3）就四大区域而言，东部地区数字经济发展水平始终最高，位居榜首但年均增速相对较低；中部、西部和东北地区数字经济发展水平各年均低于全国城市平均水平，但年均增速较高，可达 20% 以上，其中东北地区数字经济排名最初仅次于东部地区，2019 年则在四大区域中排名最后。

表 12－1　　2011～2019 年中国城市数字经济发展综合水平指数

区域		2011 年		2013 年		2015 年		2017 年		2019 年		均值
代表城市	深圳市	0.4304	（1）	0.5844	（1）	0.6288	（1）	0.6409	（1）	0.6874	（2）	0.6080
	北京市	0.2586	（3）	0.4375	（3）	0.5353	（2）	0.6083	（2）	0.6579	（3）	0.5048
	厦门市	0.2124	（7）	0.3835	（7）	0.4764	（4）	0.5650	（5）	0.7044	（1）	0.4715
	广州市	0.2410	（4）	0.4145	（5）	0.4498	（8）	0.5524	（7）	0.6133	（8）	0.4546
	杭州市	0.2025	（8）	0.3899	（6）	0.4561	（7）	0.5735	（4）	0.6359	（4）	0.4519
	上海市	0.1962	（9）	0.4250	（4）	0.4574	（6）	0.5508	（8）	0.6235	（7）	0.4482
	南京市	0.1796	（13）	0.3743	（8）	0.4456	（9）	0.5543	（6）	0.6249	（5）	0.4368
	西安市	0.1743	（16）	0.3665	（10）	0.3950	（17）	0.4778	（17）	0.5329	（15）	0.3898
	武汉市	0.1575	（20）	0.3228	（13）	0.3984	（15）	0.4940	（11）	0.5606	（13）	0.3883
	宁波市	0.1748	（15）	0.3209	（14）	0.3974	（16）	0.4818	（14）	0.5300	（17）	0.3824
	成都市	0.1528	（26）	0.3074	（20）	0.4067	（12）	0.4939	（12）	0.5264	（20）	0.3798
	海口市	0.1825	（12）	0.3137	（15）	0.3949	（18）	0.4753	（19）	0.5112	（29）	0.3761
	大连市	0.1708	（17）	0.3113	（17）	0.3880	（19）	0.4814	（15）	0.5237	（22）	0.3754
	郑州市	0.1297	（45）	0.2786	（37）	0.3749	（24）	0.4700	（20）	0.6248	（6）	0.3666
	呼和浩特市	0.1422	（33）	0.3016	（26）	0.3659	（30）	0.4500	（32）	0.5627	（12）	0.3662
	福州市	0.1514	（28）	0.3029	（22）	0.3752	（23）	0.4655	（23）	0.5170	（25）	0.3631
	乌鲁木齐市	0.1932	（10）	0.3011	（27）	0.3561	（39）	0.4539	（28）	0.5240	（21）	0.3597
	太原市	0.1565	（22）	0.3026	（23）	0.3724	（25）	0.4494	（34）	0.4980	（32）	0.3582
	长沙市	0.1549	（24）	0.2956	（30）	0.3629	（32）	0.4532	（30）	0.5112	（28）	0.3554
	昆明市	0.1398	（39）	0.2951	（32）	0.3596	（33）	0.4460	（37）	0.4975	（33）	0.3491
	青岛市	0.1364	（40）	0.2854	（34）	0.3569	（37）	0.4399	（39）	0.4872	（42）	0.3482
	天津市	0.1416	（34）	0.2688	（46）	0.4062	（13）	0.4323	（45）	0.4812	（47）	0.3467
	济南市	0.1189	（59）	0.2981	（28）	0.3673	（28）	0.4557	（26）	0.4885	（40）	0.3463
	合肥市	0.1245	（53）	0.2659	（50）	0.3582	（36）	0.4556	（27）	0.5172	（24）	0.3445
	南昌市	0.1177	（60）	0.2745	（42）	0.3498	（42）	0.4673	（22）	0.4957	（35）	0.3415
	沈阳市	0.1457	（32）	0.2784	（38）	0.3559	（40）	0.4326	（44）	0.4757	（53）	0.3394
	银川市	0.1299	（44）	0.2617	（53）	0.3664	（29）	0.4300	（50）	0.4686	（55）	0.3363
	贵阳市	0.1297	（46）	0.2609	（55）	0.3461	（44）	0.4374	（41）	0.4823	（45）	0.3320

续表

区域		2011 年		2013 年		2015 年		2017 年		2019 年		均值
代表城市	南宁市	0.1468	(30)	0.2616	(54)	0.3372	(51)	0.4247	(52)	0.4694	(54)	0.3306
	哈尔滨市	0.1463	(31)	0.3022	(24)	0.3445	(46)	0.4261	(51)	0.4664	(59)	0.3305
	兰州市	0.1204	(58)	0.2600	(56)	0.3397	(48)	0.4307	(49)	0.4927	(39)	0.3273
	石家庄市	0.1042	(82)	0.2506	(67)	0.3177	(70)	0.4215	(55)	0.4784	(50)	0.3134
	长春市	0.1076	(72)	0.2540	(61)	0.3329	(53)	0.4121	(64)	0.4456	(81)	0.3129
	西宁市	0.1041	(83)	0.2358	(83)	0.3240	(62)	0.4122	(63)	0.4968	(34)	0.3117
	重庆市	0.1159	(64)	0.2363	(82)	0.3102	(75)	0.3931	(86)	0.4380	(87)	0.2977
九大城市群	京津冀	0.1126	(3)	0.2502	(3)	0.3243	(3)	0.4097	(3)	0.4485	(3)	0.3096
	长三角	0.1340	(2)	0.2789	(2)	0.3530	(2)	0.4433	(2)	0.4990	(2)	0.3430
	珠三角	0.2492	(1)	0.3916	(1)	0.4496	(1)	0.5167	(1)	0.5612	(1)	0.4366
	长江中游	0.0782	(7)	0.2155	(6)	0.2862	(6)	0.3725	(5)	0.4195	(4)	0.2764
	成渝	0.0784	(6)	0.2032	(7)	0.2762	(7)	0.3649	(7)	0.3979	(9)	0.2662
	关中平原	0.0722	(8)	0.1969	(8)	0.2726	(8)	0.3564	(9)	0.4022	(7)	0.2612
	哈长	0.0864	(5)	0.2182	(4)	0.2918	(4)	0.3672	(6)	0.3985	(8)	0.2740
	中原	0.0629	(9)	0.1943	(9)	0.2672	(9)	0.3580	(8)	0.4109	(6)	0.2594
	北部湾	0.0953	(4)	0.2159	(5)	0.2902	(5)	0.3766	(4)	0.4157	(5)	0.2798
四大区域	东部	0.1262	(1)	0.2655	(1)	0.3357	(1)	0.4220	(1)	0.4711	(1)	0.3252
	中部	0.0742	(4)	0.2090	(3)	0.2813	(3)	0.3683	(2)	0.4175	(2)	0.2717
	西部	0.0759	(3)	0.2027	(4)	0.2759	(4)	0.3622	(4)	0.4015	(3)	0.2652
	东北	0.0879	(2)	0.2125	(2)	0.2879	(2)	0.3659	(3)	0.3965	(4)	0.2722
	全国	0.0917		0.2242		0.2965		0.3821		0.4260		0.2856

注：括号内为该区域数字经济发展水平当年所在全国名次。

第五节　中国城市数字经济的空间差异及分解

本部分进一步采用 Dagum 基尼系数法对四大区域和九大城市群的空间差异进行测算和分解，包括子群内差异、子群间差异及来源。

一、四大区域

关于 2011 ~2019 年中国四大区域数字经济发展水平的差异性分析，Dagum 基尼系数具体测算结果如表 12 -2 所示。

表 12－2　　2011～2019 年中国四大区域数字经济发展水平的差异性分析

区域		2011 年	2012 年	2013 年	2014 年	2015 年	2016 年	2017 年	2018 年	2019 年	均值
区域内差异	东部	0. 2424	0. 1737	0. 1392	0. 1352	0. 1134	0. 0937	0. 0853	0. 0866	0. 0833	0. 1281
	中部	0. 1784	0. 1023	0. 0727	0. 0701	0. 0560	0. 0488	0. 0425	0. 0445	0. 0488	0. 0738
	西部	0. 2660	0. 1519	0. 1160	0. 0969	0. 0777	0. 0700	0. 0636	0. 0639	0. 0666	0. 1081
	东北	0. 1883	0. 0905	0. 0880	0. 0641	0. 0568	0. 0519	0. 0437	0. 0479	0. 0493	0. 0756
区域间差异	东部与中部	0. 3010	0. 1891	0. 1446	0. 1319	0. 1123	0. 0926	0. 0862	0. 0863	0. 0836	0. 1364
	东部与西部	0. 3172	0. 2075	0. 1685	0. 1462	0. 1250	0. 1091	0. 0979	0. 1013	0. 1011	0. 1526
	东部与东北	0. 2575	0. 1698	0. 1447	0. 1226	0. 1062	0. 0919	0. 0881	0. 0971	0. 0984	0. 1307
	中部与西部	0. 2289	0. 1311	0. 0997	0. 0859	0. 0697	0. 0633	0. 0568	0. 0579	0. 0630	0. 0951
	中部与东北	0. 1978	0. 1006	0. 0817	0. 0693	0. 0575	0. 0506	0. 0435	0. 0488	0. 0538	0. 0782
	西部与东北	0. 2364	0. 1299	0. 1068	0. 0873	0. 0721	0. 0649	0. 0562	0. 0568	0. 0589	0. 0966
总体差异及其分解	总体差异	0. 2611	0. 1606	0. 1264	0. 1112	0. 0932	0. 0804	0. 0728	0. 0751	0. 0762	0. 1174
	区域内	0. 0635	0. 0397	0. 0306	0. 0279	0. 0229	0. 0196	0. 0176	0. 0180	0. 0183	0. 0287
	贡献率（%）	24. 3064	24. 6949	24. 2184	25. 1101	24. 5710	24. 3842	24. 2116	24. 0078	24. 0024	24. 3897
	区域间	0. 1223	0. 0738	0. 0589	0. 0476	0. 0428	0. 0368	0. 0328	0. 0361	0. 0366	0. 0542
	贡献率（%）	46. 8324	45. 9608	46. 5561	42. 8256	45. 9187	45. 8354	45. 0958	48. 0688	47. 9928	46. 1207
	超变密度	0. 0753	0. 0471	0. 0369	0. 0357	0. 0275	0. 0239	0. 0224	0. 0210	0. 0213	0. 0346
	贡献率（%）	28. 8612	29. 3443	29. 2254	32. 0643	29. 5103	29. 7804	30. 6926	27. 9234	28. 0048	29. 4896

1. 区域内差异

从均值来看，东部数字经济区域内差异最大，均值达到 0.13，说明东部区域内部数字经济发展不均衡现象明显，存在较大的“数字鸿沟”，这源于深圳、北京、广州等城市在东部区域内的极化地位；其次为西部、东北区域，均值分别为 0.11、0.08；中部区域内差异最小，均值为 0.07，表明该区域内数字经济发展相对均衡，“数字鸿沟”最小。从变化趋势来看，各区域内部差异均呈现缩小的趋势，即使 2017 年以后部分区域内部差异略微扩大，但不影响总体缩小趋势，反映出各区域内“数字鸿沟”缩小，显示显著的“数字红利”。其中，西部区域内差异缩小的速度最快，年均可达 15.90%；其次为东北、中部区域；东部区域内差异缩小的速度相对慢于其他地区。

2. 区域间差异

从均值来看，东部与西部区域间数字经济差异最为显著，其均值可达 0.15，意味着东部与西部区域间存在最大的“数字鸿沟”；其次为东部与中部、东部与东北区域，其均值分别为 0.14 和 0.13；中部与西部、西部与东北区域间数字经济差异相对较小，其系数均值均约为 0.10；中部与东北区域间数字经济差异最小，其均值为 0.08，表明中部与东北区域之间“数字鸿沟”最小。从变化趋势来看，各区域之间差异均呈现缩小的趋势，只是 2017 年以后部分区域间差异略微扩大，但不影响总体缩小趋势，反映出各区域之间“数字鸿沟”缩小，显示显著的“数字红利”。其中，西部与东北区域间差异缩小的速度最快，年均可达 15.94%；东部与东北区域间差异缩小的速度相对慢于其他区域之间。

3. 总体差异及其分解

研究期间全国城市数字经济总体差异呈现缩小的趋势，从 2011 年的 0.26 下降到 2019 年的 0.08，每年平均减少 14.27%，效果显著，反映出全国总体“数字鸿沟”缩小，显示显著的“数字红利”。2017 年以后总体差异略微扩大，但不影响总体缩小趋势。从差异来源来看，研究期内区域内、区域间和超变密度的年平均贡献率分别为 24.39%、46.12% 和 29.49%，由此可知区域间差异成为数字经济区域差异的主要来源；数字经济超变密度的贡献率高于区域内差异的贡献率，其对总体差异的贡献度较大。区域内、区域间和超变密度系数值均呈现下降趋势。其中，区域间差异的贡献率在 42.83%~48.07%之间波动，研究末期较初期略微上升；区域内差异的贡献率范围在 24.00%~25.11%之间，表现出在波动中下降的趋势；超变密度贡献率范围在 27.92%~32.06%之间，研究末期较初期略微下降。

二、九大城市群

关于 2011~2019 年中国九大城市群数字经济发展水平的差异性分析，Dagum 基尼系数具体测算结果如表 12－3 所示。

表 12-3　　2011~2019 年中国九大城市群数字经济发展水平的差异性分析

城市群		2011 年	2012 年	2013 年	2014 年	2015 年	2016 年	2017 年	2018 年	2019 年	均值
城市群内差异	京津冀	0.2175	0.1599	0.1254	0.1290	0.1237	0.1046	0.0872	0.0836	0.0822	0.1237
	长三角	0.1680	0.1220	0.1123	0.0951	0.0870	0.0753	0.0722	0.0723	0.0712	0.0973
	珠三角	0.2297	0.1940	0.1542	0.1415	0.1170	0.0955	0.0840	0.0831	0.0755	0.1305
	长江中游	0.1647	0.0952	0.0726	0.0699	0.0566	0.0533	0.0484	0.0495	0.0496	0.0733
	成渝	0.1603	0.1071	0.0832	0.0759	0.0633	0.0506	0.0490	0.0483	0.0491	0.0763
	关中平原	0.2322	0.1478	0.1330	0.0751	0.0684	0.0713	0.0569	0.0515	0.0493	0.0984
	哈长	0.1905	0.0960	0.1100	0.0631	0.0623	0.0556	0.0518	0.0537	0.0553	0.0820
	中原	0.1773	0.0770	0.0577	0.0629	0.0501	0.0460	0.0364	0.0387	0.0498	0.0662
	北部湾	0.2225	0.1394	0.1042	0.1023	0.0824	0.0713	0.0712	0.0600	0.0598	0.1015
城市群间差异	京津冀与长三角	0.2271	0.1692	0.1350	0.1326	0.1215	0.1052	0.0922	0.0963	0.0957	0.1305
	京津冀与珠三角	0.4069	0.3187	0.2449	0.2287	0.1925	0.1650	0.1392	0.1445	0.1334	0.2193
	京津冀与长江中游	0.2439	0.1470	0.1163	0.1101	0.1034	0.0881	0.0781	0.0726	0.0712	0.1145
	京津冀与成渝	0.2400	0.1520	0.1349	0.1250	0.1134	0.0947	0.0827	0.0796	0.0813	0.1226
	京津冀与关中平原	0.2954	0.2057	0.1723	0.1296	0.1197	0.1060	0.0928	0.0859	0.0800	0.1430
	京津冀与哈长	0.2289	0.1463	0.1295	0.1061	0.1022	0.0873	0.0808	0.0806	0.0822	0.1160
	京津冀与中原	0.3060	0.1887	0.1376	0.1281	0.1153	0.0910	0.0817	0.0753	0.0749	0.1332
	京津冀与北部湾	0.2377	0.1621	0.1310	0.1276	0.1124	0.0969	0.0867	0.0767	0.0772	0.1232
	长三角与珠三角	0.3292	0.2482	0.1974	0.1700	0.1442	0.1170	0.1024	0.0999	0.0895	0.1664

续表

城市群		2011 年	2012 年	2013 年	2014 年	2015 年	2016 年	2017 年	2018 年	2019 年	均值
城市群间差异	长三角与长江中游	0. 2922	0. 1830	0. 1465	0. 1333	0. 1176	0. 1017	0. 0992	0. 0993	0. 0986	0. 1412
	长三角与成渝	0. 2882	0. 1857	0. 1704	0. 1596	0. 1356	0. 1168	0. 1078	0. 1153	0. 1194	0. 1554
	长三角与关中平原	0. 3400	0. 2494	0. 2075	0. 1677	0. 1435	0. 1252	0. 1195	0. 1236	0. 1170	0. 1770
	长三角与哈长	0. 2586	0. 1803	0. 1498	0. 1243	0. 1099	0. 0982	0. 1016	0. 1117	0. 1165	0. 1390
	长三角与中原	0. 3697	0. 2486	0. 1830	0. 1706	0. 1435	0. 1127	0. 1110	0. 1136	0. 1094	0. 1736
	长三角与北部湾	0. 2466	0. 1767	0. 1540	0. 1453	0. 1201	0. 1060	0. 1005	0. 0997	0. 1025	0. 1390
	珠三角与长江中游	0. 5258	0. 3750	0. 2935	0. 2619	0. 2247	0. 1865	0. 1659	0. 1629	0. 1483	0. 2605
	珠三角与成渝	0. 5240	0. 3782	0. 3194	0. 2891	0. 2422	0. 2027	0. 1754	0. 1812	0. 1724	0. 2761
	珠三角与关中平原	0. 5578	0. 4266	0. 3405	0. 2941	0. 2492	0. 2087	0. 1870	0. 1888	0. 1686	0. 2912
	珠三角与哈长	0. 4882	0. 3756	0. 2886	0. 2537	0. 2134	0. 1815	0. 1700	0. 1788	0. 1700	0. 2578
	珠三角与中原	0. 5972	0. 4440	0. 3372	0. 3046	0. 2556	0. 2018	0. 1826	0. 1817	0. 1602	0. 2961
	珠三角与北部湾	0. 4584	0. 3531	0. 2942	0. 2682	0. 2200	0. 1863	0. 1617	0. 1617	0. 1520	0. 2506
	长江中游与成渝	0. 1636	0. 1033	0. 0837	0. 0788	0. 0638	0. 0552	0. 0501	0. 0525	0. 0547	0. 0784
	长江中游与关中平原	0. 2078	0. 1421	0. 1218	0. 0830	0. 0692	0. 0673	0. 0576	0. 0582	0. 0543	0. 0957
	长江中游与哈长	0. 1904	0. 1006	0. 0974	0. 0694	0. 0628	0. 0566	0. 0526	0. 0560	0. 0578	0. 0826
	长江中游与中原	0. 1895	0. 1111	0. 0763	0. 0777	0. 0609	0. 0519	0. 0450	0. 0475	0. 0512	0. 0790
	长江中游与北部湾	0. 2184	0. 1260	0. 0937	0. 0912	0. 0726	0. 0650	0. 0638	0. 0561	0. 0565	0. 0937
	成渝与关中平原	0. 2063	0. 1463	0. 1165	0. 0782	0. 0673	0. 0637	0. 0553	0. 0516	0. 0502	0. 0928

续表

城市群		2011 年	2012 年	2013 年	2014 年	2015 年	2016 年	2017 年	2018 年	2019 年	均值
城市群间差异	成渝与哈长	0. 1861	0. 1048	0. 1054	0. 0810	0. 0710	0. 0590	0. 0525	0. 0544	0. 0544	0. 0854
	成渝与中原	0. 1882	0. 1152	0. 0738	0. 0714	0. 0582	0. 0489	0. 0437	0. 0441	0. 0516	0. 0772
	成渝与北部湾	0. 2146	0. 1289	0. 0985	0. 0945	0. 0776	0. 0665	0. 0646	0. 0583	0. 0586	0. 0958
	关中平原与哈长	0. 2329	0. 1453	0. 1389	0. 0872	0. 0774	0. 0710	0. 0587	0. 0578	0. 0562	0. 1028
	关中平原与中原	0. 2141	0. 1191	0. 1041	0. 0714	0. 0604	0. 0614	0. 0485	0. 0470	0. 0515	0. 0864
	关中平原与北部湾	0. 2632	0. 1714	0. 1335	0. 0998	0. 0829	0. 0757	0. 0698	0. 0630	0. 0594	0. 1132
	哈长与中原	0. 2261	0. 1144	0. 1022	0. 0804	0. 0692	0. 0551	0. 0477	0. 0503	0. 0560	0. 0890
	哈长与北部湾	0. 2162	0. 1282	0. 1102	0. 0891	0. 0752	0. 0663	0. 0637	0. 0607	0. 0605	0. 0967
	中原与北部湾	0. 2626	0. 1459	0. 0948	0. 0931	0. 0756	0. 0627	0. 0608	0. 0536	0. 0573	0. 1007
总体差异及其分解	总体差异	0. 2801	0. 1803	0. 1415	0. 1252	0. 1060	0. 0897	0. 0820	0. 0823	0. 0816	0. 1298
	城市群内	0. 0235	0. 0149	0. 0124	0. 0112	0. 0096	0. 0085	0. 0077	0. 0077	0. 0081	0. 0115
	贡献率（%）	8. 3915	8. 2530	8. 7316	8. 9295	9. 0380	9. 4958	9. 3709	9. 3838	9. 8767	9. 0523
	城市群间	0. 1994	0. 1289	0. 0955	0. 0855	0. 0709	0. 0555	0. 0525	0. 0536	0. 0508	0. 0881
	贡献率（%）	71. 1988	71. 4872	67. 5133	68. 3036	66. 8930	61. 8379	63. 9906	65. 1185	62. 2714	66. 5127
	超变密度	0. 0572	0. 0365	0. 0336	0. 0285	0. 0255	0. 0257	0. 0218	0. 0210	0. 0227	0. 0303
	贡献率（%）	20. 4096	20. 2598	23. 7551	22. 7668	24. 0690	28. 6663	26. 6385	25. 4978	27. 8519	24. 4350

1. 城市群内差异

从均值来看，珠三角、京津冀城市群内差异较大，其均值分别达到0.13和0.12，说明城市群内部数字经济不均衡现象明显，城市群内部存在较大的“数字鸿沟”，这源于深圳、北京等城市在各自城市群内的极化地位；中原、长江中游和成渝等城市群内差异相对较小，表明这些城市群内“数字鸿沟”较小。从变化趋势来看，各城市群内部差异均呈现缩小的趋势，反映出各城市群内“数字鸿沟”缩小，显示显著的“数字红利”。其中，哈长、中原等城市群内部差异在近年来略微扩大，但不影响总体缩小趋势。关中平原和北部湾城市群内差异缩小的速度很快，年均分别达17.61%和15.15%；长三角城市群内差异缩小的速度相对慢于其他地区。

2. 城市群间差异

从均值来看，珠三角与中原、珠三角与关中平原、珠三角与成渝城市群之间数字经济差异较大，其均值分别达0.30、0.29、0.28，反映出珠三角作为发展相对成熟的城市群与其他发展中的城市群之间差异显著，这些城市群间存在较大的“数字鸿沟”；成渝与中原、长江中游与成渝、长江中游与中原等城市群之间数字经济差异相对较小，表明这些同处于发展中的城市群之间的“数字鸿沟”较小。从变化趋势来看，九大城市群之间差异均呈现减少的趋势，反映出各城市群之间的“数字鸿沟”缩小，显示显著的“数字红利”。其中，长三角与成渝、长江中游与中原等城市群之间差异在近年来略微扩大，但不影响总体缩小趋势。中原与北部湾之间差异缩小的速度最快，年均可达17.33%；京津冀与长三角、长三角与哈长城市群之间差异缩小的速度相对较慢。

3. 总体差异及其分解

研究期间城市群数字经济总体差异呈现缩小的趋势，从2011年的0.28下降到2019年的0.08，每年平均减少14.29%，效果显著，反映出城市群总体“数字鸿沟”缩小，显示显著的“数字红利”。从差异来源来看，研究期内城市群内、城市群间和超变密度的年平均贡献率分别为9.05%、66.51%和24.43%，可知城市群间差异为数字经济总体差异的主要来源；数字经济超变密度的贡献率高于城市群内差异的贡献率，其对总体差异的贡献度较大。城市群内、城市群间和超变密度系数值呈现下降趋势，尤其城市群间系数值下降明显。城市群间差异的贡献率在61.84%~71.49%，研究期内呈现下降趋势；城市群内差异的贡献率范围在8.25%~9.88%，呈现上升趋势；超变密度贡献率范围在20.26%~28.67%，呈现上升趋势，说明城市群交叉重叠现象显著存在。

第六节　中国城市数字经济的收敛效应分析

综上分析，中国城市数字经济发展的区域差异较大，证实了“数字鸿沟”的存在。至于中国城市“数字鸿沟”的经济收敛问题，还需要进一步的检验。本章采用不同收敛分析法以检验中国城市群数字经济发展水平的趋同或发散状况。

一、σ 收敛分析

根据 σ 收敛计算方法，本章基于变异系数（CV）分析 2011 ~ 2019 年中国城市数字经济发展的 σ 收敛，结果如表 12 - 4 所示。

表 12 - 4　　中国城市数字经济的 σ 系数

区域		2011 年	2012 年	2013 年	2014 年	2015 年	2016 年	2017 年	2018 年	2019 年
全国		0.5320	0.3326	0.2554	0.2246	0.1877	0.1601	0.1433	0.1478	0.1478
四大区域	东部	0.4987	0.3587	0.2752	0.2610	0.2165	0.1813	0.1602	0.1631	0.1568
	中部	0.3443	0.1984	0.1431	0.1339	0.1115	0.0953	0.0884	0.0907	0.1020
	西部	0.4855	0.2763	0.2185	0.1843	0.1476	0.1349	0.1193	0.1214	0.1268
	东北	0.3549	0.1740	0.1691	0.1227	0.1101	0.1005	0.0889	0.0940	0.0962
九大城市群总体		0.5950	0.3849	0.2933	0.2570	0.2163	0.1806	0.1625	0.1629	0.1592
九大城市群	京津冀	0.4979	0.3715	0.2854	0.2823	0.2674	0.2424	0.1912	0.1851	0.1821
	长三角	0.2982	0.2191	0.2072	0.1717	0.1570	0.1372	0.1323	0.1319	0.1302
	珠三角	0.4532	0.3879	0.2975	0.2818	0.2284	0.1879	0.1594	0.1596	0.1440
	长江中游	0.3465	0.1994	0.1531	0.1391	0.1187	0.1065	0.1037	0.1035	0.1018
	成渝	0.3302	0.2029	0.1715	0.1632	0.1440	0.1215	0.1090	0.1081	0.1039
	关中平原	0.5188	0.3525	0.3090	0.1899	0.1601	0.1519	0.1255	0.1216	0.1160
	哈长	0.3663	0.1813	0.2098	0.1196	0.1181	0.1062	0.0977	0.1008	0.1036
	中原	0.3370	0.1580	0.1172	0.1244	0.1047	0.0909	0.0781	0.0827	0.1192
	北部湾	0.4416	0.2814	0.2071	0.1979	0.1633	0.1383	0.1371	0.1173	0.1144

从表 12 -4 可以看出，（1）全国和四大区域 σ 收敛系数呈现下降趋势，即使西部、东北等区域 σ 收敛系数 2017 年以后略微扩大，但不影响总体下降趋势。全国总体 σ 收敛系数年均下降速度为 14.79%，其中，西部区域 σ 收敛系数年均下降速度最快，可达 15.45%；相比于其他区域，东部区域 σ 收敛系数年均下降速度最慢。（2）城市群总体和各城市群 σ 收敛系数呈现下降趋势，其中，哈长城市群和中原城市群 σ 收敛系数 2017 年以后略微上升，但不影响总体下降趋势。城市群总体 σ 收敛系数年均下降速度为 15.19%，其中，关中平原 σ 收敛系数年均下降速度最快，年均可达 17.07%；相比其他区域，长三角 σ 收敛系数年均下降速度最慢，仅为 9.84%。总之，2011 ~2019 年四大区域、九大城市群及其总体的数字经济均存在显著 σ 收敛，反映出各区域和城市群内“数字鸿沟”缩小，显示显著的“数字红利”，与前文 Dagum 基尼系数的空间差异分析结论一致。

二、β 收敛分析

β 收敛检验之前，首先采用 Moran's I 检验中国城市数字经济发展的空间自相关性。2011 ~2019 年中国城市数字经济 Moran's I 统计值均为正值，其值在 0.09 ~ 0.11 之间，且通过 1% 空间自相关的显著性检验。这说明全国城市数字经济发展呈现出显著正空间自相关性，即高值区域或低值区域呈现集聚特征。

1. 绝对 β 收敛

如表 12 -5 所示，本章采用面板固定效应模型对四大区域城市数字经济进行绝对 β 收敛机制检验。（1）全国和东部、中部区域空间误差系数 λ 在 1% 的水平上显著为正，说明全国和东部、中部区域数字经济存在显著的正相关性，区域内城市之间互动效应较强，空间外溢成为促进城市数字经济发展的重要因素之一。（2）全国和四大区域收敛系数 β 均在 1% 的水平上显著为负，表明全国和四大区域均存在绝对 β 收敛特征，意味着全国和各区域内城市享受“数字红利”。具体来看，全国总体收敛速度为 12.40%，相应的半生命周期为 5.59 年，意味着缩小全国城市数字经济与稳态水平之间差距的一半需要大约 5.59 年。四大区域收敛速度存在显著差异性，收敛速度排序为：东北 > 西部 > 中部 > 东部，其中，东北地区收敛速度最快，其收敛速度和相应的半生命周期分别为 17.18% 和 4.03 年，而东部地区收敛速度最慢，其收敛速度和相应的半生命周期分别为 7.73% 和 8.96 年。

表 12-5　　　　　四大区域数字经济绝对 β 收敛检验

项目	全国（SEM）	东部（SEM）	中部（SEM）	西部（LSDV）	东北（LSDV）
β	-0.6292*** (0.0268)	-0.4614*** (0.0353)	-0.6269*** (0.0296)	-0.6887*** (0.0344)	-0.7471*** (0.0327)
λ	0.8286*** (0.0287)	0.5283*** (0.1093)	0.6568*** (0.0739)		
常数项				-0.9804*** (0.0785)	-1.2509*** (0.0820)
s（%）	12.4012	7.7348	12.3239	14.5875	17.1845
τ（年）	5.5894	8.9614	5.6244	4.7517	4.0336
空间固定效应	YES	YES	YES	YES	YES
时间固定效应	YES	YES	YES	YES	YES
N	2248	664	640	680	264
R^2	0.8445	0.7992	0.8895	0.9577	0.9685
Log-L	4 020.6159	1 297.6481	1 333.2038	1 080.0537	516.8824

注：括号内为稳健标准误；*** 表示在 1% 的水平上显著。

如表 12-6 所示，本章采用面板固定效应模型对九大城市群数字经济进行绝对 β 收敛机制检验。（1）城市群总体空间滞后系数 ρ 在 1% 的水平上显著为正；而长江中游、关中和哈长城市群空间误差系数 λ 均显著为负，意味着在这些城市群内邻近城市的误差冲击对本市数字经济发展的影响显著，存在负向空间误差溢出效应。（2）城市群总体和九大城市群收敛系数 β 在 1% 的水平上均显著为负，表明城市群总体和九大城市群均存在绝对 β 收敛特征，意味着各城市群内城市享受“数字红利”。具体来看，城市群总体收敛速度为 11.74%，相应的半生命周期为 5.90 年，意味着缩小城市群总体数字经济与稳态水平之间差距的一半需要大约 5.90 年。九大城市群收敛速度存在显著差异性，收敛速度排序为：成渝 > 哈长 > 中原 > 长江中游 > 关中平原 > 北部湾 > 长三角 > 京津冀 > 珠三角，其中，成渝城市群收敛速度最快，其收敛速度和相应的半生命周期分别为 19.10% 和 3.63 年；而珠三角城市群收敛速度最慢，其收敛速度和相应的半生命周期分别为 4.21% 和 16.46 年。（3）从城市群总体的空间加权系数结果来看，邻近城市数字经济发展水平会对本市产生正向的空间溢出效应，从而促进本市的数字经济增长。

表 12－6　九大城市群数字经济绝对 β 收敛检验

项目	总体（SDM）	京津冀（LSDV）	长三角（LSDV）	珠三角（LSDV）	长江中游（SEM）	成渝（LSDV）	关中平原（SEM）	哈长（SEM）	中原（LSDV）	北部湾（LSDV）
β	－0.6091*** （0.0299）	－0.4549*** （0.0540）	－0.5213*** （0.0354）	－0.2860*** （0.0482）	－0.6225*** （0.0329）	－0.7831*** （0.1082）	－0.5919*** （0.1247）	－0.7730*** （0.0509）	－0.7658*** （0.0245）	－0.5305*** （0.0346）
Wlny	0.7651*** （0.1117）									
常数项		－0.5049*** （0.1216）	－0.5656*** （0.0714）	－0.1049 （0.0693）		－1.4169*** （0.2775）			－1.4277*** （0.0697）	－0.6918*** （0.0905）
ρ	0.7043*** （0.0528）									
λ					－0.8849*** （0.2722）		－0.6259** （0.2816）	－0.9966*** （0.2109）		
s（%）	11.7413	7.5848	9.2085	4.2109	12.1773	19.1040	11.2030	18.5351	18.1447	9.4511
τ（年）	5.9035	9.1386	7.5272	16.4608	5.6921	3.6283	6.1871	3.7397	3.8201	7.3340
空间固定效应	YES	YES	YES	YES	YES	YES	YES	YES	YES	YES
时间固定效应	YES	YES	YES	YES	YES	YES	YES	YES	YES	YES
N	1160	80	208	56	224	128	88	72	224	80
R^2	0.3794	0.9666	0.9536	0.9302	0.8911	0.9528	0.8686	0.8804	0.9842	0.9768
Log－L	2 190.6714	168.5092	428.7512	122.2098	523.8550	216.4409	146.0183	137.6988	473.2145	176.4360

注：括号内为稳健标准误；** 和 *** 分别表示在 5% 和 1% 的水平上显著。

2. 条件β收敛

如表12－7所示，本章充分考虑产业结构、市场化水平、人力资本和经济发展水平等条件，进一步采用面板固定效应模型对四大区域城市数字经济进行条件β收敛机制检验。（1）全国和东部、中部、东北区域的空间误差系数λ显著，说明空间相关性是其存在条件β收敛趋势的重要因素之一。其中，东北区域空间误差系数λ在1%的水平上显著为负，意味着区域内存在负向空间误差溢出效应。（2）全国和四大区域收敛系数β在1%水平上均显著为负，说明全国和四大区域均存在条件β收敛趋势，意味着全国和四大区域内城市享受“数字红利”。具体而言，全国总体收敛速度为12.73%，相应的半生命周期为5.45年，意味着缩小全国城市数字经济与稳态水平之间差距的一半需要大约5.45年。四大区域收敛速度存在显著差异性，收敛速度排序同绝对β收敛：东北 > 西部 > 中部 > 东部，其中，东北地区收敛速度最快，其收敛速度和相应的半生命周期分别为17.93%和3.87年，东部地区收敛速度最慢，其收敛速度和相应的半生命周期分别为7.84%和8.84年。（3）控制变量。就全国总体而言，产业结构升级、人力资本和经济发展水平均会显著促进数字经济增长，而市场化水平因素的影响总体并不明确。对各区域而言，产业结构升级、市场化程度、人力资本和经济发展水平变量对城市数字经济增长的影响具有异质性。具体而言，产业结构方面，在西部区域内产业结构升级能够有效促进数字经济发展，而在其他区域内产业结构升级的影响并不显著；市场化水平方面，由于该指标与市场化水平负相关，东北区域内市场化水平系数显著为正，意味着东北区域内市场化水平对数字经济发展产生显著抑制效应，其他区域市场化水平的影响并不显著；人力资本方面，中部区域内人力资本有助于促进数字经济发展，其他区域人力资本的影响并不显著；经济发展方面，中部和西部区域经济发展水平均会对数字经济发展产生显著促进作用，其他区域经济发展的影响并不显著。

表12－7　　四大区域数字经济条件β收敛检验

项目	全国（SEM）	东部（SEM）	中部（SEM）	西部（LSDV）	东北（LSDV）
β	−0.6387*** （0.0271）	−0.4658*** （0.0343）	−0.6396*** （0.0299）	−0.7089*** （0.0351）	−0.7618*** （0.0323）
ln*IND*	0.0254** （0.0108）	0.0269 （0.0213）	0.0206 （0.0167）	0.0261** （0.0125）	−0.0234 （0.0159）
ln*MAR*	−0.0030 （0.0122）	−0.0214 （0.0232）	0.0247 （0.0284）	0.0218 （0.0192）	0.0566*** （0.0150）

续表

项目	全国（SEM）	东部（SEM）	中部（SEM）	西部（LSDV）	东北（LSDV）
ln*SCH*	0.0038* （0.0022）	0.0073 （0.0117）	0.0026* （0.0015）	0.0032 （0.0023）	0.0008 （0.0102）
ln*GDP*	0.0669*** （0.0201）	0.0367 （0.0363）	0.0797*** （0.0302）	0.1441*** （0.0287）	-0.0050 （0.0262）
常数项				-2.7481*** （0.3878）	-1.3926*** （0.3154）
λ	0.8080*** （0.0337）	0.4757*** （0.1168）	0.6481*** （0.0771）		
s（%）	12.7256	7.8373	12.7568	15.4261	17.9331
τ（年）	5.4469	8.8442	5.4336	4.4933	3.8652
空间固定效应	YES	YES	YES	YES	YES
时间固定效应	YES	YES	YES	YES	YES
N	2 248	664	640	680	264
R^2	0.8627	0.8295	0.8980	0.9593	0.9701
Log - L	4 034.4602	1 300.0184	1 337.9467	1 092.7631	523.5472

注：括号内为稳健标准误；*、**、*** 分别表示在 10%、5%、1% 的水平上显著。

如表 12 - 8 所示，本章充分考虑产业结构、市场化水平、人力资本和经济发展水平等条件，进一步采用面板固定效应模型对九大城市群数字经济进行条件 β 收敛机制检验。（1）城市群总体空间误差系数 λ 在 1% 水平上显著为正，长江中游、关中、哈长城市群空间误差系数 λ 均显著为负，说明空间相关性是其存在条件 β 收敛趋势的因素之一。（2）九大城市群收敛系数 β 在 1% 水平上均显著为负，说明全国和九大城市群均存在条件 β 收敛趋势，意味着各城市群内城市享受“数字红利”。具体而言，城市群总体收敛速度为 10.58%，相应的半生命周期为 6.55 年，意味着缩小城市群总体城市数字经济与稳态水平之间差距的一半需要大约 6.55 年。九大城市群收敛速度存在显著差异性，收敛速度排序同绝对 β 收敛相比略微变化：成渝 > 哈长 > 中原 > 长江中游 > 关中平原 > 长三角 > 北部湾 > 京津冀 > 珠三角，其中，成渝城市群收敛速度最快，其收敛速度和相应的半生命

表 12－8　　九大城市群数字经济条件 β 收敛检验

项目	总体（SEM）	京津冀（LSDV）	长三角（LSDV）	珠三角（LSDV）	长江中游（SEM）	成渝（LSDV）	关中平原（SEM）	哈长（SEM）	中原（LSDV）	北部湾（LSDV）
β	−0.5709*** (0.0303)	−0.4999*** (0.0685)	−0.5460*** (0.0343)	−0.2828*** (0.0627)	−0.6314*** (0.0327)	−0.8465*** (0.1147)	−0.6019*** (0.1335)	−0.8043*** (0.0602)	−0.7772*** (0.0273)	−0.5347*** (0.0322)
ln*IND*	0.0187 (0.0132)	−0.0284 (0.0418)	−0.0809* (0.0455)	0.0186 (0.0652)	−0.0216 (0.0243)	0.0817** (0.0372)	0.0667 (0.0586)	−0.0946*** (0.0304)	−0.0060 (0.0258)	−0.0201 (0.0421)
ln*MAR*	−0.0095 (0.0154)	0.0705 (0.0574)	−0.0807** (0.0337)	−0.0785 (0.0696)	−0.0060 (0.0320)	0.0310 (0.0257)	−0.0948 (0.0975)	0.0710*** (0.0195)	−0.0039 (0.0572)	0.0250 (0.0519)
ln*SCH*	0.0073*** (0.0010)	0.0084 (0.0150)	0.0068 (0.0186)	0.0216 (0.0240)	0.0003 (0.0082)	0.0092** (0.0043)	0.0351 (0.0359)	−0.0771 (0.0618)	−0.0212 (0.0198)	0.0062** (0.0029)
ln*GDP*	0.0610*** (0.0228)	−0.0784 (0.0664)	0.0333 (0.0526)	−0.2511 (0.1517)	0.0476 (0.0556)	0.0641 (0.2260)	0.1115 (0.1510)	−0.0136 (0.0294)	0.0406 (0.0907)	0.0466 (0.0781)
常数项		0.0059 (0.7714)	−0.7826 (0.5770)	2.6882 (1.7310)		−2.2759 (2.4180)			−1.7654* (1.0532)	−1.2870 (0.8486)
λ	0.7811*** (0.0440)				−0.9010*** (0.2859)		−0.5258* (0.3160)	−0.9397*** (0.2228)		
s（%）	10.5758	8.6618	9.8707	4.1550	12.4755	23.4257	11.5132	20.3897	18.7685	9.5634
τ（年）	6.5541	8.0023	7.0223	16.6822	5.5560	2.9589	6.0205	3.3995	3.6931	7.2479
空间固定效应	YES	YES	YES	YES	YES	YES	YES	YES	YES	YES
时间固定效应	YES	YES	YES	YES	YES	YES	YES	YES	YES	YES
N	1 160	80	208	56	224	128	88	72	224	80
R^2	0.8676	0.9686	0.9569	0.9387	0.8964	0.9574	0.8649	0.7956	0.9843	0.9787
Log－L	2 177.3918	170.9840	436.4807	125.8523	526.6993	223.0159	147.3157	142.0883	474.2130	179.7855

注：括号内为稳健标准误；*、** 和 *** 分别表示在 10%、5% 和 1% 的水平上显著。

周期分别为23.43%和2.96年，珠三角城市群收敛速度最慢，其收敛速度和相应的半生命周期分别为4.16%和16.68年。（3）控制变量。就城市群总体而言，人力资本和经济发展水平会显著促进数字经济增长，而产业结构升级和市场化水平的影响并不显著。对各城市群而言，产业结构升级、市场化程度、人力资本和经济发展水平变量对城市数字经济增长的影响具有异质性。具体而言，在产业结构升级方面，长三角和哈长城市群产业结构升级系数为负，说明长三角和哈长城市群第二产业相对于第三产业对数字经济发展的促进作用更大，而成渝城市群产业结构升级系数为正，说明成渝城市群第三产业相对于第二产业对数字经济发展的促进作用更大；市场化水平方面，由于该指标与市场化水平负相关，长三角城市群市场化水平系数显著为负，意味着在长三角城市群内市场化水平对数字经济发展产生显著促进作用，而哈长城市群市场化水平系数显著为正，意味着在哈长城市群内市场化水平对数字经济发展产生抑制作用，其他城市群市场化水平的影响并不显著；人力资本方面，在成渝和北部湾城市群内人力资本对数字经济发展产生促进作用，其他城市群人力资本影响并不显著；九大城市群经济发展水平的影响均不显著，因此需关注社会经济发展水平的提升。

三、俱乐部收敛

如表12-9所示，基于三个层级城市群，进一步对中国城市数字经济发展进行俱乐部收敛检验。从三个层级城市群俱乐部的比较分析来看，（1）绝对β收敛特征。三个层级内均存在显著的绝对β收敛特征，意味着三个层级内城市享受“数字红利”。三个层级的收敛速度存在显著差异性，收敛速度排序为：第二层级>第三层级>第一层级，其中，第一层级作为发展相对成熟的城市群组，收敛速度最慢，其收敛速度和相应的半生命周期分别为6.76%和10.26年，意味着缩小第一层级城市数字经济与稳态水平之间差距的一半需要大约10.26年。第一层级和第三层级存在显著正相关性。（2）在考虑一系列控制变量后，三个层级内均存在显著的条件β收敛特征，同样意味着三个层级内城市享受“数字红利”。具体而言，三个层级的收敛速度与绝对β收敛结果大致相同，收敛速度排序一致。第三层级内存在显著正相关性。关于控制变量，对各俱乐部而言，产业结构升级、市场化程度、人力资本和经济发展水平变量对城市数字经济增长的影响具有异质性。各层级产业结构和市场化水平的影响均不显著；人力资本方面，在第二层级和第三层级内人力资本对数字经济发展产生促进作用，第一层级人力资本影响并不显著；经济发展水平方面，第三层级经济发展水平会对数字经济发展产生促进作用，第一层级和第二层级经济发展水平影响并不显著。

表 12-9　　　　中国城市数字经济发展俱乐部收敛检验

项目	绝对β收敛			条件β收敛		
	第一层级（SEM）	第二层级（LSDV）	第三层级（SEM）	第一层级（LSDV）	第二层级（LSDV）	第三层级（SEM）
β	-0.4176*** (0.0418)	-0.6782*** (0.0481)	-0.6388*** (0.0437)	-0.4137*** (0.0310)	-0.7006*** (0.0534)	-0.6515*** (0.0439)
ln*IND*				-0.0063 (0.0293)	0.0119 (0.0166)	0.0268 (0.0203)
ln*MAR*				-0.0362 (0.0259)	0.0211 (0.0197)	-0.0048 (0.0184)
ln*SCH*				0.0069 (0.0110)	0.0074*** (0.0026)	0.0040* (0.0021)
ln*GDP*				0.0372 (0.0383)	0.1095 (0.0739)	0.1160*** (0.0381)
常数项		-1.0281*** (0.1208)		-0.6550 (0.4452)	-2.3399*** (0.8826)	
λ	0.2942** (0.1376)		0.4317*** (0.1271)			0.2680* (0.1544)
s（%）	6.7575	14.1728	12.7290	6.6740	15.0747	13.1765
τ（年）	10.2575	4.8907	5.4454	10.3857	4.5981	5.2605
空间固定效应	YES	YES	YES	YES	YES	YES
时间固定效应	YES	YES	YES	YES	YES	YES
N	344	352	464	344	352	464
R^2	0.7972	0.9725	0.8764	0.9502	0.9732	0.8779
Log-L	693.4409	689.2498	860.8314	695.0113	694.0798	868.2526

注：括号内为稳健标准误；*、** 和 *** 分别表示在 10%、5% 和 1% 的水平上显著。

第七节 结论与政策启示

一、研究结论

本章从区域—城市群—城市不同空间尺度出发，关于中国“数字鸿沟”还是“数字红利”问题的结论并不尽相同，存在数字经济空间差异演进路径分化特征。研究结论如下。

（1）中国城市数字经济逐渐由高速增长阶段转向高质量发展阶段。中国城市数字经济发展具有时空演变特征，东部区域城市数字经济发展显著领先，长三角、珠三角等发展相对成熟的城市群数字经济发展程度远高于其他发展中城市群。

（2）空间差异及其来源方面。四大区域和九大城市群空间差异呈现总体缩小趋势，反映出四大区域和九大城市群内部“数字鸿沟”在缩小，显示显著的“数字红利”。四大区域和九大城市群总差异主要来源一致，即区域间（城市群间）差异。从区域内部（城市群内部）差异来看，东部区域内差异最大，具体表现在珠三角、京津冀等东部城市群内差异较大，存在较大的“数字鸿沟”；长江中游和成渝等中西部城市群内差异较小，其“数字鸿沟”较小。从区域间（城市群间）差异来看，东部与西部地区城市数字经济差异最为显著，具体表现在珠三角与关中平原、成渝等西部城市群之间数字经济差异最为显著，存在较大的“数字鸿沟”；长江中游、中原与成渝等中西部城市群相互之间城市数字经济差异较小，其“数字鸿沟”较小。

（3）从收敛特征而言，四大区域和九大城市群数字经济发展均存在σ收敛特征。就β收敛而言，四大区域和九大城市群数字经济发展均存在绝对β收敛和条件β收敛，享受到“数字红利”，其中，中部、西部和东北区域收敛速度快于东部区域，表现在成渝、中原、哈长等城市群收敛速度较快；而东部区域收敛速度最慢，表现在珠三角、京津冀等东部城市群。中国城市数字经济发展的影响因素存在区域异质性。就俱乐部收敛而言，三个层级城市群组内均存在绝对β收敛和条件β收敛，俱乐部内城市享受“数字红利”。

（4）演进路径分化，各区域同样显现“数字红利”却具有不同阶段特征。就四大区域而言，全国和东部区域处于数字经济空间差异趋同期；中西部和东北区域处于数字经济发展低水平收敛期，不同于前者，这些区域“数字红利”表现为低发展水平特征，且开始显现趋异特征。就九大城市群而言，城市群总体和京津冀、长三角、珠三角城市群处于数字经济空间差异趋同期，长江中游、成渝、关中平原、哈长、中原、北部湾城市群处于数字经济低水平收敛期，不同于前者，这些城市群“数字红利”表现为低发展水平特征，且大多数开始显现趋异特征，该变化的可能原因在于，近年来中国数字经济战略中不断提出发挥示范城市的引领作用，如“宽带中国”战略的实施，积极发挥其信息化引领作用，带来示范城市的极化效应。

二、政策启示

（1）进一步提升城市数字经济发展水平。中西部和东北区域数字经济发展水平远低于东部区域，数字经济发展仍然存在较大的提升空间。建设完善信息化基础设施，大力促进数字产业发展，加强产业数字化融合，即数字技术与实体经济的融合，实现传统产业转型升级，支持新兴产业发展。

（2）关注各区域和城市群内部的数字经济发展差距，明确各自城市功能定位，实现城市合理分工。各区域和城市群存在不同程度的空间差异和极化现象，应积极发挥中心城市的集聚效应，促进资源优化配置；加强对周边城市的辐射带动效应，缩小城市数字经济发展差距的同时，带动整个城市群或区域的数字经济发展，进一步实现从“数字鸿沟”到“数字红利”的转变。

（3）加强区域间和城市群间的经济联系。积极发挥东部区域，尤其是京津冀、长三角、珠三角等发展相对成熟城市群的引领带动作用；中西部和东北区域城市群应积极承接发达地区的数字资源转移，利用资源禀赋优势实现区域间和城市群间的密切合作。在重视各自区域和城市群内部发展的同时，注重建立区域间和城市群间数字经济良好合作竞争关系，促进全国城市数字经济发展水平的提升。

（4）现阶段是中西部和东北区域以及成渝、哈长等发展中城市群实现路径转型的关键时期，积极推动中国收敛于较低的数字经济空间差异稳态水平。通过有效市场和有为政府更好结合，促进各区域和城市群的协调发展。注重各区域和城市群内数字经济的发展速度和发展质量，加强城市间的互动效应，通过调整产业结构、提升市场化水平、加大人力资本投资和促进区域经济增长，关注落后地区和城市群的发展，以实现城市数字经济的区域协调发展，推动稳态收敛的演进路径，最终真正跨越“数字鸿沟”，释放“数字红利”。

需要说明的是，随着数字经济发展进入新阶段，数字经济的含义不断丰富，数字化转型引领经济社会变革，涉及国家、地区乃至个体影响。跨越“数字鸿沟”，释放“数字红利”不仅是一个综合战略，也是一个长期战略。因此，与时俱进，结合数字技术的新特征，探讨不同群体的“数字鸿沟”和“数字红利”问题，仍是未来值得深入探讨研究的方向。

参考文献

[1] 柏培文、喻理：《数字经济发展与企业价格加成：理论机制与经验事实》，载于《中国工业经济》2021 年第 11 期。

[2] 陈贵富、韩静、韩恺明：《城市数字经济发展、技能偏向型技术进步与劳动力不充分就业》，载于《中国工业经济》2022 年第 8 期。

[3] 程风雨：《粤港澳大湾区都市圈科技创新空间差异及收敛性研究》，载于《数量经济技术经济研究》2020 年第 12 期。

[4] 韩兆安、赵景峰、吴海珍：《中国省际数字经济规模测算、非均衡性与地区差异研究》，载于《数量经济技术经济研究》2021 年第 8 期。

[5] 胡鞍钢、周绍杰：《中国如何应对日益扩大的"数字鸿沟"》，载于《中国工业经济》2002 年第 3 期。

[6] 黄群慧、余泳泽、张松林：《互联网发展与制造业生产率提升：内在机制与中国经验》，载于《中国工业经济》2019 年第 8 期。

[7] 焦帅涛、孙秋碧：《我国数字经济发展测度及其影响因素研究》，载于《调研世界》2021 年第 7 期。

[8] 康铁祥：《中国数字经济规模测算研究》，载于《当代财经》2008 年第 3 期。

[9] 刘传明、尹秀、王林杉：《中国数字经济发展的区域差异及分布动态演进》，载于《中国科技论坛》2020 年第 3 期。

[10] 吕岩威、谢雁翔、楼贤骏：《中国区域绿色创新效率时空跃迁及收敛趋势研究》，载于《数量经济技术经济研究》2020 年第 5 期。

[11] 沈坤荣、马俊：《中国经济增长的"俱乐部收敛"特征及其成因研究》，载于《经济研究》2002 年第 1 期。

[12] 覃成林、张伟丽：《中国区域经济增长俱乐部趋同检验及因素分析——基于 CART 的区域分组和待检影响因素信息》，载于《管理世界》2009 年第 3 期。

[13] 汪明峰：《互联网使用与中国城市化——"数字鸿沟"的空间层面》，载于《社会学研究》2005 年第 6 期。

[14] 王军、朱杰、罗茜：《中国数字经济发展水平及演变测度》，载于《数量经济技术经济研究》2021 年第 7 期。

[15] 温珺、阎志军、程愚：《数字经济与区域创新能力的提升》，载于《经济问题探索》2019 年第 11 期。

[16] 许竹青、郑风田、陈洁：《"数字鸿沟"还是"信息红利"？信息的有效供给与农民的销售价格——一个微观角度的实证研究》，载于《经济学（季刊）》2013 年第 4 期。

[17] 杨丽、孙之淳：《基于熵值法的西部新型城镇化发展水平测评》，载于《经济问题》2015 年第 3 期。

[18] 于伟、张鹏、姬志恒：《中国城市群生态效率的区域差异、分布动态和收敛性研

究》，载于《数量经济技术经济研究》2021 年第 1 期。

［19］俞颖、苏慧琨、李勇：《区域金融差异演进路径与机理》，载于《中国工业经济》2017 年第 4 期。

［20］张杰：《经济的区域差异与金融成长》，载于《金融与经济》1994 年第 6 期。

［21］张勋、万广华、张佳佳等：《数字经济、普惠金融与包容性增长》，载于《经济研究》2019 年第 8 期。

［22］赵涛、张智、梁上坤：《数字经济、创业活跃度与高质量发展——来自中国城市的经验证据》，载于《管理世界》2020 年第 10 期。

［23］中国信息通信研究院：《中国数字经济发展白皮书》，中国工信新闻网，2020 年 7 月 6 日。

［24］Barro R J, Sala – I – Martin X, "Convergence across States and Regions", *Brookings Papers on Economic Activity*, 1991, 22 (1): 107 – 182.

［25］Dagum C, "A New Approach to the Decomposition of the Gini Income Inequality Ratio", *Empirical Economics*, 1997, 22 (4): 515 – 531.

［26］Hirschman A O, *The Strategy of Economic Development*, Yale University Press, 1958.

［27］Machlup F, *The Production and Distribution of Knowledge in the United States*, Princeton University Press, 1962.

［28］OECD, "Measuring the Digital Economy: A New Perspective", Paris: OECD Publishing, 2014.

［29］Porat M U, "The Information Economy: Definition and Measurement", U. S. Department of Commerce, 1977.

［30］Silverman B W, *Density Estimation for Statistics and Data Analysis*, Chapman and Hall, 1986.

［31］Tapscott D, *The Digital Economy: Promise and Peril in the Age of Networked Intelligence*, McGraw – Hill, 1996.

第三篇

预测与政策模拟篇

课题组预测：2024年中国GDP增速为5.47%；按现价计算固定资产投资（不含农户）将增长5.55%；社会消费品零售总额名义增长4.35%；CPI增速预计为2.18%；PPI增速提高到1.59%。2024年，随着制造业投资和8~9月之后财政支出发力引致的基建投资增速双双回暖，以及自6~7月以后各地各项关于激励民营企业投资、壮大民营经济、提振民营企业信心的措施和条例逐步落地实施，很可能会促使投资在2024年重新成为经济增长的主要驱动力。

第十三章 2023年春季中国宏观经济预测*

第一节 2023~2024年中国宏观经济预测

一、2023年中国宏观经济面临的主要风险

2023年，伴随着新冠疫情防控政策的退出以及疫情影响的消退，在供给端，企业复工复产、复商复市的进程逐步加快；在需求端，接触型、聚集型消费需求稳步释放，有望拉动内需恢复性增长。但与此同时，经济增长的下行风险依然严峻。

第一，外部市场的不确定性越来越高。过去一年，随着高通胀侵蚀发达国家居民购买力、发达经济体货币紧缩等因素叠加，中国出口增速转向下行。2023年以来，美联储加息对抑制高通胀的作用有限，美国通胀幅度虽有回落但依然高企。3月，美国硅谷银行破产，触发美联储持续加息可能导致美国地区性中小银行倒闭进而引发银行业危机的担忧；瑞士政府收购瑞士信贷的非常规方式动摇了欧洲金融体系的信用基础，再加上俄乌冲突持续、中东冲突再起等局部战争频发，诸多外部经济和社会动荡不安因素将很可能加剧中国

* 本章是厦门大学宏观经济研究中心“中国季度宏观经济模型”课题组2023年春季预测报告部分。

出口特别是制造业中间投资品出口增长的下行压力，进而抑制制造业投资的快速反弹增长。2023 年 2 月，出口累计（人民币计）同比增长 0.9%，进口累计同比收缩 2.9%。全年内，即便基数效应减弱，出口增速预计将全面收缩。

第二，工业生产恢复加快，但利润增长下行压力依然较大。2023 年 2 月，制造业 PMI 以及规模以上工业增加值同比增速等指标都呈现企稳回升的势头。但是，工业企业利润持续收缩。1 ~ 2 月，全国规模以上工业企业利润增速同比下降 22.9%，其中，制造业利润增速同比下降 32.6%。分经济类型，国有控股企业利润增速同比下降 17.5%，股份制企业回落 19.4%，外商及港澳台商投资企业下降 35.7%，私营企业下滑 19.9%。除基数效应外，PPI 收缩幅度的扩大抑制上游原材料企业的利润增长；尽管一定程度上释放了对中下游企业的成本压力，但是终端市场需求尚未完全恢复，抑制了企业的利润增长。今年内，外部市场的确定性将很大可能紧缩 PPI，但国内市场需求复苏力度有限，就算在基数效应影响减弱后，工业企业利润预计将难以快速反弹。叠加出口增长的下行压力，预计制造业投资增速将比 2022 年有所回落。

第三，财政收入（特别是地方政府）增长的下行压力越来越大。2022 年，加快政策性开发性金融工具和地方专项债发行使用等特殊政策有效地保障了基建投资的资金需求，加快了基建投资增速。预计这些特殊政策将很难在今年延续。在工业利润收缩、工业税收收入减速的同时，房地产市场的低迷已开始抑制地方政府的土地出让收入增长，预计今年内财政收入（特别是地方政府）增长将面临更大的下行压力，进而形成抑制基础设施投资增长的主要压力。今年基础设施投资增速很可能将难以进一步提升。

第四，房地产市场的低迷短期内难以扭转。自 2016 年开始，商品房销售面积的增速由 22.5% 大幅下滑至 2022 年的 –24.3%；商品房待售（空置）面积的增速由 2017 年的 –15.3% 上升至 2022 年的 10.5%。2023 年 1 ~ 2 月，房地产投资增速继续同比下降 5.1%，商品房销售面积也同比持续回落。因此，中短期内，除一线城市外的房地产市场供给过剩状况、居民收入增长预期以及居民负债率高企所导致的住房需求减退等因素，值得高度重视。而长期来看，人口老龄化以及城镇化率难以进一步快速提高等，也将抑制对住房的长期需求。因此，预计今年房地产投资增速仅能实现在低基数上的修复，且前景高度依赖于房地产的风险化解和信心重建。

第五，居民收入增长和就业保障预期可能更趋谨慎。过去三年新冠疫情冲击给低收入组别的收入增长和就业稳定带来较大的不确定性。疫情期间积累了 4 万亿元以上的超额储蓄。随着疫情防控政策的调整，短期内不同收入组别的收入增长和就业保障预期可能分化。中低收入组别的消费支出预期可能更趋谨慎。这在一定程度上会抑制消费需求的增长。2023 年 1 ~ 2 月，较低的基数叠加春节效应，使得社会消费品零售总额同比名义增长 3.5%；2 月，CPI 同比上涨 1.0%。今年内，随着收入增长和就业保障预期的逐步趋稳，预计消费需求可实现恢复性增长。

总体而言，今年外部经济环境更趋严峻，国内需求不足仍较突出，经济回升基础尚不牢固。制造业投资增长将受制于出口压力和国内终端市场的缓慢复苏，基础设施投资增长因地方政府的收入增长压力以及债务负担将不得不有所延缓，房地产投资因区域结构性供给过剩以及需求端居民收入增长预期及高负债率将持续低迷。今年即便消费需求能恢复性反弹，很大程度上也很难抵消投资增长的下行压力。

不过，值得注意的是，一些推动经济增长的新动力也正在形成。具体表现在以下几个方面。

第一，高新技术产业投资持续加快。2023 年 1 ~2 月，高技术产业投资增长 15.1%，其中，高技术制造业和高技术服务业投资分别增长 16.2% 和 12.3%，增速均大幅超过城镇固定资产投资增速 10.7 个和 6.8 个百分点。

第二，新动能行业利润实现较快增长。电气机械行业受动力电池、光伏设备等产品带动，利润同比增长 41.5%；铁路船舶航空航天运输设备行业受海洋工程装备、电动自行车制造等带动，利润同比增长 64.8%。这表明，自 2017 年以来，以创新驱动推进制造业发展的战略已在切实推进高端制造业和高端服务业的发展，并带动制造业的转型升级。

第三，宏观调控政策的力度和精度在持续提升。2022 年，多项结构性货币政策工具和更大力度的结构性减税降费政策，提高了政策精度，在有效托底制造业投资的同时，持续推进制造业结构的转型升级。今年内，预计这些结构性政策将持续落实，以夯实制造业转型升级的基础。

二、2023 ~2024 年中国宏观经济主要指标预测

（一）模型外生变量假设

1. 美国及欧元区经济增长率

2022 年，宏观政策转向与地缘政治冲突加剧引起全球金融市场和大宗商品市场动荡，令全球经济在后疫情时期的复苏前景趋于黯淡。美国和欧元区经济在 2022 年分别增长 2.1% 和 3.5%，但复苏态势显著边际放缓，未来仍存在相当大的不确定性。以美联储为代表的货币政策紧缩存在显著的溢出效应，对新兴市场国家也将构成明显冲击。

世界银行 2023 年 1 月发布的《全球经济展望》预测美国和欧元区 2023 年分

别增长 0.5% 和 0.0%，2024 年增长同为 1.6%，较其 2022 年 6 月预测均显著下调；IMF 同月发布的《世界经济展望》相对乐观，预测美国和欧元区 2023 年分别增长 1.4% 和 0.7%，2024 年分别增长 1.0% 和 1.6%，较其 2022 年 10 月预测短期上修而长期下调。展望方向的分歧反映了经济复苏前景的高度不确定性。综合参考各方信息，课题组假定：今明两年，美国经济增速分别为 0.91% 和 1.16%，而欧元区经济增速为 0.77% 和 1.40%，并设定相应的季度增速（见图 13－1）。

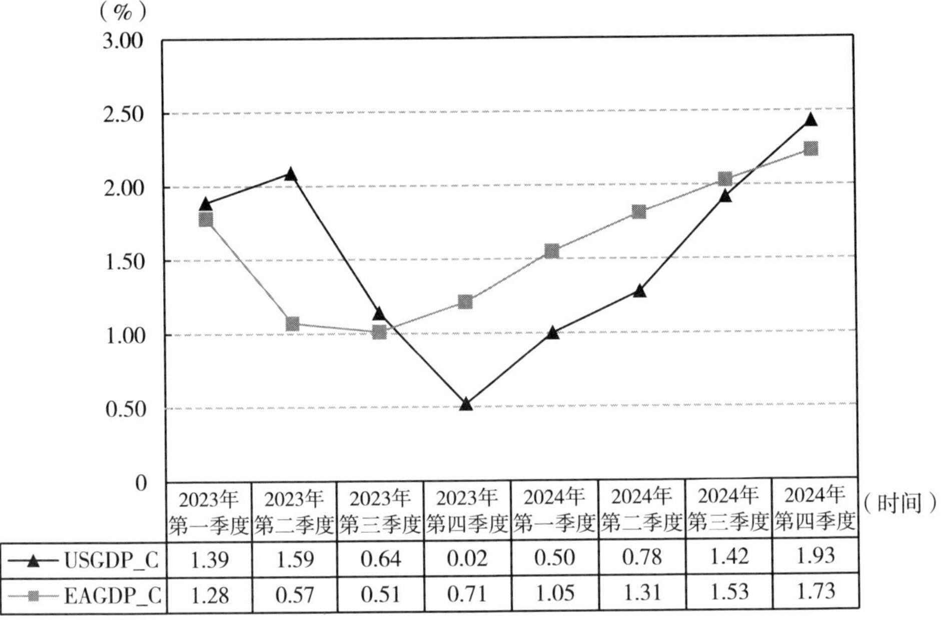

	2023年第一季度	2023年第二季度	2023年第三季度	2023年第四季度	2024年第一季度	2024年第二季度	2024年第三季度	2024年第四季度
USGDP_C	1.39	1.59	0.64	0.02	0.50	0.78	1.42	1.93
EAGDP_C	1.28	0.57	0.51	0.71	1.05	1.31	1.53	1.73

图 13－1　美国与欧元经济增长率的变化趋势假定（季度调整后的同比增速）

注：USGDP_C 表示美国 GDP 增速，EAGDP_C 表示欧元区 GDP 增速。

资料来源：课题组假定。

2. 主要汇率水平

2022 年，美联储政策转向叠加中国经济遭遇下行冲击、欧洲面临俄乌冲突及能源供应风险背景下，美元对人民币、欧元较快升值。随着美国通胀缓和或经济基本面转冷，美联储紧缩步调放松将推动币值回归。中国防控政策调整极大缓解经济面临的制约，预计随着经济企稳回升，人民币对美元将逐步升值。欧元区虽然暂时度过能源供应危机，但俄乌冲突仍持续，欧元升值进程预计相对平缓（见图 13－2）。

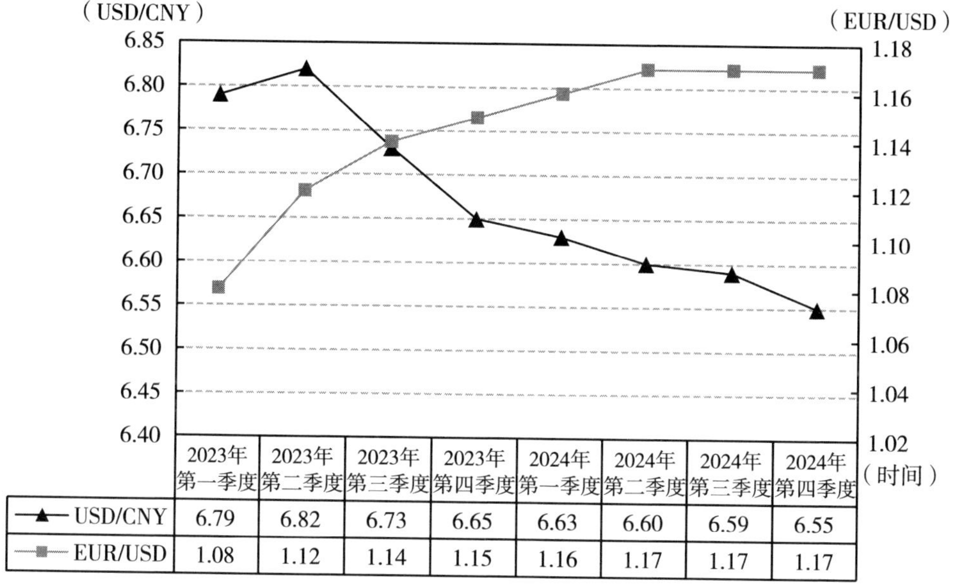

	2023年第一季度	2023年第二季度	2023年第三季度	2023年第四季度	2024年第一季度	2024年第二季度	2024年第三季度	2024年第四季度
USD/CNY	6.79	6.82	6.73	6.65	6.63	6.60	6.59	6.55
EUR/USD	1.08	1.12	1.14	1.15	1.16	1.17	1.17	1.17

图 13－2　美元兑人民币汇率、欧元兑美元汇率的变化趋势假定

注：USD/CNY 为美元兑人民币汇率，EUR/USD 为欧元兑美元汇率。

资料来源：课题组假定。

3. 广义货币供应量（M2）增速

2022 年，中国人民银行“稳健的货币政策取得积极成效，有力支持经济回稳向好”①，广义货币增速达到 11.80%。2023 年，实体经济企稳仍面临需求收缩、供给冲击、预期转弱三重压力，预计货币政策仍需要发力支持实体经济。美联储紧缩政策的余地趋窄，此前我国宽松政策的高成本有望缓解。预计全年 M2 增速维持在 11.30% 的积极水平，至 2024 年随着国内经济情况企稳与国外货币政策趋于正常化，回归 9% 左右的水平（见图 13－3）。

（二）主要宏观经济指标预测

1. GDP 增速预测

在上述外生变量假定下，基于中国季度宏观经济模型（CQMM）的预测表明：2023 年，中国 GDP 增速预计为 5.75%，比 2022 年高 2.75 个百分点；2024 年，GDP 增速继续回升至 5.62%。2022 年，中国经济遭遇了新冠疫情反复冲击、房地产风险加剧暴露和以能源价格飙涨为代表的大宗商品价格冲击。其中，奥密

① 《2022 年第四季度中国货币政策执行报告》，http://www.gov.cn/xinwen/2023－02/25/content_5743258.htm。

克戎（Omicron）的超强传播性令疫情防控的广义成本大增，显著延滞了经济修复进程，令居民收入基础进一步受损。2023 年，预计在居民消费难以快速反弹、房地产投资修复相对缓慢、全球供应链受损期间流入的出口订单随全球供应链修复及跨国企业不确定性背景下重布局而外流等因素拖累下，全年经济增长面临较大压力，但 2022 年的较低基数、供给约束的充分释放和财政货币政策支持等因素可望支持经济顺利实现逐步企稳复苏，其中 2023 年第二季度由于翘尾效应可能出现较高的季度增速（见图 13－4）。

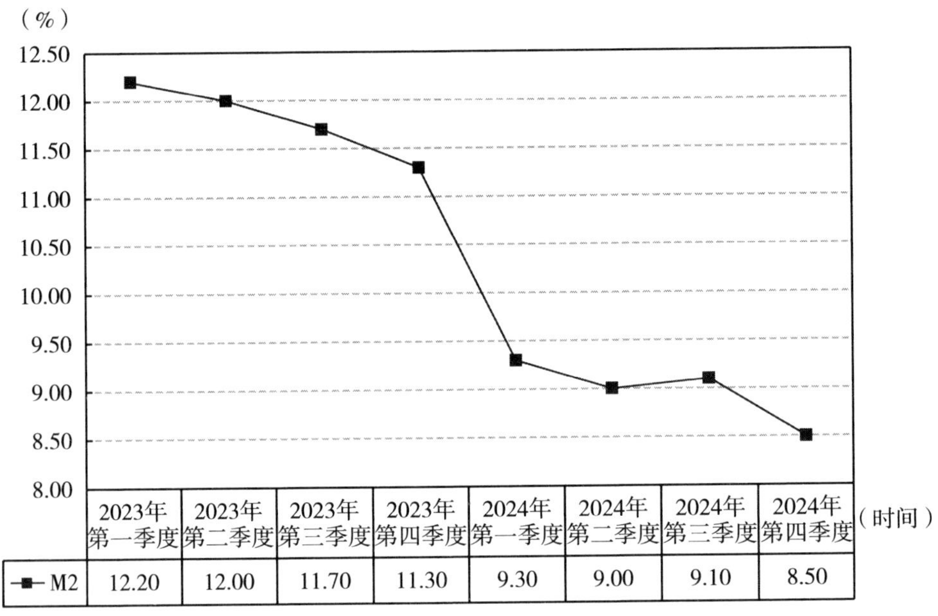

	2023年第一季度	2023年第二季度	2023年第三季度	2023年第四季度	2024年第一季度	2024年第二季度	2024年第三季度	2024年第四季度
M2	12.20	12.00	11.70	11.30	9.30	9.00	9.10	8.50

图 13－3　M2 增长率的变化趋势假定

资料来源：课题组假定。

2. 投资增速预测

模型预测，2023 年，按现价计算的固定资产投资（不含农户）将增长 8.98%，比 2022 年高 3.88 个百分点；2024 年，固定资产投资增速预计为 6.82%（见表 13－1）。2022 年，房地产投资因政策限制与风险暴露而大幅下行，但基建投资与制造业投资维持较快增长。预计 2023 年，在房地产投资随房地产风险逐步处置出清而触底、制造业投资随出口下行而有所减速的背景下，基建投资仍需要持续发力，以确保固定资产投资增速维持合意水平，实现稳增长。

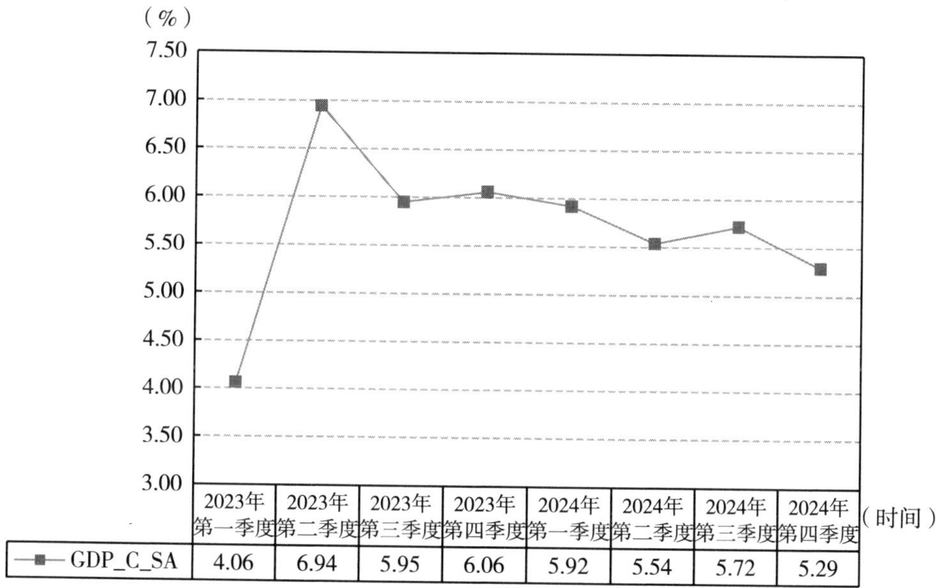

图 13－4　分情景 GDP 季度增长率预测（季度同比增长率）

资料来源：课题组计算。

表 13－1　2023～2024 年投资增速预测

单位:%

变量	2023 年				2024 年				2023 年全年	2024 年全年
	第一季度	第二季度	第三季度	第四季度	第一季度	第二季度	第三季度	第四季度		
固定资产完成额（可比价）	8.77	11.09	10.61	5.17	4.40	4.68	4.44	4.42	8.85	4.49
固定资产投资（现价不含农户）	5.10	9.38	10.11	11.46	5.50	7.43	7.01	7.33	8.98	6.82
基建投资（现价）	10.08	11.24	9.62	7.80	7.05	7.19	8.23	6.57	9.67	7.26
房地产投资（现价）	－7.70	2.47	10.04	19.39	1.79	3.21	4.41	4.20	5.23	3.41
制造业投资（现价）	7.89	8.07	7.03	8.54	7.56	14.37	10.12	11.94	7.88	11.00

资料来源：课题组计算。

分行业看，基建投资预计较快增长 9.67%，房地产投资在低基数基础上修复性增长 5.23%，制造业投资预计增长 7.88%。首先，地方债扩容结合金融支持构成基建投资较快增长的现实基础，而防控政策调整、地方债发行节奏与前期政策接续可望确保基建投资发力持续；其次，房地产市场风险出清和信心修复需要一定时间，在去年低基数的基础上全年增速较快反弹、至第四季度达到两位数高点的情况下，全年可望取得修复性增长，但其前景将受到房地产风险化解和信心修复进程的极大影响；最后，全球供应链逐步修复导致订单回流、发达经济体酝酿衰退风险、跨国企业政策不确定性背景下重布局、中美贸易与技术博弈将会对出口产生不利影响，拖累出口导向的制造业投资，预计后续制造业投资随出口减速而趋缓（见图 13－5）。

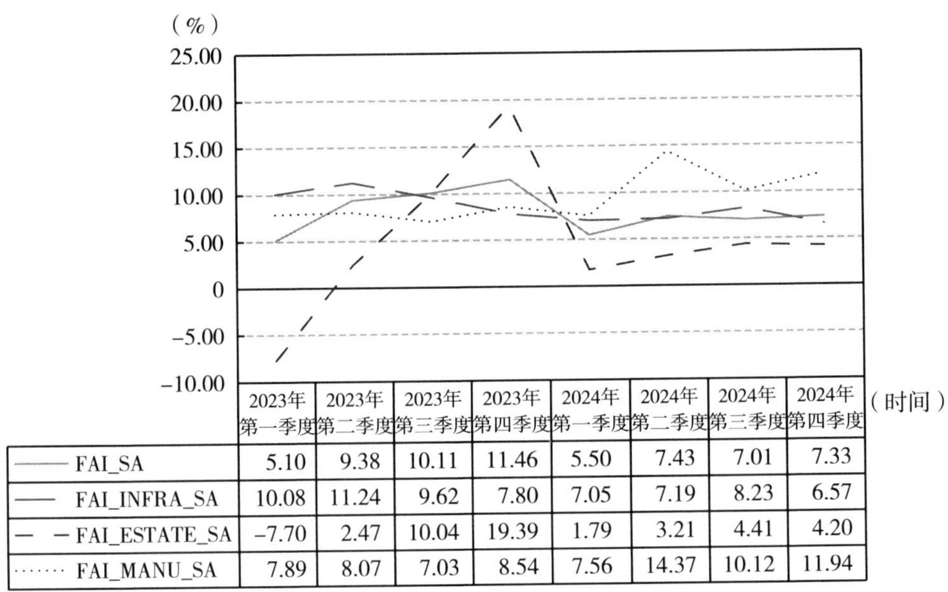

	2023年第一季度	2023年第二季度	2023年第三季度	2023年第四季度	2024年第一季度	2024年第二季度	2024年第三季度	2024年第四季度
FAI_SA	5.10	9.38	10.11	11.46	5.50	7.43	7.01	7.33
FAI_INFRA_SA	10.08	11.24	9.62	7.80	7.05	7.19	8.23	6.57
FAI_ESTATE_SA	−7.70	2.47	10.04	19.39	1.79	3.21	4.41	4.20
FAI_MANU_SA	7.89	8.07	7.03	8.54	7.56	14.37	10.12	11.94

图 13－5　固定资产投资额增速预测（季度同比增长率）

注：FAI _SA、FAI_INFRA_SA、FAI_ESTATE_SA 和 FAI_MANU_SA 分别表示固定资产投资、基建投资、房地产投资和制造业投资。

资料来源：课题组计算。

3. 消费需求增长预测

模型预测，2023 年，不变价的居民消费总额将增长 2.91%，并在 2024 年继续增长 3.99%；2023 年，社会消费品零售总额名义增长 4.89%，比 2022 年高 5.09 个百分点；2024 年，社会消费品零售总额名义增速提升至 7.59%。

2022 年，受居民收入减少、预期转弱、消费场景受限、不确定背景下预防性储蓄增加等因素影响，居民消费较为脆弱。过去两年的经验显示，消费修复的斜率（边际消费倾向）在疫情冲击后会趋于放缓。因此，在经受 2022 年多轮意外冲击后，即便叠加翘尾影响，消费回到新冠疫情前增速尚需时日。预计 2023 年，各季度社会零售总额名义增速波动回升，剔除翘尾效应后属于逐步加速复苏态势，2024 年则逐步回归常态增速区间（见图 13－6）。

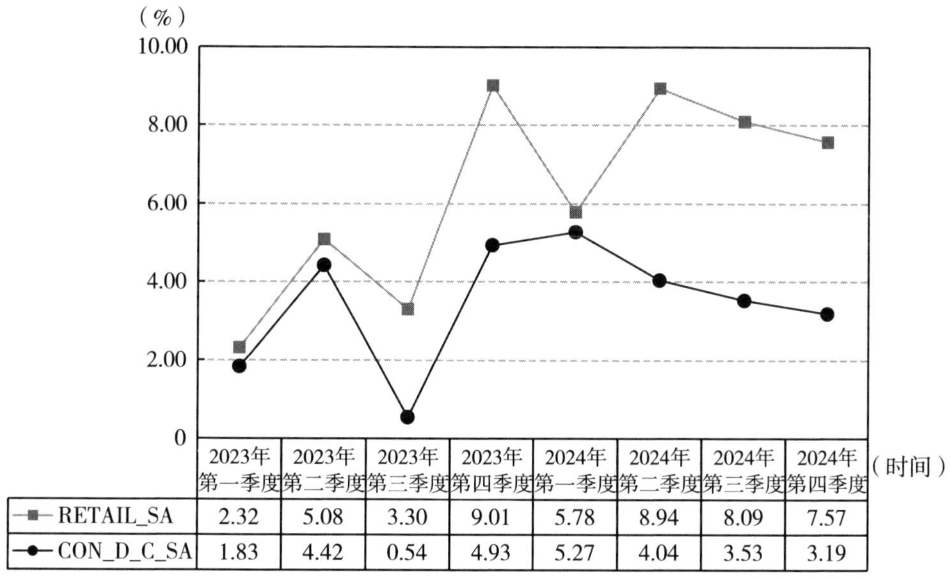

	2023年第一季度	2023年第二季度	2023年第三季度	2023年第四季度	2024年第一季度	2024年第二季度	2024年第三季度	2024年第四季度
RETAIL_SA	2.32	5.08	3.30	9.01	5.78	8.94	8.09	7.57
CON_D_C_SA	1.83	4.42	0.54	4.93	5.27	4.04	3.53	3.19

图 13－6　消费增速预测（季度同比增长率）

注：CON_D_C_SA 表示居民消费总额（不变价）增速，RETAIL_SA 表示社会消费品零售总额（现价）增速。

资料来源：课题组计算。

4. 其他主要宏观经济指标增长率预测

首先，主要价格指标增速预测。2023 年，CPI 预计上涨 1.11%，比 2022 年低 0.89 个百分点；2024 年，CPI 增速预计为 1.91%（见图 13－7）。2022 年上半年较为成功的保供稳价政策、产业链完备优势、消费需求相对疲软和猪肉价格周期对冲了上游价格冲击。后续，消费需求逐步修复、国际通胀有所缓解，仍将在一定程度上互相抵减，令消费价格增速尽管略有上升但整体维持稳定。与此同时，2023 年 PPI 预计收缩 4.49%，2024 年继续收缩 0.66%（见图 13－7）。

2022 年下半年，能源价格持续较快回落，上游成本价格冲击大为缓解。当前国际油价虽然接近俄乌冲突前水平，但仍高于新冠疫情前水平。在全球增长趋缓的背景下，预计仍将稳步回落。PPI 增速预计将在 2023 年第二季度达到阶段低点，之后逐步回升。

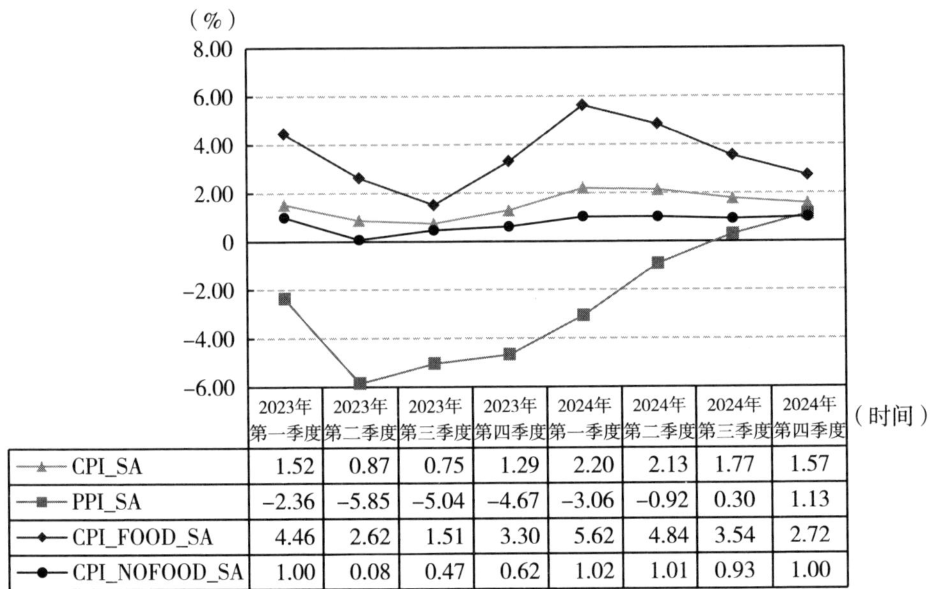

	2023年第一季度	2023年第二季度	2023年第三季度	2023年第四季度	2024年第一季度	2024年第二季度	2024年第三季度	2024年第四季度
CPI_SA	1.52	0.87	0.75	1.29	2.20	2.13	1.77	1.57
PPI_SA	-2.36	-5.85	-5.04	-4.67	-3.06	-0.92	0.30	1.13
CPI_FOOD_SA	4.46	2.62	1.51	3.30	5.62	4.84	3.54	2.72
CPI_NOFOOD_SA	1.00	0.08	0.47	0.62	1.02	1.01	0.93	1.00

图 13－7　价格指数预测（季度同比增长率）

注：CPI_SA、PPI_SA、CPI_FOOD_SA 和 CPI_NOFOOD_SA 分别表示季节调整后的居民消费价格指数、生产者价格指数、食品消费价格指数和非食品消费价格指数。

资料来源：课题组计算。

其次，进出口增速预测。2023 年，按现价美元计，我国货物出口总额预计将收缩 5. 67%，比 2022 年低 13. 14 个百分点；货物进口总额将收缩 4. 42%，比 2022 年低 5. 97 个百分点（见表 13－3）。新冠疫情以来，由于国际供应链严重受损且修复缓慢，中国出口实现了持续的“替代性”增长。2022 年下半年，随着全球产业链继续修复、高通胀侵蚀发达国家居民购买力、发达经济体货币政策紧缩酝酿衰退风险、海外高通胀触顶后“名义增长”贡献减少、高基数和国内政策不确定性影响供给等内外因素叠加，出口增速转向下行。预计 2023 年，前述外部抑制因素仍将持续，出口增长将会显著承压。消费复苏较慢和用于出口的原料进口减少将会削弱进口增长。

表 13－2　　2023～2024 年中国进出口增速预测　　单位：%

币种	项目	2023 年				2024 年				2023 年全年	2024 年全年
		第一季度	第二季度	第三季度	第四季度	第一季度	第二季度	第三季度	第四季度		
美元现价	出口	－7. 51	－9. 04	－7. 72	2. 30	6. 21	9. 37	13. 02	14. 32	－5. 67	10. 75
	进口	－8. 95	－6. 58	－4. 07	2. 32	8. 89	9. 60	10. 91	11. 23	－4. 42	10. 17

续表

币种	项目	2023 年				2024 年				2023 年全年	2024 年全年
		第一季度	第二季度	第三季度	第四季度	第一季度	第二季度	第三季度	第四季度		
人民币现价	出口	-1.12	-6.17	-9.06	-4.08	3.71	5.84	10.67	12.60	-5.19	8.20
	进口	-2.65	-3.63	-5.47	-4.06	6.32	6.07	8.60	9.56	-3.97	7.65

资料来源：课题组计算。

表 13-3　2023~2024 年中国主要经济指标增速预测　单位：%

主要指标	2022 年	2023 年	2024 年	2023 年第一季度	2023 年第二季度	2023 年第三季度	2023 年第四季度
GDP	3.00	5.75	5.62	4.06	6.94	5.95	6.06
全社会固定资产投资（不含农户）	5.10	8.98	6.82	5.10	9.38	10.11	11.46
制造业投资（现价）	9.10	7.88	11.00	7.89	8.07	7.03	8.54
房地产投资（现价）	-8.40	5.23	3.41	-7.70	2.47	10.04	19.39
基础设施投资（现价）	9.40	9.67	7.26	10.08	11.24	9.62	7.80
社会消费品零售总额（现价）	-0.20	4.89	7.59	2.32	5.08	3.30	9.01
出口（美元现价）	7.00	-5.67	10.75	-7.51	-9.04	-7.72	2.30
进口（美元现价）	1.10	-4.42	10.17	-8.95	-6.58	-4.07	2.32
出口（人民币现价）	10.50	-5.19	8.20	-1.12	-6.17	-9.06	-4.08
进口（人民币现价）	4.30	-3.97	7.65	-2.65	-3.63	-5.47	-4.06
CPI	2.00	1.11	1.91	1.52	0.87	0.75	1.29
PPI	4.10	-4.49	-0.66	-2.36	-5.85	-5.04	-4.67

资料来源：课题组预测。

整体而言，在新冠疫情防控管理及时优化的背景下，中国经济摆脱 2022 年低谷实现有序复苏并达成 2023 年 5% 的目标增速的前景是乐观的。尽管面临居民消费难以快速反弹、房地产投资修复相对缓慢、全球供应链受损期间流入的出口订单随全球供应链修复及跨国企业不确定性背景下重布局而外流等不利因素，但 2022 年的较低基数、供给约束的充分释放和财政货币政策刺激可望支持经济顺利实现逐步企稳复苏。由于消费修复需要一定时间、外贸增长面临较大压力，投资特别是基建投资和制造业投资需要切实发挥支持作用。需要注意，海外发达经济体衰退前景、中美竞合关系发展动向、房地产行业复苏情况、国内后续疫情对消费复苏的冲击仍可能为后续经济发展带来相当大的不确定性。

第二节　政策模拟：重塑消费增长动力的政策探讨

一、问题的提出

2022 年，三大需求中，最终消费对经济增长的贡献率仅为 32.8%，较 2021 年大幅减少 25.5 个百分点，约相当于 2013～2019 年最终消费贡献率的一半（30.0%），仅比新冠疫情最为严重的 2020 年高出 39.6 个百分点（见图 13－8）。究其原因，主要有两大引致因素。

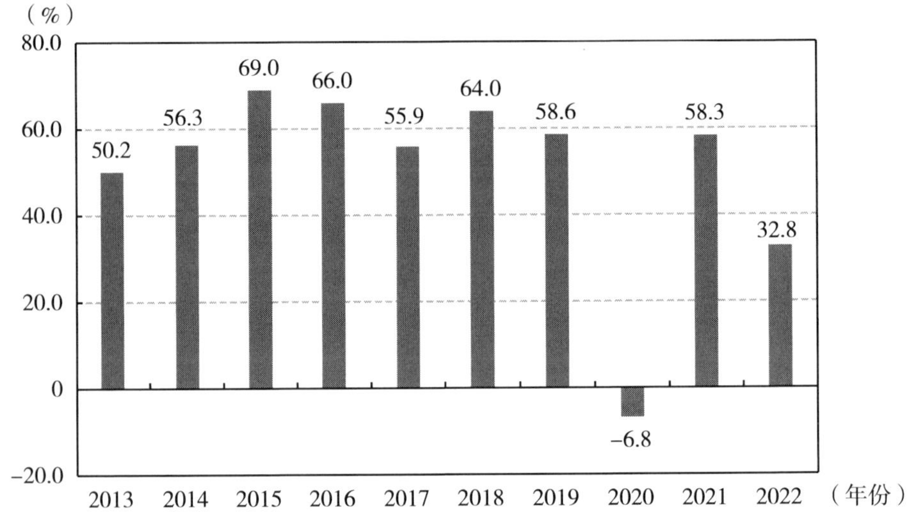

图 13－8　2013 年以来最终需求对经济增长的贡献率变化

资料来源：整理自 CEIC 数据库。

一是新冠疫情在全国各地的反复出现，特别是 3～4 月上海疫情的暴发，严重干扰了中国经济的正常运行。尤其是在动态清零政策的指引下，以一定时间内区域静默为特征的疫情防控措施，必然导致区域内主要依赖于物流和人员流动的消费需求特别是服务类消费按下“暂停键”，进而对消费产生短期负面冲击，削弱消费对经济增长的贡献。

二是房地产业危机在经过近两年的发酵，开始从生产端、供给端传递到消费端、需求端。具体表现为居民贷款特别是住房消费贷款规模及增速的急剧下降

（见表 13－4）。2022 年，个人消费类贷款仅比 2021 年新增 1.15 万亿元，较上年同期减少 4.17 万亿元，创下 2009 年以来的新低；个人消费新贷款同比增速为－78.4%，较 2021 年大幅下跌 73.4 个百分点。新增个人消费贷款占新增人民币贷款的比重约为 5.5%，较 2021 年下降 21.2 个百分点。其中，住房消费新增贷款约为 0.48 万亿元，较上年同期减少 3.40 万亿元，占新增个人消费贷款的比重下降至 41.7%，较过去十年的均值减少 27.7 个百分点。因此，从个人消费贷款的构成看，八成左右的贷款减少是由住房贷款需求下降贡献的。换言之，房地产业的问题不仅表现在投资端、供给端的持续低迷，在需求端也开始显露无遗。

表 13－4　2013 年以来居民个人消费类贷款及住房贷款变化情况

年份	个人消费类贷款		住房消费贷款		新增人民币贷款（万亿元）	个人消费类贷款占新增人民币贷款比重（%）
	规模（万亿元）	增速（%）	规模（万亿元）	占比（%）		
2013	2.54	62.2	1.66	65.3	8.89	28.5
2014	2.39	－5.6	1.59	66.3	9.78	24.5
2015	3.59	49.8	2.50	69.7	11.27	31.8
2016	6.10	70.0	4.86	79.7	12.44	49.0
2017	6.47	6.2	3.99	61.6	13.84	46.8
2018	6.27	－3.1	3.90	62.2	15.67	40.0
2019	6.18	－1.5	4.21	68.1	16.88	36.6
2020	5.59	－9.3	4.39	78.4	20.03	28.0
2021	5.32	－5.0	3.88	73.0	19.94	26.7
2022	1.15	－78.4	0.48	41.7	20.91	5.5

注：住房消费贷款占比是用住房消费贷款占个人消费类贷款的比重计算得到；数据整理自 CEIC 数据库。

事实上，在新冠疫情的头两年，住房消费贷款的新增幅度尽管有所下降，但仍保持在平均水平以上。2020 年和 2021 年，新增住房消费贷款的规模分别为 4.39 万亿元和 3.88 万亿元，占同期新增个人消费贷款规模的比重分别为 78.4%和 73.0%。这两项数据均与此前 2017～2019 年的数值基本相当，甚至还略微高出。考虑到中国的住房贷款主要采用首付加按揭贷款的形式进行，新增住房消费贷款的急剧下降，意味着居民首付款的减少，进而转化为居民存款的增加。2022 年，居民新增存款规模达到 17.84 万亿元，较 2021 年大幅增加 7.94 万亿元。而 2018～2021 年，该项数值分别仅为 2.6 万亿元、2.5 万亿元、1.59 万亿元和

-1.39万亿元。[①] 受此影响，居民新增存款占全部新增存款的比重由2021年的50.3%跃升到67.9%，创下有此项统计数据以来的历史新高（见图13-9）。居民新增存款增量与全部新增存款增量的比值约为1.21，超额贡献了所有的新增存款增量。而2021年该比值为负值，2020年也仅约为0.37。近十年内，只有2019年的比值（1.27）要高于2022年，但二者在新增规模方面不可同日而语。2022年的新增居民存款总额约为2019年的3.17倍。因此，从住房消费视角看，2022年，最终消费贡献率的大幅下降、居民新增存款的快速提升，与住房消费贷款的迅速萎缩是密切相关的。

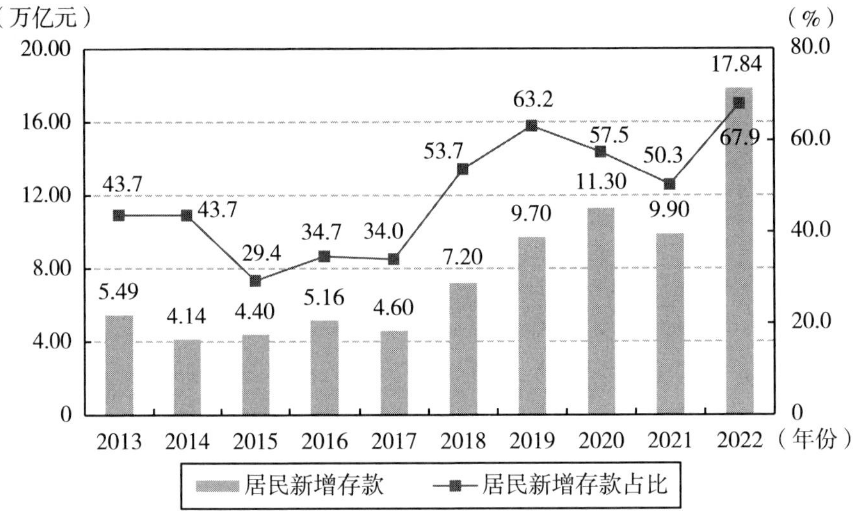

图13-9　2013年以来居民新增存款规模及占比变化

注：居民新增存款占比是指居民新增存款占全部新增存款的比重。

资料来源：整理自CEIC数据库。

值得注意的是，从表13-3还可以看出，个人消费类贷款实际上从2018年开始就已经持续五年出现负增长的情况。2018~2022年，新增个人消费类贷款

① 居民新增存款的大幅增加，除由房地产市场消费低迷造成外，还有一部分原因是金融市场波动。2022年，中国公募基金资管规模仅增加0.5万亿元，私募基金资管规模更是下跌0.3万亿元，均远低于往年的增幅。汪涛（2023）认为，金融市场波动推动居民减少金融资产配置，使得资金回流银行存款，造成居民存款增加。具体表现在：2022年中国居民存款增加主要来自定期存款（占总增量的77%）。但这部分的存款增加可能并不能解释消费的下降。原因在于：一方面，存款增加对应的群体多为高收入群体或老年人口，消费倾向较低；另一方面，从金融产品到存款，改变的是资金存放的位置，以及收益率和安全性方面的差异，更多体现为投资品内部的资产配置调整，而非从投资品到消费品，抑或相反方向的变化。

的增速分别为 -3.1%、-1.5%、-9.3%、-5.0%和 -78.4%。这表明，除了住房消费之外，其他类型的消费贷款，包括汽车、信用卡等中短期消费项目也在持续下降。事实上，自 2008 年之后，中国社会消费品零售总额就呈现出持续下滑的增长态势，增速也由最高的 21.6%逐渐跌至个位数增长。2019 年，社会消费品零售总额增速仅为 8.0%。① 2020 年之后新冠疫情的冲击，至多是放大消费的短期波动幅度，而非趋势性改变。

为扭转内需特别是消费需求持续低迷的趋势，进而稳住经济增长的宏观大局，2022 年 12 月 15 日，中央经济工作会议强调，2023 年要“着力扩大国内需求”，“把恢复和扩大消费摆在优先位置”。并且，明确提出要“支持住房改善、新能源汽车、养老服务等消费”，住房消费再次成为推进消费需求扩张的主要抓手。2023 年 3 月初开始的第十四届全国两会更是五年来首次将“支持改善型住房需求”写入政府工作报告。可以说，提振住房消费已经成为今年全国经济工作的重中之重，是当下扩大内需政策的“头号工程”。

但问题在于：第一，提振住房消费需求能否扩大内需进而推动经济增长目标的实现呢？应该说，现有的包括降低房贷利率、降低首付比例、取消限购等措施手段肯定会在一定程度上刺激住房贷款需求，提升住房贷款规模，但一方面，这一刺激效应会有多大？受外围及国内经济增长不确定因素增强的影响，无论是企业投资，特别是民营企业投资，还是居民消费，都在趋于谨慎。同时，如前所述，房地产市场走弱的预期，在生产端和供给端徘徊两年之后，开始向消费端、需求端传递渗透。而一旦消费预期形成，短期内想大幅度逆转的可能性不大。因此，尽管住房消费政策放开，但居民是否愿意跟进“买单”，企业是否愿意跟进投资，仍是未知数。另一方面，在当前住房市场库存高企的背景下，即使刺激了住房贷款需求，在“去库存”未能转向“补库存”之前，对房地产投资进而经济增长的带动作用也可能是比较有限的。

第二，除提振住房消费需求外，是否存在其他更为合适、副作用更低的替代措施呢？众所周知，刺激住房需求进而带动经济增长是住房市场化改革之后中国政府部门刺激经济复苏的常用手段。其好处是对经济增长具有较好的促进及带动

① 2011 ~2019 年，除了 2013 年最终消费的贡献（50.2%）略低于资本形成总额（53.1%）以及 2020 年新冠疫情暴发年之外，其余年份，最终消费对经济增长的贡献率均远超过其他两大支出。然而，以下两个原因可能会削弱这方面的经济意义：一是 GDP 增速在这一阶段始终是下行的。这意味着，消费对经济增长贡献的提升实际上只是因为下降的速度慢于其他两大需求尤其是投资增速的大幅下滑。换言之，这一时期最终消费贡献率提升只是统计意义上的被动调整，而非经济层面的主观改善。二是消费增速之所以会下降较慢，主要是相对于投资的变化，人们消费习惯的改变是缓慢的，且有些消费是刚性的，不随收入状况的变动而变化。因此，消费对于外部环境变化的反应是滞后的。但一旦形成新的预期，长期中，消费将可能出现加速下降的趋势。

效应，经常能够产生“立竿见影”的效果，但缺点是造成房价高企，导致居民债务杠杆水平飙升，对经济发展成果的共享度低，居民生活幸福感不足等。同时，长期的政策反复迂回，也造成经济增长渐渐走上依赖房地产市场发展的路径。特别是，近几年来，随着房地产市场的渐趋饱和，刺激房地产需求的政策作用基础不在，政策的边际增长效应也随之减弱。因此，此时若再度使用超预期的住房需求刺激政策，无异于“饮鸩止渴”，很可能会陷入房地产捆绑经济的“循环陷阱”。是否有其他可资代替的刺激居民消费需求的手段呢？大量的研究表明，当前制约中国居民消费增长乏力的关键因素在于：一方面，居民收入增速长期滞后于经济增速，使得居民不能完全满足自身的消费需求，释放消费潜力；另一方面，在收入水平较低的情况下，居民债务又因住房价格高涨而高企，导致大量的居民财产沉淀在住房资产上，在削弱其他类消费品消费的同时，抑制了居民后续的消费能力。再加上，中国城乡居民的养老保险制度也还不够完善，保障能力有限，教育、医疗等服务品价格依旧昂贵，居民预防性储蓄动机强烈。这些因素共同造成了居民消费的长期萎靡不振。因此，与刺激住房需求等短期手段相比，提高居民可支配收入或许是兼顾短期和中长期因素的更加合适的政策选择。

二、政策模拟情景设定

基于上述考虑，利用 CQMM 模型，以 2022 年的中国宏观经济运行实践为基础，课题组设置了两个政策模拟情景。

情景一，住房贷款规模提升的宏观经济效应。假定房地产政策提早到 2022 年初实施，从而使得 2022 年的新增住房贷款保持在过去五年（2017～2021 年）的平均水平，而不是大幅下行。具体来看，在前述假定下，2022 年，中国居民的新增住房贷款将达到 40 725.2 亿元，较实际值提高 35 925.2 亿元。对应的第一季度到第四季度的新增住房贷款将分别提高 5 717.5 亿元、10 308.6 亿元、9 719.4 亿元和 10 179.7 亿元（见图 13－10）。

情景二，居民可支配收入增加的宏观经济效应。假定将情景一中房贷政策实施的让利收入，叠加其他财税金融政策的配合，包括加大对个人所得的减税和免税力度等，转换为对应规模的城镇居民可支配收入提升。亦即，将情景一中所模拟的新增住房贷款增量转变为城镇居民收入。

其中，情景一政策模拟的目的是要量化分析在现实背景下住房贷款规模上升可能带来的宏观经济效应；而情景二政策模拟的目的则是要寻找相关替代措施，从提高居民可支配收入入手，研究从根本上缓解居民消费持续下降的措施所可能产生的宏观经济效应。最终，课题组将通过比较两种情景下的政策模拟结果差异，给出相关政策建议。

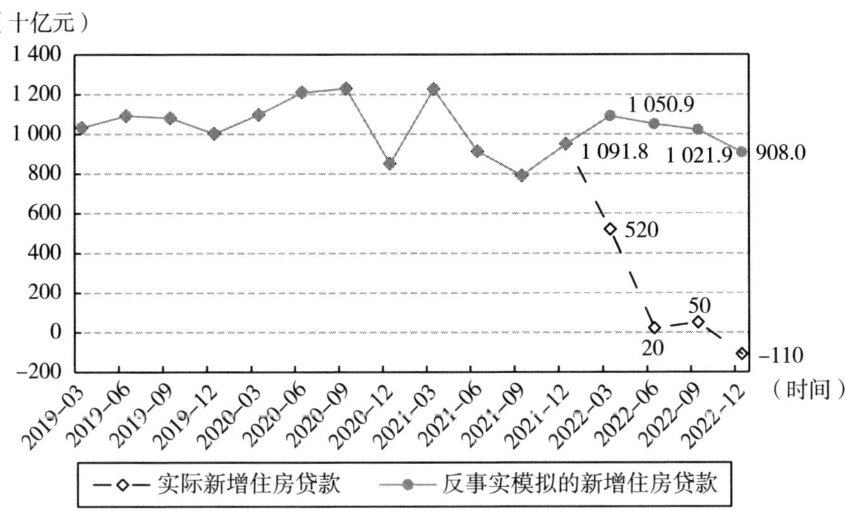

图 13－10　反事实模拟的基准设计

资料来源：课题组计算。

三、政策模拟结果分析

第一，经济增速改善，居民可支配收入增长的促进效应要优于住房贷款规模提升。如图 13－11 所示，两种模拟情景下的 GDP 增速均较基准值有所提高。其中，情景一住房贷款规模提升会引致 GDP 增速增加 0.4 个百分点；情景二居民可支配收入增长则可以带动 2022 年 GDP 增速提高 2.5 个百分点，达到 5.6%，从而实现年初经济预设的增长目标。因此，从对经济增长的刺激效果看，居民可支配收入增加要显著强于住房贷款规模提升的方式。

原因可能在于：一是居民可支配收入增加可以直接促进居民消费进而带动 GDP 增长，其作用传递环节较短，溢出效应较强，而住房贷款规模提升，先要消耗掉现有商品房市场的库存，再去引致房地产开发投资增长，最终作用于 GDP 增长，其效应发挥存在滞后性，且依赖房地产投资行为的预期变化；二是居民可支配收入增加触及的是不同收入群体的居民，包括边际消费倾向较高的中低收入群体，其产生的消费乘数效应会比较大，而在当前经济环境下，住房贷款规模增加更多是由高收入群体或少数具有改善性住房需求、刚性住房需求的群体承担，前者边际消费倾向较低，后者会较大程度地挤出其他非住房类消费，最终造成整体的消费乘数效应较小，对经济增长的拉动效应也相对有限；三是信贷资源更多地偏向住房贷款需求，也会挤压实体经济的信贷需求，进而“挤出”制造业投资，削弱政策的激励效应。

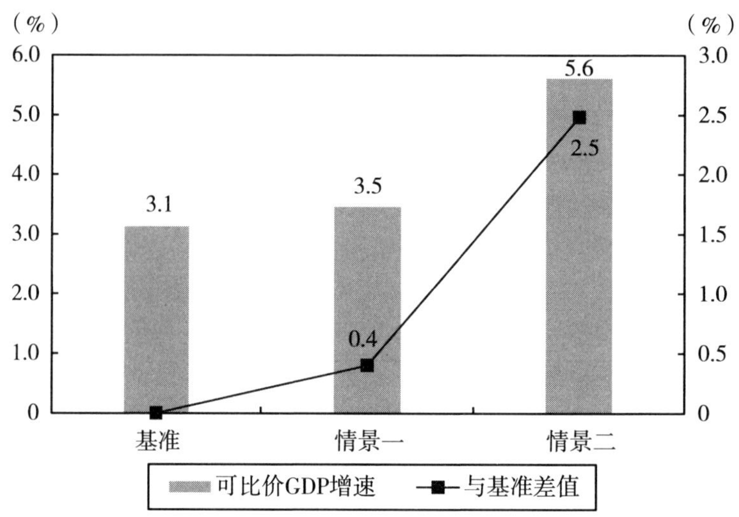

图 13－11　不同情景模拟下的 GDP 增速变化比较

资料来源：课题组计算。

第二，消费和投资的变化存在分化差异，增加居民可支配收入更有助于促进消费增长。首先，消费方面，居民可支配收入增加会大幅提升居民消费的增速。2022 年，情景二下的可比价居民消费增速高达 9.4%，要高出基准值 6.8 个百分点。相比较而言，情景一下的可比价居民消费增速约为 3.4%，也较基准值有所提高，但增幅仅为 0.7 个百分点，远低于情景一下的居民消费增速涨幅（见图 13－12）。因此，居民可支配收入增加显然比住房贷款规模提升更能刺激居民消费扩张。与之对应的是，两种情景下的社会消费品零售总额增速也会产生类似的分化差异。2022 年，情景一下的社会消费品零售总额增速约为 0.7%，较基准值小幅提高 0.6 个百分点；而情景二下的社会消费品零售总额增速则达到 5.6%，较基准值大幅增加了 5.5 个百分点。

其次，投资方面，两种情景下，无论是城镇固定资产投资增速，抑或是房地产投资增速，都要高于基准值。但相对而言，住房贷款规模提升对投资的激励作用会更大一些。其中，情景一的城镇固定资产投资增速约为 6.4%，略高出情景二时的城镇固定资产投资增速 0.3 个百分点；而情景一下的房地产投资增速则较明显地快于情景二，二者的增幅差额约为 2.0 个百分点（见图 13－13）。不过，情景一下的房地产投资增速仍然为－5.1%，亦即尽管住房贷款规模上升会在一定程度上激励房地产投资，但其增长效应有限，短期内并不能扭转房地产投资整体负增长的趋势。这实际上印证了住房贷款规模提升先要消耗掉过往数年形成的大量商品房住房库存，然后才能引致新的房地产开发投资。

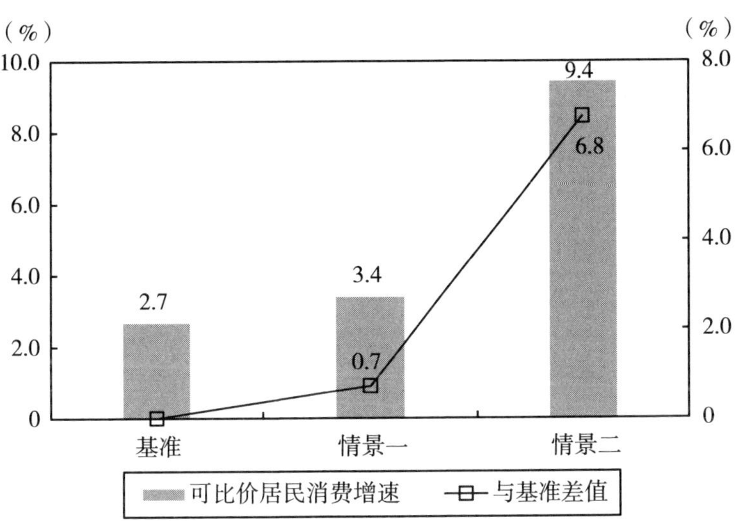

图 13－12　不同情景模拟下的可比价居民消费增速变化比较

资料来源：课题组计算。

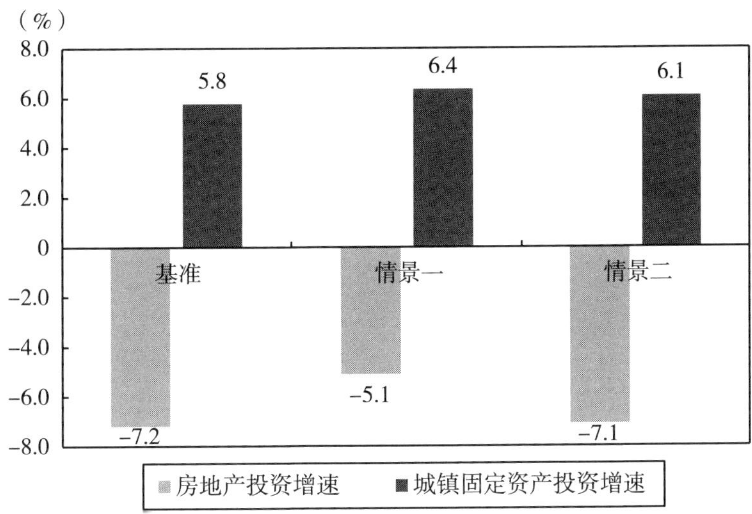

图 13－13　不同情景模拟下房地产投资及城镇固定资产投资增速变化比较

资料来源：课题组计算。

第三，居民可支配收入增加会带动最终消费贡献率大幅提升，重新成为经济增长的最主要动力。受两种情景下投资和消费指标分化差异的表现影响，两种情景下的总需求结构及需求的经济增长贡献率也存在明显的差异改变。其中，总需求结构方面，由于住房贷款规模对投资的整体激励效应不强，情景一下的固定资本形成总额占 GDP 比重反而会较基准值下降 0.1 个百分点，而最终消费占 GDP 比重则小幅提升 0.1 个百分点。与之对比，情景二下的最终消费占 GDP 比重较基准值增长了 1.2 个百分点，固定资本形成总额比重则相对下降了 1.0 个百分点（见图 13－14）。

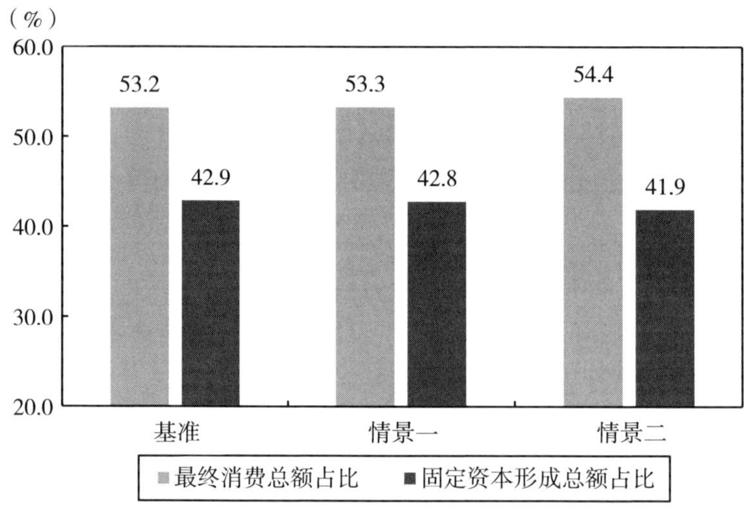

图 13－14　不同情景模拟下的总需求结构变化比较

资料来源：课题组计算。

经济增长贡献率方面，情景二下的最终消费贡献率达到 65.3%，较基准值大幅提高 30.5 个百分点；固定资本形成总额的贡献率则下降为 27.0%，较基准值减少 20.3 个百分点。最终消费重新成为经济增长的最主要贡献动力。而情景一下的最终消费贡献率约为 39.5%，较基准值增加 4.7 个百分点；固定资本形成总额的贡献率为 44.8%，较基准值减少 2.5 个百分点。资本形成总额依旧是经济增长的主要贡献动力（见图 13－15）。

四、简要小结

2022 年，受新冠疫情及外部经济不确定因素增多的影响，中国经济仅取得 3.0% 的增速，是自改革开放以来中国经济增速的第二低，仅高于新冠疫情暴发的 2020 年。特别是，在总需求结构方面，消费和投资需求均反弹乏力，最终消费的贡献率更是出现大幅下降。展望 2023 年，在欧美经济衰退、通胀高位运行的大背景下，外需持续快速增长的可能性不大，甚至会由“优等生”转变为“劣等生”，对经济增长产生抑制作用。前述第二部分 CQMM 的预测结果显示，

2023 年，以美元计价的出口增速将为 -5.67%，较 2022 年大幅下跌 13.14 个百分点。因此，扩大内需以稳住经济增长已然成为中国经济要实现“十四五”规划及远景发展目标的必然选择。

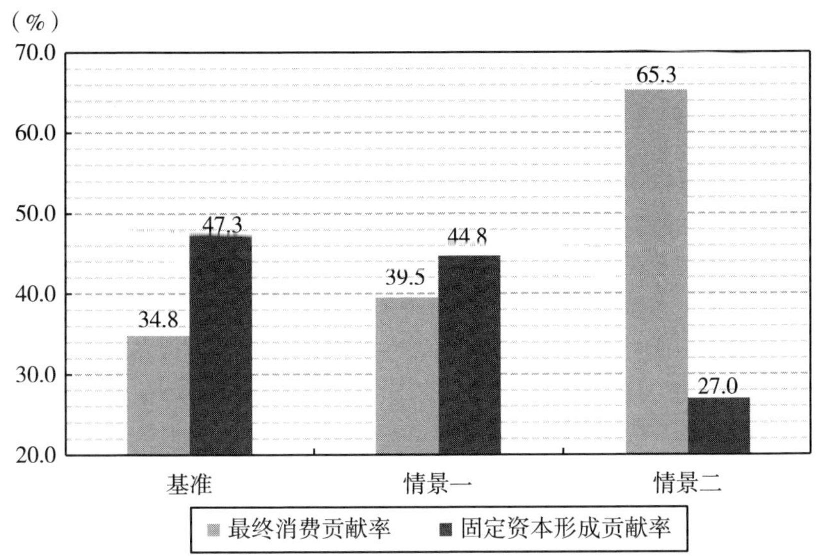

图 13-15　不同情景模拟下的最终消费贡献率变化比较

资料来源：课题组计算。

目前来看，提振住房消费是决策部门开出的一大“药方”。然而，考虑到在当前现实背景下，提振住房消费可能并不会有效地带动经济增长，甚至还可能会产生较大的负面冲击效应。同时，以往的研究表明，制约居民消费长期萎靡不振的根本因素是居民收入增速相对滞后于经济增速。为此，课题组借助中国季度宏观经济模型（CQMM），通过两种反事实情景的设定，评估提振住房消费政策的有效性，并比较居民可支配收入增加与住房贷款规模提升的宏观经济效应差异。结果显示：就扩大内需的政策目的而言，增加居民可支配收入的措施要优于刺激住房消费、增加住房贷款规模。

具体表现在，一方面，前者会产生更大、更直接的正向居民消费激励作用，并且在重塑最终消费对经济增长贡献率的效果上也要明显好于后者；另一方面，由于大量住房库存的存在，增加住房贷款规模只会小幅改善当期的房地产投资，而无法整体扭转房地产投资进而全部投资的增长颓势。投资方面的改进，短期内可能还是需要在民间投资以及制造业领域的投资方面下功夫，而不是在房地产市场。

基于上述观察，本章认为，2022 年，因新冠疫情防控措施引致的消费增速断档以及消费贡献率滑坡必然是短暂的，其并不是最终消费特别是居民消费增长乏力的主导因素。现阶段，要促进居民消费增长以实现扩大内需的最终目的，可以采取以下措施。

第一，提高居民可支配收入是重中之重，是促进居民消费增长的先决条件。只有居民可支配收入水平提高，居民才“能消费”。具体而言，短期内，在花大力气助企纾困的同时，要逐渐加大对居民的直接补助力度，真正让居民享受到政策补贴，而不需要经由企业转手或传递，如加大发放消费券规模、联合网络平台加强促销优惠活动等；中期则是要通过强化就业优先政策、健全就业公共服务体系、提升劳动者就业创业能力、促进重点群体就业等举措，以就业促进带动居民增收；长期则是进一步评估和改进税费改革的效果，以总量减税来定调个人所得税改革的后续优化调整。同时，要进一步完善收入分配制度改革，控制财政收入占 GDP 的比重，扩大居民收入占 GDP 的比重。这是提振市场信心，提高人民群众获得感、幸福感、安全感的根本之策。任何导致扩大财政收入占比、压缩居民收入占比的“惠民”政策，都将不利于真正的民生改善。原因在于：预算规模如因此不断扩大，不仅必然增加财政赤字，加剧腐败、支出无效率、投资结构扭曲，而且将不断背离让市场在资源配置中起决定性作用的方向，不利于政府更好发挥作用。

第二，提振住房消费可以在缓解房地产业在生产端、供给端面临的发展困境上起到一定的正向作用，从而有助于控制房地产市场风险，维护房地产市场的平稳健康运行，但必须明白的是，本章的政策模拟结果显示，在现阶段，提振住房消费既不能也不应再度成为我国扩大内需、刺激消费需求的主要手段。其既不能在短期内快速促进经济增速回升，也不能扭转房地产投资负增长的趋势，中长期更是可能造成中国经济陷入依赖于房地产的循环陷阱。因此，在“坚持房住不炒”基调不变的前提下，适当为房地产企业松绑纾困，降低房地产市场运行风险，现阶段看是可行且必要的。但以此为借口，重新开展大规模的房地产刺激政策，既脱离了社会现实，也无法真正达到扩大内需的根本目标。

第三，要重视中国居民债务规模快速上升的问题，控制居民负债率持续上涨，避免居民部门继续“加杠杆”对居民消费长期持续增长的损害。现阶段，中央提出要推动形成“以国内大循环为主体、国内国际双循环相互促进”的经济发展新格局，其核心重点在于国内市场的大循环。要构建流畅的国内市场大循环，必须防止继续向居民部门加杠杆，提升居民消费长期可持续增长的潜力，带动投资增长和结构调整。只有切实降低整个国民经济的总负债率，才能真正提高整个国民经济运行的稳健性。拆东墙补西墙，势必左支右绌，顾此失彼，导致更大的问题出现。值得注意的是，当前中国居民部门杠杆率具有明显的城市差异性。在控制总量居民债务杠杆率的同时，对待不同类型城市的居民债务杠杆率，应因地制宜、区别对待。

第四，在总体居民收入提升的前提下，再着力于消费环境的改善，包括完善公共服务体系、创新消费业态和模式、构建便捷消费平台、保护消费者权益，让居民“敢消费”“易消费”等。这其中，最重要的还是在于完善公共服务体系。表现在住房、教育、医疗、养老等人民群众普遍关心的民生产品的“保基本”和“优供给”。在确保“幼有所育、学有所教、劳有所得、病有所医、老有所养、住有所居、弱有所扶”等基本公共服务产品提供的同时，也要扩大普惠性的非基本公共服务产品的供给，推动消费在“恢复发展”的基础上“扩容提质”。

第五，促进居民消费的财税优惠政策要更有针对性。这种针对性既体现在对不同类型产品消费的区分上，也包括对不同收入群体、不同消费群体的再分配导向差异。要采取适当措施，提高具有较高边际消费倾向的中低收入家庭的收入水平，通过改善社会保障和社会救济安排，缓解债务压力对其消费能力的侵蚀。同时，顺应居民消费结构变迁的需求，将财政政策的着力点放在增加一般消费品、教育、医疗、文化娱乐等非住房产品和服务消费上。一方面，促进企业投资结构调整，形成相关服务品的有效供给体系；另一方面，以社会民生服务代替个人服务，降低居民预防性储蓄动机，营造良好消费环境，重塑经济增长新动力。

第三节　政策建议

综合前述分析，课题组认为，2023 年，中国经济增长的下行压力主要来自需求面。其中，投资方面，出口的下行压力叠加利润增长预期的减弱将限制制造业投资增长；地方政府收入增长压力叠加地方政府债务管控将制约基础设施投资的增长；房地产市场的低迷短期难以扭转，也将持续约束房地产投资增长。消费需求方面，短期内，居民（特别是中低收入组别）收入增长和就业稳定预期可能持续趋弱，会在很大程度上抑制消费支出的快速反弹。

为了扭转内需尤其是消费需求持续低迷的不利局面，2023 年 3 月的政府工作报告五年来首次重提“支持改善性住房需求”，希望通过提振住房消费需求，激励企业投资和居民消费的双重增长。然而，问题在于：提振住房消费需求能在多大程度上稳定投资进而稳定增长？与刺激住房需求等短期手段相比，通过提高居民可支配收入来加快居民消费制度的增长，是否是兼顾短期和中长期的更为合适的政策选择？

课题组以 2022 年的中国宏观经济实践为基础，模拟分析了当前扩大住房贷款规模和增加居民可支配收入的宏观经济效应。在反事实分析中，我们假定让 2022 年的新增住房贷款保持在过去五年（2017 ~ 2021 年）的平均水平（40 725.2 亿元），而不是实际值的 4 800.0 亿元。模拟结果表明，这两种方式都有利于拉动 GDP 增速的提高，但同等规模的居民可支配收入的增长可以多拉动 GDP 增长 2.1 个百分点。因此，从刺激效果看，提高居民可支配收入要显著强于扩大住房贷款规模的方式。

然而，过去三年，新冠疫情冲击对不同收入组别的居民收入增长和就业稳定带来了不同的影响，导致中低收入组别的居民消费支出更趋谨慎。近年来，居民储蓄的快速增长在很大程度上为预防性储蓄的增长。事实上，自 2008 年后，我国名义社会消费品零售总额就持续萎缩，个人消费类贷款从 2018 年起已连续五年出现负增长的情况。疫情冲击更是加深了这一趋势变化。这说明，居民消费增长乏力是一个长期的问题，而不是当前短期的问题。一是居民实际收入增速长期不断减缓。扣除价格因素后，2012 年人均可支配收入增长 10.8%，此后下滑至 2019 年的 6%，2022 年进一步下降至 3%。二是住房价格高企推高了居民负债率，导致大量的居民财产沉淀在住房资产上，从而抑制了居民消费能力的增长。三是基尼系数高位企稳。自 2016 年开始，基尼系数“稳定”在 0.465 ~ 0.468 的区间，不再下降。

当前房地产业困境经过近两年的发酵，开始从生产端、供给端传递到消费端、需求端，主要表现为居民贷款特别是住房消费贷款规模及增速的急剧下降。除限购政策的影响外，房地产企业的债务风险问题以及供给过剩的问题都导致了房地产投资的低迷。过去，由房地产价格高企进而拉动房地产投资快速增长的自我循环模式在很大程度上减缓了我国经济增速的下滑，但同时，也扭曲了信贷结构（“脱实向虚”），强化了地方政府的“土地财政”依赖，并快速推高居民家庭负债率。在“房住不炒”的调控政策下，房地产企业的债务风险得以加快暴露。当前，为稳投资再次激励房地产投资，不仅会延缓房地产企业债务风险的治理管控，还会再次挤占实体经济特别是可用于制造业转型升级的信贷资源。同时，从长期来看，我国人口结构老龄化、城镇化率逐步趋近高位等因素，也将从根本上制约房地产投资的长期增长。因此，当前的主要任务应是在管控防范房地产企业债务风险的前提下，逐步稳定房地产投资的增长。

基于政策模拟结果，我们提出，在当前居民（特别是中低收入组别）收入增长和就业问题预期较弱的情况下，不应通过政策刺激房地产投资的增长来稳投资，而应当保持政策的延续性，确实稳定制造业投资和民间投资。

加快制造业转型升级是加快建设现代化产业体系的根本。在当前制造业投资增速面临下行压力、利润增长预期减弱的情况下，宏观政策应保持持续性和精准性，在继续落实金融为实体经济服务、推动企业综合融资成本稳中有降的同时，确保结构性货币政策和结构性减税降费政策在高端制造、数字经济、绿色经济等领域继续发力，夯实制造业转型升级的基础。

当前，制造业投资中民间投资占比超过八成。过去几年，外部市场不确定、人民币升值以及国内工资上涨等因素制约了出口导向型制造业民间投资的增长。今年内，PPI 受外部经济动荡的影响将转为收缩，一定程度上将减轻中下游制造业企业（特别是面向国内市场的中小民营企业）的上游成本压力。宏观政策重视民营经济，将有利于稳定制造业民间投资，进而稳定制造业投资。

基于上述分析，课题组提出：

第一，在当前外部经济高度不确定、国内经济正处于结构性转型的情况下，经济减速是难以避免的结果。因此，宏观政策应弱化对经济增速的要求，更加着重强调高质量发展的要求。预测结果表明，2023 年，5% 上下的增速应是一个可实现的、较为实际的增长速度。过高的经济速度的追求将可能加剧扭曲经济结构、扩大系统性金融风险。

第二，当前应重视稳定并改善居民收入增长和就业保障预期。短期内，通过稳就业确保低收入组别的收入稳定增长，高度重视居民债务规模快速上升对中等及偏上组别居民消费支出增长的抑制效应。由于居民部门杠杆率具有明显的城市差异性，在控制总量居民债务杠杆率的同时，应因地制宜，区别对待不同类型城市的居民债务杠杆率。中期，在加快居民实际收入增长的同时，通过进一步推进个人所得税改革、完善收入分配制度、改善消费环境以及公共服务均等化等措施，多头并进切实缩小收入差距。长期，通过制造业转型升级和高端服务业的快速发展加快劳动生产率的增长，切实推动经济增长方式的根本转变。

第三，财政政策方面，受制于财政收入增长的压力，2023 年，公共预算赤字率小幅提高至 GDP 的 3%；地方政府专项债新增限额也扩大至 3.8 万亿元。今年内，财政政策还应继续配合货币政策，通过结构性减税降费全力服务于高技术制造业的潜力挖掘，以及中小微企业的就业稳定。在基础设施投资方面，超预期的基础设施投资的快速增长不具备可持续性。当前应在稳定基础设施投资的前提下，加快解决地方政府的收入增长压力。工业利润减速、土地出让收入收缩、地方政府债务风险的管控防范等都在不同程度上抑制了地方政府的收入增长。这不仅将对基础设施投资增长形成压力，还会积累地方政府对民营企业的各类支付拖欠，进而抑制民间投资的增长。因此，除中央政府对地方政府的转移支付、逐步扩大新增专项债规模外，还需通过税收制度的改革，从长期稳定地方政府的收入增长；通过改变地方基础设施建设的融资模式，提高政府显性债务尤其是国债对基建的直接支持，逐步减轻地方政府对“土地财政”“土地金融”的依赖，并进一步使地方财政支出的重心从基础设施建设转到民生领域建设。公共服务数量和质量的提升，将有利于提高居民的收入预期，促进消费支出的增长。

第四，货币政策方面，货币政策应在保持流动性合理充裕、金融为实体经济服务的同时，精准有力，切实扩大有效投资，推进投资结构的转型升级。自2010年以来，在制造业投资减速时，为了稳投资，加快了房地产投资和基础设施投资；在民间投资增速下滑时，加快了国有及国有控股企业投资。结果是，“表外业务”高企、信贷结构“脱实向虚”；同时，企业、政府以及家庭负债率的快速提高等。这些都增大了系统性的金融风险，使货币政策不得不转入“双支柱”模式。

当前，制约制造业投资和民间投资快速反弹的因素依然很多。货币政策应继续落实金融为实体经济服务，保证新增人民币贷款中投向非金融企业和机关团体（即实体经济）的贷款占比不低于60.0%；进一步降低企业融资成本，以激励对利率变化更为敏感的民间投资的增长，进而改善市场配置信贷资源的效率，推动投资结构调整，提升投资效率；充分利用结构性货币政策推进先进制造业的发展壮大。因此，货币政策应在防范化解重大金融风险、完善金融监管的前提下，确保结构性政策工具持续发力，并进一步发挥贷款市场报价利率（LPR）的改革效能。

参考文献

汪涛：《解析居民超额储蓄及其对消费的影响》，https：//www.163.com/dy/media/T1499837252205.html，2023年2月16日。

第十四章 2023年秋季中国宏观经济预测*

第一节 2023~2024年中国宏观经济预测

一、模型外生变量假设

（一）美国及欧元区经济增长率

进入2023年以来，发达经济体央行为抗击高通胀而持续推动以加息为主导的紧缩政策。尽管目前看来抗通胀政策整体收效较为有限，却已导致全球金融环境显著收紧、不同经济体前景分化、全球贸易流量趋冷、经济复苏势头持续放缓。从欧美经济增长表现看，美国上半年经济增速达到2.13%，加息压力下仍显韧性；欧元区经济受紧缩政策和外需不足影响较大，上半年经济增速仅为0.80%，衰退风险仍未消散。展望第四季度及明年全球经济增长变化趋势，发达经济体的紧缩政策外溢与全球需求增长疲弱将持续抑制新兴市场经济体的复苏前景。

具体增速设定方面，世界银行2023年6月发布的《全球经济展望》预测美国和欧元区2023年分别增长1.1%和0.4%，2024年分别增长0.8%和1.3%，较此前预测短期

* 本章是厦门大学宏观经济研究中心“中国季度宏观经济模型”课题组2023年秋季预测报告部分。

上调而长期下调；IMF 2023 年 10 月发布的《世界经济展望》预测美国和欧元区 2023 年分别增长 2.1% 和 0.7%，2024 年分别增长 1.5% 和 1.2%，较此前预测对美国更乐观而对欧元区转向悲观。综合参考各方信息，课题组假定：今明两年，美国经济增速分别为 1.70% 和 1.20%，而欧元区经济增速分别为 0.75% 和 1.42%，并设定相应的季度增速（见图 14－1）。

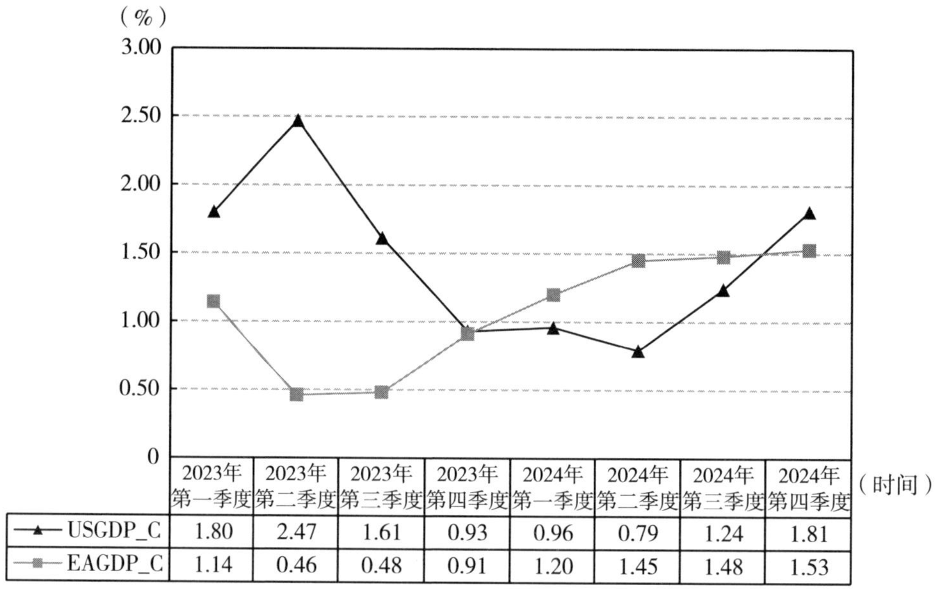

	2023年第一季度	2023年第二季度	2023年第三季度	2023年第四季度	2024年第一季度	2024年第二季度	2024年第三季度	2024年第四季度
USGDP_C	1.80	2.47	1.61	0.93	0.96	0.79	1.24	1.81
EAGDP_C	1.14	0.46	0.48	0.91	1.20	1.45	1.48	1.53

图 14－1　美国与欧元经济增长率变化趋势假定（季度调整后同比增速）

注：USGDP_C 表示美国 GDP 增速，EAGDP_C 表示欧元区 GDP 增速。

资料来源：课题组假定。

（二）主要汇率水平

2023 年以来，美国经济较强的韧性和通货膨胀顽固性令美联储持续紧缩政策，对美元币值形成有力支撑。中国经济自第二季度以来复苏步调放缓，加剧了人民币对美元的贬值幅度。预计 2023 年末或 2024 年初，随着美联储紧缩步调调整，人民币兑美元汇率将持续改观。欧元区长时间维持强力紧缩的经济基础较弱，政策松动或将造成币值回升进程波动，同时更弱的未来经济增长预期也将减缓欧元币值的持续回升速度（见图 14－2）。

（三）广义货币供应量（M2）增速

2023 年以来，中国人民银行“精准有力实施稳健的货币政策，进一步加大对实体经济的支持力度”①，第三季度末广义货币供应量增速达到 10.3%，但年内

① 《国务院关于金融工作情况的报告》，http：//m. safe. gov. cn/safe/2023/1021/23363. html。

增速放缓较为明显，主要是因为美联储紧缩政策超预期持续及房地产风险消解缓慢，压缩我国宽松政策的空间。预计全年 M2 增速维持在 10.15% 的稳慎水平，至美联储政策转向后再次腾出空间，2024 年维持 10% 左右的增速（见图 14－3）。

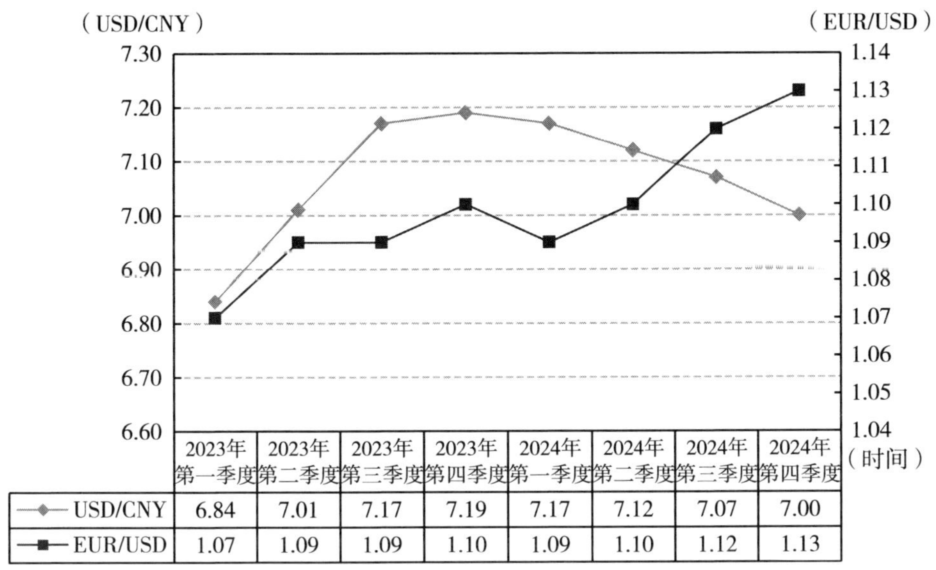

	2023年第一季度	2023年第二季度	2023年第三季度	2023年第四季度	2024年第一季度	2024年第二季度	2024年第三季度	2024年第四季度
USD/CNY	6.84	7.01	7.17	7.19	7.17	7.12	7.07	7.00
EUR/USD	1.07	1.09	1.09	1.10	1.09	1.10	1.12	1.13

图 14－2　美元兑人民币汇率、欧元兑美元汇率的变化趋势假定

注：USD/CNY 为美元兑人民币汇率，EUR/USD 为欧元兑美元汇率。

资料来源：课题组假定。

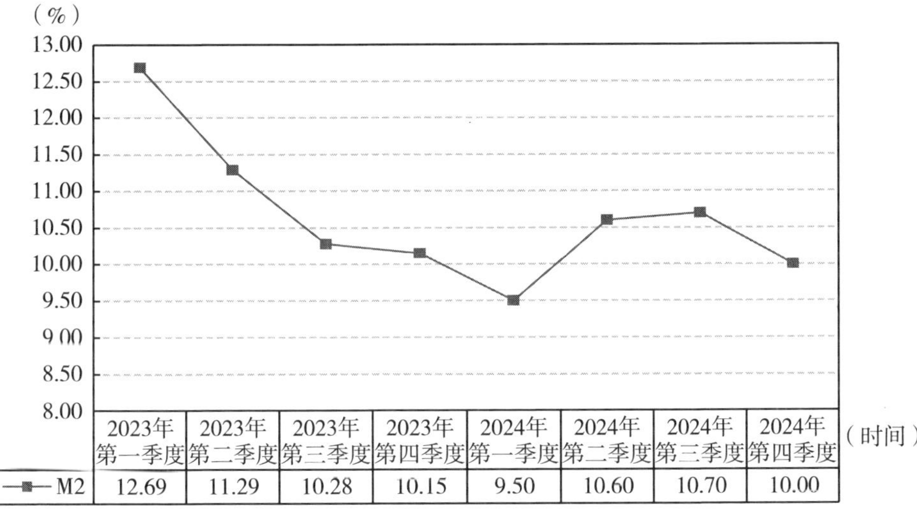

	2023年第一季度	2023年第二季度	2023年第三季度	2023年第四季度	2024年第一季度	2024年第二季度	2024年第三季度	2024年第四季度
M2	12.69	11.29	10.28	10.15	9.50	10.60	10.70	10.00

图 14－3　M2 增长率的变化趋势假定

资料来源：课题组假定。

二、2023～2024 年中国宏观经济主要指标预测

（一）GDP 增速预测

在上述外生变量假定下，基于中国季度宏观经济模型（CQMM）的预测表明：2023 年，中国 GDP 增速预计为 5.35%，较春季预测下调 0.40 个百分点；2024 年，GDP 增速继续回升至 5.47%。2023 年以来，经济复苏进程如同“过山车”一般，呈现“先加速、后趋缓、再增速”的趋势变化。其中，第一季度修复快于预期，第二季度修复慢于预期，第三季度又略超预期。房地产投资与出口是主要拖累因素。展望第四季度，如稳增长政策延续发力，经济可望进一步复苏，最终超额完成全年经济增长目标。到 2024 年，往期翘尾因素基本消化完毕，经济预计将回归较为平稳增长（见图 14－4）。

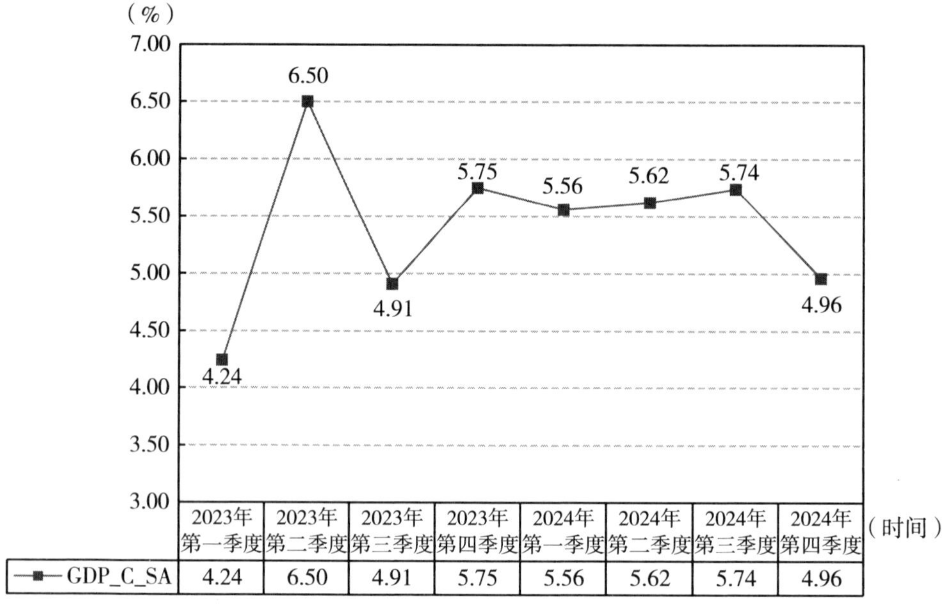

图 14－4　GDP 季度增长率预测（季调同比增速）

资料来源：课题组计算。

（二）投资增速预测

模型预测，2023 年，按现价计算的固定资产投资（不含农户）将增长 3.18%，较春季预测下调 5.80 个百分点；2024 年，固定资产投资增速预计为 5.55%（见表 14－1）。2023 年以来，在地方债扩容和金融政策支持下，防控政策调整、地方债发行节奏与前期政策接续确保基建投资发力持续，但地方债务

存量及偿债压力日益构成基建投资进一步发力的约束，特殊再融资债券发行让地方隐性债务显性化，一些地区可能触及发债上限；房地产投资方面，市场仍未充分出清，市场预期尚未扭转，存量房源供给情况、企业风险积累情况持续拖累房地产投资复苏；制造业投资方面，在生产和盈利不景气、出口下滑的背景下，得益于宽松信贷支持，企业中长期投资仍维持稳健增长，预计随着企业库存出清、盈利好转、外需修复，制造业投资将加速回升，但仍需关注海外产能竞争替代及中美贸易与技术博弈对出口导向制造业投资可能产生的不利影响。

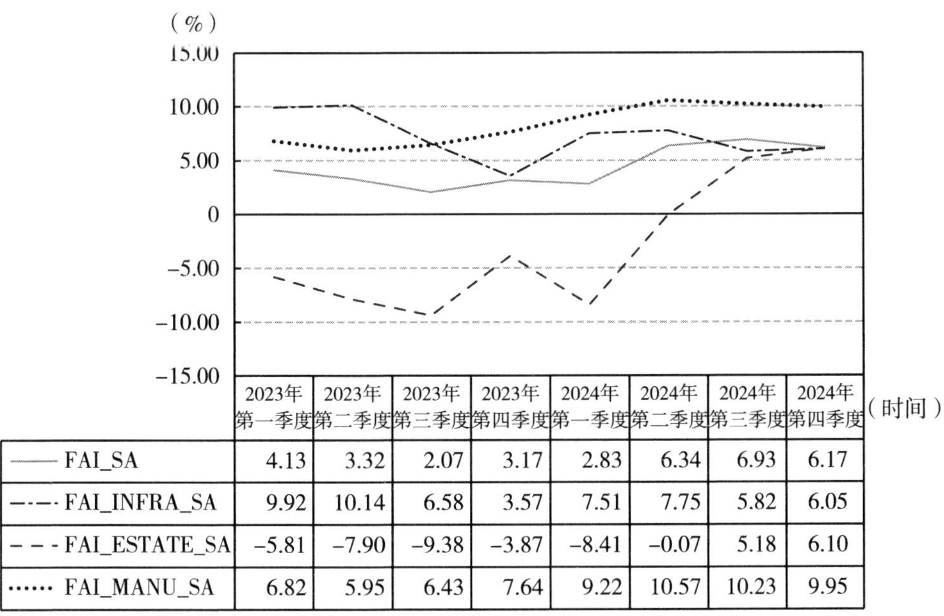

	2023年第一季度	2023年第二季度	2023年第三季度	2023年第四季度	2024年第一季度	2024年第二季度	2024年第三季度	2024年第四季度
—— FAI_SA	4.13	3.32	2.07	3.17	2.83	6.34	6.93	6.17
–·– FAI_INFRA_SA	9.92	10.14	6.58	3.57	7.51	7.75	5.82	6.05
– – – FAI_ESTATE_SA	–5.81	–7.90	–9.38	–3.87	–8.41	–0.07	5.18	6.10
…… FAI_MANU_SA	6.82	5.95	6.43	7.64	9.22	10.57	10.23	9.95

图 14－5　固定资产投资额增速预测（季度同比增长率）

注：FAI_SA 表示固定资产投资，FAI_INFRA_SA、FAI_ESTATE_SA 和 FAI_MANU_SA 分别表示基建投资、房地产投资和制造业投资。

资料来源：课题组计算。

分行业来看，基建投资预计全年增长 7.50%，① 2024 年继续增长 6.79%；房地产投资第四季度在低基数基础上仍然负增长，全年收缩 6.77%，2024 年随风险出清实现企稳，增长 0.31%；制造业投资在今年出口收缩的情况下，仍预计实现 6.72% 的增长，2024 年增速提升至 9.99%（见表 14－1）。

---

① 模型中基建投资为宽口径基建投资，包含电力、热力、燃气及水的生产和供应业。

表 14-1　2023～2024 年投资增速预测　单位：%

变量	2023年				2024年				2023年全年	2024年全年
	第一季度	第二季度	第三季度	第四季度	第一季度	第二季度	第三季度	第四季度		
固定资产完成额（可比价）	5.18	3.90	2.56	2.36	3.87	6.41	7.97	4.26	3.48	5.61
固定资产投资（现价不含农户）	4.13	3.32	2.07	3.17	2.83	6.34	6.93	6.17	3.18	5.55
基建投资（现价）	9.92	10.14	6.58	3.57	7.51	7.75	5.82	6.05	7.50	6.79
房地产投资（现价）	-5.81	-7.90	-9.38	-3.87	-8.41	-0.07	5.18	6.10	-6.77	0.31
制造业投资（现价）	6.82	5.95	6.43	7.64	9.22	10.57	10.23	9.95	6.72	9.99

资料来源：课题组计算。

（三）消费需求增长预测

模型预测，2023 年，社会消费品零售总额名义增长 6.96%，较春季预测上调 2.07 个百分点；2024 年，社会消费品零售总额名义增速预计为 4.35%。2023 年前三季度，消费呈现"反弹—趋缓—回落"的特征，第一季度反弹部分源自疫情之后被压抑需求的集中释放，在随后经济增长趋缓的背景下，居民资产负债表修复时程将会延长，推迟消费复苏进程。预计 2023 年第四季度，社会消费品零售总额增长 7.73%；2024 年前两季度因翘尾效应偏低，后两季度回复 6% 左右常态增速（见图 14-6）。

（四）其他主要宏观经济指标增长率预测

1. 主要价格指标增速预测

2023 年，CPI 预计上涨 0.37%，较春季预测下调 0.74 个百分点；2024 年，CPI 增速预计为 2.18%。2023 年第二季度以来，消费需求转冷、"猪周期"缩短、商品产销周期异步等因素令居民消费价格增速趋于低迷，引发一定程度通缩担忧，但其中产销周期问题更多属技术性因素，如前期以稳企业、保生产为主的稳增长手段加剧了供需周期错位，推高库存，对价格形成抑制；而目前国内企业库存周期和海外厂商库存周期都渐近尾声，产销周期可望重新协调，消费需求整体持续修复的趋势终将推动 CPI 增长。预计在 2023 年第四季度食品 CPI 收缩 1.59% 的基础上，整体 CPI 仍将增长 0.19%；2024 年，非食品 CPI 预计回归 1.5% 左右的长期中枢，结合"猪周期"重启，推动整体 CPI 达到 2% 以上水平（见图 14-7）。

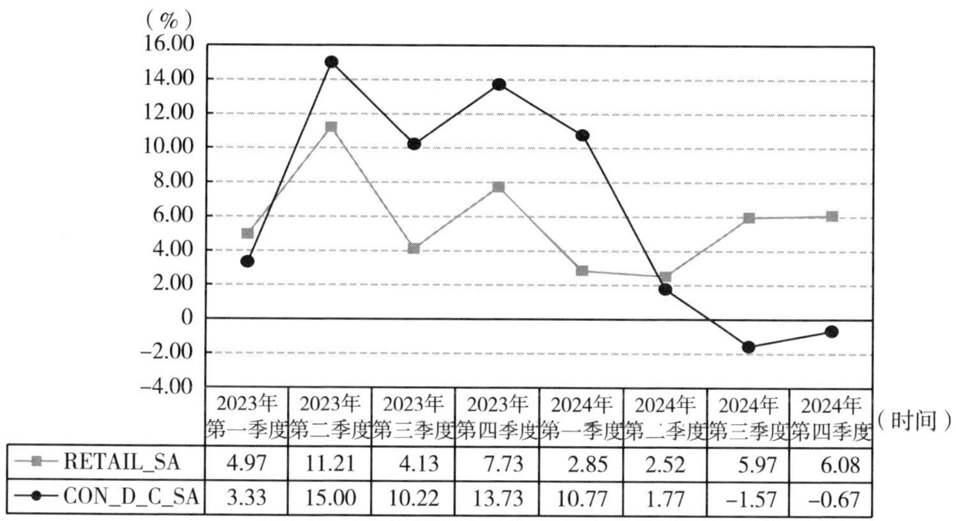

	2023年第一季度	2023年第二季度	2023年第三季度	2023年第四季度	2024年第一季度	2024年第二季度	2024年第三季度	2024年第四季度
RETAIL_SA	4.97	11.21	4.13	7.73	2.85	2.52	5.97	6.08
CON_D_C_SA	3.33	15.00	10.22	13.73	10.77	1.77	-1.57	-0.67

图 14－6　消费增速预测（季度同比增长率）

注：CON_D_C_SA 表示居民消费总额（不变价）增速；RETAIL_SA 表示社会消费品零售总额（现价）增速。

资料来源：课题组计算。

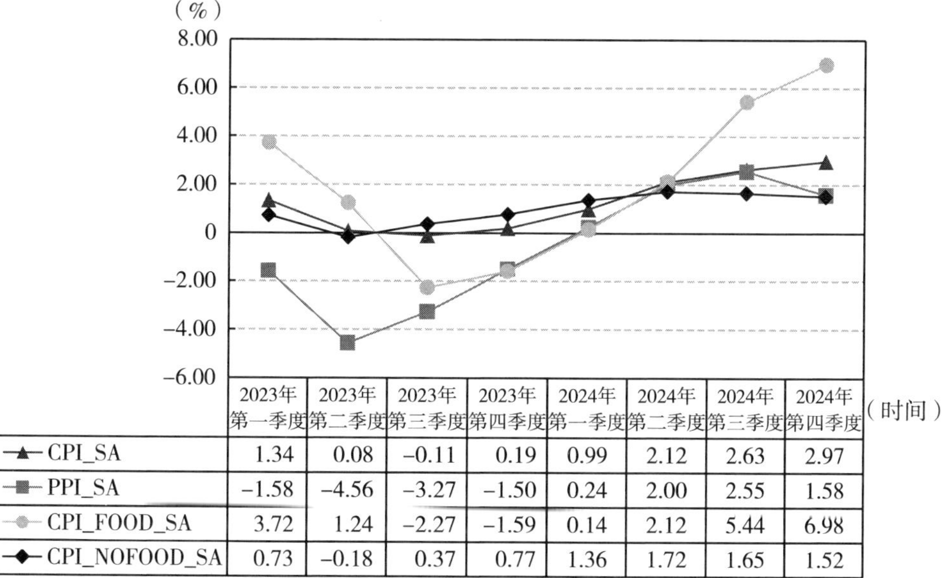

	2023年第一季度	2023年第二季度	2023年第三季度	2023年第四季度	2024年第一季度	2024年第二季度	2024年第三季度	2024年第四季度
CPI_SA	1.34	0.08	-0.11	0.19	0.99	2.12	2.63	2.97
PPI_SA	-1.58	-4.56	-3.27	-1.50	0.24	2.00	2.55	1.58
CPI_FOOD_SA	3.72	1.24	-2.27	-1.59	0.14	2.12	5.44	6.98
CPI_NOFOOD_SA	0.73	-0.18	0.37	0.77	1.36	1.72	1.65	1.52

图 14－7　价格指数预测（季度同比增长率）

注：CPI_SA、PPI_SA、CPI_FOOD_SA 和 CPI_NOFOOD_SA 分别表示季节调整后的居民消费价格指数、生产者价格指数、食品消费价格指数和非食品消费价格指数。

资料来源：课题组计算。

与此同时，PPI 预计 2023 年收缩 2.74%，2024 年增长 1.59%。俄乌冲突僵局及发达经济体需求转冷令国际大宗商品价格较快回落，但 OPEC + 减产的支撑与巴以战事的刺激再度推升油价，如该效应持续，可望推升 PPI 较快转正。

2. 进出口增速预测

2023 年，按现价美元计，预计货物出口总额增速将收缩 4.35%，较春季预测上调 1.32 个百分点；货物进口总额增速将收缩 6.18%，较春季预测下调 1.76 个百分点（见表 14 -2）。

表 14 -2　2023 ~2024 年中国进出口增速预测　单位:%

币种	项目	2023 年				2024 年				2023 年全年	2024 年全年
		第一季度	第二季度	第三季度	第四季度	第一季度	第二季度	第三季度	第四季度		
美元现价	出口	-0.20	-5.31	-10.68	-0.82	-6.16	-0.92	7.15	8.32	-4.35	1.87
	进口	-6.42	-7.10	-9.25	-1.77	-0.67	2.17	6.29	3.33	-6.18	2.74
人民币现价	出口	7.52	0.38	-6.19	0.56	-1.66	0.66	5.61	5.46	0.41	2.46
	进口	0.82	-1.52	-4.69	-0.41	4.09	3.80	4.76	0.60	-1.48	3.29

资料来源：课题组计算。

得益于面向东南亚联盟、“一带一路”、RCEP 协议国家的出口增长，今年年初，中国货物出口增速一度强于预期，但上述贸易伙伴的市场地位、市场深度和交易风险暂时还难以代替欧美市场的作用。随着欧美消费品库存周期、货币政策紧缩周期渐趋拐点，叠加基数效应，预计第四季度出口增速将显著改善至 -0.82%，并于 2024 年实现正增长 1.87%。消费复苏进程趋缓和用于出口的“引致进口”减少将会削弱进口增长。

专栏：省域经济预测——福建经济实时预报模型

为进一步丰富 CQMM 模型对区域经济的刻画，通过重要经济区域的独立建模，对主体模型构成参照和补充，同时强化模型服务区域经济发展的能力，课题组以福建为切入点，启动了 CQMM 模型区域子模型的研发。福建经济实时预报模型主要基于动态因子模型（DFM），借鉴美国亚特兰大联储 GDPNow 的实时预报模型框架，辅以混合数据抽样（MIDAS）、贝叶斯向量自回归（BVAR）、因子增广自回归（FAVAR）和桥接方程（BE）等多种技术方法，实现对当前经济活动情况的即刻跟踪、当季 GDP 的实时预报和未来 GDP 的远期预测。

福建经济实时预报模型基础数据库现包含福建省日、周、月、季 4 种频段时间序列指标 800 余条，模型当前已启用实装 104 条，不同频段数据经自动化批量处理后，按先验区分的生产、流通、消费、投资、贸易、金融、财政层次结构降维提取综合指数。提取指数主要基于动态因子模型：

$$x_t = \mu + \Lambda(L) f_t + e_t$$

$$f_t = \phi(L) f_{t-1} + \eta_t$$

$$e_t = \delta(L) e_{t-1} + \nu_t$$

其中，x_t 为实装的基础经济指标向量；$\Lambda(L)$、$\phi(L)$、$\delta(L)$ 为参数滞后多项式；η_t 为序列无关零均值的因子新息；e_t 为扰动项；f_t 为待估计的不可观测共同因子，取首位因子作为降维指数。

模型指数显示：2023 年 1 ~ 10 月，福建省经济从新冠疫情冲击中持续平稳复苏。除第一季度部分受统计因素影响增速弱于全国外，第二季度和第三季度增速排除基数效应后趋势上优于全国（见图 14 -8）。

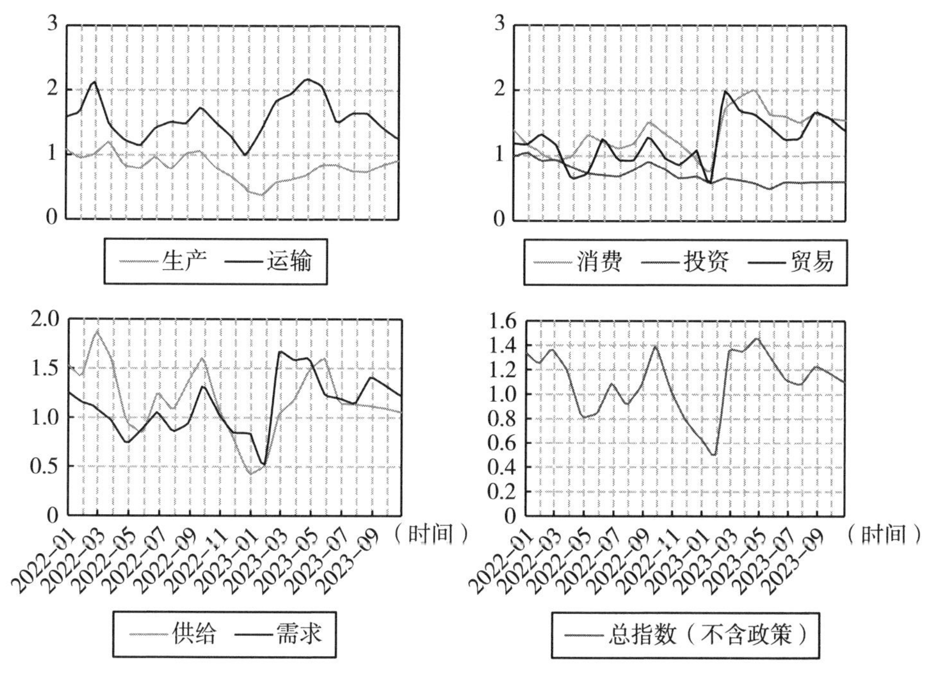

图 14 -8　福建经济分层指数追踪

资料来源：课题组计算。

分供给和需求来看，2022 年底防控解除后，需求领先于供给较快反弹，2023 年第一季度需求强于供给；5 月之后，需求趋于回落，供给强于需求；9 月以来，供需渐趋平衡。供给侧，生产今年以来呈缓慢恢复态势，流通成为供给侧的主要支撑。需求侧，投资表现持续低迷，消费修复贡献最大，贸易得益于内贸对外贸的弥补替代，贡献超过预期。

生产方面，年内呈缓慢恢复态势。工业生产是主要拖累，主要由于福建外向型经济受外需下行冲击较重、疫情期间稳企保就以生产为重点抓手加剧产销周期错位、工业数据为统计数据修正重点。

消费方面，居民消费年初较快复苏、随后增势转弱。线下接触性消费复苏步调较快，其余消费项目受限于居民资产负债表修复进程，复苏步调稍慢。

投资方面，固定资产投资剔除基数效应后整体趋势并不弱于全国。投资中长期下行态势明显，主要是房地产开发投资持续低迷。

外贸方面，出口下行压力年中达到最高，近期边际有所改善。出口增速下行主要受中美贸易争端下国际供应链“去风险”致订单回流、国际外需复苏趋缓、疫情期间供给集中推高基数以及产业转移的叠加影响。新兴市场在全国上半年出口增长中体现出一定的替代潜力，但福建涉美贸易份额较高，受政策冲击强于全国。

围绕上述模型指数，福建经济实时预报模型通过低频模型群和高频模型群的组合对经济进行预测。低频模型群通过对季度 GDP 序列直接建模（BVAR）、对降频至季度的分层指数建模（FAVAR）两类方案构建 GDP 的季度预测模型。高频模型群则通过对包含降频至月度的分层指数在内的不同因子组合方案建立 VAR 模型后桥接（BE－FAVAR）、建立混频 MIDAS 模型（F－MIDAS）和独立运行包含 GDP 的混频动态因子模型（MF－DFM）三类方案构建 GDP 的混频预测模型。其中，每种方法都对整体 GDP、分产业 GDP 进行独立建模，分产业 GDP 可以进一步合成结构化的整体 GDP 预测。对于同一指标在同一时期的多种模型预测结果，基于该模型历史预测表现进行加权组合预测，以充分利用不同模型的优势。对于季度初缺少高频数据的当季 GDP 预报和远期 GDP 预测，主要报告低频模型的预测结果；随着季度内高频数据逐步产生，当季 GDP 预报中低频模型权重逐步降低、混频模型权重逐步提升，至当季结束时主要报告混频模型预测结果。

福建经济实时预报模型上述设计的亮点在于三点。第一，灵敏性。模型引入日度和周度高频指标，并在周度形成综合指数，相比之下亚特兰大储备银行的GDPNow最高频率仅用到月度数据。更高频度数据的引入有助于提高模型对经济最新变化的灵敏性，更加及时地把握经济运行的边际动向，提高了服务决策的及时性。第二，稳健性。已有研究显示，一定基于经济含义或数据生成机制的层级架构有助于提升预测表现的稳健性，而福建模型兼有按经济主题的分层结构和按数据生成机制的分产业合成结构，此外，模型综合多种设定组合后，形成近百个子模型，并基于历史回溯表现进行加权组合预测，还可以构建预测分布区间，有效提升模型自动化运行的稳健性和可用性。第三，可解释性。福建模型依生产、消费、物流、外贸等领域分解的多层架构，赋予综合指数鲜明的经济含义，也能够加强预测结果的可解释性，提高服务决策价值。

最终，福建经济实时预报模型显示：福建2023年第四季度GDP增速预计为6.26%，全年GDP增速为4.70%；2024年第一季度和第二季度GDP增速预计分别为8.17%和7.21%，上半年GDP增速为7.66%。

第二节　提升服务业就业吸纳能力对中国经济的影响

一、研究背景

2023年，青年失业率持续攀升逐渐演变成中国宏观经济运行的一个突出问题，受到广泛的社会舆论关注。截至2023年6月，16~24岁的青年城镇调查失业率达到21.3%，创下2018年1月之后有该指标统计以来的最高值，远高于同期全口径5.2%的城镇居民调查失业率。

如表14-3所示，与11个主要发达经济体相比，中国2023年第二季度（月末值）青年城镇调查失业率仅低于西班牙（27.9%）和意大利（22.1%），大幅高于日本（4.2%）、韩国（5.7%）、德国（6.0%）、美国（7.3%）和澳大利亚（7.8%），与加拿大（11.1%）、英国（11.9%）、法国（15.8%）和葡萄牙（17.2%）之间也存在不小的差距。并且，从趋势变化上看，自2018年以来，上述提到的绝大多数国家青年失业率都是在“稳中趋降”，波动幅度较小，唯有中国青年失业率一路上扬，2023年6月的数值超过2018年3月的两倍还多，相当于青年失业率在五年多时间内翻了一番。

表 14－3　中国与主要发达经济体的失业率变化比较　单位:%

时间	意大利		日本		西班牙		英国		美国		德国	
	失业率	15～24岁	失业率	15～24岁	失业率	15～24岁	失业率	15～24岁	失业率	15～24岁	失业率	15～24岁
2018年第一季度	11.6	33.8	2.5	3.9	16.7	36.3	4.2	11.5	4.3	9.1	3.6	6.8
2018年第二季度	10.7	31.6	2.5	3.9	15.3	34.7	4.0	10.9	3.8	8.8	3.5	7.1
2018年第三季度	9.3	29.2	2.5	3.8	14.6	33.0	4.3	12.3	3.9	8.6	3.3	7.0
2018年第四季度	10.8	34.2	2.4	3.0	14.4	33.5	3.9	11.5	3.6	7.9	3.2	5.6
2019年第一季度	11.1	33.2	2.4	3.5	14.7	35.0	3.8	10.3	4.1	9.3	3.3	6.1
2019年第二季度	9.8	28.3	2.4	4.0	14.0	33.1	3.8	11.2	3.5	8.4	3.1	5.8
2019年第三季度	9.1	25.8	2.3	4.1	13.9	31.7	4.0	13.1	3.7	8.4	3.1	7.2
2019年第四季度	9.9	29.3	2.2	3.6	13.8	30.5	3.7	11.1	3.3	7.5	3.1	5.5
2020年第一季度	9.4	30.7	2.4	3.8	14.4	33.0	4.0	11.6	4.1	9.0	3.6	6.9
2020年第二季度	7.7	24.9	2.8	5.0	15.3	39.6	4.0	12.6	12.9	24.5	3.8	8.6
2020年第三季度	10.0	31.5	3.0	4.8	16.3	40.4	5.1	16.2	8.9	15.5	4.1	8.8
2020年第四季度	9.5	31.4	2.9	4.5	16.1	40.1	5.2	14.5	6.5	11.2	3.7	7.6
2021年第一季度	10.6	34.7	2.8	4.9	16.0	39.5	4.9	12.8	6.5	11.4	4.2	8.0
2021年第二季度	9.6	29.5	3.0	4.7	15.3	38.4	4.6	12.5	5.8	10.4	3.7	7.2
2021年第三季度	8.8	26.9	2.8	4.4	14.6	31.1	4.5	13.1	5.2	9.4	3.4	7.4

续表

时间	意大利		日本		西班牙		英国		美国		德国	
	失业率	15～24岁	失业率	15～24岁	失业率	15～24岁	失业率	15～24岁	失业率	15～24岁	失业率	15～24岁
2021年第四季度	9.0	28.0	2.6	4.3	13.3	30.7	4.1	10.9	4.0	7.7	3.3	5.6
2022年第一季度	8.7	26.0	2.6	4.0	13.6	30.2	3.7	9.7	4.1	8.6	3.3	5.3
2022年第二季度	7.9	22.6	2.7	4.4	12.5	28.5	3.6	9.8	3.5	8.1	3.1	6.1
2022年第三季度	7.7	22.5	2.6	4.2	12.7	31.0	3.8	11.1	3.6	8.2	3.2	6.9
2022年第四季度	7.9	23.9	2.4	4.4	12.9	29.3	3.8	11.4	3.4	7.5	3.0	5.5
2023年第一季度	8.3	23.1	2.6	4.6	13.3	30.0	3.8	10.5	3.8	8.1	3.0	5.5
2023年第二季度	7.5	22.1	2.7	4.2	11.6	27.9	4.1	11.9	3.4	7.3	3.0	6.0

时间	法国		加拿大		澳大利亚		葡萄牙		韩国		中国	
	失业率	15～24岁	失业率	15～24岁	失业率	15～24岁	失业率	15～24岁	失业率	15～24岁	失业率	16～24岁
2018年第一季度	9.6	23.0	6.3	11.0	6.0	13.7	7.9	21.8	4.3	11.7	5.1	10.4
2018年第二季度	8.7	20.6	5.9	11.6	5.4	11.4	6.7	19.4	3.9	10.6	4.8	10.0
2018年第三季度	8.8	22.8	6.0	10.6	5.1	11.1	6.7	20.1	3.8	10.7	4.9	11.2
2018年第四季度	9.0	21.6	5.2	9.6	4.8	11.0	6.7	20.1	3.4	9.1	4.9	10.1
2019年第一季度	9.0	21.0	6.2	10.8	5.4	12.5	6.8	17.5	4.5	11.7	5.2	11.3
2019年第二季度	8.0	19.1	5.6	10.7	5.2	11.6	6.3	18.1	4.1	12.2	5.1	11.6

续表

时间	法国		加拿大		澳大利亚		葡萄牙		韩国		中国	
	失业率	15~24岁	失业率	15~24岁	失业率	15~24岁	失业率	15~24岁	失业率	15~24岁	失业率	16~24岁
2019年第三季度	8.2	20.6	5.8	11.4	5.2	11.5	6.1	17.8	3.3	9.3	5.2	13.0
2019年第四季度	8.4	22.4	5.2	9.9	4.9	11.4	6.7	19.6	3.2	8.5	5.2	12.2
2020年第一季度	8.1	20.5	6.9	13.2	5.6	13.1	6.7	19.7	4.1	11.0	5.9	13.3
2020年第二季度	6.8	21.0	13.4	29.1	6.8	15.0	5.6	20.0	4.3	11.9	5.7	15.4
2020年第三季度	8.9	23.5	10.3	21.4	7.0	14.6	7.8	26.4	3.6	9.8	5.4	15.0
2020年第四季度	8.2	20.9	8.1	16.5	6.4	14.4	7.1	24.2	3.7	9.3	5.2	12.3
2021年第一季度	8.3	20.9	9.0	17.5	6.4	14.1	7.1	24.1	5.0	11.7	5.3	13.6
2021年第二季度	7.6	18.2	8.1	16.1	5.1	10.3	6.7	23.7	3.9	9.8	5.0	15.4
2021年第三季度	7.9	20.0	7.4	11.8	4.6	10.2	6.1	22.6	2.8	6.0	4.9	14.6
2021年第四季度	7.6	16.6	5.7	9.1	4.4	10.6	6.3	23.4	3.0	6.5	5.1	14.3
2022年第一季度	7.5	16.3	6.1	11.2	4.3	9.7	5.9	20.6	3.5	8.7	5.8	16.0
2022年第二季度	7.1	16.8	5.1	10.0	3.8	8.3	5.7	16.7	3.0	8.0	5.5	19.3
2022年第三季度	7.3	19.1	5.3	9.9	3.4	7.5	5.8	18.8	2.5	6.0	5.5	17.9
2022年第四季度	7.3	16.9	4.6	9.2	3.3	7.1	6.5	19.9	2.6	5.3	5.5	16.7

续表

时间	法国		加拿大		澳大利亚		葡萄牙		韩国		中国	
	失业率	15~24岁	失业率	15~24岁	失业率	15~24岁	失业率	15~24岁	失业率	15~24岁	失业率	16~24岁
2023年第一季度	7.2	16.1	5.4	10.1	3.9	8.6	7.2	19.6	3.2	7.3	5.3	19.6
2023年第二季度	6.9	15.8	5.2	11.1	3.5	7.8	6.1	17.2	2.7	5.7	5.2	21.3

资料来源：数据整理自 CEIC 数据库。

青年失业率的发展走势直接关乎今年中国就业目标能否顺利实现，因此，进一步分析和廓清本轮中国青年失业率持续攀升的主导因素，有助于决策部门对症下药，有的放矢，更有针对性地给出措施建议。这对于当前中国稳定就业增长、稳定宏观经济运行走势，意义重大。

首先，从青年失业人数上看，根据 2020 年第七次全国人口普查数据外推，2020~2022 年，全国 15~24 岁的人口大致分别为 14 762.6 万人、14 279.6 万人和 13 835.6 万人，扣除在校学生人数之后，分别为 5 505.3 万人、4 488.3 万人和 3 396.7 万人，平均每年减少约 1 100 万人。考虑到劳动参与率（简单用经济活动人口除以适龄劳动人口的比重衡量）调整之后，这一年龄段的经济活动人口分别约为 4 836.2 万人、3 942.8 万人和 2 983.8 万人。结合对应年份该年龄段城镇调查失业率（分别为 12.3%、14.3% 和 16.7%），可以粗略测算出 2020~2022 年青年失业人数分别为 594.8 万人、563.8 万人和 498.3 万人，与此前市场的一些估计基本相当。

其次，从青年失业群体看，在中国，15~24 岁的青年人主要是普通高中、职业中专、大学专本科的毕业生群体，是相对学历较高的群体。这部分群体（主要以大学生为主）失业的关键原因实际上并不是找不到工作，而是找不到"合意"的工作。所谓合意的工作，除了是指收入较高、与其劳动力技能匹配的工作之外，[①] 更是指公务员、带编事业单位、国有企业、金融、电信、烟草等具有长期稳定预期或较高收入的单位。这些岗位往往是"千军万马过独木桥"，很难一蹴而就，由此，青年人寻找工作时间被拉长，产生摩擦性失业。

更广泛地讲，当前中国的青年人更偏爱大城市就业，更偏向服务业就业，更

① 《2023 年校招，美团开出 28 万年薪都满足不了个别本科生的工资要求》，https://new.qq.com/rain/a/20231024A09EKN00。

偏向具有长期稳定工作预期的公务员、带编事业单位、国有企业等，传统“厂房式”工业就业、农业就业以及私营企业尤其是中小微企业，被证实可能只是青年人的无奈选择。即便收入更高，也无法吸引青年人流入。究其原因是，中国经济四十多年的快速增长积累，给大多数家庭提供了一定的财富基础，也建立了较为完善的社会保障机制，可供青年人更从容地、更理性地选择就业岗位。这是一个国家富强民主文明进步的标志，也是中国从落后农业国升级为中等收入国家、再向高收入国家冲刺的成就象征。但是，我们也必须反思，为何在经过长期高速经济增长、在具备体制优势的前提下，当经济面临负向冲击时，青年人就业状况短时期内就急转直下？表 14 –3 中显示，2018 年，中国青年失业率仅略高于人口严重老龄化的日本、德国，与美国基本相当，而在短短五年之后，青年失业率迅速上升，远超美国。

课题组认为，关键原因可能在于：第一，教育尤其是高等教育的内容与现实微观企业所需的技能要求之间存在较大偏离，使得青年就业天然低于其他年龄段的人员就业。在危机冲击下，经济复苏趋势不明朗、企业生存环境趋紧会导致企业更加缺乏耐心和投入去培养青年就业人员，更偏好有工作经验的较为成熟的人员，从而可能进一步加剧技能偏离引发的青年失业。

第二，城乡之间、大城市与小县城之间的环境鸿沟阻碍了青年回流，使得青年集中于一、二线城市，形成劳动力市场的区域结构性失衡。亦即，大部分县城面临常住人口净流出、劳动力短缺的问题，而少数大城市则是“僧多粥少”，工作竞争激烈，内卷程度持续加深。

第三，青年人偏爱具有“尊严感”“体面感”的服务业就业岗位，但当前服务业就业结构无法提供足够多这样的岗位以满足青年人需求。集中表现在，一方面，“高端”、稳定的金融白领岗位、公务员、事业编制单位、国有企业等现代生产性服务业领域往往受制于垄断或高学历门槛造成的岗位供给稀缺而无法吸纳足够多的就业人员；另一方面，理论上能够吸纳更多服务就业人员的生活性服务业，如家政、护工、送货人员、网约车司机、骑手等，又由于对劳动人员缺乏足够的法律和劳动保护、无法建立起就业“尊严感”而难以吸引青年人进入。最终，这使得中国服务业在产出比重快速提升的同时，其就业比重占比长期相对滞后。如图 14 –9 所示，与美国、欧元区和日本相比，中国 1 单位服务业增加值占 GDP 比重提高所产生的服务业就业占总就业比重增加幅度明显偏低。2021 年，中国该指标数值约为 0.886，而其他 3 个地区的数值均超过 1。亦即，1 单位的服务业增加值比重上升会带来超过 1 个单位的服务业就业比重上涨。服务业对就业的吸纳能力更强，产业结构服务化就可能会产生更大的就业推动作用。

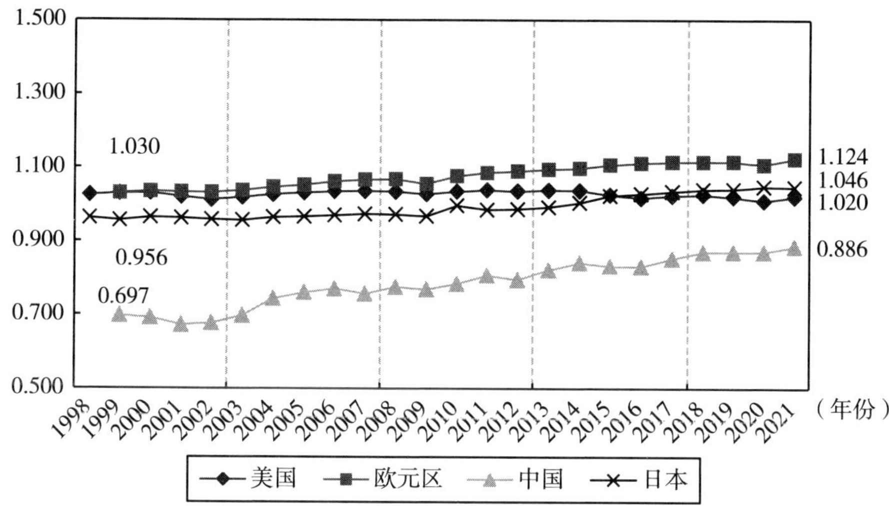

图 14－9　服务业就业占总就业比重与服务业增加值占 GDP 比重的比值变化

资料来源：CEIC 数据库，CQMM 课题组计算。

因此，设想，如果通过放宽部分垄断生产性服务业行业准入门槛，鼓励更多私营企业进入，从而提供更多高端服务业工作岗位，又或者通过加大对居民生活性服务业的法律和劳动保护力度，在维护劳动者权益的同时，让劳动者变得更为光彩、光荣，能否扭转当前青年失业率迅速上升的不利局面呢？进一步地，又会对经济增长、居民消费产生怎样的影响呢？

二、情景设定

为回答上述问题，课题组设计了服务业就业比重提升的情景，分析其对青年就业的影响，然后再利用 CQMM 模型，模拟分析这一比重上升情景可能对中国宏观经济产生的影响。具体而言，假定在相关政策措施作用下，2020～2022 年，中国服务业就业比重与服务业增加值比重的比值分别由 0.87、0.88 和 0.89 提高到 0.88、0.90 和 0.91。受此影响，2020～2022 年，中国每年新增服务业就业人数将分别达到 746 万人、1 138 万人和 1 240 万人。在同样的分年龄段劳动力构成及劳动参与率前提下，青年就业人数将分别新增 123.5 万人、183.0 万人和 196.1 万人。对应年份的青年失业率也将由此而分别下降为 8.6%、8.5% 和 8.9%，较实际情况出现较大幅度的改善（见图 14－10）。

三、模拟结果分析

在重新调整模型方程之后，CQMM 模型的模拟结果显示如下。

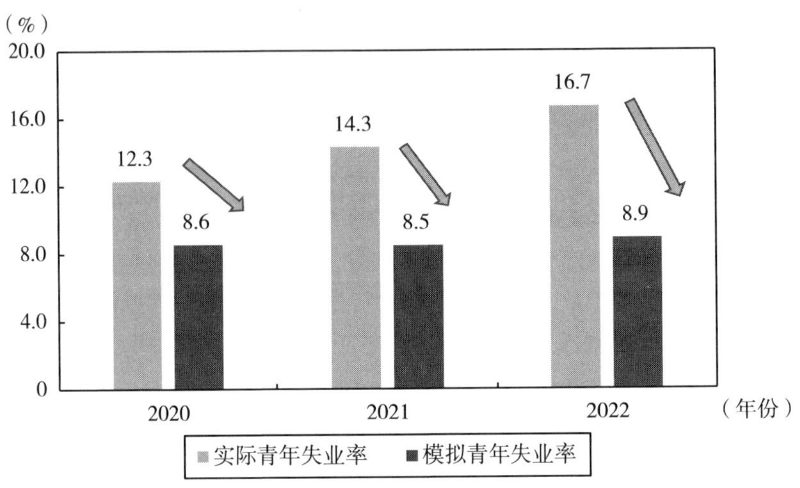

图 14－10　情景模拟下的青年失业率变化

资料来源：CEIC 数据库，CQMM 课题组计算。

首先，在经济增长方面，与基准预测相比，模拟情景下的 GDP 增速均出现了上涨。如图 14－11 所示，2020～2022 年，模拟情景下的 GDP 增速分别较基准预测值提高 0.27 个、0.54 个和 0.39 个百分点。这意味着，服务业就业吸纳能力提升之后，服务业就业人数增加会在降低失业率的同时，促进经济增速提升。就业改善将带来正向的经济增长激励效应。

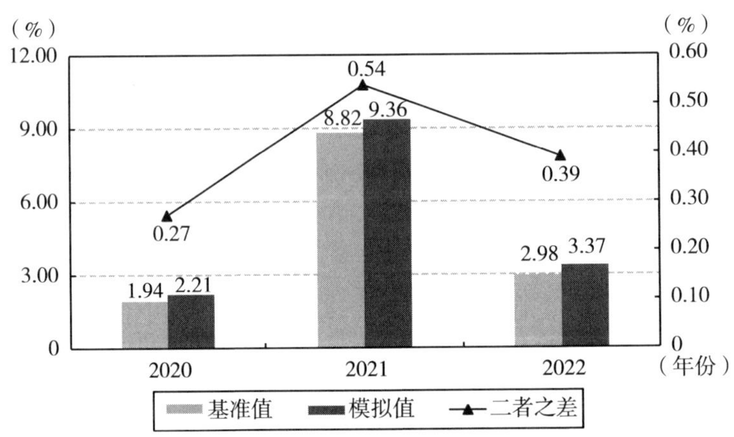

图 14－11　基准与模拟情景下的 GDP 增速变化

资料来源：CQMM 课题组计算。

其次，服务业增加值占 GDP 比重降幅趋稳。基准模拟情景下，2020～2022 年，服务业增加值比重出现较大幅度下降，由 54.6% 下滑到 52.8%，减少 1.8 个百分点。

而模拟情景下，由于就业人数新增，服务业增加值比重仅从54.9%下跌到54.2%，降幅缩窄至0.7个百分点（见图14－12）。产业结构服务化特征更为明显。

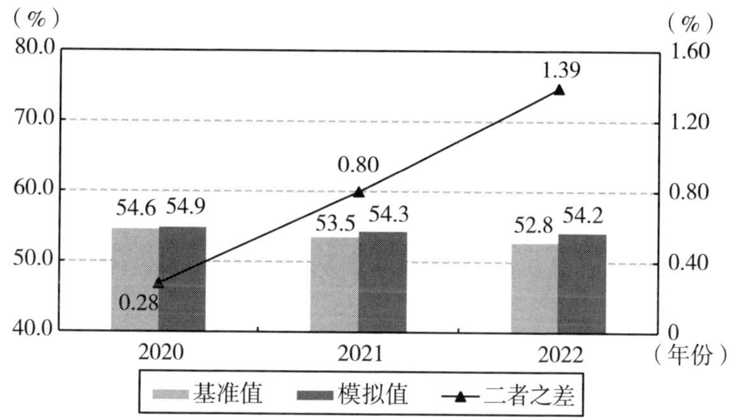

图14－12　基准与模拟情景下的第三产业比重变化

资料来源：CQMM课题组计算。

再次，城乡居民可支配收入得以较快增长。服务业就业的增加会促进居民收入的更快增长。2020～2022年，模拟情景下的城镇居民可比价可支配收入增速分别较基准值提高2.32个、2.39个和1.46个百分点；农村居民可比价可支配收入增速则分别较基准值提高0.45个、0.73个和0.54个百分点。可见，相对于农村居民，城镇居民会更强地受益于服务业新增就业。这也比较符合当前中国的服务业大多集中在城镇社区的现实情况（见图14－13）。

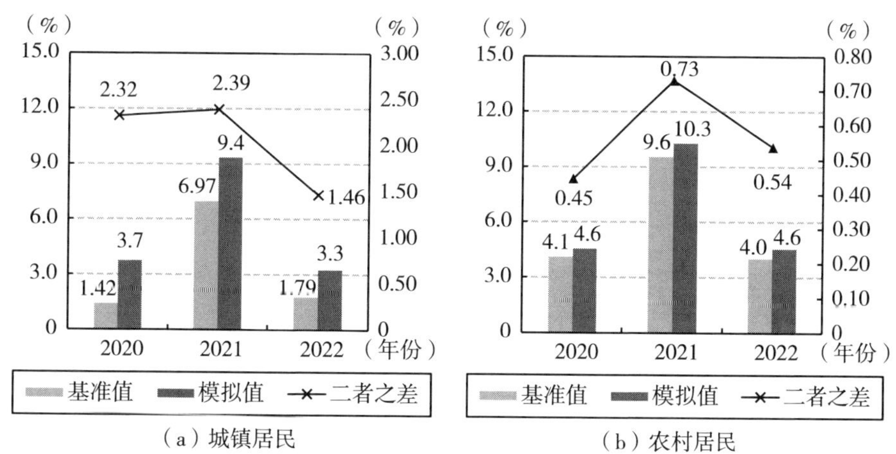

图14－13　基准与模拟情景下可比价居民可支配收入增速变化

资料来源：CQMM课题组计算。

最后，受居民收入增长激励，社会消费零售总额增速加快，消费需求有所改善。2020～2022年，模拟情景下的社会消费品零售总额增速分别较基准值提升0.63个、1.25个和0.87个百分点。其中，2022年的社会消费品零售总额增速更是较基准值由正转负（见图14－14）。这说明，就业的提升会稳定居民收入增长预期，进而释放居民消费需求，带动实物消费加快增长。对应地，2020～2022年，模拟情景下的可比价居民消费增速也分别较基准值提高0.80个、1.60个和1.11个百分点。不过，在经济复苏不明朗背景下，服务业就业吸纳能力的改善并没有带来投资的较快增长。2020～2022年，模拟情景下的固定资产投资增速分别较基准值持平、下降0.08个百分点以及小幅提升0.08个百分点，变动幅度不大，作用方向也不一致。

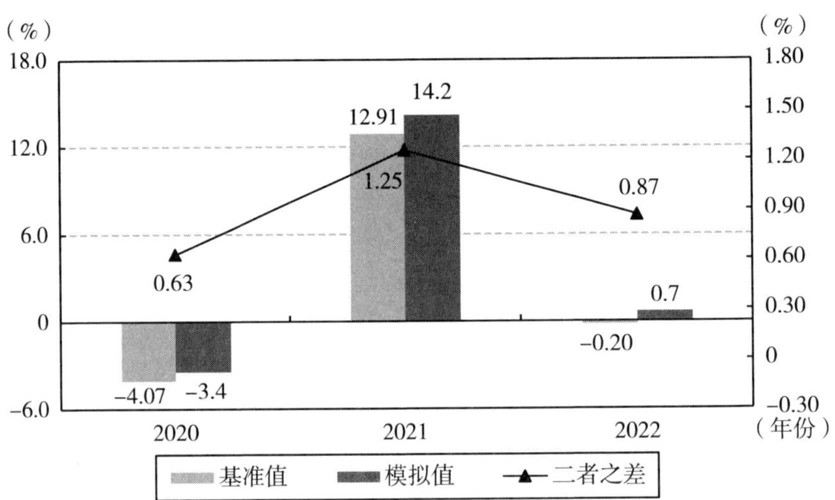

图14－14　基准与模拟情景下社会消费品零售总额增速变化

资料来源：CQMM课题组计算。

综上所述，课题组认为，提升服务业就业吸纳能力将有助于降低当前居高不下的青年失业率，稳住经济就业形势，为就业目标的实现提供重要支撑。同时，提升服务业就业吸纳能力也能够提高城乡居民可支配收入，增加居民消费需求，进而促进经济增长。这既有利于进一步改善国民收入分配结构，也可以为扩大内需战略实施、新经济发展格局形成构筑更为扎实的基础。

因此，现阶段面对青年失业率快速上涨的现状，我们应当更为科学细致地分析青年人失业的类型构成，从服务业吸纳就业能力相对较弱的现实出发，逐步打破一些现代生产性服务业的准入门槛，允许更多民营企业进入垄断服务业领域，增加服务业优质岗位供给。同时，加强对生活性服务业、对民生保障领域就业岗位的法律保护、劳动保护，提高相关领域从业人员收入，缓解从业人员后顾之忧，从就业环境、就业质量和市场价格机制等方面，树立起从事相关工作的劳动尊严感、光荣感和使命感。这不仅将改善服务业就业吸纳能力不足短板、降低青年失业率，而且将促进居民可支配收入增长，激发居民消费需求，大大释放当前中国经济增长面临的短期有效需求不足压力。

第三节　简要总结与政策建议

一、简要总结

2023 年前三季度，中国经济坎坷复苏。进程仿佛“过山车”一般，第一季度修复快于预期，第二季度修复慢于预期，第三季度又略超预期。从三大需求层面看，投资和出口成为经济增长的拖累因素，最终消费是主要贡献因素。从三大收入分配主体看，居民收入增速略快于经济增速，税收增长因去年基数差异出现结构失衡，规模以上工业企业利润增速则大幅滑坡。从趋势变化看，得益于制造业投资增速回升，投资整体减速趋缓，但房地产投资增速继续下探，基础设施建设投资增速低位徘徊，总体投资需求反弹仍面临较大困难；由于居民收入增速放缓，具有较高边际消费倾向的青年人失业率高企，实物消费增速趋缓，消费持续快速增长的可能性不大；出口增速则掣肘于国外消费需求萎缩，也很难出现快速反弹增长。因此，尽管前三季度经济增长成绩值得肯定，但经济增长下行压力依旧很大，短期内宏观调控政策不宜过早松懈，仍需继续保持合适宽松的政策环境。

展望未来，在稳增长政策延续发力的前提设定下，利用 CQMM 模型，课题组更新了关于 2023 年第四季度和 2024 年全年主要宏观经济指标的预测结果。预计 2023 年中国 GDP 增速为 5.35%，较春季预测下调 0.40 个百分点；2024 年，小幅提高到 5.47%。三大需求指标方面，2023 年，按现价计算固定资产投资（不含农户）将增长 3.18%，较春季预测下调 5.80 个百分点；2024 年，增速回升至 5.55%。2023 年，社会消费品零售总额名义增长 6.96%，较春季预测上调 2.07 个百分点；2024 年，减缓到 4.35%。2023 年，按现价美元计，预计出口总额增速将收缩 4.35%，较春季预测上调 1.32 个百分点；进口总额增速将收缩 6.18%，较春季预测下调 1.76 个百分点。物价方面，2023 年，CPI 预计上涨 0.37%，较春季预测下调 0.74 个百分点；2024 年，增速预计为 2.18%。PPI 2023 年收缩 2.74%；2024 年恢复正增长，增速提高到 1.59%。总体而言，今年经济大概率能够完成年初制定的增长目标，消费成为经济增长的压舱石。2024 年，随着制造业投资和 8 ~9 月之后财政支出发力引致的基建投资增速双双回暖，以及自

6～7 月以来各地各项关于激励民营企业投资、壮大民营经济、提振民营企业信心的措施和条例逐步落地实施，很可能会促使投资在明年重新成为经济增长的主要驱动力。

在政策模拟方面，课题组关注了青年人失业这一今年宏观经济运行中突显出来的重大问题。利用 CQMM 模型，课题组从提升服务业就业吸纳能力视角出发，测算和模拟发现：服务业就业吸纳能力提升会大幅降低青年失业率，使之回归正常水平；同时，也能够提高城乡居民可支配收入，增加居民消费需求，进而促进经济增长。这既有利于进一步改善国民收入分配结构，也可以为扩大内需战略实施、新经济发展格局形成构筑更为扎实的基础。

二、政策建议

基于上述认识，课题组认为，在当前中国总需求尤其消费需求恢复暂时不力的背景下，要更大限度地发挥宏观调控政策的作用效应，激励企业投资增长，激发居民消费需求，宏观调控政策的工具选择至少应当满足以下几个要求。

第一，宏观调控政策要更加“积极主动”。这种“积极主动”不仅仅是指政策力度要进一步“加力”，政策要更加直接地介入或参与到实际经济活动中，以弥补现阶段实际有效需求不足，充分发挥政策“汲水器”职能，带动私人投资和消费增加。当前的减税降费政策尽管力度空前，[①] 但问题在于，其作用效力发挥依赖于企业反应。如果企业在初始阶段没有随之增加投资，减税降费的总需求促进作用将十分微弱。甚至，由于减税降费还必然会带来政府财政收入的锐减，反而会通过限制政府支出扩张导致公共需求萎缩，进一步恶化总需求不振局面。

第二，宏观调控政策要更能够促进居民消费需求提升。当前中国企业投资信心不足问题不是个体企业问题，而是市场总需求还存在较大不确定性的结果。这一方面是因为国外发达经济体经济增长复苏步伐减缓，造成外部需求持续下滑，产品订单流失，出口企业对未来前景预期转向悲观；另一方面则是因为国内居民消费需求反弹速度和力度均不及预期，除少部分接触类消费、集聚类消费恢复速度较快外，多数实物消费增速在排除基数效应之后均表现不佳。再叠加 2022 年之后房地产市场低迷逐渐从生产端蔓延到消费端，房地产市场供求关系发生重大改变。居民新增住房消费急剧下降，每年新增居民住房贷款由 2016～2021 年的年均 4 万亿元左右，骤降至 2022 年的 0.48 万亿元。因此，宏观调控政策工具必

---

① 根据财政部历年公布的数据汇总，2016～2022 年，各级政府在减税降费方面的支出合计约为 13.0 万亿元。2023 年上半年，新增减税降费及退税缓费总额约为 9279.0 亿元，预计全年规模将超过 1.8 万亿元。

须要起到改善消费需求不足的作用，要将政策重心从企业转向居民，从“成本思维”转向“订单思维”。前者试图通过短期利润变化来短暂地影响企业投资决策，后者则注重的是营造企业能够自生增长的外部环境。

第三，宏观调控政策要更加精细化、科学化。这集中体现在：一是政策目标要多样化、分层化。例如，评估减税降费政策是否取得成效，不能只是看税负变化——这本就是减税降费政策的题中应有之义，还要看投资、消费、物价进而经济增长指标变化，然后进行综合评估。这意味着，在制定政策目标之时，必须要有多样化、多层次的目标，不能仅是通过单一的目标进行评价。二是对不同类型政策工具的作用效应要有科学预判。随着我国宏观调控经验的不断累加以及具有中国特色的现代经济治理理论的不断发展，可供选择的财政政策工具众多。决策者在制定政策时，需要熟知每一项政策工具的优缺点及作用环境适应性，然后围绕多样化、多层次的政策目标体系，不断地进行政策工具的组合优化和改善提升。

综合上述分析，课题组提出以下政策建议。

第一，以保障居民就业为底线，适当提高 2024 年经济增长目标，更加主动地引导市场预期，发挥市场潜力。经济增长目标是全年经济工作的重要风向标，过高、过低设定都可能产生负面的结果。以往的经验表明，由于地方政府存在增长冲动，会对目标层层加码，因此，如果设置过高的增长目标，容易出现“竞争锦标赛”激励，造成 GDP 增长虚高，有违高质量发展的内涵要求。但问题在于，目前各界对于“过高”的定义并无一致意见。一个普遍的看法是依据经济潜在增长率设定增长目标。然而，不同测算方法、不同因素考虑下，测算出来的经济潜在增长率差异明显，难以作为标准。为此，建议：重新以就业要求作为经济增长目标设定的参考标准。这是践行经济共享发展理念的体现。对于就业与经济增长目标，过去我们曾有一些粗略但准确的统计关联。例如，2008 年前后的“保 8”。为何经济增速要设定为 8% 呢？主要是因为，在当时的经济总量规模下，1% 的 GDP 增速大致能够拉动 80 万 ~100 万人就业，8% 的 GDP 增速对应的就是 640 万 ~800 万人左右的新增就业人数。这对完成当年新增就业目标至关重要。[①] 但近些年来，随着中国经济总量规模的扩张，以及就业岗位供给和需求的变化，这种简单粗略的统计关系被打破，经济增长目标设定似乎脱离了就业增长需求。实际上，将经济增长目标与居民就业联系起来，将有助于更为科学地制定经济增长目标。考虑到未来数年以大学生群体为主的劳动力数量快速上升，我们

① 曾任总理的温家宝同志 2010 年在《求是》发文明确指出，从我国目前所处的发展阶段和劳动力供求状况看，经济增长只有保持在 8% 左右，才能保持就业的基本稳定，低了就会出问题。

可能需要一个相对较高的经济增长目标以应对新增的就业需求。这不仅是指就业数量上的满足，更是指就业质量提升的要求。

第二，重视稳定并改善居民就业保障和收入增长预期，特别是妥善缓解青年就业问题。要进一步科学分析当代青年人失业的类型构成，厘清青年人失业的主导因素（究竟是以摩擦性失业、结构性失业为主的自然失业率提升，还是周期性失业增加），再对症下药，有的放矢，选择合适的政策工具，缓解青年就业压力。在本章中，结合政策模拟的结果，课题组建议：可以通过逐步打破一些现代生产性服务业的准入门槛，允许更多民营企业进入垄断服务业领域，增加服务业优质岗位供给；同时，加强对生活性服务业、民生保障领域就业岗位的法律和劳动保护，提高相关领域从业人员收入，从就业环境、就业质量和市场价格机制上，树立起从事相关劳动的尊严感、光荣感和使命感。这不仅将改善当前中国服务业就业吸纳能力不足短板、降低青年失业率，也将促进居民可支配收入增长，激发居民消费需求，缓解当前中国经济增长面临的短期有效需求不足问题。

第三，宏观调控政策方面，首先，要进一步优化减税降费政策效果，改变“降成本”的主导取向，将政策重心转移至引导和促进企业增加投资，产生“造血机能”。建议：可以将减税降费政策与企业就业指标挂钩，倾向于鼓励和扶持那些能够产生新增就业的企业；实行差异化减税降费政策，加大对创新企业和高新技术企业的减税力度，促进工业结构以及产品结构转型升级；加大对民营企业减税降负，以提振市场信心、强化利润增长预期，增强民营企业创新创业活力；优化重点区域营商环境建设，做好相关投资服务工作等。此外，在重视对企业减税降费的同时，要加大对居民的直接税收优惠和减免，将扶持政策重心由以企业为主体转向企业和居民并重。通过深化个人所得税改革，简化税率档次，降低边际税率，并结合社保综合费率的降低，将减税降费效果切实地转换为居民可支配收入的快速增长。

其次，尊重当前总需求不足的现实基础，转变财政政策主导调控工具，变“减税降费”为主为“增加支出”为主。财政政策的调控绝不能只限于为企业减负的目标，应当具备更深层次的提振企业投资信心、激励企业投资的政策目标。而目前来看，限制企业投资的主导因素是市场需求不足。因此，能否更快更有力地弥补市场需求不足将是现阶段财政政策工具选择的首要条件。以此为标准，在市场需求主导企业投资的背景下，相对于“降成本”导向的减税降费政策，增加财政支出具有更直接的总需求扩张效应，对投资、就业进而产出的作用会更强。建议：以发行特别国债的形式进行财政“增支”，支出领域偏向乡村振兴及新基建，致力于形成新质生产力。在基础设施建设方面，尽管当前我国部分地区、部分领域可能存在过剩现象，但是，数智化时代的新型基建诉求、新质生产力培育以及乡村振兴战略为财政支出扩张提供了广阔的新空间。数字化、智能化时代，以5G、大数据分析、人工智能、工业物联网等产品为标志对应的新型基础设施建设缺口巨大，并且在省际之间、城市与城市之间、城乡之间差距悬殊，亟待进一步协调发展。特别是2023年9月习近平在黑龙江考察调研期间提到的一个令人耳目一新的词汇——“新质生产力”，强调要积极培育新能源、新材料、先进制造、电子信息等战略性新兴产业，积极培育未来产业，加快形成新质生产力，增强发展新动能。这些都将为财政支出的扩张发力提供新的进入领域。更重要的是，乡村振兴战略为广大农村地区大力发展基础设施建设提供了重要支撑。当前，中国还有很多农村地区面临着交通不便、通信不畅、网络覆盖不足等问题，乡村基础设施建设仍是中国乡村振兴战略的重要一环，具备较大的投入空间。

最后，宏观调控政策之间要互相搭配、相互成全，特别是财政政策和货币政策之间的步伐要协调一致，同时配合其他改革手段，加快促进居民消费复苏。在推进财政支出扩张和减税降费的同时，货币政策要继续保持适度宽松的政策环境，不要过早减速、收紧，要加快疏通货币政策向实体经济的传导机制，以保证有效投资扩张所需的资金需求，并有效激发市场微观主体活力。同时，预防通货膨胀，保持物价和人民币币值稳定，也是平稳和促进居民消费的重要手段。特别是在当前消费需求不振的情况下，放任人民币贬值并非合适之举，要警惕消费者购买力由货币数量贬值转到汇率贬值，进而重创脆弱的资本市场，打击消费者信心。此外，要加快推进教育、医疗、住房等老百姓最为关心的产品供给体系改革，对这些领域的难点、痛点、焦点问题要集中处理、重点解决，以社会服务代替个人服务，降低居民的预防性储蓄动机，营造良好的消费环境。

第十五章 “中国宏观经济形势与政策”问卷调查报告

第一节　2023 年春季问卷调查报告

为及时把握中国宏观经济形势和政策走向，新华社《经济参考报》和教育部人文社会科学重点研究基地——厦门大学宏观经济研究中心自 2013 年 8 月首次联合开展每年两次的“年度中国宏观经济形势和政策问卷调查”活动。此次是该活动的第 20 次问卷调查。本次调查问卷设计了与当前中国宏观经济运行和政策走势直接相关的 20 道问题，于 2023 年 3 月通过电子邮件向国内相关领域的经济学家发出调查邀请，最终收到 100 位专家的答复。通过本次问卷调查，我们获得了专家们关于 2023 年经济学家宏观经济信心指数、2023 年世界经济形势、2023 年中国经济形势以及 2023 年中国宏观经济政策的走势等问题的最新认识和判断。现将本次问卷调查结果公布如下。

一、2023 年百名经济学家宏观经济信心指数

2023 年百名经济学家宏观经济信心指数高达 57,[①] 高

① 该指数参照 PMI 编制，以 50 为临界值，范围在 0 ~ 100。当宏观经济信心指数高于 50 时，表明经济状态趋于上升或改善，处于景气状态；当宏观经济信心指数低于 50 时，表明经济状态趋于下降或恶化，处于不景气状态。

于50荣枯线，经济学家普遍预期2023年中国经济将企稳回升。2022年中国经济面临需求收缩、供给冲击和预期转弱三重压力，中国经济增速相对偏低。随着中国疫情防控政策的调整，国内消费和投资逐渐复苏，加之2023年中央全力提振经济，出台稳增长和稳就业一揽子政策，中国经济有望回归潜在增速。2022年财政赤字率控制在2.8%，通胀维持在较低水平，为各项宏观经济政策实施预留了空间。

相比于经济学家宏观经济信心指数，2023年经济学家民营经济信心指数为45，低于50荣枯线。当前，民营经济生产经营困难较多，融资成本相对偏高，民间投资和民营企业预期不稳，中小微企业仍有不少困难，发展预期偏弱，导致信心不振。中央强调坚持“两个毫不动摇”，提振民营经济和企业家信心，但实质性措施有待落地。

二、2023年世界经济形势

国际货币基金组织（IMF）在2023年1月31日发布的《世界经济展望》中预测2023年美国经济增速为1.4%，比上年下降0.6个百分点。那么2023年美国经济将会有怎样的变化态势？调查结果显示，37%的专家预期2023年美国经济增长率在1.1%~1.4%；25%的专家预期在1.5%~2.0%；23%的专家预期在0.5%~1.0%；8%的专家预期在2.1%~2.5%；6%的专家预期在0.0%~0.4%；另外，有1%的专家预期在1.3%~1.8%。总体而言，只有近三成的专家认为2023年美国经济增速高于2022年，接受调查的专家均认为2023年美国经济呈现低速增长态势。

国际货币基金组织（IMF）在1月预测2023年欧元区经济增速为0.7%，比上年下降2.8个百分点。那么2023年欧元区经济将会有怎样的变化态势？调查结果显示，37%的专家预期2023年欧元区经济增长率在0.0%~0.4%；34%的专家预期在0.5%~0.9%；14%的专家预期在1.0%~1.5%；8%的专家预期在1.6%~2.0%；7%的专家预期在-0.5%~-0.1%。总体而言，接受调查的专家均认为2023年欧元区经济增长率将放缓，近八成的经济学家预测欧元区经济增速将低于0.9%的水平。

受美国多次加息和俄乌冲突下对俄制裁的影响，欧元区衰退风险加剧。2022年12月末，1欧元兑美元汇率下降至1.0667美元，比1月末贬值5.7%。关于2023年末欧元兑美元汇率（$/Euro）可能的区间，调查结果显示，44%的专家预期在1.04~1.06；26%的专家预期在1.01~1.03；18%的专家预期在1.07~1.09；7%的专家预期在0.95~1.00；4%的专家预期在1.10~1.13；另外，有1%的专家预期在1.00~1.01。总体而言，绝大多数专家认为2023年将呈现欧元走弱、美元走强的态势。

2022 年，受地缘政治冲突和新冠疫情的影响，大宗商品价格上升，特别是粮食价格和能源价格，推动整体通货膨胀的上升。国际货币基金组织（IMF）在 1 月发布的《世界经济展望》中预测 2023 年发达经济体的消费者价格指数增速将达到 4.6%，相比 2022 年降低 2.7 个百分点。调查结果显示，对于 2023 年发达经济体的消费者价格指数增速，48% 的专家预期在 4.5%~4.9%；21% 的专家预期在 5.0%~5.5%；20% 的专家预期在 4.0%~4.4%；5% 的专家预期在 5.6%~6.0%；5% 的专家预期在 3.5%~3.9%；另外，有 1% 的专家预期在 6.7% 及以上。可见，绝大多数专家预期 2023 年发达国家经济体将持续维持高位通胀。

三、2023 年中国经济形势

根据国家统计局 2023 年 1 月 17 日发布的初步核算数据，2022 年中国 GDP 增速同比增长 3.0%。其中，第一季度同比增长 4.8%，第二季度同比增长 0.4%，第三季度同比增长 3.9%，第四季度同比增长 2.9%。IMF 在 1 月预测 2023 年中国经济增速为 5.2%，比上年提高 2.2 个百分点。世界银行在 1 月预测 2023 年中国经济增速为 4.3%。关于 2023 年中国 GDP 的增长率，调查结果显示，40% 的专家预期在 5.01%~5.50%；21% 的专家预期在 5.51%~6.00%；20% 的专家预期在 4.51%~5.00%；10% 的专家预期在 4.01%~4.50%；5% 的专家预期在 3.51%~4.00%；另外，有 3% 的专家预期在 6.00%~8.00%；1% 的专家预期在 2.50%~3.50%。总体而言，超过六成的专家认为 2023 年中国经济增速将超过 5%，2023 年中国经济形势将明显好转，预期中国经济稳步回升。

2022 年，中国规模以上工业增加值增长 3.6%，增速比上年下降 6 个百分点。关于 2023 年中国规模以上工业增加值增速，41% 的专家预期在 4.3%~4.7%；32% 的专家预期在 3.8%~4.2%；11% 的专家预期在 3.5%~3.7%；3% 的专家预期在 2.5%~2.9%；另外，有 12% 的专家预期在 4.8% 以上（4.8%~8.0%）；1% 的专家预期在 3.5%~4.7%。总体而言，超过九成的专家预测 2023 年中国工业增加值增速高于上年，工业生产回升。

2022 年，中国消费者物价指数（CPI）比上年同期上涨 2.0%。分月看，CPI 涨幅呈现“低—高—低”走势。扣除食品和能源价格的核心 CPI 同比上涨 0.9%。关于 2023 年中国 CPI 涨幅，调查结果显示，44% 的专家预期在 2.2%~2.7%；23% 的专家预期在 1.9%~2.1%；21% 的专家预期在 2.8%~3.3%；6% 的专家预期在 3.4%~3.9%；5% 的专家预期在 1.3%~1.8%；另外，有 1% 的专家预期在 4.0% 以上。总体而言，超过九成的专家认为 2023 年中国 CPI 将温和上涨。

2022 年，中国工业生产者出厂价格指数（PPI）比上年上涨4.1%。分月看，PPI 环比有涨有降，同比涨幅持续回落。关于2023 年中国 PPI 变化态势，调查结果显示，33% 的专家预期在 4.3% ~ 4.7%；22% 的专家预期在 4.0% ~ 4.2%；20% 的专家预期在 3.5% ~3.9%；11% 的专家预期在 4.8% ~5.2%；10% 的专家预期在 3.0% ~3.4%；另外，有 4% 的专家预期在 3.0% 以下。总体而言，超过六成的专家预期 2023 年中国 PPI 将维持在 4% 以上的水平。

2022 年，中国固定资产投资同比增长 5.1%，增速比上年增加 0.2 个百分点，其中，2022 年基础设施投资增长 9.4%，制造业投资增长 9.1%，房地产投资收缩 10.0%。关于 2023 年中国固定资产投资增速，调查结果显示，45% 的专家预期在 5.3% ~ 5.7%；23% 的专家预期在 5.8% ~ 6.2%；19% 的专家预期在 5.0% ~5.2%；10% 的专家预期在 4.5% ~ 4.9%；另外，有 3% 的专家预期在 6.3% ~7.5%。对比 2022 年中国固定资产投资增长 5.1%，近七成的专家都认为 2023 年中国固定资产投资增速上升，有超八成的专家认为增速在 5.0% 以上。关于 2023 年基础设施投资、制造业投资和房地产业投资增速态势，61% 的专家预期 2023 年基础设施投资增速在 9.1% 以上；超七成的专家预期 2023 年制造业投资增速在 9.0% 以上；58% 的专家预期 2023 年房地产业投资增速将转负为正。对比 2022 年，中国基础设施投资、制造业投资和房地产业投资增速分别为 9.4%、9.1% 和 -10.0%。大部分专家都认为 2023 年中国基础设施投资增速、制造业投资增速和房地产业投资增速将上升。

2022 年，中国国有及国有控股企业投资同比增长 10.1%，增速比上年提高 7.2 个百分点。关于 2023 年国有及国有控股企业投资增速，调查结果显示，38% 的专家预期在 10.6% ~12.6%；36% 的专家预期在 9.6% ~10.5%；18% 的专家预期在 7.5% ~9.5%；4% 的专家预期在 5.4% ~7.4%；4% 的专家预期在 12.7% ~14.7%。对比 2022 年，国有及国有控股企业投资增长 10.1%，近八成的专家认为 2023 年国有及国有控股企业投资增速超过 9.6%。2022 年中国民间投资增长 0.9%，增速比上年下降6.1 个百分点。关于2023 年民间投资增速，调查结果显示，42% 的专家预期在 1.1% ~ 3.0%；25% 的专家预期在 3.1% ~ 5.0%；12% 的专家预期在 5.1% ~ 7.0%；12% 的专家预期在 0.8% ~1.0%；9% 的专家预期在 0.0% ~0.7%。对比 2022 年，民间投资增长 0.9%，九成以上的专家都认为 2023 年民间投资增速将上升。

2022 年，中国居民人均可支配收入 36 883 元，比上年名义增长 5.0%；扣除价格因素实际增长 2.9%，与经济增长基本同步。关于 2023 年居民人均可支配收入的实际增速，调查结果显示，32% 的专家预期在 3.0% ~3.4%；19% 的专家预期在 4.0% ~4.4%；18% 的专家预期在 3.5% ~3.9%；10% 的专家预期在

2.5%~2.9%；6%的专家预期在2.0%~2.4%；另外，有13%的专家预期在4.5%以上（4.5%~6.5%）。总体而言，八成以上的专家认为2023年居民人均可支配收入的实际增速在3.0%以上。

2022年上半年，受新冠疫情影响，就业形势虽然波动起伏，但基本盘总体稳定。2022年1~12月，全国城镇调查失业率平均值为5.6%。其中，12月城镇调查失业率为5.5%，比上月下降0.2个百分点。关于2023年城镇调查失业率，调查结果显示，39%的专家预期在5.4%~5.5%；25%的专家预期在5.2%~5.3%；21%的专家预期在5.0%~5.1%；8%的专家预期在5.8%~5.9%；5%的专家预期在5.6%~5.7%；另外，有1%的专家预期在5.9%~6.1%。对比2022年，中国城镇调查失业率均值为5.6%。超八成的专家认为2023年城镇调查失业率低于去年均值，就业形势好转。

2022年，中国社会消费品零售总额439 733亿元，比上年名义下降0.2%。关于2023年社会消费品零售总额名义增速，调查结果显示，27%的专家预期在2.1%~4.0%；26%的专家预期在6.1%~8.0%；22%的专家预期在4.1%~6.0%；18%的专家预期在0.0%~2.0%；2%的专家预期在-0.5%~-0.1%；另外，有5%的专家预期在8.0%以上（8.0%~11.0%）。对比2022年，中国全社会消费品零售总额名义增长-0.2%。几乎所有的专家均认为2023年社会消费品零售总额名义增速上升。

2022年，中国货物进出口总额（人民币计）比上年增长7.7%。其中，出口增长10.5%，进口增长4.3%。2022年，中国货物出口总额（人民币计）增长10.5%，增速比上年同期下降10.7个百分点。关于2023年中国出口总额（人民币计）增速，调查结果显示，28%的专家预期在6.0%~7.9%；28%的专家预期在8.0%~9.9%；16%的专家预期在10.0%~11.0%；14%的专家预期在11.1%~13.0%；5%的专家预期在13.1%~15.0%；另有9%的专家预期在6.0%以下（0.0%~6.0%）。对比2022年，中国货物出口（人民币计）增长10.5%。超六成的专家都认为2023年中国出口总额（人民币计）增速下降。2022年，中国货物进口总额（人民币计）累计增长4.3%，增速比上年同期下降17.2个百分点。关于2023年中国进口总额（人民币计）增速，调查结果显示，34%的专家预期在4.9%~6.9%；29%的专家预期在3.8%~4.8%；18%的专家预期在2.7%~3.7%；14%的专家预期在7.0%~9.0%；5%的专家预期在0.0%~2.6%。对比2022年，中国货物进口增长（人民币计）4.3%。超六成的专家认为2023年中国进口总额（人民币计）增速上升。2022年，中国出口239 654亿元，进口181 024亿元，进出口相抵，贸易顺差实现58 630亿元。对比2022年中国贸易顺差额，超半数的专家认为2023年中国贸易顺差将减少。

2022 年，人民币汇率走势跌宕起伏。人民币兑美元汇率由 2022 年第一季度最低的 6.31 一路上升至年内最高点 7.31，随后缓慢回落，截至 2023 年 1 月末，人民币兑美元汇率为 6.76。关于至 2023 年末人民币兑美元汇率中间价，调查结果显示，37% 的专家预期在 6.82 ~ 7.02；27% 的专家预期在 6.71 ~ 6.81；24% 的专家预期在 6.50 ~ 6.70；10% 的专家预期在 7.03 ~ 7.23；1% 的专家预期在 6.29 ~ 6.49；另外，有 1% 的专家预期在 7.00 以下（即 6.00 ~ 7.00）。超九成专家认为至 2023 年末人民币兑美元汇率中间价位于“7”以下的水平。

题组与 100 位专家对中国主要宏观经济指标预测结果的对比如表 15 – 1 所示。

表 15 – 1　课题组与 100 位专家对中国主要宏观经济指标预测结果之比较

单位：%

2023 年主要宏观经济指标	CQMM 课题组预测	专家预测区间及比例	
		区间	比例
GDP 增长率	5.75	5.01 ~ 5.50	40
		5.51 ~ 6.00	21
CPI 增长率	1.11	2.2 ~ 2.7	44
		1.9 ~ 2.1	23
PPI 增长率	–4.49	4.3 ~ 4.7	33
		4.0 ~ 4.2	22
社会消费品零售总额名义增长	4.89	2.1 ~ 4.0	27
		6.1 ~ 8.0	26
固定资产投资总额名义增长	8.98	5.3 ~ 5.7	45
		5.8 ~ 6.2	23

四、对 2023 年中国宏观经济政策的预测

2022 年 12 月召开的中共中央政治局会议和中央经济工作会议提出，2023 年“稳健的货币政策要灵活适度，保持流动性合理充裕”。2022 年 12 月末，广义货币（M2）余额 266.43 万亿元，同比增长 11.8%，增速比上年同期高 2.8 个百分点。关于 2023 年中国 M2 的增速，调查结果显示，40% 的专家预期在 12.0% ~ 12.5%；21% 的专家预期在 11.7% ~ 11.9%；21% 的专家预期在 11.1% ~ 11.6%；11% 的专家预期在 10.5% ~ 11.0%；7% 的专家预期在 12.6% ~ 13.1%。总体而

言，接受调查的专家都预期 2023 年中国政府将可能保持适度宽松的货币政策。2022 年，中国人民币贷款增加 21.31 万亿元，比上年多增 1.36 万亿元。关于 2023 年全年新增人民币贷款，74% 的专家预期将继续增加，大于 21.31 万亿元。2022 年，中国全社会融资规模新增 32.01 万亿元，比上年多 6 689 亿元。年末社会融资规模存量为 344.21 万亿元，同比增长 9.6%。关于 2023 年社会融资规模存量的增速，67% 的专家预期在 9.8% 以上。

2022 年 4 月 25 日和 11 月 25 日，中国人民银行两次分别全面降准 0.25 个百分点，提供超 1 万亿元长期流动性。降息方面，2022 年 1 年期贷款市场报价利率（LPR）和 5 年期以上 LPR 分别下降 15 个基点和 35 个基点。截至 2023 年 1 月，1 年期和 5 年期以上 LPR 利率分别为 3.65% 和 4.30%，大型金融机构存款准备金率为 11.25%。关于央行是否在 2023 年运用降准、降息等手段，引导贷款市场利率下行，调查结果显示，27% 的专家认为将进一步降准、降息；24% 的专家认为将进一步降准；18% 的专家认为央行不会进一步降准；16% 的专家认为央行不会进一步降息；15% 的专家认为央行将进一步降息；另外，有 1% 的专家认为存在进一步降息降准空间，但是要视经济复苏情况而定。总体而言，近七成专家认为在准备金率及政策利率方面有进一步下降的空间。

当前中国经济恢复的基础尚不牢固，需求收缩、供给冲击、预期转弱三重压力仍然较大。2022 年 12 月召开的中央经济工作会议指出，“稳健的货币政策要精准有力。要保持流动性合理充裕，保持广义货币供应量和社会融资规模增速同名义经济增速基本匹配，引导金融机构加大对小微企业、科技创新、绿色发展等领域支持力度”。关于 2023 年中国货币政策还有哪些实施的空间（该调查问题为多选或填空），调查结果显示，79% 的专家认为要进一步疏通货币政策传导机制，保持流动性合理充裕，增强信贷总量增长的稳定性，保持货币供应量和社会融资规模增速同名义经济增速基本匹配；72% 的专家认为结构性货币政策工具要积极做好“加法”，精准发力，加大普惠小微贷款支持力度，引导金融机构加大对小微企业、科技创新、绿色发展等领域的支持力度，支持中小微企业稳定就业；71% 的专家认为要发挥好货币政策工具的总量和结构双重功能，主动应对，提振信心，为实体经济提供更有力的支持，稳定宏观经济大盘；65% 的专家认为要深化金融供给侧结构性改革，引导大银行服务重心下沉，推动中小银行聚焦主责主业，支持银行补充资本，共同维护金融市场的稳定发展；64% 的专家认为应该完善市场化利率的形成和传导机制，优化央行政策利率体系，加强存款利率监管，着力稳定银行负债成本，发挥贷款市场报价利率改革效能和指导作用，推动降低企业综合融资成本。另外，有专家提出要使用短期流动性调节工具（SLO）、常备借贷便利（SLF）、中期借贷便利（MLF）、抵押补充贷款（PSL）以及临时流动性便利（TLF）等工具，还有少数专家认为货币政策的作用不大。

2022 年 12 月召开的中央经济工作会议指出，“积极的财政政策要加力提效。保持必要的财政支出强度，优化组合赤字、专项债、贴息等工具，在有效支持高质量发展中保障财政可持续和地方政府债务风险可控。要加大中央对地方的转移支付力度，推动财力下沉，做好基层‘三保’工作”。关于 2023 年中国财政政策还有哪些实施的空间（该调查问题为多选或填空），调查结果显示，86% 的专家认为要大力优化支出结构，积极支持科技攻关、乡村振兴、区域重大战略、教育、基本民生、绿色发展等重点领域，从严控制一般性支出，不断提高支出效率；80% 的专家认为要完善税费支持政策，着力纾解企业困难，同时进一步放宽扩大民间投资范围政策限制，优化投资环境，保护民营企业家权益，激发民营企业活力，发挥财政政策对民营经济的托举作用，加强财政资源统筹，优化组合财政赤字、专项债、贴息等工具，适度扩大财政支出规模，为落实国家重大战略任务提供财力保障；68% 的专家认为要进一步深化财税体制改革，加快健全现代预算制度，同时鼓励地方政府多渠道拓宽收入来源，保障财政可持续和地方政府债务风险可控；60% 的专家认为要均衡区域间财力水平，持续增加中央对地方转移支付，健全县级财力长效保障机制，促进基本公共服务均等化。另外，有专家提出要确保社保医保计划的“财政兜底”、减少地方政府对产业的奖补、增加发行长期特别国债等建议。

2022 年以来，国际形势复杂严峻，世界经济增长放缓态势明显。2022 年 12 月召开的中央经济工作会议强调，“要更好统筹供给侧结构性改革和扩大内需，通过高质量供给创造有效需求，支持以多种方式和渠道扩大内需”，“着力扩大国内需求，要把恢复和扩大消费摆在优先位置”，“要通过政府投资和政策激励有效带动全社会投资”。关于 2023 年中国宏观政策在扩大内需上还有哪些实施的空间（该调查问题为多选或填空），调查结果显示，84% 的专家认为要稳定和扩大民间投资，鼓励民间投资以城市基础设施等为重点，通过综合开发模式参与重点领域项目建设；76% 的专家认为要优化现有支持消费的某些政策，使短期消费刺激与改善消费预期有机结合，加大公共消费政策力度，加快数字消费；67% 的专家认为要加大结构性政策调整力度，同时加大以稳市场主体为重点的结构性政策调整，切实推动劳动力市场的结构性政策调整，以有效应对就业压力；65% 的专家认为要改善居民消费环境，培育中高端消费增长点，扩大汽车等耐用消费品消费，促进居民消费转型升级；61% 的专家认为要加快新型基础设施建设，深入推进重大区域发展战略，推动形成优势互补高质量发展的区域经济布局。另外，有专家提出应多关切微观主体、重新启动经济保证居民就业、实施减税降费、切实增加居民可支配收入、扩大民生领域特别是医疗社保教育养老支出等建议。

2022 年 12 月召开的中央经济工作会议强调，“针对社会上对我们是否坚持‘两个毫不动摇’的不正确议论，必须亮明态度，毫不含糊”，“要从制度和法律上把对国企民企平等对待的要求落下来，从政策和舆论上鼓励支持民营经济和民营企业发展壮大。依法保护民营企业产权和企业家权益。各级领导干部要为民营企业解难题、办实事，构建亲清政商关系”。关于 2023 年民营经济总体运行状况，调查结果显示，46% 的专家预期一般；30% 的专家预期乐观；24% 的专家预期不乐观。关于 2023 年民营经济和民营企业营商环境总体状况，调查结果显示，47% 的专家预期一般；33% 的专家预期乐观；20% 的专家预期不乐观。关于 2023 年各级政府对民营经济和民营企业的政策支持力度，调查结果显示，60% 的专家预期向好；36% 的专家预期一般；4% 的专家预期变差。关于 2023 年民营经济和民营企业发展的社会舆论环境，调查结果显示，47% 的专家预期一般；44% 的专家预期向好；9% 的专家预期变差。根据国家统计局发布的数据，2022 年全年全国固定资产投资比上年增长 5.1%，而民间投资仅增长 0.9%。关于 2023 年民营企业投资信心，调查结果显示，46% 的专家预期一般；34% 的专家预期增强；24% 的专家预期减弱。关于 2023 年民营企业融资成本变化趋势，调查结果显示，46% 的专家预期基本不变；38% 的专家预期成本降低；16% 的专家预期成本提高。

五、致谢

100 位专家参与了本次问卷调查，他们是（按姓名汉语拼音排序）：阿布都斯力木·阿不力克木、毕吉耀、常欣、陈昌兵、陈建宝、陈瑾玫、陈浪南、陈磊、陈梦根、陈守东、陈锡康、陈彦斌、陈钊、陈志勇、戴魁早、邓翔、高波、郭熙保、郭晓合、郭志仪、韩兆洲、贺京同、贺力平、胡日东、华而诚、黄剑辉、黄茂兴、黄险峰、简锦汉、简新华、蒋永穆、李翀、李春琦、李海峥、李军、李俊生、李英东、梁嘉锐、刘凤良、刘金全、刘穷志、刘仕国、刘晓欣、吕汉光、马跃、彭素玲、瞿宛文、任若恩、邵宜航、沈国兵、沈利生、石峻驿、苏剑、孙巍、覃巍、汪昌云、汪红驹、王诚、王大树、王国成、王今朝、王军波、王立勇、王美今、王苏生、王跃生、文传浩、武康平、谢丹阳、谢攀、徐一帆、鄢萍、杨澄宇、杨翠红、杨志勇、易宪容、殷醒民、尹恒、于立、于左、袁富华、臧旭恒、张东辉、张连城、张龙、张茉楠、赵昌会、赵明昊、赵晓雷、赵昕东、赵振全、赵志君、郑超愚、郑毓盛、支大林、周冰、周立群、周泽炯、朱保华、朱启贵。

参加本次问卷调查的专家学者来自包商银行、国家发改委宏观院、国家统计局、民生银行研究院、中共中央对外联络部当代世界研究中心、中国国际经济交流中心、中国进出口银行、中国科学院预测科学研究中心、中国科学院数学与系统科学研究院、中国社会科学院财经战略研究院、中国社会科学院金融研究所、中国社会科学院经济研究所、中国社会科学院世界经济与政治研究所、中国社会科学院数量经济与技术经济研究所、台湾“中华经济研究院”、台湾“中央研究院”经济研究所等机构，以及安徽财经大学、北京大学、北京航空航天大学、北京师范大学、东北财经大学、东北师范大学、福建师范大学、复旦大学、广西大学、湖南大学、华东师范大学、华侨大学、吉林大学、暨南大学、兰州大学、辽宁大学、南京大学、南开大学、清华大学、山东大学、陕西师范大学、上海财经大学、上海对外经贸大学、上海交通大学、首都经贸大学、四川大学、台湾大学、天津财经大学、武汉大学、西安交通大学、西北大学、香港城市大学、香港浸会大学、香港科技大学、香港岭南大学、新疆财经大学、云南大学、浙江财经大学、中国人民大学、中南财经政法大学、中山大学、中央财经大学等高校。

最后，我们对上述各位专家的热忱参与和真知灼见，表示诚挚的感谢！

第二节　2023 年秋季问卷调查报告

为及时把握中国宏观经济形势和政策走向，新华社《经济参考报》和教育部人文社会科学重点研究基地——厦门大学宏观经济研究中心自 2013 年 8 月首次联合开展每年两次的“年度中国宏观经济形势和政策问卷调查”活动。此次是该活动的第 21 次问卷调查。本次调查问卷设计了与当前中国宏观经济运行和政策走势直接相关的 20 道问题，于 2023 年 8 月通过电子邮件向国内相关领域的经济学家发出调查邀请，最终收到 86 位专家的答复。通过本次问卷调查，我们获得了专家们关于 2023 年世界经济形势、中国经济形势以及 2023 年中国宏观经济政策的走势等问题的最新认识和判断。现将本次问卷调查结果公布如下。

一、2023 年经济学家宏观经济信心指数

调查结果显示，2023 年经济学家宏观经济信心指数由上半年的 57 调整为 54，仍高于 50 荣枯线，经济学家普遍预期 2023 年下半年中国经济将有所反弹。今年以来，我国需求收缩、供给冲击、预期转弱三重压力得到一定程度的缓解，但仍面临新的困难和挑战，主要是国内需求不足、部分企业经营困难、青年失业率居高不下、外部环境依然严峻等。自 2023 年 7 月 24 日中共中央政治局召开会议以来，我国陆续出台一系列扩大内需的政策组合拳，着力提振市场主体信心，推动经济实现质的有效提升和量的合理增长。

二、2023 年世界经济形势

2023 年上半年，美国经济多项指标好于预期，居民收入和消费意愿表现强劲。国际货币基金组织（IMF）在 2023 年 7 月 25 日发布的《世界经济展望》中预测 2023 年美国经济增速为 1.8%，比上年下降 0.3 个百分点。那么 2023 年美国经济将会有怎样的变化态势？调查结果显示，36% 的专家预期 2023 年美国经济增长率在 1.4%~1.8%；34% 的专家预期在 1.9%~2.3%；19% 的专家预期在 1.0%~1.3%；9% 的专家预期在 2.4%~2.8%；1% 的专家预期在 0.5%~0.9%；另外，有 1% 的专家预期在 2.3%~2.7%。总体而言，接近六成的专家认为 2023 年美国经济增速将低于 1.8%。

IMF 在 2023 年 7 月 25 日发布的《世界经济展望》中预测 2023 年欧元区经济增速为 0.9%，比上年下降 2.6 个百分点。那么 2023 年欧元区经济将会有怎样的变化态势？调查结果显示，57% 的专家预期 2023 年欧元区经济增长率在 0.5%~0.9%；19% 的专家预期在 0.0%~0.4%；12% 的专家预期在 1.5%~1.9%；11% 的专家预期在 1.0%~1.4%；另外，有 1% 的专家预期在 2.4%~2.8%。总体而言，接受调查的专家大多数认为 2023 年欧元区经济增长率将继续放缓，近八成的专家预测欧元区经济增速将低于 0.9%。

2023 年 6 月美联储宣布暂停加息后，美元走弱，而欧元则获得了更强的上行动力。2023 年 7 月末，1 欧元兑美元汇率为 1.1013，比 1 月末升值 1.6%。关于 2023 年末欧元兑美元汇率（$/Euro）可能的区间，调查结果显示，37% 的专家预期在 1.10~1.12；31% 的专家预期在 1.07~1.09；20% 的专家预期在 1.13~1.15；12% 的专家预期在 1.04~1.06。总体而言，过半数的专家认为 2023 年欧元兑美元汇率呈现由弱走强的态势。

三、2023 年中国经济形势

根据国家统计局 2023 年 7 月 17 日发布的初步核算数据，2023 年上半年中国 GDP 同比增长 5.5%。分季度看，第一季度国内生产总值同比增长 4.5%，第二季度同比增长 6.3%。IMF 在 7 月发布的《世界经济展望》中预测 2023 年中国经济增速为 5.2%，比上年提高 2.2 个百分点。世界银行在 6 月给出的预测值为 5.6%。关于 2023 年中国 GDP 的增长率，调查结果显示，50% 的专家预期在 5.01%~5.50%；21% 的专家预期在 4.51%~5.00%；19% 的专家预期在 5.51%~6.00%；6% 的专家预期在 4.01%~4.50%；4% 的专家预期在 3.51%~4.00%。总体而言，近七成的专家认为 2023 年中国经济增速将超过 5%。

2023 上半年，中国规模以上工业增加值增长 3.8%，增速比第一季度加快

0.8 个百分点，比上年同期提高 0.4 个百分点。关于 2023 年中国规模以上工业增加值增速，41% 的专家预期在 4.0% ~ 4.4%；30% 的专家预期在 3.7% ~ 3.9%；17% 的专家预期在 3.2% ~ 3.6%；8% 的专家预期在 4.5% ~ 4.9%；2% 的专家预期在 2.7% ~ 3.1%；另外，有 1% 的专家预期在 5.0% ~ 5.4%。总体而言，半数的专家认为 2023 年中国规模以上工业增加值增速将超过 4.0%。

2023 年上半年，中国居民消费价格（CPI）比上年同比上涨 0.7%。扣除食品和能源价格后的核心 CPI 上涨 0.7%。关于 2023 年中国 CPI 涨幅，调查结果显示，45% 的专家预期在 0.9% ~ 1.4%；25% 的专家预期在 0.6% ~ 0.8%；15% 的专家预期在 0.0% ~ 0.5%；15% 的专家预期在 1.5% ~ 2.0%。总体而言，接受调查的专家基本认为 2023 年中国 CPI 温和上行。

2023 年上半年，中国工业生产者出厂价格（PPI）比上年同期下降 3.1%。关于 2023 年中国 PPI 变化态势，调查结果显示，36% 的专家预期在 -2.9% ~ -0.9%；26% 的专家预期在 -3.2% ~ -3.0%；21% 的专家预期在 -0.9% ~ 0.0%；13% 的专家预期在 0.1% ~ 2.1%；4% 的专家预期在 -5.3% ~ -3.3%。由此可见，超过八成的专家预期 2023 年中国 PPI 将呈现负增长。

2023 年上半年，中国固定资产投资（不含农户）比上年同期增长 3.8%。关于 2023 年中国固定资产投资增速，调查结果显示，39% 的专家预期在 4.0% ~ 4.4%；23% 的专家预期在 4.5% ~ 4.9%；22% 的专家预期在 3.7% ~ 3.9%；13% 的专家预期在 3.2% ~ 3.6%；2% 的专家预期在 2.7% ~ 3.1%；另外，有 1% 的专家预期在 2.0% ~ 2.7%。超六成的专家认为固定资产投资增速在 4.0% 以上。其中，2023 年上半年基础设施投资增长 7.2%，制造业投资增长 6.0%，房地产投资收缩 7.9%。关于 2023 年基础设施投资、制造业投资和房地产业投资增速态势，超过八成的专家预期 2023 年基础设施投资增速在 7.1% 以上；近七成的专家预期 2023 年制造业投资增速在 5.9% ~ 7.1%；超六成的专家预期 2023 年房地产业投资增速将有所好转。对比 2023 年上半年，大部分专家都认为中国基础设施投资增速、制造业投资增速和房地产业投资增速将上升。

2023 年上半年，中国民间投资同比下降 0.2%，增速比上年同期下降 3.7 个百分点。关于 2023 年中国民间投资增速，调查结果显示，44% 的专家预期在 0.1% ~ 2.0%；31% 的专家预期在 -2.0% ~ 0.0%；14% 的专家预期在 -4.0% ~ -2.1%；8% 的专家预期在 2.1% ~ 4.0%；2% 的专家预期在 4.1% ~ 6.0%。对比 2023 年上半年，民间投资同比下降 0.2%，仍有近半数的专家认为 2023 年民间投资增速将保持在 0.0% 以下。

2023 年上半年，中国居民人均可支配收入 19 672 元，比上年名义增长 6.5%，扣除价格因素实际增长 5.8%。关于 2023 年居民人均可支配收入的实际增速，调查结果显示，34%的专家预期在5.8%~6.2%；31%的专家预期在4.8%~5.2%；27%的专家预期在5.3%~5.7%；7%的专家预期在6.3%~6.7%；另外，有1%的专家预期在3.0%~4.0%。总体而言，九成以上的专家认为2023年居民人均可支配收入的实际增速在4.8%~6.2%。

2023年上半年，全国城镇调查失业率平均值为5.3%，比第一季度下降0.2个百分点。6月全国城镇调查失业率为5.2%，与上月持平。关于2023年城镇调查失业率，调查结果显示，42%的专家预期在5.2%~5.3%；26%的专家预期在5.4%~5.5%；14%的专家预期在5.6%~5.7%；14%的专家预期在5.0%~5.1%；2%的专家预期在4.8%~4.9%；另外，有1%的专家预期在5.8%~5.9%。超八成的专家认为2023年城镇调查失业率将上升，就业形势不容乐观。

2023年上半年，中国社会消费品零售总额227 588亿元，同比增长8.2%，比第一季度加快2.4个百分点。关于2023年社会消费品零售总额名义增速，调查结果显示，47%的专家预期在7.7%~8.7%；20%的专家预期在8.8%~10.8%；19%的专家预期在5.6%~7.6%；14%的专家预期在3.5%~5.5%。近七成的专家认为2023年社会消费品零售总额名义增速在7.7%以上。

2023年上半年，中国货物进出口总额（人民币计）比上年增长2.1%。其中，出口增长3.7%，进口下降0.1%。2023年上半年，中国货物出口总额（人民币计）同比增长3.7%，增速比上年同期下降9.5个百分点。关于2023年中国出口总额（人民币计）增速，调查结果显示，41%的专家预期在1.1%~3.1%；36%的专家预期在3.2%~4.2%；11%的专家预期在4.3%~6.3%；9%的专家预期在0.0%~1.0%；2%的专家预期在-2.0%~0.0%；另外，有1%的专家预期在-10.0%~-8.0%。对比2023年上半年，中国货物出口（人民币计）增长3.7%。超半数的专家认为2023年中国出口总额（人民币计）增速会下降。2023年上半年，中国货物进口总额（人民币计）下降0.1%，增速比上年同期下降4.9个百分点。关于2023年中国进口总额（人民币计）增速，调查结果显示，33%的专家预期在0.1%~2.0%；31%的专家预期在-1.0%~0.0%；22%的专家预期在-3.0%~-1.1%；8%的专家预期在2.1%~4.0%；6%的专家预期在-5.0%~-3.1%；另外，有1%的专家预期在-6.5%~-5.0%。对比2023年上半年中国货物进口下降0.1%，近六成的专家认为2023年中国进口总额（人民币计）增速继续下降。2023年上半年，中国出口201 016亿元，进口86 429亿元，进出口相抵，贸易顺差28 159亿元。42%的专家认为2023年中国贸易顺差将增加。

2023年上半年，人民币兑美元汇率整体呈现贬值趋势。整个2023年上半年，美元对离岸人民币上涨了5.01%，美元对离岸人民币最高达到7.2857，离

7.3关口仅一步之遥。截至2023年7月末，人民币兑美元汇率为7.13。关于至2023年末人民币对美元汇率中间价，调查结果显示，47%的专家预期在7.14～7.34；30%的专家预期在7.03～7.13；14%的专家预期在7.35～7.55；9%的专家预期在6.82～7.02。超六成专家认为至2023年末人民币兑美元汇率中间价将高于7.14。

课题组与86位专家对中国主要宏观经济指标预测结果的对比如表15-2所示。

表15-2　课题组与86位专家对中国主要宏观经济指标预测结果之比较

单位：%

2023年主要宏观经济指标	CQMM课题组预测	专家预测区间及比例	
		区间	比例
GDP增长率	5.35	5.01～5.50	50
		4.51～5.00	21
CPI增长率	0.37	0.9～1.4	45
		0.6～0.8	22
PPI增长率	-2.74	-2.9～-0.9	36
		-3.2～-3.0	26
社会消费品零售总额名义增长	6.96	7.7～8.7	47
		8.8～10.8	20
固定资产投资总额名义增长	3.18	4.0～4.4	38
		4.5～4.9	23

四、对2023年中国宏观经济政策的预测

2023年7月召开的中共中央政治局会议提出，要继续实施稳健的货币政策，发挥总量和结构性货币政策工具作用。至2023年6月末，广义货币（M2）余额287.3万亿元，同比增长11.3%，增速分别比上月末和上年同期低0.3个和0.1个百分点。关于2023年中国M2的增速，调查结果显示，36%的专家预期在11.5%～12.0%；35%的专家预期在11.2%～11.4%；13%的专家预期在12.1%～12.6%；13%的专家预期在10.6%～11.1%；3%的专家预期在10.0%～10.5%。总体而言，接受调查的专家都预期2023年中国的货币政策将可能继续保持适度宽松。2023年上半年，中国人民币贷款增加15.73万亿元，比上年同期同比多

增2.02万亿元。关于2023年全年新增人民币贷款，70%的专家预期将继续增加，大于15.73万亿元。2022年，中国全社会融资规模新增32.01万亿元，比上年多6 689亿元。2023年上半年，社会融资规模增量累计为21.55万亿元，比上年同期多4 754亿元。6月末社会融资规模存量为365.45万亿元，同比增长9%。关于2023年社会融资规模存量的增速，近八成的专家预期在8.9%以上。

2023年3月27日，中国人民银行全面降准0.25个百分点。降息方面，2023年6月13日，央行开展20亿元7天期逆回购操作和2 370亿元1年期中期借贷便利操作，较此前中标利率下调10bp；8月15日，央行开展2 040亿元7天期公开市场逆回购操作和4 010亿元1年期中期借贷便利（MLF）操作，较此前中标利率分别下调10bp和15bp。3个月内央行两次调降OMO和MLF利率，传递了货币宽松信号。2023年6月20日，1年期贷款市场报价利率（LPR）和5年期以上LPR均下降10个基点，分别下调为3.55%和4.20%。关于央行是否在2023年运用降准、降息等手段引导贷款市场利率下行，调查结果显示，33%的专家认为央行将进一步降准、降息；21%的专家认为央行将进一步降息；17%的专家认为央行将进一步降准；16%的专家认为央行不会进一步降准；7%的专家认为央行不会进一步降息；另外，有6%的专家认为央行不会进一步降准、降息。总体而言，超过七成的专家认为在准备金率及政策利率方面有进一步下降的空间。

当前中国经济恢复的基础尚不牢固，经济运行面临新的困难挑战，主要是国内需求不足，一些企业经营困难，重点领域风险防范较多，外部环境复杂严峻。2023年7月24日召开的中央政治局会议指出，“要继续实施稳健的货币政策。发挥总量和结构性货币政策工具作用，大力支持科技创新、实体经济和中小微企业发展”。关于2023年下半年中国货币政策还有哪些实施的空间（该调查问题为多选或填空），调查结果显示，84%的专家认为发挥好货币政策工具的总量和结构双重功能，主动应对，提振信心，为实体经济提供更有力的支持，稳定宏观经济大盘；77%的专家认为结构性货币政策工具要积极做好“加法”，精准发力，加大普惠小微贷款支持力度，引导金融机构加大对小微企业、科技创新、绿色发展等领域的支持力度，支持中小微企业稳定就业；71%的专家认为要完善市场化利率形成和传导机制，优化央行政策利率体系，加强存款利率监管，着力稳定银行负债成本，发挥贷款市场报价利率改革效能和指导作用，推动降低企业综合融资成本；66%的专家认为要深化金融供给侧结构性改革，引导大银行服务重心下沉，推动中小银行聚焦主责主业，支持银行补充资本，共同维护金融市场的稳定发展；65%的专家认为进一步疏通货币政策传导机制，保持流动性合理充裕，增强信贷总量增长的稳定性，保持货币供应量和社会融资规模增速同名义经济增速基本匹配；另外，有专家提出要出台利好股市的刺激政策、切实落实好支持民营经济和民营企业发展的货币政策措施等建议。

2023 年 7 月 24 日召开的中央政治局会议指出，“要继续实施积极的财政政策”，“延续、优化、完善并落实好减税降费政策”，“要更好发挥政府投资带动作用，加快地方政府专项债券发行和使用”。关于2023 年下半年中国财政政策还有哪些实施的空间（该调查问题为多选或填空），调查结果显示，87% 的专家认为要完善税费支持政策，着力纾解企业困难，同时进一步放宽扩大民间投资范围政策限制，优化投资环境，保护民营企业家权益，激发民营企业活力，发挥财政政策对民营经济的托举作用；78% 的专家认为要加强财政资源统筹，优化组合财政赤字、专项债、贴息等工具，适度扩大财政支出规模，为落实国家重大战略任务提供财力保障；73% 的专家认为要大力优化支出结构，积极支持科技攻关、乡村振兴、区域重大战略、教育、基本民生、绿色发展等重点领域，从严控制一般性支出，不断提高支出效率；66% 的专家认为要进一步深化财税体制改革，加快健全现代预算制度，同时鼓励地方政府多渠道拓宽收入来源，保障财政可持续和地方政府债务风险可控；64% 的专家认为要均衡区域间财力水平，持续增加中央对地方转移支付，健全县级财力长效保障机制，促进基本公共服务均等化。另外，有专家认为要发行疫后恢复特别国债，助力地方政府休养生息；要找准问题，才能使财政政策更为有效。

2023 年 7 月 24 日召开的中央政治局会议强调，“要积极扩大国内需求”，“发挥消费拉动经济增长的基础性作用，通过增加居民收入扩大消费，通过终端需求带动有效供给，把实施扩大内需战略同深化供给侧结构性改革有机结合起来”，“要更好发挥政府投资带动作用，加快地方政府专项债券发行和使用”，“要制定出台促进民间投资的政策措施”。关于 2023 年中国宏观政策在扩大内需上还有哪些实施的空间（该调查问题为多选或填空），调查结果显示，74% 的专家认为要稳定和扩大民间投资，鼓励民间投资以城市基础设施等为重点，通过综合开发模式参与重点领域项目建设；74% 的专家认为要加大结构性政策调整力度，同时加大以稳市场主体为重点的结构性政策调整，切实推动劳动力市场的结构性政策调整，以有效应对就业压力，67% 的专家认为要加快新型基础设施建设，深入推进重大区域发展战略，推动形成优势互补高质量发展的区域经济布局；66% 的专家认为要优化现有支持消费的某些政策，使短期消费刺激与改善消费预期有机结合，加大公共消费政策力度，加快数字消费；66% 的专家认为改善居民消费环境，培育中高端消费增长点，扩大汽车等耐用消费品消费，促进居民消费转型升级。另外，有专家提出要出台能够切实保护民营企业和居民财产性收入的政策，增加居民收入；还有专家认为目前出台的多项政策，看似有效，但实际效果并不好，需要抓住影响我国经济的主要问题，不需要面面俱到。

2023 年 7 月 24 日召开的中央政治局会议强调，“发挥消费拉动经济增长的基础性作用，通过增加居民收入扩大消费，通过终端需求带动有效供给”，“要提振汽车、电子产品、家具等大宗消费，推动体育休闲、文化旅游等服务消费”等。2023 年 7 月 31 日，中国政府网发布《国务院办公厅转发国家发展改革委关于恢复和扩大消费措施的通知》，其中包括 20 条恢复和扩大消费措施。关于当前恢复和扩大消费主要还有哪些有效举措（该调查问题为多选或填空），调查结果显示，88% 的专家认为要增强消费能力，完善收入分配格局，提升居民收入尤其是中低收入群体在国民收入中的比重、劳动报酬在初次分配中的比重，实施就业优先政策，改善就业结构，促进高质量充分就业，重点解决青少年就业问题；74% 的专家认为要合理增加消费信贷，重点推动和支持大宗消费和服务消费，重点支持新能源汽车、改善型住房、家具和电子产品消费等大宗消费，增加餐饮、文旅、文娱体育会展、教育医疗文化、健康服务等服务消费；69% 的专家认为要促进农村消费，开展绿色智能产品下乡，完善农村电子商务和快递物流配送体系，推动特色产品进城，大力发展乡村旅游；57% 的专家认为要完善消费设施，创新消费场景，加快培育多层级消费中心，补齐消费基础设施短板，完善消费基础设施建设支持政策，加强金融对消费领域的支持，提升消费服务质量，推动国际消费中心城市建设；51% 的专家认为要拓展新型消费，壮大数字消费，推广绿色消费。另外，有专家提出要增加关键性行业投资，形成生产、就业和创新均衡发展的新格局。

2023 年 7 月 19 日，《中共中央 国务院关于促进民营企业发展壮大的意见》正式发布，从优化民营经济发展环境、加大对民营经济政策支持力度、强化民营经济发展法治保障、着力推动民营经济实现高质量发展等方面提出了促进民营企业发展壮大的 31 条举措。2023 年 7 月 23 日召开的中央政治局会议强调，“要持续深化改革开放，坚持‘两个毫不动摇’，切实提高国有企业核心竞争力，切实优化民营企业发展环境”。关于 2023 年民营经济总体运行状况，调查结果显示，48% 的专家预期不乐观；45% 的专家预期一般；7% 的专家预期乐观。关于 2023 年民营经济和民营企业营商环境总体状况，调查结果显示，48% 的专家预期一般；41% 的专家预期不乐观；11% 的专家预期乐观。关于 2023 年各级政府对民营经济和民营企业的政策支持力度，调查结果显示，57% 的专家预期向好；37% 的专家预期一般；6% 的专家预期变差。关于 2023 年民营经济和民营企业发展的社会舆论环境，调查结果显示，44% 的专家预期一般；42% 的专家预期向好；14% 的专家预期变差。关于 2023 年民营企业融资成本变化趋势，调查结果显示，53% 的专家预期降低；34% 的专家预期成本基本不变；13% 的专家预期成本提高。

五、致谢

86位专家参与了本次问卷调查，他们是（按姓名汉语拼音排序）：阿布都斯力木·阿不力克木、毕吉耀、常欣、Charles Ka Yui LEUNG、陈昌兵、陈建宝、陈浪南、陈磊、陈梦根、陈守东、陈锡康、陈甬军、陈志勇、戴魁早、邓翔、董纪昌、范从来、耿强、郭熙保、郭晓合、郭志仪、韩兆洲、贺京同、贺力平、胡日东、华而诚、黄先海、黄险峰、逄锦聚、简锦汉、LAYA LI、李海峥、李俊生、李翀、李春琦、李军、李英东、林学贵、刘凤良、刘金全、刘穷志、刘晓欣、吕汉光、马跃、彭素玲、瞿宛文、任若恩、邵宜航、沈国兵、沈利生、石峻驿、宋玉臣、孙巍、覃巍、汪昌云、汪红驹、王诚、王大树、王国成、王军波、王苏生、王曦、王跃生、吴信如、谢攀、鄢萍、杨澄宇、杨翠红、杨志勇、殷醒民、尹恒、于立、袁富华、臧旭恒、Zeng Jinli、张连城、张龙、赵明昊、赵振全、赵志君、郑超愚、支大林、周立群、周泽炯、朱保华、朱启贵。

参加本次问卷调查的专家学者来自包商银行、商务部国际贸易经济合作研究院、中国宏观经济研究院、中国科学院数学与系统科学研究院、中国科学院预测科学研究中心、中国社会科学院财经战略研究院、中国社会科学院经济研究所、中国社会科学院数量经济与技术经济研究所、台湾“中华经济研究院”、台湾“中央研究院”经济研究所等机构，以及安徽财经大学、北京大学、北京航空航天大学、北京师范大学、东北财经大学、东北师范大学、福建师范大学、复旦大学、广西大学、湖南大学、湖南科技大学、华东师范大学、华侨大学、吉林大学、暨南大学、兰州大学、辽宁大学、南京大学、南开大学、山东大学、陕西师范大学、上海财经大学、上海对外经贸大学、上海交通大学、首都经贸大学、四川大学、台湾大学、天津财经大学、武汉大学、西安交通大学、西北大学、香港城市大学、香港科技大学、香港岭南大学、新加坡国立大学、新疆财经大学、浙大城市学院、浙江大学、中国科学院大学、中国人民大学、中南财经政法大学、中南大学、中山大学、中央财经大学、佐治亚理工学院等高校。

最后，我们对上述各位专家的热忱参与和真知灼见，表示诚挚的感谢！

图书在版编目（CIP）数据

中国宏观经济分析与预测．2023 年 ：制造业转型升级与经济增长韧性 / 中国季度宏观经济模型（CQMM）课题组著．-- 北京 ：经济科学出版社，2024.6
ISBN 978 -7 -5218 -5782 -5

Ⅰ．①中… Ⅱ．①中… Ⅲ．①中国经济 - 宏观经济分析 -2023②中国经济 - 宏观经济 - 经济预测 -2023 Ⅳ．①F123.16

中国国家版本馆CIP数据核字(2024)第069912号

责任编辑：初少磊
责任校对：隗立娜
责任印制：范　艳

中国宏观经济分析与预测（2023 年）
——制造业转型升级与经济增长韧性
ZHONGGUO HONGGUAN JINGJI FENXI YU YUCE（2023 NIAN）
——ZHIZAOYE ZHUANXING SHENGJI YU JINGJI ZENGZHANG RENXING
中国季度宏观经济模型（CQMM）课题组　著
经济科学出版社出版、发行　新华书店经销
社址：北京市海淀区阜成路甲 28 号　邮编：100142
总编部电话：010 - 88191217　发行部电话：010 - 88191522
网址：www. esp. com. cn
电子邮箱：esp@ esp. com. cn
天猫网店：经济科学出版社旗舰店
网址：http：//jjkxcbs. tmall. com
北京季蜂印刷有限公司印装
710 × 1000　16 开　26. 5 印张　491000 字
2024 年 6 月第 1 版　2024 年 6 月第 1 次印刷
ISBN 978 - 7 - 5218 - 5782 - 5　定价：102. 00 元
（图书出现印装问题，本社负责调换。电话：010 - 88191545）